中华文化与传播研究

第九辑

谢清果　钟海连　主编

国家社科基金一般项目"华夏文明传播的观念基础、理论体系与当代实践研究"（19BXW056）阶段性成果；

福建省专业学位研究生导师团队"华夏文明传播研究团队"建设成果；

福建省首届网络教学名师培训计划建设成果；

福建省高校人文社科研究基地"中华文化传播研究中心"建设成果；

福建省课程思政"华夏传播概论"建设成果；

厦门大学一流本科课程"华夏传播概论"建设成果；

厦门大学研究生课程思政建设计划"中国传播理论研究"课程建设成果。

九州出版社
JIUZHOUPRESS

图书在版编目（CIP）数据

中华文化与传播研究. 第九辑 / 谢清果，钟海连主编. -- 北京 : 九州出版社，2021.10
ISBN 978-7-5225-0612-8

Ⅰ．①中… Ⅱ．①谢… ②钟… Ⅲ．①中华文化－文化传播－研究 Ⅳ．①G125

中国版本图书馆CIP数据核字(2021)第217741号

中华文化与传播研究·第九辑

作　　者	谢清果　钟海连　主编
责任编辑	郝军启
出版发行	九州出版社
地　　址	北京市西城区阜外大街甲 35 号（100037）
发行电话	(010)68992190/3/5/6
网　　址	www.jiuzhoupress.com
印　　刷	北京九州迅驰传媒文化有限公司
开　　本	720 毫米 ×1020 毫米　16 开
印　　张	27.25
字　　数	510 千字
版　　次	2021 年 11 月第 1 版
印　　次	2021 年 11 月第 1 次印刷
书　　号	ISBN 978-7-5225-0612-8
定　　价	76.00 元

《中华文化与传播研究》

主办单位：

厦门大学传播研究所

中盐金坛盐化有限责任公司

协办单位：

华夏传播学会

华夏文化促进会

国际中华传播学会（美国）

中国传媒大学媒体创意研究中心

福建省传播学会

福建省易学研究会

厦门市易学研究会

厦门大学国学研究院

四川大学老子研究院

厦门大学道学与传统文化研究中心

厦门篔筜书院

厦门伟纳机电技术有限公司

两岸关系和平发展协同创新中心

中国新闻史学会新闻传播思想史专业委员会

中国新闻史学会台湾与东南亚华文新闻传播史研究委员会

编辑委员会

切实提升国际传播能力 科学服务民族复兴伟业（代序）

五年前，习总书记主持召开了党的第一次新闻舆论工作座谈会，发表重要讲话，第一次明确提出：新闻舆论工作各个方面、各个环节都要坚持正确舆论导向，副刊、广告、娱乐新闻也要讲导向，党媒要姓党。如此全面、辩证的舆论工作论述，具体明确的针对薄弱领域指向，都是第一次。紧接地气，从容自信——这恰恰是当前舆论引导的难点和空白点所在！

五年来，习近平总书记做出了很多创新性思考和战略布局，特别是对于建设网络强国、加强宣传思想工作，再到推进媒体融合，提出了许多新思想新观点，为新闻舆论工作提供了根本遵循。这为中华文化走出去，提供了精神指引。

当下，各类传媒的信息传播成绩卓著，在经济领域有力推动了市场化改革；然而也有一些广告仍然存在虚假、奢靡之风的问题，特别是在新媒体领域。传播平台的服务功能得到持续拓展，一些自媒体热衷于低俗、媚俗、猎奇的噱头，为博眼球去勇打"擦边球"，强调观赏性而无视思想性、艺术性，甚至衍生媒体暴力。文化多元化语境下，部分媒体的过度娱乐化让人担忧。

娱乐化的源头在西方，在国外也更加多见。过度娱乐化早已被有识之士批判过不计其数了，然而西方的社会制度决定了其更加"任性"，其背后的资本推动让其如脱缰野马，纵横于社会生活各阶层中，全然不顾对民众的消极影响。物质至上，生活被媒体消解、娱乐，这也就有了美国文化批评学者尼尔·波兹曼专著《娱乐至死》的严正警告！公众话语日渐以娱乐的方式出现，文化内容心甘情愿地成为娱乐的附庸，"其结果是我们成了一个娱乐至死的物种"。

进一步看，在西方国家，新闻自由俨然是谋取商业利益的遮羞布、漠视道德底线的挡箭牌。在现代传播科技的引领下，全球传播媒体数量连创新高，但也伴随着媒介公信力严重滑坡。有据可查的1995—2014年20年间，几乎所有新闻媒体的公信力都在持续下降，这已成为全球性的严峻问题。

互联网、新媒体的一点多样、巨量扩展传播，为信息插上了更便捷的翅膀，对大家的生活、生产带来了强劲的新动力、话语场，有力推动了社会发展。然而，也有一部分这样那样的问题出现，如一条不实信息、片面信息造成的社会危害，很长时间都难以恢复元气，表现出了盲目性和片面性，甚至有的新媒体公众号、短视频为引起大众关注，传播政经小调、造造风流野史，更或专发政经"内参"，千姿百态，让人读后哭笑不得，缺乏传播基本的边界和敬畏。显然，这是本末倒置。

这部分杂音的危害性之大，绝对不能忽视。因为当下，我国的副刊、娱乐、社会新闻保有巨量规模体量。它们不只是娱乐，其日常话语场同样很强，潜移默化的渗透承载着重要的社会认同、文化指向功能，其导向内涵不但客观存在，而且也直接影响、决定了社会文化生态的健康程度。社会媒体的快速扩容出现了很多新情况、新领域，成了当下舆论引导工作的新困难、新问题。

特别是在媒介化社会，新媒体的影响力已属于大众媒体序列，而其规范管束滞后已是显著短板。在网络、新媒体搭建了多样多元的传播平台上，各类信息不论真假，一经上线，很难彻底挽回，社会风险显著放大！民间舆论场局部出现的一点细菌、病毒，传染给公众后极易造成疫情大爆发，会给社会秩序和民众情绪带来严重纷扰。所述种种乱象，治标已经防不胜防！

五年前这次前所未有的舆论工作座谈会，给治理上述顽疾更多的灵丹妙药和崭新方向。"党媒姓党"，就是把导向原则覆盖面上该补的地方补起来。"凝心聚力，新闻舆论善做人心工作"，这既是对新闻舆论工作提出的明确要求，也是我们传播一线工作者应该具有的政治素养和职业追求。这要求我们有更加高远的看齐意识，进一步认清舆论工作的实质。

传播者首先搞清楚"我是谁"。媒介权力作为一种公权力，必须坚持公共利益至上原则。然而在市场化改革进程中，偏离定位、三俗倾向的情况一度盛行。媒体直接影响公众生活，如果任其发展，会加剧多元思潮泛滥，直接影响并导致社会健康生态恶化。值此关键节点，传统媒体和快速成长的新媒体该何为？面对新的客观形势和大信息传播的新情况，首要的就是要搞清自身定位：建设好、维护好清朗、健康的舆论空间，是我们传播者的职责所在、使命所系。进一步提高我们的专业素养，建设性鞭挞假丑恶，巧妙弘扬正能量，切实提高舆论引导能力。

其次，需要重新界定传播工作的认知和实践边界。进一步认清传播工作的属性定位，就是以维护报刊、荧屏形象为根本，多出公众喜闻乐见的新闻。喜闻乐见才会产生信任，而信任则能从根本上降低社会运行成本。德国著名社会学者尼古拉斯·卢曼说：信任，是一个社会复杂性的简化机制。正是说的这个。方向正确，才不会白忙活，才会有效净化舆论环境和文化生态。

坚持大局意识，紧接地气，彻底摈弃八股文风，换个说法和写法，才能切实提高公信力。这几年来的走转改活动、群众路线实践也证明，贴地皮转变新闻语态，提升业务能力，媒体公信得到了有效提升。公信力上去了，传播力、引导力自然会越来越强。

喜闻乐见的报道，也有利于公众提高媒介素养。促进公众较理性地区别媒体的优劣，逐步改善阅赏习惯和水平。这样，媒体与公众各彰其能，构建良性互动、正向传导的绿色传受关系，公众盼望的健康精神文化产品就会越来越多。假以时日，社会道德的抬升也就水到渠成。

　　五年前的公知、愤青或浅薄无知，或在外方力量蛊惑下，所搅起的乌烟瘴气，有时甚至莫衷一是的社会舆论，现在已然得到有效治理，清朗澄明的舆论空间正在形成。

　　五年时间弹指一挥间，五年媒体融合成就非凡。也要看到，在全球化时代，西强我弱的局面仍没有改变。在疫情打六星的灾难面前，西风假新闻满天飞，"忽悠"攻势高潮迭起，客观困难不容乐观。只有坚定遵循习总书记的2.19讲话精神，严守舆论工作的正确战略方向，坚持团结稳定鼓劲、正面宣传为主，就会从容不迫。这正是我们"道路自信范儿"的定海神针。同时，进一步推动媒体融合向纵深发展，实现"融为一体、合而为一"目标，全力构建全媒体传播格局，在传统媒体和新媒体两大场域中，记录、传播人民火热生活，讲好新时代中国故事。切实加强国际传播能力，为中华文化走出去提供科学指导，更好服务民族复兴伟业。

　　　　　　　　　　　　　　　　　　　　　　　　（央视新闻评论员 李其芳）

目　录

一、公益广告研究

主持人语

　　广告人做广告从未停止过对真善美理想的追求，无论是商业广告还是公益广告。然而，公益广告则更直接更集中地体现着广告人对自然万物千丝万缕的情愫、对民族文化的深厚情感和对人类社会发展的责任与理想追求。

　　公益广告其本质是服务于公众利益的广告，是为社会服务的广告。我国公益广告长久以来在各个历史时期都发挥了重要作用，历来为传播文化、文明以及国家话语、凝聚人心做出了突出贡献，领引着人们的价值取向。它是精神文化建设的软实力，自新中国成立前后的宣传画，到改革开放后企业的公益广告，再随着新的时代、新的媒体变化，带来了公益广告诉求全面多样、创意新颖、表现技术和传播更加快捷的"全、新、快"的新特征。尤其是2013年初，国家七部委联合发出《开展讲文明树新风公益广告活动的通知》，公益广告得到国家空前的重视，在"中国文明网"将"讲文明树新风公益广告"分类为五大主题："中国梦""爱党爱国""传统美德""道德规范"和"环境保护"等，公益广告在诠释大国梦想、塑造国家认同方面又有了突出的表现。在原国家工商总局起草的《公益广告促进和管理暂行办法（征求意见稿）》中对公益广告的表述是："公益广告是指促进社会主义核心价值体系建设，传播先进文化，树立正风正气，倡导良好道德风尚，维护国家和社会公共利益的非营利性广告。旨在培育和践行社会主义核心价值观、规范道德行为、弘扬优良传统、保护生态环境、节约能源资源、宣传遵守法律法规、维护人民健康安全等方面内容发布的广告。"这体现了我国公益广告的特点。

推动公益广告研究是新闻传播工作者义不容辞的责任。本期《中华文化与传播研究》首次开设了"公益广告研究专栏",正逢厦门大学建校一百周年之际,厦门大学陈培爱教授、陈素白教授、谢清果教授、林升栋教授(现为中国人民大学教授)、罗萍教授等,分别从不同视角分享其在公益广告研究中的观点。本期还收录了三篇公益广告论文,其中"1954-2015新中国公益广告的传播话语变迁"一文,是本栏目特邀传播学博士,南京林业大学人文社会科学学院张伟博副教授的特邀专稿。在此一并深致谢意。

本刊开设"公益广告研究专栏"旨在通过公益广告研究,推动公益广告的发展;通过公益广告向世界介绍和弘扬中国传统文化;引起民众更深层次地了解和运用中华文化,通过"传递中国公益广告的声音",增强民族文化认同和民族自信,努力践行中央关于公益广告宣传的有关精神和要求。感谢国内国外公益广告研究者们丰富了公益广告的前期研究,感谢支持我们公益广告研究的个人、团体。我们期待着,今后有更多的学者、社会人士加入公益广告研究的队伍中,探索、发现、拓展与推动我国公益广告的繁荣发展。

厦门大学新闻传播学院教授 罗萍

公益广告创作,厦门大学 徐心懿 作

公益广告研究大家谈

厦门大学新闻传播学院 陈培爱教授：

公益广告与社会主义核心价值观

公益广告，曾几何时一个还为人陌生的词汇，如今已大步流星闯进我们的视线，走入社会生活中，给繁荣的广告业增添了新的色彩和生气。并以倡导社会文明风尚，尽心尽力为社会大众无私服务的奉献基调在流光溢彩的广告百花园中脱颖而出，独树一帜，赢得了社会的认可和公众的青睐，为现代城市文明和社会进步树立了一道绚丽多彩的风景线。随着物质文明的高速发展，精神文明的提高也迫在眉睫。公益广告在大众中倡导新精神、新观念，给人们提供审美引导及教育，对精神文明的构建起到推动的作用。公益广告与商业广告不同，具有社会责任性、教育引导性、情感号召性和艺术性等，它担任着促进社会文明进程和树立社会新风气的重担。

公益广告是社会主义核心价值观的重要传播途径。自2012年党的十八大报告凝练出"富强、民主、文明、和谐；自由、平等、公正、法治；爱国、敬业、诚信、友善"24字"社会主义核心价值观"，传播及践行这一核心价值观便成为我国公益广告创作与传播的重要使命。

我们今天以公益广告培育和践行社会主义核心价值观，也是推进中国特色社会主义伟大事业，实现中华民族伟大复兴，实现中国梦的战略任务。

为此，必须从公益广告发布主体角度，探讨公益广告如何系统、有序、创意地呈现与传播"24字"核心价值观。尤其是在媒介技术发展、传播环境变化的当代，可否通过建构受众需求驱动的"核心价值观"公益广告传播模型，打造适应传播环境变化的"核心价值观"公益广告传播系统工程，实现"核心价值观"公益广告服务党中央"治国理政"方针的战略目标。

党的十八大以来，习近平总书记提出了"实现中华民族伟大复兴，就是中华民族近代以来最伟大梦想"的重要指导思想和执政理念。实现中国梦就必须坚持弘扬民族精神、凝聚中国力量。公益广告肩负着规范道德行为、引导价值观念、凝聚民族精神、塑造国家认同的使命与任务，不仅是社会发展进步与国家精神境界的标志，还是国家治理体系与治理能力现代化的重要抓手，也是传承中华文化、树立文化自信、实现中国梦的有力手段。因此，对中国公益广告进行研究兼具重要的历史和现实意义。

面对公益广告面临的新变化和新机遇，我们要明确提出新阶段公益广告发展的新使命新目标，构建公益广告传播的新机制新模式；通过梳理历史经验和现实背景，在习近平新时代中国特色社会主义思想的指引下，总结归纳公益广告价值观在社会传播中的理想模式、路径、策略等。在此基础上，构建理念、视觉、传统和渠道四位一体的中国公益广告传播整体行动方案，为确立社会主义核心价值观为主导的公益广告的良性发展提供理论框架。

面对新媒体的冲击，社会主义核心价值观的传播面临新的挑战。"碎片化""拼图化""感性化"的新媒介环境，导致核心价值观的主导性被弱化，准确性被降低，厚重性被消解。如何充分运用"核心价值观"公益广告的独特优势，发出主导性强音，需要依据受众的核心价值观"匮乏""紧张"状态，加强"核心价值观"公益广告的选题规划和内容创意。整合多种传播渠道，适时、有针对性进行精准投放，吸引人们的注意，让人们接受和理解。从而潜移默化地影响人的意识和行为，发挥公益广告践行社会主义核心价值观、促成核心价值观对大众践行养成功效的实现。

厦门大学新闻传播学院副院长 陈素白教授：

中外公益广告研究对比与反思

公益广告的历史发展，有其必然的社会土壤条件，经济环境支撑和文化环境制约，因此不同国家和地区的公益广告发展呈现出相异的发展轨迹与特点。公益广告的现代形态被认为是诞生于20世纪40年代的美国，当时正处于第二次世界大战的特殊历史背景中，在美国广告委员会的运作下，美国的公益广告事业自出生起就肩负特定的历史使命。新中国成立以来的公益广告，无论是从实践水平还是认识水平而言，都经历长足的发展，形成了与西方国家差异化、以政府为主导、多元主体共同参与的发展模式。在公益广告的学术研究方面，体现为研究领域、研究对象和研究范式与方法上的差异。在此通过中外公益广告研究的对比分析，讨论中国公益广告研究的不足与未来发展方向。

当前国内关于公益广告的研究涵盖了新闻传播、商业经济、影视与艺术、语言、思想政治与教育等多个学科范围，研究热度逐年攀升，研究的主题范围也在不断扩大。在研究领域上，主要围绕传播媒介、创意设计、传播效果、社会功能等方面展开，主题覆盖面较广但研究深度略显不足，大多数研究停留在简单的现象分析上。在研究对象上，囿于公益广告投放媒体的单一性及研究资料可获得性的考量，电视公益广告成为主要研究对象。随着互联网与数字技术的快速发展，关于新媒体公益广告研究也在逐渐升温，但目前相关研究的深入性和前瞻性有所欠缺。同时，其他媒体形态如平面类、广播类的公益广告所受到的关注较少。在研究范式与方法上，当前大多研究采用定性或思辨的研究方法，鲜有研究者通过内容分析法、问卷调查、实验法等方法进行研究，实证研究相对薄弱。

国外公益广告的相关研究涵盖了传播学、公共健康、商业经济、精神病学、药物医学、教育学、社会科学等多个学科范围。从文献来源出版物上看，国外研究主要从传播学而非广告学的角度进行切入，尤其是健康传播领域文献数量较多，可以看出国外研究者更多地关注公益广告中以社会公共机构为主体的公共广告，而非以企业为主体的公益广告。研究领域方面，国外公益广告研究秉承了经验学派的研究传统，主要围绕公益广告的效果进行展开，具体可以分为综合效果研究、内容与效果研究、受众与效果研究、媒体与效果研究等。研究方法上十分重视实证研究，注重严谨规范，且以定量方法为主，尤以控制实验法居多。研究对象往往选择较为具体且有针对性的公益广告类别，比如反对青少年吸烟、反对酗酒和酒驾、提倡健康饮食以及反对虐童、宣传老兵就业等。

对比国内外关于公益广告的研究，不难看出二者在研究领域、研究对象、研究范式和方法等方面都存在较大差异。国外的现代公益广告实践已经有八十多年的历史，发展相对成熟，在学术研究领域也有较好的理论积淀，形成了一套成熟的以经验主义主导的研究范式；但这并不意味国外的公益广告模式与研究范式就适用于中国公益广告的发展。恰恰相反，中国的公益传播活动，不但有自己的历史积淀，更有截然不同的社会语境。国内早期研究十分缺乏对这些要素的考量，在对公益广告的概念界定时仍套用以西方社会实践总结出的公益广告，具体表现为将改革开放以后的公益广告活动尤其是 20 世纪 80 年代出现的电视公益广告实践作为认知原点。这样一来，一方面导致的结果是未能从更长的历史维度上考查中国公益广告的发展；另一方面也弱化了中国语境下公益广告中的意识形态属性，既没有正视公益广告承载国家主流意识形态的功能，也导致对其中功能主义、行为主义主导话语进行批判性思考的缺失。

综上所述，只有从更长的历史维度上思考和定位公益广告，正确认识其历史性，才能正确地指导公益广告事业，适应中国具体的国情发展。我们应当大方地承认，公益广告之所以在中国社会中存在，就是为构建中国国家话语体系所服务，为实现社会主义文化现代化建设所服务，为治国理政服务。因此，中国的公益广告研究更要立足于从历史性的总结和反思中，寻找什么才是符合中国社会需求、符合历史定位的公益广告角色。

厦门大学新闻传播学院副院长 谢清果教授：

新时代公益广告与中华文化的传承与创新

新时代中国公益广告创新与发展必须根植于我国深厚的传统文化，因为公益广告承担着如何在新的时代条件下更好地体现中国价值精神的历史性责任。从历时性看，我们需要厘清中国公益广告的历史渊源、发展脉络和相关社会背景，对重要历史节点和时间段当中的公益广告进行立体考察，探究其在移风易俗和文化传承方面的独特社会价值。从共时性看，我们当着眼于"一国两制"的时代背景，将港澳台地区和内地的公益广告进行比较，在找寻其中包含中华文化圈共性传播内容的同时，突出大陆公益广告自身的特质与规律。将公益广告研究作为华夏传播研究的重要组成部分，实现对本土传播学理论框架的进一步完善。同时，探索坚定中华文化自信背景下，中国公益广告对中华文化传统的传承与中华文化传统对公益广告创新传播的理论框架和实践路径。

一、中华文化既是坚定文化自信的重要维度，也是我国公益广告的思想源泉

党的十八大以来，习近平总书记曾在多个场合提到"文化自信"，尤其是在庆祝中国共产党成立95周年大会的讲话上对文化自信特别加以阐释，指出"文化自信，是更基础、更广泛、更深厚的自信"。其语境更为庄严，观点更为鲜明，态度更为坚决，传递出这既是文化理念又是指导思想。"文化自信"是以马克思主义为指导的社会主义先进文化的自信，既有马克思主义先进文化的思想根基，同时又有中华优秀传统文化的深厚底蕴；其中中华优秀传统文化是自信之根，弘扬中华优秀传统文化是坚定文化自信的重要维度，建设当代中国文化价值体系需要积极传承五千年优秀文化基因。中华文化传统其实在文化自信中与中国革命文化以及社会主义建设文化是相辅相成的关系。从根本上讲中华文化传统一脉相承地贯穿于中国革命文化、社会主义建设文化的生成与发展之中，共同组成了新时代社会主义先进文化。无论是传统文化，还是革命文化、建设文化，都体现了中华文化传播的民本思想、家国情怀等核心内涵。我们的文化自信就是对我们文化传统的自信，是对传统文化、革命文化和建设文化的自觉继承与发展。而在这一过程中，公益广告是中国文化传统重要的载体与传播路径；当然，我们博大精深的文化传统，虽然历经五千年的演绎与变迁，其精神风骨依然代表着人类的发展方向，洋溢着人类命运共同体的旨趣，是作为中国广告学和广告业发展的不可多得的资源。中国公益广告发生、发展的基本的土壤是中国的文化传统，离开了这一点，中国公益广告发展就成为无本之木、无源之水。

二、新时代和新的国际环境需要对中华文化传统与公益广告的耦合进行全新的诠释

文化自信是实现中华民族伟大复兴的强大精神力量；可让中华文化真正获得强大的世界影响力，提升中国国际话语权。中华文化影响深远，但是经过历史的变迁，人们对中华文化的理解在不同的情景下发生了变化；传统文化场景已经难以适应社会的变迁和发展，抽象的教义与现实实践冲突的困境日益明显，如何在当下的语境下让中华文化成为贯穿在中国人的生命实践指南？另一方面，对外如何用符合国际语境的话语体系传播中华文化传统，从而向世界树立中国形象，传播中国声音？这一问题已然历史性地排在我们面前。新时代对公益广告的创作与传播提出了新的命题，那就是公益广告既要守正，又要创新。守正的方面在于继续发挥阐扬社会主义核心价值体系的任务，继续发挥为构建中国国家形象话语体系的时代使命，继续丰富和发展中国人民的日常物质生活和精神生活；创新方面主要在于新时代又处于新文科大发展的时候，处在传播媒介大变革的时代，公益广告的创作方式和传播渠道都要充分运用新形式，打造新形态，不仅适应于中国国内社会发展的需要，也要关注世界变化的百年未有之大变局，化危为机，变局中勇开新局。

三、公益广告既是中华文化的传承与传播的载体，也是国家治理体系与治理能力现代化的重要抓手

公益广告是面向社会公众的非营利性广告，最终目的都是要规范人们的行为或者是促成人们情感、认知以及行为上的改变，追求一定程度的传播效果。公益广告可以成为中华文化传承的重要载体，能够有效完成对日常生活实践的沟通和连接，也是中华文化对外传播的重要方式。新中国成立以来，在官方话语体系中的公益广告对国内外民众进行了哪些内容的中华文化教育和传播？其效果如何？这一问题是需要我们深入总结与提升的方向。公益广告具有随风潜入夜、润物细无声的效果，既能丰富人们的生活，又能成为国家治理体系与治理能力现代化的有力抓手。国家治理是件系统工程，其中重要的方面便是构建系统的传播体系，搭建完善的话语体系，以打造良好的国家形象，包括政府形象和国民形象。公益广告是社会风尚的风向标，有必要纳入国家的宣传体系中来进行综合考察，这样既可以推动与提升我国宣传的有效性，开拓宣传的广度与深入，实现入脑入心，又能规范公益广告的健康发展，提升公益广告运作的层次、功能与效率。

四、围绕中华文化的丰富内涵，利用不同媒体针对特定受众开展不同主题的公益广告传播

我们不仅需要着重探讨中华文化产生的历史渊源，梳理其经历传统文化到现代教育的发展过程，探讨不同主题的中华传统文化主题公益广告中的类型；而且还将探讨如何将不同主题与公益广告创作设计结合，给各种主题的中华文化公益广告的创作提供有益的思路，让目标受众在新形势下对在对中华文化的理解和追求中实现个人生命和家庭的延续，并最终发展为和谐社会建设的道德资源和对外传播的有效途径。

在此基础上，还将探讨不同媒体对公益广告传播中华文化传统的差异，探讨不同类型媒体特质对传播中华文化价值观的内在影响。突出研究广播电视公益广告、平面广告以及数字公益广告传播中华文化的形态与效果。尤其是把社交媒体等新媒体公益广告的制作，传播与效果进行深入研究，以呼应当代数字广告兴起的学术前沿。

五、在本土传播理论的视野中建构中国公益广告的新境界

本土传播学又称华夏传播学，主要致力于传播学中国化研究，力争建构基于中华文化立场具有全球传播视野的本土传播学，华夏传播学是具有中国风格、中国气派和中国价值的传播学，并且力争成为能与传播学"欧洲学派"和北美学派相媲美的"中华学派"。包括公益广告在内的广告学是当代传播学体系的一部分，构建本土传播学，打造华夏传播学，广告学也不应缺席，因此就公益广告而言，其所体现的理念与精神，与中华文化精神尤为契合。因此，笔者引进我自己擅长的华夏传播研究视角，力争打造不一样的中国公益广告。

（一）植入中华文化尊道贵德、仁义相济的传播理念，发挥公益广告作为中国传统传播思想的"放大器"

民族文化是一个民族的灵魂，具有强大的凝聚力与生命力。中国的公益广告根植于深厚的传统文化积淀，对我们今日的社会生活产生着不可忽视的影响。当代有不少传播学者指出，"风草论"是传播学理论本土化的一大尝试，注重传播过程的风化风行，关注受众主体性的草偃草起、风吹草偃的传播效果。今日的公益广告可以视作新的媒介背景下的对于"教化"思想和行为的继承。朱熹在其《论语集注》中解释"道"和"德"时说："道则人伦日用之所行者是也"，即人们日常关系中所应当遵循的规则、道理。公益广告围绕着社会公德、家庭美德、职业道德等主题开展对民众的"潜移默化"的教育，让规则和道理能够影响万千家庭、深植于民众心中，在国家社会层面形成一种极具整合性的无形影响力。风草论特别重视"伏"，即希望达到"润物无声"的传播效果，这与公益广告的传播理念不谋而合。相较于古代的"露布榜文"、近代的"大字报"等浅显直白、富有煽动性和视觉冲击性的宣传手段，视频公益广告能够用镜头语言将多层次、多内容的信息以紧张但不失平和的节奏有序传递出去，平面公益广告也能够将传播的冲动加以"克制"，将丰富的信息融入抽象化的符号当中，从而以"不言之教"和"自我修身"的自我体悟替代灌输式、填鸭式的他者宣教。

中国人始终将道德伦理的"义"体现在社会生活的方方面面，也就是说，"义"作为一种道德价值标准始终存在于中国人的价值判断和行为取向上，同样的，中国朴素的传播理念也不例外。《论语·里仁》中提到"君子喻于义，小人喻于利"，孔子在这里强调的是"以义为上""见利思义"；孟子也认为"义，人之正路也"，在他看来"义"显然是要重于"利"的；《墨子·经上八》中提到，"义，利也"，也就是说，在墨家思想中人们需要做到"义利并重"。特别值得注意的是，墨家强调符合百姓的利益便是一种"义"，因此倡导的是一种以伦理道德为先导的"公利"。这些观念经过千百年的传承已经镌刻在中国人的文化基因当中，深刻地影响了中国人传播观念，而公益广告最能体现出中国传统的"义利"观念在当下的时代发展。公益广告的投放着眼于公众的切身利益，投入大量本来可以用于"变现"获得行业利益的媒体资源用于实现良好的社会效益，正是义利观念在社会转型特殊时期的最佳践行渠道。

（二）阐扬中华文化共生交往的传播智慧，推动公益广告承担起中华文化继承和发扬的重任

在人们的固有观念中，公益广告是作为对时代要求的回应而存在的。但是，任何创造都不是凭空而来的，必然有其深刻的历史渊源。《中国广告图史》中提到，秦汉以后，儒家这种贵与尚中的思想，正好既适应了大一统的政治需要，又迎合了宗法社会的伦理情感的需要，从而成为千百年来中华民族的情感心理原则。这些儒家思想虽在一定程度上禁锢了人们的思想，但作为中华民族的传统文化，这些思想有其存在的合理性，是人们生活的精神信托。直到现在，一些广告作品仍用这些思想做创作元素，引起亿万国人的共鸣。可以说，经过漫长的社会历史变迁，不论中国的公益广告如何流变，其以儒家思想为代表的文化内核仍然渗透到当今公益广告受众的心理文化结构之中。文化相合，方能深入人心、喜闻乐见，目前中国随处可见的街边公益广告大多重视传统文化内容的呈现，孝亲敬老、家和万事兴等有利于社会和谐的内容被大力提倡，有利于营造正能量的社会文化氛围。但是，一些地方在推行公益广告时未注意对传统思想的去芜存菁，反而影响了社会的和谐，甚至引发公众舆论事件。因此，我们也必须思考如何在让公益广告中的传统文化内容得以充分体现的同时，引导其与现代社会价值观相适应，获得更加广泛的社会理解与认同。

尽管美国学者塞缪尔·亨廷顿及其著作《文明的冲突与世界秩序的重建》备受争议，但不可否认的是，他敏锐地意识到并提出，现代化绝对不可能与"西方化"画等号，而必然伴随着本民族文化的复兴。历史发展到今天，随着中国综合国力的不断增强和国际地位的不断提高，以"90后""00后"为代表的年轻群体变得越发具有文化自信，正以复兴传统文化的形式寻求自我认同和时代坐标。而国家和政府也应当对这种民族情绪和发展趋势予以回应和引导，以期能够做到趋利避害、维护社会公共利益，而公益广告无疑在其中扮演重要抓手的角色。事实上，社会主义精神文明的建设与中华优秀文化的继承与发扬密不可分，公益广告所具有的社会文化属性及其传播创新，必然会给中国共产党在新形势下的治国理政提供新思路，亦能提供宣传和谐主张的重要传播工具。

我认为华夏传播学的核心精神在于"共生交往"，用孔子的话语表达就是"和而不同"，用费孝通的名言表达就是"各美其美，美人之美，美美与共，天下大同"，用我的话表达就是"和谐共生，天下一家"。公益广告固然是为了社会和谐，更要为了世界太平。所以从根本上讲，公益广告也应当站在"人类命运共同体"的高度，既在国内传承中华文化传播的"心传天下"旨趣，又在国际上高扬中华文化"天下一家"的理念，传承与传播人类共同价值，传播仁爱与善良、公平与正义、和平与合作，

（三）挖掘中华文化物质文明的传播元素，增强公益广告彰显中国特色、中国风格、中国气派的实力与能力

公益广告大多以画面或声音，或者视听结合的方式来传情达意，故而在相当程度上存在向中国传统艺术形式借鉴的可能性。中国传统文化在语言艺术、造型艺术方面的艺术语言、艺术经验便非常值得借鉴。例如，中国古代诗歌中常用的借景抒情、托物言志等艺术手法，能够将人们日常生活中司空见惯的意象进行重新赋值，通过诗意的语言传递复杂深沉的情感，并由此引发人们内心的共鸣。在现代公益广告的创作中，饱含中国情感的意象同样是必不可少的，"筷子"常常能够激起人们的家国情怀，"烟花"往往也能够彰显中国人对于盛世太平、灯火万家的向往和追求，越是在地平常，越能触动人们内心最柔软的角落。以元代诗人马致远的传世名作《天净沙·秋思》为例，"枯藤老树昏鸦，小桥流水人家，古道西风瘦马"，白描手法的运用将语言的张力展现到了极致，其"诗中有画，画中有诗"的审美意境更能够充分展现汉字作为世界上独具特色的成熟象形文字所蕴涵的无穷传播潜力。中国传统诗歌借鉴绘画等艺术表现形式来营造深远意蕴的思路，同样非常值得今天的中国公益广告借鉴。在中国公益广告的创作中，如何将中国传统的艺术表现智慧加以创新运用，避免广告设计中容易出现的肤浅和平庸的问题，既是提高公益广告创作水平的实际需要，也是如何让世界重新认识中国、让中国重新发现自己的关键所在。

公益广告的中国特色、中国风格不仅体现在对祖先文化的继承和发扬上，更体现在能够与时俱进，每每在全新的、前所未有的媒介环境中找出最适合中国国情、最贴合群众利益的创新型传播形式。从2019年开始，"直播带货"成为新兴风口，在各大直播平台和电商平台大行其道。2020年，中国在世界范围内率先做到控制新冠疫情并有序复工复产。经过对"公益广告"概念和定义的系统梳理，可以发现，公益广告的衡量标准非常灵活，含义延伸亦可以相当宽泛。可以认为，所有组织与个人发布，不以营利为目的，维护公共利益的广告形式，即可界定为公益广告。央视及各大直播和电商平台主动承担起社会责任，开展公益直播带货活动，帮助因疫情影响而产品滞销的企业和农民打开销路，助力中国经济的快速复苏，上演"一枝独秀"的"中国奇迹"。由是观之，公益广告不仅能够"潜移默化"，也能够"立竿见影"，不仅能从文化上起到潜移默化、引领风尚的作用，也能够让人民群众有机会收获实实在在的真金白银。又或者说，公益广告同样能够同商业广告一样，在经济生活中发挥至关重要的影响力。而对于广告传播领域来说，学界不应该只是新业态的"应声虫"，而应该充分体现理论建构的前瞻性和指导性，不断挖掘和发现未来可期、可行的传媒增长点及其背后蕴含的深刻传播规律，从而更好地让公益广告服务于国计民生和中国特色社会主义事业，这也是本课题所要着力探索的前沿。

在中国文化"走出去"的历史征程中，公益广告也可以作为一支"奇兵"而应该受到关注。众所周知，公益广告是以大众传播的方式为公众服务的广告形式，由于它没有出于个人或组织的私利而进行商业推广和营销的目的，又具有很大的艺术审美空间，尤其能够为人们所喜闻乐见。但这往往是理想的情况，在对外传播领域，承载了"主观"价值判断的公益广告往往会比商业广告更受争议，"谈感情"承受的风险并不一定比"谈钱"要少。受众往往出于意识形态偏见或其他固有印象、刻板观念而对中国公益广告试图传递的信息产生误读，又或者被部分习惯于戴着有色眼镜的国外媒体的议程设置所误导，从而让试图发出中国声音的公益广告陷入"鸡同鸭讲"和"交流失败"的尴尬境地。例如，中国在海外媒体平台投放的国家形象宣传片，往往便会被视作"中国威胁论"的明证而被大加炒作甚至污名化。因此，承载了中国历史和现实的公益广告如何能够以更加和谐、同时又更加有力的姿态走向世界并讲述中国故事同样是我们必须进行探究的重要方向。

中国人民大学新闻学院 林升栋教授：

谈中国特色公益广告研究

新中国公益广告尽管举目可见，在社会主义精神文明建设中扮演着越来越重要的角色，其研究成果却少得多，这与其在当代中国社会中所发挥的作用是不相称的。2020 年国家社科基金重大招标项目将"新中国公益广告发展史"列入其中，显示政府对公益广告的重视以及对学界在这一领域研究成果的期待。

在英文文献中，对公益广告整体进行的研究很少。西方学者会按照公益广告的不同主题，如禁烟、反酒后驾车、反种族歧视、反家庭暴力等，分开独立研究。这种分主题的研究成果汗牛充栋，如禁烟，有相当多的文献。在健康传播领域，形成了一本影响因子颇高的期刊 *Journal of Health Communication*。中国的公益广告研究要走向深入，跳脱泛泛而谈的公益两字，进入分主题的领域是必然的趋势。

1996 年 6 月 18 日，国家工商行政管理总局发出《关于开展"中华好风尚"主题公益广告月活动的通知》，公益广告成为国内学界和业界的通用术语。然而，对于"公益广告"这一概念的内涵和外延，学界、业界、政界一直没有达成共识。初广志教授 2020 年的一篇文章，通过对各种相关资料的梳理就发现，在中国广告界，公益广告这一术语曾呈出社会广告、社会公益广告、公益广告、公共广告等多种称谓。

目前，学界对公益广告概念的界定存在多种视角，不同视角下公益广告概念的多重界定，导致公益广告的实践主体对公益广告存在不同的解读，不仅阻碍了公益广告的学术交流和对话，也对公益广告的运作带来了消极影响。厘清和界定公益广告的内涵和外延成为我国公益广告事业发展面临的一个亟待解决的问题。对公益广告本质进行思考，需要对其作为一种传播范式的立场、视角和方法进行根本性考察。

萌芽、诞生、发展并逐渐成熟于中国独特社会环境下的公益广告，有着不同于西方发达国家公益广告的历史发展轨迹。中国公益广告的发展除了政府的有力引导、媒介和广告公司的大力支持，企业也在其发展中也扮演了重要的角色。企业对公益广告的参与伴随着企业对自身社会责任和义务的认知程度而逐渐增加。政府、媒体、企业等不同主体之间的相互作用和影响，构成了我国公益广告发展史的一条主要线索。

要谈"中国特色"，就要跟西方做对比。自 20 世纪 70 年代以来，社会市场学的概念被发达国家广泛应用于解决社会问题，并产生了良好的效果。澳大利亚是将社会市场学率先应用于全民健康教育、健康促进等公益事业的国家之一。在我国，由于媒体的国家、政府公有，加之我国生产力水平和财力制约，社会公益广告宣传的投资主题及投资渠道比较复杂。在逐步实现市场化的过程中，作为精神文明建设重要方面的社会公益宣传，如何适应市场经济的变化，形成一套较系统、完整、实用、有效的宣传思路和模式，还是一个全新的课题。

目前有关中西公益广告比较的研究大多秉持"在比较中吸收借鉴"的宗旨，但是，这些比较却集中于将中国公益广告与各个不同文化背景中的公益广告进行静态而片面的比较，缺乏对不同国家背景的剖析，以及对移入中国土壤的必要性、移植条件和路径的分析。这样的研究深度往往有所欠缺，多数仍然停留在对理论的应用，而非发展和建构层面，且视角庞杂，难成系统。而被引入的理论大多发展于西方国家的社会文化背景之中。简单地将这些理论稼接到中国文化土壤而不考虑"水土不服"等问题，可能造成理论与现实的脱节。按照历史学家桑兵的说法，理论建设中的"拿来主义"往往与研究者对研究对象发展历史的把握不足密切相关。由于缺乏对历史的深入了解和整体把握，多数研究无法针对研究对象生成自己的理论框架，而只能求助于已经存在理论，将其套用在研究对象之上。长此以往，该领域的研究只能在数量上有所积累，而并无实质上的理论进展。

中国的公益广告起步较晚，基础还很薄弱，其中一个突出问题就是缺乏良性运行机制。中国公益广告研究虽较实践发展又有所滞后，但机制问题始终是学者们的研究重心所在。学者们在大量吸收借鉴其他国家公益广告发展模式的基础上，结合中国本土情况形成了不同的理论设计，但这些理论设计往往缺乏系统化，也没有经过实践检验。在中国特殊的政治经济环境下，需要针对建立适合中国国情的公益广告运行机制这一问题做进一步的深入研究。政府对于公益广告发展的主导是中国模式的特点，也是机制建构的核心问题之一。因此，当前研究不能仅仅局限于在某一阶段的促进或限制性作用，而应针对政府在中国公益广告发展历程中的角色变化展开详细的梳理研究，从而全面客观地把握政府对中国公益广告发展的意义所在，使其在机制设计中处在最佳位置。这就需要进入历史的视角。

历史研究不仅可以从纵向时间维度出发，研究事物从低级形态向高级形态的发展进程，还包括横向空间维度的研究，即事物由某一地域向世界其他地域扩散的趋势，它主要表现为一种空间上的开放和全球化的运动。目前公益广告研究以纵向为主，中间虽也夹杂着少数对不同国家公益广告的比较研究，但却远未达到横向视角的程度。我们必须认识到，新中国公益广告发展史始终与全球化进程相互交织，甚至现代公益广告的概念本身也是起源于西方。当前中国公益广告的发展是外力因素与内部驱动共同作用的结果，缺乏横向视角的公益广告研究将无法充分阐释我国公益广告发展历程。在新的变局之下，公益广告研究理应回溯历史，立足当下，展望未来，以承担时代赋予的责任。

厦门大学新闻传播学院 罗萍教授：

谈新时代公益广告艺术的审美价值

公益广告以视觉艺术的表现形式传播优秀文化，规范人们的道德行为，坚定人们的理想信念，其以作品的内在美和外在美同时传导着真善美的信息，推动着社会的发展。公益广告是广告，也是文艺作品。

习近平同志在看望参加全国政协十三届二次会议的文化艺术界、社会科学界委员时指出："好的文艺作品就应该像蓝天上的阳光、春季里的清风一样，能够启迪思想、温润心灵、陶冶人生，能够扫除颓废萎靡之风。……做到春风化雨、润物无声。"这是对文艺作品的审美给出的方向，也是我们公益广告审美所追求的大方向。

公益广告弘扬真善美，其"真"在于，它的表现内容的真情实感，是切实为国家、为人民服务的；公益广告的"善"在于它的初衷是为了弘扬正气、关爱弱势、保护自然、惩恶扬善、倡导文明而存在的；公益广告的"美"是其形式的美与其内容的美交相呼应的美，是以美的内容和美的形式带给社会的一份美的奉献。实现公益广告的艺术审美价值主要从内容、形式与科技三大方面来探讨：

一、从内容上看，公益广告在传播信息时始终将对真善美的追求作为理想，内容直接体现着人与自然、人与文化、人与社会的千丝万缕的联系。近年来我国权威媒体CCTV征集的公益广告主题主要有：我的中国梦、文明中国、绿色地球、中华文化、对外传播等。公益广告主题内容与"真善美"的追求一致。公益广告的内容所传播的坚守伦理与道德、保护环境、关爱弱者、坚守信念与理想、传播健康知识等等主题内容，无不散发着人性的美。公益广告主题是公益广告的灵魂所在，习近平同志在看望参加全国政协十三届二次会议的文化艺术界、社会科学界委员时指出："一个国家、一个民族不能没有灵魂。文化文艺工作、哲学社会科学工作，属于培根铸魂的工作。"这提醒我们对于公益广告主题内容的把关要时刻放在第一位。

二、从艺术形式上看，公益广告的艺术形式美是通过感人的形象、色彩、线条、声音、影像等美的元素，以视觉美术和影像艺术的方式传播美，如画面构图的形式美和色彩美、画面形象的艺术审美、画面形象的艺术创意等，包括：对称、平衡、比例、对比调和、节奏韵律和变化统一等等形式美规律，这些体现公益广告的审美价值，使得公益广告的视觉宣传入眼入脑入心。公益广告较之商业广告艺术性更强，尤其是在新中国成立前后我国的特色公益广告"宣传画"，长期被归在美术领域，全国美展很久以来都有"宣传画"类别（直到改革开放以后改为艺术设计类别）。广告的艺术审美价值也体现了广告人的文化艺术素养，以及对公共环境负责的一份社会责任，公益广告不能没有艺术美的表现。

三、要注意的是广告艺术不是纯艺术，它本质上是设计艺术，设计艺术本身就具有艺术性和科学性两重特征。所以公益广告艺术本身是具有艺术与科学两方面特征的。公益广告艺术的科学性表现为公益广告也要尊重科学规律，尊重广告的运作规律、尊重媒体的规律、尊重受众的视觉心理规律，尊重和服从自然、环境、安全等等因素。也表现在，广告艺术表现离不开先进科学技术的支撑，时代在进步，先进的科学技术日新月异，广告设计从平面材料到立体表现，从传统媒体到新媒体形态，网络媒体、移动媒体等等不断地挑战并补充着传统媒体的视觉传播形式。网络技术、数码艺术设计、数字电影电视等新科技不断地充实着广告设计的传播方式。广告设计从单一媒体跨越到多媒体；从二维平面延伸到三维立体和空间；从传统的印刷设计产品更多转化到虚拟信息形象的传播，媒体语汇得到了极大丰富。新技术的发展，给广告设计带来了质的变化。具有艺术审美的视觉画面更加重要并且有了更加宽广的展示空间。

目前我国公益广告作品的艺术审美品质还需要进一步提升，如需要克服风格的同质化、创意的单一，还要克服和杜绝因缺乏审美基本能力而使得设计显得粗陋的作品。有一些设计者未注意到的问题，如看到过一些初学者做拒绝海洋污染的广告时，人为地用电脑将垃圾与海洋合成，垃圾充斥了整个画面，只有文字是拒绝海洋污染，这样的画面就很丑，也不客观，因为那些脏了海洋的垃圾都是作者绘制上去的。虽然初衷是好的，但如果这样的设计张贴到公共场所，就会由于我们的设计对我们的现实空间带来二次或三次的视觉污染。所以作为大众传播的公益广告宣传画面大多适合直接宣传的、弘扬的、倡导的这样的表现，如果一定需要警示的血腥暴力的画面，可以采用美术插画的表现形式，而不是采用照片的表现形式，这样才能保证我们的公益广告形象不会引起误解和误导，不会对环境造成视觉污染。幽默是一种独特的艺术表现形式，如漫画、插画、动画等，它可以使人在会心一笑中得到启示，这种艺术形式能起到善意的规劝、惩恶扬善等宣传效果，能给人一种假定性的真实，一种艺术境界的教育，值得提倡。艺术的表现手法也是极其丰富多样的，需要我们专业和非专业人士深入地去学习和探求。

习近平同志对文艺创作提出了"四个坚持"的新要求："坚持与时代同步伐、坚持以人民为中心、坚持以精品奉献人民、坚持用明德引领风尚。"在此指导下，发挥新时代公益广告艺术的审美价值是每一个媒体人的责任。无论是商业广告还是公益广告，在传播信息时其实都是将其对真善美的追求作为理想的，发挥好新时代公益广告艺术的审美价值，我们应努力追求：美的形式美与内容美的统一，艺术性与科学性的统一，美的形式、内容与先进技术的统一。

1954—2015 新中国公益广告的传播话语变迁

——以计划生育广告为例

张伟博 *

（南京林业大学人文社会科学学院，江苏南京，210037）

【摘要】公益广告是广告"家族"中的重要成员，它对社会文化、思潮、观念等都有明显的教育意义。对公益广告传播话语的研究，可以看出不同年代中国社会的主流传播话语以及社会的整体追求，更可以窥视不同社会阶段中权力／话语的变换踪迹，以及作为政治实践的话语，在建立、维持和改变权力关系的过程中所肩负的作用。本文以计划生育广告为例，聚焦广告的主题、口号、视觉符号，阐释不同年代计划生育广告传播的主旨，通过分析半个多世纪的广告作品，探索公益广告传播话语的历史变迁过程。结合权力／话语理论，从知识的生产、话语的演变层面，揭示公益广告传播话语和整个社会话语体系之间的复杂关系。

【关键词】公益广告；传播话语；计划生育；知识；权力；

【基金项目】本文系 2018 年江苏高校哲学社会科学研究基金项目"1954—2014 计划生育宣传话语演变研究"（项目编号：2018SJA0114）项目成果。

改革开放之前，新中国鲜有商业广告，所以很难对商业广告做线性的分析研究，但公益广告从新中国成立初就大量出现，且一直伴随着社会主义事业发展而不断演进。其中，最具代表性的就是计划生育广告，从 20 世纪 50 年代一直延续至今，为中国公益广告研究提供了珍贵的史料。1954 年国家颁布"节育""避孕"的相关文件，此后，与"生育"相关的公益广告就一直相伴而行。60 多年里，计划生育政策不断变化，广告传播话语随之不断调整。然而，从传播的主旨来看，计划生育广告不仅仅传播有关"生育"的信息，同时还兼顾政治、意识形态及社会公益宣传，这就使得计划生育广告的传播话语

---

* 作者简介：张伟博（1978—），男，江苏南京人，传播学博士，南京林业大学人文社会科学学院副教授，研究方向：媒介、文化与传播。

总是在"顾而言他",并随着社会环境的变化,不断地调整自己的身影。

半个多世纪中,计划生育广告的传播话语经历了哪些变化?透过这些变化是否能窥探出过去几十年里中国社会公益话语体系的整体演变路径甚至动因?具体而言,公益广告的主题如何产生?话语背后知识如何生成?其中蕴含了什么样的社会理想?权力又扮演什么样的角色?这些都是本文要深入讨论的。

一、语料收集与研究方法

"节育"相关的人口政策最早始于 1954 年,本文收集到最早的"节育、优生"广告也是 1954 年,故研究的起始时间是 1954 年。21 世纪后要求开放生育的呼声越来越高,2013 年"单独二孩"政策实施,2015 年国家全面开放二孩政策,标志着计划生育政策开始转向,故本文的研究样本选取自 1954—2015 年。

本研究通过两类渠道收集广告作品。一类是阿里巴巴、孔夫子旧书网等国内商业网站;另一类为国外网络藏馆,包括美国国家医学图书馆网络藏馆[1],莱顿大学汉学家斯蒂芬·R.兰茨贝格(Stefan R Landsberger)创建的宣传画网络展览馆[2],瑞典斯德哥尔摩经济学院谢格森(Jon Sigurdson)[3]教授所收藏的中国招贴[4],以及威斯敏斯特大学亚洲研究中心[5]等。共收集到计划生育广告 386 幅,经过筛选,最终将 166 幅公开出版发行、并能够准确判断年代信息的作为研究样本,时间自 1954 年至 2015 年。

本文采用话语分析的方法,分别对广告主题、口号、视觉符号进行分析。对各种词语进行归纳、统计,包括对一些特殊词汇,如"苗儿红""花儿艳""新思想""抓路线"等进行归类,经过预编码和多次编码测试,最终确定编码规则,将广告的主题归纳为"节育晚婚少生""母婴医疗卫生""革命话语"等 11 个类别。

全文结合孙沐寒[6]、刘铮[7]等学者对计划生育政策发展阶段的梳理,将 166 幅计划生育广告划分为五个阶段:

第一阶段(1954—1962)优生优育、节育避孕话语传播;

第二阶段(1963—1970)计划生育、思想意识话语传播;

第三阶段(1971—1978)革命运动、多元主题话语传播;

第四阶段(1979—1991)控制人口、独生子女话语传播;

① U.S.National Library of Medicine.(https://www.nlm.nih.gov/)
② Internet Exhibition Hall of Chineseposters.(www.Chineseposters.net)
③ 谢格森(Jon Sigurdson)1964 年到 1967 年 3 月间在北京担任瑞典驻中国大使馆科技文化参赞、德隆大学中国农村的工业化研究专家,曾任斯德哥尔摩经济学院欧洲日本研究所东亚科学技术和文化项目主任。
④ Jon Sigurdson's Collection of Posters.(http://chinaposters.org/front/front)
⑤ Center for Asian Studies, University of Westminster.(http://chinaposters.westminster.ac.uk/zenphoto)
⑥ 孙沐寒:《中国计划生育史分期问题研究》,《中国人口学》1992 年第 2 期。
⑦ 刘铮:《中国人口理论教程》,北京:中国人民大学出版社,1981 年,第 15 页。

第五阶段（1992—2015）理性发展、科学政策话语传播。

从数量来看，作品最多的是第三、第四阶段；第五阶段数量急剧下降（如表 1 所示）。

表 1：不同阶段计划生育广告数量

阶段	第一阶段	第二阶段	第三阶段	第四阶段	第五阶段
年代	1954—1962	1963—1970	1971—1978	1979—1991	1992—2015
广告数量	29	28	45	50	14

二、话语释义

话语（Discourse）一词最初是语言学中的一个用语，主要用于语言学分析中[①]。如今这个词语早已超出语言学的范畴，成为人文学科领域广泛使用的词汇。话语有两层含义，一是指语言学交流中的"语言材料"，另一层则包含语言材料，更包括语言材料的修饰信息，如声音、动作、字体粗细，甚至人物情感、信仰、穿着、肢体语言等。这表明，话语不仅仅存在于语言和言辞的表层，还深埋在语言和言辞之下；语言材料的话语与非语言材料的话语融为一体时，即构成语言文本与视觉符号的结合体。话语包括三个维度的内容，即：文本、话语实践和社会实践。费尔克拉夫认为话语既是一种语言形式，又是一种行为形式，话语实践是具有建构性的，它有助于建构社会本身，包括社会身份、社会关系、知识体系和信仰体系等，更有助于改变社会[②]。公益广告的传播话语既是社会整体思潮的一种反射，又会对社会本身进行建构。审阅计划生育广告，便可发现不论是广告的主题、口号，还是画面的背景，都一直在被话语建构。不同的时代大众对"生育"这个公益话题的认知都一直在被话语影响，或支持生育，或支持节育，而且每一种话语都伴随着足够的"知识和真理"，例如"实行晚婚晚育有利于经济建设"。话语是一个没有边界的单位，在历史发展过程中，人们总是改变旧话语创造新话语，争夺世界话语边界，扩展话语边界[③]。不同的时代总会有不同的词汇被创造出来，不同的社会经济、文化、意识形态，生产不同的知识，建构不同的话语。表征在计划生育广告中，即广告的主旨分别与国家建设、科学、男女平等、革命、法制、经济等话语相关联。

对话语的另一层解读即话语与知识、权力之间的勾连，福柯将话语视为权力与知识相结合的产物。他认为话语的建构、知识的生产，都无法避开权力的指涉。福柯的概念中权力不单单是分配，也不仅仅是控制，而是一种复杂的社会关系总和，是社会中各种关系相互制约而形成的一种权力"场域"。知识和权力联合生产话语，话语又反过来为权

① Brown G. & Yule G. *Discourse Analysis*. Cambridge: Cambridge University Press，1983，P1.
② ［英］诺曼·费尔克拉夫：《话语与社会变迁》，殷晓蓉译，北京：华夏出版社，2003 年，第 59 页。
③ ［美］詹姆斯·保罗·吉：《话语分析导论：理论与方法》，杨炳钧译，重庆：重庆大学出版社，2011 年，第 31 页。

力保驾护航，权力在知识生产中是一种积极的力量①。公益广告的传播话语在不同的社会时期总是会受到社会权力场域的影响。例如 20 世纪 50 年代，新中国的女性为了参与国家建设，内心充满了热切的劳动愿望，所以计划生育广告的主题往往与节育、避孕紧密联系，口号是"节育、晚婚"，这反映出当时社会对晚婚晚育的需求。到了 60 年代，广告主题逐渐被"国家建设"所替代，权力场域的核心就是"国家建设"，这一时期的典型口号是"实行计划生育有利于社会主义建设"。到了 70 年代，最具代表性的口号是"为……搞好计划生育"，"为革命""为国家建设""为备战"等，这类话语（包括语言结构、句式等），成为当时各种公益广告的流行句式。80 年代后逐渐转向轻松、活泼的传播话语。90 年代后"经济、富裕"等词汇开始出现在公益广告中。21 世纪以来，科学、文明的生育观念越来越多地出现在传播话语中。2013 年后，国家人口政策开始转向，鼓励生育的话语在近 60 年中首次出现。这一简单的话语演变路径，清晰地表明：一个社会公益广告的主旨始终随着社会整体发展而变化，始终受到权力的影响，并且可以反映出不同社会时期的知识、话语的生产过程。

三、知识、秩序、真理——公益广告传播主题的生产过程

不同的社会环境、社会阶段都会出现特定的公益话题，这些话题与社会的整体追求有着紧密的联系，公益话题的形成受到社会知识、话语的制约，社会发展过程中总是会不断地生产新的知识和话语，这些知识、话语沉淀在公益广告中，便成为公益的主题。作为一项公共政策，计划生育始终受到政治、经济和文化的影响，这几种影响合力在不同年代分别生产不同的知识，镶嵌在计划生育广告的传播话语中，如 50 年代"节育避孕"，60 年代"计划生育好"，70 年代的"为革命……"，"晚稀少"，80 年代出现"只生一个好"，90 年代"女孩养老"，最近几年的"四口小康之家"等。这些词汇产生的实质都是特定的秩序空间中，语言被再造和强生成的结果。每一种词汇作为一种特定的知识都是在特定的社会环境、观念认知和经验中被确立，再经过话语的编辑、加工，成为一种合理性的型构，意义就被建构了。福柯在《词与物》中提出了认识型的概念，他认为知识的下面存在着一种基础的秩序关联系统，这种系统根植于庄重的空间和特殊的文化之中，其中有两个基本的概念，一是秩序，二是文化②。公益广告的传播话语很明显受到了秩序和文化的影响。秩序是作为内在规律存在于语言所创造的网络中，在这个网络中默默地等待着自己被陈述的时刻。文化则控制了语言和交流的基本代码，从一开始就为每一个人确定了先验的秩序，并引导个体遵循这种秩序。

---

① [美]艾莉森·利·布朗：《福柯》，聂保平译，北京：中华书局，2014 年，第 41 页。
② [法]米歇尔·福柯：《词与物》，莫伟民译，上海：上海三联书店，2011 年，第 8 页。

（一）知识、秩序与话语——优生、优育、避孕

中国社会的生育文明和生育文化中，长期以来只有"生男生女"一说，并无"优生、优育"的词汇，更别说"避孕、节育"等，这类词汇在老百姓的脑海中是没有概念的。随着医疗技术的发展，医学作为一种科学话语进入中国社会，20 世纪 50 年代后逐渐有了优生、优育，母婴健康的话语。60 年代后，为了加快国家建设，发展女性劳动力，导致女性参加劳动与结婚生育之间出现了冲突①，同时女性主义、妇女解放、反封建等话语的出现，共同促进了避孕的知识和话语在此刻出现。在福柯的理论中知识和话语之间有着复杂的关联，他认为知识是一个秩序空间，在这个空间里，主体可以谈论自己在话语里涉及的某些对象②。同时，知识还是一个陈述并列和从属的范围，在这个范围中概念得以产生、使用或转换。话语为知识提供各种适用的可能性，知识是它与其他话语实践之间的连接点所构成的整体，是"由某种话语实践按其规则构成的，它们能够获得或不获得科学的地位"③。20 世纪中叶，老百姓的日常交流中以及社会认识型中并没有自然生育状态以外的生育知识，社会中也从来没有"避孕"相关的话语表达，正是由于国家提倡女性参加劳动以后，为解决实际的劳动力短缺问题，才提出推迟生育、避孕相关的知识和措施。此时，优生、优育的话语被创造并表达，健康生育的理念被话语成功建构。50 年代起孕期检查、产后卫生、母乳喂养、避孕、安全期避孕等一系列知识被生产，并迅速投入话语实践领域，此时社会大众对节育开始有了认知。可见，知识与话语是一个相互影响、再造的过程。同时也表明"节育"作为知识在话语中的形成，受到社会理想的直接影响。直到 1957 年 10 月 9 日，中共八届中央委员会第三次会议上，毛泽东同志的发言《做革命的促进派》中提到"人类要控制自己有计划的生育"④，自此"计划生育"话语正式被确立。

知识是话语实践的一部分，任何话语实践都可以通过它形成的知识来定义。话语实践是知识生产的必要条件，知识的生产必须通过话语的建构，新的知识被生产出来后又会在第一时间加入话语实践，以新的秩序空间的方式组合在话语中。不同的社会时期，公益广告所关注的问题、呼吁的内容、传播的主旨，总是受到当时社会知识的约束，从而构成一种秩序空间，在这个空间里话语被不断地创造、生成，最终构成公益广告的主题。福柯认为知识与话语具有统一性，是天然交织在一起的，但是两者之间很难说清楚逻辑上的先后关系，因为"知识并不本然就是话语，而一旦进入话语实践，知识就会迅

---

① 注：由于当时社会中缺乏避孕的知识，往往将生育看作结婚的必然结果，所以一些进步女性为了响应国家建设决定晚婚、晚育（《中级医刊》，1956 年，第 8 号，社论）。

② [法] 米歇尔·福柯：《词与物》，莫伟民译，上海：上海三联书店，2011 年，第 10 页。

③ 袁英：《话语理论的知识谱系及其在中国流变与重构》，博士学位论文，华中师范大学，武汉，2012 年，第 43 页。

④ 毛泽东：《毛泽东选集——第五卷》，北京：人民出版社 1977 年（第一版），第 470 页。

速地成为话语的一部分"①。知识也是权力博弈的场所，对知识的理解和关注，旨在认识和理解隐藏在各种知识背后的权力关系，作为知识的话语，哪一些是可以被谈论的？哪一些是正确的？哪一些是谬误的？这必将话题引入另外一个环节，即知识——权力环节，在这个环节中，首要解决的问题是——真理的确定。

（二）真理的确定——计划生育好

真理不是恒久不变的，而是随着话语实践和现实的变化发生位移。正如"晴天洗衣晾晒"对于生活在农村从未接触过现代化设备的妇女来说，就是"真理"。然而，一旦接触了带有烘干功能的洗衣机之后，她的认识型随之改变。这时，洗衣不用再考虑天气因素，之前的真理对她来说已不再是真理，新的认识型使她确信新的真理。福柯认为"真理是一整套有关话语的生产、规律、分布、流通和作用的有规则的程序"②。因此，没有所谓的"本来如此""必定这样"的真理，真理必定随着现实环境的改变而发生位移。同时，真理的确定与话语紧紧地联系在一起，作为真理的知识正是在话语实践中被生产出来的。话语在真理的确定中起到了至关重要的作用。

公益广告传播中作为"真理"的广告主题，同样会随着社会认识型的改变而发生位移。20世纪60年代后，计划生育广告中有关妇女解放、劳动生产、移风易俗的主题被生产了出来，这些话语与"有利于"紧紧捆绑在一起，共同建构出计划生育的种种好处，于是"计划生育好处多"的真理被确认了，后来干脆简化为"计划生育好"。此时，从语言的结构来看，"……好"已经成为一种确认真理的句式结构，也成为生产真理的模板。"……好"成为一种绝对的正确和绝对的真理，是毋庸置疑的。在社会认知和话语实践中，对事物认知的理性态度总是与真理相联系的，当节育成为一种绝对的真理时，计划生育的一切话语都将成为一种"正确"，此时话语会继续生产知识、酝酿真理。福柯认为真理有两层含义：一是与假相相对的真相，二是与谬误相对的正确。真相的表征常运用于现实层面，而正确的表征往往被使用在知识层面，在知识与现实交汇的层面，真理必定是与正确和真相都相关的③。在计划生育广告主题中，"优生优育""保护妇女儿童的健康"等都承担了"真理"知识层面的任务，表征成为一种"正确"；而"移风易俗""妇女劳动"则代表的是一种现实中的"真相"。

在探究知识、真理时，不能抛下话语，更不能避开权力。知识和话语都受制于权力的作用，权力才是正确和真相的根本。在此，我们应该探寻真理形成的原因，以及它被话语建构，直至活跃、淡化的过程。首先要注意到真理不可能外在于话语实践而超然的存在，真理必须在话语实践所构建的复杂网络中得以确认。其次，真理也不外在于权力，

① 吴猛：《福柯话语理论探要》，博士学位论文，复旦大学哲学系，上海，2004年，第91页。
② 杜小真：《福柯集》，上海：上海远东出版社，1998年，第447页。
③ 吴猛：《福柯话语理论探要》，博士学位论文，复旦大学哲学系，上海，2004年，第96页。

真理的产生总是受到权力的制约，同时又积极地促进各种权力效应①。因此，计划生育广告的话语实践正是权力作用下知识生产的过程，节育、避孕知识之下隐藏的是权力场域，权力从来没有在知识生产中缺席，反而总是以一种积极的力量出现。知识经过话语实践的重构、组合之后，被冠以"科学"之名，服务于意识形态，成为"正确"和"真理"。最终，权力和知识共同作用成为话语，出现在社会公众的视野中。例如在 60 年代，加快社会主义国家建设，是党和人民的理想，这种理想转化为一种权力场域，最终决定了"计划生育好，国家建设好"的公益话语传播。80 年代的真理是"只生一个好"，但是近几年却变成了"四口小康之家"。因此，知识和权力永远是共生体，而话语是这个共生体中最具表现力的元素。所谓真理也从来没有处于权力之外，权力认证真理，不同的社会产生不同的真理，塑造不同的话语，正如"为革命搞好计划生育"一样。

四、传播与控制——公益广告传播话语的变迁

不论是知识的生产还是真理的确定，都离不开权力的影响，那么社会公益广告传播话语的建构就更加离不开权力的指涉了。知识、真理都必须在话语中得以体现，并且知识出现以后又会第一时间加入话语的队列，构成新的秩序，生成新的话语形式。

（一）公益话语的变迁

公益广告的传播在不同时期需要生产不同的知识、话语，以符合社会发展的要求及权力实体的意志，这些话语以主题、内容、符号的形式呈现在广告中，并以真理的姿态占据人们的思维。福柯在《话语的秩序》中提出，在社会实践中，话的生成是根据一定的秩序而被控制、选择、组织和再分配的，这些秩序的功能就在于消除话语的力量和危险，处理偶然事件，避开它沉重而恐怖的物质性②，这个"秩序"的功能，最主要的就是排斥（exclusion）和禁止（prohibition），以此来控制哪些话语可以出现，哪一些被禁止出现③。话语不是自生自灭的，而是受到特定秩序的约束。在公益广告传播中，这个秩序恰恰决定了在什么阶段塑造什么样的公益话语，这个话语必须与当时的意识形态相符合，不相符的话语将会被排斥在外，这就是公益广告的传播话语为什么总是不断演变的真正缘由。计划生育广告在历史发展的五个阶段中，分别都有各自的核心话语，这些话语反映的正是这一阶段权力实体的主旨愿望，多是与国家意志有关，而不仅仅是围绕生育问题。

计划生育广告虽然以"减少生育"为核心主旨，但它的传播话语却千变万化。这种

---

① Gordon，C..Michel Foucault. *Power/Knowledge*：*Selected Interviews and Other Writings(ed). 1972-1977.* London：The Harvester Press，1988，P45.

② 汪民安:《福柯的界限》，北京：中国社会科学出版社，2002 年，第 149 页。

③ 汪民安:《福柯的界限》，北京：中国社会科学出版社，2002 年，第 150 页。

变化受到当时社会的知识结构、话语秩序、认识型等多方面的影响，甚至有时是对世界话语体系的一种呼应，例如：60年代有关妇女解放、男女平等话语，实际上是当时全世界妇女解放运动、女权运动话语的一部分[①]。不同时期，计划生育广告呈现不同诉求，这个"诉求"是传播话语演变的核心缘由，不同的历史背景呈现不同的话语，并随着时代的发展而演变。

对166幅计划生育广告的主题、口号进行整理，对杂乱无章的各种词语进行分析、归纳，最终将广告主题归纳为以下11类，具体统计数据如下：

表2　计划生育广告主题概览

主题	节育晚婚少生	母婴医疗卫生	革命话语	国家建设	移风易俗	法制国策	科学话语	只生一个	农业经济建设	家庭幸福富裕	少数民族话语
频次/共	39	32	41	16	14	5	9	11	4	17	5
1954—1962	7	21	0	2	0	0	0	0	0	0	0
1963—1970	9	3	12	5	4	0	0	0	0	0	0
1971—1977	14	3	29	2	9	0	2	0	0	1	3
1978—1991	8	3	0	7	2	5	5	11	4	10	2
1992—	1	2	0	0	0	0	2	0	0	6	0

从以上数据可以看出，计划生育广告的主题主要集中在"节育晚婚少生""母婴医疗卫生"和"革命话语"三类，与革命相关的话语出现次数最多，共41次；其次是强调节育、晚婚、少生等与控制人口数量的主题，共出现39次；强调母婴健康和医疗卫生的话语出现32次；家庭幸福和富裕生活相关的主题17次；接下来依次是国家建设16次；只生一个11次；科学话语、少数民族话语、法制国策相关话语和农业经济建设话语分别出现9、5、5、4次。

在11类广告主题中，只有三类与生育相关，分别是"节育晚婚少生""母婴医疗卫生""只生一个"；其他八类与生育都没有直接的关联，然而，这些内容却成了传播话语的一部分。这八类话语的产生体现了权力实体的意志，在具体内容上又显示出"秩序"

[①] 随着女权主义在20世纪60年代兴起，注重女性避孕权利和生殖健康的声势越来越大。这种影响波及了中国，对中国计划生育政策产生了很大影响。由此可以探究为什么中国计划生育政策，在最初看上去是有一点进步甚至是具有国际视野的（黄文政、梁建章，2015）。

的功能，例如"法制国策"话语，当计划生育政策发展到一定的阶段以后，社会对节育的认知，民众对计划生育的反应，以及经济、政治环境的变化都迫切需要重塑计划生育的传播话语，要求计划生育制度化、法制化，而此时的话语秩序早已做好了重塑的准备，所以"法制国策"话语呼之欲出。话语的生成为传播提供了新的知识与内容，而传播实践为话语的建构、控制及权力的表达完成了愿望。

（二）公益话语的传播与控制

如果粗略地对广告主题进行考察，会得出计划生育广告传播杂乱无章的结论，但若分阶段对 11 个主题进行仔细研究，就会看出计划生育广告传播的话语是有序的，而且可以看出话语在社会中的传播与控制、引导社会思潮变革，以及权力演变过程中的端倪。仔细比较五个阶段中计划生育广告的演变，会发现每一阶段都有比较明显的、具有代表性的话语，且这些话语表征的正是不同阶段社会的整体追求和公益主旨。

第一个阶段（1954—1962）广告主题以"母婴医疗卫生"的话语为主。可以看出，新中国成立初期社会急需医疗卫生和母婴健康方面的知识，有关这方面的认识型已经做好了铺垫，国家大力传播医疗卫生知识，同时传播优生优育和母婴健康的思想。经过这一阶段的传播，医疗、卫生话语被塑造成一种表征现代化、进步和科学的话语。同时，社会对生育观念的认知，也由自然状态转向科学的、可以人为干预的状态。这一阶段，计划生育传播主旨是医疗、卫生、健康生育。

第二个阶段（1963—1970）除了"晚婚节育少生"的主题之外，开始出现"革命话语"。同时伴随"国家建设"和"移风易俗"等话语。此时，政治稳定、国家发展是权力实体和整个社会的主要愿望，于是该愿望演化成一种重要的权力场域，形成新的话语：一切都以国家建设为目标，计划生育自然也不例外。在上一阶段，社会大众刚刚被植入的医疗卫生和节育的知识显然已经不能满足这一阶段的要求，新的认识型已经被权力实体提出，要求全社会对计划生育的认知迅速转向国家与意识形态的层面。

这一阶段，中国社会的公益诉求牢牢地与国家建设捆绑在一起，传播话语建构出一种"支持计划生育就等于支持国家建设"的意义。同时想要更好地建设国家就必须移风易俗，摒弃旧观念，树立新风尚。在移风易俗的号召下，广大妇女积极参与到劳动生产中，并为"争当先进、成为现代女性"而纷纷推迟结婚生育。传播话语把国家建设、移风易俗建构成了一种现代女性追求的理想，并将理想变为"革命话语"，最终形成了"国家建设—移风易俗—革命"这一整套综合的话语体系。让广大干部群众对计划生育形成新的认知，并确立和塑造这一套话语的正确性和真理性。这一阶段计划生育的主题已经开始偏离"优生优育"的初衷，开始为政治宣传服务。

第三阶段（1971—1977）是前一阶段的延续，革命话语成为这一阶段的主流话语。从话语的结构来看，"为……实行……"成为主要的句式结构。"为革命"被当成一种"知识"生产了出来，并在社会中广泛传播，除了"为革命实行计划生育"以外，"为革命保护视力""为革命苦练技能"等都是当时社会的流行语。"为革命"成为整个社会新的认识型，乃至整个国家和社会的核心诉求，也理所当然成为公益广告的核心诉求。此时，整个社会的话语实践中都弥漫着一种"革命"气氛，话语已经将社会建构成一个巨大的革命场所。在这个场所内，有关革命的话语可以尽情地传播，反之则有可能成为被控制和排斥的对象。在生产、建设、学习等社会实践中，核心旨趣都变成了"为革命"，革命话语被确立为一种"正确"和"真理"。计划生育的主旨演变成一种革命和运动，成为正确和真理的一部分，广告主题的涵指即为了"正确"和"真理"而进行计划生育。

这一阶段虽然只有七年时间，但广告主题的数量是最多的，究其缘由是出现了大量以文字为主的传播形式，原先的广告画面风格变成了条幅和大字报的形式，缺失了"画"的元素。传播形式的变化本身就是一种话语的变化，这种变化彰显的正是权力的绝对化和权威化，话语已经被指示和命令所演绎。除了革命话语以外，"移风易俗"也是这一阶段的宣传重点，同时还出现了"少数民族话语"和"科学话语"。

第四阶段（1978—1991），计划生育广告的传播话语出现了较大的转折，最明显的一点是革命话语戛然而止，其次是多重话语的相互抵制、博弈。1977年后中国社会公益广告的传播话语出现了一次明显的断裂。此时，旧的话语对社会的建构和控制突然失去了秩序，整个社会的认识型迫切需要新的"边界"。在经过了短暂的紊乱和停滞之后，家庭幸福、生活富裕等话语开始成为社会中新的公益主题。此时，"追求幸福和自由的家庭生活"被提到一个新的高度，经过话语实践之后"家庭幸福"和"生活富裕"成为全社会新的认识型。社会愿景被重新建构，人民群众的愿望回归到"个体生活追求"上，热切期盼提高生活质量，过上幸福美满的生活，所以"幸福、富裕"等词汇大量地出现在公益广告的传播话语中，构成另一种弥漫在社会中的权力场域，促使整个社会开始向往和追求个体的幸福生活，对之前的革命、运动等话语逐渐忘却了。此时，计划生育广告的知识逻辑也随之转型，传播话语变成"想要家庭幸福和富裕，首先得控制人口"。计划生育摇身一变，成为"家庭幸福、富裕"的前提条件，甚至是必要条件。

多重话语是这一阶段的另一特点，除了革命话语，其余十种话语在这一阶段同时出现，"只生一个"和"经济建设"成为这一阶段的主流话语，说明此时"人口问题"和"经济建设"的相关性成为社会新的认识型，人口数量和经济发展之间的关联引起国家的注意，人口对中国政府来说已成为一个迫在眉睫的问题。除此以外，计划生育的法制话语、医疗技术话语都在此时出现，这些都从侧面展示出中国社会面临的巨大转形，社会中各种权力因素相互抵牾。政治、经济、文化场域中出现各自的权力表达，各种话语都在尝试对社会公益主题进行全新的建构。此时，中国社会早已沐浴春风，百花齐放。公益广告开始迈向一个新的阶段，传播话语开始变得轻松、多元且成熟。

第五阶段（1992—2015）计划生育广告的数量逐渐减少，主要原因是计划生育政策的松动，以及传播生态的变化。进入 21 世纪以来，人口结构、老龄化、劳动力缺失等新的认识型进入政府视野，要求放开二胎、重新审视计划生育政策的呼声越来越高。此时，计划生育广告已经没有太多实质性的内容，话语多是以"家庭幸福""科学发展"为主。2013 年，"单独二孩"这个词语出现在国家政策中，2015 年"全面实施一对夫妻生育两个孩子"政策正式实施，紧接着鼓励生育的话语出现在广告中，"提倡二胎""两个娃娃好""四口小康之家""二孩共筑幸福家庭梦"成为了新时代的人口政策公益话语。

五、结语

回顾全文，将整个研究置于传播与社会发展的语境下，便可清晰地看出中国公益广告的传播话语随着社会的变迁一直处于"演变"状态。公益广告传播话语的变化展示了不同时期社会理想和追求的整体变迁。传播话语变迁的背后，折射出的则是中国社会特有的政治、文化等权力场域的多次转场。

作为一项社会公益传播活动，计划生育广告记录了半个多世纪以来中国社会政治、经济、文化方面的发展过程，计划生育广告主题的变化、一系列传播话语的变迁，始终受到社会知识、秩序以及认识型的制约。审视计划生育广告的话语演变、社会认识型的变化，不禁会发现其中暗含的权力线索，权力渗透在每一个阶段的传播话语中。福柯把权力／知识当作一种共生体，从而揭示权力在话语中的运作机制，他认为权力可以生产知识，可以改变话语的型构，可以决定社会中什么样的话语被提起，什么样的被淹没；可以决定话语的符号、结构、表达形式；也可以使有些话语在社会中出现得越来越多，有的却逐渐消失。从这一观点审视计划生育广告，便可发现自 20 世纪 50 年代开始出现的计划生育话语总是与权力实体的意志相结合，国家对生育的关注被传播至社会的各个层面，在国家和个体之间，生育成为一种共同的话题，围绕它形成了一整套话语系统，这个系统包含各种知识、政策、命令和诉求，最终对个体产生严密的控制和规训。

本文从宏观角度探索新中国公益广告传播话语的变迁过程，试图从计划生育这一独特的公益话题，阐述不同社会阶段中公益广告的主题、话语的生产、演变过程。通过研究得知，计划生育广告传播话语的更替，表面是国家生育政策的调整，实质则是文化、意识形态以及社会追求的整体变迁，是话语背后"知识"与"权力"的交叠与变革。本研究着眼于计划生育广告，旨在探索公益广告传播话语和整个社会话语体系之间复杂的权力关系，通过研究社会发展过程中公益话语体系的变迁过程，揭示权力的指涉、知识的生产以及话语的传播与控制过程。

"四全+4D"互动视角下公益广告的国家形象建构

——以中国防疫公益广告为例

张 琳 罗 萍*

（汉阳大学国际大学院，韩国首尔，04763；
厦门大学新闻传播学院，福建厦门，361005）

【摘 要】长期以来公益广告一直发挥着精神层面的"软实力"作用，尤其是新冠疫情爆发至今一年多的时间里，公益广告更是发挥着凝聚民心、规范防控、传播健康知识等特殊的功能。新冠疫情防控报道中的公益广告是刷爆各大社交网站的现象级存在，以其特殊的传播形式在特殊时期发挥了不可取代的特殊作用，这无疑是一次对内增强全国民众向心力、对外塑造良好国家形象的全新尝试。本文拟采用"四全+4D"互动模型对于疫情中公益广告的传播布局进行全面、综合、多维的分析，为我国公益广告内外传播良性互动、建构良好国家形象探索新的传播路径。

【关键词】公益广告；"四全+4D"；国家形象

公益广告作为国家"软实力"的重要组成部分，对于引导公众对社会问题的正确认知、唤起公众正能量意识的觉醒以及提升国家形象和国际地位有着不可取代的深远影响。新冠疫情爆发后，全国民众齐心构筑的点滴努力汇聚成了公益广告中的一幕幕经典瞬间，广电总局率先制播公益广告，媒体平台、社会机构、团体组织快速接力，一批由专家、演员、群众联合创作的广告佳作应时而生，以其特有的导向功能、教育功能、社交功能团结鼓舞、感动凝聚着每一个人为疫情防控、全面清零贡献自己的微薄之力。

同时，我们也不能忽视一个问题，那就是疫情期间国外舆论报道仍然存在一些负面倾向。相关媒体在报道中表现出了对华的负面态度，在全国分区域实行封闭管理、数据追踪和全面排查的过程中，国内看到的关键词是团结、配合、好转、清零，而国外很多

---

* 作者简介：张琳（1993—），女，山西忻州人，汉阳大学国际大学院，博士生，研究方向：跨文化传播、新闻传播教育等。罗萍（1960—），女，陕西汉中人，厦门大学教授、研究生导师，研究方向：广告视觉艺术。

言论则表达了对中国政治体制、人权问题、隐私安全的批评和不满,这种基于意识形态偏见的冷战思维仍然严重影响着中外合作关系的向好发展。此时,公益广告的出现以其内容真实性、话题广泛性、阶段延续性、受众多元性、表达故事性打开了一扇国家形象建构和内外沟通的"世界之窗"。

一、"四全 +4D"理论框架概述

目前,探索国家形象建构的有效路径成为学界普遍关注的重要议题。对此,清华大学新闻与传播学院史安斌教授等人提出了"四全 +4D"互动结构①,以"四全"媒体为框架,引入国家形象构建 4D 理论,并结合海内外国际传播的相关实践案例,从内容层面、媒介层面、传者受众层面和效果层面,对涉及国家形象塑造的内容阐发、文化表达、全息建设、转型迭代、精准传播等做了详细说明。

全媒体时代背景下,互联网、新媒体、高科技等方式的联动融入,使得公益广告更趋新颖、多样、有效,在公益广告中融入中国精神、中国形象、中国表达与中国文化,能够更加直观地还原最真实的中国国家形象,这无疑会助力于构建良好的国家形象。本文以"四全 +4D"互动模型为研究框架,结合新冠疫情防控期间的公益广告,对全媒体时代背景下防疫公益广告传播的内容形式、实践路径、效果作用等进行分析,进而促进国家形象建构中公益广告创作水平、传播路径和宣传效果的全面发力。

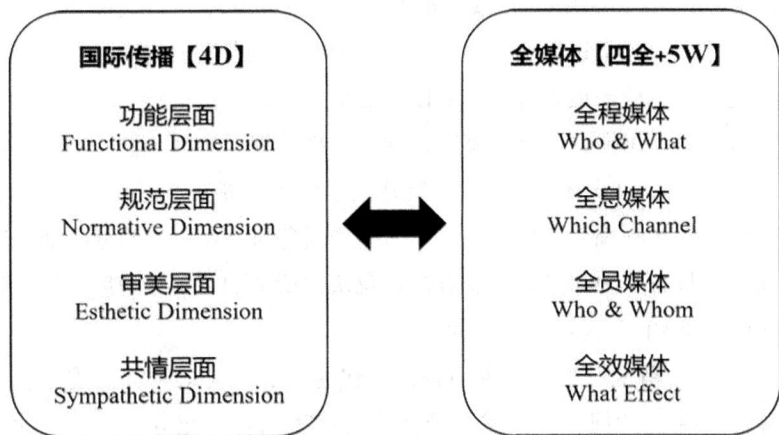

图 1 "四全 +4D"互动模型

(资料来源:史安斌,张耀钟."四全 +4D":新时代国际传播理论实践的创新进路[J].电视研究,2019(07):12-16.)

① 史安斌、张耀钟:《"四全 +4D":新时代国际传播理论实践的创新进路》,《电视研究》2019 年第 7 期。

二、"四全"：防疫公益广告的传播布局

目前，学界对于公益广告的解释和定义有很多，本文基于防疫公益广告的特殊性做出如下定义：防疫公益广告指公益广告的传播主体和内容是以疫情防控为主，题材来源于疫情期间涉及的各类社会问题（如科学防疫、医护关系等），旨在引起受众的情感共鸣进而全力配合疫情期间各项工作的顺利开展。

2019年初，习近平总书记在中央政治局第十二次集体学习中明确了"全媒体"的四个维度：全程，全息，全员，全效。紧接着，中央人民广播电台以"5G+4K+AI"战略，引领"四全"媒体实践落地。本部分将重点剖析"四全"维度下防疫公益广告的传播布局。

全程：防疫公益广告的全程性主要体现在两个方面：防控工作的持续性和事态发展的时效性。一方面，新冠疫情自2020年春节前爆发至今，已经断断续续一年多，从杀伤力极大的病毒爆发、对疫情和病毒的突破性研究不断开展，到如今新冠疫苗问世、接种普及，每一个重要节点都需要及时告知公众从而保证有效、科学防控，其间有关疫情防控、医护救援、动物保护、疫苗接种的公益广告从未中断。纵观疫情爆发之后的央视春晚公益广告到现在各大卫视、新媒体平台公益广告的全面覆盖，诸如央视的《中国速度》《以信心筑牢防疫安全线，以大爱守护平安中国年》《野生动物保护篇》，各大卫视平台的《隔离病毒不隔离爱》《中国十二时辰》《接种新冠疫苗，共筑免疫长城》等，这些公益广告主题清晰、画面感人、叙事真实、动态追踪，第一时间告知公众事态紧急，提醒公众加强自我防范意识并全程全力配合前线医护人员共同抗"疫"，对于复工复产之后的科学防控行为有积极的导向作用；另一方面，主要表现在对事态发展的时效性报道和对具体工作的全民性监督，这种报道和监督主要以直播的形式展开。疫情紧急，物资匮乏，这时很多直播平台不但组织捐款捐物给疫区，同时积极策划了一系列防疫现场直播，如以"共同战'疫'""直击武汉火神山雷神山医院建设最前线"等为主题的平台直播，记者全副武装通过直播镜头亲临现场还原抗"疫"前线的紧急事态，平台直播打通了时间和空间壁垒，受众虽未身在其中却可以通过直播直观认知所谓的"中国速度"从而达到凝聚向心力、树立负责任大国形象的传播目标。

全息：随着人工智能、大数据等高科技的快速发展，受众对沉浸式体验有了更强的兴趣和更多的需求，如何将新技术和公益广告有机结合并充分调动手中的听觉、视觉、触觉、嗅觉等知觉系统成了当前必须思考的重要议题。目前，各类媒体机构都将平台APP作为全息建设的前沿阵地，多元整合文字、图片、音频、视频、H5等媒介形式。此次疫情期间制作的公益广告，从形式上而言包含了文字、图片、音频和视频等多种表达方式，同时充分运用了大数据、云计算、人工智能、直播航拍等制作手法，使此次疫情期间公益广告的报道更加系统化、立体化、多维化。其中有关"雷火双神山"医院建设直播的总在线观看人次破1亿，受众通过直播的形式亲眼见证了"中国速度""中国力量"，进一步强化了"人类命运共同体"的国家概念，达到了凝聚民心、强化信心、温暖

人心的理想效果。但是，这些表达方式缺乏互联互通，在同一个防疫公益广告中还未能实现真正意义的全息效果，因此，实时、时效、通感的公益广告制作和传播方式还有很大的提升空间。

全员：全媒体环境下，公益广告制作追求传者与受众的全员参与，这种受众驱动的内容生产具有更明显的叙事性、创新性和社交性，受众不再是单向被动地接收信息，而是会主动参与到公益广告的设计、制作、传播、评价、反馈的全过程。另外，传播的受众群体涵盖不同区域、年龄、机构、民族等，千人千面，但防疫的核心目标是各行各业的人都可以通过防疫公益广告认识到疫情防范的重要性。当然，突发性公共事件背景下，事态紧急、人员众多、形势复杂，必须对全员参与的过程进行系统规范、科学有效的针对性引导才能趋利避害，实现全员参与效应最大化。此次防疫公益广告中涌现出了大量用户参与的经典广告作品，如摘下口罩后被磨破脸的护士，云南卫视公益广告《共同战"疫"，我们在一起！》中医生妈妈临走前对宝宝的嘱托"我去打怪兽，马上就回来"；同时，全国各地均发布了防疫公益广告征集活动，湖北日报官方抖音号推送了大量的原创短视频，综合浏览量超过 60 亿。此外，防疫公益广告可以跨平台实现流量接力传播，满足不同平台、场景下受众的信息需求。可见，全员参与的防疫公益广告以其源于生活的还原度、真实性、感染力一跃成为高于生活的强叙事性艺术表达手段。

全效：在新冠肺炎疫情防控的关键时刻，政府相关部门、各大媒体等将自身传播优势与防疫内容、传播渠道相适应整合发力，制作了大量类型多样的公益广告在线下多个区域和线上多个平台反复刊播。这些公益广告大多采用新闻纪实手法，实时呈现疫情下湖北当地人的生活状态以及全国人民齐心协力同舟共济的精神状态，短小精炼、深度还原、传播快捷，以其特有的导向功能、教育功能和社交功能，对于普及防疫科学知识、树立医护人员无私奉献的良好形象、增强人们战胜疫情的信心、展现海内外民众跨国援助的"命运共同体"意识发挥了重要作用。央视公益广告《爱，点燃中国速度》运用大量数据直观解读"中国速度"："一小时武汉天河机场完成 20 余吨医用物资装卸交付；一天 1500 余万个口罩被加急生产……10 天 7000 多人决战，一座火神山医院建成"，数据背后是无数人披星戴月、奋战一线的感人画面，医院直播平台的留言框里，全部都是大家相互鼓励的振奋言语，时刻激发着每一个人的"共同体"意识。

三、"4D"：防疫公益广告中的国家形象分析

公益广告作为国家民众文化道德水准和一个国家社会风气的重要标志，对于唤起公众对社会问题的正确认识和密切关注，促进社会的文明进步和公民思想的健康发展都起着极为重要的作用，公益广告所提倡的正能量对社会的"向善性"的提升，能够直接作

用于一个国家文化形象的塑造以至于其国际地位的提升。[①] 此次防疫公益广告中的国家形象建构，在事态紧急的关键时刻，对于有效展现国家和民族的精神气质、意识形态、文化传统，减少国际舆论的歪曲误解进而增强国内外的归属感、认同感，构建世界各国对中国情况真实、全面、深入的了解和认知打开了一个全新的通道。本部分将运用国家形象建构 4D 模型来深度探讨此次防疫公益广告在功能层面、规范层面、审美层面和共情层面的传播效果。

一是功能层面（Functional Dimension），包括政治和经济两个维度，是国家能力、竞争力的集合。具体到防疫公益广告中，政治即对于国家防疫政策、相关制度的阐释、宣发和执行；经济即涉及疫情背景下复工复产的全面展开及病毒检测、疫苗接种的福利政策等。如今，中国在世界舞台中央发挥着举足轻重的作用，任何行动决策都可能引起国内外民众的密切关注而成为国际舆论的"热点"话题，内外形势复杂多变，就更需要明确政治引导的方向性，找准突破口来树立良好的国家形象。政策方面的公益广告如央视《依法防控是最有力的武器》，从依法执行防控措施、依法规范捐受赠行为、依法打击抗拒防控行为等方面进行科学引导，快速及时、全面落实的防控政策进一步深化了国内外民众对于我国负责任服务型政府形象的认知。经济方面，盐城市委宣传部与盐城市文明办共同推出的"返岗复工个人防疫"系列公益广告提醒返岗复工的"上班族"，在落实分区、分级精准防控的要求下，解锁疫情期间工作的正确姿势，广告制作生动实用、细节到位，在疫情防控的紧急时刻，国家"勇于担当、敢于作为"的政策引导和施行获得了国内外民众的高度认可。

二是规范层面（Normative Dimension），体现在国家规范、意识形态、价值观念、义务责任等方面，是对国家正当性的认知。防疫公益广告要在第一时间有效安抚民众恐慌心理，必须发挥其正向引导的规范性作用。尤其是信息混杂真假难辨的时候，就更需要来自国家统一、明确、权威的信息发布，进而防止虚假信息扰乱视听、危害治安。疫情期间，国家广电总局牵头制作了《如何正确佩戴口罩》《正确的洗手方法》《六步洗手法，有效预防传染病》等多支公益广告，从科学角度指导安全预防，第一时间指导民众进行个人日常防护、居家心理调适，具有很强的实用性和现实指导意义。《坚决打赢疫情防控阻击战》中针对群众普遍关注的问题，由钟南山、李兰娟、张流波、张伯礼、吴尊友 5 位知名专家组成智囊团分别解答，这类公益广告有着很强的规范性、权威性和号召力，能够帮助民众克服焦虑情绪、强化责任意识、凝聚团结能量。

三是美学层面（Esthetic Dimension），涵盖对国家文化、历史传统等内容的审美判断。中华文化源远流长，博大精深，优秀的传统文化对于凝聚、团结全国人民有着重要的纽带作用，尤其是在国际交流日益频繁的今天，传承、培育、弘扬优秀传统文化和民族精

---

① 宗德宏、宋华：《中国广告：徘徊在世纪之门》，北京：改革出版社，1998 年，第 284 页。

神,将会大大提升民族自尊心、自信心,助力中华民族伟大复兴的实现。央视防疫公益广告《礼物篇》,以儿童视角生动再现了奋战一线、坚守岗位的医护人员、警察、厨师、医生、社区工作者等各行各业团结一致抗击疫情的感人篇章。"一方有难,八方支援"的中华传统美德由这只公益片瞬间点燃,全国各地民众、国际友人等第一时间伸出援助之手,谱写了无数跨越种族、携手互助、人间大爱的温情故事。

四是情感层面(Sympathetic Dimension),受众对于上文所述三个层面进行综合评估后,会做出基于个人认知范畴的价值判断和驱动行为。因此,情感层面是指受众对于国家相关信息的态度和情感,是衡量国际传播效果的重要维度。同样地,优秀的公益广告也往往会诉诸情感元素来引起共情,这份情感包括爱国情、亲情、友情、爱情等,情感诉求运用到位可以获得"牵一发而动全身"的传达效果。中国社会科学院世界传媒研究中心秘书长冷淞说:"抗击新冠疫情公益广告包含的情感性内容是最多的,也是最值得人们关注的,比如医患关系的改善、医者之间的亲情关系等很多细节,充满暖心的温情,令人动容。"[①] 这次防疫公益广告,一改以往突发事件公益广告的宏大叙事风格,更加注重刻画细节和情感性元素。最具代表性的便是在网上引起轰动效应的最美逆行者"白衣战士"公益图文,这些来自前线的原始图文都被运用在公益广告的制作中,通过遍布面部的压痕、厚重防疫服背后的签名等细节来体现医护工作者无私奉献的高尚精神,以小见大的广告风格更具真实性、感染力、震撼力,这份来自前线榜样的示范力量顺利实现对全国民众的道德引领、思想带动和行为感召目标。

四、"四全 +4D":公益广告中的国家形象建构

习近平总书记说过:"一种价值观要真正发挥作用,必须融入社会生活,让人们在实践中感知它、领悟它。要注意把我们所提倡的与人们日常生活紧密联系起来,在落细、落小、落实上下功夫。"[②] 全媒体时代背景下,公益广告的传播内容、方式、渠道都发生了明显的变化。通过基于"四全 +4D"互动模型的广告梳理,我们发现特殊时期催化公益广告向着新的模式、方向不断迭代更新,病毒肆虐、前路未卜、事态紧急、取材困难的情况下,公益广告一改往日立意高远、宏大叙述、画面精良的制作风格,充分契合"全程、全息、全员、全效"的全媒体传播布局,致力于"功能、规范、审美、共情"国家形象建构"4D"策略,发动社会各方资源充分涌动、政府企业民众全员参与、实时共享、真实还原前线战"疫"最新情况,才有了大量"接地气""冒热气"的广告不断刷屏各大社交平台并获得民众的广泛好感。可以说,"四全 +4D"模式下的防疫公益广告为公益广告的发展注入了全新的血液,新颖、多样、集中、有效,开启了公益广告建构国家形象

---

① 苗春:《公益广告,关注公众利益》,《人民日报》(海外版),2020 年 3 月 2 日。
② 习近平:《培育和弘扬社会主义核心价值观》,《习近平谈治国理政》,北京:外文出版社,2014 年,第 165 页。

的新进程。

最后，基于国家形象建构的"四全 +4D"互动模型，综合评估此次防疫公益广告的创新和不足，笔者就公益广告在塑造国家形象中的传播策略提出以下四点建议：

一、借助公益广告公信力，强调国家形象客观度。在国家形象塑造与传播中，通常会因为文化差异、语言隔阂、生活习俗等因素造成不同程度的传播误差，甚至被当作政治主张渗透的工具。伴随着我国国际地位和国际影响力的不断提升，"真实、客观"成为最基本也是最紧迫的传播难题。新冠疫情期间公益广告的制作和内容传播，综合运用更易被受众接受、相信、认可的素材来进行传播，公益广告的真实性和公信力对于国家形象塑造和传播的客观性将大有裨益。因此，之后的公益广告要充分运用用户原创、原始资料等素材，通过"用事实说话"的方式来赢得国际社会和民众的支持与信任。

二、依托公益广告多样化，搭建国家形象立体式。国家形象涉及一国的政治、经济、文化、外交等多个维度，因此，在建构国家形象的过程中要力求全面、立体、多元，这就与公益广告多渠道、多平台、多层次的整合传播密切相关。此次防疫公益广告类型多样，文字、图片、视频、音频层出不穷，但彼此的联动联通性尚待提升。若能在一只或者一个系列的公益广告中综合使用多种媒介或资源，并能融入最新科技如大数据、云计算等，就可以对于疫情防控中的国家形象进行全方位、立体式的有效传播。

三、挖掘公益广告故事性，提升国家形象亲和力。中国倡导符合全人类利益的"命运共同体"建设，首先要实现自身的和平崛起。如何在和平崛起的过程中建立与其他国家合作共赢伙伴关系，就需要持续提升国家的亲和力。亲和力的提升可以与公益广告的故事性结合，注重情感的表达和对公众生活的参与以期达到良好的双向沟通作用。借助公益广告，用温暖感人、反映人民当下生活面貌的真实素材来激发情感共鸣，用有温度、有深度、有力度的公益广告有效弘扬并践行国家的主流价值观。

四、凝聚公益广告感召力，凸显国家形象民本性。好的公益广告有着极强的感召力，能够在短时间内激发民众的向心意识。此次防疫公益广告更是凸显了公益广告这一感召效益，短时间内全国民众上下一心、众志成城、共同奋战，彰显了令人惊叹的"中国速度"和战无不胜的"中国力量"，在特殊时期起到了稳定局势、团结民心的作用。因此，要着力激发广告参与主体的创造力，积极推动社会力量参与广告制作传播，用"民创"作品凸显我国国家形象的"民本"特性。

防疫公益广告作为此次公益广告的前沿阵地，在国家形象内外构建方面有着重要意义。但是，面对全球化、社会转型、疫情防控常态化等复杂多变的国际局势，公益广告的制作、传播、反馈还存在诸多问题，需要充分发挥"政府引领、企业带动、全民参与"的创作优势，不断创新公益广告的传播策略，才能全面、多元、有效建构符合我国国情和时代特征的良好国家形象。

公益广告中动物形象的应用研究

范子铭*

（厦门大学新闻传播学院，福建厦门，361005）

【摘要】 在广告创作中，除了人物等最为常用的元素，动物形象也渐渐获得青睐，为广告创作带来了许多灵感。本文考察了 2015—2020 年《IAI 中国广告作品年鉴》中含有动物形象的公益广告作品。研究发现，在视觉艺术层面，动物形象广告往往对动物"色彩还原，形式重构"，且国内公益广告创作中对于动物形象的运用，往往与动物符号中所蕴含的中华文化象征意义相关。

【关键词】 公益广告；动物形象；3B 原则

大卫·奥格威曾提出广告创意的"3B"原则，即美女（beauty）、婴儿（baby) 和动物（beast）[①]。广告人将其视为广告创作的黄金法则，认为这三者最容易抓住受众眼球，赢得消费者的青睐。在广告创作中，除人物、风景等最为常见的符号外，动物元素也是一种常见的符号。随着数字技术的进步，广告的承接载体增多，动物元素在广告作品中有了更丰富的表现方式。

作为一种去功利化的广告类型，公益广告自问世后就以传播真善美为宗旨，在提升公众的文明素质及普及生活安全、卫生常识等方面发挥了不可替代的作用。在公益广告中，除了本就以动物为主题的广告如保护动物广告，在其他形式和主题的公益广告中，动物形象同样得到了广泛应用。将动物作为信息表现的主体来进行广告诉求，能产生许多意想不到的创意效果。

---

* 作者简介：范子铭（1997—），男，福建三明，厦门大学新闻传播学院研究生，研究方向：广告传播。
① 夏琳：《浅谈广告创意中的 3B 原则》，《科教文汇（上半月）》2006 年第 12 期。

一、绪论

（一）研究背景

动物元素在广告中的运用潜移默化地影响着受众，撩拨起受众内心的情感心弦，或惹人怜爱，或憨态可掬，或引发同情，或带来乐趣，或提升热情，或令人哭笑不得。动物固然不会说话，但广告主却可以借动物形象来表达自己的感受，赋予动物更丰富的情感表达，进而消除受众与广告诉求之间的隔阂，实现广告信息与受众心灵的交汇与融通。

动物元素在广告中的应用是人与自然和谐相处的表现，在广告创意的过程中，动物形象运用何种表现方式，又该如何与特性不同的产品相结合，成为必须思考的问题。

（二）研究目的与意义

本文要研究的主要问题是：动物形象在公益广告中的运用，有哪些特征？具体而言，本文将从以下三个层面进行思考：其一，动物形象在广告视觉审美层面，表现出哪些典型特点，体现了哪些审美倾向？其二，动物形象的图像文本和文案表达如何传递广告主旨，即如何传达公益广告主题的？其三，动物形象在公益广告创作中的运用体现了哪些符号学层面的象征意义？

本文的主要意义在于探索并归纳出动物形象在国内公益广告应用中的规律，为广告创作提供有益的借鉴与参考。

本文的创新之处即表现在对动物形象在的应用情况做一般归纳的同时，运用定量研究的方法通过数据分析概括其应用特征，并在此基础上进一步将动物形象在公益广告中得到广泛运用这一具有社会、文化多元探讨价值的现象放在产业化时代中和文化的维度上去探察分析。

（三）理论基础

1.潘诺夫斯基的图像解读理论

潘诺夫斯基在《图像学研究：文艺复兴时期艺术的人文主题》一书中提出了图像解读的三个层次理论：第一个层次是"前图像志描述"阶段：关注图像的形式要素，即对图像中自然的事实进行描述和解释；第二个层次是"图像志分析"阶段：在历史语境中对图像体现的主题进行分析；第三个层次则是"图像学解释"阶段：在前两个层次的分析之上深入挖掘图像的内在含义和文化表征，探究其象征及隐喻意义。[1] 本文的研究过程建立在这三个层次上。

---

① 曹意强：《图像与语言的转向——后形式主义、图像学与符号学》，《新美术》2005年第3期。

2. 视觉修辞

冯丙奇认为视觉修辞就是指"为了使传播效果最大化，而对传播中运用的各种视觉成分进行巧妙选择和配置的技巧方法"。[①]罗萍、胡安琪在其论文中介绍了视觉说服研究的部分成果并考查了视觉修辞的表现技巧，进行了视觉修辞格框架的建构。[②]

3. Painter 的视觉语法分析框架

Painter 在其著作《解读视觉叙事：儿童图画书的图像分析》中提出了对于较为复杂的图像文本的分析框架[③]，在系统功能语法的基础上，从人际意义、概念意义、语篇意义三大意义出发，提出了对于复杂图文语篇的分析模式。

二、研究设计

（一）概念界定

"动物"是一个生物学上的定义，但本文研究的是"动物形象"，是指在公益广告画面中表现出的排除人物形象之外的"动物形象"。

广告中的动物形象是通过直接还原或艺术加工的手段呈现在广告中的一种具体、生动的视觉艺术形象，能够直接为欣赏者感受和被审美心理所把握。在样本提取的过程中，凡在广告文本中出现动物形象（包括动物的实际样貌、动物的动漫创作形态等），则被视作含动物形象的广告文本，是本文进行分析的目标对象。

（二）研究对象

本文的研究样本来源于 2015—2020 年《IAI 中国广告作品年鉴》。该年鉴基本上囊括了作品征集时间范围内中国最有影响、最具代表性的优秀广告作品，是由国际广告杂志社、中国传媒大学广告学院、IAI 国际广告研究所编辑，编选中国年度广告作品的年鉴系列。该年鉴 2016 年改名为《IAI 广告作品年鉴》，随后 2017 年又改名为《IAI 广告作品与数字营销年鉴》，以下简称《年鉴》。

该年鉴有一独立的公益广告单元。本文以该年鉴 2015—2020 年公益广告中所有包含动物形象的个案为研究对象，具体广告形态上包含平面类、影视类、户外类等多重形态。其中需要说明的是，含有多张图片的平面广告系列或含有多个子视频的影视类广告系列也视作"1 件"和 1 个样本单位。含有动漫卡通动物形象如哆啦 A 梦、米老鼠、孙悟空等角色的广告亦纳入研究范围。2015—2020 年该年鉴所包含的公益广告作品共有 205 件，其中 2015 年 32 件，2016 年 16 件，2017 年 16 件，2018 年 27 件，2019 年 46 件，2020

---

① 冯丙奇：《平面广告图文修辞的内在结构体系分析》，《现代传播（中国传媒大学学报）》2010 年第 8 期。
② 胡安琪、罗萍：《广告视觉修辞初探》，《广告大观（理论版）》2010 年第 4 期。
③ 冯德正：《视觉语法的新发展：基于图画书的视觉叙事分析框架》，《外语教学》2015 年第 3 期。

年共 68 件。含有动物形象的广告作品共有 57 件，其中 2015 年 5 件，2016 年 5 件，2017 年 4 件，2018 年 11 件，2019 年 10 件，2020 年 22 件。

（三）研究方法

本文采用内容分析法、案例分析法、文本分析法进行研究。为达成依照潘诺夫斯基图像解读的三个层次进行图片分析的目的，本文主要从视觉艺术手法（视觉修辞）、广告属性、动物本体三个维度进行类目构建，进而在此基础上对《IAI 中国广告作品年鉴》2015—2020 年所有包含动物形象的共 57 件公益广告作品进行整体分析，以下进行类目构建过程的阐释。

视觉艺术手法方面，本文参考了国内学者罗萍和胡安琪在其论文《广告视觉修辞初探》中提出的视觉修辞格框架，同时结合了 Painter 提出的视觉语法分析框架，设计出色度、色调、自然度、赋色模式、画面风格、表现形式六个一级类目；广告属性方面，本文依据公益广告特征和广告创意理论，设计出广告主题、动物形象的应用层次二个一级类目；动物本体分析方面，本文设计出动物种类、象征意义、动物形象的感情色彩三个一级类目。具体类目构建如下表所示。

表 1　公益广告中动物形象研究类目构建表

分析维度	一级类目	二级类目
视觉艺术手法（视觉修辞）	色度	1.高色度（鲜艳色） 2.低色度（灰暗色）
	色调	1.暖色调（红、黄为代表） 2.冷色调（蓝、绿为代表）
	自然度	1.自然类（颜色多） 2.抽象类（颜色少）
	赋色模式	1.随类赋色：根据动物本来的颜色属性赋色 2.反向赋色：违背动物本来的颜色规律，反其道行之设色
	表现形式	1.直接展现于画面中 2.与现代设计相结合 3.营造意境，促进联想
	画面风格	1.写实风格：使用摄影真实地再现客观事物的图片 2.绘画艺术风格：手绘或将手绘作品电脑扫描再加工作品，包括素描、漫画、水墨画、插画及运用了上述风格的视频作品等等 3.中国民族风格：使用国画、年画、书法艺术风格，或利用国画、年画、书法艺术，经电脑扫描再加工的作品 4.电脑合成超现实风格：运用电脑制图软件合成的图片或视频，表现超越现实世界存在的形象和场景，揭示一定的含义

广告属性	广告主题	1. 保护动物；2. 保护环境；3. 国家形象塑造；4. 扶贫助农；5. 关注人口老龄化问题；6. 关注儿童问题；7. 教育公平；8. 扫黑除恶；9 抗击疫情；10. 节约粮食
	动物形象的应用层次	1. 表现形式 2. 内容主旨
动物本体	象征意义	1. 动物形象具有象征意义 2. 动物形象不具有象征意义
	动物形象的感情色彩	1. 正面 2. 负面 3. 中立
	动物种类	—

本文研究过程中的样本提取是严格依照上述类目指标进行的，需特别说明的是，当分析表现形式等类目时，应根据以下原则进行操作：当样本为视频时，如动物出现时间过短，则截取动物出现的一帧画面进行分析，如动物出现时间较长，则截取动物出现的一段视频进行分析。提取过程中遇到较主观而难以决定的问题时，如象征意义、动物形象的感情色彩指标的选定，由研究者与另一名新闻传播学专业研究者共同协商决定。本文把公益广告中的"动物元素"应用分为两个层次：其一是仅在表现形式上使用动物元素，动物形象作为广告内容主旨的旁衬存在；其二是在内容主旨上体现动物主题，或画面以动物为主角，依据动物的特征创作广告。

三、公益广告中动物形象的视觉特征

（一）氛围系统下动物形象的视觉特征解读

Painter 视觉语法分析框架的氛围系统主要分析图像所营造的情感氛围。并对彩色图像和黑白图像加以区分，认为彩色图像可以激活情感氛围而黑白图像不具备该功能。在对于彩色图片的分析中，Painter 提出色度、色调、自然度三个维度[①]。具体而言，色度分为以鲜艳色彩为代表的高色度和以黑白灰为代表的灰暗色彩的低色度，高色度使人感觉充满活力与热情，而低色度则使人感到压迫和克制；色调主要分为以红色、黄色为代表的暖色调和以蓝色、绿色为代表的冷色调。二者分别建构温暖、和睦的氛围和冷漠、疏离的氛围；自然度指的是色彩的丰富程度，颜色越多说明图像越具体，有利于拉近与广告图像观者距离，属于自然类图像。反之则越抽象，使图像观者感到疏远。基于此，本文设计出色度、色调、自然度三个一级类目，用以分析广告作品中的氛围系统。黑白的

---

① 冯德正：《视觉语法的新发展：基于图画书的视觉叙事分析框架》，《外语教学》2015 年第 3 期。

图片或视频则被定义为未激活图像。

对样本文本进行氛围意义情况统计，得到下表。

表 2　广告氛围意义情况统计表

	激活						未激活
	色度		色调		自然度		
	高色度	低色度	暖色调	冷色调	自然类	抽象类	
样本个数	38	17	27	28	41	14	2
占比	67%	30%	47%	50%	72%	25%	3%

在色度指标上，67% 的公益广告作品选择了以鲜艳色为特征的高色度图像进行文本呈现，相较之下选择低色度图像的广告作品占比仅为 30%。Painter 认为高色度的图像能够更加"生动"和"真实"地再现现实生活中的场景。高色度的广告文本能够使作品的呈现更加贴近现实场景，配以对动物形象的生动还原，吸引受众的关注，在赋予受众沉浸体验的同时增强了广告文本的说服力与可信度。

在色调指标上，选择暖色调与选择冷色调作为其广告文本呈现主色调的广告作品在数量上大致相当。在广告创作过程中，广告设计应根据不同的受众群体的具体情况做出不同的色彩设计及色调的艺术处理。

冷暖色调在对广告文本的加持作用上各有千秋，红、橙、黄等暖色调以及对比强烈的色彩，对人的视觉冲击力强，给人以兴奋、温暖、亲切、愉悦的感觉，将注意力迅速吸引到广告内容上。蓝、绿等冷色以及明度低、对比度差的色彩，虽不能在一瞬间强烈地冲击视觉，但给人以冷静、镇定的感觉，适合表达较为理性的主题。样本中冷暖色调为主的广告占比大致相当也恰恰证明了这一点。在广告创作中应根据产品品类和广告主题，灵活合理地选择色彩主色调，而不能生搬硬套。

在自然度指标的分析上，高达 72% 的样本都选择了自然类的视觉呈现模式，即广告图像中的颜色数量较多，图像较为具体和还原现实，这有利于增强广告图像观者对于广告的理解并拉进与观者距离。

综上，我们可得出对于氛围系统下动物形象的视觉特征的一般性认识：当选择动物为对象进行广告创作时，绝大多数的广告制作者都选择了自然、高色度的呈现形式，而在对冷暖色调的选择上并无明显偏好。这是因为受众对于低色度、抽象的呈现文本理解需要花费较多时间，且有可能造成误解，而自然、高色度的呈现形式则通过对动物形象的生动还原，使得受众在看到广告文本之初便能够迅速领会文本内涵。这种特征明显的氛围系统形成与动物形象的特性是分不开的。

（二）语篇意义框架下动物形象的视觉特征解读

Painter 认为语篇意义是指画面的构图和布局，本研究根据该理论框架，设计了表现形式类目，划分依据为：动物形象直接展现于公益广告中；动物形象与现代设计相结合；利用动物形象营造意境促进联想。

表 3　广告语篇意义情况统计表

	表现形式		
	直接展现于画面中	与现代设计相结合	营造意境，促进联想
数值	35	10	12
占比	61%	17%	22%

在广告文本中，视觉图像的呈现占了大量比例，是广告说服中不能缺少的重要组成部分。研究动物形象是通过何种形式展现在画面中的，能够较为直观地分析出广告作品的语篇意义和动物形象在广告中的应用情况。

"直接展现于画面中"指动物形象以其原生态、完整的形式应用于公益广告。该表现形式仅是对动物形象的简单应用，54% 的占比也反映出了这也是目前大多数公益广告的选择。"与现代设计相结合"指把不同界限的元素组合到一起，完成公益广告要传递的信息内容。在这种方式里，动物形象只是作为画面的一个表现部分，通过把人们熟悉了解的动物形象以全新视角加以融合重组而获得新的表达效果，给受众带来强烈的视觉冲击。"营造意境，促进联想"是利用动物作为一个符号存在时的象征意义，借助一个或多个动物符号营造出一定的意境，激发受众的联想，从而把公益广告所传递的价值观巧妙地隐含其中。后两者也是较为高层次的应用方式，二者占比分别为 17% 和 22%，反映出目前公益广告在选取动物形象作为画面元素时，更倾向于直接展现动物本来面貌，对动物符号的深度加工还呈现较为不足的情况。

（三）视觉修辞格框架下动物形象的视觉特征解读

本文从视觉修辞格框架内选出风格修辞格和色彩修辞格下的"随类赋色"和"反向赋色"二项组成赋色模式一级类目，与视觉语法分析框架共同分析动物形象在广告中的呈现模式。

表 4　广告视觉修辞情况统计表

	赋色模式		画面风格			
	随类赋色	反向赋色	写实风格	绘画艺术风格	中国民族风格	电脑合成超现实风格
数值	42	15	17	14	18	8
占比	73%	27%	30%	25%	31%	14%

根据数据分析可知，在画面风格设计上，写实风格的样本占比为 30%，而带有艺术加工性质的绘画艺术风格、中国民族风格和电脑合成超现实风格总占比达到 70%。其中中国民族风格占比最大，达到 31%。

综合氛围系统、语篇意义和视觉修辞格三大维度下数据分析的结果，本文得出对于广告中动物形象的一般性结论。当代广告创作中的动物形象，往往在色彩上表现为对动物原型的还原，但在形体构造上却倾向于通过绘画予以艺术重构，或通过电脑合成技术呈现出超现实的效果，如在公益广告作品《鱼人工作》中创作中用鱼首人身的超现实动漫形象刻画疲劳加班的工薪阶层群体进而表达关注过度疲劳现象的广告主题，而并非通过照片写实风格对动物原型做镜子式的简单还原。"色彩还原、形式创新"的特征体现了现代广告业的创作倾向。

另外，包含中国民族风格的动物公益广告占有一定比重，其主要通过对中国传统文化体系中对"年年有余""马到成功"等祝愿性观念的推崇性重构或对动物形象符号本身包含的意义，例如在广告作品《童话不再美好》中，采用手绘的表现手法，创意地对中国传统神话进行改编，传递出"因为垃圾，童话不再美好"的理念，呼吁人们关注环境保护，减少环境污染。

四、公益广告中动物形象的多维度分析

如上文所述，《年鉴》中编选的 2015—2020 年公益广告作品共有 205 件，其中 2015 年 32 件，2016 年 16 件，2017 年 16 件，2018 年 27 件，2019 年 46 件，2020 年共 68 件。含有动物形象的广告作品共有 57 件，其中 2015 年 5 件，2016 年 5 件，2017 年 4 件，2018 年 11 件，2019 年 10 件，2020 年 22 件。从含动物形象的公益广告在所有公益广告中的占比波动（如下图 1 所示）来看，我国公益广告创作者在广告制作中对于动物元素的运用有一定波动。从其绝对数量和绝对份额数值来看，比起人物元素的应用达到 70%[1]，动物元素的应用只能称之为次热门选择，呈现模式有待进一步挖掘，以更好地服务于广告创作和广告文本呈现。以下结合数据分析结果，进一步分析含动物形象的广告

---

① 段诗萌：《消费文化语境下商业广告身体图像与景观的意义建构》，硕士学位论文，北京交通大学，2019 年，第 66 页。

在广告属性层面的表现。

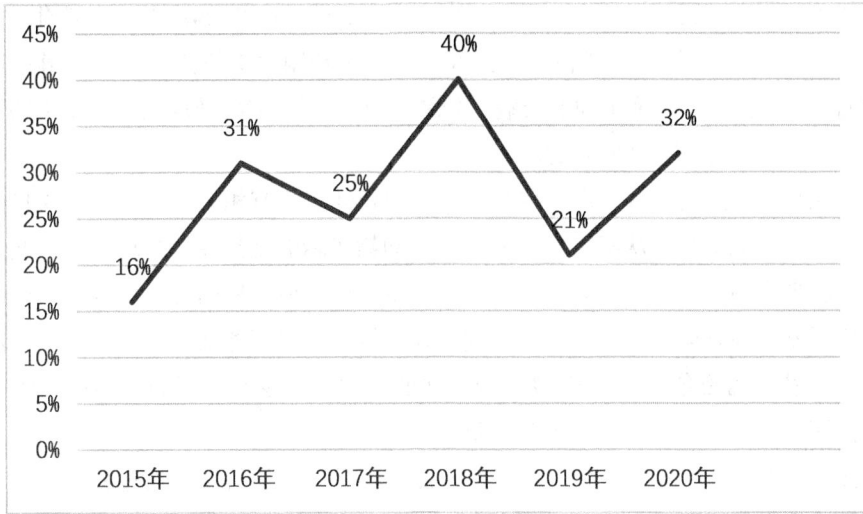

图1　含动物形象公益广告占比变化趋势图

本文根据公益广告的主题构建了广告主题分析类目并进行了样本分析。数据统计结果如下表5所示。

表5　广告主题分布表

	Frequency	Percent	Valid percent	Cumulative percent
保护动物	14	24.5	24.5	24.5
保护环境	9	15.7	15.7	40.2
国家形象塑造	7	12.2	12.2	52.4
扶贫助农	5	8.7	8.7	61.1
人口老龄化问题	4	7	7	68.1
儿童问题	6	10.6	10.6	78.7
教育公平	2	3.5	3.6	82.3
扫黑除恶	2	3.5	3.6	85.9
节约粮食	1	1.9	1.9	87.8
抗击疫情	7	12.2	12.2	100
total	57	100.0	100.0	

由以上数据得出的样本产品类型分布情况依据占比大小从高到低排列为：保护动物

14件，占24.5%；保护环境9件，占15.7%；国家形象塑造7件，占12.2%；抗击疫情7件，占12.2%；儿童问题6件，占10.6%；扶贫助农5件，占8.7%；人口老龄化问题4件，占7%；教育公平和扫黑除恶各2件，占3.5%；节约粮食1件，占1.9%。其中需要特别指出的是，以抗击疫情为主题的公益广告是在2020年新冠疫情肆虐的背景下的特殊产物，7件作品全部是来自2020年的。

分析占比排名前列的广告主题，保护动物与保护环境具有相通性。动物作为自然生态环境中的重要组成部分，从某种意义而言保护动物实际上就是在保护环境。因此这两类公益广告在创作中加入动物形象是顺理成章的事。而其他类型的公益广告之所以倾向于利用动物元素作为画面组成，是倾向于利用动物符号的象征意义，例如国家形象塑造的公益广告，往往需要能够体现中国人精气神的动物符号参与，例如所谓的"龙马精神""生龙活虎"等等。这一点在后文还将继续分析。

从广义视角看，广告不仅是一个静态的作品，还是动态的信息传播过程。从广告属性角度考量动物形象的应用情况，还需从动物形象的运用层次、应用方式方面进行分析。本文把公益广告中的"动物形象"应用分为两个层次：其一是仅在表现形式上使用动物元素或动物形象作为广告内容主旨的旁衬存在；其二是在内容主旨上体现动物主题，或画面以动物为主角，依据动物的特征创作广告，引出广告主题。两个层次是递进的关系。数据统计结果如下表所示。

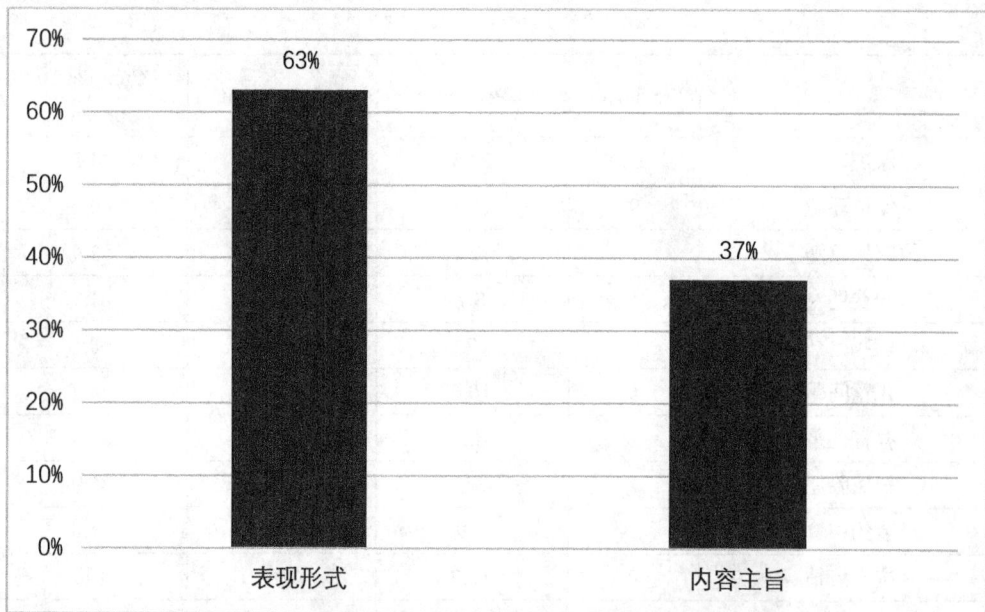

图2 动物元素应用层次分布图

从数据统计的结果来看，公益广告在内容主旨上体现动物主题的作品比较少，只有

37%的作品体现了动物主题或在广告创作中将动物作为画面核心，其中保护动物主题的公益广告占了大部分。其余63%的作品对动物元素的应用仅停留在表现形式上。这就是说明该部分公益广告对动物形象的应用尚停留在表面，只是把动物元素视为一种创作素材，而并没有真正在广告创作中深入应用动物元素，关注动物问题。因此本文认为目前我国公益广告创作中对动物元素的应用还停留在较浅层次。

五、从本体角度分析动物形象

（一）动物形象的象征意义猜想

本文在研究过程中记录了样本中动物类型的出现频次，当一件广告作品中出现多种类型的动物，则予以全部记录。具体动物种类出现频次如下表所示。

表 6 动物出现频次统计表

	动物种类
1次	鳄鱼、蛇、天鹅、熊、熊猫、马、狼、考拉
2—4次	猴、大象、猫、狮子、鹿、海豚、羊、鸡、牛、猪
5次及5次以上	虎（5次）、龙（5次）、蝙蝠（7次）、狗（8次）、鱼（10次）、鸟（15次）

通过数据分析，出现频次最高的动物类型为虎、龙、蝙蝠、狗、鱼、鸟等，这些动物从符号意义的角度来看，皆是作为中华文化中蕴含中国元素的图腾与符号。

笔者据此做出猜想，动物在广告创作中得到大量运用的原因，从某种意义而言在于其符号意义、象征意义得到广告主的青睐。或者说，与其是因为得到广告主的青睐，不如说对国人来讲，这些类型的动物具有天然的好感。需要说明的是，采用蝙蝠形象的公益广告较为特殊，是特殊时代背景下的产物，在后文会有具体讨论。含有动物形象的广告通过对动物形象的塑造，解构和重构了动物以一个符号存在时具备隐喻意义与象征意义，进而表现其广告主题，以此获得受众的关注。

换句话说，本章节将试图对动物视觉符号做出潘诺夫斯基所谓的"图像学解释"，分析其内在含义及文化表征。

为了验证上述猜想，本文从动物本体角度出发，进行了动物形象是否具备象征意义、动物形象的感情色彩两个维度的分析。由于这两个维度的结论判定具有较强的主观性，在研究过程中的内容分析由两名研究者共同完成，并对结果相悖的样本进行重新协商再予以判定。具体统计结果如下表7所示。

表 7 动物形象的象征意义分析表

	动物形象是否具备象征意义		动物形象的感情色彩		
	具备	不具备	正面	负面	中立
样本个数	33	24	28	14	15
占比	58%	42%	49%	25%	26%

通过数据分析可知，超过半数的含动物形象广告中的动物形象，是具有象征意义的；接近半数的含动物形象广告，文本呈现中动物形象的感情色彩，是正面的。

（二）动物形象的象征意义解读

通过对样本案例中出现频次最高的动物种类广告进行观看和梳理，本小节笔者试图从符号学的角度，结合中国传统古代典籍予以分析。

广告中商品之外的事物形象大多起到"象征"的作用，这种"象征"，即"把某一事物的特征转移到另一事物上"①。

以本文研究对象来分析，动物形象之所以能够转化为动物符号，首先在于动物形态本身，动物符号有其自身的备系统，"符号备系统中符号的采用首先取决于约定俗成、目的性、明晰性和易传达性，而不是取决于它所表征的对象"。由于受到文化、习俗、宗教、地域等人类社会的因素影响，其作为一个符号存在时不仅能够指代具体的事物还能够指代某些带有象征寓意的内容②。

如上文所述，样本中出现频次最高的动物形象分别为龙、虎、蝙蝠、狗、鱼、鸟，下文通过文本分析法和案例分析法予以讨论。

1. 鸟的形象意义解读

鸟作为一个艺术形象，在中国传统文学领域历来皆是有一定象征意义的意象，它的象征内涵是经过长期积淀的。例如《诗经》中的"关关雎鸠，在河之洲"，象征自由、和谐；《庄子》的"鹏之徙于南冥也，水击三千里，抟扶摇而上者九万里"，则是远大理想的象征。在中国传统文化体系下，鸟的"原型意象"可分为两类：一是追求宏大的理想境界，是经过拼搏后的积极进取的意象；二是选择退隐避世的自由空间，是疏离主流群体的自由回归、悠然自得的意象。后者表现在广告制作中，往往被重构为鸟类"活泼明快"的特点。

在去功利化的公益广告创作中，鸟类形象的高频选用同样与其作为符号意义密不可分。以上文提到的《童话不再美好》平面公益广告为例，广告以中国古代神话中的神鸟精卫作为主角进行创作。精卫这一意象寄托了古代中国人民治理水患的强烈愿望和不达

---

① 陈一：《论广告中的视觉符号：意义与修辞》，《广告大观（理论版）》2007 年第 3 期。

② 张绍杰：《任意符号系统和自然符号系统——索绪尔与韩礼德语言哲学思想探索》，《东北师大学报》2003 年第 2 期。

目的决不罢休的奋斗精神。而该广告巧妙地指出，在重大环境污染前，哪怕是古代神话也不再美好，以此形成强烈的反差，提醒人们注意环境保护的重要性，实现了鸟类意象的巧妙运用。

2. 蝙蝠的形象意义解读

在中国古代文化中，蝙蝠作为一个符号存在时象征意义拥有双重性。一方面它音同"福"字，往往被视作祥瑞象征；另一方面由于蝙蝠的生理特性，往往也被视作邪祟象征。西方更有以蝙蝠作为蓝本创作出的吸血鬼的故事。

在本次研究中，蝙蝠的高频入选是最为特殊的。样本中7个选用蝙蝠进行创作的公益广告作品全部来自2020年新冠疫情期间。这与疫情期间有学者指出新冠病毒来源于果蝠有很大关系。对7个样本进行文本分析，发现这一批次的公益广告对蝙蝠的艺术创作具有高度重合性，创作思路是大致相同的。创作者往往将蝙蝠形象刻画得邪恶鬼魅，以此引起人们对新冠病毒的警惕。

例如在广告作品《舌尖上的"蝠"报》中，创作者将人类的舌头与蝙蝠的身体进行了创造性重构，幽默地暗示疫情源于人类口腹之欲的事实，由此传递出呼吁抗议的广告主题。

再如公益广告作品《蝠祸猛于虎》中，创作者将蝙蝠形象进行重新组合，拼接成为老虎的皮纹，暗示由蝙蝠引起的灾祸比老虎更加凶猛的事实，创作思路也颇值得称赞。由此可以看出，在疫情特殊的背景下，抗疫公益广告对蝙蝠形象的再创作具有高度的相似性。这与蝙蝠所具有的符号意义是密不可分的。

3. 狗的形象意义解读

狗是最早与人类共同生活的动物之一，被认为是通人性的动物。狗在人类社会生活中往往发挥着看门、陪伴的作用。在大量狗艺术形象仅发挥表现形式作用的广告作品中，狗往往是作为人类的陪伴者形象而出现的。从符号学角度进行解析，狗作为一个视觉符号具有忠贞不渝的象征意义，如汉语成语"犬马之劳"。然而与此相对，虽然狗忠于主人，但狗在为人充役的同时也有爱仗人势的特点，中国人用"走狗"来形容忠奸不辨、没有骨气的人。在广告创作中也往往利用狗的这一特点，表达对于某一人群的讽刺，力道十足。

另外，在民俗上，中国人还将把狗视为吉利的动物。所谓的"猫来穷，狗来富"便是如此。例如，广告作品《犬旺鸿福至》利用中国传统的剪纸元素对狗进行形象刻画，并配以广告语"犬旺鸿福志，世呈万象新"，通过狗艺术形象表达了对农历狗年新年的美好祝愿。

4. 龙的形象意义解读

龙是中国等东亚国家古代神话传说生活于海中的神异生物，为鳞虫之长，万兽之王，司掌行云布雨，常用来象征祥瑞。龙更是中华民族的象征，中华民族更以"龙的传人"自比。

在公益广告创作中，龙的形象作为一个象征符号，往往被选用至以中国传统文化、中国传统节日、龙马精神等主题中。例如在视频广告作品《我是新青年》中，广告主人公创造性地绘画出自己脑海中全新的中国龙，寓意青年作为祖国的未来，拥有无限可能。

5. 鱼的形象意义解读

在中华传统文化中，鱼是表现吉祥、健康主题的重要意象。鱼作为一个文化意象可追溯至上古，初民的谋食方式及对司水鱼神的崇拜使鱼成了丰收富裕的象征。成语"鱼米之乡"就用以形容中国江南富庶之地。其次，由于鱼本身繁殖力强的特性，以及中华传统中对水生殖的信仰，使"鱼"在传统文化中染上两性生殖的色彩，成为爱情的象征物或性爱的隐喻。"鱼水之欢"便是比喻男女间性爱和谐的成语。

鱼作为符号形象在广告创作中非常常见，在本次样本中含有鱼形象的广告达到 10 件，例如在广告作品《鱼悦在心间》中，创作者在画面中通过对船只和鱼身的创造性重组，营造出团圆和睦的氛围，表达了对中国传统中秋佳节的美好祝愿。

6. 虎的形象意义解读

在民间文化中，老虎寓意着吉祥。东汉应劭《风俗通义》一书中记载："虎者，阳物，百兽之长也。能执搏挫锐，噬食鬼魅。"这表明，至少在汉代，老虎就被视为阳刚之气的象征，可以驱邪。颇有古风的人家，往往会在厅堂间悬挂猛虎下山图，以此来为宅院辟邪驱鬼。

在现代公益广告创作中，老虎与龙等元素被大量应用于为春节、端午等中国传统节日而创作的公益广告中。此外，老虎由于被视作百兽之王的存在，在公益广告及其他文艺创作中，还常被赋予充满力量、权威的象征性意义。例如在母亲节公益视频短片《她不是天生强大》中，创作者通过超现实的象征性手法，刻画出一个披着虎皮的母亲，为了全家人而奔波操劳，通过老虎与女性的形象反差，进一步衬托出母爱的伟大。

（三）动物视觉符号的模板化现象

美国广告策划和创意大师伯恩巴克说："我认为广告最重要的东西就是要有独创性和新奇性……所以我们所关切的最重要的事就是要新奇，要有独创性，这样才有力量和最近世界上一切惊天动地的新闻事件以及一切暴乱相竞争。"[①] 从这一角度来说，如果一则广告不能让受众感到耳目一新，引起受众的注意，从而产生记忆点，那么它就是一则失败的广告。

通过对样本案例中出现频次最高的动物种类广告进行考察，除了发现动物符号的选用与其符号意义密不可分外，本文还发现对动物视觉符号的应用和二次创作存在高度模

---

① 张庆园、张凌媛：《技术逻辑下的人文回归：伯恩巴克的广告思想及其当代价值》，《新闻与传播评论》2018 年第 5 期。

板化、同质化的现象。如上文所述，动物的符号意义是丰富的，但当前公益广告创作中往往只能抓住其中一个侧面进行描摹，却无法将动物具有的其他意义推广到创作中。例如上文提到的选用蝙蝠作为蓝本的抗疫广告，七件作品，一个主题，一个思路，这也是许多广告使人"似曾相识"的原因。部分广告创意不佳，创意点也十分雷同。事实上，动物符号的象征性意义是丰富的，公益广告创作应该创造性地利用并加以二次创作，避免换汤不换药。

六、结语

在当前公益广告创作中，动物作为一个常见的视觉符号在广告创作中得到广泛应用，广告因此充满趣味。本文考察了 2015—2020 年《IAI 中国广告作品年鉴》中含有动物形象的广告作品，从潘诺夫斯基图像解读的三个层次入手分析动物形象的视觉特征、广告属性特征，并从符号学的角度解读了动物作为一个视觉符号存在时蕴含的象征意义。

研究发现，广告作品中的动物形象，往往在色彩上表现为对动物原型的还原，但在形体构造上却倾向于通过绘画予以艺术重构，或通过电脑合成技术呈现出超现实的效果，即"色彩还原，形式重构"。

动物形象在不同主题的公益广告中都得到广泛都运用。促成这一现象的原因，除了动物自身特性外，往往与其作为一个视觉符号存在时蕴含的象征意义有关。以国内来说，创作者倾向于赋予动物形象以中国传统文化中蕴含的象征意义。

二、社交媒体中的口语传播

主持人语

社交媒体交互技术飞速发展，移动终端的交互界面整合了声音、图像、文字等多种符号，不仅复制了先前所有传统媒介的表征，而且将它们重新整合于一个统一的物理平台上，重塑了听觉感官回归的立体认知空间。虚拟社群部落化，个体用户被技术赋权，可综合利用声图文在任一虚拟空间里建立与他人、社会的真实勾连，自发控制、即时互动、参与意见生产或公共讨论。信息的互动性和公共性重现新高，口语文化被重新点燃了原生口语时代鲜明的协商属性。若回顾美国媒介环境学者沃尔特·翁（Walter·Ong）所界定的口语词与口语文化的发展历程，我们看到，在延续大众媒介情境所塑造的电子口语时代之后，社交媒体技术催生了真正的数字口语时代，口语作为呼应听觉的基本沟通媒介，被社交媒体重燃了原生口语文化所有的协商属性，协助重构人的多维身份及其与社会的新型连接模式，构建了数字口语文化强交互的当代内涵。

延续上述沃尔特·翁和台湾学者沈锦惠等人对电子口语文化时代的分期脉络，我们尝试对数字口语的呈现形态及其文化表征深入研究。VLOG、短音视频、直播、播客等各种社交传播关系中的新形态产品，生成了不同传播框架和具体的语境，因此，这一组稿件分别介入口语传播的话语价值、话语体系、语用特征、传播文化四个视角：人机协同模态下的主持传播核心价值是什么，主持人能被智能代替吗；主流媒体主持人参与社交传播实践中的话语转向；运用场景理论调研大学生群体口语交际中使用网络流行语的特征；将 2020 年底开始重现势头的播客与传统媒体时代本雅明所实践的广播文化建立媒介文化学的对比研究。

深圳大学叶昌前老师在《影子世界里的"双人舞"——论人机同构模态中主持传播的核心价值》一文里，聚焦人机同构产生的传播势能，深入主持传播的根本属性，从技艺融合的真实性、叙事结构、语义建构、仪式感书写、空间生产等方面来勾勒主持传播的空间形貌，来探索人机协同模态中主持传播的核心价值到底是什么，AI 智能主播未来能颠覆主持人吗？苏州大学祝捷、钟威虎在《场景理论视域下的网络新词新语审视》中认为零零后大学生群体的现实口语交际已呈一种打破虚拟与现实场景壁垒的语言实践，也要警惕深入其思维模式的互联网亚文化对青少年语言习惯和审美形成的危害。广东外语外贸大学李峻岭、吴佳妮的《"机械复制时代的艺术"：从本雅明的广播实践理解播客》，面对 2020 年中外几乎同步复燃的播客，追溯社交传播中的数字广播与传统广播的文化通感，从主体、听众、互动、价值四个角度介入分析。暨南大学的王嫒、陈静瑶、宋佳辰在《场域理论视域下主流媒体主持人在社交媒体中的话语转向》一文里则关注主流媒体主持人在社交媒体中的传播实践，基于皮埃尔·布尔迪厄的场域理论来解读这一代表性群体的话语体系及其表达特征，从场域动力、文本表征及其文化传播方式等方面剖析其鲜明的转向。整体来说，希望文章对几个局部的刻画，见微知著，为数字口语文化的内涵形成一个小小的注脚。

（王嫒　暨南大学新闻与传播学院副教授）

《晨》朱星雨 作

影子世界里的"双人舞"

——论人机同构模态中主持传播的核心价值

叶昌前[*]

【摘要】 人工智能时代赋予了主持传播学科反思理论建构与主旨内涵的现实语境。智能机器人以多种物质形态介入媒介中的主持传播，人机共舞的主持形态使得传统的主持样态面临挑战，同时也迎来重新界定的契机。本文尝试转移传统主持传播的研究焦点，聚焦人机同构产生的传播势能，深入其学科本源、技艺融合的真实性、叙事结构、语义建构、仪式感书写、空间生产及其期待视域，来勾勒主持传播的空间形貌，探索主持传播的核心价值。

【关键词】 主持样态；人机同构；文本；受众；核心价值；传播效果

人工智能时代扑面而来，智能主播以合成语音、智能机器人、AI合成主播等物质形态参与到媒介主持的传播活动中来。技术与艺术的结合已经渗透入新闻、配音、文艺等主题的媒体呈现，人们面对来自机器人的配音艺术、信息播报、人机协同等功能众声纷纭，针对技艺一体的真实融合，批评的声音与期待的视野同在。传统媒体主持人的核心价值可以用机器人来代替吗？加拿大传播学大师麦克卢汉早在1951年版《机器新娘》的开篇自序中说道："有史以来第一次，在我们这个时代里，成千上万训练有素的人耗尽自己的全部时间……在脑子里留下持久的烙印，使大家处于无助的状态，这就是许多广告造成的后果，也是许多娱乐造成的后果。"借用这段话来形容当下新技术对传媒业的影响，尤其是对媒介角色的节目主持人的影响应不为过。互联网、大数据、人工智能等新技术对传统媒体的冲击是显而易见的，不在于它改写了什么，而在于它超越了什么。如今技术文化隐藏的陷阱犹如当年的大众文化一样浸入人们的生活，延续着对物质性的敞开和揭示，技术在改写着人的存在方式，人与技术（机器）的协商，究竟能否或将如何达成

---

* 作者简介：叶昌前（1965—），男，深圳大学传播学院副教授，硕士生导师，研究方向：视听传播，主持艺术。

共识？

一、人机共构的主持模态

模态，原是一个物理学概念，属于结构力学范畴；它是结构的一种固有的性质，结构对外界的动力学响应与模态参数有关，而结构的固有频率和振型，就与主持传播形式、方式以及模式有关。媒介中的主持实践本身就是一种信息传输的共振，有自身所属的频率和形态。而人工智能机器人作为主播在节目中与真人主持人合作传播，他们之间的互为效应就产生出一种模态。

近年来，人工智能机器人与人的协同主持，渐成普遍趋势。如 2017 年人工智能机器人 Sophia 被加盟英国"早安英国"节目组，在她的发明人 David Hanson 博士的陪同下成了一名机器人主播。发明人表示他正致力于让机器人理解人类并给予一定的人性关怀，但另两位主持人对 Sophia 表现出很大的兴趣，但认为机器人一旦和人类产生感情，就会衍生出不少媒介伦理和社会伦理问题。不少观众事后致电 BBC 表示，Susanna 和 Piers 的采访让他们感到非常迷惑。

图 1 《生活圈》的智能主播"小圈"

CCTV-1《生活圈》栏目是央视在 2016 年推出基于微信朋友圈理念的电视栏目，融合了多种创新互动方式和呈现手段，独有的定制化服务，能将资讯、语音播报、投影放映、人机互动完美融合进节目中，进一步推进"你点我播、你播我评"的节目形式创新，打造快捷实用的新闻资讯平台和平等对话的多元舆论平台。2017 年改版后迎来了新主持人人工智能机器人"三宝"，以艺名"小圈"通过创意新颖的主持形式，为全国电视观众带来耳目一新的电视节目观感体验。

2018 年 11 月份，新华社联合"搜狗"发布全球首个 AI 合成主播。这个主持人不仅和真人一样会播报新闻，而且一劳永逸般地不会出错、不会疲倦、不用休息。她第一次出镜就让人感受到，随着播出时间越来越长，他们就能收集到更多的数据，进而让他们以疾风一般的速度，向前演化。2019 年 5 月 25 日，人民日报社首款人工智能虚拟主播亮相 2019 中国国际大数据产业博览会。人民日报社首款人工智能虚拟主播"果果"的真人形象诞生，它标志着纸媒一个新时代的开启。科大讯飞的人工智能、语音合成技术，让 AI 主播具有更低廉的生产成本、更快的传播速度、更广泛的适用场景、更多的想象空间和更多适用的前景的优势。智能主播"果果"在媒体融合 AI 领域探索"果实"，共建人工智能带来的优质内容生产效率红利，携手媒体同行共襄媒体融合人工智能的发展盛举。①

2019 年中央电视台网络春晚的人工智能虚拟主播"小小撒"，无论从外形到声音，再到擅长插科打诨的幽默风趣，都与他的"双胞胎哥哥"央视名嘴撒贝宁如出一辙，日后开启了虚拟主播走到台前的大门。

2020 年，面对疫情倒逼，大数据、人工智能等技术却迎来了井喷式爆发，人工智能主播频频在各大媒体、视频网站、短视频甚至直播平台上"抛头露面"，一度成为现象级话题。而未来，智能机器人主播正逐步进入行业及家庭，为人类带来便捷与智慧化的生活环境。至此，一个以智能机器人为推力的协同模式业已形成，人机共构主持传播的模态即在眼前。

二、真实与艺术：主持传播的本源追问

从语音唤醒智能设备开启生活中的人机交互，到智能主播人机协同主持节目，这被技术化的东西赋予我们的体验感是真实的吗？什么是真实？哲学本体论告诉我们，在人们对世界的理解中，假定存在着一种"现象背后的实在"，并且试图来解释现象与实在的关系；那么，我们就要去学会区分"事物呈现给我们的方式和它们的内部"。古希腊哲学家柏拉图往往会把"真实"的实体当形式来对待和使用，认为"形式"有两个世界：一个是由物质的东西组成的称之为"生成的"世界；他们会变化、灭亡或消失；一个是存在的世界。人们只能通过理性而不是经验来把握它，真正要把握的是"现象背后的实在"，而不是打交道的对象，因它只是一个影像。亚里士多德认为"实在"必须是由像"树和人"这样的事物所组成的世界而不是别的某个我们从未真正经验过的世界。

那么，媒介中的主持传播与真实、艺术是何种关联？文本话语是由语言符号生成的艺术文本，在多方交集的话语沟通中处于不断生成和演绎新意义的过程。主持传播除了要了解真实的秘密，还要了解人性的秘密。研究发现，对本文最具借鉴意义的理论当属美国政治学家，传播学奠基人之一哈罗德·拉斯韦尔在宣传分析和传播过程研究的建树。他 1926 年的博士论文《世界大战中的宣传技巧》，开创了内容分析方法，通过描述和分析第一次世界大战中各交战国之间的宣传战，断定宣传能够产生很大的社会影响力，是宣传研究的经典著作。而《世界革命的宣传》等著作又进一步发展了宣传分析的本质、

---

① 章斐然：《人民日报社首款人工智能虚拟主播亮相》，人民网，2019 年 5 月 26 日，https://www.sohu.com/a/316451626_114731。

规律和方法等。1948 年的《传播在社会中的结构与功能》明确提出蜚声世界传播学界的"5W"模式，是传播学中的经典传播过程模式，奠定了传播学研究的基本范围和层面。这些都对我们中国主持传播学界的学理研究具有先导价值，因为主持从本质上讲就是一种信息传播，以其传播效果为检验标准。另外，深受弗洛伊德影响的帕洛阿尔托小组（Palo Alto group）的研究也对本文有很好的借鉴价值。尤其是交往传播理论，重视作为理解个体行为的手段的个人与他人的传播关系，完成了从关注个体内在动力向关注个体交往或关系模式的转向。

在此提及上述西方传播学理论是为了回到传播的原点，设定一个相对独立的理论时空摈除过于复杂的社会现实元素，展示我们对主持艺术在跌宕起伏的时代流变中的伦理思考。主持形态的搭建首先是要输出真实的观念，在人对真实的识别、判断、剖析的过程中，展开人与社会的关系演绎，若离开了非虚构化的真实传播，主持便无生命力。而主持传播的艺术性，也需建立在真实的基础上再度扬弃，因此，审视人机协同模态的首要，需回到主持传播的本源来探究人与真实、艺术的关联，因为本源包含着规范和支配主持艺术的法则。

三、主持传播新文本的语义构建

人机语音交互成为"技术＋艺术"的融合语汇，演绎一种新型交互模式与合成机制，影响着主持的样态。"主持人去哪了？"主持传播理论的原点一旦失去支撑，传播的艺术性及其他因素都会受到扭曲和变形，主持是单纯的表层叙事？还是开拓节目和主持人自我的过程，如果是前者，那么，主持会不会演变为一种想象的游戏、算法乃至玩法？就人机语音交互的协同模态而言，当语言的生成受到挑战和质疑，那么节目的骨骼便会疏离，主持人的自我概念也会随之偏移，找回存在感就成了一件难事。无论如何我们都不能忽视语言之于主持艺术的巨大威力和基石，不管机器产生出什么样的语言，人的语言都将是主持叙事的主体，它会缔造有力的故事和情节，以此构成一个功能场来维护主持的中心家园。在笔者看来，机器人主播的诞生与运作，最多使主持艺术呈现人机共舞、多维立体的空间叙事形式，改变不了主持艺术的内核性特质，即传播、唯美地传播信息和资讯，并用语言树立一种传播的权威性。

表面上看，由人工智能机器人主播带来的传统主持美学维度被无情打破，原因在于新技术的介入，其实更深一层原因在于，主持理念的升级来得较为迟缓，关于主持研究一系列选择、解构、诠释的结果没有聚合到与文本意义上的相遇这个点上，致使主持艺术的底座时空体缺乏理论扶持，而显示出主持人群体身份认同的迷惑，进而对媒介结构化重新洗牌对主持主体凝聚力造成影响而惶恐。在这一点上，研究必须超越主持传播本身的实践属性和文本意义来审视问题，在现实语境的张力下形成基于哲学、传播学和艺术学的主持传播的核心价值。

研究认为，主持传播的核心价值应当建立在一种洋溢着时代意识的人文关怀之上，理论关注点也应该落在主持人专业性所隐含的文化及伦理意义，从而跳出对主持文本封闭式解构的束缚，重建文本与外部环境的联系。

四、主持传播书写仪式感

主持传播的应用空间首先立足于节目，它是根据节目的要求来设定的，必须服从和服务于节目本位。主持传播的主体性创建首先要聚集到仪式感上，基于此来寻求新的理论突破、重振主持传播研究的元气。

节目本身就是一种传播仪式，主持传播要对仪式和事件进行仪式化的传播，自带浓厚的仪式化色彩。主持这一形态赋予仪式以庄严和肃穆，使仪式的传播空间与意义得以延展，受众通过信息的仪式化表达和传递，对故事存有一种回味，从而更深切地感知现场的场景，以提升对仪式意义的体认。主持人必然持有一种信念，对所传信息的自信，而信念之于仪式所起的推动作用就是，一定要传播出去，并通过主持技巧使受众对仪式的内容和意义得以深阅，增强其存在感与主体意识。当主持传播为新闻事件营造出浓厚的媒介仪式化氛围时，这一事件就打上了深刻记忆的色调，它的实践方式使节目元素组合为叙事和结构互相交织的双循环体系。

美国文化研究理论家詹姆斯·凯瑞提出的"传播仪式观"其实就是一种对传播载体的仪式性建构。作为大众传媒，其任务除重视对传播内容和文本的仪式性建构之外，还必须注重对传播载体的仪式性塑型。就电子传媒的节目单位而言，重视节目的仪式感设计，推出具有仪式象征意义的广告宣传，在一些社会活动中隆重推介主持人并使其明星化，美国电视界用的就是这种方法，中国的凤凰卫视也是如此，打造明星主持的仪式性方式，一方面会对节目主旨产生更强的解释力，另一方面也应了传播学"舆论领袖""二级传播"的理论意旨，令节目更加人格化，社会反响更浓郁。美国等西方国家基本没有播音主持这个特定的专业，只有这个行当，而中国不仅有这个专业，更有一整套专业体系和理论逻辑，因此詹姆斯·凯瑞的传播仪式观思想在中国更能落地生根。

而主持传播的媒介语境，是近乎天然的节目现场和节目流程的仪式性表述、节目制作的仪式化呈现，都为传播仪式观增添了新的认知元素和理论营养。实际上，仪式化传播对媒体的功效和深层意义还在于：使单纯的甚至单一的信息、资讯传递朝着意义建构延长，实现"浅视听"向"深视听"、传播价值"潜在化"向"最大化"的质的提升。[①]

五、主持作为一种空间生产

媒介中的主持传播既践行了信息的交互，也是一种空间的艺术，主持的过程即是空

---

① 王民悦：《仪式化传播：新时代副刊发展的新视域》，《中国报业》2020 年第 4 期。

间化的过程映现。本文认为，现代法国思想大师、被西方学界公认的"日常生活批判理论之父"，"现代法国辩证法之父"，区域社会学、特别是城市社会学理论的重要奠基人的法国马克思主义理论家亨利·列斐伏尔，他所创立的空间理论值得我们借鉴。

借用列斐伏尔的空间理论，主持行为本身就是在践行"空间生产"，而这一"空间"并非是单纯物质性的场景，而是包含了节目生产关系和支持这种再生产的重要载体。"空间"由此具备了媒介性以及浓郁的意识形态色彩。主持场景中的空间成了媒介传播信息的主战场，成为信息链接生产的核心地带。媒介化生存演绎下的主持传播形态所具有的空间感在理论的方法论层面上是保持了传播意义上的连贯性的。这里，我们提出一个解放性的口号，"让技术服务主持，让主持成为自己"，同时在理论开拓上提出了主持革命的大胆想象。传媒的革命，传播生活的艺术化，成为这种解放的可能性。

列斐伏尔指出，空间是社会的产物。在这个意义上，空间就等于社会空间。而主持空间就等于媒介空间和传播空间。这也应了他所说的社会空间是要打破建筑师对空间的透明幻象，也就是说，社会空间不是可供计算的和工业操作性的空间这种理念。他同时指出"空间的生产，开端于身体的生产"① 这句来源于尼采哲学中生命的视角，在列斐伏尔看来，任何空间如果不与生命本身产生关联，都是毫无意义的。换言之，主持者的身体对空间的感受是非历史的。主持带给我们的空间是一种"表征性空间"，它不是私人性的、想象的、经验性的空间，是体验感十足的空间，是媒介空间；这个空间里既有非符码化的感受，也有符码体系的具体呈现。换言之，有被编码的，也有尚未被编码的。无论如何，这是媒介化了的传播空间。

对空间理论的认识使我们经历了一个语言和思维方式嬗变的过程，我们似乎在语言层面上觉悟到，主持不单是以璀璨、耀眼的字词来充实话语，建构亲和关系，而是对话语及其诸多构成因素的多向汇流，在这个动程中通过叙事和态度完成对社会的观察与研判、对多样性文化的沟通。

六、被技术理性赋能的主持艺术

全球化语境的变迁赋予了主持传播更强烈的探索性，同时也使其拥有了更大的阐释空间，拥抱新技术不仅意味着宽广的人文胸襟，也激励主持传播的理念不断更迭。纵观如今的主持形势和态势，已经不再沉迷于过往精彩的主持语汇，而是从以言说为中心转移到以对话、互动效果为中心，很难再用传统理论思维去度量主持艺术的标准。当我们重新感知主持的视角时，"现场化"这个词就会撬动神经，引发联想，这里所说的现场，不单是一个场景，而是一个框架。这是我们从被誉为是"人工智能之父"和框架理论的创立者的马文·明斯基（Marvin Lee Minsky，1927）身上得到的启示。框架这一概念源自

---

① ［法］亨利·列斐伏尔:《日常生活批判：从现代化到现代主义》，叶齐茂、倪晓晖译，北京：社会科学文献出版社，2018年。

贝特森（Bateson，1955），由戈夫曼（Goffman，1974）将这个概念引入文化社会学。后来再被引入到大众传播学的理论研究中，成为定性研究中的一个重要理念。需要提及的是，美国社会学家 E.戈夫曼（E.Goffman）的理论贡献，1974 年他出版了《框架分析》一书①，将"框架"的概念引入文化社会学。并根据自身的认识，将框架定义为："人们用来认识和阐释外在客观世界的认知结构，人们对于现实生活经验的归纳、结构与阐释都依赖一定的框架，框架使得人们能够定位、感知、理解、归纳众多具体信息。"在戈夫曼看来，对一个人来说，真实的东西就是其对情景的定义。这种定义可分为条和框架。条是指活动的顺序，框架是指用来界定条的组织类型。他同时认为框架是人们将社会真实转换为主观思想的重要凭据，也就是人们或组织对事件的主观解释与思考结构。我们在此取这一层含义来重新认识主持传播。"主观解释"和"思考结构"两个词中的"主观""思考"意味着主持的思索设计向度；而"解释"和"结构"则指向操作运行向度。合起来流经话语营地而散发传输能量，因为主持只是一种结构效果模态，不是对实体过程的刻画和表现，只有传播，才拥有信息势能，浸入行走在后现代社会没有中心、缺乏深度、凌乱不堪、意乱情迷的人们的精神世界里。

如同恩特曼（Entman）所认为的那样，框架是选择与凸显，中国台湾的钟蔚文与臧国仁两位学者认为取"选择"与"重组"之义较为妥帖。对于大众传媒的框架研究，国内外不少学者基本上是遵循源自戈夫曼的思想。我们似乎更认同恩特曼的思想，即框架包含了选择和凸显两个作用，框架一件事，就是把认为需要的部分挑选出来，在报道中特别处理，以体现意义解释、归因推论，道德评估，及处理方式的建议。在对主持传播框架形成因素的研究中，不可忽视框架是媒体、主持者、信息资讯、受众、社会语境之间相互作用与合谋的结果。从中诞生出的主持文本态势必然会摆脱形而上学般的概念预设、主题先行，转而呈现出一种原初的发问。当然这一切也都依赖于在文本中获得语言，并以语言的方式在场。

仔细想来，机器人其实就是一台披着人类外衣的电脑，智能服务已经走进了我们的日常生活，介入我们的专业在工作中是件很正常的事。杨澜在 2017 年历经了人工智能纪录片的拍摄后才悟到，发现人工智能就像一面镜子，能够照见人类智能的神奇，也能放大人类的善恶。于是就有了《人工智能真的来了》②这本书。2017 年 6 月，中央人民广播电台的新媒体项目"下文"APP 上线，正式开启了新闻创新之路。"下文"聊天机器人项目在新闻文体，新闻呈现和新闻分发等方面的创新实践，从技术升级，文化再造和用户参与诸方面都为其他媒体的未来转型提供了可资借鉴的宝贵经验。

① 欧文·戈夫曼：《框架分析：关于经验组织的一篇文章》，哈珀与罗出版公司，1974 年。
② 杨澜：《人工智能真的来了》，南京：江苏凤凰文艺出版社，2017 年。

七、结语

湖南卫视原创科技秀《我是未来》节目的主持人张绍刚与机器人的混搭对话可谓爆笑全场，这个机器人的聪颖机智使一项自信满满的张绍刚都无话可说，显得有些尴尬和不适。一个优质设计感的机器人去主持节目，应该已经可以胜任部分主持力了，笑话、包袱和套路使其完全具备了与人交流沟通的亲和感。看来，人机对话、人机共舞即将成为节目主持的常态；既然我们人类能够措置裕如地进到机器里，为何就不能允许我们亲手打造的、生产的机器人进到我们的生活中呢？平等也许才能互利共赢。在 2017 年 8 月 13 日《我是未来》节目中，科大讯飞的胡郁博士表示，机器和人类之间将来是要和平共处的，但这中间一定会有一个胜负，他相信机器在某些方面一定要超越，他对此十分有信心。与之对决的是一位 90 后女速记师梁海茹，她表示，机器虽然在记忆方面有它的优势，但在语义理解上绝对不是人类的对手。也许主持文本整体化的意义包含的远不止机器所能识别的语言和运作程序，如果将人机共舞的符号化过程纳入审美与意识形态的纵深背景之中，我们对机器人主持的认知化、衡量化、主体化以及其价值赋予的能量就有了更深的理论沉淀和反思。

场景理论视域下的网络新词新语审视

——基于对00后大学生使用网络流行用语的考察

祝　捷　钟威虎[*]

【摘要】口语传播的场景在互联网时代发生全新变革，社交平台为网络用语的使用场景提供了身份认同和情感价值等话语权力。大学生群体的现实口语交际，成为一种打破虚拟与现实场景壁垒的语言实践，这种实践在未来的5G时代有望进一步深化，网络语言与现实语言在传播场景融合的背景下将愈加交汇统一。但也要警惕良莠不齐的互联网文化和思维对青少年语言习惯及审美形成的危害。

【关键词】场景理论；网络新词新语；口语传播；00后大学生

"打工人""后浪""社会性死亡""凡尔赛文学"……新媒体时代复杂交织的信息洪流为网络语言文化发展提供了得天独厚的土壤，各类新兴的网络词语和新鲜的"语言梗"层出不穷，并且借助各类网络平台实现火速"出圈"，甚至引发全民热议和效仿。这类形式多样的网络新词不仅极大丰富了虚拟世界的人际交流，也全面渗透进当代人，尤其00后大学生的日常口语交际中。

媒介环境学派的代表人物之一梅罗维茨融合了戈夫曼"场景主义"和伊尼斯、麦克卢汉"媒介理论"的观点，在此基础上提出了"媒介场景"理论。他强调信息的流动是场景形成的关键，场景的实质是信息系统，而地点和媒介一起为人们建构了新的社会交往和信息传播模式。梅罗维茨认为，电子媒介的出现加速了信息跨越场景的流动，使得不同场景产生交错、重叠和融合，并产生新的场景，人在新的场景中扮演着新的社会角色，并产生新的行为方式。[①]我国学者彭兰结合数字时代的社交特征分析认为，构成场景

＊　作者简介：祝捷（1981—），女，苏州大学传媒学院副教授，博士，研究方向：中国播音史。钟威虎（1998—），苏州大学传媒学院本科生。

①　［美］约书亚·梅洛维茨：《消失的地域：电子媒介对社会行为的影响》，肖志军译，北京：清华大学出版社，2002年，第34页。

的基本要素应该包括：空间与环境、用户实时状态、用户生活惯性和社交氛围。[①]由此进一步揭示出社交媒体平台和用户行为对于构建当代场景传播的重要作用。

因此，这就启发我们从媒介场景的角度重新审视当下网络新词新语进入 00 后大学生群体口语交际中这一现象。在笔者看来，这一现象背后反映的核心问题在于口语传播场景在互联网时代的全新变革，作为场景用户的 00 后大学生群体，其使用行为和习惯与数字媒体时代的社交场景之间相互影响和作用，而网络语言在现实口语交际中的使用是这一动态关系的重要表征之一。当"社会场景越来越多地由电子媒介交流组成"[②]，在移动通讯技术全面升级和新媒体产业蓬勃发展的背景下，作为网络原住民的 00 后大学生们较好地掌握当下互联网使用技术的同时，也迅速适应依托互联网技术建立起的网络社交场景，并在媒介使用的过程中不断打破虚拟社交场景与现实口语交际场景的区隔，将二者融合后构建新传播场景，并在此实现网络语言与口语表达之间的流动。

值得一提的是，这种场景的建构与融合，为对于网络技术与文化更为谙熟的大学生群体提供了建立话语权和身份认同的空间，即网络新词新语进入口语交际这一现象的背后，其本质问题是源于网络社交场景赋能。

为了更好地对这一问题进行透视，本文通过问卷调查和深度访谈的方式对当代 00 后大学生网络新词在口语传播中的使用问题展开调研，试图总结 00 后大学生在口语交际中使用网络新词新语的相关特点，并以此为依据，在媒介场景理论视域下对当下网络新词新语与 00 后大学生口语交际之间的互动影响展开分析。

一、使用情况分析

本次调查对象为长三角地区"00 后"大学生（出生时间基本集中在 2000 年至 2002年），发出共计 300 份网络调查问卷。调查对象的男女性别所占比例分别为 46.59% 和53.41%，学科背景占比为文史哲类 34.09%；理工农林或医学类 36.36%；艺体类 26%。样本分布较为均衡，调查数据真实可靠，具有一定代表性。

对于"是否会在口语交际中使用网络新词新语"，55.68% 的人选择"偶尔使用"，36.36% 的人选择"经常使用"，6.82% 的人选择了"每天使用"，1.14% 的人选择了"从不使用"。

79.55% 的人认为"网络用语应该分场合分对象进入口语交际"，4.55% 的人认为"应该提倡网络用语全面进入口语交际之中"，12.5% 的人认为"个别用语应该经常使用"，还有 3.41% 的调查对象表示"不支持网络用语进入口语交际"。

众多的网络新词的使用频率也不尽相同，使用频率相对较高的网络新词有以下几类：

---

① 彭兰：《场景：移动时代媒体的新要素》，《新闻记者》2015 年第 2 期。
② 马克·波斯特：《信息方式：后结构主义与社会语境》，范静晔译，北京：商务印书馆，2014 年，第24—26 页。

"康康"（52.27%）、"真香"（39.77%）、"社会性死亡"（39.77%）、"爷青回"（34.09%）、"有内味了"（30.68%）。其中，"康康"这个网络新词被认为是最受欢迎的网络新词，所占比例为 52.27%。

"00后"大学生是如何获得这些"网络新词"的呢？超过 65% 的人表示来自"身边朋友""短视频"和"社交媒体"；50% 的人表示来自"综艺影视节目"（如图1）。

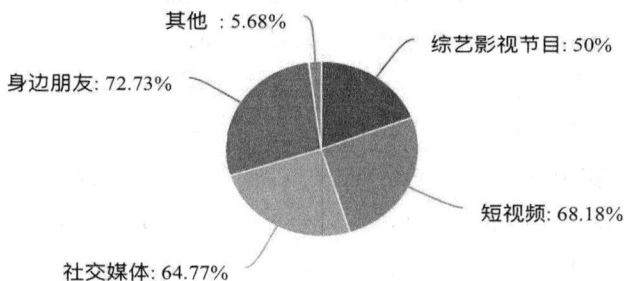

图 1　大学生获得网络新词的渠道

对网络新词出现在口语中的主要原因，36.36% 的人认为这些网络词语"娱乐性强，放松心情"，27.27% 的人认为是因为"网络环境与媒介使用"，27.27% 的人认为是网络词语"使用方便，表现力强"，5.68% 的人认为是"网络炒作和跟风"，3.41% 的人认为存在其他原因，包括"社会环境的快速迭代与传统语言使用的局限形成的冲突"（如图2）。

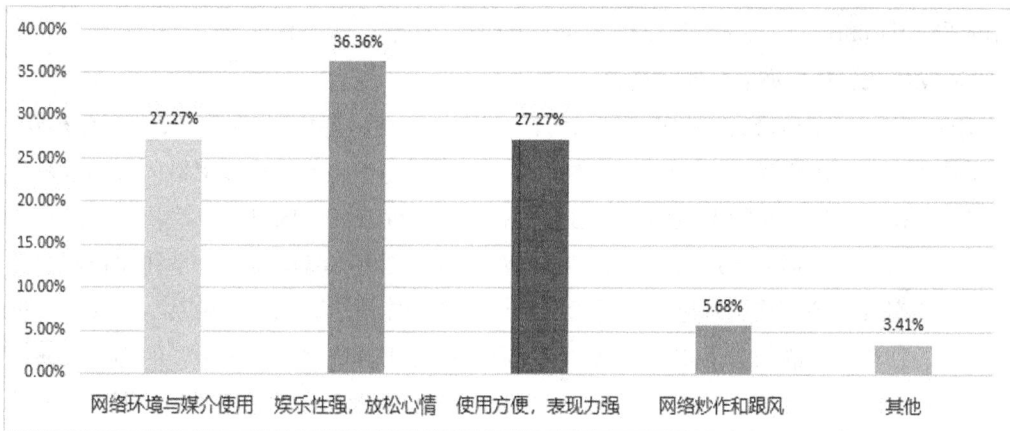

图 2　网络新词出现的原因

二、网络新词新语使用特点

1. 常态化：沉浸式环境下的日常语态

对于生于 2000 年之后的大学生而言，他们是真正意义上的"网络原住民"，在日常生活中使用网络语言早已不是新鲜事。00后大学生身边无处不在的电脑、手机、平板等移动信息终端和身边好友的交流影响让他们日常花费大量时间和注意力关注微博、微信、抖音、快手、哔哩哔哩（bilibili）以及各类网络综艺，他们被裹挟在网络信息的洪流中时刻以最快捷的速度创造、接收或传播网络新词，往往是某个网络新词语最早的发酵者和传播者，是网络热词"出圈"的重要推动者。

例如2020年爆红网络的热词"打工人"，指的是城市中工作辛苦的上班族。该词语最早出自网红"抽象带篮子"的黑色幽默式的自我调侃："打工人、打工魂、打工永远难成神；开公司、发工资、迟早变成乔布斯。"在微博、虎扑等新媒体平台上一经传播迅速引爆网友共鸣，纷纷转发效仿。哔哩哔哩（bilibili）、抖音、快手等短视频APP有大量博主迅速制作了相关视频广泛传播，新华网、《光明日报》等主流媒体也以"打工人"为题在新媒体平台发布文章。甚至衍生出了一个姊妹词汇"干饭人"。一时间，人人皆是"打工人"，"早安，打工人！加油，干饭人！"的问候不绝于耳，作为网络原住民的00后大学生在这样信息全方位轰炸的融媒体环境中获得了对于网络新词"沉浸式"的学习和使用体验。

同时，无处不在的移动智能设备使得00后大学生进一步打破线上和线下的壁垒，从而促使网络新词更加自然地融入他们日常生活的口语表达中。通过访谈发现，00后大学生普遍更加青睐生活化、简明化的网络新词，热衷于用网络新词表达自己的心情以及彰显个性。例如"佛了""康康""真香""辣眼睛""无语""我裂开了"等词汇，已经逐渐在00后大学生的生活口语化，日常化，在表达某些语义时主动替换原有词汇，成为一种新的语言习惯和选择，这些词语构成了00后大学生全新的日常语态。

2. 功能化：亦庄亦谐中传情达意

00后大学生在口语交际中使用网络语言，注重娱乐性与功能性并举，既要时尚幽默，也要精准达意。在调查中，将近40%的受访者表示娱乐性是他们选择网络语言的重要原因之一，在日常口语交际中使用网络语言显得更加随性亲切。同时，一些特定的内涵往往只有网络语言的词汇表达最为精准，其内涵不仅是词汇本身的意义，也往往指向一种特殊的心态或立场，从而营造出独属于网络语言的功能语境。例如"佛系"一次，不仅表达了一种淡然平静的心情态度，也作为一种青少年用看似"与世无争"的心态来调侃自身"随遇而安"状态。"××狗"的语义演变也非常有意思，被社团活动、课题、各种作业搞得焦头烂额夜不能寐的大学生会用"累成狗"来形容自己；奔波于各种招聘会不知道将来何去何从的四年级同学用"大四狗"来代称自己；立志考研的同学自称"考研狗"。此外，"贱"则代表着00后更深层次的自嘲，自嘲与"贱兮兮"似乎更能代表00后的心理需求和生活状态。

同时，00后大学生擅长将网络新词制作成表情包进行传播，从而最大限度保留网络新词新语最"原汁原味"的内涵和趣味，以此构成一种全新的网络语言沟通方式，也增强了网络语言的功能性和娱乐性。例如2020年流行的网络热词"真香",来源于综艺节目《变形记》中性格跋扈的公子哥王境泽撂下狠话后又主动妥协食言的情节。网友将王境泽在节目中主动食言满脸憨笑的神情截图配上文字制成表情包(如图3)在网络交流中直接发送表情包表达自己对某事物改变否定态度欣然妥协的情感思想。

图3　表情包

与传统单一文字构成的网络新词新语不同,表情包在保留文字文本的同时,更通过图片或是gif动画呈现词语主人公的神态、动作等,以此更为精准地传递语意和心情,其功能相当于网络交流中的"副语言",通过身体语言强化表意效果,强化了网络语言娱乐性和功能性兼具的特征。

3.个性化:注重玩"梗"构筑文化高墙

庞杂的互联网信息平台为00后大学生的网络语言提供了丰富的来源和素材,许多网络语言往往因某个短视频、综艺节目或是图文资讯在微博等网络平台上突然走红而相应得到广泛传播和关注,使用这些网络语言被称为玩"梗"。例如2020年抖音和哔哩哔哩(bilibili)视频网站上走红的网络热词"耗子尾汁"("好自为之"的谐音)和"不讲武德"(意为不讲道理,不合常理),受到了00后大学生的广泛接纳和喜爱。其出处是网络红人"太极大师马保国"在直播中对战胜他的比武对手之控诉,因该网红独特的山东方言口音和让人啼笑皆非的比武经历而得到了网友广泛的模仿和传播,颇具黑色幽默的意味。

造"梗"与玩"梗",体现了00后大学生个性鲜明的媒介使用习惯和语言认同。当使用带"梗"的网络语言时,懂得其中含义的人会心一笑,不懂出处的人不明就里,一道基于语言使用而建构的"文化高墙"由此产生。

此外,大数据与算法的全面推广和应用,使得00后在使用互联网时越来越容易捕捉符合诉求的资讯,越来越多地被自己所感兴趣的事物吸引。例如感兴趣某个题材短视频,视频平台就会更多推送同类视频供用户选择,用户的眼光和选择始终被算法结果所捆绑,形成"信息茧房"。这种媒介使用方式加剧了不同年龄段之间网络用户的信息差异,从而扩大了不同年龄段人群在认知和观念上的不同,形成"数字鸿沟"。00后们所使用的众多网络新词和"梗"常常只局限在同年龄段的受众知晓含义和来源,理解当中的"包袱"和乐趣,父母长辈则完全不明白,网络新词成为加剧代际差异和数字鸿沟的重要表现。

三、基于场景理论的的网络新词新语探析

1.场景建构:网络原住民与沉浸式场景

早在 2011 年,著名游戏教育学家 Marc Prensky 就提出了"数字原住民"概念,用以指代在数字通讯和网络技术发展下成长起来的一代人。在 Marc Prensky 看来,相比于早于"数字时代"到来之前出生成长的"数字移民",在数字化环境中出生成长的人群似乎有与生俱来的数字化生活与思维方式,从小使用计算机、视频、游戏和互联网等数字语言的原住民,往往拥有更高的内在技术悟性或技术上的天赋[①]。毫无疑问,在我国从 20 世纪 90 年代开始全面发展互联网技术的大背景下,出生成长于千禧年后的 00 后一代更是典型的数字原住民。

具体而言,当代我国 00 后大学生往往在小学时期就开始接触并使用网络。网络在伴随他们的成长不断发展的同时,也早已成为他们日常不可或缺的一部分。00 后大学生具有思维活跃、个性强、易围观等时代特点,对微博、微信等网络用语较为关注,并对一些"具代表性""有暗指功能""有娱乐效果"的网络用语更是广泛引用到网络聊天、网络言论及日常口语中。

我国学者华桦指出,数字原住民的一切基本特征或技能都是在数字化环境中产生、培育出来的。[②] 相比于 90 后网络原住民在传统互联网环境下的成长,00 后网络原住民所成长的数字环境具有更为鲜明的新媒体和媒介融合特征。因此研究 00 后一代的语言使用问题,其身处的数字化时代与环境是不容忽视的重要入口,而依托于媒介技术进步所产生的沉浸式媒介环境是促进网络新词新语进入青少年口语表达的重要因素。

一方面,伴随着移动通讯技术和数码电子产业的不断升级,手机等移动数字端成为最主要的网络使用工具之一。根据第 45 次《中国互联网络发展状况统计报告》显示:截至 2020 年 3 月,我国手机网民规模达 8.97 亿,较 2018 年年底新增手机网民 7992 万;网民中使用手机上网的比例由 2018 年年底的 98.6% 提升至 2020 年 3 月的 99.3%,手机上网已成为网民最常用的上网渠道之一。[③] 而在手机网民中,青少年群体的占比高达 75%以上,占据移动媒介用户数量的绝对大头。

另一方面,媒介融合不断深化,网络和信息平台面临前所未有的繁荣。从 2G 网络到 3G、4G 乃至今天即将全面普及的 5G,通讯技术每一次的升级都为媒体行业带来全新生

---

① Tapscott, D: Educating the Net Generation, *Educational Leadership*,1999,pp.6-11.

② 华桦:《职业青年互联网使用:数字原住民特征与数字鸿沟》,《当代青年研究》2018 第 5 期。

③ 中国互联网络信息中心,《第 45 次中国互联网络发展统计报告》,2020 年 04 月 28 日,http://www.cac.gov.cn/2020-04/27/c_1589535470378587.htm.

态，这一发展进程在伴随着 00 后一代人成长的同时，也在朝着便捷、高效的数据传输和媒介融合的方向不断深化。

以 4G 通讯为例，在 3G 技术和 WLAN 的基础上，4G 网络可以达到 100Mbps 以上的下载速度和 20Mbps 的上传速度，从而使高清图像、视频、音频传输变得易如反掌，视频传播取代文字成为更为占据主导地位的传播形式，新媒体平台迅速崛起。在国家提出的"媒体融合"宏观政策背景下，以"两微一端"为代表的新媒体平台以及众多自媒体平台积极与传统媒体相融合，依托各自不同的平台属性和优势形成多层次、多样化的传播矩阵，进而形成一股巨大的传播合力。这就使得一种网络流行语能迅速从某一媒体平台走红后借助融媒体网络传播至全网，受众可以在各个媒体平台上读取到相关信息，对受众形成"包围之势"，进而实现"沉浸式"的传播场景建构。

例如，2020 年 5 月 3 日，知名短视频平台哔哩哔哩（bilibili）在央视一套《新闻联播》前黄金时段投放播出其献给新一代青年的宣言片《后浪》，与此同时，拥有 1.97 亿活跃用户（青少年群体占据绝大多数）的哔哩哔哩网站也在其首页推送了该视频。一时间，视频中国家一级演员何冰对广大青年给予深情的赞美、鼓舞和寄语感动了无数网友，截止 2020 年 5 月 28 日 21 时，《后浪》在哔哩哔哩平台达到了 2562.2 万播放量，27.3 万条弹幕，156.9 万点赞，102.9 万转发。并迅速占领了微信朋友圈、微博热搜等平台；央视新闻、《光明日报》《中国青年报》《环球时报》《新京报》、澎湃新闻、观察者网等媒体对该视频进行了联合发布；新华社、《人民日报》等主流媒体纷纷以"后浪"为题发表文章，关于"何为后浪""当代年轻人如何看待'后浪'"等相关话题也在网络上引起热议。这种沉浸式传播场景的建立使得"后浪"一词迅速被广大网友所熟知，这其中，在互联网空间中最为活跃的青年群体无疑在这一场景所受浸淫最深，自然而然地将该词融入进日常口语表达中。2020 年 11 月、12 月，"后浪"一词先后被《青年文摘》和《咬文嚼字》评选为"2020 十大网络热词"和"2020 年十大流行语"。

值得展望的是，未来以场景定制作为主要特征的 5G 技术将进一步推进网络语言沉浸式传播场景建构，从而持续推动网络流行语与口语交际产生交融互通。

2. 场景赋能：身份认同与话语权

要分析 00 后大学生网络流行语进入口语传播这一问题，我们需要首先理解网络流行语在互联网空间中的传播与意义。在罗伯特·斯考伯和谢尔·伊斯雷尔合著的《即将到来的场景时代》一书中，社交媒体被视场景时代的要素，通过在线交谈，我们会更加明确自己的喜好、位置和追求，新媒体时代的社交媒体也将成为个性化内容的源泉。①

因此，如果说移动通讯技术和融媒体平台等数字化时代产物为 00 后大学生建构自己

---

① ［美］罗伯特·斯考伯和谢尔·伊斯雷尔：《即将到来的场景时代》，北京：北京联合出版公司，2014 年，第 11、78、15 页。

的口语传播场景提供了外部环境的支持，那互联网社交平台则是为 00 后大学生建构独属于他们的社交和口语传播场景提供了内部土壤。通过使用网络语言，00 后青少年在社交平台这一场景内形成各自的身份认同，并基于青少年网民群体的庞大和活跃，在场景内广泛传播形成群体认同，构建独属于他们自己的场景文化和语境，进而形成网络社交平台内的话语权。

具体而言，互联网社交场景下，网络语言所建构的身份认同和社交平台这一传播场景息息相关。正如我国学者李继东、吴茜等人指出的，青少年主要通过四种方式在网络流行语中建立身份认同：通过语言符号完成个体的主体性投射；通过亚文化介质建立集体边界，并以网络流行语等形式实践文化区隔和群体指认；将身份话语传播至更广阔的社会空间中使群体认同上升为社会认同；在权力规制中再生产身份认同的话语，并与主流话语、商业话语形成斗争协作关系。[①] 在这四种形式中，网络流行语都承担了作为介质和纽带的作用，"是文化的媒介和认同或身份的象征符号"[②]。由于互联网社交平台场景具有虚拟性、开放性、自由性等特征，因此 00 后大学生在使用网络流行语表达观点、心情以及兴趣趋向的同时，也是以此在该场景中作为性别、年龄、阶级、价值观等要素的标志和表征，吸引同类的同时也形塑着个体在网络场景中的身份形象，实现个人身份认同的建构。正如斯图尔特·霍尔强调："身份认同是话语实践所建构起来的临时附属物，在此过程中，意义事实上产生于几个不同的场所，并通过几个不同的过程或实践（文化的循环）被传播。意义就是赋予我们对我们的自我认同，即对我们是谁以及我们'归属于'谁的一种认知的东西。"[③]

这一特征在青年亚文化的传播上体现得尤为明显，细数当下流行于 00 后大学生中的流行语，许多均来自亚文化趣缘群体或文化产物。例如来自电竞游戏的流行语"带节奏""战五渣""祖安人""有内味了"；来自二次元动漫的"快乐肥宅水""AWSL""XSWL""前方高能"；来自追星粉丝的"饭圈""爱豆""脑残粉""私生饭"……正如我国学者邝霞、金子在书中指出的："从社会语言学的角度来说，网络流行语是一种新兴的社会方言。网络流行语作为一种基于网络空间而产生的社会方言，是现实语言的变体"[④]。互联网社交平台为青年亚文化的传播提供了重要的传播场景，相关的网络流行语成为重要的传播内容和介质，所折射出使用者在现实生活中真实的兴趣、观点等方面的身份选择，并通过互联网社交场景的交流持续深化这种身份认同。这种与现实生活和个体身份紧密相关的特征，为网络流行语进入现实口语交际提供了情感价值基础。

---

① 李继东、吴茜：《近五年网络流行语的青年身份认同与话语实践》，《现代传播》（中国传媒大学学报）2020 年第 8 期。

② ［澳］迈克尔·A.豪格、［英］多米尼克·阿布拉姆斯：《社会认同过程》，高明华译，北京：中国人民大学出版社，2011 年，第 31、24、191 页。

③ 斯图尔特·霍尔：《表征：文化表象与意指实践》，北京：商务印书馆，2003 年，第 3 页。

④ 邝霞、金子：《网络语言——一种新的社会方言》，《语文建设》2000 年第 8 期，第 21 页。

值得一提的是，互联网社交场景中的身份认同带来的观点和趣缘凝聚，也可以形成话语权合力，与主流话语或社会现实产生碰撞，乃至形成网络行动主义事件，这类事件中网络流行语往往扮演着宣言或标志性的作用。例如脱口秀演员杨笠在综艺节目《脱口秀大会》发表了若干关于男性群体性格、价值观等争议言论，在网络空间中引发了一系列关于两性问题的探讨，也使得"普信男"（普通却自信的男生）、"女拳"等新词汇迅速走红，00后大学生群体在使用此类词语的同时，也表达了自己对于这一事件的情感价值立场。例如"普信男"包含了对于低情商男性的揶揄；"女拳"意味着对于过分强调片面女性性别权益群体的讽刺……在这种背景下，现实口语传播的场景被赋予观点价值属性，使用网络热词的实质不再是一种简单的观点表达或是新潮跟风，而是包含价值判断的意识形态体现。使用意味着支持，语言使用的实质成为一场基于社交场景下的话语权博弈。

此外，基于青少年网民群体庞大的数量基础，他们所频繁生产和使用的网络词汇往往能迅速"出圈"，在互联网平台中广泛传播，得到社会的广泛接受，甚至成为一个时代的流行语，在这一环节中，口语交际中网络用语的使用也成了传播的其中一环节。例如入选《咬文嚼字》的2020年十大网络流行语，"打工人""凡尔赛""内卷"，都是出现在00后大学生网络与日常交流的高频词汇，这些词汇经由他们的生产和传播，其包含的意识形态和情感价值判断对社会文化的发展起到了形塑作用，成为青年群体话语权力的体现。

3.场景实践：打破虚拟与现实壁垒

基于上文的讨论，我们已经认识到，对于00后一代大学生来说，迅猛发展的移动通讯技术和融媒体平台为建构网络用语的使用场景提供了技术支持，社交平台为网络用语的使用场景提供了情感价值观基础。在此二者基础上，进入现实口语交际的网络用语，成了一种打破虚拟与现实场景壁垒的语言实践。这种实践在未来的5G时代有望进一步深化。

诚如麦克卢汉的经典理论"媒介是人的延伸"。我国学者胡汉荣在阐释麦氏的观点时指出，我们与媒介的关系在于相互构造，即我们创造媒介，媒介也在创造我们。[①]00后大学生在互联网平台上所使用的网络语言开始全面进入他们的日常口语交际中，这是互联网的虚拟社交场景面向现实交流场景的延伸。而继承麦氏的观点我们不难认识到，技术延伸和进步的重要意义也在于重塑我们的思维与表达方式。相比于此前的年代，当下的互联社交与现实融合得更加紧密，移动客户端的普及也让网络社交场景越来越多地与现实社交场景相重合，场景交流的差异性越来越小，这种客观现实创造了场景实践的外部环境。而对于场景实践的内部参与者而言，身处新媒体时代的网络原住民00后大学生们具有更加鲜明和普遍的互联网思维，他们不仅注重表达的效率和个性，也基于身份认同、群体认同的基础上，对自身的语言使用更加充满自信，更加敢于打破虚拟与现实社交的区隔，在现实中通过使用网络语言传情达意，乃至彰显个人的价值。

---

① 胡泳：《理解麦克卢汉》，《国际新闻界》2019年第1期。

　　00 后青年群体的亚文化"出圈"就是这种场景实践的表现之一，标志性语言词汇的使用往往成为亚文化传播的重要表征，并常常被亚文化的研究学者视为一种透视文化或社群的语言符号加以分析。例如在"丧文化""佛系文化"当中，"丧"和"佛系"作为标志性的语言符号在网络社交场景中开始流行，同时产生"佛系青年""丧青年"等身份认同新词汇。越来越多的青少年以此作为性格和情感标签，在现实生活的交流场景中以"佛系青年""丧青年"自居，并在相关事件运用"我佛了""我很丧"等语言表达自己的心情和思想状态。互联网社交场景的交流共鸣强化了"佛系青年""丧青年"们的情感认同属性，也培植了他们以此为中心的思维与情感表达的方式和习惯，并在现实社交场景中自如地进行运用，实现了从网络场景到现实场景的迁移实践。

　　同时，伴随着 5G 通讯和虚拟现实技术（VR、AR）的普及，这一趋势在未来有望得到进一步深化。比之于以往的通讯技术，5G 具有更高速率、更低延时和更大范围等优势，在此基础上搭载的虚拟现实技术可以进一步打通受众接收信息的感官，不局限于视觉、听觉、触觉、嗅觉等各类感官都可以在信息传播中得以调动，未来网络社交场景的沉浸式体验将进一步增强；所传输的信息也不再拘泥于文字、图片和视频，创新型信息传播方式有望得到开发，信息的交流互动也将进一步提升。[①] 因此，新技术加持下，未来虚拟与现实社交场景之间的间隔将进一步得以打破，受众也将可以更加畅通地穿梭在虚拟与现实场景之间，语言、思维、情感价值的传递将更加互通互融。正如学者覃岚所指出的，"身体新的存在方式让世界场景化，使人们始终能面对这个世界"。[②] 或许，我们可以站在今天的历史维度大胆预言，伴随着虚拟与现实的场景区隔不断被打破，场景融合属性持续加深，网络语言与现实的口语传播将全面交织融合。网络语言不再是现实社交语言的一部分或一种补充，而是作为现实口语传播的新媒体形式再现的存在，甚至即为现实口语传播本身。

　　结语

　　《现代汉语词典》第 6 版增收新词语和其他词语 3000 多条，其中收录了"给力""雷人""宅男""宅女"等网络热词，这些新词新语体现了词义的发展变化，也反映了社会的变迁和人们对事物认识的变化。而一些网络流行的诙谐词语，即使使用频率很高，也没有被收入，因为除了考虑通用性，生命力、价值观、社会效果也是考量是否收录的重要标准。网络新词新语给口语交际增添了活力和新的元素，也有其自己的生存空间和相对固定的使用群体，颇受 00 后的喜爱。但是，它也有其自身的不足，网络新词新语大多昙花一现，不能在现代汉语中沉淀下来；受年轻人青睐，但总体上社会可接受度比普通词汇低；在口语传播中只是在小范围内使用，过度简缩的字母词语义透明度不高，受众

---

① 覃岚：《身体与世界的知觉粘连：从在场到虚拟在场》，《编辑之友》2020 年第 11 期。
② 覃岚：《身体与世界的知觉粘连：从在场到虚拟在场》，《编辑之友》2020 年第 11 期。

有限。

通过基于场景理论对00后大学生在口语交际中使用网络语言这一现象的观察和透视，我们认识到伴随着现实与虚拟社交场景的融合变迁，网络语言与现实语言日趋交汇一致是可预见的发展趋势，互联网主导下的技术文明和思维也将与传统的语言文字思维观念相融合共存。但是，我们也要怀揣对于这一历史趋势的警惕和敏感：互联网良莠不齐、纷繁复杂的资讯环境于青少年的语言使用、语言思维、语言审美的养成而言是否有益？多少低劣粗俗的语言陋习正披着"网络流行语"的外衣在青少年中悄然流行？中华传统的语言文字之美如何在网络流行语的围剿下赖以生存和传承？当有朝一日虚拟社交场景真正全面融合现实场景的那一天到来时，上述问题我们又该去何去何从？这些问题理应令人深思。

"机械复制时代的艺术"：从本雅明的广播实践理解播客

李峻岭 吴佳妮 *

【摘要】 世界广播事业先驱本雅明在 20 世纪初提出的以广播为代表的大众传播技术的观点已过去近百年，在 2021 年能否成为"中文播客元年"尚无定论的当下，重温本雅明的理论，将本雅明时代的传统广播实践与以数字技术为驱动力发展而来的播客行业进行对照，提炼出历时性适配的理念内核，进而反思大众传播产业加速迭代带来的媒介文化影响，为理解播客行业做出跨时代的解读。

【关键词】 播客；广播；本雅明；机械复制时代的艺术

基金项目： 广东省普通高校重点科研项目"新时代主流媒体主持传播网络正能量策略研究"（项目批准号：2018WTSCX027）

2021 年，播客再次站上行业"风口"位置，今年甚至还被业界誉为"中文播客元年"。早在本雅明时代对传统广播的实践和很多预判，来到今天数字广播时代的播客行业，再次得以复现和印证。回顾本雅明的广播理论与实践，并与播客行业对比研究，有助于我们探索"播客行业该往哪走，该怎样走"的迷思。

一、"中文播客元年"与永不消逝的电波

2020 年的最后一天，亚马逊从苹果、Spotify 等一众竞争对手中成功竞购到了全球最大独立播客平台之一的 Wondery，它将被整合到 Amazon Music 的订阅服务中，而后者已在 2020 年 9 月正式上线了播客功能。与此同时，中文播客本身也进入了爆发式增长的阶段，根据播客搜索引擎 ListenNotes 的数据[①]，截至 2020 年 12 月 31 日，中国大陆播客的数量为 16448 个，而这个数字在 2020 年 4 月底时才刚刚突破 10000 个。这背后跟各大平台纷纷进入播客赛道，并给予激励措施不无关系。

----

* 作者简介：李峻岭（1978—），男，广东外语外贸大学新闻与传播学院副教授、博士、硕士生导师，研究方向：新闻传播实务。吴佳妮（1995—），女，广东外语外贸大学新闻与传播学院硕士研究生。

① 《巨头下场，2021 就是中国播客元年？》，新浪财经新闻，2021 年 2 月 8 日，http://finance.sina.com.cn/tech/2021-02-18/doc-ikftssap6338512.shtml。

"播客"直译自"iPod"和"broadcasting"的结合单词"podcast"，它并非新鲜物件，诞生于美国苹果公司2004年9月发布iPodder，有人叫它"有声博客"，也有人称它为"数字广播"。作为一种双向的互联网模式，"用户既可以制作播客节目发布到互联网，也可以将互联网的播客节目通过自动订阅系统下载到个人的电脑，以便携式播放器播放"①。播客一度被视为传统媒体的反叛先锋。但是，脱胎于广播的播客与互联网隔阂颇深，资本市场对它也不冷不淡，再加上其他有着更加刺激的感官体验的互联网原生产品的冲击，以播客姿态上网的广播一度面临电波消逝的危机，直到最近两年才重新回归大众视野。播客重新崛起的动因，既有受众审美愉悦的回归，也有资本市场的逐利，还有场景的感知与信息的适配。根据中国首个以播客为主题的线下品牌PodFest China发布的《2020中文播客听众与消费调研》，有超过50%的用户几乎每天都会收听播客，超过30%的用户近三年内才接触播客，还有28.5%的用户每周收听播客六个小时以上。2020年3月，播客APP"小宇宙"上线；4月，腾讯音乐娱乐发布长音频战略；5月，普利策新闻奖获奖名单中第一次出现"音频报道奖"，获奖的播客作品是《外面的人群》(The Out Crowd)；6月，喜马拉雅推出"播客频道"；11月，快手、网易云音乐入局播客，"法克电台"获得第十九届台湾卓越新闻奖，这是中文世界首个播客新闻奖，与此同时，台湾的中文播客正以每个月新增超过一百个的速度爆发式增长；2021年1月，"荔枝播客"上线，同月，荔枝APP上市，号称"中国音频行业第一股"。播客一路从日常生活、新闻界翻红至资本市场。除此之外，蜻蜓FM、QQ音乐等也在播客市场各据一方，再加上原先的"懒人听书"、"听伴"(原为考拉FM)等，播客市场正式进入群雄逐鹿的时期，也因此，有人预言2021年将成为"中文播客元年"。从"社媒元年"到"直播元年"到"短视频元年"，再到如今的"中文播客元年"，这些说法多少有媒体为其镀金之意，但事实证明，在蛰伏了十余年后，如今的播客势必要承担起让传统广播的电波在互联网世界得以延续的重任。

二、机械复制时代的艺术与本雅明的广播经历

当人们谈论起法兰克福学派，本雅明似乎从未被放置在这个学术圈子的中心，他更像是这个圈子的"编外人员"，尤其是他对大众文化的积极见解在法兰克福学派里显得格格不入，反倒更接近于后来的伯明翰学派。所以，本雅明与阿多诺的"大众文化"之争被看作马克思主义在文化、艺术方面最具代表性的争论之一。在本雅明看来，"现代社会正处于一个重大的历史转折时期，即由手工劳动社会向现代工业社会转变，这使得与先前生产模式相对应的以叙事艺术为主的古典艺术走向终结，这一转变表现在人的传播方

①　殷俊：《论播客对其他媒体的补偿》，《现代传播》2008年第4期。

式和艺术生产方式的变化上可复制时代的来临"①。"广播上网""播客翻红"的当下仍然属于可复制技术的时代，而且可复制技术的迭代速度成倍增长，其衍生出的媒介形态、价值理念、文化现象、社会问题更加多元化，而本雅明提出的"机械复制""原真性""光韵""膜拜价值与展示价值"等构念也依旧适用于当前的播客行业。

"机械复制时代的艺术"这一说法源自本雅明的代表作《机械复制时代的艺术作品》。在本雅明看来，艺术作品在原则上都可以被复制，但是，"即使在最完美的艺术复制品中也会缺少一种成分：艺术品的"即时即地性"②，这种"即时即地性"也被称为"原真性"③，原真性的丧失是机械复制时代艺术作品的特性。同时，技术复制的艺术作品又与手工复制的艺术作品有所区分，技术复制的艺术作品往往比手工复制的艺术作品"更独立于原作"，"技术复制能把原作的摹本带到原作本身无法达到的境界"④。在《机械复制时代的艺术作品》中，本雅明阐明彼时正处于复制艺术发端的新时期，他一路从木刻、印刷举例到照相摄影、演员电影，唯独跳过了他自己亲身从事过的广播事业。但事实上，作为广播员的职业经历是本雅明人生中不可磨灭的一部分，甚至影响了他后来对机械复制技术的态度和判断，尽管他本人并不愿意承认。从 1925 年至 1933 年八年间，迫于生计，本雅明曾在德国的法兰克福电台从事播音员工作，而本雅明本人并不认可自己作为广播员的职业身份，坚称"这只是一份糊口"的工作，鲜少提及。由于本雅明对自己广播经历的消极态度以及年代过于久远，目前已经很难找到本雅明当年播音的音频资料，只有一部分广播稿现被藏于东柏林艺术学院。留存下来的这些广播稿题材甚广，从对谈到讲座再到广播剧等，许多今天的播客十分流行的传播形式，本雅明在他的广播的经历中都有涉及。尽管日后学术界鲜少关于本雅明广播经历的研究，本雅明长期颠沛流离的生活状态也导致其学术研究呈现出不可避免的琐碎性，但本雅明在法兰克福电台工作期间，对广播的认知、理解和实践，在或将迎来"中文播客元年"的今天看来，仍具有预见性和阐释力。

　　① 陈卫星：《从"文化工业"到"文化产业"——关于传播政治经济学的一种概念转型》，《国际新闻界》2009 年第 8 期。
　　② ［德］瓦尔特·本雅明：《机械复制时代的艺术作品》，王才勇译，北京：中国城市出版社，2001 年，第 7 页。
　　③ ［德］瓦尔特·本雅明：《机械复制时代的艺术作品》，王才勇译，北京：中国城市出版社，2001 年，第 8 页。
　　④ ［德］瓦尔特·本雅明：《机械复制时代的艺术作品》，王才勇译，北京：中国城市出版社，2001 年，第 8、9 页。

三、从本雅明的广播经历理解中文播客

（一）参与式听众与连麦行为

在本雅明看来，传统广播的价值之一在于它扩大了听众范围的同时，创造了"参与式听众"。在《对广播的反思》中本雅明一再强调听众的重要性，他将广播的声音比喻为"来访的客人"，一进门就会受到听众的评估。在古典时代的剧场、演讲厅里，受众处于被驾驭的地位，这决定了他们对戏剧、演讲等内容的接收模式是说教式的"你说我听"，受众的喜怒哀乐从未被考虑，更无权评估内容的优劣。但广播媒介技术的诞生打破了这种单向模式。比起古典时代的单向式传播形式，广播拥抱更多的听众，为了留住眼前的听众，广播的目的不仅在于吸引他们，还在于说服他们，让他们相信自己能动的兴趣、选择均有价值，这些价值被广播员，也就是知识的传播者所考量，从而使"参与式听众"参与到广播实践中来。譬如，本雅明的广播作品《卡斯帕尔周围的喧闹声》"利用各种各样的音效技术，创作了一系列悬疑与谜面，并要求听众们动用自己的想象，来判断这些声音的真正含义，听众可以将自己对故事的解答邮寄到电台，以换取奖品"[①]。今天的广播节目里的有奖竞猜环节早已在传统广播初期就被本雅明试水过，可以看作广播领域最早的听众参与实践之一。

切换到播客时期，"受众"已成为"用户"，听众的参与属性得到进一步重视，不仅如此，听众的利益已经彻底嵌入播客的商业逻辑中被资本考量。"喜马拉雅"APP中播放量已经破亿的影评类播客《黑水公园》是践行"参与式听众"的典型代表。《黑水公园》的节目形式是每期由四至五个播客主畅聊电影，在畅聊的过程中，用户也可以"连麦"加入茶桌一起谈天说地，"连麦"形式为《黑水公园》制造出许多意想不到的观点碰撞，让节目的用户黏性大大增强，使其在喜马拉雅APP影视类的口碑排行榜上常居冠军宝座，在"荔枝"APP上以付费形式登场后也不乏拥簇者买账。可以说，"连麦"是本雅明的"参与式听众"进一步的实践，它缩短了用户与播客主之间的距离，让用户拥有更深层次的沉浸体验和情感互动，更加注重与用户之间的陪伴体验。但另一方面，由于与参与式听众的"连麦"行为具有不确定性，播客主无法预知"连麦"用户的情绪反应、传播内容等，也无法按照事先准备的讲稿播送内容，对播客主的临场反应要求较高，因此，与参与式听众的"连麦"行为往往成为播客主们能力的分水岭。

（二）批判的听众与知识乌托邦

广播在塑造了参与式听众后的下一步是对听众的判断力的训练。在古典时代，剧场的演员与观众席上的观众、书籍与书籍背后的读者、音乐厅的演奏家与台下的听众分属

---

① 康凌：《有声的左翼》，上海：上海文艺出版社，2020年，第230页。

知识的两端，受众无法参与知识的生产，有着明显的割裂感。直到携带着民主力量的广播技术架起了知识两端的桥梁，至此，广播领域里的听众作为主体参与到广播的过程中，广播重塑了听众与知识之间的关系。在本雅明的观念中，听演讲的听众无法立即转身离席，但是广播的听众却可以在瞬间换台，听众需要在短时间内判断出广播里的知识是否符合自己的需要，因此广播最终将训练出一批极具批判能力的听众。这批极具批判能力的听众在伴随着传播技术无限扩张后，进一步打破了知识的垄断格局，最终重构公众教育模式。

古典时代的文化需要受众在特定时间和地点聚精会神地接受知识，具有较强的仪式感，成本随之增加，就像圣经为神父所掌握那样，知识只属于极少数人。播客继承了本雅明倡导的广播教育功能。在播客里，知识以最轻松自在的形式灌输予用户，知识的边界被不断打破，这种形式可能是对谈，可能是脱口秀，可能是广播剧等等。听众以看客的姿态，而不是研究者的身份接受播客里的知识。播客并不追求深刻的命题，也不渴求探讨出有价值的结论，而是邀请并陪伴用户经历一次感官的体验。播客的一切形式和内容的转换以用户为主，用户和知识的关系被重新链接，用户的利益被充分考量。但是，播客在延续了传统广播无限抵达听众的精神的同时，在某种程度上也回归了报纸、书籍、演讲等古典时代囿于专家学者圈子的传播模式，这是对本雅明的广播精神的一次"叛变"。以高晓松、马东、吴晓波等为代表的知识领袖们在播客领域建筑起一座座知识乌托邦，每一个听众怀揣着对知识的敬仰闭门朝圣，接受了知识洗礼，得到了精神升华，知识的传播也从原来的"去中心化"再度回归"中心化"，数以亿计的用户再度走到知识垄断的分岔口。在知识付费还算是个风口的时期，"知识的去中心化"和互联网的教育功能一度成为众平台贩卖焦虑的策略。当播客成为下一个风口，如何让用户理性看待播客的教育功能，让平台超越贩卖焦虑的策略找到下一条培育市场的路径，将是播客在风口起飞的关键。

（三）膜拜价值的退去与展示价值的凸显

本雅明认为艺术作品的演变史是在膜拜价值和展示价值两极之间运动。古典时代的艺术作品以膜拜价值为主，这种膜拜价值要求人们将艺术作品予以珍藏，这些艺术作品存在于世的最崇高价值是供人膜拜。伴随着机械复制技术的出现，艺术作品被大量复制生产，"随着单个艺术活动从膜拜这个母腹中解放，其产品便增加了展示机会"[1]。现代大众文化制造艺术作品不是为了形成一种膜拜与被膜拜的关系，它的价值在于公开展览，它允许被普罗大众所欣赏、感知。由机械复制技术带来的艺术作品不再以自成体系的方

---

[1] ［德］瓦尔特·本雅明：《机械复制时代的艺术作品》，王才勇译，北京：中国城市出版社，2001年，第20页。

式进行表达，艺术作品的叙述属性不再被强调，对于广大受众而言，没有文化基础和专业鉴赏能力也可以消费这些艺术作品。本雅明认为这样的转变具有一定的进步意义，包括广播媒介在内的现代大众文化形式赋予了大众发声的权利。

在本雅明所处的传统广播时代，广播员还是个人才稀缺的行当，大众对只闻其声未见其人的广播员拥有无限遐想，因为并非人人都能触及麦克风。从这个角度而言，传统广播颇有"新古典"的意味，而播客是比传统广播更新颖的文化形态。相比广播，播客的传播主体的范围得以扩大，播客无关身份地位，教育背景，技术门槛大大降低，普罗大众也可以成为播客主坐在话筒前讲故事。如果说本雅明在传统广播时代就意识到广播空前强大的技术潜力，那么，在播客翻红的当下，这种技术潜力已经成为一种能力和现实。对于播客行业来说，播客作品早已不具有膜拜价值，追求展示价值才是目的。现代大众对于传播技术的诉求不是朝圣和臣服，而是从技术中得到扣人心弦的感官体验，或惊叹于画面的高清真实，或者沉迷于声音的立体环绕，与其说这是艺术欣赏，不如说是技术体验。不同的媒介形态带来不同的技术体验，对于历经千帆的播客行业来说，像动画、视频技术那样精准刺激神经中枢的体验已不再是其追求所在，反观播客的技术体验是在平静琐碎的日常中为用户灌输力量，对用户的情绪陪伴被推至前所未有的高度，并成为用户的心之所向。

（四）光韵的消逝与播客的去仪式化

本雅明眼中的机械复制时代的艺术，是灵韵消逝的艺术。关于灵韵，本雅明在《机械复制时代的艺术作品》中指出："究竟什么是灵韵呢？从时空的角度所作的描述就是：在一定距离之外但感觉上如此贴近之物的独一无二的显现。"[①]古典时代的艺术作品是在特定的时空里被艺术家出于外在表达或内在情感的需要被创造出来，这艺术作品只有在那个特殊的时间节点去感知才有意义，即"原真性"。在古典时代想要感受灵韵必须在特定的时间到特定的地点进行，如果错失了那一瞬间的灵韵，以后也无法得到补偿。由于古典文化往往与宗教相勾连，因此对古典文化的消费又是极具仪式感的，它无法在碎片化的状态下被接受，为受众带来情感上的庄重感和神圣感是古典文化不可推卸的使命。

到了传统广播时代，本雅明已经预见到未来的媒介技术的发展可以令每个人看见每个人，这种"看见"具有感性化的奇观效应。而今天的数字化"灵韵"也不同于古典文化"灵韵"。今天的数字化"灵韵"不再以独一无二的"原真性"为重点，而是在可复制文化里制造一种能被人们崇拜乃至爱慕的魅力特征。显然，包括播客在内的现代传播媒介在"去仪式化"的道路上越走越远。譬如在 2020 年底转战播客赛道的内容创作者姜思

---

① ［德］瓦尔特·本雅明：《机械复制时代的艺术作品》，王才勇译，北京：中国城市出版社，2001 年，第 13 页。

达，尽管成名已久，但是在播客里，姜思达亲手打破了自己作为公众人物的神圣感，他摒弃了自上而下传授人生经验的俯视姿态，以分享生活中无意义的小事为主，让听众产生"他也是凡人"感受，制造出听众与播客主仿佛经历着同一段日常的错觉。同时，姜思达由于在某方面展示出来的可观赏性也使他具备了被聆听的可能性。播客去仪式化背后的原因，一方面是由于现代都市快节奏的生活状态决定了用户没有条件付出高昂的时间和精力成本去进行高度仪式化的文化消费，比起报纸、电视等需要正襟危坐才能接收信息的媒体，只需要动动双耳的广播解放了人的眼睛和四肢，让多场景交叠的文化消费成为可能。另一方面，从宗教改革开始，文化权力的下放和文化垄断格局的被打破已是不争的事实，随着传播技术的迭代升级，文化生产势必走向世俗化、标准化，其最终归宿是实现文化的祛魅，当播客有了随时随地被消费的可能，其仪式感也就被大大弱化。

四、结语

从本雅明的广播经历出发理解播客行业，不难看出本雅明在传统广播时代预言的传播的技术潜力在今天的播客行业借助互联网技术的力量得到了更深层次的延伸。事实上，"机械复制时代的艺术"中的"机械"与阿多诺的"文化工业"这两个极具概括性的理念有异曲同工之妙，但是，相比于阿多诺对大众文化悲观的批判，本雅明更多地思考了现代大众文化潜在的积极意义，他从机械复制技术中窥探出了民主的光辉和受众的主观能动性，当主动的受众数量不断增加，主动权扩大到一定程度，受众与知识的关系将被重新定义，继而旧有的公共教育模式也将被重塑，这些观点或多或少影响着当下对播客行业的理解和判断。

今天的播客听众不仅超越用户的概念定义，也成了故事的叙述者。听众不仅对播客主的声音有个性化的体验感知，听众的声音也被纳入播客场景中，成为播客叙事的重要组成部分。对于播客行业的从业者而言，放平传播的姿态，寻求与用户的良性互动尤为重要，只有互动才能让单向的聆听变成派对。当前的播客行业还未形成明显分层，各方势力较为平均，这既说明播客行业仍有较大成长空间，也意味着行业极其不规范，小丑、诗人、实干家共聚一堂，此时如果入局者可以率先实现内容的规范化生产，并以制定行业规则为目标，那么他极可能占领播客行业的山头。同时，比起知识付费风口时期平台通过利用受众对知识的渴求来贩卖焦虑，实现创收，现在的播客行业从业者应该意识到培育市场的重要性，即凸显播客的教育功能，放弃自上而下的教化姿态，转而寻求与用户的陪伴式成长，以碎片化的媒介形态播送系统化的知识，让用户真正嵌入播客的知识体系中。

当前的播客行业群雄逐鹿：放弃草根电台一心求稳的"喜马拉雅"；誓要做"做最好用的播客客户端"的"小宇宙"；内容包装完善，但商业收益较低，缺少攻击性的"网易云音乐"；广告费用极高但是对用户并不友好的"蜻蜓"；已经成为"中国音频行业第一股"的"荔枝"……面对守擂者坐立难安、攻擂者跃跃欲试的竞争格局，回望本雅明的广播经历将有助于我们找寻播客行业发展的答案。

场域理论视域下主流媒体主持人在社交媒体中的话语转向

王　媛　陈静瑶　宋佳辰 *

（暨南大学新闻传播学院，广东广州，510632）

【摘要】社交媒体构建了新的传播场域，表现出以碎片化、非线性、视听整合和以用户为中心等重要表征。基于皮埃尔·布尔迪厄的场域理论来审视主流媒体主持人通过各种方式逐步渗入社交媒体的传播实践，其话语体系及其表达特征在场域动力、文本表征及其文化意义等方面都呈现鲜明转向。

【关键词】场域理论；主流媒体主持人；社交媒介；话语转向

一、场域重构：社交媒体传播场域的构建

1980 年，法国社会学家皮埃尔·布尔迪厄出版经典著作《实践的逻辑》，为了解决"何谓实践，实践者是在哪里实践，用什么实践以及如何实践"[①] 的问题，布尔迪厄提出了场域、资本和惯习的概念来分别指示实践空间、实践工具和实践逻辑。"场域可以被定义为在各种位置之间存在的客观关系的一个网络，或一个构型。"[②] 其中，新闻场域比其他任何场域都更容易受影响，其内部各方都在激烈争夺优势位置。"话语权成为言说者对资本数量占有和在此结构中地位级别的体现。"[③] 传统媒体场域的必然性被拥有最多资本的主流媒体垄断，它是"精英话语权"主导的场所。而使用和推广官方语言的过程，实际上是确认和默认制定官方语言的权力机关进行社会统治的"正当性"的过程。[④] 但社交媒体的出现打破了稳定的传统媒体场域，话语作为权力的体现成为各方争夺的对象。为了在新的社交媒体场域中积累相应的资本并重回话语高地，主流媒体主持人不得不接受由社交

---

* 作者简介：王媛（1981—），女，暨南大学新闻与传播学院副教授，博士，硕士生导师，研究方向：口语传播与社会文化。陈静瑶（1998—），女，暨南大学新闻与传播学院硕士研究生。宋佳辰（1997—），女，暨南大学新闻与传播学院硕士研究生。

① 宫留记：《布迪厄的社会实践理论》，开封：河南大学出版社，2009 年，第 2 页。
② [法] 布迪厄、[美] 华康德：《实践与反思——反思社会学导引》李猛、李康译，北京：中央编译出版，1998 年，第 133 页。
③ 张丽燕：《场域理论与网络公共意见建构》，杭州：浙江工商大学出版社，2018 年，第 20 页。
④ 宫留记：《布迪厄的社会实践理论》，开封：河南大学出版社，2009 年，第 184 页。

媒体用户所决定的"玩法"作为"入场费"。

"新的权力存在于信息的符码中,存在于再现的影像中,权力是一种围绕社会的文化符码展开无休止战斗的能力。"[1]通过"媒介赋权",受众转变为用户,信息生产者从少数转向多数,"积攒人气"成为行动者积攒资本的主要途径,传统媒体场域中拥有权力资本的行动者在社交媒体场域中可能会受到冲击甚至抵制。作为在传统媒体场域中拥有更多经济资本、文化资本、社会资本和符号资本的行动者,主流媒体主持人在博弈中时不时得让位于其他言说主体,不再稳居话语高地。也就是说,主流媒体主持人所代表的官方语言的强制性和说服性受到挑战。由此,主流媒体主持人的话语体系出现转向。本文认为,主流媒体主持人是主流话语的重要载体,他们通过各类节目向观众全方位地展现时代命题、输出主流价值观和文化选择。主流媒体主持人在社交媒体中的传播实践,就是适应环境、整合资源以在社交传播关系中重新构建一套话语系统的过程。

二、主流媒体主持人话语转向的场域动力

布尔迪厄对场域的理解体现了关系主义思维模式,即场域不是一个静态的关系空间[2],其内部的行动者和位置的关系变动时刻改变着"结构化了的结构"[3]。正如布尔迪厄从多个维度揭示了资本主义国家社会游戏的道德实质一样,要了解社交媒体场域,就必须勾画出场域内各要素之间的客观关系结构。

1. 动力根源:权力争夺

布尔迪厄社会实践理论的独特之处在就于他把权力斗争与场域结构及其运作机制结合起来[4],认为场域结构就是一场赌注游戏,行动者凭借资本进行较量。正如赫拉克利特所言,"冲突乃万物之父",场域就是各方力量汇聚和较量的场所。这些力量之间的平衡如果被打破,场域结构就会发生变化。原本拥有最多资本的主流媒体一旦遭受新媒介重塑传播结构的冲击,过去宏大的、统一的、权威的、具有说教意味的话语体系进入碎片化的、视觉化的、非线性的、以用户为中心的社交媒体场域,表现出"水土不服"的难以兼容之态。相应地,主持人的传播实践也从"在大众传播中进行人际沟通实践的'拟人际传播'"转向多元扩充、类型化的双向传播甚至多向传播。在社交媒体场域,权力资本的来源主要有三个方面:传统权力、技术和话语权[5]。在新的场域中,主流媒体主持人的传统权力——权威性被消解,技术亦有限,因此只能通过话语转变赢取注意力资本,最终重夺话语权。

---

① [英]曼纽尔·卡斯特:《认同的力量》,曹荣湘译,北京:社会科学文献出版社,2006年,第416页。
② 韩怀珠、韩志伟:《从"底层文化资本"到"底层的文化资本"——基于布尔迪厄场域理论的分析》,《中国青年研究》2021年第3期。
③ 宫留记:《布迪厄的社会实践理论》,开封:河南大学出版社,2009年,第48页。
④ 宫留记:《布迪厄的社会实践理论》,开封:河南大学出版社,2009年,第61页。
⑤ 张丽燕:《场域理论与网络公共意见建构》,杭州:浙江工商大学出版社,2018年,第20页。

2. 内在动力：文化资本积累

在布尔迪厄的社会实践理论中，资本的概念不再局限于马克思社会经济领域，而是作为社会实践工具，生成权力并制约场域，不同场域中起主导作用的资本是不同的。也就是说，资本的范畴扩展到了社会文化领域，布尔迪厄将资本划分为经济资本、文化资本、社会资本和符号资本①。其中，文化资本指的是行动者对某种文化资源的占有②。社交媒体时代，传统媒体场域的经济资本和文化资本向社交媒体场域辐射，两个场域的规则复杂地交织在一起，文化资本的积累成为推动新场域结构变化的内在动因。中国的文化场域，一直以来都存在大众文化和精英文化的博弈。③传统媒体场域的必然性和特有逻辑是由精英文化决定的，而社交媒体打破了精英文化的话语垄断，大众文化资本快速积累。过去，主持人作为精英文化传播的显性符号，对主旋律文化的表达无不直接、鲜明，但新场域的公共话语场强调全民参与，大众文化在文化场域中的体量巨大，主流媒体主持人若参与其中，并夺得相应匹配的注意力，并反向助力维持其在主流媒体的影响力，他们的传播实践活动，必然在主题与呈现、身份与角色及其文化色彩等方面做出导向大众文化审美趣味的妥协。由身份、语言、表达所建构的话语整体必然发生转向，他们通过平等身份的协商、主流价值观的稀释、娱乐浅显的表达指向具体的转向。

3. 外在动力：竞争策略转向

布尔迪厄社会实践理论的第三个核心概念是"惯习"，即推动拥有一定数量资本的行动者在场域中采取某种策略的实践逻辑。布尔迪厄认为，惯习的提出是一个不得已而又非此不可的事情，"这是一个结合了客观必然性的产物，它产生了策略"④，即使这种策略不是最科学的，但"这种策略最终表明是客观的适合于环境的"。⑤主流媒体主持人偏向于依据自身已有的文化资本和现有的经验选择最有可能获得成功的策略，并在信仰和利益价值哲学的"习性"调解下，主动调节话语风格以适应新的传播环境。这也逐渐影响了表层信息的传播方式，使得主流媒体主持人换以一个全新的话语主体身份。他们自觉探究理论传播的特性和规律，摒弃"口号式宣讲""填鸭式灌输"的刻板说教，摘掉"枯燥艰深""理论灌输"的标签，开始在话语通俗化、大众化上做文章。"这就预先假定了一种有关创造性的永久的能力"⑥，对行动者适应变化多端的场域规则来说是不可或缺的。

三、主流媒体主持人话语转向的文本表征

主流媒体主持人自发地进行策略调试，以新的姿态进入公共话语空间并试图重夺话

---

① 宫留记：《布迪厄的社会实践理论》，开封：河南大学出版社，2009 年，第 98 页。
② 宫留记：《布迪厄的社会实践理论》，开封：河南大学出版社，2009 年，第 117 页。
③ 闫海玲：《精英文化与大众传媒的融合》，硕士学位论文，山东师范大学，2011 年。
④ 包亚明：《文化资本与社会炼金术——布尔迪厄访谈录》，上海：上海人民出版社，1997 年，第 12 页。
⑤ 包亚明：《文化资本与社会炼金术——布尔迪厄访谈录》，上海：上海人民出版社，1997 年，第 12 页。
⑥ 包亚明：《文化资本与社会炼金术——布尔迪厄访谈录》，上海：上海人民出版社，1997 年，第 62 页。

语权，以话语主体的身份全程参与谈话场的构建。从文本表征来看，其话语体系主要呈现以下几个方面的转向。

1.文本生成：强交互与多符号的内容生产

主持人在传统媒体场域须完成预设程序下的开放性交互，即在仪式化的场景中，主持人根据现场情况、嘉宾与受众的反应生成积极主动的回应，完成沟通与交流。而在社交媒体场域，受众拥有了更多拟态参与的机会，主持人和受众之间的交互传播形成了以主持者为核心的多元传受格局，每一个传播客体不再是孤立个体，而是构成系统功能、具有系统属性的一员。[①] 与传统媒体新闻播报式的文本生成不同，在社交媒体场域中，互动开始成为节目的组织逻辑。为实现更有效的交互和距离的拉近，在实践进程中，主持人也从语音、语法和词汇上对自身的话语体系进行变革，将网络语言纳入话语表达体系，增加节目的丰富性和吸引力。网络语言作为社交媒体场域中的独特语言符号，能够成为压缩主持人与受众距离的桥梁。有趣的、熟悉的网络词汇进入网民的认知结构中，与网民的心理期待产生共振，自然而然地，受众的"注意力资源便有了选择性的投放"[②]。

2019年8月，央视正式推出的新闻联播衍生节目《主播说联播》登录抖音和快手平台，一夜之间圈粉无数。"快手的老铁们，你们好"，"我们一起抖起来，一起上热搜"……梓萌和康辉用这样的开场白颠覆了群众对新闻节目及主播的刻板印象，创造性地开辟了新闻短视频节目的新天地。48小时之内，《新闻联播》的抖音和快手账号涨粉超过1600万，网友评价：《联播》圈粉能力不愧是新闻界的扛把子。"可见，在短视频中，主持人的语言风格越来越"接地气"，对网络事件、搞笑段子信手拈来，对于国际新闻、社会新闻的评论更是妙语连珠。如在评论"香港暴徒暴力袭警"事件时：我们相信，对付恐怖分子的词典里，就没有"手软"两个字，恐怕你们离"凉凉"也不远了；在评论美方诋毁中国事件时，主播康辉亦妙用网络段子："美方的一些人，总是摆出那么一副霸道总裁的样子，我不要你觉得好，我要我觉得好。都什么年代了，在利益深度交融的今天，如果我不好的话，你又能好到哪里。"这样的转变大大提升了主流话语的传播力：在Bilibili视频平台，众多UP主以此为原素材开展二次创作，用《主播说联播》金句搭配上鬼畜音乐与花字，引得网友纷纷前来"围观"。社交平台上受众的传播热度被点燃，互动性尽显无遗。在此过程中，主流媒体主持人过去的严肃形象被消解，通过社交媒体短视频的"小体量"，走出了"主流媒体主持人＋社交媒体"共同引流的"大通途"。

除此之外，在社交媒体语境下的表情符号也极大丰富了主持人的文本内容表达，以可形可感的方式实现了与受众的情感交互。美国心理学家艾伯特认为，影响信息传递效果的因素有词语、声音和体态语言三个方面，其中体态语言占到了55%[③]。在微博这样公

---

① 王彪：《主持传播"四要素"的适应性变革》，《中国广播电视学刊》2020年第1期
② 曾志华：《中国电视节目主持人文化影响力研究》，北京：北京大学出版社，2009年，第6页。
③ 陈嘉玮：《表情艺术符号传播探析》，《现代商贸工业》2021年第11期。

开化的社交媒体平台上，表情符号的使用能够更好地表达心境，减少误解，提高传播效率，达到情感交互的效果。例如朱广权参与打造的星艺雅集 StarArtsy 公益公众号就频频将表情包纳入话语表达之中，如提到"@中国儿童少年基金会合作的公益平台"时使用抱抱表情，提到"主播们的音频节目和作品专为关爱留守儿童的公益项目制作"时竖起大拇指。评论区网友热切点赞，并用"憧憬""爱你""偷笑"表情包表达对其的赞同与期待。主持人将表情符号引入话语体系，以丰富的表现力和年轻化的语态打破了主流媒体和网友之间的沟通壁垒，透露出主持人亲民的姿态与亲和的情绪，更大程度地实现了与网民的共情和互动。主流媒体主持人就在社交媒体场域中积累了"注意力"资本，并将其成功地转化为文化资本甚至经济资本。

2. 叙事逻辑：副语言参与共情叙事

克里斯多夫·库克里克用"微粒社会"来描述数字化生活中个体的社会状态，表达在情感层面呈现出一种情感的群体"无着落"状态。[1] 在社交媒体场域，行动者的虚拟化社交更频繁，但个体的孤独感却更甚，以至于人们的情感在社交媒体上无法沉淀。在不安全感的裹挟下，个体本能地希望寻求新的方式形成新的群体。于是，情绪共振成为新的抱团方式[2]。因此，主流媒体主持人在社交媒体场域所释放出的情绪成为传播的重要影响因子。而有效地使用副语言则成了他们丰富语言内涵、释放内心情感的不二策略选择。

布尔迪厄认为，行动者具有一种身体化的文化资本，即"经过长期的实践活动，行动者将他们一生中内化的社会世界的实践逻辑，体现在身体的动作、姿态、讲话口气、行动气质以及习惯中，这些秉性决定着行动者在场域中所制定和采用的策略"[3]。副语言可以看作场域中的一种身体化文化资本，这种身体化文化资本在社交媒体场域的影响下产生了变化。

"字正腔圆"是主持人在传统媒体场域呈现出的典型话语形态，但在社交媒体场域，主持人更倾向于用语调的变化和丰富的副语言，来塑造鲜明的个人风格，形成意义之上的鲜明情绪，以增加表达的多变性。撒贝宁在主持法制类节目《今日说法》时，无论是在叙事还是普法时，都是以严肃庄重的形象出现的。他的这种身体化文化资本是通过精英文化资本的内化而形成的，但在网络综艺《明星大侦探》中，同样承担着普法重任的撒贝宁却呈现出全然不同的状态。如在《请回答 1998》这一期节目中，撒贝宁在投票环节投了自己，并在众人的诧异中故作神秘地笑着站出来，对着镜头说："我自首，犯错误的道路到此为止，我不能再辜负母亲对我的期待，我必须坦诚地面对自己，拜拜。"配之以暂停的手势、真挚的表情、略带哽咽的语气和最终释怀的叹息，使得受众的情绪也随

① ［美］克里斯托夫·库克里克：《微粒社会》，北京：中信出版集团股份有限公司，2017 年，第 15 页。
② 吴文瀚：《情绪消费与情感再造：互联网的情感空间治理》，《郑州大学学报》(哲学社会科学版)2020 年第 5 期。
③ 宫留记：《布迪厄的社会实践理论》，开封：河南大学出版社，2009 年，第 122 页。

着达到顶峰。受众在弹幕中表示："这一刻，我竟然有点想哭"，"你超帅"，"感动"，"很有教育意义"，"撒撒在发光"。这样的副语言使用极具戏剧张力，比起主持人正襟危坐地在镜头前念出"我们不应该犯罪"之类的教化语言来说，更好地传递了此刻的情绪和思想。可见，副语言在社交媒体上的渗透往往可以帮助主持人传递此刻的心境、激情状态，面部表情与肢体动作的引入可以辅助有声语言的传递，提升节目的传播效能。在情绪的张力之间，受众被置身于情感的疏通之中，自觉地对撒贝宁所倡导的价值观念形成认同，这就达到了身体化文化资本隐蔽地得到社会承认的目的。

除了副语言的使用，话语表达上的新形式也成了情绪传递的关键。央视"段子手"朱广权在抖音社交平台上的短视频传播，就多以押韵和"讲段子"的方式构成叙事的张力："春天来得有多么不易，就有多么美丽。""有一个词叫'一丝不狗'，说的就是没有一丝绳链栓着就不能遛狗。""同学们，经过了漫长的假期，现在是不是语文不会，数学崩溃，生物鸡肋，物理心碎，历史没背，英语颓废，化学很醉，这体育还好，武功全废。这种痛直穿心肺，欲哭无泪。让你更清醒地意识到时间紧迫，机会宝贵，珍惜时光，不进则退。"朱广权用这样张弛有度、进退有道的语言表达方式进行新闻播报，让受众达到强烈的情绪共鸣效果，在朱广权的抖音短视频下，受众纷纷表示"在？为什么偷窥我的生活？""笑死了，我的快乐源泉。"可见，主持人的情绪表达感染了受众，激发了受众的情感认同。即主持人通过语言与其他行动者建立起沟通，并促使整个社会结构进行再建构和再生产。[①]

3.情景搭建：重新编码与象征符号

克利福德·格尔兹认为文化是"用一套单一的象征符号，引入一套心境和动机因素，并定义一个宇宙秩序的图像和一种世界观"[②]。詹姆斯·W.凯瑞（James W.Carey）在此基础上认为，传播活动正是符号及其代表的意义共同组成的系统，而"符号既是现实的表征，又为现实提供表征"[③]。情景在本质上就是一种符号结构，它是构成文化的符号系统所产生的意义的集合。在传统媒体平台主持人习惯于根据已有文化资本，通过抽象思维来为受众解读理念、传递信息、引导价值观念。但在社交媒体场域，他们主动调适，开始通过情景的搭建来参与行动者之间的话语博弈。在惯习形成的初期，带有传统媒体基因的主持人有着内在化的传授与教导倾向，但当他们意识到受众越来越强调自身的感性需求时，便将预设的主题内容通过象征性的符号放置在特殊的情景中加以转化、融汇、表现，通过唤醒受众感性经验使其产生心理认同。也就是说，情景建构内化到主流媒体主持人的职业行为中，辅助他们完成叙事和意义传达，进而在场域中占据更具主导性的

① 宫留记：《布迪厄的社会实践理论》，开封：河南大学出版社，2009年，第182页。

② [美] 克利福德·格尔茨：《文化的解释》，韩莉译，南京：译林出版社，2014年，第125页。

③ [美] 詹姆斯·W.凯瑞：《作为文化的传播——"媒介与社会"论文集》，丁未译，北京：华夏出版社，2005年，第17页。

地位。

在社交媒体中主持人已形成"将重要的问题编码于真实情景，把传播过程嵌入社会交往体系"的策略。主流媒体主持人作为文化资本的占有者，是以有声语言为主要工作手段的职业人，他们的主要职责之一，就是通过藏而不露的场域运作推广主流价值观，并借此增强官方的意识形态渗透和精神领导能力。然而刻板的纠正和并不能在社交媒体场域抓住受众的有限注意力，他们尝试建构特定的情境来表意。例如撒贝宁、康辉在抖音通过央视频、央视一套、央视网等客户端带出话题＃被名字支配的恐惧＃，撒贝宁借此说出自我介绍时的尴尬场景，讲述在央视因读错自己名字被扣钱的故事，生动可感地纠正了"撒"（sǎ）在姓氏中的读音；《经济半小时》主持人谢颖颖在抖音平台传授"口齿伶俐、吐字清晰"的秘诀，她没有直接讲出发音技巧，而是搭建了与朋友读"红鲤鱼绿鲤鱼与驴"等绕口令的场景，借此指出"读绕口令不是一味地求快，而是要念得完整，舌头弹放有力"；"中国播音主持网"抖音客户端发布央视名嘴康辉与网红李佳琦在直播间同框的短视频，两人组成"辉常琦妙"组合备受关注，康辉在"刁难"李佳琦同时不忘纠正李佳琦发音，在短视频火爆社交媒体的同时推进了汉语规范化传播。可见情景式的搭建更容易形成文化认同的惯性，形成高强度高黏性的传受关系，主流媒体主持人也通过自由和隐匿的方式，从"去中心化"走向"再中心化"，重获得话语权高地。

在情境的搭建中，主持人通常使用象征符号来形成文化元素，并通过多种方式表达所思以完成叙事和抒情。建构沉浸式场景的有效手段之一就是音乐符号的引用，例如主持人尼格买提在微博中参与微博话题＃我的祖国＃，为祖国献唱；或是参与＃你好生活收官＃的话题讨论，通过音乐这一声音符号表达对友谊的珍视，流露更多真实情绪。同时，通过话语构建的社会文化情景更好地实现与观众的共情。主持人何炅于国庆这一特定的情境之中，配动图参与话题＃我爱我的国我爱我的家＃，用"亲爱的你双节快乐呀"表白祖国，传递爱国情怀与文化自信，这种对于情景搭建、符号化展示的探索成为弘扬主流意识形态、完成文化资本传递的生动注脚。

四、主流媒体主持人话语转向的文化意义

主流媒体主持人话语转向的文化意义在于消除文化区隔与幻象。在《区隔：趣味判断的社会批判》一书中，布尔迪厄提出了"区隔理论"，认为人们在日常消费中的文化实践，从饮食、服饰、身体直至音乐、绘画、文学等的趣味，都表现和证明了行动者在社会中所处的位置和等级。[1]趣味是与特定的阶级相联系的，可以分为"合法趣味""中等品味的趣味"和"大众趣味"，它是一种区隔策略的理论武器[2]，更是整体的阶级习性的一

① 张意:《文化与区分》,《文化研究》(第4辑),北京:中央编译出版社,2004年。
② 杨修菊、杜洪芳:《文化成就区隔——布迪厄阶层理论述评》,《池州师专学报》,第2007年第4期。

个关键性的区隔标志①。而文化作为区分社会等级的重要标志，自然而然地成为产生区隔的首要因素，即"文化成就区隔"②。在我国的文化场域中，精英文化和大众文化都会利用手中的资本和受众的习性建构文化幻象，以实现自我身份的合理性和合法性确定。因此，在社交媒体场域中的主流媒体主持人的话语变革推动着主持人的文化价值转向，在一定程度上弥合了精英文化和大众文化、政治社会和市民社会的裂缝，其文化意义具有时代性和紧迫性。通俗地来说，就是主流媒体主持人通过话语变革与用户展开权力博弈，通过自身的文化资本积累和双向的文化沟通交流打破双方对立格局，达到消除文化区隔和幻象的目的。

在社交媒体场域中，话语权的下移使得话语场呈现众声喧哗的态势，进而影响了媒体的议程设置模式：议程设置从政府、媒体到公众的单向模式转变为多元的双向模式。同时，话语主体之间意见的冲突激化，使得我们的文化传播领域也出现了一些负面变化，如对主流意识形态的消弭、对中华传统文化的冲击、对西方社会思潮的盲目崇拜、对中国国家体制的抹黑和中伤等。在这样的语境下，主流媒体主持人的话语转向有利于增强话语的可读性和可信度，通过互动化的文本生成、情感化的叙事逻辑以及真实化的情景搭建，迎合社交媒体场域"求新""求趣""从众""调侃""追求自由""宣泄"的惯习，达到文化解魅的目的，既减小了场域冲突，又促进了良好社会结构的建构。这既是资本积累的过程，也是资本转换的过程。"因为世界观的建构原则都根植于社会界的客观结构③，"因此主流媒体主持人能够通过资本的侵蚀消除场域中其他行动者对世界的看法，并潜移默化地将主流价值观嵌入其他行动者的思想之中，最终形成整个场域内的集体无意识，达到增强主流文化认同、保护精英文化、弘扬优秀传统文化、促进多元文化融合的效果。

五、结语

新的社交媒体场域与主持人传统的主流话语体系及其已习惯的理想的传播策略和目的背道而驰。在权力斗争、文化资本积累以及竞争策略转向的三重作用下，一场声势浩大的话语转向正在进行。通过话语权的争夺，主流媒体主持人得以在新场域中与其他行动者拉开差距，通过新的文本表征革新话语体系，在沉淀传统权力的基础上积累新的资本，重回场域高地。同时，面对新场域中出现的文化传播挑战，主流媒体主持人应当秉承正确的信念，积极发挥个人影响力，以专业、生动、大众化的方式引导其他行动者做出正确的价值选择，增强对文化价值的认知与认同。

①　杨修菊、杜洪芳：《文化成就区隔——布迪厄阶层理论述评》，《池州师专学报》，第 2007 年第 4 期。
②　杨修菊、杜洪芳：《文化成就区隔——布迪厄阶层理论述评》，《池州师专学报》，第 2007 年第 4 期。
③　薛晓源、曹荣湘：《全球化与文化资本》，北京：社会科学文献出版社，2005 年，第 25 页。

三、中华文化传播与叙事研究

主持人语

人类与生俱来通过叙事来解释世界，并由此组织和传递人的经验、知识和思想。叙事是文化产生、社会演化和思想传承的重要方式，古今同理，中西皆然。在中华文化几千年间绵延不绝的传播与继承过程中，既有体大而虑周的宏大历史叙事，如官方记录古代中国的二十四史，也有大量具体而微的民间杂记和个人生活叙事，其中都蕴含着中华文化独特的思维方式和价值系统。从纵向的维度，从古代先民"饥者歌其食，劳者歌其事"的个人表达，到当代"讲好中国故事""中国文化走出去"的国际诉求，这些历史文化的传播活动在某种程度上都是如何叙事的问题。换言之，叙事是作为人与社会的一种本质，具有本体论的层次和地位，这是一。

就横向的维度而论，中华文化与传播活动博大多元，从文学历史哲学到艺术美学，再到现实中的各种传播活动，它们使用的要素或媒介虽然有所差异，如文学主要使用语言和文字，绘画主要使用线条和颜色，音乐借助富有节奏和旋律的声音，新闻则借助传统和新媒体平台，这些要素和媒介使得这些活动各司其职、各有所长，但最终都会涉及一个共同的核心功能：媒介的叙事性。在更广泛的层面，美国学者 Walter Fisher 指出，人类本质上就是讲故事的动物，日常生活中几乎所有的传播活动都是以事件或讲故事的方式展开。从这种意义上说，叙事是人类一切传播行为的基础，并就此提出人类传播活动中存在着一种不同于"理性世界范式"（Rational world paradigm）的"叙事范式"（Narrative paradigm）。因此可以说，叙事存在于或涵盖了古今不同的人文与社会活动，不同程度地发挥着文化生产与传播的功能，这是二。

可以说，叙事是中华文化生产与传播，也即文化表征的重要内容与方式。传统的叙事研究主要立足于文学、历史等传统学科，较少涉及传播学的理论范畴。但是随着现代学术的不断拓展，跨学科的方法互鉴与理论融合成为寻求学术创新的必然路径。加之如上文所言，叙事原本就存在于中华文化与传播的多元形态当中，因此从叙事的理论维度去观照和扩容中华文化的传播研究，既有历史的合法性基础，又有学术逻辑的合理性，对于文化叙事的考察自然成为中华文化与传播研究的一个板块。

在本期专栏组稿中，首先是陈建伟和李志艳的文章《"齐物"与"逍遥"——庄子的生活叙事与宇宙观探微》，该文从古代中国出发，着眼于中国古典文献的经典文本之一《庄子》，将生活叙事作为探讨庄子有无宇宙观的通幽曲径，这一取径遵循从形而下的"人间世"观照形而上之"道"的学术理路，包含《庄子》中"有实且有乎处"的生活空间叙事，和"有长且有乎本剽"的生活时间叙事，从而具体探讨了中华文化中空间和时间这两个重要的叙事范畴，以及如何通过这两重叙事之维通达人本体的"齐物"与"逍遥"的境界。唐华林的文章《跨文化语境下的国家叙事研究》将视域转向现代中国，以国家叙事这一重要论题展开传播叙事学的讨论，这本不是一个崭新的学术命题，该文从叙事的内容、策略和具体路径三个维度，系统化地探讨在"人类命运共同体"这一全球价值理念的语境下国家叙事的一些新见解，尤其是在国家叙事的内容维度，将中华文化推至全球化的维度加以探讨，在现有学术基础上继续推动和开拓该议题的研究，具有一定的启示性。史冬冬、张琴娅的文章《微纪录片叙事对城市形象的拼图式建构》则是将传播叙事研究聚焦于当代的新媒体语境，围绕微纪录片这一新媒体叙事的典型文本，一方面以详尽的案例分析和内容分析，呈现这种新媒体形态如何以碎片化拼图式的叙事方式建构和传播一个城市的形象，另一方面更重要的是借此在理论层面探讨一种叙事范式转型：从传统大众传媒为代表的宏叙事，转向新媒体为主导的微叙事，这一转型在一定程度上倒逼叙事理论在概念和命题等方面的重构与更新。

从古代中国到现代中国，从国家叙事到媒体叙事，其中都蕴含着中华文化的传播之道，这三篇文章对此展开了初步的各有侧重的探讨，难免挂一漏万而有遗珠之憾，不过总归是开启了一扇关于传播叙事的对话之门，作为抛砖之词，期待学界同仁不吝赐教，共同前行于中华文化传播的研究之路。

史冬冬（厦门大学新闻传播学院副教授）

《成山头》朱星雨 作

"齐物"与"逍遥"

——《庄子》的生活叙事与宇宙观探微

陈建伟　李志艳*

（广西大学文学院，广西南宁，53004）

【摘要】庄子沿袭老子"有"来源于"无"的哲学思想，提出了以"有"通"无"的宇宙观。庄子从有限的生活叙事追索无尽的宇宙，以有实且有处的空间叙事体合"有实且无乎处"的宇宙空间，得出"道"无所不在于物之内外与大小之物的特点；以有长且有本剽的叙事时间冥合"有长且无乎本剽"的宇宙时间，得出"道"无始无终和无古无今的体征。在此基础上，以人生论和宇宙观的角度探幽人本体的"齐物"与"逍遥"的境界，探索"齐物"的逻辑前提与"逍遥"的条件和三重境界。

【关键词】：庄子；"道"；生活叙事；宇宙观

　　宇宙是时间和空间及其所囊括的一切的总称，"宇""宙"二字最初来源于《尸子》："上下四方曰宇，往来古今曰宙。"[①]《尸子》通过有限可感的方位名词和时间名词界定"宇"和"宙"，而庄子在"有"的基础上会通"无"。《庄子·庚桑楚》曰："有实而无乎处者宇也。有长而无乎本剽者宙也。"[②]庄子对"宇""宙"的定义明显受到了老子宇宙观的影响。宇宙观是人们对自身所处世界的总结性、本体性的观念。老子有言："道盅而用之久不盈，渊兮似万物之宗。湛兮似或存，吾不知其谁之子，象帝之先。"[③]老子认为"道"是世界的本原，体之中空而用之不竭，先于万物存在。"道"是"无状之状"、"无象之象"。庄子承袭老子的宇宙哲学，抓住"宇"既实在又超越感官的无所执持和"宙"既有长短又超拔于官能感的无可探求本末的本质，对中国叙事传统和宇宙哲学产生了深远影响。纵

---

　　*　作者简介：陈建伟（1995—），男，广西岑溪人，广西大学文学院研究生，研究方向：叙事学。李志艳（1979—），男，汉族，湖南常德人，广西大学文学院教授，研究方向：文学地理学。

　　①　尸子：《尸子 下卷》，《百子全书》第3册，上海：上海人民出版社，1984年影印本。
　　②　郭庆藩：《庄子集释》，北京：中华书局，2012年，第795页。
　　③　王弼：《王弼集校释》，北京：中华书局，1980年，第10页。

观研究庄子的已有学术成果，对庄子宇宙观的文献考据、哲学阐释或兼及两方面的钩沉稽古、发微抉隐均有独到之处，然而美中不足之处在于多着眼于形而上层面的"道"或"道"对"人间世"的统摄，从形而下的"人间世"观照形而上之"道"的理路却鲜有人问津。因此，从《庄子》的生活叙事管窥其宇宙观可以重新审视庄子"齐物"与"逍遥"的哲学思想。

一、有实而有乎处的空间叙事

"道"是宇宙的本根性、先验性存在，化育万物，庄子在《大宗师》曰："夫道，有情有信，无为无形，可传而不可受，可得而不可见，自本自根，未有天地，自古以固存，神鬼神帝，生天生地。在太极之上，而不为高，在六极之下而不为深，先天地生而不为久，长于上古而不为老。"[①]"物"是"道"的具象化实存，复归于"道"，庄子通过"物"的生活叙事阐述无为无形、无所不在的"道"，以有实而有乎处的空间叙事体合"有实而无乎处"的空间。在《知北游》中，庄子与东郭子的一问一答式的对话阐明了"道"的空间性特点。"东郭子问于庄子曰：所谓道，恶乎在？"[②]庄子直接揭示"道"无所不在的实质。但东郭子仍未理解"道"的空间性持存，庄子一连用了四个介宾短语"在蝼蚁""在稊稗""在瓦甓""在屎溺"的话语模式答复东郭子的质询。东郭子仍执迷于现象层面的空间，源于他对万物有着高卑定位的前摄理解和对"道"卓尔清高的预设，故而对庄子所举例的"道"之所处产生"何其愈下"的疑窦。庄子运用生活经验——"每下愈况"解答他之所以举愈来愈卑下的处所的缘由。郭庆藩在《庄子集释》对"每下愈况"一句注曰："夫监市之履豕以知其肥瘦者，愈履其难肥之处，愈知豕肥之要。"[③]庄子以买猪来比方问道，说明道可存于屎溺这不能再卑贱的事物中，更可证道存乎万物之中，且无所不在。进而提出"周遍咸三者，异名同实，其指一也"的齐物论。"周""遍""咸"均是表征包括全部空间的名词，庄子以此包揽宇宙万物，不论"蝼蚁""稊稗""瓦甓""屎溺"的高低与贵贱，指出万物虽指称不同，但实质均为"道"的本体，消弭万物的差别，齐物视之。庄子对"道"之"无所不在"和"齐物论"的叙述互为表里与显隐，与东郭子对"道"的具象处所和万物有别的主张形成了富有文本张力的对位叙事。针对东郭子对万物差异的坚执，庄子运用"每下愈况"的具体空间叙述"道""无乎逃物"和"物""异名同实"的特征，耦合了形而下的"人间世"与形而上的"齐物论"。

庄子通过叙述人对生活之"物"的空间结构的认知来实证"淡乎其无味，视之不足见，听之不足闻"之"道"。"道"的体悟有三个阶段性历程，《养生主》曰："臣之所好者道也，进乎技也。始臣之解牛之时，所见无非全牛者；三年之后，未尝见全牛也；方

---

① 郭庆藩：《庄子集释》，第252页。
② 郭庆藩：《庄子集释》，第745页。
③ 郭庆藩：《庄子集释》，第476页。

今之时，臣以神遇而不以目视，官知止而神欲行。"① 庖丁对解牛之"道"的冥合以三个
不同的叙事时间点为标志。"始臣之解牛之时"，庖丁只是表见牛的现象，未深入其内在
肌理，主要依靠"手解"；"三年之后"，庖丁以目细察牛局部的组织纹理，在解牛时还未
与刀、牛神会，主要依靠"目解"；"方今之时"，他能够超越眼睛视觉的限制，和刀、牛
合一，用刀在牛的躯体驰骋逍遥，达到了"心解"的合乎"道"的境界。庄子在叙事时
省略了"手解"和"目解"阶段庖丁解牛的过程，单独叙述"心解"这一阶段庖丁的表
现，突出了和合道心的重要性。"庖丁为文惠君解牛，手之所触，肩之所倚，足之所履，
膝之所踦，砉然向然，奏刀騞然，莫不中音。合于《桑林》之舞，乃中《经首》之会。"②
庄子以庖丁的身体动作的空间展演来呈现解牛过程的时间流动，以外部的施动者的行动
来表现庖丁对受动者牛之"间理"的理解，以视觉动作的简约利索和听觉音声的美妙相
结合极言庖丁"道进乎技"之能事。紧接着，庄子将叙事聚焦点切换至受动者"牛"和
施动工具"刀"上。"依乎天理，批大郤，导大窾，因其固然。技经肯綮之未尝，而况大
軱乎！"③ 庖丁依循牛本身的天然腠理，着眼于筋骨间的空隙和骨节间的窍穴，用刀批之，
导之，意合牛本身的结构组成之"道"。而不是像"良庖"和"族庖"一般，停留于"手
解"和"目解"的境地，用刀批"技经肯綮"，造成"良庖岁更刀，割也；族庖月更刀，
折也"④ 的后果。而"缘督以为经"的庖丁尽管用刀"十九年矣，所解数千牛矣，而刀刃
若新发于硎"⑤ 的原因在于庖丁善于利用刀与牛的自然特性——"彼节者有间而刀刃者无
厚，以无厚入有间，恢恢乎其于游刃必有余地矣"⑥，意即以刀之"无厚"处入牛之"有间"
处，方能游刃有余。庄子将叙述聚焦于庖丁解牛的动作、牛的结构肌理、用刀的结果和
手法，最后落脚于庖丁解牛时的困境和解牛后的踌躇满志。"虽然，每至于族，吾见其难
为，怵然为戒，视为止，行为迟。动刀甚微，謋然已解，如土委地。"⑦ 庖丁在遇见牛的筋
骨交错聚结处时"怵然为戒"，眼睛与手专注于艰难的关键节点，善假于刀，"游刃于空"，
牛还未意识到便已"如土委地"了。庄子以刀的"善藏"和庖丁的踌躇自得来说明得养
生之"道"在于以神遇"物"之自然空间特性，从"物"层面的"手解"和"目解"擢
升至"道"层面的"心解"，从物理的生活空间超拔至心理的宇宙空间，诚如成玄英所疏
"运用神智，照明精微，涉于尘境，曾无罣碍，境智冥合"⑧，方能得养生之道，于尘世生
活中"高视四方"，"志气盈满"。

---

① 郭庆藩：《庄子集释》，第 125 页。
② 郭庆藩：《庄子集释》，第 123—124 页。
③ 郭庆藩：《庄子集释》，第 125 页。
④ 郭庆藩：《庄子集释》，第 125 页。
⑤ 郭庆藩：《庄子集释》，第 125 页。
⑥ 郭庆藩：《庄子集释》，第 125 页。
⑦ 郭庆藩：《庄子集释》，第 125 页。
⑧ 郭庆藩：《庄子集释》，第 129 页。

庄子以生活之"物"的大小之辩层层递进，反驳诸如河伯等人对宇宙之"大"的物象执迷。庄子于外篇《秋水》中以驳论的论证方式演绎了"小""大"的相对与相互转化。"秋水时至，百川灌河，泾流之大，两涘渚崖之间，不辩牛马。"① 文章开篇以河伯这一人物视角内聚焦于"百川灌河"的美景。"于是焉河伯欣然自喜，以天下之美为尽在己。"② 庄子将视角向外转至第三人称的客观叙述者，与隐含作者的真实意图相悖，形成反讽的语意张力。河伯"顺流而东行，至于北海，东面而视，不见水端"③，叙述视角再次内转向河伯，河伯的视角由"小"至"大"，进而"旋其面目"，望洋兴叹。河伯对"物"之美的认知受限于其格物致知的视角。正如北海若从天、地、人三维所总结的限制认知的三要素——"井蛙不可语于海者，拘于虚也；夏虫不可语于冰者，笃于时也；曲士不可语于道者，束于教也。"④ 亦即空间、时间和人为的教化是影响人对"物"之相对大小判断的重要因素。该句的受述者不仅仅是"以为天下之美尽在己"的河伯，还有无数拘于虚、时和教的隐含读者。"今尔出于涯涘，观于大海，乃知尔丑，尔将可与语大理矣。"⑤ 北海若的受述者缩小至河伯一人，具有消除河伯对大小成见的针对性。北海若循循善诱，与隐含作者的哲学立场一致，他认为，走出对相对空间的坚执即"出于涯涘，观于大海"是"可与语大理"的先决条件。"天下之水，莫大于海，万川归之，不知何时止而不盈；尾闾泄之，不知何时已而不虚；春秋不变，水旱不知。"⑥ 北海若将小大之辩的哲学视野放诸天下，聚焦于水之集大成者——海，海的量度并不随着"万川归之""尾闾泄之""春秋"和"水旱"等空间与时间的因素所转移。"海"是"道"的空间化隐喻，"海"之"不盈""不虚"和容纳万川的度量与"道盅而用之久不盈，渊兮似万物之宗"⑦ 一句有异曲同工之妙。北海若以"小之微者之在（于）大之殷者"的话语模式譬喻"海""在于天地之间"犹如"小石小木之在大山""礨空之在大山""稊米之在大仓"和"毫末之在于马体"⑧，论述大小的相较相成，以此否定"伯夷辞之以为名，仲尼语之以为博"⑨ 的说法。河伯"期限于形名之域，而未能超于言象之表"⑩，以天地为大，以毫末为小。"北海若曰：'否，夫物，量无穷，时无止，分无常，终始无故。'"⑪ 北海若认为"道"的"无"体现于"量""时""分"和"终始"之上，不偏执于"物"的局量、时序、得失和终始等定在的

① 郭庆藩：《庄子集释》，第560页。
② 郭庆藩：《庄子集释》，第560页。
③ 郭庆藩：《庄子集释》，第560页。
④ 郭庆藩：《庄子集释》，第562页。
⑤ 郭庆藩：《庄子集释》，第562页。
⑥ 郭庆藩：《庄子集释》，第562—563页。
⑦ 王弼：《王弼集校释》，第10页。
⑧ 郭庆藩：《庄子集释》，第563页。
⑨ 郭庆藩：《庄子集释》，第563页。
⑩ 郭庆藩：《庄子集释》，第572页。
⑪ 郭庆藩：《庄子集释》，第568页。

致知视角，而是像宣颖所解的"处无定境"①，对万物等齐视之。北海若之所以主张决弃心中的尺度，是因为"计人之所知，不若其所不知；其生之时，不若未生之时"②。人所认知的场域比不上其所不知的场域，人生存于世的时间短于其所死亡的时间，人对空间大小的体认无法逃离时空的框限。在此基础上，北海若提出大小的不可知论——"以其至小求穷其至大之域，是故迷乱而不能自得也"③。人所体认的空间和格物的时间是"至小"的，而未知的领域和不能致知的时间却是"至大"的，在隐含作者庄子看来，在争论"物"的孰大孰小之前，认知主体就已然陷入以小视大的视角迷障之中，从辩论的预设而言，追逐定在的大小结论毫无意义。"河伯曰：'世之议者皆曰：'至精无形，至大不可围。'是信情乎？'"④隐含作者庄子借叙述者河伯的间接引语指谪"束于教"的"世之议者"："夫自细视大者不尽，自大视细者不明。故异便，此势之有也。"⑤也就是说，从细微之处体察宏大的事物是不全面的，以宏观的视角品察微小之物是不细致入微的。蒋锡昌先生有言："由我见以选事物，则必有所弃而致不遍焉。"⑥争论孰大孰小，必然从自身或大或小的视角观照对方而偏执于自身固定的视域，对象的某些固有特征被一定的视角所遮蔽。所以，以"吾丧我"的视角统照万物，齐物视之，才能不落入偏狭的窠臼。北海若从言意的角度再次否定了大小之辩的可行性："可以言论者，物之粗也；可以意致者，物之精也；言之所不能论，意之所不能致者，不期精粗焉。"⑦也即是言语只能表达粗略的部分，精细之处只可意会不可言传。而不局限于小大之辩的"道"是言语无法传达、心意无法神会的。生活之"物"的大小之辩容易局限于时间、空间和教化的因牢中，"道"化生的万物"量无穷，时无止，分无常，终始无故"⑧，唯有消解自身固有角度的执持，与万物化合，超越大小、言意之辨，体合道心，方能逍遥游于六合之外。

综上，《庄子》的空间叙事从形而下的生活之"物"言说形而上之"道"的处所、对"物"之内在肌理的统摄和超越"物"之大小视域的特征，以有限的生活现象实证"道"的无处不在、无以目见耳闻和无所坚执的普遍性，以有尽之"言"叙述无穷之"意"，意在调动受述者从生活现象的实在论中于内心冥证超验之"道"，不以高低、贵贱、大小论"物"，以"物"会通"道"境时以神遇而不以目视，以消解"我执"与万物齐一心，才能超凡脱俗于尘世，"体尽无穷，而游无朕"⑨。

① 陈鼓应：《庄子今注今译》，北京：中华书局，2019年，第448页。
② 郭庆藩：《庄子集释》，第568页。
③ 郭庆藩：《庄子集释》，第568页。
④ 郭庆藩：《庄子集释》，第571页。
⑤ 郭庆藩：《庄子集释》，第571页。
⑥ 陈鼓应：《庄子今注今译》，第451页。
⑦ 郭庆藩：《庄子集释》，第571—572页。
⑧ 郭庆藩：《庄子集释》，第568页。
⑨ 郭庆藩：《庄子集释》，第313页。

二、有长而有乎本剽的叙事时间

庄子通过"鼓盆而歌"来探讨人的生死问题，以有实且有处的叙事时间管窥"有长且有乎本剽"的宇宙时间，进而论述"道"化生宇宙的历程。《庄子·至乐》曰："庄子妻死，惠子吊之，庄子则方箕踞鼓盆而歌。"①叙述者以全知视角展示了惠子和庄子对待"庄子妻死"时截然对立的态度。"惠子曰：'与人居，长子老身，死不哭亦足矣，又鼓盆而歌，不亦甚乎！'"②叙事的焦点转向代表世俗伦理的惠子，由生活现象的全知视角转向社会人伦的限知视角。惠子指责庄子与妻同居，妻子为庄子生育儿女，如今身老而死，不悼哭也就罢了，还要鼓盆而歌，岂不是太过分了！从惠子愤慨的态度而言，庄子咏唱的并不是挽歌哀歌，而是欢歌。"庄子曰：'不然。是其始死也，我独何能无概然！察其始而本无生，非徒无生也而本无形，非徒无形也而本无气。杂乎芒芴之间，变而有气，气变而有形，形变而有生，今又变而之死，是相与为春秋冬夏四时行也。人且偃然寝于巨室，而我噭噭然随而哭之，自以为不通乎命，故止也。'"③庄子以"究天地之始终"的宇宙时间反驳了惠子止于人的一生的世俗时间。"与人居，长子老身"所历经的时间以"人"的生活为尺度，而庄子则以"天"的宇宙境界俯仰人的生前与死后，超脱于俗世的悲伤。学界对庄子对妻死一事是否动情有颇多争议，但更多学者认为庄子在妻子刚死时动情。"司马云：感也。又音骨，哀乱貌。"④陆西星云："无概然，言焉能不概然与世人同情哉？"⑤释性道言："概然，同于众人而哀。"⑥吴世尚曰："入情入理，情理之至，觉太上忘情一言，尚属饰词。"⑦林云铭说："庄子绝是近情之人，此句便自己道破。"⑧笔者亦认为庄子原初是有情之人。惠子批评庄子不以妻死为悲，反而鼓盆而歌。庄子的反驳有形而下的世俗生活和形而上的宇宙论层次。"是其始死也"，庄子"噭噭然随而哭之"，庄子随同人伦为妻子哀悼。但庄子将叙事视角从生活伦理的死生问题转向宇宙论的死生演化问题，即聚焦的视野从妻子生命的终止处回溯至未生之前和已死之后，探微生命在于宇宙的演化过程，其本根性特征为"无生""无形""无气"。叙述者庄子认为，生命起源于若有若无，恍兮惚兮的混沌状态，混沌生成气，气化为形，形转变为生命，生演变为死，于是死生变化就如同自然四季的转化一般。妻子安息于天地之间，而我却在哭哭啼啼，这不能说是达观知命的，所以便停止了啼哭。庄子贯通妻子的生前与死后，提出生命本原的演化历程，使得作为生活现象的死亡具有了宇宙论的品格。张岱年强调："中国哲学不重

① 郭庆藩：《庄子集释》，第613页。
② 郭庆藩：《庄子集释》，第613页。
③ 郭庆藩：《庄子集释》，第613—614页。
④ 郭庆藩：《庄子集释》，第614页。
⑤ 陆西星：《南华真经副墨》，北京：中华书局，2010年，第257页。
⑥ 释性道：《南华发覆》，台北：艺文印书馆，1974年，第481页。
⑦ 吴世尚：《庄子解》，北京：国家图书馆出版社，2011年，第269页。
⑧ 林云铭：《庄子因》，上海：华东师范大学出版社，2011年，第185页。

区分，所以宇宙论与人生论，在中国哲学中，本亦是不分别的。中国哲人的文章与谈论，常常第一句讲宇宙，第二句便讲人生。"①庄子将人生与宇宙等齐观之，意在指出生命的化育起源于"芒芴"之"道"，褚伯秀注曰："芒芴读同恍惚"②，而老子在《道德经·上篇》有言："道之为物，惟恍惟惚。忽兮恍兮，其中有象；恍兮忽兮，其中有物。"③"道"生"气"，"气"赋"形"，"形"化"生"，"生"归"死"是自然演化之道。大道化育万物无言，故从人一生的世俗时间投诸宇宙时间的庄子的情绪复归平静。除了生复归于死这一历程是有长且有乎本剽的时间，生前与死后的时间均为"有长且无乎本剽"，庄子从生活的实证结合内心对生命的冥证，以"有"同"无"，消解儒家的伦理道德，至臻于宇宙之"道"，"究天地之终始"，使短暂性的生活具有了"永恒性"的宇宙格局。

　　庄子以有实且有处的叙事时间叙述"得道"之人"心斋""坐忘"的悟"道"历程，在时间的施洗下遗忘世俗和"我执"的定在是人生论具有宇宙观品性的逻辑前提。《庄子·达生》曰："梓庆削木为鐻，鐻成，见者惊犹鬼神。"④第三人称的客观叙述者以全知视角从施动者的动作"削"、施动者的结果"成"和旁观者的反应"惊犹鬼神"三维展示了梓庆削木技艺的高超。"鲁侯见而问焉，曰：'子何术以为焉？'"⑤全知客观叙事者转向限知人物叙事者鲁侯，勾连出梓庆的削木之术。"对曰：'臣，工人，何术之有！虽然，有一焉：臣将为鐻，未尝敢以耗气也，必齐以静心。齐三日，而不敢怀庆赏爵禄；齐五日，不敢怀非誉巧拙；齐七日，辄然忘吾有四枝形体也。当是时也，无公朝。其巧专而外骨消，然后入山林，观天性形躯，至矣，然后成见鐻，然后加手焉，不然则已。则以天合天，器之所与以疑神者，其是！'"⑥"臣，工人，何术之有！"一句看似虚怀若谷的套语，但观其深层话语结构，可以管窥庄子"贵无"的思想，即认为削木之技为无技之技，不言技艺本身，而言心神——"臣将为鐻，未尝敢以耗气也，必齐以静心"。钟泰在《庄子发微》注曰："'齐'读如斋，斋之为言齐也。"⑦曹础基注曰："齐，通斋，斋戒。"⑧也就是，梓庆"必齐以静心"即"心斋"。关于"心斋"，庄子在《人间世》通过叙述者孔子云："若一志，无听之以耳而听之以心，无听之以心而听之以气！听止于耳，心止于符。气也者，虚而待物者也。唯道即虚。虚者，心斋也。"⑨孔子对于"心斋"的叙述言及"道"超感官的领悟方式"无听之以耳而听之以心，无听之以心而听之以气""听止于耳，心止于符"及"气"与"道"的本体特征"虚"。叙述者梓庆心斋的过程以时间节点分为

---

① 张岱年：《中国哲学大纲》，北京：商务印书馆，2015年，第275页。
② 郭庆藩：《庄子集释》，第485页。
③ 王弼：《老子道德经注》，第55页。
④ 郭庆藩：《庄子集释》，第657页。
⑤ 郭庆藩：《庄子集释》，第657页。
⑥ 郭庆藩：《庄子集释》，第657页。
⑦ 钟泰：《庄子发微》，上海：上海古籍出版社，2002年，第429页。
⑧ 曹础基：《庄子浅注》，北京：中华书局，2018年，第335页。
⑨ 郭庆藩：《庄子集释》，第152页。

四个阶段，第一阶段"齐三日，而不敢怀庆赏爵禄"，忘功利；第二阶段"齐五日，不敢怀非誉巧拙"，忘名与技；第三阶段"齐七日，辄然忘吾有四枝形体也"，忘"我"的身体；第四阶段"当是时也，无公朝"，忘"我"的存在。前两个阶段忘记尘俗的名利与是非，后两个阶段忘记"我"的躯体和此在，以"吾丧我"的状态齐万物而逍遥，化合天地之"道"，得观树木成长的天然之"道"，天、人、物、器合一，故能成就技艺的极致之境。无独有偶，《庄子·大宗师》亦采用了以叙事时间推演悟"道"的阶段性进程的叙事范式。"颜回曰：'回益矣。'仲尼曰：'何谓也？'曰：'回忘仁义矣。'曰：'可矣，犹未也。'他日复见，曰：'回益矣。'曰：'何谓也？'曰：'回忘礼乐矣！'曰：'可矣，犹未也。'他日复见，曰：'回益矣！'曰：'何谓也？'曰：'回坐忘矣。'仲尼蹴然曰：'何谓坐忘？'颜回曰：'堕肢体，黜聪明，离形去知，同于大道，此谓坐忘。'仲尼曰：'同则无好也，化则无常也。而果其贤乎！丘也请从而后也。'"①隐含作者庄子运用同质化的话语模式凸显颜回每次"他日复见"后所忘的内容，离析悟"道"的三个时间历程，即"忘仁义""忘礼乐"和"坐忘"。人物叙述者的观点与历史真实的孔子和颜回的重视"博闻强识"的观点相悖，隐含作者庄子以此种"忘"的叙事模式消解儒家的"仁义"和"礼乐"，意在取消外在加之于生命本体之"道"的形役，乃至取消自身的主体性即身体官能感和智慧，方能"朝彻，而后能见独；见独，而后能无古今；无古今，而后能入于不死不生"②。成玄英疏云："朝，且也。彻，明也。死生一观，物我兼忘，惠照豁然，如朝阳初启，故谓之朝彻。"③"夫至道凝然，妙绝言象，非无独有，不古不今，独往独来，绝待绝对。睹斯胜境，谓之见独。"④亦即庄子通过"坐忘"取消自身的主体性，物我两忘，其旨归在于获得认知宇宙大"道"的主体性，而这一主体性是与外在的"仁义""礼乐"和内在的身体感觉和智慧相对立的。"坐忘""朝彻"而后"见独"，超越古今的时间规限，获得绝对的独立精神。

综上，庄子以有形且有处的叙事时间神合"有形且无处"的宇宙时间，通过"鼓盆而歌"的生死问题探幽"道"化生万物的本根体征和时间史——"察其始而本无生，非徒无生也而本无形，非徒无形也而本无气。杂乎芒芴之间，变而有气，气变而有形，形变而有生，今又变而之死，是相与为春秋冬夏四时行也。"⑤通过"心斋"和"坐忘"的时间性悟"道"历程强调"忘"是"得道"的预设，旨在取消"我"的主体性冥合"道"性，达到"朝彻"而后"见独"，超越古今界限的逍遥境界。

---

① 郭庆藩：《庄子集释》，第 288—290 页。
② 郭庆藩：《庄子集释》，第 258 页。
③ 郭庆藩：《庄子集释》，第 259 页。
④ 郭庆藩：《庄子集释》，第 259 页。
⑤ 郭庆藩：《庄子集释》，第 613 页。

三、"齐物"与"逍遥"

庄子对于人间世的时空忧患意识贯穿于整部《南华真经》——"天与地无穷,人死者有时,操有时之具而托于无穷之间,忽然无异骐骥之驰过隙也。"① 庄子意识到人生命的迫促寄寓无垠的宇宙不过一瞬,他从有限的生活管窥具有普遍性与永恒性的宇宙,以有实而有乎处的空间叙事和有长且有乎本剽的叙事时间意合"太极之上而不为高,在六极之下而不为深,先天地生而不为久,长于上古而不为老"② 的宇宙,从宇宙的本根"道"无处不在于"物"之内外和小大之"物"来论证"道"的普遍性,从形而上之"道"贯通宇宙化生万物的终始和人以"心斋""坐忘"的方式体悟"无古今"之"道"来论述"道"的永恒性,会通了有限的形而下的生活与无限的形而上的宇宙。汤一介认为:"庄子哲学处处都力求从宇宙本体'道'的高度来论证人生的哲理,把人的生活放到整个无限的宇宙中去加以观察,以此来探求人的精神达到无限和自由的道路。"③ 庄子通过生活叙事探微宇宙的本根,其指归在于以宇宙的高度与深度审视人的本体,以人生论与宇宙观的交互叙述证明"人的本体存在与宇宙自然存在的同一性"④。而贯通人与宇宙的本根性存在的关键,就在于人在尘世的"齐物"与"逍遥"。唯有"齐物"与"逍遥",才能消解世俗生活与宇宙的绝然对立,才能"独与天地精神往来,而不敖倪于万物,不谴是非,以与世俗处"⑤。

齐物,即以"吾丧我"的精神状态弃绝"我"的成心,取消大小、生死、是非和有无等范畴的对立与评判标准,心与物化,达到"天地与我并生,万物与我为一"⑥ 的天地境界。陈鼓应认为:"物论之所以以自我为中心,引发无数主观是是非非的争执,产生武断的态度与排他的现象,归根究底是由于'成心'作祟。"⑦ 成心,即成见之心,人心以特定之"物"为观照的立足点,便会产生成心。而"道"不定乎"物"之内外、小大和古今往来,不以时间和空间的某一焦点为转移,更不以人的是非彼此观照的主观意志为转移。"物无非彼,物无非是。自彼则不见,自是则知之。故曰彼出于是,是亦因彼。"⑧ 没有偏执于"此"与"是"的我物,便不会存在作为"彼"与"非"的他物。成心是催生二元对立的前摄条件。从彼方观之,无法朗照此方的"是",只能蠡测彼方之"是",自我构陷于"我见"的迷障之中而自以为是。正如前文的生活叙事,若是执着于"道"之崇高的预设,便无法照见无所不在的"道";若是执迷于"是其始死"之时,便无法烛照

① 郭庆藩:《庄子集释》,第 993 页。
② 郭庆藩:《庄子集释》,第 252 页。
③ 周作人,周渔:《非常道,非常儒》,北京:团结出版社,2007 年,第 70—71 页。
④ 李泽厚:《美的历程》,北京:中国社会科学出版社,1984 年,第 65 页。
⑤ 郭庆藩:《庄子集释》,第 1091—1092 页。
⑥ 郭庆藩:《庄子集释》,第 85 页。
⑦ 陈鼓应:《庄子今注今译》,北京:中华书局,2019 年,第 58 页。
⑧ 郭庆藩:《庄子集释》,第 71 页。

"道"以"气"生万物的终始。"彼是方生之说也,虽然,方生方死,方死方生;方可方不可,方不可方可;因是因非,因非因是。"①彼与此、是与非的对立依成心而生,自生者的"我见"观照生的时段,则以生为生,以死为死;而自死者的"我执"窥见生的时间,则以死为生,以生为死。统观两者的视角,则生可以为死,死也可以为生,死生、是非、彼此和小大等相对的执方均可按照同质的话语模式和理路相互转化。"是以圣人不由,而照之于天,亦因是也。是亦彼也,彼亦是也。彼亦一是非,此亦一是非。果且有彼是乎哉?果且无彼是乎哉?"②"圣人不由"即"圣人无己",不以我者与他者相对立的某一执方观"物",而是以形而上之"道"观照形而下之"物","法天""贵真",依循"物"的自然本性。从"道"镜照"物",则相对的双方可以相互转化,彼此各有是非。诚如河伯与北海若的"小大之辩",以"物"的某一方观照另一方均会有彼此的是非对立——"自细视大者不尽,自大视细者不明"③,以"道"观"物",则无小无大、无彼无此、无是无非。"彼是莫得其偶,谓之道枢。枢始得其环中,以应无穷。"④无彼此的对立是"道"的枢纽,统筹"物"的对立面才能得到环的中心。"环中"即宇宙万物"无"的本体,汤一介认为,"天下所有的事物排除了其特性,所谓的'本体'只能是无规定性的'无'……任何有规定性的事物都不可能统一其他事物,只有无规定性的'无'(本体)才可以统一任何事物"⑤。只有"道"体空无,才能容纳"物"连累无穷的质的规定性和现象的流变性。庄子认为"道"具有空间上的普遍性和时间上的永恒性,如同体之中空而无始无终、包孕万物的"环中"。庄子从"物"之"有"追问"道"之"无",并进一步追溯"无"之前的宇宙终极本体——"有始也者,有未始有始也者,有未始有夫未始有始也者。有有也者,有无也者,有未始有无也者,有未始有夫未始有无也者。"⑥庄子以给"有始也者"加上否定前缀"有未始"的话语程式诘问宇宙的原始、未曾开始的原始和未曾开始那未曾开始的开始,追寻"有"之前的"无",未曾有"无"的"无"和未曾有那"未曾有'无'的'无'",庄子"话有尽而意无穷",以有穷的否定意指无穷的求索,溯源无尽的天地终始。"俄而有无矣,而未知有无之果孰有孰无也。今我则已有谓矣,而未知吾所谓之其果有谓乎,其果无谓乎?"⑦庄子推进式的追问"有""无"指向宇宙本原的不可知性,以指向追问本身"有""无"的不可知性否定物论孰是孰非的合理性,最终得出"道"乃"齐物"一说。"天下莫大于秋毫之末,而大山为小;莫寿于殇子,而彭祖为夭。"⑧庄子凭

① 郭庆藩:《庄子集释》,第71页。
② 郭庆藩:《庄子集释》,第71页。
③ 郭庆藩:《庄子集释》,第571页。
④ 郭庆藩:《庄子集释》,第71页。
⑤ 汤一介:《郭象与魏晋玄学》,北京:北京大学出版社,2009年,第103页。
⑥ 郭庆藩:《庄子集释》,第85页。
⑦ 郭庆藩:《庄子集释》,第85页。
⑧ 郭庆藩:《庄子集释》,第85页。

借以至小为至大，以至短为至长的方式取消物我的绝然对立，追求"天地与我并生，而万物与我为一"①的"道"境，达到"不知周之梦为胡蝶与？胡蝶之梦为周与？"②的"物化"心境。如此，人于俗世生活的时空局限便获得了无限的精神自由，实现了心灵时空的普遍与永恒。

真正的逍遥以齐物为前提条件，是齐物的终极追求，是主体消解自身主体性抵达"道"境的自由精神状态。神人同列、志怪小说与生活经验并举是《庄子》所特有的叙事方式，在《逍遥游》里，藐姑射山神人与许由、《齐谐》的鲲鹏与现实生活的蜩与学鸠相类比，对不同层次范畴的事物齐一视之，意在超越不同"物"的差序格局，统合万物，与"道"相接。《逍遥游》凭借鲲鹏这一叙事主体探索人追求逍遥状态的时空性条件。"北冥有鱼，其名为鲲。鲲之大，不知其几千里也。化而为鸟，其名为鹏。"③"溟，犹海也，取其溟漠无涯，故（为）谓之溟。"④从构词法上而言，"北"乃有实之处，"溟"乃无乎处，"北"与"溟"的结合符合庄子对于宇宙空间的认知，使志怪的寓言蕴涵着宇宙论的哲学意味。"鲲本小鱼之名，庄子用为大鱼之名。"⑤庄子以小名指大实，解构世俗对于大小的坚执。海之"鲲"化为天之"鹏"，旨在消解"形"对于"物"的役使。"鲲""鹏"二物在名谓上的结合及其所指为同一物意指"道"均齐彼我的主体性成长境界。"是鸟也，海运则将徙于南冥。南冥者，天池也。"⑥鲲鹏自北冥飞往南冥，北冥为海，南冥为天，鲲鹏的飞行轨迹遍及上下四方，且"冥"指无极无涯之处，由此看来，鲲鹏是从形而下之"海"追求形而上之"天"的主体性隐喻。位于空间上方且无极的"天"与空间下方且有限的"池"合谓，笔者认为，"天"是普遍且永恒的"道"境隐喻，"池"是时空上有穷尽的"物"性隐喻，二者的结合指主体虽身处形而下其负大翼也无力。"⑦鲲鹏逍遥于天地间，必须有所待——其一，六月的人间世，但却于内心追逐形而上的无尽宇宙。因此，"鲲鹏"是在精神上追求自由的人的隐喻。鲲鹏求"道"的起止处均为"有实且无乎处"的地点，而翱翔的时间亦"有长且无乎本剽"，文本也并没有叙述鲲鹏最终到达南冥这一结局，意指主体追寻"道"的境界无处不在且无始无终。鲲鹏没有得"道"逍遥，限制其逍遥游的客观条件在何？"谐之言曰：'鹏之徙于南冥也，水击三千里，抟扶摇而上者九万里，去以六月息者也。'"⑧"风之积也不厚，则风；其二，风的势能足够背负鲲鹏大翼。庄子再举有所待的列子证明理想状态的"逍遥游"——"若夫乘天地之正，而御六气之

① 郭庆藩：《庄子集释》，第 85 页。
② 郭庆藩：《庄子集释》，第 118 页。
③ 郭庆藩：《庄子集释》，第 2 页。
④ 郭庆藩：《庄子集释》，第 3 页。
⑤ 郭庆藩：《庄子集释》，第 3 页。
⑥ 郭庆藩：《庄子集释》，第 2 页。
⑦ 郭庆藩：《庄子集释》，第 8 页。
⑧ 郭庆藩：《庄子集释》，第 5 页。

辩，以游无穷者，彼且恶乎待哉！故曰，至人无己，神人无功，圣人无名！"①在提出逍遥游的最高境界——无所待之前，庄子再次叙述蜩与学鸠和鲲鹏的小大之辩，提出"小知不及大知"②的不同"逍遥"境界。而郭象则认为："苟足于其性，则虽大鹏无以自贵于小鸟，小鸟无羡于天池，而荣愿有余矣。故小大虽殊，逍遥一也。"③郭象将蜩与学鸠和鲲鹏齐物视之，认为他们均达到了逍遥的境界。郭象主观地将蜩与学鸠和大鹏齐一待之，但蜩与学鸠的内在主体性并没有主动与鲲鹏化合，而是坚执其个体的物性——"我决起而飞，抢榆枋而止，时则不至而控于地而已矣，奚以之九万里而南为？"④结合前文，笔者认为，庄子笔下的"逍遥"有如下三重境界：第一重，执迷于"我见"的物性而逍遥，未能齐物视之，东郭、河伯和蜩与学鸠是也。东郭执着于"道"的清高，河伯以为天下之美尽在于己、蜩与学鸠抢榆枋而止，三者均自适于"我执"的天地，是最低层级的逍遥；第二重，袪除自我的坚执，与万物化合，但仍有所待，庖丁、北海若、梓庆和鲲鹏是也。庖丁心合"道"所统摄的牛，但有所待于刀；北海若不以小之微者为小，不以大之殷者为大，于天地万物齐一心，但仍有所待于海；梓庆以"心斋"妙悟"道"所统合的木的纹理，但仍有所待于削木的工具；鲲鹏"物物而不物于物"，以鲲之身化合鹏之形，但仍有所待于六月的大风；第三重，心不为物役，齐万物而待之，且无所待。庄子生活叙事所列举的例子暂时无法与之冥合。但其从鲲鹏和列子有所待的叙事中提炼出了终极的"逍遥"，即"至人无己，神人无功，圣人无名"，绝弃外在事物对于内在精神的枷锁，无所待之，"以游无穷"。庄子穷其一生，也只能"心莫若就，形莫若和"，但他依然坚持从时空有限的俗世生活探索内心深处无穷的宇宙，使得生活叙事的人生论沾染了宇宙观的调性，有限的外在生命也因此获得了无限的天地"道"心。

庄子通过"有实且有乎处"的生活空间叙事探幽了不以"物"之内外、大小为转移的"道"，会通了"有时且无乎处"的宇宙空间；通过"有长且有乎本剽"的生活时间叙事烛照了不以"物"之生死、古今为转移的"道"，以"心斋""坐忘"的悟道方式冥合"有长且无乎本剽"的宇宙时间，人生论的叙事与宇宙观的探微水乳交融，以人作为主体的平等与自由为终极追求，即"齐物"与"逍遥"。人不以外物为形役，取消物我彼此的坚执对立，以"有"通"无"，以"无"问"无有"，以"无有"求"无无"，得出以齐物论物的终极缘由；而人欲超凡脱俗，必先心合万物，且无所待之，但人追求"道"的境界永无止境，也有不同程度的逍遥分别，但人不自我框限于生命于有实且有长的时空，追溯无乎处且无乎本剽的宇宙，恰恰是人永恒的主体性精神所在。

---

① 郭庆藩：《庄子集释》，第19—20页。
② 郭庆藩：《庄子集释》，第13页。
③ 郭庆藩：《庄子集释》，第10页。
④ 郭庆藩：《庄子集释》，第10页。

跨文化语境下的国家叙事研究

唐华林[*]

（华侨大学新闻与传播学院，福建厦门，361021）

【摘要】跨文化传播成为当今世界各国家间交流的基础语境。党的十九大报告提出了要讲好中国故事、传播好中国声音、阐释好中国特色的对外工作新要求，讲好中国故事就是以国家叙事的方式建构国家形象，这不仅关系到凝聚国内共识，还是在国际上获取认同和评价的重要路径。对叙事内容、叙事策略、叙事路径三个维度进行研究分析，提出以"人类命运共同体"为核心的中国故事体系成为新时代中国叙事的主题与方向。

【关键词】：中国故事；叙事；跨文化；"人类命运共同体"

全球化是当今世界不可逆转的发展趋势，国家间政治经济联系愈加紧密的同时，文化的多样性和文化间的差异使得跨文化成为各国对外传播的基础语境。在跨文化语境下，建设良好的国家形象是解决文化差异所带来的问题的重要手段，国家形象有两方面作用，一是对内传播用以凝聚国内共识，二是对外展现形象以获取国际认同，如何建构一个良好的国家形象，成为国家对内和对外建设的重要课题。随着全球化的深入发展，中国在各方面取得了一系列令世界瞩目成就的同时，我国的对外传播建设却不如人意，以西方欧美资本主义强国主导的国际主流舆论对中国存在着较为严重的曲解和误读，不利于中国的和平发展和民族复兴。党的十八大以来，习近平总书记做出了一系列重要论述，强调要加强对外话语体系建构和国际传播能力建设，2013年12月30日，习近平同志在中央政治局就提高国家文化软实力研究进行第十二次集体学习时指出，提高国家文化软实力，要努力提高国际话语权。要加强国际传播能力建设，精心构建对外话语体系，发挥好新兴媒体作用，增强对外话语的创造力、感召力、公信力，讲好中国故事，传播好中国声音，阐释好中国特色。党的十九大报告提出："推进国际传播能力建设，讲好中国故

---

　　* 作者简介：唐华林（1996—），男，江西省赣州市人，华侨大学新闻与传播学院硕士研究生，研究方向：国际传播。

事,展现真实、立体、全面的中国,提高国家文化软实力。"① 这些重要论述从战略层面上为讲好中国故事提供了参照与指导。

叙事,通俗来讲就是"讲故事",叙事这一概念源于修辞学,经过多学科交叉的影响以及概念的变迁,叙事学逐渐由人文科学领域的进行故事讲述的方法的概念,演变成为人们认识、理解和解读自我和世界的方式②,罗兰·巴特认为任何材料都可以叙事,叙事的体裁由原来的书面和口语文本如诗歌、神话、小说等,扩展到更为广泛的如漫画、电影等文字、音频、图像、影像等多种样态融合呈现的形式,因此,叙事研究也扩大到更为广泛的领域。人们通过故事认知和理解世界,叙事成为一种观察与解读人类行为和社会的"隐喻",有组织的叙事结构和原则为我们的生产生活提供着"意义"。因此,叙事的作用和意义不言而喻,它通过故事来影响人们对事物的认知与理解,从而达到更深层次的目的。

国家叙事又称民族叙事,是指在叙事学视野下,以民族国家为主体的政治性传播,对外展现国家形象以获取国际认同③。国家叙事与国家形象的建构有着密不可分的关系,对内有助于唤起其民族共同记忆和集体归属感,凝聚国内共识,在对外传播中,国家叙事建构国家形象,获取国际认知与评价,从而获取国际认同。特别是在跨文化语境下,政治经济、意识形态的激烈碰撞导致了国家间文化交流理解的困难,而"故事"可以实现去意识形态化和趣味化,能够跨越差异实现跨文化传播,在"他"文化语境中更容易被理解和接受。但目前来说,中国的国家叙事容易陷入两难困境,一方面是传播内容容易限定在本国的文化语境中,在他国传播中产生文化折扣,无法在他语境中的受众中产生共鸣,另一方面是单单为了追求传播效果而只考虑他国的接受度,从而失去自我文化特性④。这两种困境是当前我国在跨文化跨语境面临的现实课题。讲故事就是故事化传播,故事作为一种加工后的文本,能将现实的素材进行概念重构和意义赋予,以故事文本的形式进行跨文化交流,其能跨越文化差异实现双向的认知和情感互通。本文从叙事内容、叙事策略、叙事路径三个维度对国家叙事进行分析。

一、国家叙事:故事内容的多维度建构

叙事是叙事主体进行主观认知、建构和传播的活动,因此不可避免地带有主观性,

---

① 习近平:《决胜全面建成小康社会 夺取新时代中国特色社会主义伟大胜利——在中国共产党第十九次全国代表大会上的报告》,《人民日报》2017 年 10 月 28 日, 第 1 版。

② Margaret R. Somers, "The narrative constitution of identity: A relational and network approach," Theory and Society, Vol.23,no.5.(1994). pp.605-649.

③ 任东升:《从国家叙事看沙博理的翻译行为——纪念沙博理先生诞辰 101 周年》, 2016 年 11 月 30 日, http://www.catl.org.cn/2016-11/30/content_39816084.htm, 2020 年 12 月 1 日。

④ 王义桅:《讲好中国故事要实现"三超越"——以如何讲好"一带一路"故事为例》,《对外传播》2015 年第 9 期。

在内容的选择上由叙事主体根据自身认知进行选择，国家叙事就是以国家作为叙事主体，其内容选择直接关系到对外传播效果的实现。在国家对外传播的内容层面上，中国人民大学教授王义桅提出了"三个中国"——传统中国、现代中国和全球中国①的观点，具有借鉴意义，传统中国中博大精深的传统文化、现代中国的发展崛起、全球化中国的积极参与，都是国家叙事内容选择的重要来源。

（一）国家叙事内容：传统文化维度

华夏文明历经五千年风雨洗礼，其间承载孕育的文化源远流长、博大精深，涌现出难以计量的故事文本，这些故事中有口口相传的神话传说、可歌可泣的战争史诗、脍炙人口的诗词歌赋，有百家争鸣、王朝更替、歌舞升平、兴衰荣盛，有王侯将相、贩夫走卒、悲欢离合、物是人非等等皆如是，这些都是中国故事的资源宝库。但在选择传统文化作为叙事内容时，既有实践往往陷入两大误区，一是以传统文化为故事内容的叙事脱离了语境，造成历史与现实的区隔。二是在内容建构时"在地性"与"世界性"之间的矛盾，过分重视传统文化的"纯洁性"。

关于语境，简单来说就是语言使用和产生的环境。不同于世界上其他三个文明古国，华夏文明从五千年前延续至今未曾中断，影响了一代代华夏人，构成华夏子民的文化之根，传统文化的绵延不绝展现了其生命力，在凝聚民众关注与认同、情感询唤上有着不可替代的作用。但重要的是，传统文化是在不同历史语境下产生并且不断地变迁的，不同的历史和社会语境形塑着不同的文化，伯明翰学派的雷蒙德·威廉斯在《文化与社会》一书中提出文化是一种整体的生活方式，将文化视作当代的以及普罗大众的，中国从奴隶制社会到封建社会，到如今发生翻天覆地变化的社会主义新中国，时代变迁导致语境也已发生翻天覆地的变化，而如何在当代社会语境下重新挖掘传统文化，使其适配于当代社会的生产生活，才是我们需要注重的问题。近年来，我国在挖掘传统文化资源的基础上推陈出新，一些文化类综艺节目逐渐打破了依赖引进外来模式的怪圈，一批基于中华优秀传统文化的原创类节目如《国家宝藏》等登陆荧屏并引发热潮②，既体现传统故事的独特魅力，又在国家叙事层面上为讲好中国故事提供了优秀示范。

但另一方面，国家叙事内容建构易陷入"在地性"和"世界性"的矛盾，过于强调主体性中的"在地性"问题③，导致故事文本在"他"文化场域中产生区隔，这与国家叙事的跨文化方向产生了矛盾。特别是在传统文化作为故事素材的选择上，这一问题显得尤为严重，对待传统文化的传承，有学者认为传统文化应完整保留继承而不予以任何其

① 王义桅：《讲中国故事——从"以我为主表达"到"世界为我表达"》，《国际传播》2016年第2期。
② 倪沫：《浅析〈国家宝藏〉的国家叙事策略》，《电视研究》2018年第3期。
③ 王昀，陈先红：《迈向全球治理语境的国家叙事："讲好中国故事"的互文叙事模型》，《新闻与传播研究》2019年第7期。

他的意义输入改动，否则会造成传统文化的内核缺失，但我们应当审慎反思文化的"纯洁性"问题①，不应过分拘泥于传统文化的完整性和纯洁性，否则将会失去在"他"语境传播的可能性。如有些人对流行歌曲中加入戏曲唱腔采取鄙夷态度，认为这种结合是使艺术脱离了传统维度而不再是历史的、传统的文化，但事实上这一新的表达形式使得传统戏曲焕发了生机，受到了大量年轻人的喜爱与再生产，在事实上促进了传统戏曲的推广与发展。对传统文化单纯的复制保留，这种"保护"方式只会使其脱离当今时代的文化场域与语境，从而使得传统与现代的脱节，传统文化参与国家叙事内容建构时应当更多地考虑"世界性"，要在跨文化语境基础上，站在他者的角度重新对我们的传统文化进行重新编码，保持其核心内涵的基础上，与当代生活方式相结合或者创新其表达形式，使其能在"他"语境下得到更为合理有效的解码。

（二）国家叙事内容：现代化维度

近代以来，中华民族历经风雨，从近代"落后就要挨打"的屈辱，到民族先驱自强不息、积极救国的探索，再到抵抗侵略、推翻三座大山的不懈奋斗，再到新中国成立后波折崎岖的发展，最后经历改革开放一步步走向现代化。中国的近现代史是一部灾难史，是一部斗争史，更是一部发展史，其中也有数不清的优秀故事文本，有晚清时期无数仁人志士的救亡图存，有民国时期爱国同志的伟大革命，有抗日战争时期党的英勇斗争，有新中国创立后的曲折探索，更有改革开放时期的走向世界。这些凝注了中华民族先辈们奋斗心血的故事，体现了中华民族不屈不挠的勇气与智慧，即使在今天，依旧荡气回肠，振奋人心。

现代化维度的中国故事是一个从民族独立到复兴发展的过程，包括了近代与现代中国，一是近代以来为救亡图存、民族独立的抗争史，二是走向富强和现代化的民族复兴路，中华民族在这一过程中从认识世界到走向世界。在新中国建立之前，中国从"落后就要挨打"到民族独立，无数先辈奋勇向前，谱写一曲可歌可泣的赞歌。而在新中国成立后，如何让一个落后的国家走向现代化，要不要参考"西方模式"，走什么样的道路，对于中国来说是艰难的探索，在这一过程中，中国人民的智慧与勇气，坚定不移地走中国特色社会主义道路，从贫穷落后走向繁荣强大，造就了一首荡气回肠的发展史诗。

无数优秀作品涌现用以表现中国近代和现代以来的故事，如近代史纪录片、红色影视剧、红色文学作品等，其中典型例子就是红色影视作品，既包括反映近代革命题材的，也包括新中国成立后发展探索等故事，但这些作品的传播一般只在国内获得良好反响，而其对外传播中，往往缺乏反响或反响平平，有些甚至陷入无人收听的境地，影响十分

---

① 戴维·莫利:《传媒、现代性和科技——"新"的地理学》，郭大为译，北京：中国传媒大学出版社，2009年，第183页。

有限。

中国的现代化故事本身无疑是优秀的，它向世界展示中国道路，它使一个伟大的民族走向独立，它祛魅了"西方模式"的神话，让世界见证了现代化实现的多种可能性。但目前的对外传播工作中，这些故事都是在本国语境下讲述本国的历史，没有在跨文化语境下进行内容架构，我们可以将现代化过程中的中国故事放在世界各民族追求民族独立和解放的大背景下进行叙述，与世界范围内的民族爱国主义和民族现代化发展进行勾连从而进行内容建构，当受到压迫和侵害时，追求自由、独立和解放是全世界各民族人民的共同愿望，将这些作为国家叙事的内容会引起广泛的共情。将现代化的故事转化成有效的国家叙事，以扭转国外媒体不合理的认知与评价，要求我们要从孤立的本国语境跳脱出来，与世界范围内的民族独立和发展的故事进行联系，以唤起更广泛的共情以博得认可与支持。

（三）国家叙事内容：全球化维度

全球化的日益深入，国与国之间联系愈加紧密，如今任何国家都不能独立于世界而发展。但全球化也是一把双刃剑，一方面连接了世界，另一方面新的世界性问题丛生，国家间与地区间的矛盾冲突、环境恶化和恐怖主义等一系列问题成为全球化时代下新的治理难题，全球治理成为各个国家参与国际事务的基础语境，一方面，国家在参与全球治理的过程中通过叙事的方式来实现，另一方面，国家在参与全球治理的过程中不断创造新的故事资源①。

21世纪的中国经济是迅速崛起的，中国的发展依托于经济全球化而非闭门造车，人民的勤劳勇敢和智慧与改革开放带来的机遇，使中国借助经济全球化一跃成为世界第二大经济体。如今的中国，在新一代领导人的带领下，越来越成为全球化时代下国际社会的积极参与者和责任承担者，不论是在国际维和行动、国际贫困救助，还是多边贸易体系维护中等都有中国的参与。中国从来都不是国际秩序的破坏者，近年来西方主流媒体将中国形象描绘成野心勃勃的大国，"中国威胁论"等论述更是甚嚣尘上，这些言论既体现了国际关系中意识形态的激烈冲突，又体现了中国的国际话语权旁落而导致国外媒体的歪曲误读。而以习近平同志为核心的党中央提出的共建"一带一路"倡议和"人类命运共同体"理念就是全球化时代下中国参与和负责任的叙事典范。"一带一路"建设搭建一个开放公正的多边贸易平台，带动了周边沿线许多国家的经济贸易发展，成了世界经济增长的新引擎，是当今全球经济增长低迷下的成功实践；而"人类命运共同体"理念更是迎合了全球化时代下全球治理的需要，超越了民族隔阂和地缘界限，共同解决人类

---

① 王昀、陈先红：《迈向全球治理语境的国家叙事："讲好中国故事"的互文叙事模型》，《新闻与传播研究》2019年第7期。

当前面临的问题，共同为人类的未来而谋发展。

"人类命运共同体"与共建"一带一路"倡议是中国积极参与国际事务和积极承担国际责任的叙事范本，中国除了通过这些叙事实现参与全球治理，还在全球治理的实践过程中不断建构新的故事，如"一带一路"国际合作高峰论坛等新形式。只有将中国责任和中国参与融入国家叙事的内容建构，才能在全球治理的语境下实现跨文化传播。

（四）多维度共同建构国家叙事

国家叙事的内容选择从来不应是单一维度的，只有从传统文化中推陈出新，在现代发展中联系世界，在全球化时代积极放声，多维度共同建构才能更好地讲好中国故事。故事文本的意义赋予和解读在编码者和解码者之间存在完全独立且完整的意义系统①，单一维度的国家叙事容易陷入上述的叙事困境，多维度共同建构叙事内容，才可以在故事文本的意义赋予过程中进行走向世界，如"人类命运共同体"理念，根源于中国古代"天下大同""协和万邦"等思想结晶，取材于当代中国在和平发展的时代主题下的发展崛起，放眼于全球化时代全球共同参与治理的未来方向，"人类命运共同体"理念也受到世界的关注，多次写入联合国文件并得到诸多好评，其理念的传播与实践也成为当今中国国家叙事的优秀范式。

二、国家叙事策略：如何讲好中国故事

全球化给国际形势带来的基本特点是世界走向多极化、经济日益全球化、文化多样化和社会信息化。同时也出现了许多问题，粮食安全、资源短缺、气候变化、网络攻击、人口爆炸、环境污染、疾病流行、跨国犯罪等全球非传统安全问题层出不穷，对国际秩序和人类生存都构成了严峻挑战。人类只有一个地球，世界上的每个人的命运都连接在一起成为一个共同体。针对全球化时代出现的诸多问题，中国提出了全球治理的"中国方案"，然而，只有将这些"中国方案"转化为有效叙事，才是讲好中国故事的有效途径，这一转化过程便需要选择合理的叙事策略，面对跨文化语境下编码者和译码者之间的意义解构差异，如何解决这些阻碍，本文将从主体间性表达、互文性文本建构以及全球传播意识三方面加以探究。

（一）国家叙事策略：超越主客体关系的主体间性表达

当今世界依旧处在旧世界体系的桎梏之中，旧世界体系是以"西方中心主义"为核心的世界观的表述，这种中心—边缘的认知发源于大航海和地理大发现时代，以西方为中心的主体性表达是主客体关系的交往，以忽视和边缘化"非西方"国家为前提，随着

---

① 刘瑞生、王井：《"讲好中国故事"的国家范式与语境》，《甘肃社会科学》2019年第2期。

美苏冷战的结束、欧洲和日本的复苏、第三世界的崛起，世界两极格局已成为历史，特别是以中国为代表的发展中国家的迅速发展，一超多强的格局已然形成，世界多极化趋势成为主流。旧世界体系已无力支撑和解释当今的多极格局，现今大国特别是以美国为代表想要在世界范围内占据霸权地位已不再可能。但是在旧思维、旧体系的惯性下，这些西方欧美国家依旧以"西方中心"的旧世界观建构国际秩序，这种主体性表达同时伴随着相应的实践，西方国家特别是美国在世界范围内以各种理由干涉他国的内政等行为屡见不鲜，比如美国意图让自己的价值观统一世界，于是将民主、和平与自由等西方化思想强行灌输给其他国家或地区，意图在非资本主义国家民众间实现价值观的传递，达到不可告人的目的。在前几年，美国插手阿拉伯地区的内政，使得"阿拉伯之春"变成令人胆寒的"阿拉伯之冬"，造成的损失与破坏无法估量。旧的世界体系导致了世界秩序的混乱与紧张，说明这种主体性表达所建构的规则秩序已不能支撑和解释现在的世界局势。

社会学中的主体间性是指人作为主体的交往行为，在互动的过程中达到人际间价值观念的同一的过程。哈贝马斯认为在现实社会中人际关系分为工具行为和交往行为，工具行为是主客体关系，而交往行为是主体间性关系[1]。本体论的主体间性指存在或解释活动中的人与世界的关系，人可以认识世界，两者的关系是同一的而非主客间的对立，本体论中的主体间性从根本上解释了人与世界的关系。不论从哪个领域解释主体间性都可得出，在多个主体之间，必然存在共通的意义空间，基于这个空间之上，主体间的交往行为可以达到同一性，从而实现思想、价值观的互通。主体间性超越了主体性单一的主客体关系表达，实现多元主体的共同价值追求，从而达到各主体间的互通和谐发展，在跨文化的语境下，以国家作为主体之间差异无疑是巨大的，倘若在旧的世界体系及世界观的主体性表达出发，就难以实现平等、共通、和谐的交流，而从主体间性维度建立新的世界体系表达成为解决目前困境的有效路径。

中国为构建新的世界秩序和世界体系贡献了"中国方案"，我国提出的"人类命运共同体"理念就是基于主体间性对世界体系进行重新的解读和建构，"人类命运共同体"理念旨在追求本国利益时兼顾他国合理关切，在谋求本国发展中促进各国共同发展。在全球化、跨文化语境下的国际社会，愈来愈成为一个"你中有我、我中有你"命运共同体，任何一个国家都不能独善其身，只有在国与国之间、国家与世界之间进行良性交往合作才能继续发展。这种新的表达剔除了传统的以西方为中心的世界体系理念的不合理内核，超越了以中心—边缘模式下的主体性表达，在"去中心化"的前提下主张世界各国的平等，实现共同价值的追求。"人类命运共同体"的理念提出和实践，在主体间性表达的策略选择上实现世界秩序与体系的创新建构。

① 艾四林:《哈贝马斯交往理论评析》,《清华大学学报》(哲学社会科学版)1995年第3期。

（二）国家叙事策略：内容文本建构的互文性

文化作为一种符号化的意义网络①，基于所处的社会结构和社会背景等因素的影响，在不同地域、不同文化背景之间，文化的交流是困难的，如霍尔的高低语境，高语境国家的文本显得含蓄委婉，难以被低语境国家所理解和接受。文化差异导致了国家很难被他国受众客观地认知与评价，那么，如何跨越这一差异，建构国家叙事，可以从互文性文本建构策略上入手。

互文性多从语言学角度出发，和主体间性的概念相似，互文性指的是以文本作为主体，探寻文本与文本之间的意义互通，从而进行的文本与文本之间的互动，在一个文本上理解他文本、构建他文本的文本间性过程。互文性可以实现复数主体文本间的交往互动，从而更好地传播"我文本"和理解"他文本"，在跨越文本先验语境的情况下实现文本的共同价值追求。国家叙事的主体是国家，叙事的文本素材内容来自上文论述的三个维度的多元建构，跨文化传播语境前提下，多维度的素材转化成文本和故事时应当在互文性的基础上进行，在文本和故事建构时，不应只考虑在"我文本"下的语境和叙事逻辑，应考虑与"他文本"社会条件下的文化背景与叙事逻辑，在此基础上，寻找"他文本"与"我文本"的互动的意义空间，实现故事文本在"他"与"我"之间的互动。在跨文化传播中，由于语义差异特别是语言翻译时造成的意义差异，就是互文性缺失的表现，在翻译行为中，类似逐词翻译就会导致互文性的缺失，这点在语义学研究中研究较多，我们不再列举。对于故事文本共通的意义空间，简单来说就是双方主体所能共同理解的事物，如人类共同的价值追求、共同的情感诉求等，在互文性介入时就可以此为切入点，如人类的亲情、爱情等皆属于互文的共同意义，电影《流浪地球》就是基于全体人类的共同价值和情感导向，当地球遇到危机，所有的人类无处可逃，只有摒弃前嫌、团结一致才能拯救自己，这些都是在互文性的基础上进行的故事建构。《流浪地球》最终受到海内外受众的广泛好评，说明以互文性为基础的文本建构能够跨越语境达到良好的传播效果，在未来的国家叙事建设中，我们应当多以互文性的故事文本建构角度出发进行建构。

（三）国家叙事策略：全球传播意识

中国的主流媒体如人民日报在海外知名社交媒体网站建立官方账号，意图与官方平台合力打造融媒体矩阵用以海外传播，《人民日报》在 Facebook 官网账号上发布的内容，主要集中于社会、文化、政治领域，这些领域的信息旨在建构一个良好的中国形象，但现实的传播过程中却存在单向传播的问题，缺乏社交平台的互动性、内容过于单一等问题。从传播话语来看，中国对外的文化传播和对外的宣传两种概念分野并不明确，文化

---

① 刘瑞生、王井：《"讲好中国故事"的国家范式与语境》，《甘肃社会科学》2019 年第 2 期。

传播即使是在娱乐化的社交媒体上依旧显得正式和正规，在形式上过于官方化和"高大上"，导致海外国家对我国主流媒体的对外文化传播仍视为"外宣"策略①，这就要求我们要改变策略，将对外文化的传播进行"弱官方化"处理以求贴近他国群众和生活，利用社交媒体的社交性、娱乐性和互动性等特性，将主流媒体在社交平台上的官方账号进行"去官方化"和"人格化"的处理。如我国的熊猫频道的海外网站建设就值得借鉴，依托大熊猫这一可爱形象以及其日常生活的记录，这些趣味化、碎片化的内容在社交平台上得到广泛的认同和推广，成为对外宣传中国文化、旅游的"明星产品"之一②，在全球收获了一大批粉丝。

同时，我国的对外传播建设多针对在英语国家中，对于非英语国家和地区投入较少，近年来，世界范围内网民数量增长迅速，从数量上看，亚洲增长最多，速度上最快是非洲，这些新兴的亚非网民加入全球传播新秩序，越来越年轻化、多元化且多极化，同时，汉语以及阿拉伯语的使用频率增长迅速，在某些特殊时间段和事件中一度超过英语的使用而成为全世界社交媒体的第一大语言③，这不仅说明了世界愈加走向多极化，非西方、非英语国家的崛起成为现实，而且也意味着传统的由英语国家垄断的全球信息传播的秩序存在被颠覆的可能，新的秩序或将建立，中国应该树立全球传播意识，在全世界范围内进行文化传播，加强对非英语国家的对外传播输出，如亚非拉发展中国家等，将中国故事与各个国家的故事相结合从而发展出新的故事文本，中国的"一带一路"建设就是在全球意识策略下的实践选择，"一带一路"是在历史符号"丝绸之路经济带"和"海上丝绸之路"下搭建的平台，承袭于历史，但在全球化的今天，其开放多边合作的属性为世界搭建了一个合作的优质平台，欢迎所有国家的加入而非只是沿线国家，这一全球传播意识是中国国家层面叙事与实践相结合的重要策略。

三、国家叙事：路径选择

国家叙事在塑造国家形象的过程中既对内传播，也在对外传播中发挥着作用，国家叙事的文本建立在国内外两大场域的基础上，在跨文化语境下可以分成更多维的领域。国家叙事作为一种为了获取公众认知与评价的方式，与舆论的衍生机制相近，笔者将国家叙事的路径放在舆论场的基础上进行考量。按照舆论场的划分，国内外两大场域可以划分为国内官方主流舆论场、国内民间舆论场、国外官方主流舆论场和国外民间舆论场，这种双边的国际关系中，传统的国家叙事大多是单向的传播过程，由国内官方主流舆论场与国外官方主流舆论场的交往，且这种交往也多是政治性的，如习近平总书记在外事

① 王越，王涛：《文化软实力提升中国话语权探究》，《东北师大学报》(哲学社会科学版)2013年第5期。
② 张继松、丁小贺：《熊猫频道的成功与启示》，《传媒》2017第11期。
③ 史安斌、廖鲽尔：《国际传播能力提升的路径重构研究》，《现代传播》(中国传媒大学学报)2016年第10期。

访问活动中的演讲作为一种国家叙事,就是在双方的官方平台上进行的,多以政治外交和经贸关系为内容。这一类型的国家叙事一方面是内容维度上的单一性,这一部分在上文业已提及,另一方面,缺乏官方与民间的互动导致民间舆论场的"缺席"使得国家叙事往往脱离大众,在现实的传播中,其效果也差强人意。

国家叙事在跨国脉络中展开,这种跨国性不仅表现在故事本身的国际化传播,还意味着国家叙事吸纳不同文化背景下的讲述者参与其中,在深层次上是一种包裹了多元主体的网络化叙事修辞[①]。这里的不同文化的讲述者就包括了官方与民间构成的多元主体,当这些多元主体都参与其中时,国家叙事才能在跨国传播中产生效用,官方叙事要落地民间,要在他国的民间大众间生根发芽,将晦涩的政治性的故事转化成贴近群众、贴近生活的故事。同时我们也要重视民间舆论场的叙事,个人故事是中国故事的细胞[②],民间以个人生活与经历为内容的故事讲述在跨文化交往互动中能够带来情感与价值观的共通互动,相比高高在上、远离生活的政治传播,普罗大众也更加喜欢生活化、趣味化的纯价值取向的故事,民间叙事包括个人、企业、团体等非官方组织在去政治化、去意识形态化的基础上交往互动,从而改变他者的认知和评价。综上,国家叙事的路径选择不仅要深入挖掘国内民间的故事,通过民间舆论场中的或个体、或组织等非官方来作为传播主体,在跨文化语境下与他文化国家的官方与民间舆论场进行交往沟通。另一方面,国家叙事还要在这四个舆论场实现双向交叉互动,国内官方与国外民间、官方舆论场,国内民间与国外民间、官方舆论场四个舆论场间的互动,在这一多元路径上建构应中国故事。

四、结语与讨论

文化的多样性是全球化世界的显著特点,跨文化语境就成了国家对外传播的基础语境,如何跨越地域差异下的"文化折扣",实现在他语境下构建获取他者的认知和评价,成为国家对外传播工作的重要课题。国家叙事作为一种可行的策略选择,一方面帮助国内国民认同民族文化,凝聚共识和引导认知,另一方面,对外展现国家形象,以获得国际认同。国家叙事只有从多维度建构故事文本,选择可行的叙事策略和叙事路径,才能更好地讲好中国故事。

本文旨在探究如何在跨文化的语境下实现文化的跨国传播,但现实的国际传播往往并不那么简单和谐,基于政治和意识形态的冲突,经济上的摩擦碰撞等都使得国际传播显得更为错综复杂,而在文化交流上,两个国家的价值观的巨大差异也使得跨文化传播更像是一种理想的乌托邦,比如以美国为代表的基督教文明,就无法和中东的伊斯兰文

---

① 王昀、陈先红:《迈向全球治理语境的国家叙事:"讲好中国故事"的互文叙事模型》,《新闻与传播研究》2019 年第 7 期。

② 任东升:《从国家叙事看沙博理的翻译行为——纪念沙博理先生诞辰 101 周年》,2016 年 11 月 30 日,http://www.catl.org.cn/2016-11/30/content_39816084.htm,2020 年 12 月 1 日。

明国家产生文化上的友好交际，相反，基于美国这一宗教国家的"上帝情结"，对"他"宗教特别是对待伊斯兰国家的文化态度更像是一种抗拒。历史长河中的跨文化交流的现实往往充满了暴力与血腥，不论是封建时代的帝国扩张，还是近代的黑奴贸易和殖民地建设等等，都说明文化间带来了冲突与隔阂。跨文化传播到底是否是无知者的自我陶醉，还是确实可行的现实手段，笔者认为这不是一个非此即彼的对立问题，跨文化的困境确实存在并且非常之巨，但是基于人类共同价值和情感的意义空间的存在也是不可抹杀的事实，习近平同志提出的"人类命运共同体"就说了，人类的未来、人类的明天都是互通互联的，我们的命运紧紧联系在一起，它跨越了文化、种族和国家，这一共同的价值观和情感搭建的意义空间，就是我们努力的方向。

微纪录片叙事对城市形象的拼图式建构

——以《光辉岁月》对厦门的形象建构为例

史冬冬　张琴娅*

（厦门大学新闻传播学院，福建厦门，361005）

【摘要】城市是国家结构中的基本单位，因此城市形象的建构直接影响着国家的形象传播与软实力建设。本文以厦门城市形象建构为研究问题，基于叙事学、符号学理论，以厦门为改革开放40周年制作的系列微纪录片《光辉岁月》为研究对象，首先探讨在微时代语境下，微纪录片所体现的微叙事理论特征，随后以微叙事范式为切入点，通过文本细读和符号话语分析，系统全面地解析《光辉岁月》如何对厦门进行一种碎片化拼图式的形象建构，在此案例分析的基础上，最后回归理论层面，探讨微纪录片所包含的微叙事特征在城市形象建构与传播中的利弊，以微时代的新媒体叙事范式丰富城市传播研究。

【关键词】城市形象；微纪录片;《光辉岁月》；微叙事；厦门

【基金项目】本文系福建省高校以马克思主义为指导的哲学社会科学学科基础理论研究项目"移动传播时代的媒介'微叙事'研究"（项目编号：JSZM2020005）阶段性成果

　　当今世界处于百年未有之大变局，国家形象作为一国软实力的象征，对国际变局中的国家战略发展和调整显得尤为重要。作为现代国家的基本单位，城市的发展竞争力成为国家展现实力和形象、参与国际竞争的一种战略选择，这在我国近年来在多个特色城市举办多次主场外交和重大外事活动中频频体现出来。这在某种程度上说明，国家竞争力的核心落实于城市竞争，国家形象的建构也得力于城市形象的打造，后者在城市传播研究中逐渐成为学术界关注的重点内容。

　　厦门，一座拥有独特沿海地理特征和闽南文化底蕴的城市，历史上便作为五口通商

---

*　作者简介：史冬冬（1980—），男，河南洛阳人，厦门大学新闻传播学院副教授、硕导。张琴娅，厦门大学新闻传播学院硕士研究生。

口岸之一和海上丝绸之路的重要起点。自新中国成立之后，厦门发挥着和经历了多重城市功能与身份演变：从作为对台的海防前线到实现"一国两制"两岸统一的宣传窗口，进而成为改革开放的经济特区。进入21世纪，厦门成为海上丝绸之路战略支点城市，2017年鼓浪屿作为历史国际社区被列入世界文化遗产名录，同年9月举办了金砖国家领导人第九次会晤。自20世纪至今，厦门经历了多轮的形象转换与升级。

在城市形象传播中，纪录片作为一种媒介叙事，是城市形象建构的主要形式之一。而叙事方式与媒介技术的发展息息相关。当代移动互联网和新媒体技术使纪录片产生了新形态——微纪录片，它的微观化叙事更加契合移动传播的信息接收习惯，为推动城市形象传播创造了有利条件。从学术领域看，微纪录片作为城市形象传播的新载体，探讨其对城市形象的建构，对于城市传播乃至国家形象研究均有重要的理论与现实意义。而当前学界围绕微纪录片的城市形象研究还处在初步的案例分析阶段，缺少相关理论的支撑与创新，因此本文从微叙事的理论视角，研究厦门微纪录片如何和塑造了何种城市形象，以期对厦门未来的城市传播有一定的启示意义，且为国内其他城市形象的建构提供一定的参考价值。

一、微时代·微纪录片·微叙事

（一）微纪录片：微时代的叙事话语

一种新媒介形态的产生，意味着一个新型传播时代的到来。随着移动互联网的发展，网络虚拟公共平台日益成为社会生活的重要场所。2009年，中国版的twitter新浪微博上线，因内容篇幅短小、传播快捷而迅速普及。在微博、微电影之后，微信、微小说、微纪录片、微支付、微投资、微广告等相继出现，这一系列以去中心化、碎片化、零散化、即时化为特征的微产品，改变了人们的信息接收习惯，使当代社会进入了一个"微时代"，即"通过新型的移动式便携显示终端，以数字化信息技术为基础，运用数字通信技术，以音视频、文字、图像等多种方式进行实时的、互动性强且高效的传播活动的新传播时代"[①]。

在微时代及其叙事方式的影响下，"微纪录片"应运而生。它是在新媒体主导的媒介环境下，为了适应当代人移动化、快节奏、碎片化的生活方式而衍生出的纪录片新形态，也是微时代独特的叙事话语形态。这一概念最早由凤凰视频于2011年提出，是指随着新媒体的发展和观众视听习惯的改变而产生的一种新的纪录片形式[②]，随后学界对其进行了

---

① 李瑶：《SoMoLo模式下微纪录片的社交媒体营销研究》，《现代视听》2014年第7期。
② 凤凰网：《微纪录，开启网络定制时代——凤凰视频首创微纪录片概念》，《广告导报》2011年第12期。

特征描述与概念界定，它具有篇幅短小、题材单一、参与度高、叙事表达当下等特点^①，是适应新媒体传播，通过艺术手段对真实生活进行记录、再现历史事件，达到以小见大的艺术效果的纪录片作品^②。基于学界的相关论述，本文认为微纪录片是在"微时代"的传播语境下，脱胎于传统纪录片，具有后现代主义碎片化与拼图化特性，并借助手机、平板电脑等个人移动终端传播的新的纪实性影像形态，它与传统纪录片的最大区别正在于其独特的微叙事特征。

（二）微叙事：新媒体叙事范式

当某种媒介文化在传播生态中占据重要地位时，其传播偏好不仅会改变受众的接受习惯，还会创造新的叙事范式。在近几百年的现代性社会中，人类叙事以宏大叙事为主导，它通常反映的是社会历史发展的重大事件，它多是对国家、时代、文化等的关注，在叙事取向上通常追求一种无所不包的宏大主题。21 世纪进入以新媒体主导的微时代，碎片化传播加剧，微文化大行其道。不管是最初的微博，还是之后的微电影、微信、微小说、微纪录片等，它们都蕴含着上述诸叙事维度的"微"化，形成一种新型的微观叙事范式：在较短时间内它利用电子信息技术和移动传播手段，在较短的时间内，用较少的字数、图片、视音频等多模态手段，完成小型故事的描述或意义的表达，也即新媒体的微叙事范式。

微叙事并非微时代特有的叙事方式，受后现代主义思潮的影响，传统有关社会历史的宏大叙事向凸显社会普通个体的小文本叙事转变。这种以"微"为美的小文本叙事，不同于宏大叙事的总体性，它更关注一些细节的、具体的、多元的主体和事件。随着移动化微时代的到来，与宏大叙事相比较，微叙事的表达方式在网络传播中更符合人们的阅读习惯和需求，因此逐渐成为主导型的叙事范式。微叙事天然地带着后现代主义和微时代的基因，拥有与传统叙事截然不同的叙事特性。有研究认为，时间、缺场互动与微叙事文本是在微叙事中获得美感的最核心要素^③。除了由互联网带来的普遍的缺场互动，微叙事还在叙事内容、叙事结构、叙事时空方面具有突出的特征。

第一，微叙事作为适应移动互联网用户碎片化阅读习惯的叙事范式，其叙事内容亦趋向于碎片化、生活化。碎片化传播可从两个层面来理解：一是事实信息传播的碎片化。这一层面的碎片化，更多的是指信息来源的多元化、观察视角的多样化、信息文本的零散化和信息要素的不完整。二是意见信息传播的碎片化。这里的碎片化，不仅是指碎片

① 王春枝：《微纪录片：新媒体语境下纪录片的新样态》，《电视研究》2013 年第 10 期。
② 焦道利：《媒介融合背景下微纪录片的生存与发展》，《现代传播（中国传媒大学学报）》2015 年第 7 期。
③ 潘天波：《微叙事的时间本质与意义建构》，《现代传播（中国传媒大学学报）》2017 年第 12 期。

化传播的零散性，也是指意见的异质性和分裂性 ①。从微博到微信，如今各种冠以"微"字头的新媒体应用或平台，其事实和意见信息传播的内容均有碎片化特点。例如微博受其 140 字的篇幅限制，人们用片段话语记录生活或是对某事物的看法，甚至不得不将一个完整事件或想法分成多条微博发布。同样，微纪录片在叙事内容的选择上不同于传统纪录片的社会历史主题，而是选取社会生活的微小视角，于细节处反映日常化的主题，因此微纪录片的主题更加单一化和片段化。从这个层面而言，碎片意为对整体内容的拆解。此外，叙事内容的微观化、体量小，也是微叙事区别于宏大叙事的特征，微叙事令叙事对象从传统的群体转向了个人；表现重心也由国家社会转向个体本真 ②。相较于传统的宏大叙事，微叙事在叙事内容上叙事选材趋向于平民化、生活化。

　　第二，叙事结构是叙述者围绕主题，依据叙事意图，按照一定的原则对素材进行选择和组合，使之形成一个具有特定意义的叙事作品，因此不同的叙事结构能达到不同的叙事效果。在叙事结构上，微叙事具有显著的拼图式叙事特征。现代主义学者詹姆逊认为，后现代文化的主要特征是零散化、碎片化、连贯性弱，给人一种拼贴感 ③。碎片化的信息虽然是零散、不连贯的，但它们是具有独立意义的小片段、小章节，拼图化正是对这些碎片化信息的整合，完整的信息被打碎成一个个片段，人们只能通过积累、拼接的方式感知事物全貌。在微时代，碎片化和拼图化共存于信息传播的过程之中。"传播的拼图化是指信息的重组与整合，既是指关于一则事件碎片化信息的立体呈现，也是指对于事件立体呈现所进行的信息整合的过程。" ④ 换言之，新传播语境下产生的碎片化信息，通过相关信息的不断传播与聚合，再次以"拼图"的方式重组结构，完成了对事物原貌的多角度立体呈现。仍以微博为例，因字数的限制，用户无法用大篇幅内容进行表述，但网络传播的超链接性与社交平台的互动性，使用户可以在转发他人观点或添加超链接的基础上，对自己的观点或者事件进行内容补充，实现内容的拼图式呈现。从这个层面来说，拼图是围绕一个事物或主题对多个碎片的整合。微叙事"可以通过各个碎片的简单变奏后，形成'微叙事序列'，让受众沉浸其中" ⑤。换句话说，微叙事通过向受众提供精炼快捷的碎片信息而受到青睐，又借助相近的内容、结构为受众编制一个密集的信息网络。

　　第三，空间和时间是叙事中最基本的经纬组织和结构要素。时间短是微叙事最突出的特点，微叙事要求在短时间内完成故事的讲述，这使得微叙事脱离了循序渐进娓娓道

① 彭兰：《碎片化社会背景下的碎片化传播及其价值实现》，《今传媒》2011 年第 10 期。
② 王昌凤：《作为叙事问题和问题叙事的"微叙事"》，《科教导刊旬刊》2018 年第 12 期。
③ 陈莉：《碎片化与意识形态批评——詹姆逊后现代文化批评研究》，《阜阳师范学院学报》2007 年第 2 期。
④ 姚慧：《微博中碎片化与拼图化的传播话语特征分析——以朴宝剑广告涉嫌辱华事件为例》，《新闻研究导刊》2017 年第 8 期。
⑤ 乔新玉：《移动浪潮里的娱乐化表征：微叙事》，《现代视听》2014 年第 6 期。

来的传统叙事模式。微叙事因本身碎片化和拼图式叙事特性而压缩了叙事时空，时间上不连贯、空间上多变动的非线性叙事模式成为微叙事的叙事时空特性。"就时间而言，微叙事的非线性叙事弱化了叙事作品的整体性，将连续的时间点打乱，根据叙事目的将散点的时间整合成具有某种内在连续性的片段。就空间而言，由于时间的限制，微叙事无法承载宏大的空间场面，空间地理的重要性被弱化。"①

二、微纪录片《光辉岁月》碎片聚合的厦门形象拼图

制作与重大节庆或事件相关的纪录片，是传播和提升城市形象的有效手段。改革开放40年，是国家经济、科技、文化快速发展的40年，也是城市巨大变迁的40年。为献礼致敬中国改革开放40周年，2018年厦门卫视制作了30集大型系列微纪录片《光辉岁月》。该纪录片以厦门为叙述对象，选取改革开放以来的重大项目、工程、事件、节点、人物，从历史、产业、民生、文化、生态、城市建设等多角度，通过碎片拼图式叙事，对厦门进行多角度的叙述，以诸多具体可感的故事，串起厦门的改革开放历程，展现一个港口城市40年的发展轨迹。

本文首先对《光辉岁月》30集微纪录片的主要叙事内容进行系统梳理，总结出《光辉岁月》共涉及的6个主题：两岸关系、城市建设、产业经济、生态文明、民生福利和文化建设，具体分布情况见图1。

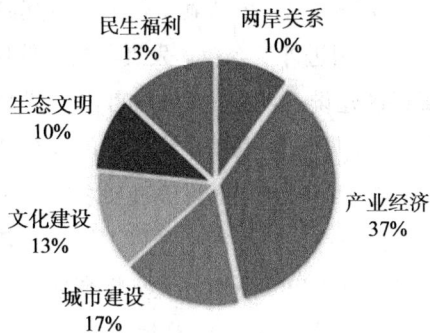

图1 《光辉岁月》主题分布情况

（一）产业经济中的厦门形象

厦门是中国最早设立的四个经济特区之一，其产业经济一直是城市发展的主要着力点。《光辉岁月》为献礼改革开放40周年而作，其关注的重点主题即是厦门的产业经济发展，占比内容高达37%。该系列纪录片选取了11个一级叙事碎片，及其包含的二级题材碎片，来完成对该主题的拼图式叙事。一级碎片分别从十一个方面，讲述厦门自改革

---

① 曹智、李艳娟：《"微叙事"理论视野下的公益微电影叙事策略研究》，《北方传媒研究》2019年第2期。

开放以来产业经济发展的多个领域及其重要历程，二级碎片则是对一级碎片的详尽阐释，以更具体的题材案例展现产业经济发展的重大成就，具体如表1所示。

表1 产业经济主题的碎片化分析

序号	一级碎片	二级碎片
1	湖里区发展	经济特区建立、华美烟草等公司落户湖里、湖里文创产业园区
2	厦船重工	厦门造船业历史、厦门造船厂与汪锦星、厦船重工研发成就
3	火炬高新区	火炬高新区建立、戴尔落户厦门、火炬高新区成就
4	软件园	"大众创业万众创新"活动、"厦门硅谷"、软件园一期建设背景
5	金龙客车	发展脉络、无人驾驶客车的诞生
6	鹭江宾馆	鹭江宾馆及其员工黄志长、福建首家涉外酒店、周边环境
7	伯爵旅拍	创始人许春盛、美资企业科达、摄影技术革新
8	厦门东渡港建设	港口建设背景、建成后概况、智慧港口建设
9	厦门国际银行	习近平主席主导探索建立经济特区金融体系、厦行总部副总裁叶启明、厦行发展与成就
10	"九八"投洽会	投洽会发展与成就、线上投洽会、策划多类型展会开展
11	凌云玉石	凌云玉石大楼、"玉帛之路"的由来、海外寻玉、玉石产品出口

　　《光辉岁月》中有关该主题的微纪录片，虽然叙述对象各有不同，但无一例外都在强调厦门改革开放后在产业经济上取得的成就。例如《梦起湖里》《火炬之光》《二十芳华》，叙述了改革开放的厦门在引进外资企业，发展科技、软件与信息产业方面所做的探索努力。1981年厦门经济特区建设工程在湖里破土生长，湖里区成为中国吸引外资的热土，一大批侨资、外资、台资企业入驻湖里。作为厦门经济特区的起点，湖里区见证了厦门在改革开放后的蓬勃发展。在湖里特区稳健发展之后，1990年3个以"火炬"冠名的国家高新区之一的厦门火炬高新区，在湖里开启了厦门高新技术产业的探索发展，以戴尔为代表的一批高新技术企业落户高新区，让火炬高新区成了厦门高新技术产业发展的主要载体。又如《船台春秋》《未来你好》《临海观澜》，叙述了厦门的造船业、客车工业及旅游业等行业的发展历程。作为一座滨海城市，自明朝中后叶厦门海上贸易发展迅速，其船舶工业逐步兴起，厦门成为中国造船重镇。改革开放和两岸关系的改善，为厦门造船业注入了蓬勃生机，厦门在造船业取得了多项令世界瞩目的成就。除造船业外，厦门客车工业的发展势头也较为引人关注，金龙客车在创办的第五个年头成功上市，成为国内最早上市的客车企业。在工业发展之外，素有"海上之城"之称的厦门，其旅游业也是厦门产业经济发展的重要板块，鹭江宾馆作为福建首家涉外宾馆，是外商入厦的第一选择。而今厦门美丽的山海及强大的旅游接待能力，使其成为享誉国内外的旅游城市。再如《大港风云》《金融里的岁月》《开门迎接大海来》，从多个角度展现厦门经济开放的一面：随着港口建设的发展，厦门开通了140多条海上航线，成为辐射全球的世界

性大港城市；"九八"投洽会使厦门成为国际经贸合作和会展名城；中国第一家中外合资银行——厦门国际银行，开创了中国金融改革开放的一个里程碑。

通过再现厦门各个行业的发展脉络，微纪录片完整呈现了厦门在改革开放 40 年中取得的经济成果。也呈现了一个经济快速增长，产业发展均衡，不断创新、勇于探索且包容开放的厦门形象。

（二）城市建设中的厦门形象

城市建设是依据城市规划，结合城市发展需求，对城市进行建设改造，为市民创造良好的人居环境，服务城市经济与社会生活。随着经济的发展，厦门城市化进程也在加快，这一主题在该系列纪录片的叙事中占比第二位（17%），其中选取了 5 个一级叙事碎片及其包含的二级题材碎片，来完成对该主题的拼图式叙述，具体如表 2 所示。

表 2　城市建设主题的碎片化分析

序号	一级碎片	二级碎片
1	海沧区建设	海沧旧貌、海沧台商投资区建立、海沧大桥通车
2	厦禾路改造	厦禾路旧貌、拆迁工程
3	蔡塘商业广场	蔡塘商业广场现状、集体经济模式的成就
4	厦门交通建设	地铁、厦门海堤、跨海工程
5	环东海域新城建设	环东海域综合整治工程、滨海浪漫线、厦门城市框架

《光辉岁月》通过几个代表性的城市建设工程，叙述厦门改革开放 40 年来的城市建设。例如 1989 年，全国最大的台商投资区在厦门海沧镇设立，担负起海峡两岸交流合作的使命，海沧从最初的小渔村到台商投资区再到自由贸易实验区，如今正建设成"国际一流海湾城区"；再如被称为中国建筑史奇迹的厦门海堤的建成，让厦门不再是一座孤岛，而后为了实现厦门跨岛发展的需求，厦门大桥、集美大桥、杏林大桥、海沧大桥及翔安隧道逐步建成。在这过程中，厦门攻克了一道又一道的世界级难题，也打造了一个又一个令人瞩目的世界级工程，最终形成了厦门四座大桥一条隧道的跨海发展格局。在这些重大的城市规划建设中，厦门逐步呈现出现代性国际化的都市形象。

（三）文化建设中的厦门形象

如果产业经济与规划建设是城市发展的物质基础，那么文化便是城市发展的精神动力，独特的地域文化氛围能够促进城市的长足进步。该系列纪录片选取了 4 个一级叙事碎片及其包含的二级题材碎片，来完成对该主题的拼图式叙述，具体如表 3 所示。

表3 文化建设主题的碎片化分析

序号	一级碎片	二级碎片
1	工人文化宫	运营情况、宣传队的文艺创作、变革与成就
2	鼓浪屿万国建筑	八卦楼的修复、万国建筑的修复
3	音乐	厦门南音、交响乐
4	国际马拉松	环岛路与马拉松赛、马拉松冠军黄力生

厦门作为中国东南部的大厦之门，其地域文化不仅来源于传统文化的传承，亦吸收融合了大量的外来文化，从而塑造了一个多元文化融合的城市形象。《光辉岁月》选取了文艺、建筑、音乐、运动等代表性的文化碎片，拼图式展现厦门的城市文化建设与成就。如工人文化宫见证了一代代厦门人的文化生活；中国现存最悠久的古乐南音逐步从厦门走向世界；鼓浪屿作为融合多国建筑文化的国际社区，对万国建筑的保护即是保护历史文脉；厦门国际马拉松带动了厦门人的健康生活，也是厦门对外交流的重要窗口。

（四）生态文明中的厦门形象

这里的"生态文明"由两部分组成，包括生态环境保护意识和城市文明风气，体现了厦门在处理人与自然、人与社会关系时的生态理念。该系列纪录片选取了3个一级叙事碎片及其包含的二级题材碎片，来完成对该主题的拼图式叙述，具体如表4所示。

表4 生态文明主题的碎片化分析

序号	一级碎片	二级碎片
1	海上环卫队	厦门海上环卫站成立、海上环卫员黄腾的工作、徒弟欧祺达的海上垃圾清理
2	汪添法的绿色追求	老人在文山践行的生态模式、老人潜心研发"微生物有机肥"
3	陈加兴与厦门志愿者	陈加兴的童年、陈加兴自愿进村理发活动、厦门响应国家的志愿者服务行动、陈加兴在儿童院的志愿者活动、陈加兴一家对志愿者活动的传承、厦门的志愿者队伍

《光辉岁月》中，选取海上环卫及提前退休投身于环境保护的同安县委副书记汪添法，来讲述厦门对环境保护的重视。因海而生，凭海而兴，守护大海是厦门发展的同时必须肩负起来的使命。在进入21世纪以前，厦门的护海意识已经觉醒，1997年厦门建成了海上环卫队。在岗位上坚守了18年的海上环卫员黄腾日复一日对海上垃圾的清理，是厦门对海上生态保护的守护与坚持；他徒弟欧祺达是一名90后青年，在他的教导下在海上环卫员的岗位上一待数年，这是厦门护海意识的延续。汪添法老人，原同安县委副书记，退休后投身于自己的绿色生态梦，在同安的文山山头打造了一条绿色生态链，他研发的"微生物有机肥"在全国推广，老人的绿色梦是厦门对绿色的执着。而陈加兴老爷子，一名四处流浪的孩童被善良的厦门人收养，因获得了善意，他后来成了一名志愿者，即便

腿脚不便，他依然行走于厦门的村落为人义剪。1993 年厦门开启了志愿者服务，以陈加兴老爷子为代表的厦门志愿者团队的不断壮大，让厦门成为一个有爱、有力量的城市。

（五）民生福利主题中的厦门

人是城市的主体，民生是城市中人的基本生存和生活状态，它涉及衣、食、住、行、教育、就业、就医等与生活息息相关的方面。该系列纪录片选取了 4 个一级叙事碎片及其包含的二级题材碎片，来完成对该主题的拼图式叙述，具体如表 5 所示。

表 5　民生福利主题的碎片化分析

序号	一级碎片	二级碎片
1	厦商亿香肉类联合加工厂	肉联厂的成立背景与日常工作、厦商集团成立、食品安全追溯信息化系统、厦商与金砖
2	镇海社区治理	旧镇海社区的问题、社工苏江圳及他的日常工作、苏江圳创建的社区治理模式
3	厦门公共交通的演变	2 路公交驾驶员林晓蕾与微笑服务、公交文明建设、公交网络体系
4	保障性住房	厦门率先形成保障性住房体系、保障性住房建设工作

《光辉岁月》主要围绕厦门的食、住、行进行了民生叙事。亿香肉联厂的成立与发展，见证了厦门对市民食品安全的重视，也体现了厦门人日益提高的生活水平；镇海社区治理代表了厦门城市治理的创新力；公交驾驶员的微笑服务是厦门公交文明建设的缩影，公交网络的不断拓展是市民出行的保证；首创"社会保障性住房"的概念，是厦门在安居工程上的创新。这些都建构了一个不断为民谋福利的厦门民生治理形象。

（六）两岸关系中的厦门形象

厦门与台湾隔海相望，是两岸交流的重要桥梁，在实现两岸和平统一的愿景中有无可替代的区位优势，因此，两岸关系演变历来是厦门城市形象建构的重要部分。在《光辉岁月》中，两岸关系主题占全部内容的 10%。对于两岸关系演变给厦门带来的影响，该系列纪录片选取了 3 个一级叙事碎片，及其包含的二级题材碎片，来完成对该主题的拼图式叙事，具体如表 6 所示。

表 6　两岸关系主题的碎片化分析

序号	一级碎片	二级碎片
1	两岸通航	厦港通航、《告台湾同胞书》、厦台通航、厦门现有海上航线
2	何厝	"八二三炮战"、英雄小八路、20 名女性返金寻亲、何厝滨海建筑群

| 3 | 台胞郭景隆在厦生活 | 医生郭景隆留厦生活、惠台政策、郭妈妈来厦 |

首先，自1949年新中国成立起，大陆与台湾历经了长达30年的对峙局面，此时厦门成为两岸对峙的前沿。1979年全国人大常委会发表《告台湾同胞书》，成为厦门对外发展的一个重要转折点。东南海域海上军事封锁线撤销，鼓浪屿号邮轮从厦门起航，穿越台湾海峡前往香港；2001年，鼓浪屿号邮轮完成了厦金通航之旅，中断了52年的两岸航线恢复。如今通达全球的140多条海上航线，使厦门成为21世纪海上丝绸之路的重要支点城市。其次，厦门何厝与台湾金门岛在地理上咫尺相望，何厝成为两岸对峙历史的直接见证者，以何厝村为代表的厦门因战争而伤痕累累，贫穷而且封闭。随着1978年开启改革开放，厦门从两岸对峙的前沿变为改革开放的前沿，何厝建起一栋栋现代化建筑，厦门亦逐渐发展成为国际会议和商务中心。再次，早在明清时期的厦台就有着同根同源的移民关系史，如《台湾府志》所载："台郡与厦门如鸟之两翼，土属谓厦即台，台即厦。"[1] 两岸对峙使厦台往来中断数十年，两岸关系改善后，厦门颁布多条惠台政策，让更多台胞选择从台湾到厦门工作生活，牙科医生郭景隆一家定居厦门，正是两岸融合的一个缩影，折射出厦门在两岸融合中的重要地位。简言之，两岸关系主题内容选取的这些碎片，通过拼合而串联起厦门在两岸关系历史中的身份演变路径，也展现出厦门正逐步升级为一个面向台湾、面向世界发展的开放性港口城市。

综上六个方面，就当下微时代的微叙事而言，《光辉岁月》的碎片化拼图式叙事对城市形象的建构传播无疑是有益的。它通过多个微观视角，将厦门四十年改革开放的宏大内容拆解为一个个微型故事，观者既可以在碎片化的时间内观看，了解厦门城市某个小侧面，又可以通过多个故事的信息整合，体认厦门城市的完整形象。

三、《光辉岁月》的微叙事特征

（一）聚焦个体的叙事内容

罗兰·巴特认为，人物是叙事的一个必要部分，世界上任何一部叙事作品都离不开人物[2]。微纪录片作为一种叙事性作品，人物同样有其必要的构成元素。受微型时长和篇幅的影响，微纪录片难以充分再现某一个群体，而擅长以个体为叙事对象，聚焦于更加具体而微的人事。上文在对纪录片的主题进行梳理分析时发现，《光辉岁月》中聚焦的对象多为个人而非群体，它对主题的阐释也是从个体故事出发，他们来自各行各业，亲身参与见证了改革开放40年来厦门的发展。如《行走的理发师》的主题是厦门的志愿服务工

① 何大汉：《首航封见证海峡两岸交流》，《集邮博览》2014年第7期。
② 罗兰·巴特：《叙事作品结构分析导论》，张寅德编选：《叙述学研究》，北京：中国社会科学出版社，1989年，第2—42页。

作，片中没有选择像红十字会或蓝天救援队这种志愿者群体去完成主题叙事，而是从志愿者中选择了陈加兴老爷子这个个体，以他的故事为线索，对厦门志愿者服务工作的兴起、发展和壮大展开叙述。纪录片作为影像资料，承载着保存社会记忆的使命，《光辉岁月》通过聚焦于个体的内容叙事，来唤起集体记忆，建构集体故事。

与此相关的是，微纪录片聚焦个体人物的小文本、小体量叙事，并不意味着它的叙事深度趋向浅薄，与传统纪录片针对历史时代的宏大叙事不同，它的叙事方式更多是对个体人物进行以小见大、由点及面的纵深发掘。《光辉岁月》不将叙事对象置于国家、民族或人类等宏大的主题下，而是以更为平民化、生活化的视角呈现各种有趣而平凡的小故事，进而完成对厦门故事的讲述。如《海上美容师》聚焦于海上环卫站工龄最长的员工黄腾，以及他的徒弟欧祺达，作为厦门海上环卫站工人的代表和缩影，纪录片通过记录他们日常工作的内容和环境，来纵深发掘海上保洁工作的辛劳，以及环卫工人对海上环保的坚持。这种将叙事对象聚焦于普通个体的手法，打破了传统纪录片宏伟高大的形象模式，片中人物就是现实生活中的邻家人，更容易引起社会大众的心理共鸣。

（二）碎片拼图的叙事结构

传统的纪录片在叙事结构上大多采用中心串连式或板块组合结构。微纪录片由于微时长的特性，注定无法在短短的几分钟内将人事的历史脉络做详细的再现，它更多是呈现一些具有代表性的碎片式片段，于是它便采用了微叙事的典型叙事结构——拼图式叙事。

《光辉岁月》的拼图式叙事表现出两个层面的碎片化和拼图化，也是对城市形象的多层次、多元化建构。一方面，在单集微纪录片中，选取事件发展过程中具有典型性的某些片段，以这些非连贯的片段组合来完成主题叙事。例如《彼岸的凝望》围绕何厝村从两岸对峙的前沿到改革开放的前沿，通过四个片段的组合完成了这一变化的再现：第一，1958 年在厦门与金门之间爆发的大规模炮战；第二，20 名从金门抱养到何厝的女孩在停战后回金门寻亲；第三，何厝村现代化的建筑；第四，当年的小八路走进英雄小八路历史纪念馆，为学生讲述何厝历史。这些片段均是历史进程中相互独立的故事，但在片中通过何厝身份转变这一条隐含叙事主题的勾连，将这些片段拼成一幅完整的城市变迁图。

另一方面，就系列微纪录片而言，通过多个篇章的内容拼图，完成了对同一主题的立体化叙述。如果说单个篇章的微叙事是对宏大叙事的解构，那么多个篇章的拼图叙事则是某种程度上对宏大叙事的回归。如《光辉岁月》的前三集，都涉及一个共同主题——两岸关系。第一集《踏浪归来》通过讲述厦门海域从全面封禁到厦台海上航线开通，再现两岸关系的演变；第二集《彼岸的凝望》中，隔岸相望无法相见的两岸人民，在战争结束后得以团聚。通过历史见证者小八路对两岸和平统一的期盼，传递两岸同胞对国家统一的愿景；第三集《归来》讲述与福州女孩结婚定居厦门的台湾人郭景隆，这个两岸共同组建的家庭正是两岸同胞融合的缩影。这三个篇章从不同侧面展现了两岸关系变化给厦门带来的影响，也树立起厦门在沟通两岸中的重要地位和城市形象。

（三）弱化情节的快叙事节奏

微纪录片要在短时间内叙述人物故事，需要直接进入叙事主题并快速推进。《光辉岁月》多采取开门见山式的叙述方式，开篇直接点明叙述对象。如《梦之城》在开篇就讲述了环东海域新城的规划布局，以此来说明新城将作为厦门规划的一座环湾大城而崛起。而且接下来对环东海域新城发展的描述，并未采用传统叙事起承转合的线性模式，而是采用碎片化的非线性叙事模式：先是讲述了新城建设规划的布局，然后是新城建设的开始，接着是新城已有的产业规模与发展潜能，最后是新城建设的原因——实现厦门的跨岛发展。在这样快节奏、非线性的叙事中，故事情节被弱化，故事的编织不再是情节化而是细节化的。

四、解读神话：碎片化符号对厦门形象的拼图式建构

《光辉岁月》将厦门定位为"现代化国际性港口风景旅游城市"，这是一个整体性的厦门城市形象。城市形象是一个内涵丰富且复杂的集合体，它由多个子形象系统构成。按照城市细分理论，城市形象由外及里包含三个层次：物质层、管理层和思想层。物质层是第一层次印象，也是最直观可感的一层；管理层及思想层分别是城市形象的第二、三层[①]。具体见表7。

表 7　城市形象层次划分

城市形象类别	物质层		管理层	思想层
	景观形象	经济形象	政府形象	文化形象
内容	自然景观、房屋建筑布局、基础设施	商业及产业发展状况	公共事务、管理体制	市民素质、社会风气

（一）作为符号系统的《光辉岁月》

索绪尔将语言符号分为能指和所指[②]。在此基础上，罗兰·巴特提出了二级符号系统：神话。语言符号的能指与所指的关系并非先天固定，而是社会文化生活中的约定俗成，因此能指指代的意义（所指）会随时间变化而变化。正是因为这种可变性，罗兰·巴特在其二级意指符号系统中，能指与所指并不是事物对应的音响形象和概念，而是二者结合走向一个更深的层次——能指转化，使符号从语言以外的社会文化中获得深层意义[③]，如图2所示。

---

① 梅保华：《关于城市形象问题的思考》，《城市问题》2002年第5期。
② 参见索绪尔：《普通语言学教程》，高名凯译，北京：商务印书馆，1980年。
③ 罗兰·巴特：《符号学原理》，李幼蒸译，北京：中国人民大学出版社，2008年，第70页。

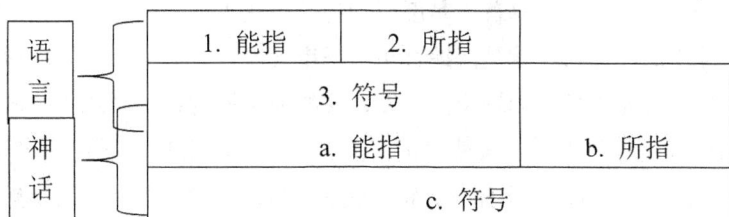

图2 "神话"二级符号模式图

"神话"二级符号模式包含两层能指与所指。图2中的1、2、3是索绪尔语言学层面上的符号体系，这构成符号的一级系统。巴特认为这一级是符号的外延意义，a、b、c则是神话的二级系统，第一级系统中的符号作为能指进入二级系统，与二级系统的所指构成新的符号，巴特称之为"意指"。意指产生符号的内涵意义，神话即是在意指过程中产生。

微纪录片本质上也是一种影像叙事文本，通过语言符号（同期声、解说词、字幕）和非语言符号（画面、音乐、色彩等）的编码来完成叙事，这些符号是生产意义、塑造形象的重要载体。《光辉岁月》作为一部主旨鲜明的微纪录片，即在上述主题叙事之下，以诸多代表性的厦门符号形成一个符号系统，全面建构厦门的城市形象，具体见表8。由此，本文即以"神话"理论来分析该纪录片对厦门城市形象各子系统的再现。

表8 《光辉岁月》中的城市符号系统

呈现符号	呈现方式
景观符号	大海、海上航行的邮轮、鼓浪屿、建筑（包含大厦和住宅）、跨海大桥、公路（包含环岛路）、码头、城市绿化、鹭江宾馆、沙滩、公园、渔船、日出
经济符号	现代化生产线、中山路、国际会议中心、火炬高新区、软件园、阿波龙、美图、美亚柏科、美柚、4399、戴尔、柯达、鹭江宾馆、铂爵旅拍、厦门国际银行、金龙客车、凌云玉石、"礼诺·目标"号
政府符号	台胞政策、在厦台胞、公务员、社会保障性住房

（二）厦门"神话"的编织

1. 厦门的景观形象

景观符号是城市形象的影像宣传中较为重要的组成部分，亦是大众对于城市形象感知最直观的部分。视觉景观由自然景观与人文景观组成。前者指自然景象，如山川河流、气候、野生动植物等；后者包含办公大楼、居民住宅等建筑，公园等公共活动场所，交通水利等基础设施。

在《光辉岁月》中，大海、鼓浪屿、海上航行的邮轮、环岛路以及建筑是其最为着力刻画的符号元素。这些符号不仅是片头的主要内容，且在片中多次出现。首先，在以大海为主体的符号系统中，大海首先是厦门的特色自然景象，其深层所指是它代表的海洋文化，最后编织的"神话"就是海纳百川的城市气象，它造就了厦门的博大胸怀与宽广眼界，一座包容且充满潜能的城市。在以鼓浪屿为主体的符号系统中，鼓浪屿首先是一座融合闽南传统建筑与南洋欧美建筑的小岛，其深层所指是它展现的多元文化融合，最后编织的"神话"，厦门是一座拥有独特文化底蕴的绿色之城。在以海上航行的邮轮为主体的符号系统中，邮轮首先是这座滨海城市的交通工具，其深层所指是它带着厦门扬帆起航走出国门走向世界，最后编织的"神话"，厦门是一座拥有远大志向、乘风破浪的开放型城市。其次，作为厦门景观符号中较为突出的符号群，上述这些符号的整体组合，又完成了厦门这座"海上生态之城"的终极神话编织。

2.厦门的经济形象

经济形象反映的是一个城市在经济发展上的总体表现，是对城市各经济体的生存状况、发展水平及开放程度的综合评价。

《光辉岁月》对厦门经济形象的再现更为细致具体。火炬高新区和软件园的全貌呈现，本身就是经济发展的两个象征符号，其内部又呈现出多个子符号系统：自动化生产线、美图、美柚、4399、美亚柏科等。这些子符号系统不仅呈现了厦门高新技术产业的发展成就，而且在神话的意义上，意味着厦门是一座注重多元产业发展，充满无限潜能的城市。

戴尔、柯达作为外资企业在改革开放的早期落户厦门，在这套符号系统中，它们不仅是厦门引进外资的代表，而且在社会文化的意义上象征着厦门发展与国际的接轨，厦门是一座开放发展的城市。诸如"九八"投洽会、无人汽车"阿波龙"、码头、"礼诺·目标"号轮船、中山路等子符号系统以同样的机制发挥着神话的意义功能，现场也编织着相似的神话，象征着厦门是一座充满商机与变化的城市，一座具有经济活力、欣欣向荣的城市。

3.厦门的政府形象

政府形象包括政府公务人员、政策和公共职能等形象的总和，主要从城市管理水平和公共服务中得以体现。

首先，在厦安居的台胞、公务人员、民生工程是《光辉岁月》塑造厦门市政府形象所选取的子符号系统。在以在厦生活的台胞为主体的符号系统中，其第一层所指是台胞选择在厦生活，其深层意指则是，厦门政府通过制定惠台政策，让台胞对厦门有归属感，愿意留在厦门生活，这最终塑造了一个包容开放的厦门政府形象。其次，以社会性保障住房为代表的一批民生工程，又从另一个角度塑造厦门政府形象。在这套子符号系统中，保障性住房直接指向了厦门政府建设的民生工程，其背后的深层意指是，厦门政府能够想民所想、急民所急、办民所需，其内涵意味着这是一个以人为本的服务型政府形象。再次，在第16集《金色梦想》中，以社区党委书记苏江圳在改造老旧社区的工作为一套子符号系统，其中苏书记拿着笔记本认真记录社区的问题，组建群众自治管理小组，这些指向了苏江圳主动发现社区问题，积极努力解决问题这一直接所指，其深层意指是，苏江圳作为厦门市公务员的一名基层代表，能够在工作中下到基层贴近实际，依靠群众力量管理社区，赋权于民促民自治，这是一个务实肯干的厦门政府形象，一个扎根基层的民主型政府形象。

4. 厦门的文化形象

城市居民是城市形象的重要载体，其市民的言行举止、生活内容等综合素质直接体现着一座城市的文化水平和文明程度，是城市风貌和精神底蕴得以形成的基础，因此也是建构城市文化形象的重要元素。

人作为城市的主体，城市发生的所有事件与变化都由一个个人串联着。在《光辉岁月》中再现了工作和生活于厦门城市各个角落的各色人等：追求健康生活的马拉松爱好者黄力生、数年奔波于海上垃圾清理的海上环卫员黄腾、执着于绿色生态的汪添法老人、数十年奔走于城乡的理发师陈加兴等等。这些人物在纪录片中在横向侧面上构成了一套子符号系统，在一级所指中，他们是厦门市民中的一员，在二级所指中，他们对工作、生活、梦想的坚持象征着厦门人有毅力、有热情、爱拼才会赢的群体性格，从而塑造了一个有爱心、有力量、有魅力的厦门文化形象。

另外，在《光辉岁月》中，公共交通文明也是厦门一张重要的文化名片。早在 20 世纪 90 年代，厦门就率先形成了公交车"让座之风"，并对全国的公交文明产生了影响。而后厦门又逐步形成了小黄帽交通志愿者、斑马线礼让、微笑公交等交通文明。在这套以交通文明为主体的子符号系统中，文明出行是厦门人的一种生活理念，其深层意指反映了厦门人的谦逊有礼，这也塑造了一座有文化品格的厦门城市形象。

综上四个方面，对于城市形象的建构，不管是作为整体的城市形象，还是整体下的各个形象子系统，本身就是一个复杂的意义生产过程。一座城市在历经数十年甚至数百年、上千年的发展沉淀之后，会形成自身的独特韵味。在城市传播中，面对新媒体塑造的微时代、微传播、微叙事，城市形象与传播在传统方式之外又有了一种新的路径，此时微纪录片成为承载城市记忆、塑造城市形象、传播城市文化的重要载体。在《光辉岁月》中，包含着一个画面、一个人物，抑或一个小事件，而作为城市形象的意义符号，这些一个个的碎片化符号通过拼图式整合，以不同层次的符号系统及其神话机制，建构起多元系统的厦门城市形象。

五、微纪录片构建城市形象的反思

在微时代，人们花费在新媒体上的时间严重"碎片化"[①]。微纪录片体量小、主题单一

---

① 喻国明：《解读新媒体的几个关键词》，《广告大观媒介版》2006 年第 5 期。

明确、表达个人化、视角微观等碎片化特征，为城市形象在新的媒介环境和叙事范式下提供了多重传播优势。首先，微纪录片的微型结构叙事，高度契合了当下社会"碎片化"阅读的需求，借助移动互联网和新媒体的无远弗届和即时性，将城市形象传播变成一种移动化传播、情景化传播、日常化传播，从而有效扩大传播效果。其次，微纪录片的微型内容叙事，以日常生活的真实内容为基础，片中选择的人物、景观和故事，对城市大众而言是熟悉的，将城市形象传播转变为一种个体叙事、生活叙事、写实叙事，通过以小见大、见微知著有效提升传播效果。最后，微纪录片的微型互动叙事，具有高度的开放性和再生产性，可以点播、回放和评论，这以网络社交的方式拉近大众与城市的情感距离，激发大众对城市的意见评论和情感表达，这将城市形象传播转为一种二次生产、二次叙事、裂变传播，通过全民参与和全民生产有效深化传播效果。

然而，微纪录片在为城市形象建构带来积极意义的同时，其所存在的不足亦不可忽视。首先，微纪录片的微型结构叙事造成故事情节弱化，受众注意力易分散。情节是故事发生、发展和结束的基本结构，它包含着线索铺设、悬念设置、矛盾冲突和细节描写等方面。微纪录片的碎片拼图式叙事，使它的故事情节性弱化，虽然微纪录片单集时长较短，但缺乏情节点，难以塑造一种沉浸式视听阅读的氛围，观者在视听过程中易被打断。其次，微纪录片的网络传播模式容易导致内容关注的失焦。网络传播的最大特性便是信息的海量化及其即时性更新，观者在短时间内看完即走，难以形成持续关注的传播效应。因此，对于城市形象的建构与传播而言，传统纪录片和微纪录片之间并非截然对立、相互替代，而是各有优势，互相弥补，就纪录片与城市传播而言，如何合理配置传统和新媒体资源，充分发挥各自的内容与传播优势，尤其是新型的微叙事范式，促进城市形象的全面建构和长远传播，是未来该领域的一个研究方向。

四、家庭传播研究

主持人语

　　"家庭是社会的基本细胞，是人生的第一所学校。"习近平同志指出，要使家庭成为国家发展、民族进步、社会和谐的重要基点，推动形成爱国爱家、相亲相爱、向上向善、共建共享的社会主义家庭文明新风尚。

　　在传播学领域，家庭传播学被认为是一个正在兴起的新的分支学科。立足中国本土文化，建构在地的中国式家庭传播研究体系，是现阶段传播学研究的使命担当。本专栏聚焦"家庭传播"，专门对古今中外家庭传播的理论可能和可为实践展开探讨。

　　本期，罗俊敏对国外家庭传播研究重要成果进行梳理，主要涉及家庭传播研究意义、家庭传播研究理论视角、家庭传播策略研究、家庭危机研究。曹玉翠、朱秀凌通过对400余名大学生的问卷调查，基于计划行为理论，探究大学生利用朋友圈进行亲密关系自我呈现（"晒恩爱"）意愿的影响因素。王卫明、卢妍则关注《我们仨》一书中杨绛和钱锺书夫妇的家庭生活实践，探究其夫妻关系的构建模式和心态。张珍关注家庭代际传播中的角色重塑问题，通过对10个家庭进行深度访谈，深入分析亲子两代在数字反哺中的角色转换。

王卫明（南昌大学新闻与传播学院教授）

《春》朱星雨 作

家庭传播的研究路径与理论表达

罗俊敏*

（南昌大学，江西南昌，330031）

【摘要】从历史上看，家庭传播一直受到家庭治疗师、学术心理学家和社会学家的学术关注。而现今，从传播学角度探讨家庭的学者日益增多，家庭传播被赋予了更多的现实意义。本文采用文献分析法对国外家庭传播研究成果进行梳理，探析家庭关系的多样性、家庭传播的相关策略、家庭传播研究的理论视角和家庭传播研究的意义等议题以阐明国外家庭传播的基本语境，并对家庭传播的特殊情境——家庭危机予以关注，试图展望家庭传播研究的未来走向。

【关键词】家庭传播；家庭关系；家庭传播策略；家庭理论；家庭危机

【基金项目】本文系国家社会科学基金项目"当代中国语境下的家庭传播研究"（项目批准号：20BXW056）阶段性成果。

世界是普遍联系的。作为家庭的组成部分，家庭成员之间相互联系。在内外部因素的影响下，家庭成员相互作用和相互影响，家庭关系呈现出多样性和复杂性的局面，家庭矛盾和危机也贯穿在家庭发展的进程中。随着家庭传播研究的发展，越来越多的传播学者从理论角度出发，解读家庭关系的多样性和复杂性、提出维系家庭关系的传播策略、探讨家庭传播的意义，试图展望家庭传播研究的未来走向。

一、关于家庭关系的多样性和复杂性

什么是家庭？家庭是指两个或两个以上的人组成的一个社会群体，其特征是持续的彼此依赖，植根于血缘、法律和喜爱的长期承诺。家庭主要分为核心家庭和扩展家庭。核心家庭是指由一对父母和未成年子女组成的基本家庭，家庭关系主要包含夫妻关系和亲子关系，关系相对简单。扩展家庭是核心家庭的延伸，指由一对父母和一对或多对已

---

* 作者简介：罗俊敏（1995—），女，江西吉安人，南昌大学新闻与传播学院硕士研究生。

婚子女（或者再加其他亲属）组成的家庭，家庭关系主要包括祖孙关系、婆媳关系、翁婿关系等，关系变得多样化。

《扩大的家庭生命周期：个人、家庭和社会观点》（McGoldrick，2005）作为经典的家庭治疗专著，将理论和当前研究与临床指南和案例相结合，以更全面的方式思考人类发展和生命周期，反映社会的变化，从核心家庭的方向，走向一个更加多样化和包容性的定义，其对家庭的延伸观点包括个人、家庭、大家庭、社区、文化群体和更大的社会等人类系统多层次问题的影响。①该文本拓展了家庭的边界，体现了不同家庭类型的家庭关系的多样性和复杂性，但也一定程度上造成了家庭传播研究边界的模糊，为相关研究的展开带来了困难。

《跨越时间的家庭：人生历程的视角》（Murphy，2000）探索家庭生活的"人生历程"方法，研究亲子关系、配偶关系和兄弟姐妹关系等主要的家庭关系。该文本独树一帜，包含十七篇关于家庭生活的理论和应用实例的原创论文，谈及家庭形式的多样性和家庭生活的所有阶段，与早期阶段的研究重点有所不同。②

国外学者除了关注家庭的基本关系和拓展关系外，还探讨了父母和孩子在家庭外建立关系时的沟通问题，如父母与儿童在儿童保育、保健、教育和青年体育互动时的沟通过程和问题。同时还调查了各类家庭在家庭交流时所面临的独特挑战，例如继家庭、同性恋和双性恋家庭等。③《父母和孩子的社会沟通：管理家庭外的关系》（Stamp，2009）极具代表性，开拓了亲子传播研究的新领域。尽管该文本具有独创性，但似乎摆脱不了"畅销书"的目的性，文本内容缺乏严谨性，许多章节作者没有提供家庭以外的亲子交流特定领域的概述，如健康、教育和体育等领域，甚至有些内容位于特定领域的边缘，而非中心，因而有偏离主题之嫌。

作为社会的一个子系统，家庭如同其他社会关系一样，不能脱离社会而独立存在。它总是随着社会发展而发展，社会变革而变化，社会影响家庭传播，家庭传播也影响社会。因此考查家庭传播的社会情境研究，包括政治情境、经济情境、文化情境等社会情境对家庭传播的影响，比单纯的效果分析更有价值，其不仅在于方法论的变化，更是研究视角的转变。《种族和家庭治疗》（Garcia-Preto，2005）置身于不同的文化情境，从40多个不同种族群体着手，分析了家庭文化结构的复杂性，可以称得上人类大家庭广泛信息的汇编。④该文本在介绍不同种族家庭传播的差异性的同时，也传达了其共通之处——

① Carter, B., & McGoldrick,M. (Eds.): *The expanded family life cycle: Individual, family and social perspectives.*Boston, MA: Allyn & Bacon, 2005.pp.1-26。

② Price, S. J.,McKenry, P. C., & Murphy, M. J. (Eds.), *Families across time: A life course perspective*, Los Angeles, CA: Roxbury, 2000。

③ Socha, T. J., &Stamp, G.H.(Eds.): *Parents and children communicating with society: Managing relationships outside of the home*, New York, NY: Routledge, 2009。

④ 朱秀凌：《家庭传播研究的逻辑起点、历史演进和发展路径》，《国际新闻界》2018年第9期。

不论民族、文化、种族，家庭对我们所有人都很重要。[①]

二、关于家庭传播研究的意义

作为新兴的分支学科，家庭传播（Family Communication）因其对传播学理论（发展了一种系统模式，而不是个人模式；从现象研究转向过程研究；研究方法的创新）和实践的重要贡献（贴近现实生活，能够切实解释和解决家庭生活中的行为和问题）而广受关注。因而探讨家庭传播的意义，可从学术理论和实际应用这两个方面着手。[②]

（一）学术理论层面看家庭传播的意义

相对于传播学的其他分支学科，家庭传播研究起步相对较晚。第一本从传播角度探讨家庭的教科书《家庭传播：凝聚力与变革》（Bylund，Braithwaite，Galvin，2014）于1982年才出版。该书的出版具有标志性意义，表明家庭传播研究开始从传播学科（诸如心理学、社会学、家庭治疗等学科）之外的研究领域走向传播学者在其中扮演重要角色的领域。家庭传播研究的发展丰富了传播学的内涵和外延，此外家庭传播研究将家庭视为一个系统进行研究，充分解释了正常的家庭进程中家庭关系的多样性和复杂性的局面。家庭传播理论的发展为指导未来的家庭传播研究提供了理论参考。

（二）实际应用层面看家庭传播的意义

家庭是个人至关重要的成长空间，贯穿家庭的传播活动对个人的成长有着显著的影响。沟通传播作为贯穿家庭传播研究的基本议题之一，对家庭中的成员具有重要的启迪作用。它帮助家庭成员发现并思考家庭传播中的问题，并提供了应对沟通危机的解决之道。此外，家庭传播研究还为家庭治疗师和心理分析师提供了临床实践参考意见。总体来说，家庭传播研究具有重大的现实意义，推动了家庭的积极健康发展。

三、关于家庭传播的策略研究

面对具有复杂性和多样性的家庭关系时，我们并非手足无措；面对家庭经历的冲突和矛盾时，我们并非无计可施。Bylund、Braithwaite、Galvin（2014）认为，我们可以通过个人、教学和治疗三种不同的方法来促进家庭的沟通交流和推动家庭积极的发展变革。其中大多数的个人和教学方法是为希望改善家庭关系和管理家庭紧张情况而设计的，而治疗方法旨在帮助家庭处理严重的问题或修复麻烦的关系。[③]

① M. McGoldrick, J. Giordano, & N. Garcia-Preto (Eds.): *Ethnicity and family therapy*, New York, NY, Guilford Press, 2005。

② 朱秀凌：《家庭传播研究的逻辑起点、历史演进和发展路径》，《国际新闻界》2018年第9期。

③ Bylund, C., Braithwaite, D.O., & Galvin, K.M: *Family communication: cohesion and Change*, New York, NY: Routledge, 2016。

（一）个人层面

从系统论角度来看，家庭作为一个有机的整体，组成家庭的成员之间相互作用和相互影响。当一个家庭成员发生改变时，其他的家庭成员也会发生一定程度的变化。因而试图通过个人努力来改善家庭沟通模式具有现实意义。

首先，Bylund, Braithwaite & Galvin（2014）认为个人可以通过阅读书籍、观看视频、浏览网站等方式来获取家庭传播相关资源，以提高改善家庭关系和处理关系变化的能力。

其次，个人可以主动与其他家庭成员沟通协商，面对问题选择避而不谈或保持沉默或许会享受短暂的舒适感，但这并不能有效解决家庭问题。持续的沟通协商才能推动问题的解决和关系的改善。[①]

再次，定期的"家庭会议"也具有重要意义。家庭会议为所有家庭成员创造解决关切问题的机会和家庭成员之间互相倾听和耐心交谈的时间。这一方式也为儿童在讨论和决策方面提供了重要的实践。除了定期家庭会议提供的与家人相处的时间外，Offer（2012）认为与父母一起吃饭等日常但非正式的相处时间也与青少年的情感健康成正相关。[②]因此父母个人做出的简单改变——匀出时间与孩子吃饭，无疑有增强家庭关系的作用。最后，Weston（1993）认为个人应主动寻求家庭圈外的支持，比如朋友或者具有共同信仰的社区成员等非正式的支持网络。这对于处于异地的家庭成员提供了支持的力量。[③]

（二）教学层面

婚姻和家庭改进计划的目的不是咨询，而是教育。其旨在指导个人、夫妻和整个家庭系统以更有效的方式互动和发挥作用。Cole（1999）认为夫妻可以通过参加婚姻和家庭改进计划，提高夫妻的沟通能力，从而增强他们的关系，以帮助他们发展关系优势和提供应对困难的策略。[④]无数的国家和地方方案帮助已婚或同居伴侣改善他们的关系生活，包括他们的沟通技巧和实践。

许多国家组织提供婚姻改进方案，项目始于20世纪50年代和60年代，旨在促进夫妻或伴侣的成长。现在方案更为丰富和完善，且越来越多的版本提供在线服务。最广为人知和多数人参加的方案包括婚姻冲突计划（the Marriage Encounter Programs），预防和关系改进计划（the Prevention and Relationship Enhancement Program）和准备/改进（Prepare/

① Bylund, C., Braithwaite, D.O., ,& Galvin, K.M: *Family communication: cohesion and Change*, New York, NY: Routledge, 2016。

② Shira Offer, Family Time Activities and Adolescents' Emotional Well- being, *Journal of Marriage and Family*, vol.75, no.1. 2013. PP 26-41。

③ Weston, K: *Families we choose*, New York, NY: Columbia University Press, 1993。

④ Marriage Enrichment and Prevention Really Works: Interpersonal Competence Training to Maintain and Enhance Relationships, *Family Relations*, vol.48, no.3. 1999. PP 273-275。

Enrich)。[①]其中 Prepare/Enrich（如图 1）是一项在线定制的夫妇评估，可确定夫妇的实力和成长领域、加强沟通技巧和建立更平衡的关系。它是婚前咨询和婚前教育使用最广泛的计划之一。该计划基于家庭功能的循环模型，由明尼苏达大学家庭社会科学荣誉教授 David H.Olson 及其同事开发。Prepare/Enrich 清单的重要优势是其强大的心理计量特性，每种手段都具有高度的可靠性和有效性，使其成为研究和临床使用的宝贵工具。目前全球已超过 300 万对夫妻进行了一次清查，并在受过训练的主持人的指导下研究了他们的结果。

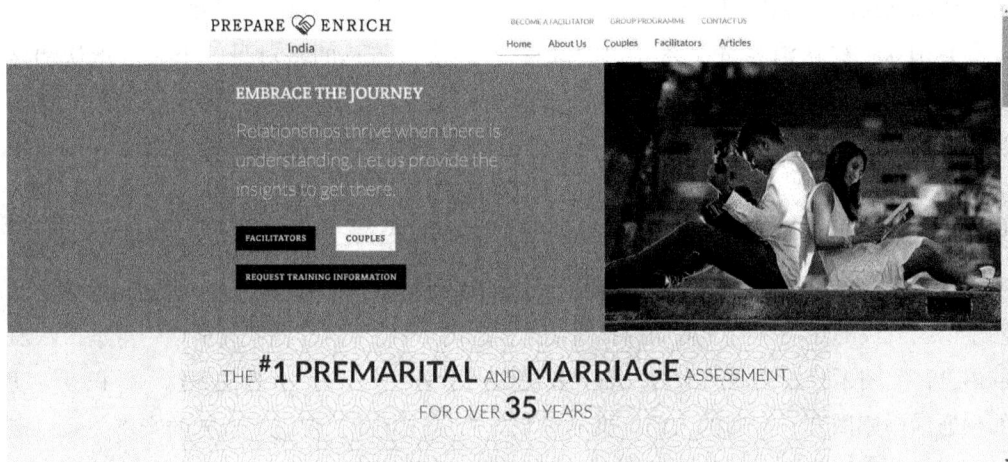

图 1　Prepare/Enrich 官网

（三）治疗层面

　　当家庭的问题超出个人层面和教育层面所能解决的范畴时，家庭治疗是一个重要途径。家庭治疗确实是一个调节关系系统危机和长期性功能失调家庭模式的恰当方法。其目标是确定导致行为障碍或精神疾病的家庭模式，并分析该模式存在的习惯性问题，从而帮助家庭成员解决这些问题以回到正常的家庭轨道中来。[②]家庭治疗常见的形式包括家庭讨论和解决问题的会议。家庭沟通的做法和模式经常在治疗中发挥作用，在就夫妻沟通问题采访了治疗师后，Vangelisti（1994）报告说，最常见的沟通问题包括倾听时没有采取对方的观点，指责对方是消极的发生并批评对方其他方面。[③]

　　目前，家庭治疗师采取了更为广阔的研究视角——将文化情境纳入家庭治疗范畴，

---

　　① Bylund, C., Braithwaite, D.O, & Galvin, K.M: *Family communication: cohesion and Change*, New York, NY: Routledge, 2016。

　　② Bylund, C., Braithwaite, D.O., & Galvin, K.M: *Family communication: cohesion and Change*, New York, NY, Routledge, 2016。

　　③ Vangelisti, A. L.: Couples' communication problems: The counselor's perspective, *Journal of Applied Communication Research*, 1994, pp.106–126。

专注于具有挑战性的文化和性别问题及其对治疗过程的影响。越来越多的文化多样化家庭需要家庭治疗师的服务，这就促使跨文化家庭治疗方法的发展壮大 (McGoldrick, Giordano, Garcia-Preto, 2005)。[①]

（四）技巧层面

关系的维系不是一朝一夕的事情，需要持续不断的努力。除了自主学习、加入计划和参加治疗之外，生活中的关于维系关系的策略同样不容忽视。其中确认消息、尊重对方、体现仪式感和表达情感这四个方法值得学习并运用在日常家庭生活中。

1. **确认**：确认消息是关系维护的基石，"确认"传达的是对另一个人的承认和接受——这是亲密关系的基本前提。Sieburg（1973）为这类信息提供了四个标准：（1）承认另一方的存在；（2）通过对对方的相关答复确认对方的通信；（3）反映和接受对方的自我经验；（4）表明愿意参与对方。[②] 认可、对话和接受是确认的特征。认可表示着愿意参与另一方，承认对方的存在意义，比如可以通过"我想你""我很开心见到你"等口头语言来承认对方，触摸、表情、手势等非语言也有助于确认对方的存在；对话意味着两个或两个以上人员的互动参与，诸如"我就是这样想的""你要这样做我无所谓"等消极沟通的语言，关闭了有效沟通的大门，而"我说明白了吗？""你怎么想的呢？"等积极主动的沟通话语则敞开了沟通的大门，推动了双方的良性互动，促进了双方的亲密关系；接受则意味着允许他人做自己，避免主观评判对方，尽量相互理解，这样使得分歧不会挑战双方的关系。

2. **尊重**：确认指以表明重视和关心他人及其福祉的方式行事。尊重包括两个主要内容：平等 / 互惠和关怀 / 支持（Hendrick，2006）。[③] 第一个部分意味着一种横向关系，其特点是把对方视为有价值的人，这是最基本的尊重方式；第二个部分指从事支持对方的举动或行为，则意味着更大程度的尊重。尊重可以使双方在一个舒适的状态下相处，从而提升认可度和幸福感。

3. **仪式感**："生活就要有点仪式感"，这句话反映了现代人对生活的热爱，同时也说明仪式成为幸福生活不可或缺的部分。意识的动作和言语的重复创造了意义，并最终导致正在进行的家庭仪式。这些特殊含义以重复的形式表现，对建立和维护家庭的身份或关

---

① McGoldrick, M., Giordano, J., & Garcia-Preto, N.: *Ethnicity and family therapy*.New York, NY: Guilford Press, 2005。

② Sieburg,E.: Interpersonal confirmation: A paradigm for conceptualization and measurement, Paper presented at the meeting of the International Communication Association, Montreal, QC (ERIC document no. ED 098 634 1975), 1973。

③ Susan S.Hendrick: Measuring respect in close relationships, *Journal of Social and Personal Relationships*, vol.23, no.6, 2006, PP 881-899。

系文化有重大贡献，因为它们尊重关系中的重要事物（Baxter，Braithwaite，2006）。[①]仪式对关系的维护有着重要的作用。有节日里精心挑选的礼物、睡前道一句晚安、为对方做一顿可口的饭菜等看似生活中简单的小事情，但融入了对方的心意后变得不简单平凡，为日常生活增添了仪式感。

4.情感：情感是家庭中重要的关系货币，因为它不同于物质价值，是具有精神价值的东西。情感具有隐秘的特征，因而情感因表达而呈现可知可感的魅力。伴侣可以赠送鲜花来取悦对方、父母可以陪伴孩子玩耍表达爱意、孙女可以打电话给祖父母传达思念……这些方式都需要分享内心的情感，即家庭中重要的关系货币。Wilkinson，Grill（2011）研究发现许多货币产生于原籍家庭模式，因为每个家庭都含蓄地或明确地教导其成员以特定的方式表示关心他人和接受他人的关怀。[②]Floyd（2002）指出交换关系货币有利于家庭成员成长发展。与低情感沟通者相比，高情感沟通者在心理、情感、社会和关系特征方面享有优势，因为他们的安全依恋风格——他们从别人那里得到更多的爱。[③]关系货币的类型包括言行举止的各种形式。其中《家庭传播：凝聚力和变革》（Bylund，Braithwaite，Galvin，2014）一书中列举了家庭成员分享感情的常见方式，如表1所示：

表 1 关系货币示例图

关系货币示例（Sample relational currencies）	
积极的口头表达（Positive verbal statements）	金钱（Money）
自我披露（Self-disclosure）	食物（Food）
倾听（Listening）	关切（Favors）
非语言情感表达（Nonverbal affect displays）	服务（Service）
触摸（Touch）	保持联系（Staying in touch）
性（Sexuality）	共处时光（Time together）
侵犯准许（Aggression Access）	权力（rights）
礼物（Gifts）	

四、家庭传播研究的理论视角

通过梳理和回顾美国家庭传播的演进历史，将家庭传播的发展分为三个阶段：孕育萌芽期（20 世纪 50—70 年代）、发展壮大期（20 世纪 80 年代）、日臻成熟期（20 世纪

[①] Baxter, L. A., & Braithwaite, D. O. (2006): Family rituals. In L. H. Turner & R. West (Eds.), *The family communication sourcebook* (pp. 259–280), Thousand Oaks, CA：Sage。

[②] Wilkinson, C. A., *bulary of loving messages*, In K. M. Galvin (Ed.), *Making connections* (5th ed., pp. 164–173), New York, NY：Oxford University Press.

[③] Kory Floyd：Human affection exchange：V. Attributes of the highly affectionate，*Communication Quarterly*，vol.50, no.2,2002. PP 135-152。

90 年代至今）。在孕育萌芽期，家庭传播研究主要是由非传播学科领域里的学者进行，主要是心理学、家庭治疗学和社会学；在发展壮大期，人际传播学者开始关注家庭互动模式、婚姻类型、冲突与决策；在日臻成熟期，家庭传播研究逐渐从传播学科之外的人加以研究的领域走向传播学者在其中扮演中心角色的领域，传播学者开始从不同的理论视角研究家庭。[1]

作为市场上第一本专门讨论家庭传播理论的书——《将理论纳入家庭传播：多种视角》（Baxter，2005）于 2005 年问世，涵盖近 30 个经典理论和前沿理论，如表 2 所示，包括情感交流理论、情感评价理论、家庭依赖理论、归因理论、沟通叙事意义创造理论、传播适应理论与识别传播理论、传播隐私管理理论、复原力的沟通理论、批判女性主义家庭沟通理论、二进制权力理论、面部工作理论、家庭传播模式理论、一般系统理论、语言融合/意义发散理论、多元目标理论、叙事表现理论、必要融合传播理论、协商道德理论、关系辩证法理论、关系动荡理论、社会建设理论、社会交换理论、社会学习理论、结构理论、自然选择理论、复原力和关系载荷理论、使用与满足理论等。[2]其中传播隐私管理理论、一般系统理论、关系辩证法理论、社会建构理论、叙事表现理论在家庭传播的研究中具有良好的应用性。

表 2 家庭传播研究的相关理论表

序号	家庭传播研究的相关理论
1	情感交流理论（Affection Exchange Theory）
2	情感评价理论（Appraisal Theories of Emotion）
3	家庭依赖理论（Attachment Theory in Families）
4	归因理论（Attribution Theory）
5	沟通叙事意义创造理论（Communicated Narrative Sense-Making Theory）
6	传播适应理论与识别传播理论（Communication Accommodation Theory and Communication Theory of Identity）
7	传播隐私管理理论（Communication Privacy Management Theory）
8	复原力的沟通理论（Communication Theory of Resilience）
9	批判女性主义家庭沟通理论（Critical Feminist Family Communication Theory）
10	二进制权力理论（Dyadic Power Theory）
11	面部工作理论（Facework Theory）
12	家庭传播模式理论（Family Communication Patterns Theory）
13	一般系统理论（General Systems Theory）

① 朱秀凌：《传播研究的逻辑起点、历史演进和发展路径》，《国际新闻界》2018 年第 9 期。
② Braithwaite, D. O.,& Baxter,L. A., (Eds.): Engaging theories in family communication: Multiple perspectives, Thousand Oaks, CA: Sage,2005。

续表

序号	家庭传播研究的相关理论
14	语言融合 / 意义发散理论（Language Convergence/Meaning Divergence Theory）
15	多元目标理论（Multiple Goals Theories）
16	叙事表现理论（Narrative Performance Theory）
17	必要融合传播理论（Necessary Convergence Communication Theory）
18	协商道德理论（Negotiated Morality Theory）
19	关系辩证法理论（Relational Dialectics Theory）
20	关系动荡理论（Relational Turbulence Theory）
21	社会建设理论（Social Construction Theory）
22	社会交换理论（Social Exchange Theory）
23	社会学习理论（Social Learning Theory）
24	结构理论（Structuration Theory）
25	自然选择理论（The Theory of Natural Selection）
26	复原力和关系载荷理论（Theory of Resilience and Relational Load）
27	使用与满足理论（Uses and Gratifications Theory）

1. 传播隐私管理理论：传播隐私管理理论解释了人们在人际关系中为什么做出"自我披露"和"隐私管理"的决定。Petronio（2002）认为该理论包含三个主要观点：（1）个人对隐私信息具有控制权，积极制定自己的规则，决定哪些信息该披露以及向谁披露；（2）隐私边界和规则可以被协商；（3）当边界不明确或关系各方的隐私规则不同时，可能会产生隐私紊乱。与个人一样，家庭也有隐私取向，有些家庭成员会选择对一个或多个家庭成员保密某些信息。面对影响家庭的事件，家庭成员会一起制定隐私规则，而隐私规则不是一成不变的，随着时间的推移，隐私规则可能会更改或忽略。而家庭隐私边界有时是可渗透的或灵动的，例如，在孩子小时候，父母会关注孩子的饮食和健康，一般不会向子女分享相关信息。而当孩子长大后，个人饮食和健康等信息变得私密，成人孩子开始询问父母的饮食和健康情况。

2. 一般系统理论：当个人组成家庭时，他们通过互动模式创建家庭系统。系统视角为家庭的沟通模式提供了宝贵的见解，家庭系统理论是一般系统理论的一个分支，是处理家庭沟通的基础。系统是由一组组相互关联的组件而形成的整体。由于互连性，如果系统的一个组件发生改变，则其他组件将相应更改，进而影响初始组件。对于家庭来说，这意味着一个人的变化会影响所有其他家庭成员。家庭具有相互依存、整体性、自我调节、交互复杂性、开放性、关系复杂性和平等性等系统特征。[①]

[①]　Bylund, C., Braithwaite, D.O.,& Galvin, K.M：*Family communication*：*cohesion and Change*.New York，NY：Routledge，2016。

3. 关系辩证法理论：关系辩证法理论源于社会理论家米哈伊尔·巴赫金的观点，该理论核心观点是意义产生于相互竞争的意义体系或话语的冲突，有助于我们理解家庭关系是一个矛盾的过程。Baxter(1990)认为虽然家庭中的辩证斗争不可避免，但家庭成员可以通过一套战略来管理它们，其中包括选择、分割、中和、循环改变和重新构建。选择指在矛盾中选择解决方式；分割指通过分离的方式否认双方的依赖性以跳脱矛盾中心点；中和指缓和矛盾双方的对比强度；循环变化发生在家庭成员在不同时间选择相反的极点时；重构涉及改变对相关元素的看法以使表面矛盾的双方不被视为两极对立方。① 在关系辩证法理论的基础上，Baxter(2011)在《表达关系：对话视角》一书探讨了关于个人和家庭关系中沟通的对话视角，创新性地提出了关系辩证法理论的下一个迭代"关系对话理论"，使学者超越了关系辩证法的简单使用，解决了家庭、人际关系和个人关系文献中的局限性。"关系对话理论"依旧将沟通集中在关系的核心上，并为我们提供了一个研究沟通对话的方法——反向分析。②

4. 社会建构理论：社会建构理论和象征互动理论都是解释性理论，强调符号的意义和意义的创造，并集中代表了理解家庭沟通的更广视角。Leeds-Hurwitz（2006）分析说，虽然两者有联系，但它们的中心议题不同——社会建构理论重点关注人们如何理解世界，尤其是通过语言，并强调关系的研究；而象征互动的核心关切是理解自我和社会角色。社会建构理论提出人们通过构建自己的社会世界模型及其运作方式来理解世界和语言对人类社会至关重要两个主要观点，认为对话具有创造和维持现实的意义。③ Bylund、Braithwaite、Galvin（2014）认为家庭角度下的象征互动对定义家庭和理解家庭互动具有重要意义，通过沟通互动，家庭形成自己独特的做法、边界和规则。两种理论有助于指导我们思考家庭作为意义创造系统的价值和沟通对家庭关系结构维系发展的重要性。④

5. 叙事表现理论：叙事表现理论代表了以意义为中心的方法。Langellier、Peterson(2006)认为叙事表现理论侧重于家庭故事的实际表现和讲述，探讨讲故事（构建家庭的方式之一）的沟通实践。叙事的战略功能是该理论的核心问题。家庭讲故事的互动工作根据代际和性别排序，情境和内容等条件被纳入叙事的考虑范围：谁在场、哪些内容适合在场的人。此外，家庭讲故事是按照权力和知识的规范运作的，例如父母可以禁止具有嘲笑亲属性质的故事、祖父辈因经历过移民而讲述移民故事等。因而观察家庭讲故

① Baxter, L.A.: Dialectical contradictions in relational development, *Journal of Social and Personal Relationships*, 1990.pp.69–88。

② Baxter, L.A.: *Voicing relationships*: *A dialogic perspective*, Thousand Oaks, CA, Sage,2011。

③ Leeds-Hurwitz, W. (2006). Social theories: Social constructionism and symbolic interactionism. In D. O. Braithwaite & L. A. Baxter (Eds.), *Engaging theories in family communication*: *Multiple perspectives* (pp. 229–242). Thousand Oaks, CA: Sage.

④ Bylund, C., Braithwaite, D.O.,& Galvin, K.M.*Family Communication*: *Cohesion and Change*.New York, NY: Routledge,2016。

事的情况有助于研究人员深入了解家庭身份结构。[1]

五、关于家庭传播的特殊情境——家庭危机

哲学中的矛盾辩证法提到矛盾具有普遍性，即"时时有矛盾，事事有矛盾"。越是亲近的人相处的时间就越长，交际的事情就越多，自然矛盾也会更多。住在同一屋檐下的家庭除了其乐融融的氛围，也难免出现各种大小危机。第一本关于危机期间有效家庭沟通的著作《危机中的家庭传播：理论、研究、战略》（Webb，2012）就危机中的家庭进行了科学具体的分析，审查了三种一般类型的危机：（1）关系危机（不忠、不育、身份转变、父母疏离、儿童死亡）；（2）健康危机（患有乳腺癌的母亲、残疾儿童、小儿癌症、老年健康危机）；（3）经济危机（失业、离婚、无家可归、飓风后生存），并提供了应对危机的相关建议，为家庭传播这一重要领域提供了珍贵的学术和应用贡献。[2]《正常家庭过程：多样性和复杂性增加》（Walsh，2012）则描述了当代家庭面临的危机，涵盖普通的家庭问题（如人际关系、工作）以及具体挑战（如离婚、疾病），并为临床医生帮助危机中的家庭促进复原力和积极有效沟通提供了参考意见。[3]其中家庭关系危机和家庭健康危机两大主要家庭危机被给予了较多关注。下文就这两类危机做简要分析。

（一）家庭关系危机

家庭关系指由血缘和法律产生的家庭成员之间的联系，基本的家庭关系包括夫妻关系、亲子关系。对于破坏和谐稳定家庭关系的情况都可以称作家庭关系危机。其中家庭成员的死亡和夫妻离婚都属于家庭关系危机的范畴。

对于大多数家庭来说，死亡是一个情感压倒性的危机。McGoldrick、Walsh(2005)认为任何家庭成员的死亡都会带来强烈的悲痛感，但不同的家庭成员的死亡造成的影响会有所区别。当一个过着充实生活的老人的死亡不会过度扰乱家庭的正常进程，亦不会造成家庭成员的过度过长时间的悲伤。相比之下，当家中年轻或中年家庭成员的过早死亡则是一个重大的家庭危机。因为这会造成家庭角色发生重大转变，从而扰乱家庭正常的进程。[4]例如孩子的死亡摧毁着一个家庭。它意味着父母关于他们孩子毕业、结婚和生子的梦想的破灭，这也违反了自然的生活秩序——孩子比父母活得长久。Toller(2008)认为

　①　Langellier, K. M., & Peterson, E. E. (2006). Narrative performance theory: Telling stories, doing family. In D. O. Braithwaite & L. A. Baxter (Eds.), *Engaging theories in family communication: Multiple perspectives* (pp. 99–114). Thousand Oaks, CA: Sage.

　②　Dickson, F. C.,& Webb, L. M. (Eds.),*Communication for families in crisis: Theories, research, strategies.* New York, NY: Peter Lang,2012.

　③　Walsh,F. (Ed.): *Normal family processes: Growing diversity and complexity.* New York, NY: Guilford Press，2012。

　④　McGoldrick, M., & Walsh, F. (2005): Death and the family life cycle, In B. Carter & M. McGoldrick (Eds.), *The expanded family life cycle: Individual, family and social perspectives* (3rd ed., pp. 185–201), Boston, MA: Allyn & Bacon。

孩子的死亡影响着家庭的各个方面，其中婚姻关系受到的影响尤为严重。夫妻因失去孩子而陷入悲伤情境，而忽视自身和对方的感受，感情的热度自然会有下降。但随着时间的流逝，夫妻双方达成了和解，感情又会变得无比坚固。① 孩子的死亡也会影响着母亲与幸存儿童的沟通，在一项研究中显示这些母亲在继续照顾活着的孩子的同时，还要哀悼死去的孩子，表达死之悲伤和生之欢愉。②

家庭成员死亡带来的悲痛是无法避免的，而表达悲痛的方式每个家庭或许有不同之处。其中不同的宗教信仰和文化模式影响着不同家庭表达对逝者的哀悼。在希腊的家庭中，家庭中的妇女会在葬礼上表达强烈的悲伤 (Killian, Agathangelou, 2005)③；在非裔美国人家庭、爱尔兰家庭和意大利家庭中，都相信用"好的"送行方式去面对死亡的家人 (McGoldrick, 2005)④，家庭成员会呈现出庆祝和哀悼的交融表达形式，这意味着死者走向更美好的世界；在犹太家庭中，家庭成员倾向于公开和直接地处理死亡问题，反映了共同受苦的传统……⑤

离婚是家庭关系的又一重大的危机。离婚不是婚姻中一个消极事件，而是夫妻之间的不愉快和问题随着时间的推移而发展的结果 (Hetherington, Kelly, 2002)。⑥ 换句话，离婚可能是长期沟通困难的结果。尽管离婚，父母通过孩子依旧发生着联系，为构成孩子的共同父母而扮演着搭档角色。由此产生的双核家庭体现出有助于儿童福祉的三个关键品质：满足儿童的基本心理和经济需要；维系大家庭或离婚前的密切友好关系；围绕儿童导向问题而表现出相互合作和支持 (Ahrons, 2005)。⑦

离婚危及青少年的健康成长。有研究发现在父母之间遭受暴力侵害的儿童在青春期有较高的冒险行为几率，并在出现情绪和行为问题方面的风险更高。离婚或生活在一个不完整的家庭中与主观幸福感较低，焦虑和抑郁水平较高，情绪和行为问题的可能性较

① Toller, P. W.: Bereaved parents' negotiation of identity following the death of a child, *Communication Studies*, 2008.pp. 306–321。

② Johnson, K. B., & Webb, L. M. (2012): Death of a child: Mothers' accounts of interactions with surviving children. In F. C. Dickson & L. M. Webb (Eds.), *Communication for families in crisis: Theories, research, strategies* (pp. 129–151), New York, NY: Peter Lang。

③ Killian, K. D., & Agathengelou, A. M. (2005): Greek families. In M. McGoldrick, J. Giordano, & N. Garcia-Preto(Eds.), *Ethnicity and family therapy* (3rd ed., pp. 573–585), New York, NY: Guilford Press。

④ Giordano, J., McGoldrick, M., & Klages, J. G. (2005). Italian families. In M. McGoldrick, J. Giordano, & N. Garcia-Preto (Eds.), *Ethnicity and family therapy* (3rd ed., pp. 616–628). New York, NY: Guilford Press。

⑤ Imber-Black, E. (2012): The value of rituals in family life. In F. Walsh (Ed.), *Normal family processes: Growing diversity and complexity* (4th ed., pp. 483–497), New York, NY: Guilford Press。

⑥ Hetherington, E. M., & Kelly, J.: *For better or for worse: Divorce reconsidered*, New York, NY: W. W. Norton,2002。

⑦ Ahrons, C. R. (2005): Divorce: An unscheduled family transition. In B. Carter & M. McGoldrick (Eds.), *The expanded family life cycle: Individual, family and social perspectives* (3rd ed., pp. 381–398). Boston, MA: Allyn & Bacon。

高有关。[1]

在做出离婚决定之前，父母与孩子进行良好的沟通十分有必要，这会减轻孩子因父母离婚受到的痛苦。Gumina(2009)认为涉及离婚决定的良好沟通方式的五个主题有：（1）父母双方应该与孩子讨论离婚的决定；（2）父母应该避免在孩子面前做出对方的负面评价；（3）强调离婚不是孩子的错误；（4）不要透露离婚原因的具体细节；（5）请孩子回答或提问。[2] 由此看来，对于离婚这一敏感话题，父母不应该向孩子隐瞒实情，而是应该采取积极主动的沟通方式。

（二）家庭成员健康危机

处于危险之中的病人身心承受着巨大的痛苦和压力，自身的家庭也难免不受到影响。早在 20 世纪 50 年代初期，Virginia Satir 与 Paul Watzlawick 就专门聚焦家庭互动和家庭治疗。[3] 如何向家庭成员传播健康信息，如何与病中的家庭成员有效沟通等家庭健康传播议题都得到了切实的关注。

遗传问题是家庭中的普遍现象。《关于遗传学的家庭传播：理论和实践》（Bylund，2010）谈及遗传学从任何意义上都是家庭事务，在遗传咨询中，当其他家庭成员的健康受到威胁，谁将被告知家庭内部的情况及如何传达家庭遗传信息至关重要。该文本总结家庭沟通的相关理论及其与临床遗传学环境相关实践，并提出从业者的框架，促进了与家庭遗传学交流有关的临床实践的发展。[4]《精神肿瘤学》（Jenewein，2013）则从亲属患癌症对家庭的影响和拥有患癌症家庭成员的家庭交流沟通问题着手分析，谈及了患病情况的出现对家庭关系和家庭其他成员的心理状态的影响，并就具体家庭病例提出了相关交流沟通建议，促进了处在健康危机中的家庭传播。例如癌症患者会给伴侣造成一定的心理压力，但在生病治疗的阶段，双方的关系会变得更加牢固。当伴侣对癌症患者给以积极乐观的沟通交流和主动及时的回馈时，这有利于癌症患者的治疗和恢复。[5]

处理家庭成员残疾、疾病和严重的交通事故时需要做出生理和心理层面的重大调整。当一名家庭成员被诊断为严重疾病或残疾时，其家人经历的悲痛过程或许和应对死亡的各个阶段相同。这些阶段包括影响、否定、悲伤、向外聚焦和关闭。在影响阶段，家庭成员了解患病成员的状况，焦虑和紧张是这段时期的特点，家庭成员陷入杂乱无章的状态；在否定阶段，怀疑感和扭曲变形的期望出现，如家庭成员会拒绝承认孩子癌症的诊

① D'Onofrio Brian & Emery Robert：Parental divorce or separation and children's mental health, *World Psychiatry*：*Official Journal of the World Psychiatric Association* (WPA),2019。

② Joseph M. Gumina：Communication of the Decision to Divorce：A Retrospective Qualitative Study, *Journal of Divorce & Remarriage*，vol.50, no.3，2009.PP. 220-232。

③ 朱秀凌：《家庭传播研究的逻辑起点、历史演进和发展路径》，《国际新闻界》2018 年第 9 期。

④ Gaff, C. L. ,& Bylund, C. L. (Eds.)：*Family communication about genetics*：*Theory and practice* ，Oxford, UK：Oxford University Press，2010。

⑤ Natalie Drabe,Lutz Wittmann， Diana Zwahlen,Stefan Büchi,Josef Jenewein：Changes in close relationships between cancer patients and their partners，*Psycho-Oncology*，vol.22, ,no.6。,2013.PP 1344-1352。

断结果；在悲伤阶段，家庭成员会陷入"为什么选中我们"的痛苦情绪中，甚至会感到怨气和愤怒；在向外聚焦阶段，家庭成员纷纷冷静下来，将目光转移到外部，开始寻找信息、讨论方法、寻求帮助、表达感情，从而形成一个坚固且相互支持的团体；在关闭阶段，家庭成员开始学会接受家人患病的现实，与现实达成和解，心态转向平稳（Gumina，2009）。①

六、小结

家庭传播学吸收、借鉴了其他学科——社会学、心理学和家庭学的成果，成为传播学的分支学科逐渐得到认可。从家庭传播研究的内容看，不仅包括家庭关系和家庭传播策略等一般情境的研究，还包括家庭危机这一特殊情境的研究。此外，不少学者将家庭传播研究纳入理论视角，试图从理论角度阐述家庭现象和问题；从家庭传播研究的国别分布看，美国学者因研究起步早和研究内容广而走在前列，英国、法国、日本等国家也纷纷追赶其脚步。相比之下，中国的家庭传播研究起步较晚，尚有大片研究绿地值得开垦；从家庭传播研究的方法看，目前主要采用的方法包括问卷调查法、控制实验法、自然观察法、比较分析法、文献分析法等。

从古至今，《颜氏家训》《诫子书》《勉谕儿辈》《治家格言》《曾国藩家书》《傅雷家书》等传统的家训家书闪烁着优良家风的思想光芒，为中国学者开展家庭传播研究提供了丰富的文献资料。十八大以来，习总书记特别强调"我们都要重视家庭建设，注重家庭、注重家教、注重家风"的问题，良好的家风建设被现代家庭予以高度重视，这也为中国家庭传播研究提供了良好的社会环境。基于这一内容和环境优势，中国家庭传播研究的发展壮大值得期待。

---

① Joseph M. Gumina：Communication of the Decision to Divorce：A Retrospective Qualitative Study，*Journal of Divorce & Remarriage*，vol.50，no.3，2009.PP. 220-232。

晒恩爱：大学生亲密关系的社交媒体呈现研究

——基于计划行为理论模型

曹玉翠　朱秀凌 *

【摘要】微信已经逐渐成为人们尤其是大学生日常交往的重要社交媒介，大学生利用朋友圈"晒恩爱"的行为也日益普遍。本研究通过对 402 名大学生的问卷调查，基于计划行为理论的三个维度提出研究假设，探究大学生利用朋友圈进行亲密关系自我呈现意愿的影响因素。研究发现，大学生"晒恩爱"成为一种普遍现象，但对于过于频繁的"秀恩爱"行为较为排斥；大学生对"晒恩爱"的有用性和体验性的感知越高，操作的简单性和易用性感知越好，其"晒恩爱"的意愿就越强烈，也越容易实施"晒恩爱"行为，但身边他人的看法对"晒恩爱"意愿并未产生显著影响。

【关键词】大学生亲密关系；微信朋友圈；社交媒体；计划行为理论

【基金项目】本文系国家社会科学基金一般项目"家庭传播学视域下的青少年网络风险防范与引导研究"（项目编号：15BXW064）阶段性研究成果。

一、引言

大学时期是人生发展的关键时期，也是形成爱的品质的重要时期。进入成人初显期的大学生往往通过谈恋爱学习如何承担责任，如何在亲密关系中扮演好自己的角色，因此谈恋爱成为一种普遍现象①。微信朋友圈作为日益普及的社交媒体，人们会在其中通过内容的发布来进行自我形象的塑造②。随着社会的发展，当代大学生的恋爱观日益开放，他们也逐渐热衷于将自身的恋爱细节在微信朋友圈进行呈现和展示，"晒恩爱"行为日益流行。

＊ 作者简介：曹玉翠（1998—），女，河南省信阳市人，广东外语外贸大学新闻与传播学院硕士研究生。朱秀凌（1977—），女，福建省漳州市人，广东外语外贸大学新闻与传播学院副教授，硕士生导师，研究方向：家庭传播、青少年与媒介。

① 贾晓明：《学习建立亲密关系：大学生恋爱心理分析》，《中国青年研究》2003 年第 6 期。

② 童慧：《微信的自我呈现与人际传播》，《重庆社会科学》2014 年第 1 期。

尽管对大学生亲密关系以及大学生亲密关系的自我呈现研究已不在少数，但少有研究考察这种呈现行为的影响因素，已有的少数研究从定量、定性相结合的角度对大学生亲密关系呈现的行为、作用、影响因素等多方面进行概括，但从计划行为理论模型出发，对大学生亲密关系呈现的影响因素进行深耕的研究却是凤毛麟角。

计划行为理论能够对人的行为进行预测和解释，已经被证实在社交媒体使用方面具有良好的解释力[①]。因此，本研究拟运用计划行为理论提出研究假设，探讨大学生在微信朋友圈如何进行亲密关系自我呈现以及会受到哪些因素的影响。本研究不仅有助于亲密关系的家庭传播研究，而且有助于进一步了解当代年轻人亲密关系的社交媒体呈现特征及影响因素，引导大学生形成健康、良好的亲密关系，促进大学生形成积极的恋爱观与健全的人格，具有重要理论价值和现实意义。

二、文献回顾及研究假设

（一）大学生亲密关系

亲密关系本意指人与人之间情感上的亲近，现多用于指代恋人之间的关系。本研究的亲密关系主要指恋人之间的关系，也有学者称之为浪漫关系（Romantic relationship）。大学生群体正处于埃里克森理论中成年早期的"亲密对孤独"的发展阶段，在这一阶段里，亲密与孤独的冲突导致形成爱的品质成为大学生最重要的心理发展任务之一。因此，大学生恋爱成为十分普及的现象，也成为学者关注的焦点问题。已有研究主要聚焦：

1. 大学生亲密关系的作用

根据鲍迈斯特和利里（Baumeister & Leary）的研究，亲密关系是一个人正常生活的必要因素[②]。但有些大学生的亲密关系属于不安全型依恋，可能出现依恋焦虑、依恋回避等情况[③]，并且这些情况会造成人际关系问题[④]、行为问题[⑤]等。对于晚期青少年来说，建立良好、正向的亲密关系是一种情感需要，也是一项重要的发展任务[⑥]。

2. 大学生亲密关系的影响因素

---

① Heirman, W., et al, Applying the theory of planned behavior to adolescents' acceptance of online friendship requests sent by strangers, *Telematics and Informatics*, no .33(November 2016), pp.1119-1129。

② Baumeister, R. & Leary, M., *Intimate Relationships*, New York：McGraw-Hill Education , 1995, pp.28。

③ 张亚林、杨海燕、李丽、张迎黎：《大学生成人依恋及其与自尊、社会支持的关系》，《中国临床心理学杂志》2010 年第 2 期。

④ Wei, M. &Vogel, D. L. & Ku, T .Y., et al, Adult attachment, affect regulation, negative mood, and interpersonal problems：The mediating roles of emotional reactivity and emotional cutoff, *Journal of Counseling Psychology*, vol.52, no.1(January 2005), pp.14-24。

⑤ Kassel, J.D. & Wardle, M. & Roberts, J. E. Adult attachment security and college student substance use, *Addictive behaviors*, vol.32, no.6(June 2007), pp.1164-1176。

⑥ Margolis, G. Becoming Close：Intimate Relations Among College Students, *Journal of American College Health Association*, no.3(April 2011), pp.153-156。

拉森和霍尔曼（Larson & Holman）提出，亲密关系有可能受到来自三个因素的影响：分别是个体因素、互动因素和外部环境因素[①]。人格的特质会对人的各项行为产生影响，也必定会对情侣间的亲密关系产生影响，如果恋爱双方只会一味地批评与愤怒，亲密关系必定难以维持[②③]；而在一段关系中，要想使亲密关系得以长久地维持，还需要男女双方的交换、付出与协调实现对等[④]，在面对冲突时不回避，以正面的、积极的态度进行沟通[⑤]；此外，家庭背景[⑥]和社会文化背景[⑦]作为外部环境因素，会对大学生情侣的价值观造成影响，从而对其亲密关系的交往带来影响。

3. 大学生亲密关系的自我呈现

对于大学生在社交媒体进行亲密关系的呈现方面，有学者通过大学生情侣在微信朋友圈[⑧]、微博[⑨]等平台展现亲密关系的行为，探讨了大学生亲密关系自我呈现的时间选择、所呈现的内容以及呈现方式等；同样有国外学者研究了脸书等平台的亲密关系展示行为[⑩]。

研究显示，大学生亲密关系的呈现主要是以积极的内容为主，侧重于展现幸福的一面，或是表达对未来的美好憧憬，这种呈现会给情侣双方带来安全感，类似于一种在公共场合的身份承认。

（二）计划行为理论

菲什宾（Fishbein）最初在多属性态度理论[⑪]中提出，行为态度决定行为意向，该理论主要用于预测消费者的购买意愿。在此基础上，菲什宾和阿耶兹（Ajzen）在提出理性

---

① Larson, J.H. &Holman, T.B, Premarital predictors of marital quality and stability, *Family Relations*, vol.43, no.2 (April 1994), pp .228-237。

② 琚晓燕：《夫妻互动行为差异及其对婚姻质量的影响——基于一项观察研究》，《中国临床心理学杂志》2013 年第 5 期。

③ Bowlby, J. *Attachment and loss, vol.I*: *attachment*, New York: Basic Books, 1969, pp.34。

④ Acitelli, L.K. & Erlbaum E. *Close romantic relationships*: *Maintenance and enhancement*, Mahwah: Lawrence Erlbaum Associates, 2001, pp.25。

⑤ 高鹏：《亲密关系伴侣在冲突中的行为及其归因》，《北京大学学报（哲学社会科学版）》2005 年第 4 期。

⑥ 李天菲：《亲密关系中谎言接受度的质性研究》，硕士学位论文，华中师范大学，2015 年。

⑦ Halpern C. T.& Oslak, S. G .&Young, M. L .&Martin, S. L .& Kupper, L. L. Partner violence among adolescents in opposite-sex romantic relationships: Findings from the national longitudinal study of adolescent health , *American Journal of Public Health*,vol.91,no.10(October 2001), pp.1679-1685。

⑧ 田玉粉：《"晒恋情"：大学生情侣在微信朋友圈中的恋情呈现行为研究》，硕士学位论文，陕西师范大学，2019 年。

⑨ 静永超：《网络行为的文化逻辑——以大学生微博"秀恩爱"行为为例》，《青年学报》2016 年第 3 期。

⑩ Fox, J. &Osborn, J. L. & Warber, K. M. Relational dialectics and social networking sites: The role of Facebook in romantic relationship escalation, maintenance, conflict, and dissolution, *Computers in Human Behavior*, vol.35, no .6(June 2014), pp.527-534。

⑪ Fishbein, M. An investigation of the relationships between beliefs about an object and the attitude toward that object, *Human Relations*, no .16(August 1963), pp.233-240。

行为理论 [①] 时，增加了主观规范作为行为意向的影响因素，提出行为态度和主观规范会影响行为意向。1985 年，阿耶兹在理性行为理论的基础上，提出人的行为并非完全出自自愿，有可能受到外部条件因素干扰，因此增加了知觉行为控制变量，初步提出计划行为理论 [②]。又于 1991 年发表《计划行为理论》[③] 一文，该文章标志着计划行为理论的成熟。

根据计划行为理论，个体的行为意向可以解释和预测行为，行为意向受行为态度、主观规范和知觉行为控制三个因素的影响。一般来说，个体对行为的态度和主观规范越积极，知觉行为控制越强，个体选择和实施行为的意愿就越强。该理论具体图示如图 1。

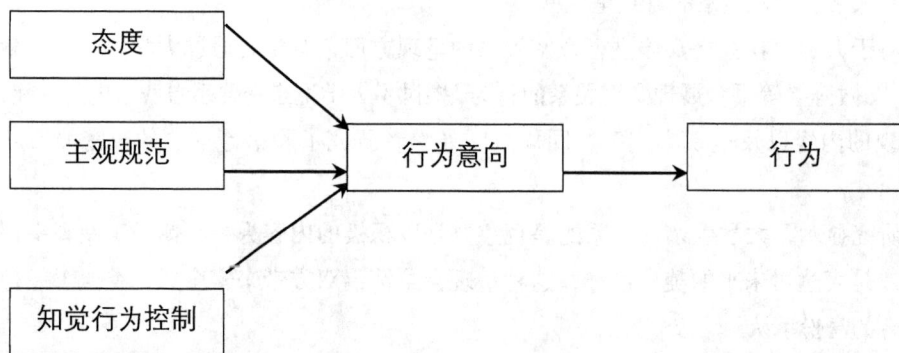

图 1　计划行为理论模型

既有研究表明，计划行为理论可以较好地解释和预测个体的行为和意愿 [④]。研究者也在很多领域利用该理论对各种行为意愿的形成机理展开了研究，例如，有学者将计划行为理论应用于消费者的消费行为，分析了消费者对有机食品的选择 [⑤]；在环保方面，计划行为理论已被证实对居民的环保意向和环保行为同样具有较好的解释力 [⑥]；创新行为方面，在基于计划行为理论的基础上，有学者研究了企业员工的创新意愿 [⑦] 和创新行为 [⑧]，均证明

---

① Fishbein, M .& Ajzen , I. *Belief, attitude, intention, and behavior*: *An introduction to theory and research reading*, MA: Addison-Wesley, 1975。

② Ajzen, I., *From intentions to actions*: *A theory of planned behavior*, Heidelberg: Springer, 1985, pp.11-39。

③ Ajzen, I., The theory of planned behavior, *Organizational behavior and human decision processes*, no.50(July 1991), pp.179-2117。

④ Bansal, H .S. & Shirley, F .T., Investigating Interactive Effects in the Theory of Planned Behavior in a Service- Switching Context, *Psychology and Marketing*, vol.15, no.5(May 2002), pp.407-425。

⑤ Chen, M .F. Consumer Attitudes and Purchase Intentions Relation to Organic Foods in Taiwan: Moderating Effects of Food-related Personality Traits, *Food Quality and Preference*, no.18(April 2007), pp.1008-1021。

⑥ 崔枫，张琰:《城市居民低碳出行意向的影响因素》,《城市问题》2017 年第 11 期。

⑦ 张毅，游达明:《科技型企业员工创新意愿影响因素的实证研究——基于 TPB 视角》,《南开管理评论》2014 年第 4 期。

⑧ 赵斌，栾虹，李新建，付庆凤:《科技人员创新行为产生机理研究——基于计划行为理论》,《科学学研究》2013 年第 2 期。

计划行为理论在此方面具有良好预测力和解释力；而在社交媒体使用行为中，有学者以计划行为理论为基础，研究了微信朋友圈用户自拍行为的影响因素[①]，证明计划行为理论在社交媒体使用意愿和行为的预测中具有良好解释力。

综上，笔者以为，大学生情侣亲密关系的自我呈现意愿同样可以从计划行为理论出发，研究其有怎样的影响因素，而国内尚未出现以该理论为框架进行亲密关系影响因素研究的先例。微信作为炙手可热的社交网络工具，其传播形式一直以来都是学界关注的重点[②]，因此，本文做出如下研究假设：

1.行为态度与大学生朋友圈亲密关系自我呈现意愿之间的关系

根据计划行为理论，人们对从事某项行为的态度可以预测意愿，态度越积极，意愿越强烈，从事该行为的可能性也就越大。巴戈齐（Bagozzi）[③]、阿耶兹（Ajzen）[④]在测量态度时，采用的是"从事某行为是'有用的—无用的''有趣的—无趣的'"等题项。而依据菲什宾和阿耶兹对态度的期待—价值模型[⑤]，当大学生觉得参与社交网站的亲密关系自我呈现是有用的并且体验良好时，大学生将呈现积极的态度。基于此，本研究在测量大学生在微信朋友圈进行亲密关系自我呈现的态度时，倾向于从有用性和体验性两个角度，并提出以下假设

H1：大学生亲密关系自我呈现的态度越积极，"晒恩爱"的意愿越强烈。

2.主观规范与大学生朋友圈亲密关系自我呈现意愿之间的关系

主观规范包括指令性规范和示范性规范，指令性规范指的是当身边重要的相关他人（配偶、亲友、朋友等）支持用户利用微信朋友圈进行亲密关系呈现时，本人将倾向于采取行动；示范性规范意指身边重要的相关他人本身利用微信朋友圈进行亲密关系呈现时，本人也将倾向于采取行动。同样，根据李华业等人的研究，群体的观点会对个体决策产生影响，人们倾向于采取和群体相同的行动[⑥]。因此，本文提出以下假设

H2：主观规范越积极，大学生"晒恩爱"的意愿越强烈。

3.知觉行为控制与大学生在微信朋友圈进行亲密关系自我呈现意愿之间的关系

知觉行为控制变量包括感知可控性和自我效能两个子维度。感知可控性在此研究中

①　王柯：《社交网站用户自拍行为的影响因素研究》，硕士学位论文，北京邮电大学，2019年，第34—37页。

②　李文芳：《微信时代健康传播的特征与应用探讨》，《新闻大学》2014年第6期。

③　Bagozzi，R. P. & Lee，K .H. & Van Loo，M. F.，Decisions to Donate Bone Marrow：The Role of Attitudes and Subjective Norms Across Cultures，*Psychology and Health*，.16，no.1(January 2001)，pp .29—56。

④　Ajzen，I. Constructing a TPB Questionnaire Conceptual and Methodological Considerations［EB/OL］，http：//www.unix.oit.umass.edu。

⑤　Ajzen，L. & Fishbein，M.，*Understanding attitudes and predicting social behavior*，Eaglewood Cliffs NJ：prentice-Hall，1980.

⑥　LI，H. & Sakamoto，Y.，Social impacts in social media：An examination of perceived truthfulness and sharing of information，*Computers in Human Behavior*，no. 41(December 2014)，pp.278—287。

指的是对于朋友圈亲密关系呈现行为的可控制性。自我效能在此研究中指的是大学生对于发朋友圈进行亲密关系自我呈现的容易或者困难的程度。贝克（Baker）等人的研究认为，知觉行为控制可以显著正向影响对个体的社交网站使用意愿和使用行为[①]；汉森（Hansen）等人通过将计划行为理论和技术接受模型相结合，认为感知易用性会增强用户的感知行为控制，从而增强用户对于社交网络平台的使用意愿[②]。微信朋友圈是典型的社交网络平台，亲密关系的自我呈现行为是典型的社交网站行为的一种。知觉行为控制在此研究中可以归纳为大学生利用微信朋友圈进行亲密关系自我呈现的简单性和可控性，知觉行为控制将会影响到大学生利用微信朋友圈进行亲密关系自我呈现的意愿。因此，本文提出以下假设

H3：大学生知觉行为控制越强烈，"晒恩爱"的意愿越强烈。

4. 大学生在微信朋友圈进行亲密关系自我呈现意愿和行为之间的关系

计划行为理论认为，个体从事某项行为的行为意愿是具体行为发生的核心要素，会对行为产生显著正向影响[③]，当个体具有强烈的意愿从事某行为时，其实施该行为的可能就越大。近些年来，国内外不同领域研究者的研究结果也证明，行为意愿是具体行为实施的关键性预测因素，对具体行为的实行具有正向促进作用[④⑤]。同样有研究表明，个体对社交网络平台的使用意愿是其使用行为的重要影响因素。例如，Caihong Jiang 等人在研究微博使用意向时，证明了意向显著地预测了用户的微博使用行为[⑥]。微信同样作为社交网络平台，用户对微信朋友圈的使用行为在很大程度上也受到其使用意愿的影响。因此，本文提出以下假设：

H4：大学生"晒恩爱"意愿越强烈，越容易实施"晒恩爱"行为。

---

① Baker, R. K. &Katherine, M .W. , Predicting adolescents' use of social networking sites from an extended theory of planned behavior perspective, *Computers in Human Behavior*, no.26(July 2010), pp.1591—1597。

② Al–Debei. M. M.& Al–Lozi, E. Anastasia, P. Why people keep coming back to Facebook: Explaining and predicting continuance participation from an extended theory of planned behaviour perspective, *Decision Support Systems*, vol.55, no.1(January 2013), pp.43—54。

③ Ajzen, I., The theory of planned behavior, *Organizational behavior and human decision processes*, no.50(July 1991), pp.179—2117。

④ 郭永辉：《基于计划行为理论的设计链知识持续分享模型》，《科学学研究》2008 年第 10 期。

⑤ Heirman, W.& Walrave, M.& Ponnet, K., Predicting adolescents' disclosure of personal information in exchange for commercial incentives: An application of an extended theory of planned behavior, *Cyberpsychology Behavior and Social Networking*, vol.16, no.2(January 2013), pp.81—87。

⑥ Cai, H. J., et al., The effects of the self and social identity on the intention to microblog: An extension of the theory of planned behavior, *Computers in Human Behavior*, no.64(November 2016), pp.754—759。

三、研究设计

（一）样本的选择

本研究采用分层整群抽样的方法，选择广东省大学生作为调查对象，采取分层整群抽样的方法，从广东省 985 高校、211 高校以及普通本科高校中各随机抽取一所，在抽取的 3 所高校中再随机选择一个人文社科专业和理工科专业的本科生班级进行问卷填答。最终回收问卷 402 份，去掉没有在朋友圈晒过恩爱的问卷 129 份，剩余有效问卷 273 份，其描述性统计分析结果如表 1 所示。273 份样本中，男性占 51.3％，女性占 48.7％；三所学校的学生占比均为 33.3％；专业类别方面，人文社科专业占比 50.5％，理工科专业占比 49.5％；户口类型方面，城市户口占比 57.9％，农村户口占比 42.1％。

所有的有效问卷数据都录入社会科学统计软件包（SPSS24.0）进行分析。

表 1　样本特征分布

类别		人数	百分比（％）
性别	男	140	51.3
	女	133	48.7
学校	985 高校	91	33.3
	211 高校	91	33.3
	普通本科	91	33.3
专业类别	人文社科专业	138	50.5
	理工科专业	135	49.5
户口类型	城市户口	158	57.9
	农村户口	115	42.1

（二）变量测量

除了控制变量和亲密关系自我呈现行为的测量外，其余研究变量统一采用李克特 5 级量表进行测量，回答采用"完全不符合""比较不符合""说不清""比较符合"和"完全符合"，计分从 1 到 5 逐步递增。

本研究主要测量行为态度（有用性和体验性）、主观规范（指令性规范和描述性规范）、知觉行为控制（简单性和可控性）、大学生朋友圈亲密关系自我呈现意愿以及亲密关系自我呈现行为这八个变量。其中行为态度题项主要来自于阿耶兹（Ajzen）[①]、尤妮

---

① Ajzen, I., Constructing a TPB Questionnaire Conceptual and Methodological Considerations [EB/OL], http://www.unix.oit.umass.edu。

斯·金（Eunice Kim）等[1]，包括体验性和有用性两个变量。主观规范主要来源于阿耶兹（Ajzen），包括指令性规范和描述性规范两个变量。知觉行为控制题项来自阿耶兹（Ajzen），包括简单性和可控性两个变量。大学生朋友圈亲密关系自我呈现意愿在参考尤妮斯·金（Eunice Kim）[2]等、艾米莉（Emily）等[3]量表的基础上，由本研究修改而成。大学生朋友圈亲密关系自我呈现行为在参考金（Kim）等[4]，艾米莉（Emily）等量表的基础上，由本研究修改而成（见表2）。经过试测，量表的信度为0.96，表明该量表为较为可靠的测量工具。

表2　各变量的测量

	维度	测量问题	α
行为态度	有用性	我认为在微信朋友圈秀恩爱是有益的	.96
		我认为在微信朋友圈秀恩爱是一种好的行为	
		在微信朋友圈秀恩爱于我而言是有价值的	
	体验性	在微信朋友圈秀恩爱使我感到愉悦	
		我很享受在微信朋友圈秀恩爱	
		我认为在微信朋友圈秀恩爱很有趣	
		我认为在微信朋友圈秀恩爱是积极的行为	
主观规范	指令性规范	在我生活中很重要的人们，例如我的亲戚、朋友、同事、同学或者我的另一半等赞同我在微信朋友圈秀恩爱	.88
	描述性规范	在我生活中很重要的人们，例如我的亲戚、朋友、同事、同学或者我的另一半等希望我在微信朋友圈秀恩爱	
		在我生活中很重要的人们，例如我的亲戚、朋友、同事、同学或者我的另一半等本身会在微信朋友圈秀恩爱	

① Eunice, K. & Jung-Ah, L. & Yongun, S., et al, Predicting selfie-posting behavior on social networking sites: An extension of theory of planned behavior, *Computers in Human Behavior*, no.62(September 2016), pp.116—123。

② Eunice, K. & Jung-Ah, L. & Yongun, S. et al, Predicting selfie-posting behavior on social networking sites: An extension of theory of planned behavior, *Computers in Human Behavior*, no.62(September 2016), pp.116—123。

③ Emily, L. C. & Rachel, G., Self-ie love: Predictors of image editing intentions on Facebook, *Telematics and Informatics*, vol.37, no.1(April 2018), pp.186—194。

④ Kim, J.W. & Tamara, M.C., Personality Traits and Psychological Motivations Predicting Selfie Posting Behaviors on Social Networking Sites, *Telematics and Informatics*, no.34(June 2017), pp.560—571。

续表

	维度	测量问题	α
知觉行为控制	简单性	对于我来说，在微信朋友圈秀恩爱是一件十分简单的事情	.85
		我完全可以掌握发布微信朋友圈秀恩爱的操作	
	可控性	我对于是否在微信朋友圈秀恩爱这项行为有完全的控制	
		要不要在微信朋友圈秀恩爱，主要取决于我自身愿不愿意	
	意愿测量	未来，我会打算在微信朋友圈秀恩爱	.89
		未来，我会愿意在微信朋友圈秀恩爱	
		未来，我将会经常在微信朋友圈秀恩爱	
	行为测量	您有对象时，多久用朋友圈秀一次恩爱	.85
		您有对象时，三个月内在微信朋友圈秀恩爱的次数	

四、研究发现

（一）大学生虽比较愿意"晒恩爱"，但对于经常"秀"的行为较为排斥

表3显示，单就亲密关系呈现的意愿而言，大学生进行亲密关系自我呈现的意愿均值为3.21，处于中等偏上水平，但大学生在未来"打算秀恩爱"（M=3.21，SD=1.086）和"愿意秀恩爱"（M=3.29，SD=1.096）方面的均值高于"经常秀恩爱"（M=2.59，SD=1.153），这表明大学生虽比较愿意进行亲密关系的呈现，但对于经常"秀"的行为较为排斥。

表3 大学生亲密关系自我呈现的意愿

	未来，我会打算在朋友圈秀恩爱	未来，我会愿意在朋友圈秀恩爱	未来，我会经常在朋友圈秀恩爱
平均值（M）	3.21	3.29	2.59
个案数（N）	273	273	273
标准差（SD）	1.086	1.096	1.153

研究发现（见表4），有67.9%的人表示曾在微信朋友圈进行亲密关系的自我呈现，这表明大学生朋友圈秀恩爱行为较为普遍，值得进行深入研究和探讨。在恋爱期间朋友圈秀恩爱频率方面，有52%的人表示在微信朋友圈秀恩爱的频率在3个月以上一次，只有8.1%的大学生表示其秀恩爱的频率为几天一次。对于恋爱期间三月内秀恩爱的次数，近一半的大学生为1—2次。这表明，虽然大学生在朋友圈进行亲密关系自我呈现的现象较为普及，但具体到个人，个体进行亲密关系呈现的次数并不多，频率也较低。

表 4　大学生亲密关系自我呈现的行为

测量项	选项范围	频数	比例（%）
是否在朋友圈秀过恩爱	是	273	67.9
	否	129	32.1
恋爱期间朋友圈秀恩爱的频率	3 个月以上一次	142	52
	1—2 月一次	81	29.7
	半个月一次	28	10.3
	几天一次	22	8.1
恋爱期间三月内秀恩爱的次数	0 次	70	25.6
	1—2 次	118	43.2
	3—4 次	46	16.8
	5—6 次	16	5.9
	7—8 次	15	5.5
	9—10 次	3	1.1
	10 次以上	5	1.8

（二）大学生"晒恩爱"意愿的影响因素

1. 当亲密关系呈现的有用性和体验性被肯定时，大学生"晒恩爱"意愿越强

研究结果显示，行为态度显著正向影响大学生朋友圈亲密关系自我呈现的意愿（β=0.618，P < 0.001）（见表 5），即当亲密关系呈现的有用性和体验性被肯定时，大学生对于亲密关系呈现的意愿也较高。结果证实了田玉粉[1]、陈熵珊[2]等学者的观点，田玉粉通过质化与量化相结合的方法，得出大学生在微信朋友圈进行亲密关系自我呈现的五点作用，分别是记录日常、表达情感、自我表露、获取认同和获取支持。而这种亲密关系的自我呈现更能使个体得到心理上的满足，使个体通过呈现理想化的亲密关系而获得优越感。基于此目的，个体往往具备亲密关系呈现意愿。H1 成立。

2. 主观规范对"晒恩爱"的意愿影响不大

研究结果显示，主观规范正向影响大学生朋友圈亲密关系自我呈现的意愿，但并不显著（β=0.055，P > 0.05）（见表 5）。也就是说，相关他人对亲密关系的态度与看法虽然对个体呈现意愿会产生正向影响，但这种影响并不大。

以往研究认为，一方面，微信是一种熟人网络，用户会高度重视朋友圈中他人的看

---

① 田玉粉：《"晒恋情"：大学生情侣在微信朋友圈中的恋情呈现行为研究》，硕士学位论文，陕西师范大学，2019 年，第 67 页。

② 陈熵珊：《社交媒体对大学生亲密关系的影响：媒介使用、自我表露和电子人际监测》，硕士学位论文，厦门大学，2018 年，第 45 页。

法，因此，朋友圈的呈现行为会受到他人的影响[1]；另一方面，人是社会性动物，从众心理普遍存在，当身旁他人有某项行为时，个体倾向于模仿[2]。但对于主观规范对大学生朋友圈亲密关系自我呈现意愿的影响并不显著这一研究结果，笔者以为，大学生亲密关系的呈现不同于普通内容的呈现，主要是为了自我情感的表露，这种动机往往受主体影响较大而非他人，而且往往在特殊节日或有值得"晒"的内容时，才会进行呈现。而此研究结果也与学者田玉粉研究结果相一致。其在对"晒恩爱"的动机进行研究时，通过实证研究发现超过一半的调查对象是为了记录日常和表达情感，而只有11％的调查对象是受到他人影响[3]。H2 不成立。

3. 当大学生认为"晒恩爱"的行为较为简单，且可控制性较强时，"晒恩爱"意愿就越强

研究结果显示，知觉行为控制显著正向影响大学生朋友圈亲密关系自我呈现的意愿（β=0.276，P < 0.001）（见表 5）。即：当大学生认为"晒恩爱"的行为较为简单，且可控制性较强时，"晒恩爱"意愿就越强。结果证实了尤妮斯·金[4]等人的研究，其在对 Instagram 用户行为意愿的研究中，证实了知觉行为控制对行为呈现的意愿具有显著正向影响。H3 成立。

表 5　亲密关系自我呈现意愿的影响因素回归分析结果（N=273）

	变量	模型 1	模型 2	模型 3	模型 4
人口学变量	性别	0.554***	0.151	0.113	0.045
	学校	-0.020	-0.025	0.000	0.007
	专业类别	-0.1369	-0.058	-0.035	-0.041
	户口类型	-0.193	0.002	-0.015	-0.013
自变量	行为态度	—	0.807***	0.670***	0.618***
	主观规范	—	—	0.210***	0.055
	知觉行为控制	—	—	—	0.276***
	调整后的总 R^2	0.098	0.659	0.676	0.700
	F	8.427***	105.937***	95.637***	81.715***

注：* 表示 p < 0.05，** 表示 p < 0.01，*** 表示 p < 0.001。

[1] 张玉娟：《微信朋友圈广告传播机制与策略研究》，硕士学位论文，河南大学，2016 年，第 45 页。

[2] Kim, B. Understanding antecedents of continuance intention in social networking services, *Cyberpsychology Behavior and Social Networking*, vol.14, no.4(April 2011), pp.199—205.

[3] 田玉粉：《"晒恋情"：大学生情侣在微信朋友圈中的恋情呈现行为研究》，硕士学位论文，陕西师范大学，2019 年，第 29 页。

[4] Eunice, K. &Jung-Ah, L. & Yongun, S. et al, Predicting selfie-posting behavior on social networking sites: An extension of theory of planned behavior, *Computers in Human Behavior*, no.62(September 2016), pp.116—123.

（三）大学生"晒恩爱"意愿越强烈，则越容易实施"晒恩爱"行为

研究结果显示（见表6），大学生朋友圈亲密关系自我呈现意愿显著正向影响亲密关系自我呈现行为（β =0.395，P＜0.001）。也就是说，"晒恩爱"的意愿越强烈，也越容易产生"晒恩爱"的行为。该结果与佩林、怀特（Pelling，E.L. & White，K.M.）[1]等人的研究结果一致，个体做某事的意愿越强，其进行某种行为的可能越大。H4成立。

表6 亲密关系自我呈现行为的影响因素回归分析结果（N=273）

	变量	模型1	模型2
人口学变量	性别	0.379**	0.093
	学校	-0.310***	-0.300
	专业类别	-0.223	-0.152
	户口类型	-0.266*	-0.167
自变量	意愿	—	0.516***
	调整后的 R^2	0.099	0.316
	F	4.422*	86.126***

注：*表示p＜0.05，**表示p＜0.01，***表示p＜0.001。

五、结论与讨论

微信作为信息时代一种新兴的社交媒介，已经成为人们尤其是当代年轻人必不可少的交流软件。朋友圈又进一步扩展了微信的功能，使其成为一种虚拟化的社交社区[2]。大学生朋友圈"晒恩爱"也逐渐成为一种趋势，这是大学生勇于呈现与追求美好事物的体现，也是社会进步、人们思维方式转变的体现。

但相比较而言，中年夫妻亲密关系的社交媒体呈现并不常见[3]，笔者以为，相较于大学生，中年夫妻在呈现的行为态度、主观规范与知觉行为控制维度均不显著。首先，中年人在经历了时间的洗礼后更加成熟稳重[4]，中年夫妻在婚后的柴米油盐中归于平和与平淡，对于"晒恩爱"行为的有用性和体验性均评价不高；其次，在圈层的影响下较少存在"示范性规范"，即使存在身边他人偶尔的亲密关系展示，心智较为成熟的中年夫妻也

① Pelling，E. L. & White，K.M.，The theory of planned behavior applied to young people's use of social networking web sites. *Cyber psychology Behavior*，vol.12，no.6(December 2009)，pp.755—759。
② 李耘耕、朱焕雅：《朋友圈缘何而发：社会心理视阈下大学生微信自我呈现策略及影响因素研究》，《新闻记者》2019年第5期。
③ 胡秀倩：《亲密关系中的正向信念——以台湾中年夫妻为例》，硕士学位论文，安徽医科大学，2011年，第16页。
④ 王欢、关静雯：《微信朋友圈"晒"现象研究》，《重庆邮电大学学报（社会科学版）》2016年第28期。

并不会在很大程度上受到影响，他们以为，婚姻幸福与否，不需要外界的关注[①]；再次，相较于"数字原住民"的年轻人，在中年人看来，微信更多是一种通讯的手段，发布朋友圈的频率并不高，在朋友圈内容呈现上更倾向于展现有品位、有内涵的实质性内容，能引起人们对自己人生的思考，而非囿于单纯的"晒"或"秀"[②]。

而即使大学生情侣"晒恩爱"现象较为普遍，但"晒"的次数并不在多数，"晒"的意愿也处于中等水平。因为按照马斯洛心理需求理论，当大学生满足了基础的生理和安全的需要后，最想要追求的就是爱和归属的需要；只有满足了爱和归属的需要之后，才有可能追求更高层次的需求，这说明了满足大学生爱和归属的需要的重要性。而微信朋友圈正为大学生搭建了一个平台，通过亲密关系的自我呈现来实现这种情感需要。

研究结果证明，大学生在进行亲密关系自我呈现时显著受到行为态度的影响，这说明大学生"晒恩爱"通常是为了满足体验感和自我满足，而这种"晒"也满足了他们的此类需要。大学生情侣亲密关系的社交媒体呈现增加了情侣间亲密度、满足大学生爱和归属的需要等。但是，大学生这种"晒"也有可能变成炫耀与攀比，或导致部分大学生在进行亲密关系的呈现时所呈现的内容并非完全真实。长此以往，此类行为有可能导致大学生爱情观的扭曲，形成浅薄与物质化的爱情观。因此，大学生需要正确处理恋爱双方的亲密关系，在朋友圈进行亲密关系呈现时也要注重真实与真诚，明确自身角色，把握内容尺度，防止这种呈现走向虚伪与脱离现实。

因此，本研究基于计划行为理论提出研究假设，探究大学生利用朋友圈进行亲密关系自我呈现意愿的影响因素，不仅有助于亲密关系的家庭传播研究，而且对于引导大学生如何进行健康、良好的亲密关系传播，促进大学生形成积极的恋爱观与健全的人格具有重要的现实价值。

当然，本研究也存在有一定的局限性。由于经费和时间所限，本研究在进行样本选择时，研究范围局限于广东高校，因此样本来源在地域上并非均匀分布，未来研究可以进一步扩大研究范围和样本量，并且尝试和其他模型相结合进行更深入的探究。

---

① 胡秀倩：《亲密关系中的正向信念——以台湾中年夫妻为例》，硕士学位论文，安徽医科大学，2011 年，第 16 页。

② 王欢、关静雯：《微信朋友圈"晒"现象研究》，《重庆邮电大学学报（社会科学版）》2016 年第 28 期。

心态与模式：家庭传播下《我们仨》夫妻关系的构建

王卫明 卢 妍*

（南昌大学新闻与传播学院，江西南昌，330047）

【摘要】家庭空间是个体走向社会最早接触的传播空间，夫妻关系在家庭中拥有举足轻重的地位，随着我国人民物质生活水平的日益提高，对精神生活的追求也使得人们越来越多地关注婚姻的质量。《我们仨》一书展现了单纯温馨的家庭生活经历，聚焦夫妻之间的相处故事，给予后人婚恋传播的优秀经验。本文以家庭传播学为视角，立足杨绛和钱锺书夫妇的家庭生活实践，探究其中的传受关系、传播仪式以及传播心态，并寻求当代中国夫妻关系构建的传播模式和规范。

【关键词】家庭传播；模式；构建；《我们仨》

【基金项目】本文系国家社会科学基金一般项目"当代中国语境下的家庭传播研究"（项目编号：20BXW056）阶段性成果。

家庭传播（family communication）指的是家庭成员之间的传播，以及人们以家庭成员身份对外界实施的传播行为。在家庭中，家庭成员通过传播实现共享和互动，对于个体而言，家是其最重要的生活空间和最早涉入的传播空间，传受双方研究是家庭传播研究的核心议题，也是理解家庭传播问题的基本起点[①]，其中夫妻关系是家庭中最重要、最基本的关系，自然成为家庭传播研究的重要范畴。传播塑造和定义着"我们"，把"我们"与"他们"区别开，在婚姻生活中，夫妻多以"我们"为主体参与社会活动，互动质量影响着夫妻关系的和谐，通过传播，夫妻之间建立了密切的内在联系，获得了对现实共同的理解。

文学作品是生活的艺术折射，《我们仨》是中国著名作家杨绛脍炙人口的作品，杨绛

---

* 作者简介：王卫明（1976—），男，江西万载人，南昌大学新闻与传播学院教授、博导、新闻系主任，研究方向：传播实务。卢妍（2000—），女，江西九江人，南昌大学前湖学院新闻学专业本科生，研究方向：家庭传播、新媒体。

① 朱秀凌：《家庭传播研究的逻辑起点、历史演进和发展路径》，《国际新闻界》2018年第9期。

在书中详细描写了她与钱锺书自相识、相知到相守的经历，是作者与钱锺书的家庭生活回忆录。钱锺书曾写给杨绛的一句"遇见你之前，我没想过结婚，遇见你之后，结婚我没想过别人"家喻户晓，夫妻两人几十年来恩爱如初，他们无愧于夫妻关系的典范。家庭关系的和谐不仅关乎个人幸福，更是社会稳定的前提，每个家庭都有一个相对稳固的传播机制，且人类的活动不仅受到生物运动规律的制约，而且受到精神和心理的运动规律的制约①。本文试从传播学角度凝练分析杨绛与钱锺书之间的夫妻关系和传播心态，在此基础上总结优秀的家庭传播经验，从而表达和理解当代中国鲜活的家庭传播实践。

一、家庭传播学下的夫妻关系及其重要性

在伦理层面，夫妻关系指的是基于爱情为基础的现代婚姻关系；在法律层面，夫妻关系指的是由民政局确认，受到法律保护的关系。夫妻一旦结为一体，就自然形成有次序的家庭角色关系。婚姻是社会关系的基础，婚姻质量的好坏直接关系到每个人及其家庭的幸福感和归属感。和谐的夫妻关系有利于家庭和睦、社会稳定；不和谐的夫妻关系则会导致家庭传播出现停滞状态，该状态持续到一定程度则会致使婚姻破裂。不仅如此，家庭是一个相互依存的关系网络，父母作为家庭的核心，其关系质量对子女的成长具有重要的影响。

中华人民共和国民政部于 2020 年 9 月 8 日发布的《2019 年民政事业发展统计公报》显示，2019 年中国的离婚率为为 3.4‰，比上年增长 0.2 个千分点。依法办理离婚手续 470.1 万对，比上年增长 5.4%。与此同时，2019 年全年依法办理结婚登记 927.3 万对，比上年下降 8.5％。2015 至 2019 年，离婚率呈上升趋势，而结婚率在不断下降。2020 年《民法典》有关离婚的新规引发了广泛的讨论，夫妻关系成为人们普遍关注的热点，如何有效维护长久的婚姻关系成为我国亟待解决的现实问题。家庭传播研究能够切实解释和解决家庭生活中的行为和问题，虽然这些研究问题很微观，但很贴近生活，与每个人密切相关。从本土国情出发，深入挖掘我国优秀的家庭传播思想，总结我国优秀家庭的传播经验不仅有利于解决我国现实存在的婚姻问题，也有利于家庭和社会的发展。

二、《我们仨》中的夫妻关系

（一）角色权力：互补平等，互为主客体

家庭角色指的是通过家庭成员之间的互动而形成的反复出现的行为模式，这些行为模式为履行家庭职能而实施（Kathleen M. Galvin，Dawn O. Braithwaite，Carma L. Bylund，2015a：153）。权力存在于所有的人际关系和互动中。权力被概念化为"个人改

---

① 郭庆光：《传播学教程》，北京：中国人民大学出版社，2011 年，第 14 页。

变其他家庭成员行为的能力（潜在的或实际的）"（Noller & Fitzpatrick，1993：124）。在家庭传播过程中，传受双方扮演的角色和拥有的权力决定了关系的发展态势。在中国传统文化影响下，中国家庭中的丈夫往往被赋予比妻子更大的权力，其主张"夫为妻纲""夫唱妇随"。然而，作为出国留学的知识分子，杨绛和钱锺书的思想多受到西方家庭观念的影响，夫妻两人在家庭中角色互补，权力平等。《我们仨》中多处写到夫妻两人在家庭事务中的分工："接电话照例是我的事（写回信是锺书的事）"。① "我们两人的早饭总是锺书做的……然后我收拾饭桌，刷锅洗碗，等他穿着整齐，就一同下楼散散步，等候汽车来接。"② 在教育孩子上，两人也有明确的分工，杨绛负责教女儿数学、化学、物理、英文文法等，而钱锺书每周末为女儿改中、英文作文。在书中，杨绛回忆，当钱锺书接到政府派他做世界青年大会的代表并去瑞士日内瓦开会时，同时也邀请了她本人，杨绛很得意，因为她和钱锺书同到瑞士去，有自己的身份，并不是跟去的。上述内容体现了夫妻双方在家庭中是平等独立的，互为主客体。

（二）关系状态：亲密有趣，轻松积极

1. 轻松的相处模式

杨绛与钱锺书的相处模式非常轻松，经常互相逗趣。书中多次提及女儿和钱锺书是"好哥们"，钱瑗认为她和爸爸是杨绛的两个顽童。杨绛一家住在北京师范大学学部七楼期间，袁水拍几次劝钱锺书夫妇换个房子，以改善工作环境，杨绛和锺书异口同声，一个说"这里很舒服"；一个说"这里很方便"。袁水拍辞去后，杨绛和锺书咧着嘴做鬼脸说："我们要江青给房子！"③；《管锥编》出版后，钱锺书以四个字的题签作为交换，请求杨绛在自己的书上写三个字的题签，只为"留个纪念，好玩儿"，杨绛记录此事时幽默地称之为"不平等条约"④；当钱锺书为了给杨绛做早饭，学会了划火柴时，书中形容道："锺书等着我问呢，他得意说：'我会划火柴了！'"⑤足以见两人平时相处的模式是轻松愉快的，关系中蕴含着亲密的乐趣。

2. 积极的非言语情感

由 Kathleen M. Galvin 等人编著的《Family Communication》提到了积极的非语言情感（positive nonverbal affect displays）对亲密关系维护的作用。该情感表示自发的情感暗示，积极的情感最显著的特征是当一个人看到另一个人的时候眼睛会亮起来或者脸上绽放出笑容，以及声音转换成高兴的尖叫声或更柔和、更亲密的音调。《我们仨》中描写到，

---

① 杨绛：《我们仨》，北京：生活·读书·新知三联书店，2017年，第18页。
② 杨绛：《我们仨》，第19页。
③ 杨绛：《我们仨》，第152页。
④ 杨绛：《我们仨》，第159页。
⑤ 杨绛：《我们仨》，第78页。

晚年钱锺书病重住院时，杨绛去医院看他，他便从被子侧边伸出半只手，动着指头，示意让杨绛握着，即使一家三口一同待在医院内，但杨绛仍觉得"我们仨又团聚了，不用说话，都觉得心上舒坦"。[1]1945 年抗日战争胜利后，钱锺书每月要到南京汇报工作，早出晚归，一次他比平时回来得早，杨绛便"喜出望外"[2]。这些非语言情感的表现表明一方在他人面前的快乐和舒适，有利于双方心理上的相互接纳，也有助于双方对亲密关系的确认。

（三）关系文化：相互了解，彼此理解

家庭是在沟通中形成和协商的系统，关系文化产生于家庭成员持续的交流模式中，它指的是一个"私人世界，由合作伙伴为他们的关系创造的规则、理解、意义、行为和解释模式组成"（Wood，2007：308）。关系仪式以情感上强大的模式传达各种信息和意义，它们提醒家庭成员他们是谁，他们有多关心彼此，因为它们反映了一个家庭的关系文化（Kathleen M. Galvin，Dawn O. Braithwaite，Carma L. Bylund，2015b：119）。

1. 了解对方的习惯和性格

美国学者 Carol J.Bruess 在其著作《What Happy Couples Do》中广泛研究了关系仪式，她以特质和象征性为分类标准将仪式分为最爱（favorites）、私人代码（private codes）、游戏仪式（play rituals）和庆祝仪式（celebration rituals）。"最爱"包括夫妻最珍视的，通常也是最具有象征性的事物，如一起去的地方、吃的东西，买或送的东西以及要做的活动。《我们仨》一书虽为杨绛编著，但书中的内容多描述夫妻二人一起的经历，从内容的语言和细节上，可以窥见杨绛对钱锺书的性格和习惯了如指掌："锺书耳朵特灵"[3]"我平常看书，看到可笑处并不笑，看到可悲处也不哭。锺书看到书上可笑处，就痴笑个不了"[4]"锺书这一辈子受到的排挤不算少，他从不和对方争执，总乖乖地退让"[5]"锺书在工作中总很驯良地听从领导；同事间他能合作，不冒尖，不争先，肯帮忙，也很有用。锺书只求做好了本职工作，能偷工夫读他的书。他工作效率高，能偷下很多时间，这是他最珍惜的"[6]。特别是对爱人第一次的经历，杨绛都记得很清晰："锺书在牛津上学期间，只穿过一次礼服。因为要到圣乔治大饭店赴宴。"[7]"这是他生平第一次划火柴，为的是做早饭。"[8]

---

① 杨绛:《我们仨》，第 30 页。
② 杨绛:《我们仨》，第 121 页。
③ 杨绛:《我们仨》，第 97 页。
④ 杨绛:《我们仨》，第 108 页。
⑤ 杨绛:《我们仨》，第 111 页。
⑥ 杨绛:《我们仨》，第 124 页。
⑦ 杨绛:《我们仨》，第 74 页。
⑧ 杨绛:《我们仨》，第 78 页。

2. 了解对方的家庭情况

家庭传播的系统理论（systems theory）认为，当个体聚在一起形成关系时，创造了一个系统（Kathleen M. Galvin, Dawn O. Braithwaite, Carma L. Bylund, 2015c：64）。在这个系统当中，夫妻不免会受到错综复杂的家庭关系网络（父母、兄弟姐妹，甚至还有关系密切的亲戚，如公公婆婆、岳父岳母等）的影响，了解对方家庭的信息，并维持良好的代际关系有利于夫妻双方更好地融入他们的家庭模式中。《我们仨》一书中，杨绛多次提及钱锺书和他父亲的关系，显示出对丈夫的家庭情况和家庭关系的了解："爹爹最宠的不是锺书。而是最小的儿子。对长子，往往责望多于宠爱。锺书自小和嗣父最亲。嗣父他称伯伯。伯伯好比是他的慈母而爹爹是他的严父。锺书虚岁十一，伯伯就去世了。"[1] "其实，锺书是爹爹最器重的儿子……锺书虽然从小怕爹爹，父子之情还是很诚挚的。他很尊重爹爹，也很怜惜他。"[2] "锺书的堂弟钟韩和锺书是好兄弟，亲密胜于亲兄弟。"[3] 每个家庭和家庭成员都有自己的私人信息，只能与某些人共享（Petronio, 2002a），虽然家事被认为是私人信息的一部分，但钱锺书经常会和杨绛谈论家事，共享信息，杨绛对钱锺书家庭的了解基于二人的无话不谈，这为夫妻双方的沟通建立了牢固的关系基础。

3. 支持对方的朋友往来

无论是在英国牛津留学期间，还是回国后，杨绛与钱锺书始终一同招待和接纳朋友，二人的朋友圈也非常一致。抗日战争胜利前，杨绛和钱锺书滞留于上海，这时期，杨绛对钱锺书经常往来的朋友了如指掌："锺书经常来往的朋友，同辈有……亲如兄长的徐燕谋、诗友冒效鲁等。老一辈赏识他的有……等，比他年轻的朋友有……经常在家里宴请朋友相聚。"[4] 关于社交活动，《我们仨》一书多以"我们"的口吻陈述，如"我们的交游面扩大了，社交活动也很频繁"[5]，"我们俩和陶行知同一个车厢，三人一夜谈到天亮"[6]，两人始终步调一致，秉持共同的社交观念。

（四）传播效果：后代健康成长，家庭美满

根据近几年来的研究发展历程，以受众为主体、对受众的研究，成为效果研究的出发点和归宿。传播效果的影响有多种形式：心理反应的变化，个体受众在态度、认知、行为等方面的变化，各种形式的集体性变化等。作为家庭传播主要的传受双方，夫妻关系的和谐有利于营造双向互动、民主平等的家庭氛围，从而对子女的健康成长起到促进的作用。钱锺书和杨绛都毕业于高等院校，钱瑗出生于这样的书香门第，从小就是"读

---

① 杨绛：《我们仨》，第 101 页。
② 杨绛：《我们仨》，第 114 页。
③ 杨绛：《我们仨》，第 114 页。
④ 杨绛：《我们仨》，第 88 页。
⑤ 杨绛：《我们仨》，第 120 页。
⑥ 杨绛：《我们仨》，第 83 页。

书种子"，中学时期一直是班上的"三好学生"，大学毕业于北京师范大学俄语系，并留校任教36年，一辈子是教师队伍里的一名尖兵，为教育事业做出了巨大贡献。生活在平等幸福的家庭中，钱瑗受到父母的言传身教，把自己的大部分精力和时间用在爱家人和孩子上，杨绛以及钱瑗的继子、继女、师长学生、同事好友等合著《我们的钱瑗》中记录了钱瑗的生平和婚姻生活，因为第一任丈夫的早逝，钱瑗拥有两段婚姻，但是这两段婚姻生活都很幸福美满。

三、《我们仨》中家庭传播的若干启示

（一）平等互助，在相互体贴中达成亲密

尊重表示以一种表现出尊敬和关心他人及其福祉的方式行事，在家庭中，夫妻双方互相尊重尤为重要，这是维持良好夫妻关系的重要前提。尊重主要包括两方面内容：关系平等和互助关心。[①]关系平等意味着一种横向关系，其特点是尊重对方或将对方视为有价值的人。在成年人中，这意味着家庭成员尊重其他成员的选择和决定，即使他们不完全理解或重视这些选择。《我们仨》中写道，杨绛和钱锺书曾约定好二人的想法不必求同，可以各持异议，两人始终尊重对方的选择和决定。当钱锺书的父亲要求他辞去在清华大学的教书工作，去湖南蓝田国立师范学院当英文系主任时，杨绛虽然认为在清华的这份工作来之不易，但她明白不能强迫丈夫反抗父母的请求，且一个人的出处去就是一辈子的大事，应当由自己抉择，不该干预，最后并没有将她的想法强加于钱锺书身上，而是选择保留自己的见解。

尊重的第二个方面的内容意味着夫妻双方从事"相互体贴、旨在'提升'他人的行为"[②]。钱锺书住院后，即使杨绛腿脚不便，身体不适，"成了风吹能倒的人"，但仍一直陪护在钱锺书左右。杨绛怀孕后，钱锺书非常关心她的身体，很早就陪她到产院定下单人病房并请女院长介绍最好的专家大夫，孩子出生的那一天，钱锺书多次步行前往医院看望杨绛，只为了解她的身体情况。但当杨绛得知锺书已来来回回走了七躺，第一反应便是担心他累坏了，嘱咐他赶紧坐车回去休息。出院后，本不擅长做饭的钱锺书精心准备饭菜，端给杨绛吃，给予她无微不至的关心。不仅如此，二人的女儿长大懂事后，每逢生日，钱锺书总会叮嘱这是母难之日，提醒女儿要疼爱母亲，但杨绛却认为钱锺书在自己怀孕期间也付出了很多，这一天也是"父难之日"。钱锺书因为工作要离开家，并不嘱咐杨绛照管好女儿，却嘱咐女儿好好照管妈妈。两人互相体贴，关心对方的身体，在意

① Hendrick,S. S.,& Hendrick, C.Measuring respect in close relationships,*Journal of Social and Personal Relationships*,2006,pp 881—899.

② Hendrick,S.S.,Hendrick,C.,& Logue,E. M.Respect and the family. *Journal of Family Theory and Review*,2010,p.126—136.

对方的感受。

（二）互相陪伴，创造持续性的家庭仪式

在家庭传播的各种具体形式中，仪式性的传播活动在意识形态传播中的作用至为明显，也可称之为"仪式传播"。就概念而言，有研究者把家庭仪式概括为"家庭成员在家庭空间之内按照一定伦理道德规范进行的具有情感意义的较为固定的互动行为程序和表达方式"①，强调了家庭仪式的传播品性。美国学者 Kathleen M. Galvin（2016）等人认为，家庭仪式是家庭成员在有意识地重复行动和言语并为之赋予意义的过程中创造出来的，这些特殊的意义对建立和维护一个家庭的身份或关系文化做出了重大贡献。随着时间的推移，仪式服务于维护持续的关系，并最终导致持续的家庭仪式。②

"一起出门探险"多次出现在《我们仨》一书中，"一起探险"即杨绛和钱锺书每天都会进行的外出散步活动。在牛津读书期间，书中提道："我们每天都出门走走，我们爱说'探险'，早饭后，我们得出门散步，让老金妻女收拾房间。晚饭前，我们的散步是养心散步，走得慢，玩得多。"③在散步的过程中，两人结合书上读到的人物猜测行人的身份，一起探索生活的乐趣，这份仪式一直持续至钱锺书离世。杨绛认为："因为我们在一起，随处都能探索到新奇的事。"④即使只是简单的散步也是非常有意义的仪式，因为它代表着"我们"在一起的时间，这种象征性的活动有助于夫妻了解对方，加深感情交流。在现实生活中，夫妻之间也可创造持续的家庭仪式，如定期外出旅游，定期拍摄合照等等，从而为沟通创造契机，有利于夫妻制造美好的家庭回忆。

（三）彼此欣赏，在包容中消除传播隔阂

亲情关系，有时是牢固的，有时是脆弱的，依赖于成员之间的欣赏与包容来建立联系和亲密关系。婚恋中的关系弹性主要是指夫妻双方对婚恋过程中的逆境、挫折和困难时的良好适应与应对能力，乐观和包容是核心。不同于婚前，婚后夫妻双方在长期的相处过程中，双方会暴露出自身存在的缺点，若夫妻双方无法接纳和包容暴露出来的缺陷，就会导致夫妻之间出现传播障碍，这不仅会导致差的传播效果，还会造成关系紧张，紧张到一定程度就会导致婚姻破裂。若要避免负面的结局，夫妻之间互相欣赏、相互包容是关键。

从相互作用的角度来看，当每个成员满足其他成员的需求和期望时，家庭满意度就

---

① 许迪:《家庭仪式的情感社会学解读》,硕士论文,西南大学,2013 年,第 12 页。
② Baxter,L. A.,D. O.Braithwaite & L. A. Baxter (Eds.).*Engaging theories in family communication: Multiple perspectives*,Thousand Oaks,2006,pp.131—145.
③ 杨绛:《我们仨》, 第 73 页。
④ 杨绛:《我们仨》, 第 155 页。

会提高，这取决于夫妻双方在传播中保持的心态。杨绛与钱锺书互相欣赏，善于发现对方身上的闪光点；彼此包容，即使知晓对方的缺点，但并不抱怨责怪。杨绛怀孕后，钱锺书说想要一个和杨绛一样的女儿，而杨绛对于"像自己"并不满意，她想要一个像钱锺书的女儿。关于这部分的描写充分体现了二人的相互欣赏与绵长的爱意。

婚恋弹性是一个过程，在这个过程中，夫妻应对困难，有目的地进行维护行为、沟通，并采取行动修复、维持，从而以他们希望的方式继续维持关系。[①]在《我们仨》中，杨绛回忆一次和钱锺书吵架后，两人并没有因此产生隔阂，反而觉得吵架很无聊，于是两人讲定以后遇事不必求同，但自此之后，他们并没有各持异议，而是遇事一起商量，尊重彼此的意愿。不少现代女性要求和丈夫平分家务，但面对钱锺书这样一个才情颇高却笨手笨脚的丈夫，杨绛并不勉强和责怪。在杨绛生女儿阿圆时，钱锺书三天两头往医院跑，在杨绛床前说："我做坏事了。"在这段时间，他陆续打翻了墨水瓶，弄脏了房东家的桌布，弄坏了门轴，砸碎了台灯，而杨绛每次都笑咪咪地说："不要紧，我会洗，我会修。"[②]只要杨绛说"不要紧"，钱锺书便会真的放心。只要是杨绛做的饭菜，钱锺书从未嫌过，总是称赞。

为了形成和谐的婚姻关系，夫妻双方必须通过互动和相互迁就，协商出一套共同的意义。杨绛爱整洁，例如她搭毛巾习惯边对边，角对角，齐齐整整，但钱锺书认为费事，随便一搭更方便。但夫妻双方都很妥协，钱锺书若把毛巾随手一搭，杨绛便重新搭整齐。她不严格要求，他也不公然反抗。相互包容的行为有助于提高关系弹性，因为它们可以防止关系衰退，并有助于修复问题关系。

（四）亲密表达，分隔两地依然保持联系

Kathleen M. Galvin 等人在总结前人理论的基础上在《Family Communication》一书中提出了传播学视角下的"关系货币学"，该学说认为，在家庭中，感情是一种重要的关系货币，因为它是有价值的东西，具有人际关系中情感或关怀维度含义的沟通行为可以被视为关系货币[③]，或者是一种爱的行为词汇，有时被称为"爱的语言"[④]。由于人际关系不可避免地涉及压力和挑战，合作伙伴需要公开、定期地沟通，以应对困难并保持联系。[⑤]保持联系则是维系关系货币的重要方式之一，其表示为维持重要关系所做的努力，通常是

---

① Vangelisti,A. L.,& Huston,T. L..*Maintaining marital satisfaction and love*,CA: Academic Press,1994,pp. 165—186.

② 杨绛：《我们仨》，第 87 页。

③ Villard,K.,& Whipple,L.*Beginnings in relational communication*,New York,NY:John Wiley & Sons,976.

④ Chapman,G.*The five love languages: How to express heartfelt commitment to your mate*,Chicago,IL: Northfield Press,2004.

⑤ Koenig Kellas,J.,& Trees,A. R.Finding meaning in difficult family experiences: Sense-making and interaction processes during joint family storytelling, *Journal of Family Communication*,2006,pp.49—76.

跨越很远的距离，这样的努力反映出人与人之间的关心。在杨绛和钱锺书生活的年代，通讯并不发达，即使分隔两地，夫妻两人也依然保持密切的联系和沟通，《我们仨》中写道："锺书和我不在一处生活的时候，给我写信很勤，还特地为我记下详细的日记，所以，他那边的事我大致都知道。"①

一项关于伴侣间情感交互的研究结果表明，人们可能会因为收到亲昵的信息而变得更快乐。同样，伴侣也可以表达爱意来表达他们的承诺，也许个体会因此获得情感并产生满足感，最终导致交互式的情感表达。②分隔两地期间，钱锺书会在书信中直抒对杨绛的思念之情："锺书和我各随代表团出国访问过几次……锺书必详尽地记下所见所闻和思念之情。"③即使很多都是琐琐碎碎的小事，但二人享受传达爱意的过程。作为个体，每个人都有情感的需要，保持联系为言语的沟通和情感的表达提供了契机，有利于消除距离带来的疏远感，而直白的感情传递，则是关系层面的认可，表示愿意与他人交往，诸如"我想你"或"很高兴见到你"之类的评论可以证实另一个人的存在，这样的口头确认巩固了夫妻之间的感情。

（五）互相学习，塑造积极进取的婚姻氛围

在任何一个系统中，各部分相互关联构成一个整体，一个部分的变化将导致其他部分的变化。④如果一个家庭成员生活自律，热爱读书，这种事件会影响整个家庭系统中作为独立的个体，另一方受此影响也会开展类似的行为。这种互相学习的行为源于夫妻之间的不同点，共同点使得夫妻双方拥有共同话题和相似的价值观，而若夫妻双方在利用不同点的基础上互相学习，则有利于两人在家庭中的角色互补，从而塑造良好和谐的家庭氛围。

杨绛和钱锺书都非常好学，他们有自己的技能和擅长的领域，也乐于向对方学习，共同进步。《我们仨》中多次提及两人喜欢读书的相同爱好："我从来不是啃分数的学生，可是我很爱惜时间，也和钟书一样好读书。"⑤"我爱读诗，中文诗、西文诗都喜欢，也喜欢和他一起谈诗论诗。我们也常常一同背诗。"⑥杨绛一家迁居三里河寓所后，夫妻两人每天在起居室静静地各据一书桌，静静地读书工作。工作之余，就在附近各处"探险"，或在院子里来回散步。《我们仨》写道："锺书和我从未间断工作。他总能在工作之余偷

---

① 杨绛:《我们仨》，第 102 页。
② Rusbult,C. E. (1980).Commitment and satisfaction in romantic associations: A test of the investment model,*Journal of Experimental Psychology*,16,pp.172–186.
③ 杨绛:《我们仨》，第 159 页。
④ Kathleen M.Galvin,Dawn O.Braithwaite,Carma L.Bylund.*Family communication: cohesion and change*,New York,NY:Routledge,2016.
⑤ 杨绛:《我们仨》，第 75 页。
⑥ 杨绛:《我们仨》，第 80 页。

空读书;我'以勤补拙',尽量读我工作范围以内的书。"① 两人在一同背诗、看书的过程中,有时互不打扰,有时互相交流,"打出了一个天地"②。在夫妻长期相处过程中,总会相互影响,相同的爱好有利于塑造相同的价值观念,消除沟通障碍,增加彼此的认同感。如书中提及:"我们的阅读面很广。所以'人心惶惶'时,我们并不惶惶然。"③ 在爱好和态度上有更多相似之处的人,会因为彼此的一致而互相学习,产生共鸣,巩固关系。

另一方面,二人也有"不相似"之处,这些不同使得两者互补,促进彼此的感情交流。《我们仨》中,杨绛发自内心地钦佩钱锺书的学识,将他当作老师。有问题无法自己解决时就会询问他。但是钱锺书在穿衣吃饭方面,手脚笨拙,杨绛便把他当孩子般照顾:"做饭时,我把做午饭作为我的专职,钟书只当助手。"④ 两人在互补中彼此学习,这有利于打破单调的夫妻关系,制造生活的新鲜感,强化夫妻双方对彼此的认同。充分利用夫妻之间的相同与不同,塑造互相进取的婚姻氛围,不仅有利于夫妻关系的和谐,还有助于个人的成长和发展,从而构建相互依存的家庭系统。

(六)积极沟通,在互动交流中巩固情感

情感交换理论(affection exchange theory)⑤ 认为,情感交流促进长期生存。该理论特别指出,这一过程的一部分是通过密切关系的加强而发生的。⑥ 良好的夫妻关系离不开融洽的交流和沟通,交流是家庭成员相互创造和分享意义的过程。家庭依靠交流来发展、认同家庭,并在整个生命过程中实现家庭的存在。通过交流,家庭成员每天都在进行象征性的互动或在他们的关系中创造共同的意义,这不仅需要一方主动的自我表露,还需要听者做出被认为是支持、理解、接受或关心的反应。⑦ 在婚姻中,愿意分享情感和讨论问题的伴侣婚姻满意度会更高⑧,形成积极沟通的传播模式有助于建立一个顺畅的交流系统,进而消除传播障碍。

一方面,夫妻双方需要有自我表露的意愿,这是建立沟通的前提,自我表露包括敞开心扉,谈论恐惧,鼓励对方分享想法和感受。通过自我表露,夫妻之间建立有效的沟通关系,在这个过程中,夫妻学会调节自身行为,增进对彼此的了解。另一方面,夫妻

① 杨绛:《我们仨》,第 136 页。
② 杨绛:《我们仨》,第 80 页。
③ 杨绛:《我们仨》,第 122 页。
④ 杨绛:《我们仨》,第 80 页。
⑤ Floyd,K.Human affection exchange: Reproductive probability as a predictor of men's affection with their sons. *Journal of Men's Studies*,2001,10,pp.39—50.
⑥ Sean M. Horan & Melanie Booth-Butterfield.:Investing in Affection: An Investigation of Affection Exchange Theory and Relational Qualities,*Communication Quarterly*,2010.
⑦ Petronio,S.*Boundaries of privacy: Dialectics of disclosure*,Albany,NY:SUNY Press,2002.
⑧ Finkenauer,C.,& Hazam,H.:Disclosure and secrecy in marriage: Do both contribute to marital satisfaction, *Journal of Social and Personal Relationships*, 2000,17,pp.245—263.

双方需要互相倾听，同时传达关心的反应，有效的倾听被视作"关系货币"之一，它传达了一种信息，即与另一个人的参与和关注。拥有一个具有良好倾听能力的伴侣或父母可以建立融洽关系，从而形成强大的关系纽带和关系满意度。[①] 晚年钱锺书卧病在床，杨绛日日守候在他身旁，与他分享生活的琐碎，所见所闻，钱锺书总是很关心地听着，从不耐烦。

（七）传递深情，有意识地传达浪漫信息

马斯洛的"需求层次理论"已经被广泛运用到各个社会领域，其中，"归属和爱的需要（belongingness and love need）"被认为是人类第三层次的需要，这也是一种社会交往的情感需求。[②] 为对方制造浪漫实际上为满足另一方对"归属与爱"的需求创造了条件，Booth Butterfield，M. 和 Trotta，M.R.（1994）在《Attributional patterns for expressions of love》一文中提出，牵手、亲吻或告诉伴侣你关心他们，是浪漫关系中常见而重要的情感信息。[③] 制造浪漫的过程实际上传达的是深情的信息，这些信息对人际关系产生积极的影响，并为夫妻关系带来积极的结果。食物在许多文化中是养育子女的象征，但在夫妻关系中，食物已成为一种浪漫的符号，为所爱的人准备和提供特别的食物在很多关系中都是一种重要的情感象征。

《我们仨》中多处写到夫妻二人互相为对方准备食物，也一起互相配合准备饭菜。为了让吃不惯洋菜的钟书吃上中国菜，夫妻两人搬进了达蕾女士家的新居，拥有了自己的厨房，自理伙食，为生活增添了别样浪漫。杨绛将两人一起的做饭尝试比喻为发明："我们不断地发明，不断地实验……我们玩着学做饭，很开心。钟书吃得饱了，也很开心。"[④] 搬进新家的第一个早晨，钱锺书精心准备的"五分钟鸡蛋"、热牛奶、烤面包、红茶端到杨绛的床前，杨绛又惊又喜，直叹这是自己吃过最香的早饭。钱锺书不仅给了杨绛一个幸福的、惊喜的开始，并且持续了一生，两人的早饭总是钱锺书做，这些做法实际上实际上传达了一方对于另一方的关心。在夫妻关系中，仪式承载着巨大的情感信息，玩乐仪式代表着亲密的乐趣，表现为夫妻之间的玩笑、戏弄或顽皮的调侃，为制造浪漫关系创造有利条件。钱锺书哮喘病发时，呼吸如呼啸。杨绛戏称他为"呼啸山庄"，不仅如此，平时她也会取笑钱锺书的种种笨拙，两人互相逗趣，为婚姻生活平添了几分浪漫，文字中透出夫妻生活的幸福。可见，夫妻之间在日常生活中有意制造浪漫，有利于维持夫妻关系的新鲜感并加深感情。

① Gottman,J. M.,& DeClaire,J..*The relationship cure*. New York,NY: Crown Publishers,2001.
② A.h.maslow.A theory of Human Motivation.*Psychological Review*,1943,pp.370—96.
③ Booth-Butterfield,M.Trotta,M. R..Attributional patterns for expressions of love,*Communication Reports*,1994,7,pp.119—129.
④ 杨绛:《我们仨》，第80页。

转换与调适：家庭代际传播中的角色重塑

——基于 10 个家庭的深度访谈

张 珍*

（汕头市金平区人才服务中心，广东汕头，515000）

【摘要】在数字反哺情境下，代际数字鸿沟与文化反哺促成了家庭代际传播中角色的重塑。本文在对 10 个家庭进行深度访谈的基础上，归纳出亲子两代在数字反哺中的两种角色转换："施教者角色"与"被教者角色"的转换；"权威者角色"与"意见倾听者角色"的转换。家庭代际传播中，子代在新媒体的使用与采纳上的优越感与亲代对自身传统权威地位的维护，可能导致亲子角色重塑的同时引发代际冲突。本文尝试从"角色知觉"和"角色学习"两个角度对其如何调适路径做出进一步的分析与探讨。

【关键词】数字反哺；代际传播；角色转换；角色调适

一、问题的提出

在传统的家庭传播场景中，文化是由亲代主导生发而成，它哺育出了一代代的子代。而今，智能传播时代，子代"手把手"地教父代用智能手机、玩微信、刷微博的场景每天在中国的家庭中上演。在数字反哺情境下，家庭代际传播之间的数字反哺正在颠覆传统意义上角色和认知。

家庭代际传播是指家庭中年长一代与年轻一代群体之间在情感、思想、观点等方面的交流，是家庭成员间直接面对面或利用传播媒介辅助展开的人际传播活动。有关代际传播的研究长期以来一直是传播学、社会学所研究的领域。互联网的普及催生了父母与子女间新的沟通媒介，学者们已经关注到不同代际群体在媒介接入前、信息资源使用和接收时的差异。

综观相关文献，学界主要以数字代沟与文化反哺等视角对代际传播进行了探讨和研

---

* 作者简介：张珍（1985—），女，江西吉安人，汕头市金平区人才服务中心，江西师范大学新闻与传播学院 19 级硕士研究生。

究。研究焦点主要集中在新媒体技术的发展引发了家庭内两代人之间的数字鸿沟。大量的研究都表明文化反哺极有可能会带来数字鸿沟的减弱，成为缓和代际冲突、优化代际传播的有效路径。但对代际传播的过程中，如何有效开展文化反哺？文化反哺对家庭代际传播中的角色重塑以及在代际数字鸿沟影响下，如何建立新型亲子关系着墨甚少。亲代与子代都需要重新审视家庭场域内的角色转化与调适。角色理论的引入有助于更好地理解由数字鸿沟引发的家庭代际传播中的数字反哺现象，从而为理解家庭代际传播提供更完整的知识图景。

二、核心概念、研究视角与研究方法

（一）核心概念："数字反哺"的内涵

"数字反哺"脱胎于"文化反哺"，要理解"数字反哺"必须先理清"文化反哺"。文化传承一般指的是从上一代到下一代的传承。但随着科技的发展和社会的转型，近代以来这种"由上自下"的传承逐渐受到挑战。自两次工业革命以来，得益于科学技术的推动，人们的价值观、行为模式、知识体系得到了极大的改变，这种改变在第二次世界大战以后日趋明显。两代人对于新知识的接受能力和接受方式的变化，使得亲代单向教化的绝对权威模式发生了改变，出现了子代反向教化亲代的现象。对于子代反向教化亲代的这种现象，最早进行系统描述的是美国社会学家玛格丽特·米德。1970 年，米德从文化传递的角度提出代际存在前喻文化、并喻文化、后喻文化。前喻文化是指晚辈向长辈学习；后喻文化则是长辈反过来向晚辈学习。[①]

周晓虹从 1988 年以来开始持续关注并研究"文化反哺"这种新的亲子互动方式。他在米德"后喻文化"的基础上，结合改革开放以来中国的具体国情，考察改革开放以来，中国现代化进程中的代际变迁，提出"文化反哺"概念。他将其定义为"在急速的文化变迁时代所发生的年长一代向年轻一代进行广泛的文化吸收的过程"[②]。自 20 世纪 90 年代以来，在家庭关系中，亲代对于子代的教育传承方式的变化充分受到了关注。基于此，周晓虹将电子媒介、移动电话、计算机视为文化反哺过程中"无法忽视的器物力量"[③]。特别是在消费观念、对美好事物的判断、对人际关系和交往标准的判断、日常行为、新器物的使用与新潮流的接触上等诸多方面都对亲代施加影响。

当下，中国改革进入攻坚期，社会处于急速发展的现代化进程之中，米德的后喻文化更加深入地渗透到了亲代与子代的文化互动中。在这一互动的过程中，"代际之间围绕

---

① 玛格丽特·米德：《文化与承诺：一项有关代沟问题的研究》，周晓虹、周怡译，石家庄：河北人民出版社，1987 年，第 9 页。

② 周晓虹：《试论当代中国青年文化的反哺意义》，《青年研究》1988 年第 11 期。

③ 周晓虹：《文化反哺：变迁社会中的代际传承》，北京：商务印书馆，2015 年，第 1 页。

着新媒体采纳与使用展开互动，尤其是年轻世代对年长世代在新媒体技能、知识以及与之相关的流行文化和价值观的反哺（即数字反哺）"①。也就是说，"文化反哺"在数字化媒体浪潮中的表现可以称之为"数字反哺"。

（二）研究视角：角色理论

20世纪20—30年代，一些学者从戏剧中将角色概念引入社会学，进而发展成为社会学的基本理论之一。在国外，角色理论有一定的研究基础，并且建立了一定的体系框架，诸如"结构角色理论""过程角色理论"。美国芝加哥学派最早系统地运用角色这个概念，其中以乔治·赫伯特·米德为代表。米德的角色概念给后来的研究者重要启示：角色是个体与社会的联结点。罗伯特·帕克在拓展米德思想的基础上，指出："每个人每时每刻都在自觉或不自觉地扮演着角色。"② 在我国，角色理论的研究，受到社会学界和心理学界的热切关注。有学者从角色互动、社会关系、角色扮演三个理论运思方面来构建角色理论的基本理论框架。③ 从国内外学者对角色理论的理解可以得出，角色理论与文化反哺息息相关。因此，本文试图从角色理论的视角切入，从与其相关的理论中寻找解释性资料。

奚从清在《角色论》一书中指出：所谓角色转换，是指一个人由一种社会角色向另一种社会角色的变动或更替。人的一生是扮演不同角色的一生，也是角色转换的一生。④ 纵观中外文献可知，角色理论内容丰富，范围极其广泛。它其中涵盖的"角色转换""角色冲突""角色调试"可以为本文提供理论借鉴和研究视角。现代社会的变迁是角色转换的客观原因之一。亲代与子代在文化反哺的互动中，传统的教育者不能够适应角色，却被变成了"教育、被指点"的角色。基于可把文化反哺过程视为亲代子代角色转换的过程这一理解，本文在当下社交媒体语境下，数字反哺中亲代子代角色转换过程中的具体表现进一步凝练为具体的研究问题进而展开研究。

（三）研究方法：深度访谈

本研究以数字反哺与角色理论为主要理论依据，主要采用深度访谈法展开研究，选取来自江西省南昌市10个家庭进行访谈，获取第一手研究资料。其中7个典型家庭的访谈都是在城市家庭中完成的，3个家庭由进城务工的农民工及其子女构成的"南漂"家庭，年龄跨度为90后、00后子代及其亲代群体。访谈和讨论的主题主要围绕以下三个方面：（1）现代家庭代际传播中的角色转换主要体现在哪些方面？（2）角色转换是否会影

---

① 周裕琼：《当老龄化社会遭遇新媒体挑战：数字代沟与反哺之学术思考》，《新闻与写作》2015年第12期。

② 罗伯特·E.帕克：《在我们的面具背后》，《调查概况》1926年第56期。

③ 任志峰：《角色理论及其对集体行为者的可行性分析》，《华中科技大学学报》(社会科学版)2016年第4期。

④ 奚从清：《角色论——个人与社会的互动》，杭州：浙江大学出版社，2010年，第212页。

响两代人之间的关系？两代人对此如何看待？（3）面对角色转换两代人如何更好调试与适应？

表 1　访谈对象基本情况表

家庭	亲代年龄、职业	子代年龄、职业
1 号	父亲（1975 年）、企业管理人员	儿子（1996 年）、硕士在读
2 号	父亲（1966 年）、高中老师	儿子（1998 年）、待业在家
3 号	母亲（1964 年）、服装厂退休职工	女儿（1990 年）、小学老师
4 号	母亲（1972 年）、小卖部店主	女儿（1992 年）、高校辅导员
5 号	母亲（1970 年）、个体经商	女儿（1997 年）、公务员
6 号	父亲（1976 年）、公务员	儿子（2004 年）、本科在读
7 号	父亲（1969 年）、饭馆经营	儿子（1993 年）、企业职员
8 号	母亲（1979 年）、事业单位	女儿（2001 年）、本科在读
9 号	父亲（1971）、大学老师	儿子（1995 年）、事业单位
10 号	母亲（1970 年）、餐馆老板娘	女儿（1991 年）、国企职员

三、家庭代际传播中的角色转换

基于对访谈材料深入分析与整理归纳，本文发现，家庭代际传播中的角色转换主要体现在如下几个方面。

（一）"施教者角色"与"被教者角色"的转换

传统的教育者与被教育者之间的角色转换，在新型的互联网背景下产生了更多的可能性。作为被教育者，并不是简单地接受知识的存在，他们对于新型事物的接受程度和能力已经远远超过了传统的教育者。子代凭借对新媒体技术的掌握以及在信息获取能力上的优势，对互联网信息具有充分"话语权"。面对新媒体，亲代和子代在信息获取与使用上大有不同。子代在信息获取上，喜欢使用垂直类社交产品。受访者 1 号家庭的儿子表示："爸妈喜欢出去旅游，报旅行社有诸多限制，我教他们下载旅游类 APP，如何查找旅游攻略，在网上如何定酒店，如何团购美食，如何使用百度地图等。"[①] 而亲代在信息获取上，则更青睐综合类社交应用。受访者 3 号家庭的母亲表示："我们这个年纪的人，以前喜欢打电话跟亲朋好友联系，现在更喜欢用微信联系。微信方面，省钱也省事。"[②]

一些实证研究也显示，当前老年人的互联网使用行为，首先是以浏览新闻、获取与

---

① 2021 年 3 月 5 日下午，在南昌市高新区对一名大学生的访谈所得。
② 2021 年 3 月 6 日上午，在南昌市西湖区对一名服装厂退休职工的访谈所得。

生活息息相关的信息为主。其次是人际互动。而对网络消费、电子商务等功能使用较少。[①] 与此相反，青少年网民的互联网应用的使用呈现多样的特点，互联网上的参与行动也越高。3 号家庭 90 后子代表示："我身边的同学、朋友，但凡遇到出行、购物，都要去诸如小红书啊、抖音、马蜂窝等 APP 上先看路线和攻略，然后根据攻略在美团、爱彼迎上定住宿，到了目的地之后，上大众点评去看美食推荐，打卡了网红地的美食之后，也会去网上参与评论，供后来者参考。"[②]

与此同时，子代们对于互联网的应用早已不限于基本的信息传输功能，在社区交往层面只是基础性的功能体现，他们更多关注的是互联网的拓展功能，如在线游戏、在线购物、在线教育等功能使用较多。受访者 8 号家庭 2001 年的女儿说："新冠疫情前，学校一般线下上课，老师面对面教授。新冠疫情期间，越来越习惯线上上课了，然后自己也会通过中国慕课啊、网易云课堂和 B 站，去学习一些课堂上老师没有提及的内容。"[③]

子代在新媒体上的使用时间和在互联网平台上所赋予的精力和时间明显多于亲代。所以，他们是父母学习新媒体知识与信息时的老师，而不会反过来向父母学习。受访者 7 号家庭的父亲表示："每次手机操作上有什么不会的问题我都会打电话问我女儿，她有的时候是在电话里给我讲解操作步骤，有时电话里我也听不明白她就通过手机截屏，标注步骤，一步步发图配合微信语音讲解，到现在我用智能手机 5 年了，现在会用支付宝付款，会扫码齐共享单车，会用手机听音乐，看电视剧，还能看头条新闻了。"[④]

同时，在经过了子代耐心的教导和信息传输之后，亲代在互联网的行动参与上也有多改进。受访者 10 号家庭的母亲表示："我们是来南昌做小生意的，在火车站附近开了一家早餐店，早餐的生意还是非常不错的，从清早 6 点到下午两点是一天当中最忙碌的时间，两点之后就闲下来了，来吃饭的人也少了很多，这段时间就比较无聊，整天看着门口来来往往的人也没啥意思。半年前女儿教我学会了玩抖音，我感觉有乐子了，有时候一时兴起我还把我做早餐的视频发到抖音上，还有好多人关注回我。"[⑤]

综合而言，亲代向子代的学习归纳为两大类：一类是技术性的，子代对各种新媒体硬件、软件技术方面的掌握明显多于亲代。一类是知识性的，亲代许多科技知识、文化知识、医学知识以及地理知识等都是从子代那里习来的。

（二）"权威者角色"与"意见倾听者角色"的转换

中华文明上下五千年，传统儒家思想对亲子关系影响深刻，"孝顺""无违"是孝道

---

① 谢祥龙：《老年人互联网使用特点及其孤独感和主观幸福感关系研究》，硕士论文，华中师范大学，2015 年，第 21 页。

② 2021 年 3 月 9 日上午，在南昌市西湖区对 1991 年的子代访谈所得。

③ 2021 年 3 月 10 日下午，在南昌市东湖区对 2001 年的本科在读儿子的访谈所得。

④ 2021 年 3 月 7 日上午，在南昌市高新区对 1969 年小餐馆老板的父亲访谈所得。

⑤ 2021 年 3 月 13 日晚上，在南昌市东湖区火车站附近对 1971 年的早餐店老板娘的访谈所得。

的重要理念。"事父母几谏，见志不从，又敬不违，劳而不怨"①，展现了中国传统的"父尊子微"的亲子关系。这种在农业社会形成的传统亲子关系，着重强调的是"父为子纲"的思想，在这一思想的裹挟下，亲代在知识传承、行为教化、文化传递等方面均处于权威的服从地位。随着社会变迁、信息技术更迭之后，两代人数字鸿沟加大的同时，也正在逐步消解亲代在亲子关系中的权威地位。亲代向子代学习，在文化反哺的过程中，中国传统的"孝亲"关系受到冲击，家庭中的权威关系开始了翻转。4号家庭中的女儿指出："现在父母直接下命令的事情越来越少了，很多事情都是和我商量着来，我的建议也经常会被采纳"。②

对于亲代而言，传统的"权威者角色"发生了转换，数字反哺打破了父代固有的认知边界，也感受到了互联网新媒体对生活的巨大影响。同时在这一过程中，对原来子代玩手机的刻板印象有一定的"去污名化"的效果。5号家庭中的母亲说："我们家是在淘宝网店上做女装生意的，头两年店里生意一直不冷不热的，女儿建议我通过淘宝直播带货，还教我她从'小红书'等网站上学到的穿搭秘籍，现在我每一次开直播之前都要跟女儿商量，哪些款式是网红款？今天主打款哪些款？如何穿搭？我们家的网店生意比以前好多了，有时候特别火的款刚一上架，当天就能卖个百十来件，在淘宝网上做生意没有女儿的进一步'启发'肯定不行。"③

除此之外，在数字反哺的双向互动中，子代"施教者"的角色参与到父代的日常生活中，从而对家庭有了更多的满足感和责任感。2号家庭中的儿子表示："以前家庭聚会选饭店都是老爸说了算，一般都选离家近的那几家，去的次数多了，菜吃起来也没什么新意了。现在，聚会都是我选地方，我提前在手机上通过大众点评、美团等网站看看网友评论，饭店打分，推荐菜品，选择好评高的饭店。现在哪有好吃的也好找了，去了点什么菜心里也提前有数了。"④

另外，在面对新事物上，从接纳和使用的层面而言，父代更愿意听取子代的意见，这一转变，在一定程度上提升了子代在家庭中的话语权，增加了子代在家庭关系中的归属感。6号家庭中的儿子指出："现在我们家买什么新物件，我老爸都要争取我的意见，就说最近商场销售员给老爸推荐了一款干洗功能的新款洗衣机，说得他心动想买了，老爸当时还是沉住气没买，后来他问我究竟这个带干洗功能的洗衣机和外边干洗店洗出来的衣服效果一样吗。我通过网络搜索认真研究了这款洗衣机的工作原理和用户评论，发现这个所谓的干洗功能只能通过蒸汽功能来消除衣服的异味，但是并不能起到除污的效

---

① 舒宝璋：《论语通解》，南昌：江西教育出版社，2018年，第52页。
② 2021年3月18日上午，在南昌市高新区对1997年的子代访谈所得。
③ 2021年3月18日上午，在南昌市高新区对1970年服装店老板娘的访谈所得。
④ 2021年3月19日上午，在南昌市东湖区对1998年子代的访谈所得。

果，和干洗店的洗衣原理是完全不同的。最终老爸听了我的建议并没有购买。"①9 号家庭的父亲是大学老师："我的文化水平在同代人里算是不错的，前段想把家里老电脑淘汰，买台新的。但我只懂价格，什么性价比高呀，我真是一窍不通，买电脑的时候都是儿子说配什么就配什么，做父亲的也就是支付就行了。"②

原本"指点"子女的父母开始接受子女的"指点"，原本处于"权威者角色"的亲代开始倾听来自子代的意见。他们对于上一代人在各方面的影响都非常显著，如社会观、审美情趣、日常行为习惯、新事物的了解与接受等方面，亲代都会受到子代的"指点"。

四、家庭代际传播中的角色调适

数字反哺可能引发代际冲突。一方面是亲代面对日新月异的技术深感焦虑、力不从心；另一方面是青少年子代们在互联网的海洋里如鱼得水。有研究表明，家庭代际传播中，子代在新媒体的使用与采纳上的优越感与亲代对自身传统权威地位的维护，可能导致亲子之间的矛盾、冲突、误解，甚至是亲子关系的疏离。③因此，如何化解代际冲突，亲代和子代之间如何适应新角色是家庭代际传播中必须面对的命题。本文在结合角色理论的基础上，从数字反哺的角度，主要从以下两个方面展开进行讨论，希望在调适代际冲突方面带来一些启发。

（一）强化"角色知觉"，提升网络素养

角色知觉是指个体对自己或他人在特定的社会组织或团体中所拥有的关系、地位、作用、权利、义务以及由此产生的行为的认知。它不仅包括"角色认知"，还包括对角色规范、角色行为、角色期待和角色评价的认知。④在家庭代际传播的过程中，对于亲代来说，角色认知能力在角色调适和转换过程中，一方面是对在数字媒体语境下，亲代对因数字鸿沟引发的自身有一个正确的评估和知觉。处于数字鸿沟不利地位的亲代，往往被沦为信息社会的"落伍者"。因此，亲代要积极提升自身的网络素养。

亲代学习和提升的内容主要包括以下四个方面：一、学习和提升移动互联网，特别是视听新媒体的基本知识和技能；二、信息使用：在媒介视听转向的趋势中，学会根据自身的实际诉求在移动网络上寻找到有利信息；三、甄别与判断：在把关缺失和谣言四起的互联网场域中，学会甄别信息的真假，判断信息的价值；四、参与网络的方式。亲代网络素养的提升，有助于提升其在家庭代际传播中的话语优势，弥合代际的信息鸿沟。

此外，亲代在"角色知觉"要有正确的认知。文化传承中的"文化"不单是知识的

---

① 2021 年 3 月 19 日下午，在南昌市东湖区对 2004 年子代的访谈所得。
② 2021 年 3 月 20 日上午，在南昌市高新瑶湖对 1971 年父代的访谈所得。
③ 郑素侠，吴德琛：《代际传播数字沟的形成背景、社会影响及其调适》，《中州学刊》2018 年第 9 期。
④ 陈立敏：《"跨越山河大海"？——媒体人职业转换中的角色冲突与调试》，《新闻记者》2019 年第 7 期。

传承，更多是风俗习惯、社会道德、社会规范等一切行为方式的综合传承。数字反哺这种互动模式有效激发了子代勇于创新、敢于开拓的勇气和力量，也提升了他们的见识与能力。但子代从互联网渠道获得的教育是有限的，不足以使他们完成社会化，也不能够代替家庭教育中的文化正哺。数字反哺绝对不是对传统文化传承模式的否定，文化正哺在家庭教育中始终具有重要的作用和意义。

（二）进行"角色学习"，共同拥抱信息

亲代和子代从来没有像今天这样休戚与共。角色学习是指社会成员掌握社会理想角色的行为准则、技能，提高角色认知水平，缩短与理想角色的差距的过程。[①] 对于角色转换中的亲代来说，一方面要转变心态进行学习。4 号受访者家庭中的母亲表示："我不认为向孩子学习有什么丢人的，我为我的女儿感到骄傲，在女儿指点我的时候我就把自己当作她的学生，虚心地倾听。"其女儿表示："我们对父母的尊重和爱戴不是由他们知道的多少来决定的，不是说父母什么都知道我们才尊重。他们养育了我们这一点始终是无法改变的。比父母知道得多，并不意味着我们会小看他们。"[②]

另一方要在亲子陪伴下互动学习。亲子陪伴是家庭成员彼此之间获得心理抚慰和情感支持的重要途径。7 号受访家庭中的女儿说："在'指点'父母时态度要好一些，语气要温和一些，耐心一些，不然他们情感上会接受不了，会感到落差与失衡。"本次受访者几乎所有子女都提到指点父母时要注意方法，态度要好一些，尽管这对某些子女来说完全做到有些困难。亲代与子代应积极地交流与对话，从对方身上吸取经验并反观自己，共同拥抱信息社会。

五、结语

在当下移动互联网环境下，技术层面的变化已经开始扭转传统的知识文化传承的方式，子代不需要依赖于亲代就能够获得更多的信息和知识。数字反哺的过程亦是父母与子女角色转换的过程，原本属于父母的"哺育"权利让渡给子女。本文借鉴角色理论的相关内容，把家庭代际传播"数字反哺"现象中的角色转换归纳为两个层面：一是"施教者角色"与"被教者角色"的转换；二是"权威者角色"与"意见倾听者角色"的转换。角色转换的同时可能引发代际冲突，代际冲突可能导致亲子关系的疏离，所以必须对其调适。从现实的代际传播中可以看出，角色调适的过程绝不是静态的，而是亲子之间不断互动和适应的过程。在亲子两代的调适过程中，亲代权威下沉，子代地位上升，两代在媒介技术的赋权下，话语权力趋于平等，在两代和知识的互动中，强化"角色知觉"，进行"角色学习"显得异常重要。

---

① 陈立敏：《"跨越山河大海"？——媒体人职业转换中的角色冲突与调试》，《新闻记者》2019 年第 7 期。
② 2021 年 3 月 20 日下午，在南昌市新建区对 1976 年母亲和 2005 年女儿的访谈所得。

五、中国古代舆论研究

主持人语

如今，在新媒体技术发展和社会变迁的双重场域下，社会信息环境日益多元，舆论生态复杂多变。由此，舆论学视野下的理论与现实问题层出不穷，而中国话语语境下的舆论学研究也显得迫在眉睫。任何一门学科的学理建构都离不开对其研究对象的追根溯源，正因为如此，对于舆论史的观照就成为舆论学学科建设的必要前提。

事实上，舆论是舶来品。哈贝马斯曾说"17世纪后期的英国和18世纪的法国才真正有'公众舆论'"，那么，此时的"公众舆论"，"它是在受过教育和知情的公众有能力形成某种意见之后在公众讨论中形成的"。可以说，近现代舆论是伴随着资产阶级革命其力量得以彰显，舆论既是民主制度即"人民主权"得以实现的基础，同时又以民主制度的确立作为其发挥功用的前提。从政治制度的角度来讲，应该说中国古代王权专制并未给舆论提供发挥政治功用的保障和空间，舆论尚未成为权力变迁的合法性依据，但舆论所固有的社会控制功能、政治沟通功能以及社会评价功能依然会以潜在的方式存在，虽然当时未假以其名。

本专栏旨在跨越纵深的历史，回望中国古代社会不同历史时期的舆论表达，渐次汇聚中国古代舆论的真容。本组文章主题既有对历史典籍的梳理、又有对民间话语的撷取；既有量化研究的宏观主题呈现，又有深入文本的微观解读；既有对古代王权专制社会下舆论潜流的描述，又有对近代社会变迁下报刊舆论参与民主斗争的再现。总之，期待此组文章能够为广大舆论学研究者尤其是中国古代舆论史爱好者提供点滴启发。

《海滩》朱星雨 作

两汉谣谚及其舆论传播功能研究

向青平 *

【摘要】舆论的表达形式多样。作为古代口耳相传的媒介，谣谚是公众对社会现实反映，具有民间性、通俗性。作为古代社会舆论表达机制，谣谚对中国古代政治、社会秩序等都起到了重要作用。汉朝是中国历史上的大统一朝代，两汉重视谣谚，将谣谚作为舆论的机制内化于国家制度中，在官僚制度设计上就有察举制。两汉谣谚主要有风土谣、颂谣、怨谣、谶谣四种类型。研究发现，两汉谣谚在维护统治合法性、选官任贤、道德教化及舆论监督等方面发挥了重要作用。

【关键词】两汉；谣谚；舆论；功能

一、引言

"谣，徒歌；谚，传言也"（《说文解字》），谣谚包含两个方面的内容，即民谣与谚语。据《尔雅》记载，谣谚作为一种语言形式，是人们在无配乐、伴奏情况下随心随性脱口而出。从"谣"与"谚"含义和特征来看，二者有很多相似之处。杜文澜在《古谣谚·凡例》中指出："二者皆系韵语，体格不甚悬殊，故对文则异，散文则通，可以彼此互训。"吕肖焕[①]认为"民谣偏重政治和官场，而谚语偏重世风和人生"。"谣"与"谚"关系紧密，均流传于民众之间，抒发民意，具有通俗性和流行性。

作为一种口耳相传的媒介，谣谚生命力强大。谣谚是普通百姓对社会现实的反映，承载着舆论信息，表现出古代民众对某种社会现象观念及情感，也是帝王做出政治判断的一种暗示。"天视自我民视，天听自我民听"（《尚书》），儒家将百姓的民意视为君主权力赋予者"上天"的意思表示。中国古代政府十分重视谣谚，甚至将其与官僚制度、政治事件等联系起来。两汉时期，统治者就会派人去采集民间谣谚，目的是了解民众的生活疾苦，以调整统治策略。两汉延续了先秦"依古遒人，徇路采取百姓讴谣，以知政教得

---

* 作者简介：向青平（1991—），女，湖南，中国传媒大学，2019级在读博士研究生，研究方向：舆论学、政治传播。

① 吕肖焕：《中国古代民谣研究》，成都：四川出版集团巴蜀书社，2006年，第17页。

失也"(《汉书·礼乐志》)的做法，"自孝武立乐府而采歌谣"，"观民俗，知厚薄"(《汉书·艺文志》)，"人人问以谣俗，民所疾苦"(《汉书·韩延寿传》)，其目的是采集民间歌谣以了解民俗风情，两汉将谣谚作为执政的重要依据。

晚清以来，两汉谣谚引起史学工作者的关注。20世纪初中国兴起了"新史学"，北京大学进行歌谣征集活动，如林语堂、周作人、朱自清等为代表的学者对两汉谣谚进行系列研究。这一时期的学者关注普通民众的日常生活、思维方式及其对政治、社会议题的影响，如朱自清的《中国歌谣》、林语堂的《中国报业及其舆论史》将谣谚作为重要的研究对象。自20世纪80年代，我国出现了谣谚研究热，如吕肖奂出版的《中国古代民谣研究》，他从民俗学、历史学等总的方面研究民谣，但针对两汉谣谚的研究仍然较为简略。罗建新[1]梳理认为，从近几年研究来看，谣谚研究主要集中在史学、文学、政治等领域。随着学界对古代舆论研究的重视，史学界跨学科研究中国古代谣谚的传播学较为火热。徐小立[2]较早厘清谣谚与舆论、新闻的关系，他提出"针对现实生活发表意见的谣谚是一种特殊形式的社会舆论，多数情况下社会舆论应成为新闻报道的内容"。近年来，学者们从谣谚的传播特征[3]、传播特点[4]、广告功能[5]等角度研究两汉谣谚。总体而言，谣谚的研究仍然是学者关注的重点，但从舆论学、传播学进行谣谚研究的较少。

目前流传下来的两汉谣谚散见于经史子集各类文献、地方志、文人笔记等，编于清代咸丰年间的《古谣谚》一百卷是中国古代谣谚搜集、整理的经典之作。1949年后，逯钦立编纂了多达135卷的《先秦汉魏晋南北朝诗》，该集子收录了从先秦至隋代的歌诗谣谚被称为"堪称集大成之作"。两汉谣谚不仅收录在子集中，《史记》《汉书》《后汉书》等史书还引用谣谚，多涉及政治性议题。有学者梳理发现[6]，《后汉书》共引用谣谚79则，关注政治谣谚达到了28则。本研究以《古谣谚》《先秦汉魏晋南北朝诗》两本子集作为谣谚的主要研究对象，并将《汉书》《后汉书》等史书作为主要补充资料，考察谣谚在两汉历史进程中发挥的作用。研究问题主要有：

1.两汉谣谚的类型主要有哪些？具有什么样的舆论功能？

2.在两汉的政治、社会中，谣谚发挥了什么样的功能？

二、作为一种舆论机制的两汉谣谚分类

谣谚是人群、社会中反复出现的沟通方式，在不确定的社会环境中，共享智力，阐

① 罗建新：《谶纬与两汉政治及文学之关系研究》，上海：上海古籍出版社，2015年。
② 徐小立：《谣谚·舆论·新闻》，《云梦学刊》2001年第3期。
③ 王娟娟：《我国古代社会谣谚的舆论传播三种特征解析》，《兰台世界》2015年第21期。
④ 孙立涛：《论汉代谣谚文化的传播特点》，《江南大学学报》(人文社会科学版)2014年第3期。
⑤ 张剑：《中国古代谣谚的广告传播功能》，《新闻界》2011年第2期。
⑥ 李巍：《〈后汉书〉谣谚研究》，桂林：广西师范大学，2015年，第14页。

释关于社会现实的意义①。作为中国古代的一种特殊舆论方式，谣谚有不同的分类方式，多数学者按谣谚内容进行划分，如孙立涛②按照谣谚内容进行分类，将两汉谣谚分为时政谣谚、社会经济谣谚、哲理性谣谚、其他风俗风情谣谚。但由于谣谚内容广泛、分类庞杂，用于传播上的分类较为简单，不能将谣谚作为舆论的性质体现出来。吕肖奂在《中国古代民谣研究》一书中则将古代民谣划分为"风谣"和"谶谣"两种。其中"风谣"又细分为"颂谣、怨谣和风土谣"三种。本研究将谣谚分为谶谣、颂谣、怨谣和风土谣四种，这四种分类较为全面地概括出了谣谚作为一种特殊舆论在传播上的功能。

（一）风土谣：对社会风气、习俗的反映

风土谣指的是对社会风气及反映的一种谣谚。西汉有谣谚"得黄金百斤，不如得季布一诺"（《史记·季布栾布列传》），该首谣言反映两汉时期，人的诺言比黄金的信用价值更高，此后逐渐发展为成语"一诺千金"。另有谣谚"父母何在在我庭，化我鸱枭哺所生"（《后汉书·循吏：仇览传》）反映了两汉社会中对孝道的尊崇，暗含要感恩父母的意思。另外还有"相马失之瘦，相士失之贫"（《古谣谚·褚先生引谚论东郭先生》），该首谣谚认为不要因为读书人贫贱就不重视他，显示了社会对知识、道德等内在品质的尊崇。

除了反映社会道德风气外的谣谚，在反映性别的两汉谣谚中，有"生男无喜，生女无忧，独不见卫子夫霸天下"（《史记·外戚世家》）。从中也可看出民间对社会男女性别秩序的反向思考。在社会时尚方面，《汉书》中还记载着一首描写妇女社会风尚的谣谚："城中好高髻，四方高一尺。城中好广眉，四方且半额。城中好大袖，四方全匹帛"。另外还有"为四起大髻，但以发成尚有余，绕髻三匝。眉不施黛，独眉角小缺，补之如缥"（《后汉书》）。两首谣谚反映了女性发型、服饰、妆容等的社会风尚。

（二）颂谣：对社会现象及官吏的表扬

颂谣是指歌颂和赞美的歌谣，传达的是一种正面评价。两汉谣谚不乏对帝王的歌颂，如"头白浩然，食不充粮。裹衣襄裳，当还故乡。圣主愍念，悉用补郎。舍是布衣，被服玄黄（《后汉书·献帝纪》）"，该谣谚表现的是儒生赞颂汉献帝仁慈恩惠。另还有谣谚对两汉官员的称颂，西汉萧何、曹参相继为相国，与民休息，史籍于是录"百姓之歌"颂之，"萧何为法，斠若画一；曹参代之，守而勿失。载其清净，民以守一"（《史记·曹相国世家》）。

汉武帝之际，郑国渠、白公渠，引泾水注渭中，灌溉农田四千五百余倾，将关中变为沃野，给秦汉两代的关中人带来了丰衣足食的生活，百姓歌之曰："田于何所？池阳、

---

①　Shibutani T.,*Improvised news: A sociological study of rumor*. New York:Indianapolis,1966,pp.7—16.

②　孙立涛：《论汉代谣谚文化研究的重要性》，《西华大学学报》(哲学社会科学版)2014 年第 3 期。

谷口。郑国在前，白渠起后。举锸为云，决渠为雨。泾水一石，其泥数斗，且溉且粪，长我禾黍。衣食京师，亿万之口"。但也出现官吏利用"谣谚"为自己歌功颂德、编造民情的现象。两汉时期出现了很多阿谀奉承的谣谚，如《后汉书·刘陶传》中歌颂刘陶的谣谚："邑然不乐，思我刘君。何时复来，安此下民。"该谣谚被部分学者 [①] 认为其背后有幕僚们"牵强附会、生拉硬扯"的痕迹。

（三）怨谣：对时政的讽刺与百姓的抱怨

怨谣指的是对社会现实现象进行批判的一种谣谚。从两汉的舆论表环境来看，并未有编造、传播谣谚罪名的成文法律 [②]，言论制度较为宽松。两汉时期通过谣谚表现的批评态度并不隐晦，甚至是脍炙人口的批判与诅咒。两汉之交，社会秩序混乱，卖官鬻爵现象泛滥成灾。淮南王刘玄当政时期，刘玄沉溺酒色，外戚专权，任人唯亲，当时有谣谚："灶下养，中郎将。烂羊胃，骑都尉。烂羊头，关内侯"（《后汉书·刘玄传》），百姓批评"烂羊胃"及"烂羊头"都能成为国家栋梁，反映出了民众对官吏的失望和愤恨。另在《后汉书·黄琬列传》中有："时权富子弟多以人事得举，而贫约守志者以穷退见遗，京师为之谣曰：'欲得不能，光禄茂才'。"该谣谚意思是穷人难以步入仕途，富贵子弟却很容易成为国家人才。东汉末年察举制恶化，民间力量运用谣谚辛辣讽刺官吏制度，如"举秀才，不知书。察孝廉，父别居。寒素清白浊如泥，高第良将怯如鸡"（《桓灵时童谣》），该首谣谚意思是选举出来的秀才没有能力，德行上也不孝顺，反映出官吏的腐败。两汉时期，百姓对社会不良风气及制度的批判态度鲜明、语言直白，甚至是毫不留情。

（四）谶谣：一种政治预言与诅咒

谶谣将"谶"的神秘性、预言性与谣的通俗流行性结合起来，也被称为假借预言政治铺陈的手段。古代当局时政议题重要，但局势仍然不清的情况下，谶谣便会在群体中广泛传播。谶谣的语言具有模糊性和抽象性，为受众解码提供了较大的想象空间 [③]。谶谣中有一种特殊且流传较广的形式，即童谣。童谣的来源非常复杂，常与社会政治事件有关，是"有心之人"借儿童之口表达社会意见。周作人 (1914) 的《儿歌之研究》就引用日本学者中根淑对"童谣"的解释："故童谣者，殆当世有心人之作，流行于世，驯至为童子所歌者耳。"

汉武帝独尊儒术、罢黜百家，董仲舒提出儒家思想混杂浓厚的阴阳五行的迷信思想。两汉之交及东汉末年，社会处于政治动荡、不稳定的特殊时期，也是谶谣兴盛之际。《汉书·五行志》记载了两汉时期的诸多谶谣，吕宗力梳理两汉谶谣专著《后汉书·五行志》，

---

① 张钰婷：《浅谈时政类谣谚的舆论特性——以两汉时期为例》，《新闻研究导刊》2016 年第 7 期。
② 吕宗力：《汉代的谣言》，杭州：浙江大学出版社，2011 年，第 34 页。
③ 吴承学：《论谣谶与诗谶》，《文学评论》1996 年第 2 期。

将谶谣分为四类[①]：一是"诅咒批判型"，如"千里草，何青青。十日卜，不得生"（《汉书·五行志》），"千里草为董，十日卜为卓"，这首谶谣预示、诅咒着董卓的灭亡；二是"时政评论型"，如汉末的谶谣："侯非侯，王非王，千乘万骑上北邙"（《搜神记》），辛辣地批评了统治阶层；三是"时效提前型"，即事前发出的预言和事后做出的追述；四是"即兴创作型"，是本身不带有特定政治目的的娱乐性民谣童谣，如"邪径败良田，谗口乱善人。桂树花不实，黄爵巢其颠。故为人所羡，今为人所怜"（《汉书·五行志》）。

三、两汉谣谚的舆论传播功能

谣谚是一种"即兴创作的新闻"，作为一种古代公共舆论，谣谚在凝聚集体智慧、反映与解决问题上发挥着重要作用[②]。朱传誉[③]认为其"功能和影响，是不下于今天的报刊"。谣谚反映了民众对社会的含蓄讽喻和集体诉求，在很难跨地域沟通的农业文明社会，谣谚既承载着舆论信息，表现出古代民众对某种社会现象的观念及情感，也是帝王做出政治判断的一种暗示。

（一）维护统治的合法性、正当性

古代皇位嬗替过程中，合法性问题往往集中在宗法血缘上。政权的合法性、民意向背、民意好恶，直接关系到统治的正当性和认可度。两汉时期阴阳五行思想发展，儒学结合谶纬的神秘思想，被统治者用来论证君主统治正当性、认受性的象征意义。两汉皇帝、儒士等善于运用谣谚，尤其凭空制造谶谣以操纵舆论表现皇权的与众不同。

凭借武力和强权，汉高祖建立汉朝，但建国后又该如何治理天下？汉高祖刘邦出身普通，是中国古代第一位成为皇帝的平民。汉高祖担心自己出身不好，为提高刘氏统治的正当性、权威性，便开始造谶，宣称自己是其母与蛟龙所生之子。刘邦也被其后世包装为斩杀白蛇的"赤帝子"（《史记·高祖本纪》）。汉武帝采用董仲舒意见"独尊儒术"，董仲舒提倡"天人合一"的思想解决统治合法性问题，宣称君权来自天授，刘氏为天子管理社会，儒家结合谶纬成为汉朝的统治思想。

两汉之交，统治者政权不稳定、摇摇欲坠。为论证统治合法性，两汉统治者使用谶谣影响舆论导向，善于利用谶谣打舆论战的帝王就有王莽、刘秀。西汉末年，汉哀帝后，外戚王莽权势倾朝，生出代汉自立的意图。如果直接废帝而自立皇帝，没有正统性的宣传，就很容易招致民众的质疑与批判，亦与西汉"刘氏天下"的正统观念不符合，从而导致政权的动荡。王莽政权试图利用儒家阴阳五行思想论证执政的合法性，任命"风俗使者"收集舆论，进行舆论战。《汉书·王莽传》记载："风俗使者把人还，言天下风俗

①　吕宗力：《汉代的谣言》，第82页。
②　Shibutani T.,*Improvised news: A sociological study of rumor*. New York:Indianapolis,1966.
③　转引吕宗力：《汉代的谣言》，第82页。

齐同，诈为郡国造歌谣，颂功德，凡三万言。"这些"风俗使者"不惜伪造民间歌谣，为王莽登基制造民意根据。据史学家吕宗力先生统计，王莽伪造数万言的"民谣"，营造出了获得民意认同的舆论假象。另汉元帝时有童谣："井水溢，灭灶烟。灌玉堂，流金门。"（《汉书·五行志》）井水生于地，地是坤之阴；灶烟生于天，天为乾之阳；帝为阳；王莽为臣即阴。这首童谣整体采用隐喻的手法，以阴阳颠倒的隐喻来说明王莽将是帝王的取代者。这首谣谚创作初期即指向了王莽夺权的意图。成帝建始二年三月戊子时，这首童谣应验。法国学者 Seidel 和 Anna[1] 指出："所有在王莽之后的一段时期里竞争帝王宝座的形形色色的人，也许都运用谶言进行着一场意识形态的战争。"

光武帝刘秀"图谶于天下"。知识分子军阀出身的东汉开国皇帝刘秀，被称为"以柔道取天下"的例子。一方面，刘秀善于造有利于自己的谶。当刘秀经过河北，势力扩大，即有"谐不谐，在赤眉，得不得，在河北"（《后汉书·光武帝纪》），栾保群[2] 认为此谶谣为刘秀创作。为证明刘氏天下还未结束，刘秀造谶谣"刘氏复起，李氏为辅"（《汉书·王莽传下》），而自己则是赤帝的代表。刘秀同学造谶谣："刘秀发兵捕不道，四夷云集龙斗野，四七之际火为主。"（《赤伏符》）但在另一方面，刘秀还善于曲解政敌的谶为自己所用。当公孙述使用大量谶谣论证汉朝十二朝已尽，意思是"刘氏天下"不再，并且还引证纬书《河图录运法》中的一句话："废昌帝，立公孙"，表示"公孙"是天下的皇帝。刘秀则回复称："图谶言'公孙'，即宣帝也。"即公孙述所说的"公孙"是汉宣帝公孙病，也就是说，刘氏家族仍然是天命所归的皇氏家族。两个皇帝互相论战，各自陈述有利于皇权统治的谶谣，以证明其统治符合正统思想，而对方的政权不具有合法性。

除统治阶级外，还有农民军善于用谶谣进行造势。如东汉末年，黄巾起义，民间流传着"苍天已死，黄天当立，岁在甲子，天下大吉"（《三国演义》），该谣谚表现从西汉末年的"人心思汉"转向了"人心厌汉"。

（二）舆论选官：品评官员，选拔人才

两汉谣谚的品评功能与汉朝察举制相关。察举制又叫荐举，是由公卿及郡国守根据考察以向朝廷推荐品德高尚、才能出众的平民或下级官吏[3]。东汉察举制已成规模，东汉末年就有"听百姓风谣善恶而黜陟之也"（《资治通鉴》）。两汉重视社会评议，西汉时谣谚："千人所指，无病而死"（《汉书》）。人物品评是否符合儒家道德思想的标准直接关系到能否进入官僚体制内，实现儒士的入仕梦想。

---

　　① 　Seidel, Anna.Imperial Treasures and Taoist Sacraments:Taoist Roots in the Apocrypha,*Space & Polity*,vol.6,no. 2(1983),pp.141—146.

　　② 　栾保群：《历史上的谣与谶》，北京：中国档案出版社，2006 年，第 24—25 页。

　　③ 　孙董霞：《从先秦两汉诗歌谣谚看儒家文化的道德性价值评价》，《语文教学通讯·D 刊》（学术刊）2013年，第 88—89 页。

在官员的品评上，两汉注重官员的做派是否符合儒家道德。白寿彝①认为，（尤其是东汉）的知识精英，有自创歌谣相互标榜、张扬舆论的风气。其中不乏对清正廉洁有为官员的称颂之词，对治理社会有功德的官员，如"大冯君、小冯君，兄弟继踵相因循。聪明贤知惠吏民，政如鲁卫德化钧"（《汉书·冯野王传》）；汉成帝时，冯野王为上郡太守，其后弟冯立也从五原到西河、上郡为官，冯立与冯野王兄弟二人公廉治行，百姓为此做谣。另外还有"弃我戟，捐我矛，盗贼尽，吏皆休"（《后汉书·张霸传》），东汉永元中会稽太守张霸采取开明的政策使郡界得到治理，不扰民休息，得到百姓的认可；而赵广汉历任郡守、京兆尹，清廉明察、打击豪强，就有"吏民称之不容口。长老传以为汉兴以来，治京兆尹者莫能及"（《汉书》）。甚至还有官员因谣谚免于降级，如"（公孙度）后举有道，除尚书郎，稍迁冀州刺史，以谣言免"（《三国志》）。

在人才选拔上，儒家道德亦是评价的标准。就乡里的道德而言，就有东汉冯豹（字仲文）道德文章甲于乡里，乡里为之语曰："道德彬彬，冯仲文晔"（《后汉书·冯衍传》）。召驯（字伯春）以孝义闻于乡里，乡里号之曰："德行恂恂，召伯春"（《后汉·召驯传》）。类似的还有"天下忠诚窦游平""天下和雍郭林宗""海内忠杰张元节"（《古谣谚》），这类谣谚在汉代非常多，七言谣谚的表达方式简洁、传播力广，"忠诚""和雍"等表扬的形容词在前，人物姓名在后，朗朗上口，以文人、官吏间传播为主。

经学也是察举制度中的重要内容。如有"五经无双许叔重（许慎）"（《后汉书·许慎传》）；"说经铿铿杨子行（杨政）"（《后汉书·杨政传》）；"五经从横周宣光（周举）"（《后汉书·周举传》）；袁安祖父袁良，"习《孟氏易》，平帝时举明经，为太子舍人"（《后汉书·袁安传》）；另外还有蔡衍，"少明经讲授，以礼让化乡里。乡里有争讼者，辄诣衍决之"（《后汉书·党锢列传》）。

民间还有对官吏的怨谣。汉元帝时，宦官石显与中书仆射牢梁、少府五鹿充宗为党友，依附他们的邪恶小人官职显赫，于是有谣谚称："牢邪石邪，五鹿客邪。印何累累，绶若若邪"（《汉书·佞幸传》），该谣谚揭露了官场中互相勾结，把持要害部门，败坏官场风气的现象。汉成帝即位后，石显陡然失势。长安民众人心大快，于是就有新的民谣流传："伊徙雁，鹿徙菟，去牢与陈实无贾"（《汉书》）。

两汉品评的谣谚主要传播于官僚、士人等社会中上层，在语言叙事和议题设定上与流行于庶民间的谣谚有较大差别。儒家思想是两汉的正统思想，官员选拔、晋升制度均以儒家道德标准进行评判。汉朝官僚体系中有很多名称如"孝道""品行""铁面无私""清廉"等充满儒家道德色彩的词汇。

---

① 白寿彝等：《中国通史（第四卷）》，上海：上海人民出版社，1995年，第423、425页。

（三）道德教化，稳定社会秩序的功能

两汉实行文官制度，举"孝廉"。按照儒家"修身、齐家、治国、平天下"的道德要求，两汉明确鼓励儒家道德行为规范。这反映到民间社会中，强调尊贤礼士、崇尚儒家的道德。乡间舆论对个人毁誉、升迁具有重要影响。从谣谚"衍材素愚驽，行义污秽，外无乡里之誉，内无汗马之劳，猥蒙明府天覆之德，华宠重叠"（《后汉书》卷二八《冯衍传》李贤注引冯衍书信）来看，"乡里称善""无乡里之誉"是儒士品行有无缺失的表现。孝道的履行直接关系到乡间评议，进而影响到是否能入仕为官。两汉的个人道德内化于群体社会评价之中，形成了以儒家道德为核心的社会风气，在道德教化及社会道德秩序稳定上具有重要作用。

两汉不乏以儒家道德进行教化的谣谚，如强调孝道的谣谚有"父母何在在我庭，化我鸺枭哺所生"（《后汉书·循吏：仇览传》），"孤犊触乳，骄子骂母"（《后汉书·仇览传》）。儒士格外关注自我的道德修养，在"修身"上，两汉强调"诚拙"的为人品格。如《说苑·敬慎》曾引里谚曰："诚无诟，思无辱"，其缘由是"无不诚不思，而以存身全国者亦难"。《三国志·魏志·刘晔传》注曾引谚曰："巧诈莫如拙诚"，认为"拙诚"的性格才是可靠的。

在人生经验上，王昶《诫子书》引用谚语"如不知足，则失所欲"（《三国志·魏书·王昶传》）；还有"失之东隅，收之桑榆"（《后汉书·冯异传》）等。另《史记》中司马迁写到白起与王翦时候，引用谚语"尺有所短，寸有所长"，告诫世人，要谦和礼让。而两汉时民间广泛流传着"礼让一寸，得礼一尺"的谣谚。两汉重视诺言、信用。这些谣谚朗朗上口、便于记忆，也作为民间的人生哲理广泛传播，流传至今的谣谚甚至影响了现代人的思想观念。

但因过于重视舆论，两汉也出现了道德极端的现象。如《后汉书·列女传》记载，姜诗妻对婆母，"奉顺尤笃，母好饮长江水，水去舍六七里，溯流而汲。后值风，不时得还，母渴，诗责而遣之"。还有《汉书·王吉传》记载这样一则里谚语："东家有树，王阳妇去；东家枣完，去妇复还。"汉人王吉字子阳，家住长安，东邻家有大枣树，树枝垂在王家的院中。王妻摘枣给王吉吃。当王吉知道枣的来处之后，认为妻做了坏事，把她驱逐了。东家听到这件事，过意不去，就要砍掉枣树，邻里众人劝止东家砍树，并说服王吉将妻接回。另外还有鲍永之妻只因在母面前叱狗，便被休弃。显然对道德的内在修养逐渐转化为个人自私功利而罔顾孝道的本真含义的极端偏向。过分重视他人对"孝"的评价，发展到后来却失去了其本真含义，走向了极端，但从中也可见乡间舆论对个人道德束缚的力量之大。

社会学家费孝通①认为传统社会"男女有别"，两汉谣谚也多次提到性别的差异。吕

---

① 费孝通：《乡土中国》，北京：北京大学出版社，2012年，第26页。

后引用鄙语"儿妇人口不可用"(《史记·陈丞相世家人》);陈蕃引用谚"盗不过五女门""女,贫家也"(《后汉书·陈蕃传》)。封建社会中,女性处于经济地位的弱势,被认为家庭中的负担。《女诫》中有谣谚:"生男如狼,惟恐其尪,生女如鼠,惟恐其虎。"从中可以反映社会对男女的不同期待。以上谣谚都能看出两汉对女性的认识仍然较为传统,而汉武帝皇后卫子夫改变了封建社会男女性别秩序的观念,汉朝有谚:"生男无喜,生女无怒,独不见卫子夫霸天下"(《史记·外戚世家》),有研究认为该谣谚主要讽刺权贵的权力过大,但无可否认的是两汉对性别的再认识与反思。

(四)作为政治斗争的力量:清议

东汉中后期宦官、外戚专权造成政治腐败。但由于东汉儒术盛行,当时有"天下通儒宗孝初"(《后汉书》)的盛况。政治黑暗与儒家经世治国的理想发生碰撞,涌现了大量抨击外戚宦官专权的官吏,有些儒士自命为"清流",斥责"幸奸之人"为"浊流",对社会时政发起了批判与指责。东汉桓、灵之时,官僚、学生与宦官的政治斗争较为激烈。东汉名士以天下为己任,有澄清天下之志,反对政治上的黑暗和贪污腐败,主张改变腐化不堪的政治局面。

东汉中后期,"清议"出现。史书记载东汉清议的盛况:"匹夫抗愤,处士横议,遂乃激扬名声,互相题拂,品核公卿,裁量执政,(狠)直之风,于斯行矣。"(《后汉书·党锢列传》)士大夫、学生、读书人常在乡校或亭台聚议,议论政治,私学繁盛。讲气节、守道义的儒士在民间具有较高威望,形成了一股与宦官集团对抗的舆论势力。汉末太学生高歌"天下楷模李元礼,不畏强御陈仲举,天下俊秀王叔茂"(《后汉书·党锢列传》),看似品评官员的"七言谣",却明确地表明了对反对宦官势力大臣李膺、陈蕃、王畅,强调清流在道德上的优势。著名党人范滂、岑晊分别获得汝南太守宗资、南阳太守成瑨信用,儒生做谣称赞,"汝南太守范孟博,南阳宗资主画诺。南阳太守岑公孝,弘农成瑨但坐啸"(《后汉书·党锢列传》)。

东汉士大夫最大限度利用谣谚的力量,颂扬党人清流,指责奸臣、宦官及社会现实,形成了独特的传播现象。林语堂①称东汉的太学生运动,产生非同寻常的英雄故事,特别是在极其有效的民意表述方面。这些学者主导舆论议题设置,"党人非议如潮",争取社会同情,具有强大的舆论引导力量,令"自公卿以下,莫不畏其贬议,屣履到门"(《后汉书·党锢列传》)。清议借用儒家道德力量对社会现实进行批判,也引起了权贵的恐慌。王嘉曾告诫哀帝过于宠董贤,他指出:"往古以来,贵臣未尝有此,流闻四方,皆同怒之。里谚语曰:'千夫所指,无病而死'臣常为之寒心。"

---

① Lin Yutang,*A History of The Press and public Opinion in China*,Chicago:The University of Chicago Press,1936,pp.28.

借用谣谚作为舆论力量对权势造成威胁的知识分子，最终遭到了宦官集团的反击，进而引发"党锢之祸"，"天子震怒、班下郡国，逮捕党人，布告天下"（《后汉书·党锢传序》）。许多倡导清议的著名人物，如李膺、陈寔、范滂，或死于狱中，或受到终身监禁。第一次党锢之祸发生在桓帝延熹九年（166年），第二次党锢之祸发生在灵帝建宁二年（169年），直到184年黄巾起义，党锢才告撤销。在长达近二十年的冲突中，官僚、士人无论在人数，还是权势上都不占优势。日本学者串田久治①认为中国的知识分子拥有一种隐然的势力向当权者施加压力的有效武器，发挥了抑制权力失控和批判现实政治的作用。

四、结语

两汉（前202—220年）跨越400余年，是中国封建体系的初创期，也是中国古代秦朝之后的大一统时期。谣谚不仅是一种社会语言现象，也是社会政治现象。两汉将谣谚作为舆论的机制内化于国家制度中。西汉时期，谣谚在选拔贤良、崇尚儒家道德秩序、维护统治稳定上发挥重要的作用。东汉中后期，谣谚为儒士所用形成清议，对国家贪污腐败等丑恶现象发起抨击。东汉末年，社会潜伏危机，社会秩序的失衡刺激人们的评论欲望，人们表达的愿望促使怨谣、谶谣逐渐增多，这些谣谚直接或间接对统治者发起规劝、揭露、批评。

谣谚是把双刃剑，也是两汉社会的"皮肤"。两汉末年的批评之声仍然集中在选官制度、社会风气、统治阶级上。在人才选拔上，就有谣谚"举秀才，不知书。察孝廉，父别居。寒素青白浊如泥，高第良将怯如鸡"（《桓灵时童谣》）。这首谣谚以对比的方式讽刺经过察举制度选拔的"秀才""孝廉"与实际情况差距甚远。另外还有讽刺官员、将生活奢华的官员比喻成窝在巢里的乌鸦，如"城上乌，尾毕逋。公为吏，子为徒。一徒死，百乘车"（《桓帝初城上乌童谣》）。在社会风气上，原本鼓励孝廉、诚拙、信用，但在东汉却有谣谚"直如弦，死道边。曲如钩，反封侯"（《后汉书·五行志》），对道德价值观及其所产生的影响进行辛辣反讽，暗示着"好人没有好结果"的社会失序。而谣谚"厨有腐肉，国有饥民。厩有肥马，路有馁人"（《盐铁论》），指出了社会贫富差距与不公平，社会不公平之感滋生了社会戾气。东汉末年甚至有谶谣"侯非侯，王非王，千乘万骑上北邙"（《搜神记》），讥讽统治阶层之余，还诅咒王朝的灭亡。

林语堂先生②指出，民谣是中国古代公众实施政治批评的一种形式；比起西方人，中国人是对君主更严厉的批评者，独裁君权也从未能制止他们以耳语及歌谣形式所传递的对政府的批评。汉朝灭亡后，社会公众对国家公共事物较为漠视。魏晋南北朝时，公众舆论表达陷入低谷，儒家地位下降，道家兴盛，知识分子中弥漫着浪漫主义的乌托邦色彩，"竹林七贤"出现在这一时期，士大夫中弥漫着隐士的生活方式。

---

① ［日］串田久治，邢东风:《汉代的"谣"与社会批判意识》，《中国哲学史》1996年第Z1期。
② Lin Yutang, *A History of The Press and public Opinion in China*, pp.20.

《诗经》的舆论功能研究

韩运荣　朱馨月 *

【摘要】《诗经》是我国第一部诗歌总集，历代以来各领域的学者对《诗经》的研究络绎不绝，包括文学、政治学、社会学等。本研究从舆论学的角度入手，运用内容分析法对《诗经》305首诗歌按照主题进行分类，统计各主题下诗篇的数量分布，并讨论其所发挥的舆论功能。研究发现《诗经》有三分之二的诗篇通过反映下层人民心声展现了民俗与民意，展现民俗的部分强调儒家道德伦理，展现民意的部分发挥警示贵族阶层的作用；其余三分之一的诗篇作为贵族阶层的话语，或颂扬式或怨刺式维护封建统治。总之，《诗经》一方面反映下层人民的心声，蕴含了"民本主义"的舆论思想，另一方面，在"采诗观风"制度下《诗经》所发挥的舆论功能主要以社会教化为主，所体现的"民本思想"具有历史局限性。

【关键词】《诗经》；舆论功能；民本思想

一、前言

《诗经》是我国第一部诗歌总集，收录了自西周初年到春秋中叶五百年间的诗歌，共305首，根据音乐性质分为《风》《雅》《颂》三个部分。《诗经》的大部分篇章出现于周代，是周代礼乐兴盛的产物之一。"乐以诗为本，诗以声为用"[①]，诗就是乐的文字表达形式，依附于周礼存在。到春秋战国时期，礼乐崩坏，孔子为修正礼乐编订了《诗三百》，并将其作为儒家子弟必读教本之一世代传承。

从《诗经》成书至今，历代学者对《诗经》的研究络绎不绝：自汉代《毛序诗》起，到南宋朱熹所做《诗集传》、清代方玉润的《诗经原始》，再到20世纪胡适的《再谈〈诗经〉》等等，主要集中于对《诗经》的诗旨、文法以及修辞等方面进行分析与考究。到了近代，学者们的学术视野逐渐开阔，对于《诗经》的研究逐渐涉猎政治学、社会学、传

---

* 作者简介：韩运荣（1972—），女，中国传媒大学新闻学院教授、博士生导师，研究方向：舆论学。朱馨月（1998—），女，中国传媒大学新闻学院硕士研究生。

① 郑樵：《通志》卷52《乐略》，杭州：浙江古籍出版社，2007年影印本，第3册，第1074页。

播学等更为广阔的学科领域。从政治学角度对《诗经》的研究，学者注重反映贵族阶层话语的诗篇，对其所展现的周代礼乐文化与其背后的政治逻辑有更多的关涉，并认为《诗经》就是礼乐文化兴盛的产物。社会学的研究则更加关切《诗经》中所体现的民风民俗，学者主要是将其作为珍贵的史料，尤其是《风》和《小雅》部分反映下层人民心声的诗篇，其内容与社会生活以及劳动活动等休戚相关，展现出先秦的社会风尚与民俗状况。从传播学的角度，有研究者探讨《诗经》由民间向上层阶级的传播特点；[①] 或有学者更关注包括《诗经》在内的先秦歌谣的政治传播功能。[②] 舆论学角度如研究者对先秦"采诗观风"制度的关涉，以《诗经》中的部分篇章为例探讨这一制度的舆论功能。[③]

本研究聚焦于《诗经》本身，运用内容分析法，将《诗经》的全部篇章（共 305 首）作为先秦古代舆论的载体，按照诗篇内容所反映的主题进行分类，统计各个类别的数量，并呈现不同社会阶层话语与舆论主题的数量分布，进而结合文本内容，分析《诗经》所发挥的舆论功能及其所反映的舆论思想。

二、研究方法

1. 样本选择

本文选择的《诗经》版本为弘丰注析版，分析样本为《诗经》的全部诗歌，共 305 首。该版本按照诗篇的音乐性质将内容分为《风》206 首、《雅》105 首、《颂》40 首。其中《风》根据诗歌所流传的不同地区划分为《周南》《召南》《邶风》《鄘风》《卫风》《王风》《郑风》《齐风》《魏风》《唐风》《秦风》《郐风》《曹风》《豳风》；《雅》又有《大雅》与《小雅》之分，《颂》根据产生的朝代划分为《周颂》《鲁颂》《商颂》。

2. 主题类目建构

《诗经》作为歌谣的集合，是重要的古代舆论载体，在舆论三要素上具有与现代舆论不同的特点。在舆论主体上，不仅包括了民间百姓，亦包括了属于贵族上层的君王与官吏；舆论的客体，可以是社会现象、社会矛盾、或是政治话题；而舆论存在的形态则以民谣为主。民谣是人们感于哀乐、缘事而发的一种舆论形态，包含着丰富深沉的要求和对现实的评说。[④] 此外，谏诤作为一种特殊的舆论形态存在，是通过谏官或者其他官员将民间的舆论意见传递至君主的舆论形式，其内容在一定程度上能够体现出民意。虽然在先秦时代还未出现谏诤制度，但是不乏臣子对君王进行劝谏或刺政的言论表达，具有一

① 宋丁羿：《雅俗之间：〈诗经〉跨阶层传播研究》，博士学位论文，南京大学历史学院，2016 年，第 8 页。

② 潘祥辉：《"歌以咏政"：作为舆论机制的先秦歌谣及其政治传播功能》，《新闻与传播研究》2017 年第 6 期。

③ 何梦莹：《舆论学视角下先秦"采诗观风"制度研究》，硕士学位论文，广西大学新闻传播学院，2019 年，第 10 页。

④ 刘建明：《舆论学概论》，北京：中国传媒大学出版社，2009 年，第 74—75 页。

定的舆论特征。

　　本研究以《诗经》的每个篇章作为分析单位。首先，根据诗歌所反映的不同阶层话语其进行分类：以王室贵族和官员等作为贵族阶层所表达的话语，以及由大量平民百姓和奴隶所组成的下层人民所表达的话语。其次，由于两个阶层的所处的政治环境以及社会生活的需求不同，其言论的表达内容与目的也有所差异。由此，对诗歌内容所反映的主题类目建构如图 1 所示：

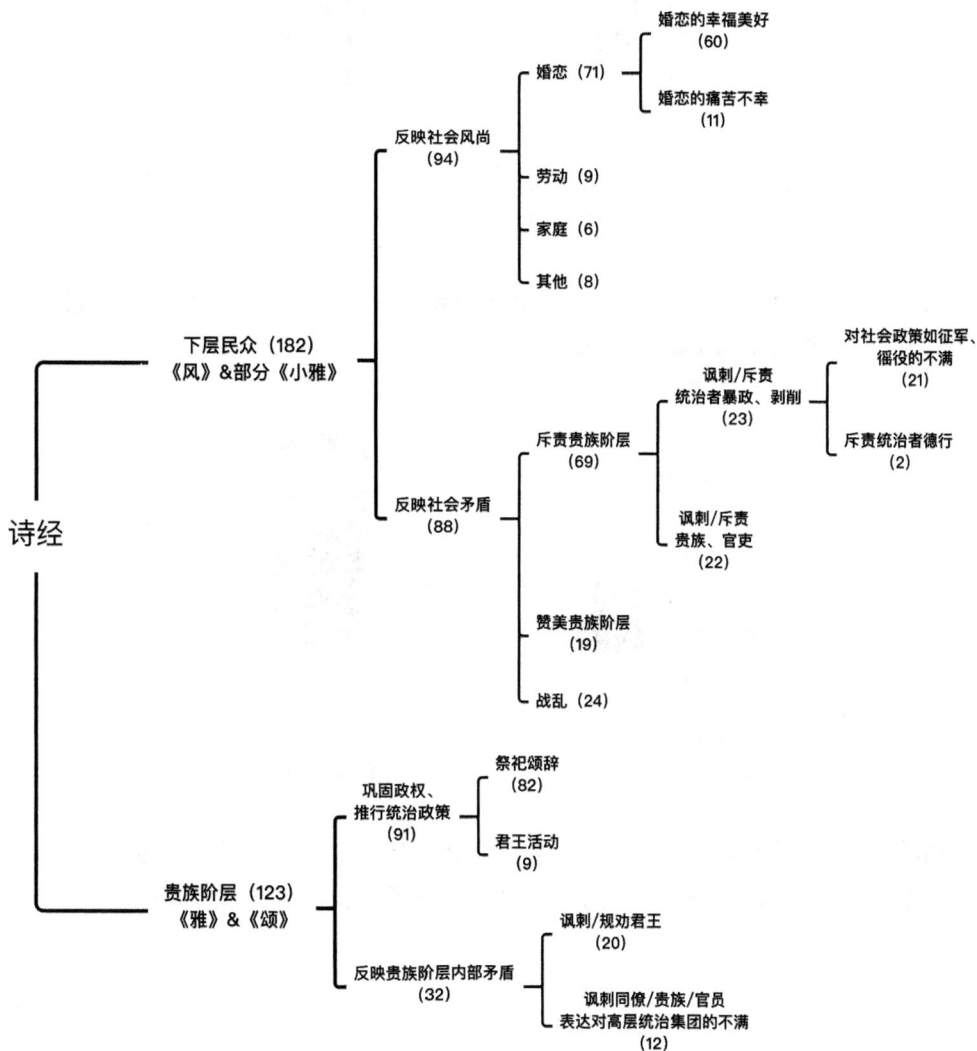

```
诗经 ─┬─ 下层民众 (182) ─┬─ 反映社会风尚 ─┬─ 婚恋 (71) ─┬─ 婚恋的幸福美好 (60)
      │   《风》&部分《小雅》  │    (94)       │            └─ 婚恋的痛苦不幸 (11)
      │                      │               ├─ 劳动 (9)
      │                      │               ├─ 家庭 (6)
      │                      │               └─ 其他 (8)
      │                      │
      │                      └─ 反映社会矛盾 ─┬─ 斥责贵族阶层 ─┬─ 讽刺/斥责统治者暴政、剥削 (23) ─┬─ 对社会政策如征军、徭役的不满 (21)
      │                         (88)          │    (69)        │                                └─ 斥责统治者德行 (2)
      │                                       │                └─ 讽刺/斥责贵族、官吏 (22)
      │                                       ├─ 赞美贵族阶层 (19)
      │                                       └─ 战乱 (24)
      │
      └─ 贵族阶层 (123) ─┬─ 巩固政权、推行统治政策 ─┬─ 祭祀颂辞 (82)
          《雅》&《颂》    │    (91)                 └─ 君王活动 (9)
                         │
                         └─ 反映贵族阶层内部矛盾 ─┬─ 讽刺/规劝君王 (20)
                            (32)                 └─ 讽刺同僚/贵族/官员 表达对高层统治集团的不满 (12)
```

图 1《诗经》主题类目结构图

三、研究发现

本文对《诗经》的 305 首诗歌，根据诗篇所反映的不同阶层话语以及具体内容主题的数量分布进行统计。

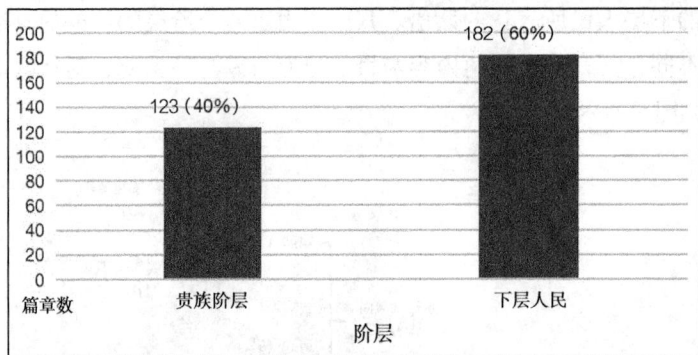

图 2　反映不同阶层的话语所占比例

如图 2 所示，305 首诗歌中，60% 反映了下层人民的心声，40% 体现为贵族阶层的话语，前者的篇幅数量明显高于后者。

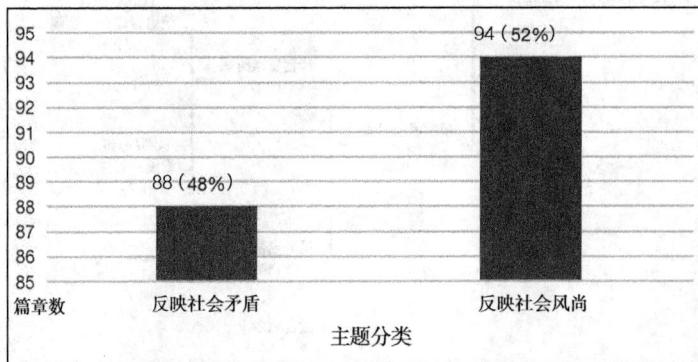

图 3　反映下层人民心声的舆论内容各主题占比

如图 3 所示，在反映下层人民心声的诗篇中，表达的主题为"反映社会风尚"的诗篇占比 52%，"反映社会矛盾"的诗篇占比 48%，两者的数量分布较为均衡。

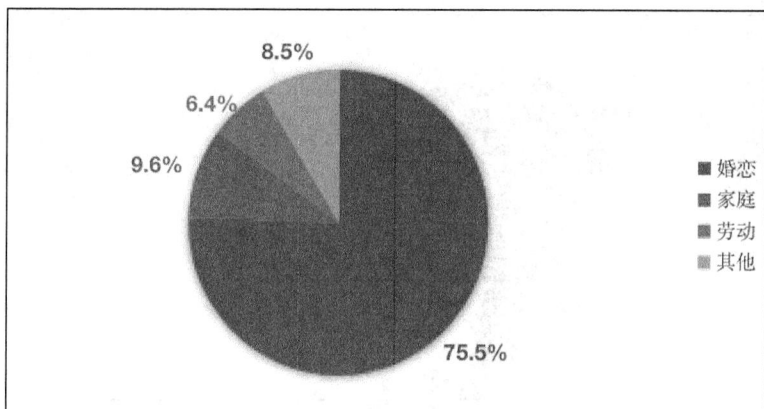

图 4　反映社会风尚主题下各主题占比

如图 4 所示，在反映社会风尚主题的诗篇中，数量最多的是婚恋主题的诗歌，占比高达 75.5%；反映家庭、劳动以及其他主题等占比较小，分别为 9.6%、6.4%、8.5%（"其他"中包含的内容主题杂乱零星，如表达对隐世之愿、安贫乐道的心境以及对友情歌颂等）。

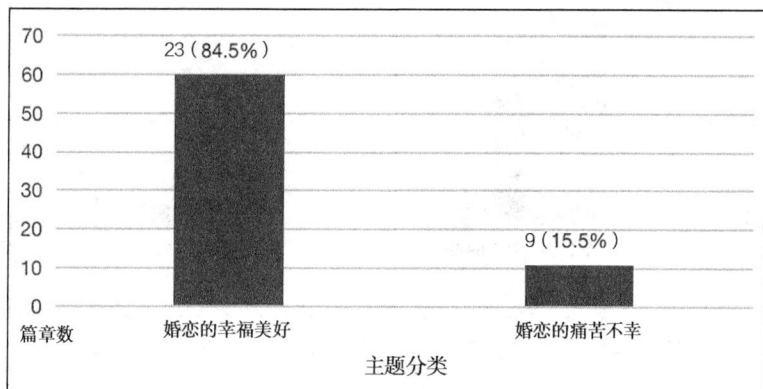

图 5　婚恋主题下各主题占比

如图 5 所示，在婚恋主题的诗篇中，有 84.5% 都反映了婚恋的美好幸福，其余 15.5% 的诗歌则展现了人们遭遇不幸婚恋时的心声。

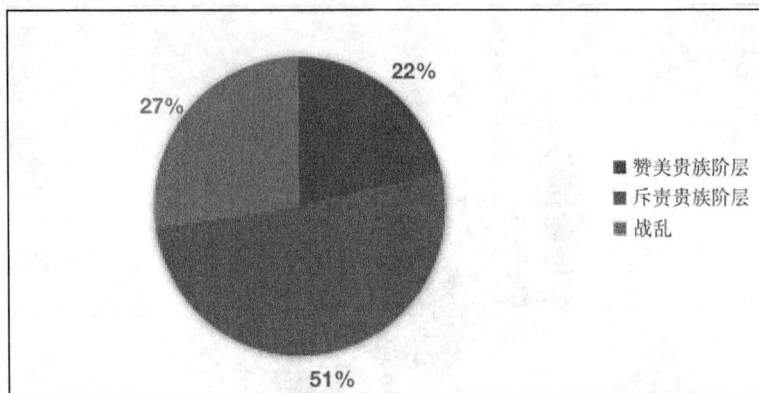

图6　反映社会矛盾主题下各主题占比

如图6所示，在"反映社会矛盾"的诗篇部分中，"赞美贵族阶层"的诗篇占比仅22%，而"斥责贵族阶层"的诗篇占比高达51%，几近前者的两倍，此外，人们对战争与乱世的讨论亦是社会矛盾激化的表征，占比27%。

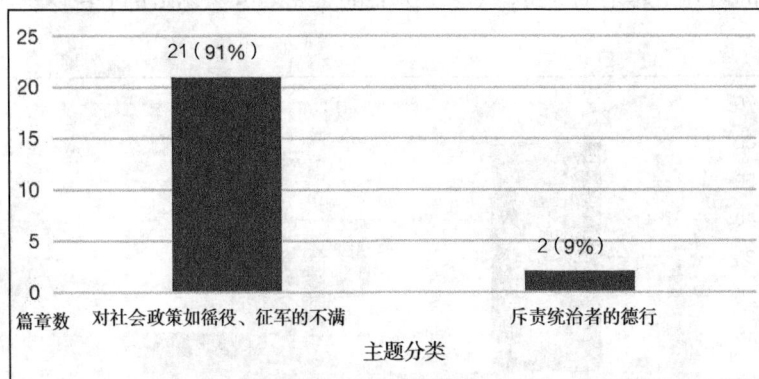

图7　斥责统治者的暴政、剥削主题下各主题的占比

图7是对"斥责统治者暴政、剥削"主题下各主题占比的统计，其中有91%的诗篇都表达了百姓对社会政策如徭役、征军的不满，9%斥责了统治者的德行。

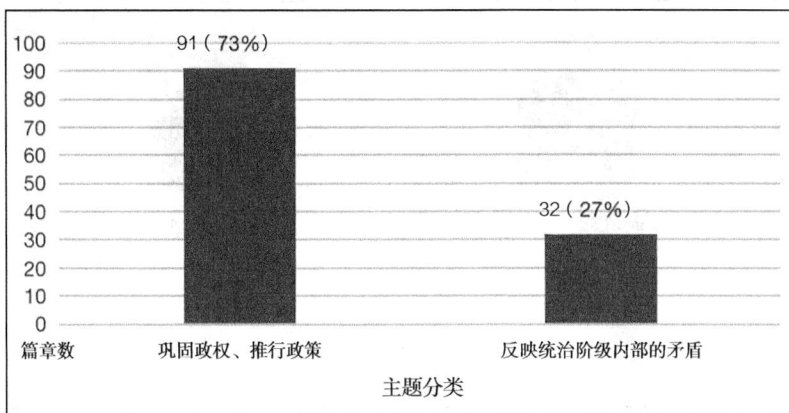

图 8　反映贵族阶层心声舆论内容各主题占比

如图 8 对各主题篇章分布的统计得出，"为巩固政权、推行政策"的诗篇相较于"反映贵族阶级内部矛盾"的篇章占比更多，前者为 73%，后者为 27%。

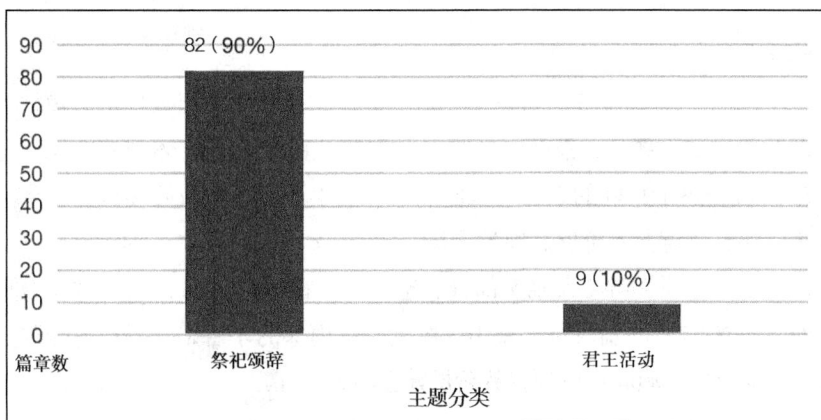

图 9　巩固政权、推行统治政策主题下各主题占比

如图 9 所示，在"推行政策、巩固统治政权"的主题之下，"祭祀颂辞"占比最多，达 90%，此外，有 10% 的篇章通过描写君王的活动以达到推行政策、巩固政权的目的。

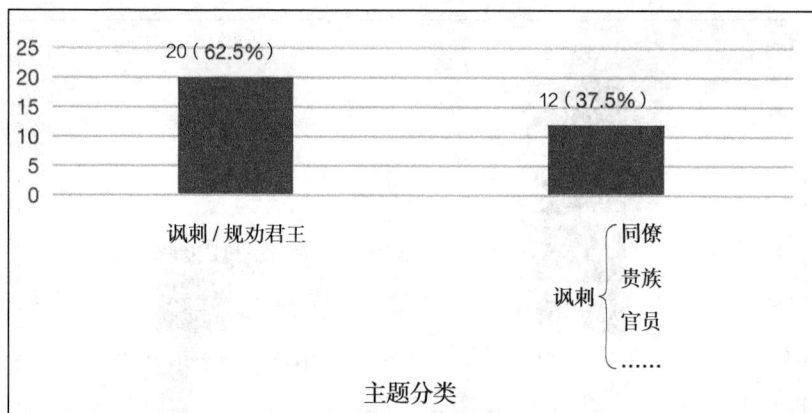

图 10　反映贵族阶层内部矛盾锺各主题占比

如图 10 所示，"讽刺、规劝君王"的诗篇占所属部分的 62.5%，"讽刺同僚、贵族或上级官员"的诗篇占比 37.5%。

四、结论与讨论

研究发现，《诗经》的 305 首诗歌中，有三分之二反映了下层人民的心声，主要体现于《风》以及《小雅》部分，总体以展现民俗与表达民意的方式体现社会风尚与社会矛盾。其中有 52% 描述了百姓的婚恋、家庭以及劳动生活，48% 或赞美或控诉的声音作为民意的表达反映出社会上下阶层之间的矛盾。《诗经》中有三分之一的篇章是贵族阶层的话语表达，集中于《颂》与《大雅》部分。这些颂乐雅乐有 73% 以推行政策、巩固政权为主要目的，亦有 27% 的刺政诗展现出了统治阶级内部的矛盾，在保留部分君臣劝诫话语的同时，主要通过赞颂辞章以便贵族阶层建立舆论秩序。

（一）反映下层民声：体现社会风尚，强调儒家伦理道德

承载了下层人民心声的土风土乐，在描绘社会生活面貌的同时，包含百姓对于婚恋、家庭等方面所持有的道德态度与思想，展现了先秦的社会风尚，数量占据全书的三分之一左右。具体而言，有 75.5% 的诗篇反映了人们心中所推崇的婚恋理想，9.6% 体现出对于"孝道"的理解与实践，6.4% 描绘出人们劳动的场景，还有 8.5% 的诗篇主题复杂零星，在此不赘述。

1. 描绘美好婚恋场面，倡导理想爱情

婚恋是家庭的延伸与基础，论及婚恋主题的诗篇，有 84.5% 的诗歌展现了婚恋的美好幸福，其余 15.5% 诗篇主要抒发遭遇不幸婚恋者的愁苦之情。

一方面，歌颂婚恋美好幸福的诗歌主要展现少男少女之间的恋爱交往以及和睦的夫妻生活。前者或从女子的角度着眼，如《郑风·子衿》描绘出少女在城楼等待心爱男子

时望眼欲穿的相思，少女坦率地言说自己对情人"一日不见，如三月兮"的思念与爱慕；亦有从男子的角度叙述，如《陈风·月出》将月光与美人相联系，一句"月出照兮，佼人燎兮。舒夭绍兮，劳心惨兮"，反复吟咏，道出男子对心仪女子娴雅轻盈的倩影念念不忘，牵动愁肠的缠绵之情；还有《郑风·东门之墠》等男女合唱的民间恋歌，"岂不尔思？子不我即"直抒胸臆，"哪会对你不想念？"展现恋人之间相互恋慕又矜持羞涩的情怀。

上述主题的诗歌反映了周代社会较为开化的民风，未婚男女可以先恋而后聘媒，但男女往来相处仍不能逾矩，如《郑风·将仲子》诗中男女相爱，女子恪守礼节，而男子"将仲子兮！无逾我里，折我树杞"，女子认为"人之多言，亦可畏也"，婉言规劝男子应该"止乎礼义"，拒绝他逾礼的追求行为。

和睦夫妻生活是婚恋的理想境界。诗歌如国风首篇的《周南·关雎》被当作"夫妇之德"的典范，"琴瑟友之""钟鼓乐之"，都是表现出"淑女"与"君子"成婚后琴瑟和鸣的和睦场景；另如《郑风·女曰鸡鸣》中所描写的青年夫妇"琴瑟在御，莫不静好"的恬静画面；或有《郑风·风雨》描绘在风雨如晦的早晨夫妻重逢的场景，"既见君子，云胡不喜"三章叠唱，抒发了妻子见到丈夫时内心的喜悦与相思之情。

另一方面，还有小部分的诗篇旨在叙述遭遇不幸婚恋人们的苦楚和对非正道婚姻的批驳。

前者突出不幸婚恋的诗歌以《卫风·氓》《邶风·日月》《邶风·终风》《邶风·谷风》等9篇弃妇怨诗为主：如"乃如之人兮，德音无良。胡能有定？俾也可忘"控诉自己的夫君德行不一，让自己黯然神伤无法过正常的日子；另如"谑浪笑敖，中心是悼"描绘男子对妇女的笑放荡又傲慢，让女子的内心倍感凄凉；亦有"宴尔新昏，不我屑以"抒发丈夫再娶新妇时妻子的忧郁之情。

后者的诗篇则包括对恶势力求婚者的控诉和对私奔女子的讽刺。如《昭南·行露》诗篇叙述了少女反抗已有妻室男子霸道逼婚的故事，通过"谁谓雀无角？何以穿我屋？谁谓女无家？何以速我狱"正话反说，表示"鸟雀虽然有嘴但不能啄破房屋，你虽然有妻室但也没有将我诬陷入狱的道理"，体现了少女捍卫自己的爱情尊严、不畏强暴的抗争精神。另如《鄘风·蝃蝀》，"蝃蝀在东，莫之敢指"将虹视作由于阴阳不和产生的现象，实为婚姻错乱的表征。"乃如之人也，怀昏姻也"，直斥私奔女子不按正道来婚配。

然而，这些展现了因不幸婚恋而痛苦的男女群像诗篇，也会通过"总角之宴，言笑晏晏""将恐将惧，寘予于怀""不念昔者，伊余来墍"等语句表达出抒情主体对曾经相恋往事的怀念，其中所饱含的哀怨之情从侧面体现了人们对美好爱情与和睦夫妻生活的渴望。也就是说对非正道婚姻的批驳实则是对以反例来宣扬正道的婚姻理想。

2. 刻画慈母孝子形象，宣扬家庭人伦

家庭方面的民歌重在讨论孝道，父（母）慈子孝是家庭和睦的重要条件之一。从子女的角度，《邶风·凯风》以凯风吹彼棘心开篇："凯风自南，吹彼棘心。棘心夭夭，母氏劬劳"，把母亲的抚育比作温暖的南风，把幼小的孩子比作酸枣树的嫩芽，母亲抚养七个儿子长大成人了，儿子却未能成为母亲的安慰，以"有子七人，莫慰母心"表达了儿子未能向母亲尽孝心的歉疚之情。从父母的角度，《邶风·二子乘舟》描写出母亲送别孩子时的场景，"愿言思子，不瑕有害""愿言思子，中心养养"两句，将母亲对孩子即将离别自己却不能伴其左右的不舍与牵挂表现得淋漓尽致，体现了父母对子女的呵护与关心。

送别的游子在异国，总有思乡之时。《卫风·河广》就是客居卫国的宋国人抒发自己思乡之情的诗作。"谁谓河广？一苇杭之。谁谓宋远？跂予望之"，黄河不宽，家乡不远，但游子却难以归乡，于是他久伫黄河边眺望对岸的家乡，表达无法归家的哀怨之情。《邶风·匪风》中游东土之人思念远在西方的家人，"顾瞻周道，中心怛兮"，一个"怛"抒发游子心中的乡愁，最后一章中"谁将西归？怀之好音"是希望归乡的友人能为在家乡的父母收到自己一切安好的讯息，让家人放心。《论语·理仁》曰："父母在，不远游，游必有方。"[①] 游子思父母之邦、表现归家的迫切心情，体现对出"家"的重视，亦强调了儿女对父母的孝奉之责。

3. 展现劳动场景，赞扬劳动美德

此外，体现劳动主题的民歌虽占比较少，但是囊括如《周南·芣苢》中妇女们的采集活动。"采采芣苢，薄言掇之"，女子们把新鲜繁盛的芣苢一片片地掇下来，展现出明快活泼的劳动场景；《魏风·十亩之间》也描写出了人们采桑时的明媚画面："十亩之间兮，桑者闲闲兮。行与子还兮"，年轻的姑娘们在大大的桑园中悠闲怡然地劳动，然后哼着歌儿结伴回家。短短几句把恬静的自然风光与女子们愉悦轻松的劳动心情描摹得绘声绘色。

描写田猎活动的诗歌如《郑风·大叔于田》《齐风·还》等。前者以"叔善射忌，又良御忌"直白地赞美猎手有高超的骑射和驭马之技；后者通过"子之还兮，遭我乎猕之间兮，并驱从两肩兮，揖我谓我儇兮"描述出两位在山间偶遇的狩猎者并肩追捕到两只野兽的场景，并毫不掩饰对对方的夸奖：此方叹对面的大哥身手敏捷，彼方作揖夸其动作干净利落。

此外，还有如《小雅·无羊》所展现的放牧活动。第二章"或降于阿，或饮于池，或寝或讹"细致入微地描绘出牛羊放牧归家时"有的从高高的山丘奔跑而来，有的在池边喝水，有的睡着有的醒"的生动画面。诗歌的最后一句"众维鱼矣，实维丰年；旐维旟矣，室家溱溱"是占卜师对人们梦境的解说，蝗虫化鱼、龟蛇变鹰都是来年好征兆，述说了百姓古老的民俗信仰。这些劳动民歌展现了丰富多彩的劳动方式，也无不体现出先秦百姓的劳动热情与勤劳质朴的美好品质。

无论是对和睦婚姻生活的歌颂与赞美，还是对母慈子孝的描写，抑或是对各种劳动景象的展现，这类诗篇所倡导的社会风尚，都强调了儒家思想道德的重要内容。婚恋是

---

① 杨伯峻：《论语译注》，北京：中华书局，1980年，第44页。

家庭的延伸与基础，而家庭欢乐和欣、幸福美满是儒家家庭观的理想境界。如《礼记》中对先秦儒家家庭人伦观的概述："父慈、子孝""夫义，妇听"，孟子也提出"父子有亲，夫妇有别"①，而对于劳动生活的展现，儒家劳动思想虽然存在着"劳心"与"劳力"的对立，但总体上重视民生与劳力，后期亦发展出"耕读传家"文化。②儒家道德教化的意涵蕴藏在每首诗歌的咏诵中。

（二）反映下层民意：呈现社会矛盾，警示贵族阶层

《风》与《小雅》部分的民歌，所反映的社会矛盾主要体现在贵族阶层与下层人民之间的矛盾，占据全书近乎三分之一的内容。从具体的主题数量分布上看，有51%的篇章内容为刺政，其中91%表达对徭役与征军制度的不满，9%表达了对统治阶级德行的批判与讽刺。此外，仅有6篇民歌抒发了对统治阶级的赞美之情，另有27%的篇章集中于百姓对战乱的讨论。

1.控诉乱政无德，表达民声民意

在占比较高的刺政诗中，徭役制度是百姓怨声载道的焦点。徭役作为统治者剥削百姓的重要途径，是统治阶级与被统治阶级间矛盾的催化剂，因此，这部分就存在多篇从个人角度抒发对徭役制度的不满与埋怨。例如，《国风·汝坟》通过"鲂鱼赪尾，王室如毁"形容王政暴虐，表达出对东周劳役制度的抱怨；《王风·兔爰》以"我生之初，尚无庸"写出了周朝末年的乱世中，百姓们无法逃避徭役的痛苦与悲鸣；《唐风·鸨羽》以鸨鸟起兴，用来隐喻本应务农的农民抛弃本职工作，从事徭役而无法过正常的生活，即"王事靡盬，不能植稷黍"。

另外，也有直接斥责或讥讽统治阶级德行的歌谣。例如《齐风·鸡鸣》以叙述了男女幽会时男子恋床不起讥讽统治者荒淫无度，有怠朝政。一句"会且归矣，无庶与子憎"，不仅是女子对男子的催促，也是百姓对统治者的呼告。

对于统治集团的贵族官吏，百姓也不"吝啬"对他们的控诉与谴责。其中，王室贵族违反公序良俗、道德败坏的行为，自然首当其冲地为世人所不齿。例如《鄘风·墙有茨》就讽刺君母宣姜不守妇道，和庶子公子顽私通的丑闻，诗通过"言之丑也""言之长也""言之辱也"一唱三叹，直接地表达出了人们对于下辈与上辈淫乱之事的态度。类似的篇章还有《齐风·南山》《齐风·敝笱》《齐风·载驱》等，都讽刺了文襄公与其同父异母的妹妹文姜乱伦私通的丑闻。

此外更多的，则是对贵族不劳而获、奢靡无耻的德行进行批判。《鄘风·相鼠》通过"相鼠有皮，人而无仪"把出入偷偷摸摸、人人喊打的老鼠与苟且偷生的统治官吏相提并

① 岳宗伟：《先秦儒家家庭观探索》，硕士学位论文，郑州大学，2003年，第27页。
② 娄雨：《劳动的古典观念及其对劳动教育的当代启示》，《劳动教育评论》2020年第4期。

论，正面斥责这些官吏的荒淫无耻、昏庸愚昧。"不死何为""不死何俟""胡不遄死"三句强烈地表达出对官吏的痛恨，希望他们快快去死。《魏风·伐檀》，通过描写了百姓"坎坎伐檀"，对比贵族"不稼不穑""不狩不猎"，在庭院中却有"三百廛""县特"，这就是"素餐"（吃白饭）强烈的反差嘲骂了贵族的不劳而获、奢靡腐化。《豳风·狼跋》也以"狼跋其胡，载疐其尾"、"公孙硕肤"等，直接展现出贵族的丑恶嘴脸。

赞颂统治阶级的民歌占比最小，但这些民歌所反映的人物事件或政治背景都有史实可印证。《鄘风·定之方中》主要写了卫文公率领人们重建卫国家园的场景，通过"匪直也人，秉心塞渊"直抒胸臆，赞美卫文公崇尚实际，由此才有了卫国的强盛与繁荣。据《左传·闵公二年》所述：卫文公大布之衣，大帛之冠，务材训农，通商惠工，敬教劝学，授方任能。[①] 说明人们对他的赞美并非无稽之谈。

2. 抱怨战乱频仍，主张儒家和平观

社会矛盾的激化必将引发战乱。西周时期王朝存在着内忧外患，西有戎狄南有蛮荆等外藩部族的入侵，还有东方诸侯各国的躁动不安，使得战乱成为了主要的社会话题之一。

一方面，对于战争，《风》与《小雅》部分更多地以行军之人以及其留守在家的妻子为抒情主体，前者如《邶风·击鼓》，诗人通过袒露自己的心声"土国城漕，我独南行""不我以归，忧心有忡"，以及最后一章反复的"于嗟阔兮！不我活兮"来宣泄对战争的不满；后者的抒情方式更为丰富，有《国风·卷耳》中"我姑酌彼金罍，维以不永怀"借酒消愁的寂寞孤苦，亦有《卫风·伯兮》中女子"愿言思伯，甘心首疾"的担忧与相思等。这些与战争有关的民歌都反映了一个总体倾向：通过着重展现战争带来的社会影响表达对战争的抵触与反对。

另一方面，乱世是处于战争频发的年代无法避免的社会状态。如《邶风·北风》以"北方其凉，雨雪其雱"描写了卫国人无法忍受卫国国君的暴政逃难的宏观乱世景象，或有《桧风·隰有苌楚》从个人角度以"隰有苌楚，猗傩其华。夭之沃沃，乐子之无家"抒发乱世下承受着暴政和重赋税苦楚。

这些诗歌表达对战争的厌恶与抵触情绪以及对乱世的哀叹，实质上体现了儒家所持有的和平观。儒家思想体系的核心为"仁"，但战争却是残酷的，并无"仁义"可言，如孟子言"争地以战，杀人盈野；争城以战，杀人盈城"。因此，先秦儒家的"仁战"思想本质首先是非战，其次才是维护"礼"的军事行为。[②] 因此，这一部分诗歌通过表达世人的反战观点，从而强调儒家以"仁"为核心的和平观。

总的来说，这一部分的民歌是民心民意的外化，作为舆论载体深刻地反映出了先秦

① 杨伯峻：《春秋左传注》，北京：中华书局，1990 年影印本，第 1 册，第 273 页。
② 单永莲：《先秦儒家军事思想探索》，硕士学位论文，郑州大学，2007 年，第 12 页。

社会的矛盾。而当民情民怨累积至临界点，社会矛盾激化所产生的张力冲破社会秩序的框架时，统治政权必将受到颠覆。因此，这类诗篇主要起到了警示统治阶级的作用：作为舆论采集的反馈，它能够让统治阶级明确地认识到社会阶级之间存在的具体矛盾，并掌握舆论情绪，反思其政治是否清明，更进一步对统治政策进行修正。

（三）歌功颂德式贵族阶层话语

来自贵族阶层的话语占据了全书剩余三分之一的内容，或为其歌颂，或劝谏讽刺。其中，反映歌颂式话语的诗篇以推行政策、巩固政权为目的，占据该部分73%的内容，表达怨刺式话语的诗歌则展现了贵族阶层内部的矛盾，占比27%。

歌功颂德式贵族阶层话语有90%以祭祀颂辞呈现，剩余的10%则通过叙述君王的活动得以反映。

1. 颂史颂君，敬祖自勉

颂辞为在世君王或先王歌功颂德。歌颂现世君王的诗篇如《周颂·时迈》，是周武王在灭商之后，巡查各诸侯国，祭祀山川诸神时所唱作的颂辞。诗开篇就说到"时迈其邦，昊天其子之"，皇天将周武王视作自己的儿子，说明周武王的讨伐商朝、获得政权是获得了皇天的承认。接下来言"薄言震之，莫不震叠。怀柔百神，莫不震叠"，赞美周武王的统治能够震慑四方，安定百神。最后以赞叹的口吻说"我求懿德，肆于时夏"，希望周武王继承先祖美好的道德，并施德于华夏大地。这一颂辞通过暗含"君权神授"意识形态的唱辞，达到施威和布德的双重目的。

歌颂历代先王的辞章如《周颂·思文》，开篇即直接赞美周王始祖的功德"思文后稷，克配彼天。立我烝民，莫匪尔极"，认为其伐商平乱，建立新政权的功德配得上上天，进行了第一次"天人沟通"。之后谈到的重农保民也是在上天授意下完成的，即"帝命率育"，再一次加深了天人沟通的思想。赞颂辞章不仅体现出了对周代始祖的崇敬与自勉，更为重要的是"通过对祭祀礼仪的严格规定来进一步强化社会等级制度"[1]。即教化贵族与百姓，自上而下建立舆论秩序。

2. 君王活动，推行政策

除颂辞之外，还有10%的篇章叙述了君王或自我表白或劝诫臣民的活动。前者如《周颂·闵予小子》，这是成王遭受周武王之丧，于祖庙朝拜时的乐歌。开头即言"闵予小子，遭家不造，嬛嬛在疚"，如实地刻画出了当时成王即位时的艰难处境："成王少，周初定天下，周公恐诸侯畔周，公乃摄行政当国。"[2]这种心境的表白看起来是在"示弱"，实则是为了在君主更迭这一关键时期，期望得到旧臣的效力，以维护王朝的统治与稳定。

---

① 刘娟：《周代礼乐文化与〈诗经〉的编订》，硕士学位论文，河南大学文学院，2009年，第13页。
② 吴树平：《全注全译史记》，天津：天津古籍出版社，1995年，上册，第107页。

后者，即表达君王劝诫臣民的诗歌，以籍田礼乐歌为主。如《周颂·臣工》，这首诗就是每年春天周王率领群臣来到田间，以亲耕举行籍田礼时所作的乐歌。乐歌的内容包含了君王对三类人的讲话：一对群臣，"王厘尔成，来咨来茹"，表示百官能够对农法耕种的政策有再研究与合理的调度；二对农官，"亦又何求？如何新畲？"是对农官鼓励百姓耕种劳动的表彰；三对农夫："命我众人：庤乃钱镈，奄观铚艾"，可谓宣导与动员。乐歌内容主要传达了统治者对群臣百姓的勉励。"籍礼的精神蕴含，是周颂农事诗歌所表现内容的灵魂"，① 而籍礼本质上就是一种统一重农精神与意志的政治形式，其目的是为更顺利地推行有关农事的制度与政策。

（四）怨刺式贵族阶层话语

反映贵族阶层内部矛盾的诗篇与体现歌功颂德话语的诗篇相比，占比较少，约27%，不足全书10%的内容，主要集中于《雅》部分。其中，有62.5%的篇章表达了对君王的劝谏或讥讽，37.5%的篇章抒发下级官员对上级贵族官吏的不满。

1. 劝谏君王，自我纠偏

关于劝谏与讽刺君王的诗歌，其采用的表达手法较为丰富，篇幅也较长。例如《大雅·瞻卬》主要斥责了周幽王宠爱褒姒、乱政祸民。诗开篇便描绘出天灾人祸之下社会的动荡不安，生灵涂炭。而对于灾祸与君王的逆政倒施，作者却认为其祸根在于女人，害人的方式主要是谗言与搬弄是非："懿厥哲妇，为枭为鸱。妇有长舌，维厉之阶。"接下来作者才斥责幽王并列列出罪状："不吊不祥，威仪不类"，并在末章以"无忝皇祖，式救尔后"表达了对周幽王最后的劝诫；亦如《小雅·巧言》，作为一首讽刺周幽王听信小人谗言而乱政的诗，以"君子信谗""君子信盗，乱是用暴"提出了君王听信谗言会招致祸乱的观点，同时表示"蛇蛇硕言，出自口矣。巧言如簧，颜之厚矣"。然而，相比较于进谗言者，听信谗言是的人作为君王，对朝政产生的负面影响会更大，祸乱之责也更大。故作者以诗刺之，表达对谗言祸政的批判以及对统治者的劝谏。

值得注意的是，虽然刺政诗中都不乏对最高统治者的痛斥，但诗旨在于通过各种间接、委婉的方式对统治者进行规劝，而非无意义的谴责与谩骂。如《大雅·瞻卬》中，诗人将政治混乱的责任推卸至周幽王的宠妃褒姒；《大雅·板》以规劝同僚的方式讽刺君王听信谗言而乱政；《大雅·荡》则借古讽今，以"殷鉴不远，在夏后之世"来警示周厉王切勿踏上商朝覆灭的道路。贵族士大夫官员们以谈祸乱之根、提救世之道的方式对君王进行劝谏，其本意还是期望君王能够有所修正、治世有方。因此，对象为君王的刺政诗，其实质是统治阶层内部的自我纠偏，为其整体和长远利益服务。

2. 指摘官吏劣行，缓解等级矛盾

---

① 李山：《西周农耕政道与〈诗经〉农事诗歌》，《中国文化研究》1997年第3期。

关于讽怨贵族、上级官吏的诗歌，例如《小雅·节南山》斥责了太史尹氏执政不平，导致国家不兴，"赫赫师尹，不平谓何"直接地表达出作者的愤恨不满，《小雅·北山》以一个阶层地位底下，备受驱使的士大夫的口吻，通过"或燕燕居息，或尽瘁事国；或息偃在床，或不已于行"的强烈对比，表达出对不学无识、整日悠闲享乐的贵族大夫的压抑与怨愤之情；《曹风·候人》也表达了讽刺不称其职的贵族士大夫的意义。"维鹈在梁，不濡其咮。彼其之子，不遂其媾"，小官吏辛勤劳动，而贵族士大夫不劳而获，就像鹈鹕食鱼不沾湿嘴，讽刺辛辣。

这些诗篇虽然在文学表现手法上有所差异，但都暴露出了贵族阶层内部中存在难以调和的矛盾，以及不合理的社会现状。矛盾的根源在于以宗法制和封建等级制为核心的周代政治制度固化了社会阶层流动，导致庸才居高位的现象出现，身居下层的士大夫们对此无能为力，只能"赋诗言志"，发泄心中的苦闷情绪。这类言论的表达，实际上可作为贵族阶层内部的"减压阀"存在，有疏导负面情绪、缓解矛盾以维护上级阶层内部秩序的作用。

五、结语

《诗经》中的许多作品是在"采诗观风"制度下，由采诗官采集并由宫廷乐师编曲后整理而来的。"采诗观风"制度就是统治者收集民意、考查民生以施政的主要途径，使天子能够了解到民间疾苦以及社会思想与情绪。[①] 因此，占据全书三分之二的反映下层人民心声的诗篇，是君王关切民风与民意的产物，这些诗篇展现出先秦社会风尚与社会矛盾，在贵族阶层的"雅化"包装下于民间传唱；另外三分之一内容则来自贵族阶层的"献诗"，通过礼乐文化的传播机制，以祭祀颂辞对贵族阶层以及下层人民进行教化，发挥统一思想、建立舆论秩序的作用。

《诗经》反映出在先秦社会百姓有相对宽容的舆论空间，不仅可以通过民谣表达意见与态度，甚至可以对贵族阶层进行相对自由的评价甚至批评，贵族阶层内部也存在劝谏君王的言论表达，体现出统治集团内部的相对"民主"。也就是说，"采诗观风"制度是君王了解民意关切民风的重要途径，在一定程度上是"民本主义"的实践，但民本主义"从总体上看，它属于统治阶级得民之道、保民之道、治民之道，充其量不过是描绘了一种君主制度的理想模式"[②]。因此，民本主义舆论观也摆脱不了历史局限性。

总之，《诗经》作为儒家经典赞颂道德理想与典范，强调儒家道德思想，并为历代儒家子弟习之颂之，通过舆论的教化功能为君主专制的社会控制服务。

---

① 何梦莹：《舆论学视角下先秦"采诗观风"制度研究》，硕士学位论文，广西大学，第15页。
② 刘泽华：《王权思想论》，天津：天津人民出版社，2006年，第114—115页。

辛亥革命前期革命派舆论论战的策略研究

吕文宝 *

【摘要】舆论宣传是推动辛亥革命发生、发展和成功的重要力量。1902 年到 1908 年，以孙中山为代表的资产阶级革命派和以梁启超为代表的资产阶级改良派，积极开展新闻活动，宣传政治主张和诉求，抢占舆论阵地。革命派和改良派分别围绕革命与改良展开论战，最终以革命派的胜利而告终。与改良派相比，革命派办报能力强，舆论导向更清晰，报刊格局更多元，社会动员更广泛，宣传形式更新颖，这些高水平的舆论宣传策略的运用，是其能够取得舆论论战胜利的重要原因。

【关键词】辛亥革命；改良派；革命派；舆论论战

引言

舆论是革命的先导。任何一次重大的社会变革或政治行为，势必伴随着大规模的舆论准备和精神动员。辛亥革命前期，与武装起义紧密配合的另一种社会动员方式，就是舆论宣传活动。以孙中山为代表的资产阶级革命派和以梁启超为代表的资产阶级改良派通过书籍、报刊、演说等方式宣传各自的政治主张，鼓吹政治革命或改良。革命派和改良派分别以《民报》和《新民丛报》为主要阵地，发动《中兴日报》《商报》等 20 余家报刊参与论战，争取民众的支持。这是一场关系到中国前途命运的政治大论战，促进了清王朝专制统治的灭亡和中华民国的建立。论战不仅使革命思想的传播更加不可遏止，还为辛亥革命的爆发和胜利做了舆论上的准备，提供了强有力的舆论支持，并在客观上促进了中国报刊事业的发展。

近年来，对辛亥革命时期报刊舆论宣传的考察和研究增多，分析视角也更加多元。既有研究主要聚焦于三个方面：一是对辛亥革命前后的舆论宣传策略及其对中国报刊

---

* 作者简介：吕文宝（1990—），女，中国传媒大学 2018 级舆论学专业博士生，主要研究方向：理论舆论学、马克思主义新闻观。

事业发展的影响进行整体分析 ①②③④；二是针对辛亥革命时期不同地区舆论宣传和报刊事业发展特点展开分类研究 ⑤⑥⑦；三是对典型报刊的传播方式和舆论引导策略进行个案分析 ⑧⑨⑩。然而，目前并没有对辛亥革命时期革命派和改良派的舆论论战视角进行系统梳理的文献。从历史层面对两派的论战动因，论战主张和策略进行梳理，并分析革命派胜出的策略和原因，不仅利于总结当时舆论宣传的经验得失，还能够帮助我国主流媒体更深层次地了解其优势和创新之处，为主流媒体当下的舆论引导工作提供借鉴和参考。

一、论战的动因

首先，民族资产阶级登上历史舞台成为舆论战发生的前提。19 世纪末到 20 世纪初的中国面临着内忧外患的危机局面，中国在甲午中日战争中战败并被迫签订《马关条约》，随后，德国出兵强租胶州湾、八国联军入侵中国、日俄战争等侵略行为接连发生。面临这样的危局，极端专制的清政府却日益腐朽，依然以"天朝大国"自居。面对腐朽昏聩的清朝政府，越来越多的民众表露出对政府的不满和愤怒，中国民族资产阶级快速成长起来。此后，民族资产阶级分裂为改良派与革命派，活跃在中国的政治舞台上。

其次，报刊作为一种新的革命武器受到前所未有的重视。改良派和革命派的政治家们意识到除了以武装斗争作为革命手段，舆论宣传和舆论动员同样重要，并致力于以报刊为阵地宣传各自的政治思想。在梁启超看来，报馆有着"向导国民"的天职，其言论能够引导舆论。维新变法时期，梁启超就通过《中外纪闻》和《时务报》等报刊进行舆论活动。梁启超坚持"以改良为核心理念的维新运动，将政治活动的重心建立在意识形态的变革上，希望通过舆论造势引发体制内自上而下的改革" ⑪。革命派的代表人物孙中山在见识了国外的报纸发展之后，意识到报纸的巨大威力。为了"振兴中华"，革命党人也开始了艰难的摸索，通过革命演说、报纸宣传等形式传播革命思想，策划革命运动，努力唤醒民众。此外，外国人到中国开开办报刊的发轫也为国人办报提供了可借鉴的样本，

---

① 李德强：《辛亥革命对近代报刊诗话的影响》，《中国文学研究》2014 年第 7 期。

② 刘兴豪、李红祥：《论辛亥革命时期资产阶级革命报刊发展与舆论反转》《广西社会科学》2016 年第 3 期。

③ 范文明、刘冬梅：《辛亥革命前后报刊舆论宣传的考察》，《湖北经济学院学报》(人文社会科学版)2018 年第 4 期。

④ 董丛林：《辛亥革命党人舆论宣传的策略手段简论》，《历史教学》2003 年第 12 期。

⑤ 邓涛：《论辛亥革命前后的湖北报业——以七家报刊为考察对象》，《三峡论坛》(三峡文学·理论版)2014 年第 3 期。

⑥ 梁萍：《辛亥革命前梧州地区舆论宣传的特色》，《湖南大众传媒职业技术学院学报》2016 年第 1 期。

⑦ 潘志鹏：《辛亥革命前星洲革命宣传之形式及其影响》，《中国纪念馆研究》2021 年第 2 期。

⑧ 董丛林：《辛亥革命党人舆论宣传的策略手段简论》，《历史教学》2003 年第 12 期。

⑨ 宋兰：《从报纸文本探析辛亥革命时期〈申报〉新闻报道策略》，硕士学位论文，湖南大学，2012 年。

⑩ 周里昂：《简论辛亥革命时期报刊的作用——以〈民报〉〈新民丛报〉为例》，《新闻世界》2017 年第 3 期。

⑪ 陶楠：《革命与舆论：辛亥革命的启示》，《中国广播电视学刊》2011 年第 10 期。

成为中国新闻事业的开放和发展的推动力量。

再次，革命派与改良派政治主张的背离成为舆论论战最终爆发的导火索。孙中山致力于推翻封建王朝的统治，他提出了"民族、民权、民生"三大主义，希望通过革命的手段实现民族独立、民主政治、民生幸福，初步提出了完全意义上的中国近代民族民主革命的目标。与之相反，以康有为、梁启超等为代表的改良派希望对中国进行局部改革，极力鼓吹保皇，并于 1898 年发动戊戌变法。然而，涉及体制的改良不为清政府所容，变法仅仅持续了 103 天。在清政府阻塞了改良之路后，改良派在海外积极推销自己的改良思想，用"革命与保皇同出一途"的理论欺骗并竭力拉拢革命派人士，把孙中山在海外建立的一些革命团体变成了保皇组织，海外革命团体遭到的严重破坏。1906 年初，梁启超在《新民丛报》上先后发表两篇长文，对革命派展开全面的攻击。

为了拆穿改良派"坚持保皇、毒化革命"的反动面目，革命派不甘示弱地发表驳斥言论。1904 年，孙中山发表《敬告同乡书》一文中指出"革命、保皇二事，决分两途，为黑白之不能混淆，如东西之不能易位"①，表现出与改良派势不两立的坚定立场。革命党人于 1905 年创办了机关报《民报》，连续发表文章回击改良派的责难，与《新民丛报》的论战愈发激烈。

二、论战主张与结果

改良派的社会基础来自民族资产阶级中的上层，他们刚从官僚、地主和富商蜕变过来，从封建剥削者转化为资本剥削者。改良派同帝国主义和封建政治势力都有联系，在政治、经济和思想方面有浓厚的封建痕迹。改良派主张在中国实行君主立宪制，希望通过改良政治的途径来实现目标，反对激烈的民主革命。改良派不敢同清政府做正面的斗争，却希望在一个没有实权的皇帝支持下，实行自上而下的改革。维新变法时期，梁启超通过《中外纪闻》等报刊进行舆论活动，传播改良派的政治主张。1902 年，梁启超主持创刊的《新民丛报》大量介绍西方资产阶级学说。《新民丛报》连续发表鼓吹改良、反对革命的文章，成为梁启超宣扬其政治意图和主张的重要阵地。此后，改良派又相继创办了《知新报》《湘学报》《湘报》《国闻报》等数十家报刊，成为改良派在全国各地进行舆论动员的重要阵地。

革命派的社会基础来自民族资产阶级的中下层，这一群体主要从手工场主、中小商人、小地主、小官吏转化而来。"由于他们资金少，社会地位低，受帝国主义和封建势力的压迫较多，因而同封建主义和外国资本的对抗逐步升级。"②革命派强调革命是改造旧中国的根本途径，主张通过革命推翻封建专制制度，发展资本主义，建立资产阶级共和国。孙中山把报刊宣传作为革命党的重要工具，"认为报刊是政治斗争的利器，在引导民众进

---

① 段云章、周兴樑：《建国以来孙中山研究述评》，《近代史研究》1985 年第 3 期。
② 顾大全：《辛亥革命前后资产阶级革命派与改良派的分裂与联合》，《贵州社会科学》1984 年第 3 期。

行革命斗争和社会建设方面能发挥特殊的作用"①。

综合来看，两派论战的核心问题主要集中在三个方面：要不要推翻清政府以实现民族革命、要不要以土地私有为核心实现民生主义、要不要建立共和制度实现民权主义。虽然两派的主张是完全相反的，但两派的阶级利益仍有一些相通的地方，如两派都要求维护国家主权独立、学习西方和发展资本主义。从方向上说，革命与改良的终极目标都是改变旧秩序，建立新秩序，双方只是在实现目标的路径上有所不同。前者主张采取比较激进的行动，后者则主张采取缓和的渐进的行动。

革命派和改良派的舆论论战从 1902 年持续到 1908 年，最终以革命派的胜利而告终。1907 年，梁启超在《新民丛报》发表了《论中国现在之党派及将来之党派》一文，承认了改良派的失败。此后，资产阶级民主革命思想更加深入人心，一些改良派成员也逐渐接受了民主革命的主张，加入革命派的舆论宣传活动。

三、革命派的舆论活动策略

通过论战，革命派与改良派在政治上和思想上彻底划清了界限，革命派指导了广大革命群众斗争方向，使资产阶级革命思想成了当时中国社会政治思想的主流。革命派舆论论战的胜利与其高水平的舆论宣传策略密不可分。

（一）明确的革命舆论导向

不同于改良派，革命派从近代中国人民长期的反封建斗争中吸取了经验教训，他们更清醒地认识到自己肩负的历史使命。革命派认为，只有用革命推翻封建帝制，中国民族经济的振兴才有真正的希望。这也就决定了其言论更加激烈，目的性更加明确。从《民报》始，革命派就公开宣传"倾覆现今之恶劣政府"，并将"六大主义合为一大主义"的革命目标和诉求表述非常清晰。孙中山明确要求《民报》"将同盟会的纲领宣传到民众中去，使之化为一种'常识'"②。在《民报》的发刊词中，孙中山将同盟会的主张概括为"民族主义、民权主义和民生主义"，对"三民主义"的宣传成为《民报》的主要任务。《民报》创刊之后，孙中山就以主帅身份投入到与改良派最有影响的报刊《新民丛报》的论战中。孙中山化名"中山樵"亲自指挥论战，或出题目组织专人撰写，或提供论点和论据后请他人执笔，写成专文参加论战。

比较而言，改良派报刊在诉求革命表达和舆论引导上缺乏明确目标。他们一方面与封建势力有着密切相关的经济利益，另一方面又希望中国能跟上时代发展的潮流，迈出发展资本主义的步伐。改良派的阶级局限性决定了他们只是想在保留旧制度的根基上走

---

① 杨柳：《论孙中山报刊宣传思想》，硕士学位论文，湖南师范大学，2014 年，第 31 页。
② 周里昂：《简论辛亥革命时期报刊的作用——以〈民报〉〈新民丛报〉为例》，《新闻世界》2017 年第 3 期。

出新路子，扶植出资本主义的幼芽。①《新民丛报》着重介绍西方资产阶级政治学说，极力宣扬变法维新，力倡民族主义，激烈抨击清政府的腐败无能和屈辱卖国的卑鄙行径。该报在中期加紧立宪保皇宣传，逐渐暴露其敌视革命的顽固立场，强国、救国的目标被忽略，影响也大为削弱。

（二）身先士卒的革命领导

在革命之初，囿于革命派在"办报意识、人力财力、受众基础及政治环境等方面，都不具备相应的条件"②，因此，在1900年之前革命派并未创办正式的机关报，主要通过演讲、译印西方著作或在其他报刊上进行革命宣传。虽然革命派的办报活动比改良派稍晚，但孙中山非常重视报纸这一舆论工具，身先士卒的领导革命活动，希望通过提升宣传进步思想和革命主张，帮助推动革命发展，以争取更多民众的理解和支持。无论是从报纸的数量、发行区域还是其影响力上，革命派都不容小觑。

首先，为了更好地与改良派进行舆论抗衡，孙中山克服种种困难，于1900年亲自筹备创立《中国日报》，这是兴中会的机关报，也是革命派最早创刊的一份报纸，成为与改良派进行论战的最早的宣传阵地。

其次，孙中山亲自在海外创办、改组或支持各类报刊发展，为革命运动的开展提供了强有力的舆论支持。革命派初期的办报事业主要集中在海外，《民报》《新民国报》《中兴日报》《开智录》等在传播思想解放潮流，鼓吹民主革命方面不断发力。

此外，孙中山还亲自执笔参与舆论论战。"孙中山亲自在《民报》上发表的《发刊词》《在东京华侨及学生欢迎会上的讲话》和《在民报纪元节庆祝大会上的演说辞》三篇重要论著，奠定了资产阶级革命派的理论基础。"③随着清政府开放"报禁"，革命派的办报区域逐渐遍布全国，《神州日报》《中国女报》《"竖三民"报》都极具代表性，掀起了第二次国人办报高潮。由孙中山亲自领导的革命派报刊，有效宣传了革命思想，抵制了改良派的政治影响，为辛亥革命爆发的舆论准备提供了战场。

（三）广泛的群众动员

任何一次重大的社会变革都需要强有力的社会动员作为保障，革命派广泛的群众基础与其多样且深入的社会动员活动密不可分。革命派报刊及时宣传各地起义消息，鼓吹革命，鼓舞民心，获得了广泛的群众基础。在此基础上，革命派还发动群众参与报刊的

① 赵梦涵、李天安、郭德宏：《辛亥革命前资产阶级革命派与改良派论战的再评价》，《山东大学学报》（哲学社会科学版）1988年第4期。
② 李时新：《孙中山及其革命派五年未办报原因探析》，《惠州学院学报》2007年第4期。
③ 陈潇：《同盟会第一份机关报民报为辛亥革命舆论铺垫》，《民主与法制时报》，2011年9月19日，第6版。

写作与传播活动，在深入的合作与交流中促进舆论思想的扩散。

革命派报人开创了既拿笔杆子，又拿枪杆子的先河，在革命的同时宣传革命思想。《大江报》报人以军人身份作掩护，对新军士兵进行了不遗余力的宣传动员。当时新军士兵绝大部分出身于破产农民、失业手工业工人和贫苦知识分子，入伍前饱受饥寒冻馁之苦，入伍后又受军官虐待欺压，渴望通过革命推翻清政府，从而改变处境，因此极易接受革命思想。为了争取这部分下级士兵，《大江报》在武汉地区新军的每个基层单位，几乎都设有报纸分销处，并在士兵中发展个人订户。《大江报》还在新军士兵中发展了一批特约记者、特约编辑和特约通讯员。在《大江报》的宣传教育影响下，不少新军下级士兵都愿意和它"共图革命"，为辛亥革命的舆论动员工作做出很大贡献。

为逃避清朝海关扣检，《民报》采取伪装封面或打成行李包，委托进出海关的传教士或满族士绅捎带等方式递送。被运到国内的《民报》首先在各地知识分子和青年教师学生中秘密传阅，随后逐步扩散到社会大众。倾向革命的官兵"从头至尾，读得滚瓜烂熟，见人就一段一篇地背诵"。《民报》因此常常供不应求，多次重版，才能勉强满足读者需求，最高发行数字曾达 17000 余份。[①]遍布世界各侨居地的华侨阅书报社也成了华侨报刊和革命书籍的阅览室和发行所，帮助报刊和书籍在华侨中的传播。

（四）多元化的报刊格局

1. 华侨报刊热潮兴起

为了做好思想统战工作，孙中山领导海外华侨在居住地创办报刊，帮助开展革命宣传工作。在革命党人的宣传和鼓动下，各地华侨积极参加革命，革命侨报伴随着华侨的革命活动而出现。这是一支数量多、规模大、分布广泛的新闻队伍，从兴中会创立到讨伐袁世凯结束，海外华侨报刊有 100 多种，约占同期报刊总数的七八分之一，其中美国的数量最多。革命侨报积极鼓吹民族主义思想，揭露和鞭挞清政府封建统治和种族压迫。这些华侨报刊积极开展各种革命宣传活动，促进了革命思想在华侨社会的传播。"这些报刊对于激发华侨的民族意识，增强华侨的凝聚力，唤醒和推动华侨支援革命起到了重要的推动作用。"[②]事实上，改良派也曾在华侨中创办报刊，起初这些报刊通过剖析封建政府的腐败无能和民族危亡局势，也曾激发华侨民族民主意识的觉醒，但随着革命派的发展壮大及革命形势的不断发展，其舆论的矛头又对准了革命派，顽固坚持保皇立场，成为革命发展的障碍。

2. 白话报刊广受欢迎

清末时候的书面语言，一般还都是文言。为了赢得下层民众的支持，革命派和改良

---

① 陈潇：《同盟会第一份机关报民报为辛亥革命舆论铺垫》，《民主与法制时报》2011 年 9 月 19 日，第 6 版。

② 任贵祥：《辛亥革命时期的华侨报刊》，《华侨华人历史研究》1997 第 12 期。

派纷纷创办通俗白话报刊，白话报刊在这一时期得到迅速发展。革命派报刊在面向下层民众的白话文宣传上，更显其主动性和创造性。在清末的白话文报刊中，由革命党人所办者占相当比例。如林獬于 1903 年在上海创办的《中国白话报》，秋瑾于 1904 年在日本东京创办的《白话》杂志，安徽革命党人于 1908 年在上海创办的《安徽白话报》等都很具有影响力。这类报刊以广大民众为主要宣传对象，向他们传输革命道理和民主意识，也因此吸引了很多读者。为鼓动清军反正，武昌起义未满一周就创刊的《大汉报》，连续数日刊印发动清军起义投诚的白话文，派人分发到汉口租界清军阵营并取得很好的效果，清军中数万人被鼓舞而逃走。革命派创办的白话报刊面向社会基层的普通大众，开通了社会风气，使民主革命思想的传播覆盖社会各个阶层，起到了为资产阶级民主革命"扫盲"的作用。[①]

3. 女性报刊作用独特

"根据统计，当时全国各地出版的女子报刊共有 40 种"[②]，这些女报突出宣传了反封建主义和要求妇女解放的思想，具有鲜明的反封建色彩。其中秋瑾 1907 年在上海创办的《中国女报》影响最大，她鼓舞女性为谋求自救而努力奋斗，鼓励她们改变那种受奴役、受折磨的悲惨命运。还有陈撷芬主办的《女报》，丁初我、曾孟朴创办的《女子世界》，以及张汉昭、杨季威主编的《神州女报》等。该时期的女报在创办的规模、数量、内容的新颖程度和影响广泛性等方面最有代表性，"作为启蒙妇女觉醒的舆论工具，推动着广大妇女踊跃投入到这场伟大的资产阶级民主革命运动中去"[③]。

（五）创新的报刊版面

为了吸引读者的眼球，革命派报刊不断开辟新的报刊宣传手段，与其正面的舆论斗争紧密配合。首先，为了加大对革命宣传的报道力度，不少报刊开辟出临时栏目，集中报道在一个时期内某一事件或某方面的消息。如武昌起义爆发后，《申报》立即在要闻版增加了"中国光复史"专栏，及时报道各派政治力量的动态和重大政治问题的言论。其次，有一部分报纸开辟副刊专题，与新闻报道和评论相配合，成为革命思想宣传的又一个重要阵地。再次，《申报》《新闻报》《时报》等大报逐渐重视新闻照片的宣传效果，刊用各类新闻照片通过革命派领袖人物的形象等多种类型的照片，真正做到了图文并茂。在报纸在编排版面上也有了较大的创新，大字体、通栏标题、加花边等新颖的编辑方法来突出时效性和新闻性。这些具有较高水平的策略手段，是其能够取得舆论战胜利的重

① 董丛林：《辛亥革命党人舆论宣传的策略手段简论》，《历史教学》2003 年第 12 期。
② 沈智：《辛亥革命在上海的妇女酵素》，《"辛亥革命与中国近代化"学术讨论会文集》，上海：上海人民出版社，2012 年，第 164 页。
③ 刘兴豪、李红祥：《论辛亥革命时期资产阶级革命报刊发展与舆论反转》，《广西社会科学》2016 年第 3 期。

要因素之一。

（六）多样化的舆论宣传形式

革命派还尝试通过演讲、歌谣、戏剧演出、书籍等通俗的文艺宣传形式向大众传播革命精神，与报刊一起形成革命舆论的"大合唱"。其中，革命演说是辛亥革命党人所特别重视利用的方式，孙中山、秋瑾、邹容等革命党人都是革命演说的高手。据孙中山自述，在香港学医期间，他便与同道"致力于革命之鼓吹，常往来于香港、澳门之间，大放厥词，无所忌讳""非谈革命则无以为欢，数年如一日"。书籍也是辛亥革命党人善于利用的文字宣传形式。在当时的革命书籍中既有蕴涵学理的著述，也有通俗易懂的书册形式宣传品，虽然内容形式不同，但是都以宣传革命为统一指归。邹容的《革命军》，直截了当地宣传民主共和，从正面阐述理论革命的正义性和必要性，号召人们推翻满清政府，建立"中华共和国"，其发行量达百万余册。陈天华的作品《猛回头》和《警世钟》则以通俗浅近的民间文学形式，向人民陈述中国面临的危机，指出清政府的无能，进而宣传反帝救国和反清革命。这些书籍直言不讳地号召反清反帝，在宣传革命和教育群众方面的鼓动力不啻万钧雷霆。

四、结语：论战反思

革命派符合历史发展潮流和民众舆论诉求的宣传，逐渐主导了社会舆论的潮流，为革命的发展做出重要贡献，为中国的发展指出了一条光明的道路。革命派论战的成功固然与其符合历史潮流的政治思想密不可分，但是革命者掌握舆论宣传的规律并不断创新宣传手法的做法也起到了不容忽视的作用。面对清政府对舆论的钳制，革命派不畏强权、坚定革命思想，通过多元的报刊格局和多样的传播渠道进行舆论宣传，奠定了广泛的民众基础，争取了舆论引导的最佳效果。

不可忽视的是，革命派报刊也存在多种缺陷，在论战中也因受历史局限影响而瑜不掩瑕。首先，宣传过程缺乏系统策划。兴中会成立后的最初几年，宣传主要是靠演讲游说、向中外报刊投寄稿件和编印散发宣传革命思想的小册子等方式进行，并未形成大的气候。当时的报刊活动也主要是为了配合某次具体的起义而进行"鼓吹"和发动，并未进行系统而周密的理论策划。其次，有的报刊对革命定位过高，有些脱离实际。例如《中国革命宣言书》一文中指出提出了革命成果，"足以供万国之观瞻"的评价，对于革命思想的评价过于理想化。此外，为了迎合部分民众，一些革命派不惜借用改良派的言论装饰门面，在某种程度上对革命宣传带来消极影响。

革命派的论战成功深刻说明了，舆论是革命斗争的有力武器，对于革命工作有着巨大的推动作用。"中华民国之创造归功于辛亥革命前革命党之实行及宣传之两大工作。而文字宣传之工作，尤较军事实行之工作为有力而且普遍"①，冯自由的论断充分肯定了舆论宣传工作对鼓动革命，推翻清政府所起的作用。回顾辛亥革命时期的舆论论战，对于舆论学的理论探索有重要的参考价值，有助于我们吸取其合理的成分，澄清我们在理论和观念上的误区，促进舆论理论学不断创新，舆论实践不断向前发展。因此，我们需要认真总结和提炼，把实践经验上升到理论高度，使主动舆论引导的模式固定化、机制化，让舆论斗争的成功经验真正发挥示范作用。

① 冯自由：《革命逸史》第 3 集，北京：中华书局，1981 年，第 136 页。

六、乡村传播研究

主持人语

在媒介环境急剧变化的背景下，不同的传播要素向乡村汇聚，农民的主体性被媒介不断强化，乡村传播实践从对内和对外两个方向展开，呈现出与时俱进，不断调适的时代特点。本组稿件基于当前乡村传播的多元实践，从不同侧面展现农村、农民在传播场域中的主体性和能动性。

从对内来讲，张华和王慧妍从传播物质性角度对中国农民丰收节进行了考察分析，认为作为国家设立的中国农民丰收节达成了国家与地方、主流意识形态与民间文化的统一，而在传播的物质性意义上，作为一个新的节日，中国农民丰收节还需不断地调适其形式与内涵。任广镇从乡村传播的视角审视了县级融媒体中心建设，认为县级媒体融合发展要牢牢把握"以农为本"的主线。从对外来讲，郭旭魁重点关注了青年农民工数码游戏使用现象，认为青年农民工手机数码游戏的使用既是该群体试图融入城市生活并借此强化自我效能与自我认同的实践形式，也是抵抗雇主的城市文化实践，蕴含着对抗现代工具理性的积极价值。这三篇文章对于认识农村、农民的传播主体性与能动性，认识乡村传播具有与农村、农民对话的必要性和可能性内涵等问题，具有重要的启示价值和意义。

关琮严（湖州师范学院副教授）

《湖中倩影》朱星雨 作

传播物质性视域下的中国农民丰收节

张　华　王慧妍*

【摘要】既往关于节庆的研究，大都从人类学、社会学、民俗学的视角出发，注重其仪式性呈现和仪式行为的意义表达。本文试图突破信息传递和意义共享的传统传播学视角，从传播的物质性和流动性这一传播的原初意义上讨论丰收节，进而全面呈现这一兼具传统与现代意义的节日的精神内涵和现实价值。

【关键词】中国农民丰收节；物质性；流动性

丰收节，古时称"丰收祭"，是农作物收获后的祭祀活动。随着古代中国农桑国度的形成，"丰收祭"逐渐被确立为一项由最高统治者主导的向神灵祈愿丰收的祭祀典礼，成为国家礼制制度的重要组成部分，即所谓"天子祭天地，诸侯祭社稷"。在民间，从事农桑的人们也常常在每年的特殊时刻如重要的节气时分举行祈求或庆祝丰收的活动，形成集原始宗教和世俗性、娱乐性于一体的节庆。"丰收祭"广泛流行于我国各民族和各历史阶段中，并呈现出明显的地域特征，流传至今的很多民族节日就是其变迁演化的结果。[①]这些节庆的时间、表现形式虽有不同，但具有共同的精神内涵，即对农作物收成的期盼，对物质丰富性和有序流通的渴求，以及对传统主流价值观的传承。

近年来，各地陆续举办了农民庆丰收的地方性节日，如2008年12月29日，苏鲁豫皖交界处的村庄举办了当地第一届农民节，[②]2018年农历二月初二举办了西安市首届农民节，[③]但无论是古时民间的丰收祭还是如今的农民节，都未能在全国范围内形成一个时间一致、主题集中和形式相近的全国性节日。2018年，经党中央批准、国务院批复，自当年起将每年秋分设立为"中国农民丰收节"（以下简称"丰收节"），一个国家层面的全

---

* 作者简介：张华（1977—）男，兰州大学新闻与传播学院副教授、博士、硕士生导师，研究方向：媒介理论。王慧妍（1998—），女，兰州大学新闻与传播学院硕士研究生。

① 夏日新：《从中国古代的丰收祭看土家族摆手节的起源》，《湖北社会科学》2015年第4期。

② 中国水文化网：《全国首个12.29农民节将在苏鲁豫皖边区举办》，http://www.zgswhw.cn/shownews.asp?news_id=4474.

③ 搜狐新闻：《"中国秦都农民节"今日启动》，http://news.sohu.com/20060728/n244490756.shtml.

国性庆丰收节日最终被确立下来。丰收节自设立以来，全国各地每年举办超 5000 场次的庆丰收活动，包括"群众集会、网络直播、民俗体验、美食品鉴、乡村旅游、丰收大集、农事绝活、体育比赛、文艺汇演、品牌推介、产销对接、非遗表演"等城乡联动庆丰收活动。① 从活动内容来看，丰收节的节日内涵是丰富多元的，既有具符号意义的仪式性活动和注重交流的信息传播，也有物质流动层面的商品交易。

　　既往关于节庆的研究，大都从人类学、社会学、民俗学的视角出发，注重其仪式性呈现和仪式行为的意义表达，而很少对节庆中实物及其流动予以重点观照。本文将突破信息传递和意义共享的传统传播学视角，从"物质的流动"这一传播的原初意义上讨论丰收节，力图全面呈现这一兼具传统与现代意义的节日的精神内涵和现实价值。

一、节庆的内涵：意义共享和物质流动

（一）作为仪式的节庆

　　仪式是义化人类学的核心问题之一，指"组织化的象征活动与典礼活动，用以界定和表现特殊的时刻、事件或变化所包含的社会与文化意味"。② 可见仪式概念的所指宽泛，既可以指特殊情境下的神圣典礼，也指由国家意识形态运用的一套权威模式，或由文化传统规定的一整套行为方式和生存实践以及沟通、维持族群活动的途径。仪式是历史的"贮存器"，是"一个容纳了历史记忆、族群认同和策略选择的有效样本"。③ 仪式的意义在于，借助其中的权威和权力，将人们以团体或共同体的形式聚集在一起，实现对社会的控制，化解不同群体之间及群体内部的冲突，塑造社会成员的观念和行为。

　　传播学中的节庆既有研究，大都借助人类学的仪式理论，从符号和意义共享、话语和身份认同、价值和文化传承等视角出发，注重对作为仪式的节庆进行阐释。纵观从古至今的节日，虽然内涵与形式各异，但其设定不外乎纪念、庆祝和祭祀等目的。节日是民众对生活、生产和文化实践的记忆和重现，它打破、中断了日常生活的节奏，在固定的特殊时间形成一种由具有传递意义的象征符号组成并且能够凝聚社会价值的话语系统。④ 这些象征符号不仅包括节日活动中的歌舞、祭祀、表演等，也包括具体形态的物质，如器物、举办场所等。⑤ 作为仪式的节庆，在仪式活动中传递出意义，置身其间的人

　　① 温靖、郭黎：《推动中国农民丰收节化风成俗——访中国农民丰收节组织指导委员会办公室主任、农业农村部市场与信息化司司长唐珂》，《农业工程技术》2020 年第 11 期。

　　② 约翰·费斯克等：《关键概念——传播与文化研究辞典》（第二版），李彬译注，北京：新华出版社，2004 年，第 243 页。

　　③ 彭兆荣：《仪式中的族群历史记忆——广西贺州地区瑶族"还盘王愿"仪式分析》，《百色学院学报》2015 年第 4 期。

　　④ 彭兆荣：《仪式中的族群历史记忆——广西贺州地区瑶族"还盘王愿"仪式分析》，《百色学院学报》2015 年第 4 期。

　　⑤ 刘弋枫、刘广宇：《节日传播与文化景观：媒介与逻辑》，《贵州民族研究》2019 年第 10 期。

们共享着价值观。正因为节日仪式的文化记忆功能，使得它才能在历史长河中绵延至今，成为民族的文化基因和现代民族国家的文化遗产。[①]虽然中国的传统节日中充满了各种世俗化的活动，逐渐演化为各式各样的民俗，但其仪式的功能与意义始终不曾消失，并表现在节日的丰富内涵之中。

（二）中国传统节日的内涵

中国传统节日的重要属性和文化内涵主要体现在三方面：自然文化、社会历史文化和个体生命文化。[②]首先，中国是一个农桑国度，传统节日的来源和天时演变密不可分，其内涵反映出人们敬天礼地、祈求与自然环境和谐相处的观念。在农业国家，人们的日常生活和国家的政治运行，都被农事所安排、主导，人们通过对天时的观测和精准把握，顺候应时地安排农事。发端于先秦、确立于秦汉的二十四节气，是国人认知一年中气候变化、时令循环的知识体系，也是组织农事和政治活动的"纲领"。因而，中国人大多传统节庆，都和节气有关，或者说，许多节气本身就是重大节日。例如元宵、清明、中秋等，是基于节气和时令而设立的，节气和节日"既是基于农桑的时令指南，也是基于时序为秩的官方行事规则"。[③]

其次，传统节日还具有社会历史文化的属性，反映出节日的社会教化功能。与西方国家不同，"中国不是一个宗教文明体，而是一个仪式文明体，这个文明体的主要行动纲领来自行为的规范，而非宗教的正统性"。[④]在仪式文明体的中国，社会成员日常行为规范主要来自约定俗成的社会道德约束，仪式包括节庆仪式是塑造社会道德的重要形式。例如，每逢重阳，人们除了登高、宴饮，采摘茱萸、欣赏菊花等风雅活动，还将这一时节和敬老孝老的道德规范联系在一起；端午节的各种仪式和活动寄托了人们对屈原的哀思，传扬出爱国主义的精神；中秋佳节，人们举头望月，与远方的亲朋"天涯共此时"，家国情怀得到升华。

第三，传统节日也是个体感悟生命的体验。有关节庆的大量文艺作品，不仅是节庆的描述，更是人们的思想感悟。欧阳修著名的《生查子·元夕》写尽了元宵夜时分爱恋中的男女之间"月上柳梢头，人约黄昏后"的心情与情态。杜牧的《清明》记录的是细雨纷纷飘洒的清明时节，羁旅行人凄迷纷乱的心境。王维则在重阳节登高之时触景生情，一句"每逢佳节倍思亲"不仅写出了游子的思乡怀亲之情，而且也含蓄深沉地"怀念"自己。苏轼的《水调歌头·明月几时有》词以中秋月起而兴，在表达对亲人的祝愿之时，又把人世间的悲欢离合情绪纳入到对人生哲理的思索中。人们在参与节庆仪式和体验各

---

① 林慧：《论传统节日仪式在当代的重建》，《湖南大学学报》（社会科学版）2017年第4期。
② 周文：《传统节日：文化、仪式与电视传播》，《中国地质大学学报》（社会科学版）2010年第5期。
③ 宋英杰：《二十四节气》，北京：中信出版集团，2017年，第323页。
④ 王铭铭：《仪式的研究与社会理论的"混合观"》，《西北民族研究》2010年第2期。

种习俗的过程中，完成对个体生命意义、自然文化赋予和社会历史文化精神的感悟。

（三）传统节庆仪式中物的流动

传统节日蕴含着信仰、价值观和道德体系，通过仪式的外观或载体表现传达出来。例如，春节期间的鞭炮、春联、饺子等，元宵节的汤圆、宫灯，端午节的粽子、龙舟、柳枝，中秋节的月饼。在庆祝丰收的节日仪式里，人们在谷仓旁、田野里、果园中——这些具有特殊意义的实体空间里载歌载舞。"丰收祭"仪式中的服饰，是这一节庆仪式中具有独特意义的物品。根据《礼记·郊特性》的记载："（蜡祭）黄衣黄冠而祭，息田夫也，野夫黄冠，黄冠，草服也。"黄衣黄冠的草服即象征秋收季节万物的色彩，农人们身着这样的服饰，表示农作物的收成和休耕期的来临。[①]

节日是一个静止状态的文化符码，节日民俗与仪式却是一个"继承与变化的动态过程"。[②] 在传统节日越来越世俗化的过程中，仪式的载体、外观形式不断发生着变化，农耕时代的仪式媒介被现代化商品所取代，例如，传统的鞭炮、宫灯等变成了电气化产品，手工的楹联、窗花变成了精美的印刷品。但无论节庆仪式的载体或外观如何变化，但蕴含其中的价值观念和精神意义却仍然凝练下来作为仪式传递意义的内核而存在着，成为塑造个人和社会道德体系的重要元素。

传统节庆仪式中的神器、贡品、陈设、服饰、器具乃至厅堂、圣殿，都是仪式展演的物质性手段和载体或场所空间，无论古今，仪式无法离开这些物质而存在，它们是仪式中承担信息传递和意义共享的不可或缺的基础性要素。例如，在广西贺州地区瑶族"还盘王愿"的节日仪式中，酒不仅作为必不可少的祭品而存在，也是必需的交流物。作为祭品的酒具有神圣的意味，而作为参与其中的人们的饮品的酒则具有世俗意味。作为物品的酒，在仪式过程中兼具物的"交换"和符号及意义"交流"的意义。[③] 在法国人类学家马赛尔·莫斯看来，物品的交换是一种"总体呈献系"，涉及荣誉和信用、义务和经济利益。"物质生活、道德生活和交换，是一种无关利害的义务的形式发生、进行的。同时，这种义务又是以神话、想象的形式，或者说是象征和集体的形式表现出来的。"[④] 在这个"总体呈献系"中，酒充当独特的角色，它首先是一种"物"，但酒这种物品的交换与其他物品不同，它显现、确认或确立的是一种特定社会系统中的人际关系。

这些物质载体及其传递的意义，深入到人们的日常生活之中，潜移默化地影响着人们的价值观。不仅如此，在节庆期间，人们还把月饼、粽子、春联等这些仪式载体作为

---

① 夏日新：《从中国古代的丰收祭看土家族摆手节的起源》，《湖北社会科学》2015年第4期。

② 刘弋枫、刘广宇：《节日传播与文化景观：媒介与逻辑》，《贵州民族研究》2019年第10期。

③ 彭兆荣：《仪式中的族群历史记忆——广西贺州地区瑶族"还盘王愿"仪式分析》，《百色学院学报》2015年第4期。

④ 莫斯·马塞尔：《礼物》，汲喆译，上海：上海人民出版社，2002年，第7、63页。

礼物，赠送给亲朋好友，物质的流动加强了人们之间的情感联系。因此，特殊的物质在特殊的场合出现不仅代表、寓意着特殊的节日，而且也通过物质本身的流动传递出传统价值观和群体情感。因此，物质的存在是节庆中不可或缺的重要存在，而且物品的流动即作为礼物、赠品的物质交换，和其作为意义载体的信息交流同等重要。

二、物及其流动：丰收节的独特观照

（一）作为传播基础设施的物

近几十年来，"拓展传播研究的范围""重新定义传播"始终是国内外新闻传播学界的热点领域。雷蒙·威廉斯通过对 communications 的词源学考察，认为这一词汇代表了道路、运河和铁路这些设施。[①] 詹姆斯·凯瑞关于"仪式观"和"传递观"的讨论，虽然其重点在于对传播仪式观的开掘，但他并未忽视传播与物质运输的关系。[②] 约翰·彼得斯认为传播有告知、分享、传授、链接、迁移、发射、传输、交换、符号互动等"多义性"，但他同样坚持"物质性迁移"是传播的主要意义。[③] 阿芒·马特拉在考察传播起源的历史时，将其"放在一个宽泛的视野中"，认为传播"涵盖了财产、人员和信息的诸多交换和流动回路，其定义包含了交通道路、远距离传输网络和象征性交换手段"。[④] 戴维·莫利关于传播的"物质性和流动性"研究面向力图突破"媒体中心主义"的研究范式，旨在超越后者专注于信息传播的符号、制度和技术维度的中介形式，进而开掘"物的流动、交通运输以及地理等内容"这一"传播"概念的原本意涵。[⑤] 彼得斯在其新作《奇云：媒介即存有》中进一步认为传播是人类生存的基础设施，包括硬基础设施和软基础设施，前者指城市、道路、水利设施等，后者则包括宗教、语言、法律、假期制度等"文化基础设施"。[⑥] 总之，"传播"概念兼有人际交流、符号信息传递、物质基础设施等多重之意。[⑦]

上述关于传播概念的拓展理解和重新定义，使得传播研究的物质维度得到重视。莫利指出，传播研究的议程应在物的流动、交通运输和地理这三个方面予以扩展。其中，

---

① 雷蒙·威廉斯：《关键词》，刘建基译，北京：生活·读书·新知三联书店，2005 年，第 73—74 页。

② 詹姆斯·凯瑞：《作为文化的传播——"媒介与社会"论文集》，北京：中国人民大学出版社，2019 年，第 157 页。

③ 约翰·杜翰姆·彼得斯：《对空言说：传播的观念史》，邓建国译，上海：上海译文出版社，2017 年，第 10—15 页。

④ 阿芒·马特拉：《全球传播的起源》，朱振明译，北京：清华大学出版社，2015 年，第 4 页。

⑤ Morley, D. (2017). *Communications and mobility: The migrant, the mobile phone, and the containerbox*. West Sussex, UK: John Wiley & Sons Ltd. 转引自王鑫：《对戴维·莫利传播研究议程扩展与范式转换的考察》，《国际新闻界》2020 年第 9 期。

⑥ 约翰·杜海姆·彼得斯：《奇云：媒介即存有》，邓建国译，上海：复旦大学出版社，2020 年，第 37 页。

⑦ 王鑫：《对戴维·莫利传播研究议程扩展与范式转换的考察》，《国际新闻界》2020 年第 9 期。

第一个方面即"物的流动","重点在'物',更在'流动性',即除了物,也包括人、资本、信息、病毒的流动等。"①莫利关于"物的流动"这一维度的阐释,旨在把传播本身所具有的物质和符号双重意涵结合起来,即人的身体的物理运动、信息传播和物的流动以及其他内容的流动,构成了完整意义上的传播景观。按照马特拉关于传播起源的逻辑,只有物的流动,即交通道路带来物质的运输才有了信息的流动,那么,作为传播基础性设施的物质和物品,其流动性就是其应有之义。换句话说,传播意义上的物,是流动的而非静止的。因此,传播就成为人们交往关系生产中符号意义和物质物品的组合过程,这一过程就是人、商品和符号意义的互动过程。

(二)丰收节中的物及其流动

按照莫利、彼得斯、马特拉等人的对传播的理解及论述逻辑,节庆中的物质,以及习以为常的节庆仪式和习俗都是传播的基础设施。近年来,出于以旅游助推地方经济发展的需要,"节庆仪式中结构性元素被地方政府、市场、社区合力采借,包装成服务性展演产品推向旅游市场"。②而物质性和流动性这一传播的原本意涵,为我们观照丰收节打开了一个全新的面向。以此视角出发,我们既要关注节庆所传递的信息内容和意义,更要关注节庆中"物"的使用与农村生产生活情境之间的关系,及其如何与农村基础设施环境、乡村日常生活实践进行联系。这是因为,意义的传递是借助"物"的象征意味来完成的。中国农民丰收节的节日标志由"中国红"和"丰收黄"最具中国、丰收象征的颜色构成,标志中间是一棵"丰"字形状的金黄麦穗,麦穗代表着农业,同时呈"丰"字形,赋予节日举办在丰收之时、庆祝丰收之事和祈愿未来丰收等含义。

引言中提及的超5000场次的庆丰收活动,其内容与形式涵盖面极广,但均以物质性产品或具体场所为活动的基础性设施。场地基础设施是节日活动的物质载体和空间,节日场景构建离不开"物"。2020年丰收节活动的主会场设在山西省运城市万荣县黄河农耕文明博览园,园区分为演绎区广场、展馆区和花海区三部分,从园区布局到展馆布展,都围绕当地地形特点,设置代表性文化元素展示黄河流域的农耕文明。园区、展厅、参展农作物及物质文化遗产,共同构成一个农耕文化景观,在这个物质性空间中,群众联欢活动、"全国十佳农民"嘉奖仪式、乡村绿色发展研讨会、传统农耕艺术品及非物质文化遗产展示等七项活动迭次举办。人们在这个物质性空间中流动,完成了信息流、物流和人流的互动与融合。央视丰收节晚会直播也是由这样实体场景构建以及电视、网络直

---

① Morley, D. (2017). *Communications and mobility: The migrant, the mobile phone, and the containerbox.* West Sussex, UK: John Wiley & Sons Ltd. 转引自王鑫:《对戴维·莫利传播研究议程扩展与范式转换的考察》,《国际新闻界》2020年第9期。

② 盖媛瑾:《传统节庆仪式:从民族村落公共文化空间到舞台化展演——以雷山县郎德上寨"招龙"仪式为例》,《贵州师范学院学报》2020年第4期。

播媒介共同构成，使得丰收节在内容信息和物质现实的交融中完成意义的传递和共享。

丰收节期间，农业部组织各地农产品产销对接活动并举行丰收节"金秋消费季"活动，在各电商平台设置丰收节专区，并向消费者发放"丰收"优惠券。农业商品货物在虚实空间交织之中得以运输。消费者通过网络下单，在虚拟空间进行购买交易，通过实体空间下的铁路、公路、飞机等交通基础设施、将实体农产品货物从产地运输到现实存在的实体购买地点。电商的介入不仅扩大了农产品的销售渠道和范围，便利了城乡之间的货物、信息和人际交流，也在相当程度上改变了乡村生活实践。

三、传统与现实：现代节日的意涵构建

（一）"以人为本"执政理念的体现和对传统民间伦理秩序的认同

"传统节日作为时间习俗，记录了民众对于自然时间的认知和文化时间的活动，形成了以时间为线索的文化记忆系统……包含了民众的情感向度。"[①] 中国农民丰收节定在秋分，因为秋分具有独特农耕文化底蕴和物质性实践规律。农桑国度，"农民借助节气，将一年定格到耕种、施肥、灌溉、收割等农作物生长，收藏的循环体系之中，将时间和生产、生活定格到人与天道相印乃至合一的状态"，关乎"我们每个人对生命、自然、人生、宇宙的感受、认知"。[②] 二十四节气中的秋分，是四时八节的大八节之一，是一个重要的日子。秋分日在公历 9 月 23 日前后，是一年中昼夜平分之时，是北半球秋季的起始日。谚语说，"秋分白云多，处处好天禾"，秋分正是作物收成、农事繁忙的时节。《淮南子·天文训》曰："秋分蔈定而禾熟。"秋分时节正是秋收、秋耕、秋种的大好时机，也是农作物收成的定论之时。从大自然的角度看，"春生春种，秋收秋敛"，"秋分的本质在于收养"，"在此意义上，秋分也在检验一年的收获"。[③] 中华传统农耕文化蕴含顺应自然、与自然和谐共处的可持续发展思想，即所谓"天行有常，不为尧存，不为桀亡"。弘扬发展优秀农耕文化是丰收节活动的深刻意义，面对部分地区农业污染及其治理问题，汲取传统农耕文明智慧，逐步建立生态环保的现代农业产业体系，当是丰收节的应有之义。

丰收节的节日活动安排力求"入乡随俗"，不进行刻板的统一仪式划分，并支持在原有特色基础上发展，例如云南省罗平县罗雄镇的"谷神节"、湖北省恩施市的土家族"摆手节"、四川阿坝州茂县"羌族转山会"、贵州寨蒿镇乌公侗寨的"烧鱼节"等传统节日形式、民俗特征依旧保留。这使得中国农民丰收节虽然在发扬优良传统农耕文化，但也并不是简单"回归"过程，而是在保护农耕文明，做好文化传承的同时，进一步发展出

---

① 王丹：《传统节日研究的三个维度——基于文化记忆理论的视角》，《中国人民大学学报》2020 年第 1 期。

② 余世存：《时间之书》，北京：中国友谊出版公司，2017 年，第 4 页。

③ 余世存：《时间之书》，第 197 页。

新时代乡村文化内涵，深化农村改革之路，从而助力乡村文化振兴战略目标实现。从这个意义上说，中国农民丰收节的确立恰恰是"以人为本"执政理念的体现和对传统民间伦理秩序的认同，这个节日也就成了关于传统、文化、民间伦理、习俗记忆的活动。

（二）新时代党和国家对"三农"问题的重视

中国农业以只占世界7%左右的耕地，提供了占世界20%左右人口的粮食。粮食安全历来是危及人类生存的最大挑战，是国家安全等一切安全的根基，而"三农"工作是粮食安全的保障。经济全球化背景下，过于依赖世界粮食市场，对任何国家来说都不利于其国家安全。2020年，在全球性蝗灾与新冠肺炎疫情影响下，部分粮食出口国颁布限制甚至禁止粮食出口政策，全球粮食供应链面临高压。联合国的研究报告发出预警，世界濒临至少50年来最严重的粮食危机。粮食安全可以说是全球最急迫安全问题之一。习近平总书记十分重视粮食安全问题，他强调"要牢牢把握粮食安全主动权，粮食生产年年要抓紧"。[①] 根据国家统计局发布的数据，2020年全国粮食总产量13390亿斤，中国粮食生产迎来"十七连丰"。同样在2020年，经过八年精准扶贫，五年脱贫攻坚，中国实现了全面脱贫。在这个意义上讲，丰收节既是庆祝农业丰收的节日，也是对国家"三农"政策肯定的昭示，还是提醒人们重视"三农"问题、保证粮食安全，居安思危、未雨绸缪的重要举措。

国家设立节日，是一种确认身份的最为重要和有效的命名方式，体现的是国家对于个体、生命的尊重。中国农民丰收节，是中国农民的节日，在国家层面为农民设置节日是历史上所没有过的。2018年，国家在改革开放40周年之时设立中国农民丰收节，不仅是对农村开始的改革的肯定和对改革源头的致敬，又预示着下一个农村改革主题的开启。中国农民丰收节的设立，是国家以节日的形式向农民这个特定集体的致敬，在于提醒人们感恩农事、感谢农民，自然也是新时代党和国家重视"三农"问题的具体体现。

四、结语

在国家层面设立的中国农民丰收节，既是我国传统丰收祭祝福祈愿文化的延续，又是实际协助解决"三农"部分问题的可行手段。在国家层面上设立中国农民丰收节，在于国家意识形态与传统文化、价值观以及民间习俗的有效融合，对农民群体生活方式、行为规范的合一，有助于中华民族命运共同体的形成和巩固。各地举办的丰收节庆祝活动，既传达了主流意识形态，又保留了各地、各民族原本的节庆习俗，很好地形成了国家与地方、主流意识形态与民间文化的统一。而各种形式各异的节庆习俗，其中一个区别就是对物质生产资料、农作物成果及其加工品的利用，通过实物的形式突显异质性，

---

① 新华网：《习近平在中央农村工作会议上强调 坚持把解决好"三农"问题作为全党工作重中之重 促进农业高质高效乡村宜居宜业农民富裕富足》,http://www.xinhuanet.com/politics/2020-12/29/c_1126923715.htm

标明意义的独异性。节庆仪式中的物质及其流动，正是文化多样性的表现，也是意义传播的基础性要素。正是在传播的物质性这个意义上，作为一个新的节日，中国农民丰收节还需不断地调适其形式与内涵。

以农为本：乡村传播视角下县级媒体融合的审视与对策

任广镇*

【摘要】乡村振兴和媒体融合两大国家战略，其碰撞点在农业、农村、农民。从乡村传播的视角出发，县级融媒体中心作为沉潜基层的大众传媒，负有协同乡村振兴的重大使命。在乡村振兴战略深度实施的当下，我国的区域发展仍然不平衡，"新乡土社会结构"正在形成，使县级媒体融合呈现出体制机制、内容变革、融媒人才缺乏和农村用户媒介素养不高等多重难题。需要基层政府、媒介自身、农民群体、社会团体等主体协同配合，牢牢把握"以农为本"的主线，推动体制机制的创新互动、技术内容的深度融合、传受双方的培养培育，从而使县级融媒体中心担负起巩固县级舆论主阵地、打通传播力"最后一公里"的重任，进而有效协同乡村振兴。

【关键词】乡村振兴；乡村传播；县级媒体融合

【基金项目】湖州师范学院哲学社会科学资助项目"县级媒体融合提升基层舆论引导力策略研究"（项目编号：2019XJWK08）

乡村振兴战略是党的十九大做出的重大战略性部署。《乡村振兴战略规划（2018—2022年）》指出："实施乡村振兴战略，是解决新时代我国社会主要矛盾、实现'两个一百年'奋斗目标和中华民族伟大复兴中国梦的必然要求，具有重大现实意义和深远历史意义。"深入建设县级融媒体中心，传播乡村故事，凝聚振兴共识，营造振兴环境，发挥其在基层社会"引导群众、服务群众"传播功能，是助推乡村振兴战略的应有之义，不但关乎县级媒体的生存发展，更影响着国内宣传舆论工作以及中国的国际传播工作。

当前，克服新冠肺炎疫情的不利影响，媒体融合正步入"深水区"。根据此前安排，到2020年底，作为中国主流媒的基层骨架，我国县级融媒体中心建设基本完成。目前县级融媒体中心从业者的职业自觉进一步提升，县级融媒体中心在县域中的媒介认同也得到了一定强化。但是面对自媒体与移动传播设备的扩散与普及，县级融媒体传播无力感

---

* 作者简介：任广镇（1979—），男，湖州师范学院人文学院，教授，硕士，研究方向为媒介文化研究、乡村传播研究。

仍然比较突出。建设县级融媒体中心的主要战场在基层，更在乡村。在乡村振兴战略的背景下重返乡村，在乡村传播视域下重新审视县级媒体融合的全新环境，审视县级融合面临的机遇与挑战，探索其如何建设"以农为本"的创新路径显得尤为必要。

国家统计局发布的最新人口数据显示：截止到 2019 年年末，我国大陆总人口中，乡村常住人口达到 55162 万人，占总人口比重（城镇化率）为 59.40%。对我国而言，发展的重中之重是解决乡村问题，乡村传播正是推动乡村整体发展的动力。乡村传播是"对于乡村社会以及与之发展关联的所有传播状态的描述"[①]"新技术、新产品、新思想及其价值观念向乡村社会普及"是乡村传播的主要内容，而其所依托的"最主要的媒介即为大众媒介"[②]。乡村传播视域下的县级融媒体中心建设其底层媒介逻辑是通过大众传媒，"不断强化县域媒体本位，增强在县域民众中的影响力，打造县域主流舆论阵地、综合服务平台、社区信息枢纽，牢牢把握县域舆论空间的话语权、主导权"[③]，以此来宣传、贯彻国家的大政方针，实现媒介认同、文化认同和政治认同。

一、县级融媒体中心建设环境

作为最沉潜乡村的大众媒介，县级融媒体中心负有中国主流媒体基层骨架的功能。经济发展的不平衡、社会背景以及政策背景的策动，导致乡村全新传媒生态的浮现。"基于技术融合的融合媒体快速发展，乡村的传统文化、群众文化以及现代传媒文化，也呈现出融合的状态。"[④] 充分认识当前面临的新环境、新机遇与新挑战，有利于在"充满风险与失去控制的陌生"时代，窥见县级融媒体中心发展的理性路径。[⑤]

1. 区域发展仍然不平衡

当下我国区域经济发展不平衡现象仍然十分突出，而作为集生产、生活、文化和社会等多种功能于一体的乡村，这个现象更为突出，并且显著影响了当地县级媒体融合工作的进展。人民网抓取了我国 629 家广播、电视、报纸媒体及其主办的新媒体等相关数据，发布了《2019 媒体融合传播指数报告》。这份报告显示，粤京浙沪鲁媒体融合传播实力强劲，媒介形态和传播力度仍然存在着区域发展不平衡不协调的问题，个别地区媒介形态仍然停留在较为初级的阶段。[⑥] 首先，作为融媒体基础设施的中央厨房建设需要大笔资金。"这些设施的投入动辄就是数以亿计，东部发达地区尚可，但西部和一些贫困县囿

---

① 李红艳：《关于乡村传播与新农村建设的几点思考》，《中国农业大学学报》(社科版)2006 年第 3 期。

② 李红艳：《乡村传播与农村发展》，北京：中国农业大学出版社，2007 年，第 2 页。

③ 陈守湖：《媒介·文化·政治——县级融媒体运行机制的三重逻辑》，《陕西师范大学学报》(哲学社会科学版)2021 年第 1 期。

④ 沙垚：《乡村文化传播》，《新闻与传播研究》2015 年第 12 期。

⑤ 孟书强：《转型期流动人口空间、性别与社会网络的重构——以农民工的宗教传播与信仰实践为中心的个案考察》，博士学位论文，中国社会科学院，2015 年。

⑥ 人民网：《2019 年媒体融合传播指数总报告》发布，中央媒体继续领跑，2020 年 4 月 30 日，http://media.people.com.cn/n1/2020/0430/c120837-31693800.html.

于财力的限制，设施配套很难一步到位，自主建设融媒体中心平台力不从心，助力乡村振兴也就成了无米之炊。"①经济欠发达地区的县级融媒体中心建设，常常受制于财政支持、广告收入、社会资助等等现实因素。资金缺口大，常常导致其媒体融合的基础设施建设以及人才的捉襟见肘。而深挖背后的原因，又常常可见观念和机制的掣肘。此外，经济欠发达地区的人员往来和信息来源又常常较为单调和闭塞，导致部分县级地区的融媒体中心建设停滞不前。在东南沿海等经济发达地区，以浙江长兴为代表的一批县级融媒体中心，则在过去的几年间，无论是媒介形态的发展和完善，还是其传播力的构建，都取得了较为显著的成果。

2."新乡土社会结构"正在形成

当前，作为实现传播"最后一公里"的大众媒介，县级融媒体中心还不是乡村社会传播网络的中心节点，但是它与乡村社会结构存在着紧密的关联。在我国社会从农业社会向工业社会和信息社会急剧转型的过程中，依托计划经济体制向市场经济体制的转轨，工商服务业迅速崛起。在国家经济调控权力的让渡下，市场重新成为最重要的资源配置主体。社会结构转型叠加经济体制转轨，在城镇化和媒介信息新技术的催化下，农村社会展现出了"新乡土社会"的特征。"传统农村'乡土社会'具有乡土依赖、聚村而居、家族归属等显著特点。在向'新乡土社会'的转型过程中，农村居民的乡土依赖性降低、乡土意识逐渐式微、家庭规模小型化且发生了功能转向。"②"新乡土社会"是理解当前县级媒体融合的基础，也是准确把握县级融媒体中心路径创新的重要前提。表现在大众媒体的乡村传播中，"村"作为最小的地理、行政单位，媒体的融合发展正驱动着"村"的社会结构发生改变：其一，"人"的交往方式在改变，"导致农村的信息质量、意见领袖、媒介形式等发生了变化，网络自组织让更多的农民参与信息的生产与传播。农村面临着更多、更严重的网络失范现象"③。其二，智能手机的普及，微信、QQ、抖音、火山、快手等新型社交媒体的普遍应用，使农民的各种网络社群如雨后春笋，形成农民日常沟通的全新平台，从而推动新的观念的产生和演变。其三，乡村人口外流、乡村资本外移，乡村多有空心化，这也为县级媒体融合带来机遇和挑战。

3.乡村振兴战略持续实施

乡村振兴战略关乎我国能否实现从农业大国向农业强国的顺利迈进，这个战略甫一提出，即成为新时代做好"三农"工作的最重要抓手。中央农村工作会议明确提出：走城乡融合发展之路、走共同富裕之路、走质量兴农之路、走乡村绿色发展之路、走乡村

---

① 黄楚新、刘美忆：《2020年县级融媒体中心建设现状、问题及趋势》，《新闻与写作》2021年第1期。

② 饶旭鹏：《中国农村社会结构演变的历程——从"乡土社会"到"新乡土社会"》，《开发研究》2012年第5期。

③ 卫欣、王国聘：《对农传播与自组织化：复杂网络环境下的社会结构研究》，《学习与实践》2016年第6期。

文化兴盛之路、走乡村善治之路、走中国特色减贫之路。这"七条道路"，概括性地提出乡村振兴的目标和路径。① 这一战略的实施，为县级融媒体中心建设提供了宏大的政策背景和难得的历史机遇。县级融媒体中心作为党的政策主张在基层的传播者，其融合与发展必须植根于乡村振兴战略政策导向。"乡村信息传播对乡村振兴战略具有十分重要的作用，其信息传播能力直接关系着乡村现代农业发展、农民文化和科技素质提升以及乡村科学有效治理。"② 尤其是当前我国脱贫攻坚取得了决定性胜利，这是"三农"工作重心的历史性转移。全新的形势赋予县级媒体以全新的融合发展环境，必须立足于乡村发展实际，抓住机遇，勇于担当，把县级融媒体中心的建设与乡村振兴战略进行有机融合，县级融媒体中心才能在履行职责使命的同时，实现自身的丰满和壮大。

4. "最后一公里"仍不畅通

在互联网勃兴与媒介积极融合的当下，传统媒体的新闻生产、传播和经营环境出现了巨大变化。"传统媒体的话语权日趋萎缩，社交媒体的信息传播、大数据与可视化新闻的生产以及算法推荐的火热，都对传统媒体的新闻生产、编辑与传播产生了颠覆性的影响。"③ 其核心表现就是传统媒体传播力下降。在传统媒体时代，传统媒体具有强大的媒体权力。随着互联网的下沉和手机等智能设备的普及，人人拥有麦克风，信息也不再是稀有品。传统的传播渠道陷入失灵的窘境。随之倒下的多米诺骨牌是广告收入下滑、大批人员流失以及媒体公信力下降，这给本就生存艰难的县级传统媒体带来前所未有的迷惘；与此同时，农村网民数量却在迅速蹿升，乡村自媒体走上传播的大舞台。据第46次《中国互联网络发展状况统计报告》显示，截至2020年6月，我国农村网民规模为2.85亿，占网民整体的30.4%，较2020年3月增长3063万。④ 随之而来的是"内容生产、传播、消费各个环节的下沉，乡村自媒体人成为互联网主动的生产者、创造者和建设者"⑤。"乡村自媒体把乡村生产生活经过演绎后，发布在以抖音、快手、今日头条等平台，持续渗透大众的生活。"⑥ 好消息是，2019年6月，工信部颁发了4个5G牌照，宣告5G强势来袭的元年已经到来。这一趋势，伴随着5G时代的来临，将会愈发明显。5G为乡村自媒体的壮大和规范管理带来了新的可能性，同时也将强力推动县级媒体出现高层次的真融合，从而重塑传媒行业的整体生态。

---

① 本报评论员：《走中国特色社会主义乡村振兴道路》，《人民日报》2018年1月1日，第2版。

② 凌云：《5G时代乡村振兴战略背景下农村信息传播主阵地探究》，《新闻爱好者》2019年第12期。

③ 周蔚华、杨石华：《技术变革、媒体转型及对传媒业的新挑战》，《编辑之友》2018年第10期。

④ 手机搜狐网：《第46次CNNIC报告发布：网民规模9.4亿，手机网民占99.2%》https://m.sohu.com/a/421667371_114837

⑤ 刘楠：《农民自媒体"浮世绘"：抖音、快手们是如何冲击乡土文化的？》，http://36kr.com/p/5249620，2019年9月24日。

⑥ 任爱熙：《挖掘乡村自媒体价值，提升乡村振兴推动力》，《新闻爱好者》2020年第7期。

二、乡村传播视野下县级媒体融合面临的困境

自从 2014 年媒体融合上升为国家战略，尤其是 2018 年国家启动县级融媒体中心建设以来，经过艰苦的探索、转型与发展，县级媒体融合逐步实现由"量"而"质"的变化。中央《关于加快推进媒体深度融合发展的指导意见》强调，要牢牢占据舆论引导、思想引领、文化传承、服务人民的传播制高点。对照这个目标，反观当前县级融媒体中心建设现状，还有相当差距。

1. 体制机制的融媒转型有待落实

经过最初的建设和发展，一些县级中媒体中心实现了较好的发展，涌现出浙江长兴模式、江西分宜模式、甘肃玉门模式、吉林农安模式等一批县级媒体融合的样本。[①] 这些媒体通过内容生产理念的突破、IP 孵化、流量导入、游戏化运营等先进理念，实现了较好的融合。但是各地所提供的融合经验，也无法全盘照搬照抄，各地的县级融媒体中心建设必然要经历痛苦的自我摸索和自我否定。首先，在一些地方，对于县级媒体融合仍然存在着机械化理解。部分县级融媒体中心虽然通过整合实现了"挂牌"，但是融媒体中心内部缺乏信息资源整合的平台，同时从业人员仍沿用传统媒体的思维，没有实行形式和内容的有机创新。[②]"有的不能联通纵向（省、市、县）的优质资源，有的难以实现横向（县域内）的互通互联，甚至盲目追求'大屏幕、大场地、大技术'的华丽外观"[③]，有的"无法认识到当下媒体融合发展的紧迫性和重要性，导致媒体融合的很多成果仅停留于表面，尚未实现真正的融合"[④] 从而很难和新媒体在同一个舞台上竞技。其次，协同治理的职责履行存在欠缺。县级融媒体中心建设是农村社会基层社会协同治理的重要组成部分，这已经成为各方共识。由于实施中的认识不到位，以及后期的运营、管理、维护中的惰怠，并没有担负起协同治理的份内职责，严重影响了融媒体协同治理作用的正常发挥。

观念的僵化与体制机制的落后互为表里。在新闻生产、传播和媒体经营中，一些地区的县级融媒体中心存在诸多制度上的掣肘问题，如上级宣传主管部门不顾传播规律，强行分配宣传任务，并且以旧有的"宣传"思维，自觉不自觉地认可和鼓励内容老旧、形式刻板的传统新闻报道，抵制形式灵活、富有草根气息的新闻报道。尤其是一些主题宣传报道和政务信息的发布，层层审稿、层层把关，最终发布的信息失去了鲜活的个性，也失去了时效性。诸如此类源自体制机制束缚的问题，成为县级融媒难以承受之重。

---

① 谢新洲、朱垚颖、宋琢：《县级媒体融合的现状、路径与问题研究——基于全国问卷调查和四县融媒体中心实地调研》，《新闻记者》2019 年第 3 期。

② 林颖：《县级媒体融合发展的问题与对策分析——基于对十个县级融媒体中心的实地调研》，《电视研究》2020 年第 9 期。

③ 张君昌：《我国县级融媒体中心建设现状调查及发展路径思考》，《北方传媒研究》2019 年第 5 期。

④ 黄楚新、邵赛男、朱常华：《我国地市级媒体融合的现状、问题及应对策略》，《传媒》2020 年第 24 期。

2. 传播内容的融媒变革有待深化

实施乡村振兴战略，推动农业农村优先发展，县级融媒体中心要讲清农村政策，讲活农民故事，讲好农村生活，以回应县级融媒体中心引导和服务农民的使命。"县级融媒体中心要实现与基层社会的嵌入，关键要掌握基层信息传播需求，以多元和精准的内容信息服务维系与社会组织、群众等多元治理主体的持续有效连通。"① 当前，作为某种意义上的标配，县级融媒体中心普遍拥有微信、微博、抖音号、百家号、头条号和自建客户端等等，"一个县的政府部门、媒体机构基本都在进行'两微一端'或者'两微一端一抖'建设，一个县拥有十几个官方性质的微信公众号和微博账号的现象不在少数。"② 以人员融合、场所融合、技术融合、渠道融合为表征的县级媒体融合，基本实现了"表层融合"，但是媒体融合更重要的是"深层融合"，首要的体现就是媒体内容的融媒体化。但是受限于观念、体制机制以及人员素质的束缚，在内容创作上普遍存在"政治化""刻板化""主观化"的问题。其表现为主管部门要求的政策宣传多、群众喜闻乐见的生动故事少，汇报总结和成果展示多、普通百姓走上前台的机会少，媒体主观策划多、群众角度出发的策划少。僵化干瘪的内容无法服务于农村群众对于信息的渴望，从而迫使群众把注意力投向其他新媒体，使得县级融媒体中心的新闻舆论传播力、引导力、影响力、公信力大打折扣。

3. 传受双方的融媒适应有待提高

县级融媒体中心所进行的乡村传播，是围绕农民需求而产生的"传播者—受传者"之间的大众传播的过程。县级融媒体中心作为传播的"最后一公里"，其受传者最重要的主体即是农民，而其传播者必须是懂农村、农业、农民的传播主体。

从传播者的角度而言，乡村振兴涉及的范围广、领域多、跨度大，这就要求县级融媒体采编人员要有丰富的涉农知识以及过硬的采编技能，还要亲农民、懂农民、爱农民。但随着城镇化进程的加快，农业转移人口迅速市民化，大量文化水平较高的农民不愿留在县城和家乡，他们宁愿出走，成为望不到乡愁的城市人，从而导致乡村传播主体极度匮乏。一项基于陕西省内76个县（区）的实证调查显示，"人才困境是制约县（区）级融媒体建设的主要因素，县级融媒体中心急需专业人才，尤其是新媒体技术人才"③。"新媒体的发展、体制内外收入的巨大落差以及日渐增长的工作压力影响着媒体从业人员的稳定性。"④ 县级媒体从业者收入水平低，升职机会少，职业荣誉感下滑，严重影响了从业

① 关琼严、李彬：《嵌入基层：县级媒体融合实践的治理转向及优化策略》，《出版广角》2020年第19期。
② 谢新洲、黄杨：《我国县级融媒体建设的现状与问题》，《中国记者》2018年第10期。
③ 张宏邦、刘威、王佳倩、张江江：《整合与协同：县级融媒体的现实困境及本土化推进路径》，《西安交通大学学报》(社会科学版)2020年第3期。
④ 周人杰：《新闻从业者的职业流动类型及影响因素研究》，《电视研究》2018年第6期。

者的工作积极性。另外，融媒体的发展为人才跨界流动提供了更多的可能性①，中央和省市各种媒体加强了对县级媒体优秀从业者的"人才虹吸"。年轻且富有工作能力的从业者频繁跳槽，导致现有的县级媒体的从业人员普遍年龄大、观念落伍、技能老旧。与此同时，从农村走出来的媒体从业者不愿再回流到县级媒体，而引进人才的机制尚未建立或者缺乏吸引力，人才留不住、引不来，成为县级融媒体中心最重要的发展瓶颈之一。

从受传者的角度而言，农民的媒介素养有待提高。诚然，农民是县级媒体融合的传播主角，但仅仅是作为农业生产主体的角色，还不足以融入全新的传播语境当中。媒体融合提供了更多形式多样、内容丰富、互动性强的融媒体产品，事实上对农民的媒介素养提出了更高的要求。而融媒体环境中的农民，已经暴露了一些观念和技能上的短板，影响了对于融媒产品的接受和使用。例如学者沙垚在调查中发现，手机对于乡村大多数男子而言，除了打电话，就是看视频，并依托镇上的网吧形成相对完善的地下产业链。②另一项调研发现，"玩游戏"是有的农民开通手机网络的主要目的之一。③对于县级融媒体建设而言，这不是令人啼笑皆非的小事，而是必须正视和引导的现实困境。

三、乡村传播视野下县级媒体融合的优化策略

习近平总书记强调"要扎实抓好县级融媒体中心建设，更好引导群众、服务群众"④，明确了在县级融媒体中心建设过程中群众的核心地位。这就要求沉潜乡村的县级融媒体中心，要围绕着农村最广大的群众——农民来进行。县级融媒体工作重心必须向农村、农业倾斜，农民才是这场变革的主角，必须充分尊重农民的意愿，精确掌握农民的喜好，及时传达农民相关的政务、生活资讯，讲好讲活农民故事，实现"以农为本"的乡村传播。

1. 以体制机制创新互动推动"以农为本"的观念变革

县级融媒体中心不是县域内媒体的简单相加，而是要从溶（"你是你、我是我"的汇聚）到融（"你中有我、我中有你"的融合）再到熔（"你就是我、我就是你"的熔炼）⑤，从而成为"既是汇聚信息、处理信息、传播信息的最佳平台，也是政府部门、企业、群众间展开沟通的互动空间，更应成为县域社会治理系统中发挥沟通、调节作用的'水利

---

① 赵昱、王小娟:《从电视人跳槽新媒体看人才机制创新》,《视听界》2013 年第 2 期。

② 沙垚:《乡村文化传播的内生性视角:"文化下乡"的困境与出路》,《现代传播》(中国传媒大学学报)2016 年第 6 期。

③ 方明、刘晓程:《文化扶贫与大众媒介:莽人媒介接触的人类学思考》,《西南边疆民族研究》2011 年第 2 期。

④ 新华网:《习近平出席全国宣传思想工作会议并发表讲话》,2018 年 8 月 23 日,http://www.xinhuanet.com/2018-08/23/c_129938245.html,2020 年 3 月 1 日。

⑤ 栾轶玫、杨宏生:《从全媒体到融媒体:媒介融合理念嬗变研究》,《新闻爱好者》2017 年第 9 期。

枢纽'"。^①实现这样的升级，必须以推进行政管理体制和市场化改革为先导。首先，需要地方政府结合实际，从机构设置、技术培育、薪资规划、运营管理等方面对国家的顶层设计进行有效践行和创造性拓展，从而打破体制机制的旧有藩篱，以适应县级融媒发展需求。一个行之有效的办法是提升县级融媒体中心的行政自主权限，"媒体融合的实现需提升领头单位的行政级别，由县委县政府出面整合线上线下资源并汇总到县级融媒体中心，使主流媒体真正掌握用户所有权，形成强大的舆论引导力与自我造血能力。"^②以此来理顺县级融媒体中心的外部关系；其次，在县级融媒体中心内部打破以编制、行政级别为核心的体制机制，去除"行政化"，消弭"机关化"，建立"目标牵引、绩效拉动、项目负责、可上可下"的内部原则，导入全新的融媒体思维，树立融媒体观念，以处理好新闻传播和宣传工作的矛盾、社会效益与经济效益的矛盾，解决好县级融媒体中心在宣传工作、产业经营之间以及财政依赖、市场拼搏之间的缠绕。由于我国的四级办台体制等种种原因，县一级媒体普遍存在创收能力弱、对地方财政拨款依赖强的问题。"地市级媒体要摆脱依靠财政兜底的错误观念，进一步提升发展的内生动力，充分发挥自身优势来提高造血功能。"^③不靠财政也可以活下去，而且还要活得好，这应该成为县级媒体融合的生存发展理念。路径之一就是采用公司化运营，"成立文化传媒公司真正解决造血机制。事业单位做经营面临着各种各样的制约，而新闻宣传业务部分依然由事业法人负责，而经营性业务部分成立专门公司来负责运营"^④。

在如何融合的问题上，必须看清"真融合"和"伪融合"的天壤之别。走出伪融合的误区，需要实现相互融合和深度融合，而相互融合和深度融合要靠创新体制机制。^⑤从而实现从传统的新闻媒介向作用更加复合的"新闻+党建""新闻+政务""新闻+公共服务""新闻+增值服务"升级。要完成这种升级，"需要县级融媒体中心的产品和服务做到垂直化、场景化、下沉化与智能化"^⑥。而这种升级首先依赖于观念的升级和体制机制的创新互动"。

2. 以技术内容深度融合推动"以农为本"的传播嵌入

"县级融媒体中心要实现与基层社会的嵌入，关键要掌握基层信息传播需求，以多元

① 朱天、唐婵：《政策赋能、业务扩容、系统转型——对县级融媒体中心建设中几个关键概念的观察辨析》，《新闻界》2020年第6期。
② 林颖：《县级媒体融合发展的问题与对策分析——基于对十个县级融媒体中心的实地调研》，《电视研究》2020年第9期。
③ 黄楚新、邵赛男、朱常华：《我国地市级媒体融合的现状、问题及应对策略》，《传媒》2020年第24期。
④ 郭全中：《"十四五"时期的县级融媒体怎么干》，《城市党报研究》2021年第1期。
⑤ 范以锦：《有些媒体融合是伪融合》，《青年记者》2020年第33期。
⑥ 胡正荣：《打造2.0版的县级融媒体中心》，《新闻界》2020年第1期。

和精准的内容信息服务维系与社会组织、群众等多元治理主体的持续有效连通。"①农民最需要的信息除了新闻资讯之外，还包括政务、生活信息和服务，如网络购物、水电煤气的办理和费用缴纳、城管、交管、房屋买卖等业务办理，这些内容的提供和完善，将大大提升县级融媒体中心的用户黏性。同时以服务精准获得本地大数据，并以算法等新技术进行整合和利用，实现技术与内容的深度融合。让以广播电视报纸为代表的传统媒介和微博、微信、客户端等新媒体，都能够精准飞入有需求的农户家，让农民看得到、看得懂、看得有收获。

技术的进步和内容的优化升级，赋予了县级融媒体以独特的渠道优势。当前农民也在承受信息爆炸的苦恼，海量信息尤其是其中的虚假和有害信息让农民陷入难以清晰甄别的困境。在这种情况下，具有深厚传播积淀的县级媒体则可以用其悠久的公信力作为背书，"正规媒体"成为县域融媒体中心发展的重要底色，展现出独有的渠道优势。技术与内容的深度融合，要建立在充分了解县域实际的基础上。而且要清晰地认识到，技术的变革并没有改变"内容为王"的媒体本质，反而赋予了县级媒体以更多的灵活性和可能性。

3. 以传受双方培养培育推动"以农为本"的主体适应

"新媒体对传统媒体的冲击，最深刻的表现在媒体和用户的关系上。"②县级融媒体中心能否在助力乡村振兴的过程中实现"引导群众、服务群众"的目标，关键在于能否有效培养培育懂农民、懂融媒的媒体人才以及可以融入融媒环境的农村用户，从而建立起媒体和用户的良性互动。

县级媒体融合需要一支了解农业、农村、农民的新型融媒体人才队伍。习近平总书记指出："媒体竞争关键是人才竞争。"当前智能化、数据化、移动化、可视化的发展趋向，使县级媒体融合从新闻采集、生产、加工、传播等环节都对媒体从业人员提出了全新的要求。以传统媒体的人才队伍为基本盘的县级融媒体中心，人才瓶颈明显，其主要表现为人员结构老化、主力流失量大。解决这一问题，首先要加强现有从业人员的技能培训和素质培养。通过委托教育、自主培养、参观访问、基层蹲点等形式，促使原有从业人员成为了解农业、农村、农民的新型融媒体人才。其次，要大力引进融媒人才。出大招、出真招，"重点引进懂互联网的新媒体人才、技术人才和各类复合人才"③，以开放、包容、公平、合理的态度制定人才招引政策，以长效政策吸引人才到县级媒体创新创业。再次，要着力培养乡村通讯员。乡村通讯员兼具农民和媒体人的双重特征，既了解农民

① 关琮严、李彬：《嵌入基层：县级媒体融合实践的治理转向及优化策略》，《出版广角》2020 年第 19 期。

② 陈力丹、史一棋：《重构媒体与用户关系——国际媒体同行的互联网思维经验》，《新闻界》2014 年第 24 期。

③ 郭全中：《县级融媒体中心建设的进展、难点与对策》，《新闻爱好者》2019 年第 7 期。

需求，又懂得传播规律，是媒体与农民、政府、企业的中间联系人。一支好的乡村通讯员队伍，将是县级融媒体中心影响力下沉的有力触手。

县级媒体融合需要培养和培育农村用户，使其具备较好的媒介素养。应该通过富有针对性的媒介素养教育，充分利用媒介自身以乡村组织，对农业生产者、农村管理者以及老人和儿童进行媒介知识普及，使得农村用户懂得县级融媒不仅仅提供娱乐，也是政策、知识、技术的载体，关乎自己的房子、票子、日子。这种富有针对性的媒介教育，需要广泛的社会协同，尤其需要基层政府和组织应当制订相应的规划，动员村小组、农业合作社、新时代文明实践中心、中小学等协助落实和实施。

我国的媒体融合是在顶层设计有力指导下的一场媒介变革。从最初的"推动融合"到当前的"加快推进深度融合"，顶层设计从未缺位。县级融媒工作既需要顶层设计，又需要媒介自身的努力和地方政府的支撑。当前，县级媒体融合已经在深水区运行，地方政府和媒介自身，需要在中央顶层设计的基础上，围绕农业、农村、农民，创新思维，理顺关系切实提升基层主流媒体的传播力、引导力、影响力、公信力，最终服务于乡村振兴战略。着眼于"以农为本"这个最根本的出发点和落脚点，县级媒体融合还需要进行更多的探索和更深刻的实践。

游戏"嵌入"城市日常生活：青年农民工数码游戏使用与城市文化实践

郭旭魁*

【摘要】本研究通过对青年农民工数码游戏使用的现象学考察，探讨数码游戏对青年农民工城市工作和生活的影响。笔者认为手机数码游戏使用是一种独特的城市文化实践形式，与青年农民工城市生活世界紧密结合在一起，反映了其城市日常实践理性。青年农民工进城前后，使用数码游戏发生了演变；在数码游戏中赢得的胜利，借此强化自我效能与自我认同，并"挪用"此能力。另外，青年农民工还将数码游戏视作抵抗雇主的城市文化实践，在工具理性构成的城市文化铁幕的边缘和缝隙处，进行具有解放意义的抗争文化实践。因此，在某种意义上，青年农民工参与数码游戏实践蕴含着对抗现代工具理性的积极价值。

【关键词】嵌入；游戏；青年农民工；文化实践

【基金项目】山西省高等学校哲学社会科学研究资助项目（项目编号：2019W174）："山西省青年农民社交媒体使用对其政治效能感的影响研究"

据 2015 年国家统计局官网的最新统计数据显示：农民工总量 2.74 亿人。[1] 其中青年农民工占总数的 50% 左右，而且高中以上文化程度的青年农民工比例有所增加，初中文化程度占到 2/3 左右。青年农民工逐渐成为进城农民工劳动力大军中的主体，并将成为中国产业工人的主力。本文所探讨的青年农民工即指这个群体。青年农民工与他们的父辈相比较，呈现出一些不同的特点：他们的文化程度普遍都高于父辈；从学校毕业就进入城市，基本没有从事农业劳动的经验；主要通过大众媒介和通讯技术了解外面世界，成为城市文明和城市生活方式的向往者、接受者和传播者；他们在传统乡村社会中处于边

---

* 作者简介：郭旭魁（1980—），男，长治学院中文系新闻学专业，副教授，博士，研究方向为媒介文化研究，乡村传播研究。

[1] 新闻报道中称：2013 年农民工总量 2.69 亿人，其中青年农民工占总数的 70%，且有 1/3 的人有高中及以上学历。详见：桂杰《80 后 90 后占农民工七成以上》，中国青年报 2014 年 2 月 21 日。

缘，在城市中也处于边缘，具有双重边缘人的现实处境；他们主观上具有较强融入城市的愿望。①

　　根据牛凤瑞等主编的"蓝皮书"：《中国城市发展报告》（2015），指出中国城镇化率达到54.8%，2030年将达到70%左右。②报告指出"十三五"期间中国将全面进入城市型社会，城镇化也从速度为主转向速度与质量并重的新阶段。众所周知，改革开放以来的中国城镇化进程，农民工发挥了非常重要的作用。在城镇化的新阶段，青年农民工也将会如同他们的父辈一样发挥愈加重要的作用。在新的城镇化阶段，青年农民工能否适应城市并积极融入城市社会就成为发展的关键环节。

　　据青年农民工的媒介接触情况调查显示，手机媒介在青年农民工的城市日常生活中发挥越来越重要的作用，数码游戏使用也成为青年农民工日常接触的重要类型。③青年农民工如何参与数码游戏，并将之"嵌入"城市生活？他们如何理解与解释数码游戏对其城市生活的意义？对其城市社会文化实践又蕴含何种价值？这些问题成为本研究的核心关注。

一、媒介"嵌入"与游戏人

　　本文采用"嵌入"（embedding）概念来自社会学。在《现代性后果》中，吉登斯在分析"脱域"（disembeding）时提到嵌入术语。脱域是指社会关系从彼此互动的地域性关联中，从通过对不确定的时间的无限穿越而被重构的关联中"脱离出来"。④与此相关的嵌入则是在前者脱域之后又重新被"在地性"地引入到地方性的文化实践中，即经过一个"拔根"到"再植根"的过程。这样在遥远时空中的人与事就与当前的实践结合在一起。塞勒·林在《习以为常：手机传播的社会嵌入》中，指出如同时钟改变了我们协调交流的方式，汽车改变了交通的性质一般，手机已经成为协调社会交往的技术，移动媒介嵌入社会并形塑社会时间与空间，重构了社会传播生态。⑤手机嵌入社会网络，对日常生活产生了重要影响，其改变了原来基于传统相对固定时空的交往，将发生在"别处"的景观通过"脱域"机制发挥作用。

　　在游戏人研究中，赫伊津哈认为，一切游戏都有一种用意（significant），即它具有某种意义，某种超越生命直接需求并赋予行动意义的东西。⑥换言之，在游戏中有超出现

---

　　① 中国工运研究所编：《青年农民工：问题研判对策建议》，北京：中国工人出版社，2011年。

　　② 蓝皮书：中国城镇化率达54.8%，2030年将达70%左右，http://news.163.com/api/15/0929/09/B4M1FNPE00014JB6.html

　　③ 周葆华、吕舒宁：《上海市青年农民工新媒体使用与评价的实证研究》，《新闻大学》2011年第2期。

　　④ [英]安东尼·吉登斯：《现代性后果》，田禾译，上海：译林出版社，2000年，第18页。

　　⑤ [美]理查德·林：《习以为常：手机传播的社会嵌入》，刘君、郑奕译，上海：复旦大学出版社，2020年，第148页。

　　⑥ [荷]约翰·赫伊津哈：《游戏的人：文化中游戏成分的研究》，何道宽译，广州：花城出版社，2007年，第15页。

实生活物质层面的意义在运作，据此游戏有了文化的意涵。赫伊津哈认为游戏有四个基本特征：自由即进入游戏是自主的；超越真实即走出真实生活，暂时迈进一片完全自由支配的活动领域；受封闭和限制即游戏有开始有终止；创造秩序即游戏场所中无条件服从的最高准则。四个基本特征也可以概括为游戏的：自主性、虚拟性、控制性和秩序性。这些特征其共同的特质就是为游戏使用者带来强烈的参与感，深深地影响使用者的身体与情感，改变着他们的精神世界。

在针对青年农民工的媒介接触调查中，该群体在闲暇中，也喜欢在网吧和手机等媒介中玩大型联网游戏和单机游戏。在本次研究中，研究对象也表示每周还会安排相对固定的时间玩游戏。参与游戏已经成为青年农民工城市生活重要组成部分。在消磨时光中生产和体验着独特的意义，影响着城市日常文化实践。

二、研究方法

本研究主要使用半结构式的深度访谈法。考虑到研究对象文化水平整体偏低，文化程度以初中为主，为了提高调研数据的稳定性和有效性，深度访谈是较为切实可行的。深度访谈法是以人为主体，允许受访者通过身体描述和言语解释，来表达其所见所闻所感的一项社会科学研究方法。虽然在调查中存在代表性不足的问题，但其长于揭示媒介文化对受众日常生活的细致入微的影响，适合探讨在生活世界中受众对媒介文化的体验与意义等微观问题，而得到研究者的广泛使用。此次研究的访谈对象为 16—35 岁的青年农民工，即出生在 1980—1999 年之间，而且考虑到外出打工时间过短，青年农民工的城市生活阅历和经验可能相对更少一些，所以将这个群体外出打工时间最低限定在半年以上。

考虑到农民工居住地分散，随机抽样难以操作，所以本研究采用非随机抽样的形式。具体为：在访谈 1 名农民工之后，让其推荐另外两到三名打工者，然后依次类推。在推荐基础上，研究者也有筛选：选择不同县区的农民工，从而尽可能保证该群体的多样性。同时，鉴于研究的资金问题，本次访谈对象选取 45 名青年农民工作为深访对象：北京 25；长治 20。主要是基于：这访谈对象大多是山西省长治市户籍的打工者，只是有的人在长治打工，有的人则在北京打工，故在两地各选一定的访谈对象。

三、城市社会与青年农民工数码游戏使用的意义差异

本部分主要试图回答两个问题：青年农民工在进城前后对游戏使用发生了何种演变？这种意义差异与什么因素有关？

（一）数码游戏使用的意义演变

访谈中，有一些访谈对象表示自己曾经是网吧游戏接触的常客，从学校毕业进入城市打工之后，虽然会去网吧玩游戏，但不再像以前那样经常光顾网吧。主要是因为每天

需要按钟点上班，每日的活动范围必须按照城市工作和生活的节奏予以安排，基本没有玩游戏的时间，就算是在周末也只是偶尔玩玩。下面几位青年农民工谈了他们进城前后，网吧游戏使用的变化：

> 游戏我喜欢玩《穿越火线》和《CS》，以前（指在县城高中）经常玩。同学们互相叫上一起去网吧里上通宵，曾经还觉得自己上了瘾。但现在不了，北京的工作节奏比较快，每天干完活就晚上 10 点多，回去就有（晚上）11 点了。周末也不像以前那样疯玩，常常想休息一下呢！(B15，访谈对象编号，下同)

> 2010 到 2011 年那会（在初中），我玩了很多的数码游戏，几乎所有的网游都玩过，特别喜欢玩，而且是经常（跟同学）通宵玩。这些游戏最大的影响，是当时把英语学习给耽误了，导致现在电脑程序中的英语自己看不懂。我现在觉得玩游戏就是在浪费时间。现在手机、电脑上一个游戏都没有。觉得掌握一技之长才是立身之本，那些游戏完全是浪费时间。(B14)

> 以前在县城里上的中专，第一次在网吧里上网，玩游戏是《穿越火线》《CS》等，与朋友在一块玩，还可以增进感情。那时没事情就去网吧了，但没有瘾。现在基本不玩游戏了，有时候周末去网吧偶尔玩一下。(B11)

> 现在基本不玩游戏了。玩游戏不都是坏作用，其实也有实际用处，比如可以锻炼手指的灵活性和反应能力。跟打篮球差不多，锻炼人的协调能力。还能熟悉电脑知识。电脑作为国际化通讯工具，在现代社会来说必不可少。(B23)

从这些回答中可以看出，他们基本上都经历了，从原来的网吧常客到进入城市后逐渐远离网吧游戏的过程。所不同的是，前三者都认为数码游戏基本等于"浪费时间"，而 B23 认为，玩游戏可以锻炼自己的手指协调性，有助于自己现在后厨工作，而且"电脑作为国际化的通讯工具"，是现代人必备的一项技能。他们认为，现在很少进网吧或很少玩游戏，这既与他们在城市中工作紧张节奏的安排有关，也与他们对电脑等互联网设备所代表的科技进步性认识有关。在四人对网吧游戏在进城前后使用观念的变化中，反映出他们对电脑或网络与城市工作和生活之间关系的认识。以互联网技术为代表的现代信息传播，与城市社会远比乡土传统社会更为密切，是青年农民工进入现代社会必要的技能和门槛。在对数码游戏"爱恨交加"的情感中，能够感受到青年农民工对互联网技术认识的复杂性。

（二）数码游戏的新意义

与上文中提到的青年农民工不同，进城之后仍然有一些人持续性使用数码游戏。他们在数码游戏的虚幻世界中生产出新的意义，而且这种意义又与其城市日常生活密切相关：

　　现在玩的游戏是《CS》，还有《征途》。在游戏中，可以把平时的压力，通过打架、拼杀发泄出来。游戏在周末玩玩，一般在1小时左右。与读书差不多，玩游戏也有这种体验，就是像游戏里面的主人公一样，都需要奋斗。没有打拼连像样的装备都没有。(B24)

　　平时也玩游戏，喜欢那种既能了解历史，也能得到娱乐的游戏。如果能得胜利，感觉那当然很好，整个人一天都会很兴奋。最近在玩《三国》，不仅能了解三国历史，还能设计战略战术，有些方法对自己解决现实问题也会有帮助。(B1)

　　网吧我是天天去，一下班就去。周末就玩通宵。现在玩《英雄联盟》①，以前是《穿越火线》。②联盟现在是潮流，再玩火线就傻了，关键还不花钱。在游戏里，也有贫富差别，有钱人能买高级装备，像我这穷人只能用简单装备。玩游戏虽然不影响自己工作，但自己觉得有瘾，而且很上瘾。我现在20多（岁）了，年龄也老大不小了。钱没钱、人没人，是个"三无产品"。搞对象也弄不成，只能靠玩游戏来消磨时光。玩联盟游戏我常常感觉能沉浸其中，因为里面有许多美女，穿得比较暴露，非常喜欢，还能对他们指手画脚（呵呵）。我每天上班主要是应付一下，得过且过就行。在游戏里面，不用去管现实生活中的问题，而且可以想干什么干什么，包括骂人。骂人也是一门艺术，骂得没艺术，人家一会儿就走了。(B8)

　　虽然数码游戏具有虚拟性，但其对青年农民工的精神意义的构建是真实的。数码游戏作为青年农民工符号互动的"他者"，对其意义理解能够反映现实生活的处境。正如詹金斯所述，读者并非被卷入事先架构好的虚构世界，而是其用别人的文本材料来创造自己的世界。③

　　B24认为，与数码游戏人物相似，自己在城市也需要奋斗，不打拼就连基本的"装备"都没有。数码游戏的意义阐释与城市现实生活的奋斗的逻辑具有一致性，反映的是他的一种现实处境。B1不仅从《三国》中学习历史方面的知识，而且学习斗争策略，可

---

　　① 《英雄联盟》（简称LOL）是由美国Riot Games开发，腾讯游戏运营的全新英雄对战网游。LOL自2009年在欧美上市以来，迅速在中国、韩国、美国、欧洲大陆等145个国家，在全球范围掀起了全民英雄对战的狂潮。据2013年3月官方统计显示，该游戏全球日常最高同时在线突破500万，全球注册玩家总数超过7000万。声称是"平凡人的英雄梦"。资料来源：http://lol.qq.com/webplat/info/news_version3/152/4587/4588/m3237/201102/163454.shtml，2020年11月5日。
　　② 《穿越火线》（Cross Fire，简称CF）是由韩国Smile Gate开发，2007年在中国大陆由腾讯公司运营。《穿越火线》是一款第一人称射击游戏的数码游戏，玩家扮演控制一名持枪战斗人员，与其他玩家进行械斗。官网声称"穿越烽火线，年轻无极限"。与《英雄联盟》列为腾讯游戏排行榜前二，而且目前已经有了手游版。详见：http://cf.qq.com/main.shtml，访问时间：2020年12月5日。
　　③ [美]亨利·詹金斯《文本盗猎者：电视粉丝与参与式文化》，郑熙青译，北京：北京大学出版社，2016年，第60页。

以为城市日常生活中遇到的问题提供方法论。而 B8 选择进入数码游戏的虚幻世界，主要是想逃避自己现实生活中存在的严肃问题，虽然他指出了网络世界同现实世界一样，也存在贫富差别，但他没有看到城市奋斗的积极作用，而认为数码游戏可以让自己暂时忘却城市工作与生活的不愉快。

B8 在北京打工刚满 7 个月，现在一家电子商贸城上班，月工资 2000 多元。他说这些钱刚够上网和一个月的生活费，根本不会有结余。多次抱怨自己的工资太低。数码游戏成了他工作之余的全部爱好。在现实生活中无法实现的情爱需要，通过在游戏中操控美女来予以一定精神情感弥补；将现实世界中的愤懑和怨言，通过网络语言的暴力倾向得以宣泄。在整个访谈中他情绪都比较激动，认为社会不公并加以抱怨，对自己现实处境缺乏改变的目标和精神动力。由此来看，数码游戏的新意义生成与青年农民工城市工作和生活密切相关。可以说青年农民工的价值、意义与情感体验，正反映了其城市工作和生活的遭遇与境况。

四、数码游戏嵌入青年农民工的城市场景

青年农民工在进入城市前后对数码游戏使用发生了较大变化，而这种变化与其城市工作和生活状况紧密相关。城市工作节奏，工业化时间与工具理性以及城市独特的社会交往，都对青年农民工生活世界产生明显影响。游戏是否是独立于该群体的城市社会生活？若否，那么数码游戏如何嵌入其城市工作与生活场景，又对其城市生活世界产生何种影响？

（一）数码游戏嵌入青年农民工自我认同过程

从上面来看，大多数访谈对象表示，由于城市工作组织中的时空安排已经很少能再去网吧玩数码游戏了。但一些人访谈对象表示，他们平时在上班的路途和日常工作的间歇等碎片化的时间里，在自己的手机上玩一些小型联网游戏或单机游戏，以此"打发"时间。

赫伊津哈指出游戏中"获胜的意思是，游戏结局显示某个人更优秀，而这种优越感的证据，往往造成胜者各方面都优秀的假象。就此而言，胜者所赢超出游戏本身"[①]。访谈中一些访谈对象表示，他们通过玩数码游戏，确证了自我效能，觉得自己有能力将现实中的事情做得更好，在做人、做事方面获得更多的自信。换言之，青年农民工在日常生活的媒介资源中汲取意义，将数码游戏进行"拼贴"，随时随地嵌入城市现实场景，强化了自我认同。

---

① [荷] 约翰·赫伊津哈：《游戏的人：文化中游戏成分的研究》，何道宽译，广州：花城出版社，2007年，第58页。

游戏主要是玩单机的《连连看》《全民大消除》。如果好几天都很难过的关，有一天过去了，感觉可高兴了！我觉得在玩游戏时，也能获得一种成就感，有时候会让自己觉得更加自信了。现在觉得，凡事坚持就能胜利！ (C18)

看微信里朋友都在玩《消消乐》，也有人（向我）介绍，我也开始玩。一周能过几关，目前玩到 70 关了。如果游戏打赢了，当然会觉得很开心！算是一个小小的成就吧。至少说明自己也不笨！（呵呵）(C11)

我玩《消消乐》，80 多关了，坚持三个多月。后来的关越来越难过了，平均 5—6 天才能过一关。我们单位（饭店）有客人的时候才忙，一般闲的时候就玩游戏。要是过了（一关）感觉很开心，觉得上班的时候心情很好，有时候还影响对自己的看法，工作中也会更自信一些。(B21)

3 位访谈对象在自己的数码游戏描述中，可以看出他们对游戏中的胜利，还是非常在意的。C18 在玩手机小型游戏中获得一种成就感，并总结出凡事需要坚持，只有坚持才能胜利的人生道理。C11 在手机游戏中也获得一种成就感，并证明自己不比别人差，可以与别人一样取得更好的业绩表现。B21 也通过手机游戏的胜利，产生了更多的自信。笔者认为，游戏中的胜利是对他们自我能力的一种肯定，他们可以将此种能力"嵌入"到城市日常生活当中，使他们更加自信地参与城市日常实践，从而强化了自我认同。

然而，如果过于沉溺手机游戏也可能会影响他们的城市日常实践。一些访谈对象表示自己对手机游戏上了瘾："我也曾经玩过《消灭星星》，玩了有一个月吧，结果上了瘾，闭上眼都是星星！每天晚上很晚才能睡，结果第二天早上起不来。虽然说那段时间活也不多，也不怎么耽误事，但后来还是把它删掉了。"[1]青年农民工对手机游戏，如同他们对网吧中的数码游戏一样，也有比较清醒的认识。正如一位对网吧游戏的负面评价者谈到对网吧玩游戏的担心："自己从来没有去网吧玩过游戏就是怕上瘾，所以不敢尝试。我身边就有挺好一娃，自从上开网吧，把工资都撂在那里面了，整个人都废了。"[2]游戏不能上瘾，更不能影响自己的工作，只能是服务于他们的城市日常实践，否则他们就会"删掉"或拒绝接触游戏。

（二）抵抗的意义：数码游戏嵌入青年农民工的工作场景

德·塞托提出作为日常实践中弱者抵抗策略之一"假发"（la perruque）现象。[3]该概念主要是指工人、农民等实践者利用上班时间干自己的私活，却假装是在为雇主效力。

---

① 访谈对象：C13，访谈时间：2015 年 8 月 13 日。
② 访谈对象：B13，访谈时间：2015 年 10 月 14 日。
③ [法] 米歇尔·德·塞托等：《日常生活实践：实践的艺术》，冷碧莹译，南京：南京大学出版社，2015 年，第 81 页。

这既不同于旷工，因为工人是在干活；也不同于偷偷摸摸，因为劳动者的使用价值未被偷窃，只是窃取了工厂里的工作时间。"假发"现象实际上是弱者抵抗强者的一种日常实践，表明处于弱者的工人迫于生计和工具理性的压力，仍然是在工作岗位上，然而他们在干着自己喜欢的事情。

手机的日常性使用，使得数码游戏可以嵌入到日常生活的各种场景。在工作场所中，青年农民工在游戏使用中，既可以为他们打发漫长的工作时间，又为他们在工作场所中实施弱者的抵抗提供了一种有效的工具。

现在（手机）基本上一天都在网上挂着，我们老板平常通知的信息就是在微信里说，不看的话就会不知道，可能会耽误事情。除了看公司的信息，还在微信里，跟原来单位熟悉的同事，还有老乡们聊聊天。也会玩游戏，老板没法管大家。（C14）

在单位基本上就是那些活（搬运货物），干完之后就休息。但老板规定不能离开岗位，我在闲的时候，经常会在手机上玩斗地主游戏，觉得边玩游戏边挣钱，挺好！（B5）

每天店里也没什么顾客，没事的时候就上网，我每天上网基本都在10小时左右，主要是玩《消消乐》游戏，现在已经过了157关。玩游戏还有人给发工资也是一种幸福！（呵呵）（C15）

因为平时单位事情并不多，（保安）工作基本上就是等时间，必须按钟点上下班。我上班就会习惯性地打开手机，看看微信里大家说什么，最近我主要是玩《消消乐》，目前过了81关，每过一关就会觉得很开心。（B12）

C14指出，公司重要信息都通过手机微信通知，上班时间玩手机就有了合适的理由，因此使用数码游戏也就有了机会；B5与C15、B12等人相似，他们都在上班工作的间歇，可以在手机上玩斗地主游戏，产生玩游戏还可以得到工资的快乐感。在引述中，员工在上班的工作时间可以玩游戏、上网聊天，不但成为名正言顺的事，而且可以通过这种方式将不同时空场景联结起来，为青年农民工提供了网络空间的数字联结。在工作场合中玩手机游戏不被老板所批评，青年农民工可以忙里偷闲，产生了一种"窃取"的快乐：不用工作还能赚钱。他们在日常实践玩游戏中，获得一种抵抗城市工作场所中雇主控制的解放体验。

五、结语：作为城市文化实践的数码游戏

数码游戏经常被视作一种消极的文化形式，赫伊津哈认为游戏具有积极的价值。青年农民工在日常生活中，通过参与数码游戏这种看似具有"虚幻性"的媒介，然而产生出自己的独特精神意义。正如詹金斯指出，读者在阅读一个文本时，不断地审视自己与文本之间的关系，意义阐释其并无先决立场，而是与其解读者的利益直接相关。在流行文本的缝隙和边缘建立粉丝自己的文化。[①] 若此言运用到游戏分析中，那么青年农民工对数码游戏使用也具有詹氏所言的文化实践性指向，体现了布尔迪厄的"实践理性"。

本研究通过对青年农民工数码游戏使用的现象学考察，探讨数码游戏对青年农民工城市工作和生活的影响。笔者认为手机数码游戏使用是一种独特的城市文化实践形式，与青年农民工城市生活世界紧密结合在一起。在数码游戏使用中，一些青年农民工由原来对网吧游戏迷恋，到在城市中逐渐较少网吧或远离网吧数码游戏使用，这与他们城市日常工作的工业时间安排密切相关。他们已经改变原来的习惯，以更好地适应城市工作与生活。数码游戏意义的阐释也与其城市生活联结在一起，反映了明显的城市日常实践理性。

一些人通过在数码游戏中赢得的胜利，借此来确认自我能力，进而强化自我效能与自我认同，从而在城市日常工作和生活中"挪用"此种能力。手机数码游戏的真正日常性，它嵌入青年农民工的日常生活之中。他们在工作场所玩手机数码游戏，一方面确认了自我能力，增强了城市打拼的自信心，另一方面他们通过手机数码游戏来反抗来自城市工作组织上层的控制。青年农民工将数码游戏视作抵抗雇主的城市文化实践，在工具理性构成的城市文化铁幕的边缘和缝隙处，产生出具有解放意义的抗争文化实践。因此，在某种意义上，青年农民工参与数码游戏实践具有对抗现代工具理性的积极价值。

---

① ［美］亨利·詹金斯：《文本盗猎者：电视粉丝与参与式文化》，郑熙青译，北京：北京大学出版社，2016年，第33页。

七、华莱坞电影研究

主持人语

本期《华莱坞电影研究》专栏，共五篇文章，分别从不同角度对华莱坞电影文化进行了分析。威尔·希格比和林松辉的论文《跨国电影的概念：电影研究中的批判性跨国主义》是为杂志《跨国电影》*Transnational Cinema* 首卷撰写的论文，该文一经刊出，就成为跨国电影研究的重要文献。"中国电影的学术研究走在跨国理论化的最前沿"，鲁晓鹏教授早在1997年就编辑出版了《跨国华语电影》*Transnational Chinese Cinemas* 一书，将"跨国电影"这一概念引入中国电影研究中。之后的20年里，中国电影研究成为跨国电影研究的重要势力。征得作者本人的同意，本刊刊登了杨佳凝和刘宇清的译文，以飨读者。兰州大学周仲谋的论文对香港首份电影专业杂志《银光》进行了考证，从香港电影文化意识的自觉角度考察《银光》杂志的办刊特点。除此之外，作者还考察了《银光》杂志鲜明的民族主义特征。北京电影学院的杨朔和康宁的论文《电影文化表达与国家形象建构：主旋律电影中的民族叙事研究》，从另外一个角度来解读电影与民族主义之间的关系。该文从以近年来主旋律电影的创作，如何在兼顾政治任务的同时也将商业性和市场性纳入创作重心，使得电影文化表达与国家形象建构有机结合起来。华东师范大学姜博和刘秀梅的论文《表征·产销·认同：新时代下华莱坞电影传播发展研究》也同样关注于当下影视的创作。该文借鉴杜盖伊和霍尔的文化研究模式，从表征、产销和认同三个角度考察当下华莱坞电影的文化特征。浙大宁波理工学院的孟超从刁亦男的电影创作这一具体案例出发，考察中国电影文化的特征。具体而言，孟超从叙事风格、人物塑造和场景安排三个角度，来阐释刁亦男导演如何关注社会变迁中社会底层的个体命运这一主题。

付永春（浙江大学宁波理工学院副教授）

《花儿盛开天山下》朱星雨作

跨国电影的概念：电影研究中的批判性跨国主义

[英] 威尔·希格比（Will Higbee），林松辉（Songhwee Lim）/ 文

杨佳凝，刘宇清 / 译 *

【摘要】此文意在详细阐释在过去十到十五年出现的不同的跨国电影（transnational cinema）概念、状态、相关的问题及其成因。本文认为跨国主义是电影研究中的一种重要立场，能帮助我们更有效地理解国际与区域、国家和跨国之间的相互作用。本文同时避免用欧洲中心的方式解读此类电影。通过两个为跨国概念提供了沃土的个案——离散与后殖民主义电影、中国及东亚电影——本文将阐明跨国电影的概念怎样既实用又多义、既开放又含限制。

【关键词】跨国电影；批判性跨国主义；离散电影；后殖民主义；法语电影；华语电影；东亚电影

在电影研究中，跨国电影的概念无疑是一个已确立的研究领域，至少从这些杂志的问世和越来越多包含它的书名中就可得见：《跨国主义电影：电影读者》^①《北半球的跨国电影：变迁中的北欧电影》^②《跨国主义华语电影：身份、国别、性别》^③《世界电影，跨国主义透视》^④。在其他地区，"跨国主义"一词出现在书的小标题中，用以表示跨国电影关

---

　　* 作者简介：威尔·希格比（Will Higbee），英国埃克塞特大学教授；林松辉（Songhwee Lim），香港中文大学文化及宗教研究系教授。译者：杨佳凝（1993—），女，山西运城人，南京大学文学院博士研究生，研究方向：电影史；刘宇清（1974—），男，四川万源人，西南大学文学院教授，研究方向：电影历史、理论与文化。

　　① Ezra, Elizabeth and Rowden, Terry (eds), *Transnational Cinema: The Film Reader*, London: Routledge, 2006.

　　② Nestingen, Andrew and Elkington, Trevor G. (eds), T*ransnational Cinema In a Global North: Nordic Cinema in Transition*, Detroit: Wayne State University Press, 2005.

　　③ Lu, Sheldon Hsiao-peng, "Historical Introduction: Chinese Cinemas (1896–1996) and Transnational Film Studies", in Sheldon Hsiao-peng Lu (ed.) *Transnational Chinese Cinemas: Identity, Nationhood, Gender*, Honolulu: University of Hawaii Press, 1997, pp.1–31.

　　④ Durovicová, Natasa and Newman, Kathleen E. (eds), *World Cinemas, Transnational Perspectives*, Abingdon, Oxon: Routledge, 2009.

系 ①。虽然在电影史中可以清晰地看到，跨国主义在电影中的流传和使用并非新事，但最近这一理论和范例的改变提出了以下问题：跨国电影的概念为什么出现？为什么现在出现？

一个即时的回应是：人类学科（特别是社会学、后殖民理论和文化研究）的学者与日俱增的不满促成了跨国主义转向，在那些领域，标准的民族主义被理解为在一个不断加强联系的、多文化和多中心的世界里同文化身份（包括集体和个体）的生产、消费和表述 ②。然而，建立适用于多种电影、电影制作者和电影文化的"跨国主义"概念框架的尝试仍在进行。早在 1993 年，玛莎·金德（Marsha Kinder）就提出"阅读民族电影以抵抗地区 / 世界相互作用"的诉求 ③。四年后在《跨国的中国电影》中，鲁晓鹏认为"一个跨国的后现代文化生产的时代" ④，在这个时代，国家间的界限被新的电讯科技手段模糊了，这也解释了为什么讨论从民族电影转向跨国电影。与此同时，哈密·纳菲希（Hamid Naficy）提出"独立的跨国电影"类型，将作者身份的概念（那些在欧美电影工业边缘工作、来自西方以外的隙缝中的或流亡的电影工作者）和类型（通过关于记忆、渴求、失去、希冀和乡愁的主题连接而成的特定的"电影写作"、画像和与个体叙述）⑤ 结合在了一起。最近，安德鲁·席格森（Andrew Higson）⑥，蒂姆·贝格菲尔德（Tim Bergfelder）⑦ 和伊丽莎白·以斯拉（Elizabeth Ezra）和特瑞·罗登（Terry Rowden）⑧ 提出了民族的限制性，以此支持电影研究中的跨国主义。

此文旨在详细阐释在过去十到十五年出现的不同的跨国电影概念、分布状态、相关

---

① 作者列举：Chan, Kenneth, Remade in Hollywood: *The Global Chinese Presence in Transnational Cinemas*, Hong Kong: Hong Kong University Press, 2009.

Kaur, Raminder and Sinha, Ajay J. (eds), *Bollyworld: Popular Indian Cinema through a Transnational Lens*, New Delhi: Sage, 2005.

Morris, Meaghan, Siu Leung Li and Stephan Chan Ching-kiu (eds), *Hong Kong Connections: Transnational Imagination in Action Cinema*, Hong Kong: Hong Kong University Press, 2005.

② 例如社会学家汉内斯（Hannerz）（1996）和巴利巴尔（Balibar）（2004）对跨国公民身份的研究；吉尔罗伊（Gilroy）（1993）和哈尔（Hall）（1990）对离散身份和后殖民主义的研究；阿帕杜莱（Appadurai）在跨国人口和文化流动的研究。

③ Kinder, Marsha , *Blood Cinema: The Reconstruction of National Identity in Spain, Berkeley*, California: University of California Press, 1993.

④ Lu, Sheldon Hsiao-peng (ed.), *Transnational Chinese Cinemas: Identity, Nationhood, Gender*, Honolulu: University of Hawaii Press, 1997.

⑤ Naficy, Hamid, "Phobic Spaces and Liminal Panics: Independent Transnational Film Genre", in Rob Wilson and Wimal Dissanayake (eds),Global-Local: *Cultural Production and the Transnational Imaginary*, Durham and London: Duke University Press, 1996, pp. 121.

⑥ Higson, Andrew , "The limiting imagination of national cinema", in Mette Hjort and Scott MacKenzie (eds), *Cinema and Nation*, London: Routledge, 2000, pp. 63—74.

⑦ Bergfelder, Tim, "National, transnational or supranational cinema?:Rethinking European film studies", *Media, Culture & Society*, vol. 27, no.3, 2005, pp. 315—331.

⑧ Ezra, Elizabeth and Rowden, Terry (eds) , "General Introduction: What is Transnational Cinema?", in Elizabeth Ezra and Terry Rowden (eds), *Transnational Cinema: The Film Reader*, London: Routledge, 2006, pp.1—12.

的问题以及成因。在确定文章标题时，我们想到由安德鲁·席格森[①] 和斯蒂芬·克劳弗茨（Stephen Crofts）[②] 在民族电影概念上方面提出的两种开创性观点。席格森和克劳弗茨都承认了那种复杂、矛盾、本质争论的民族电影标签；他们也提供了研究民族问题以及我们所讨论的跨国问题的有益方法论。尤其是席格森，他认为民族电影这一观念的使用往往是"规范性而不是描述性的引用何者应该是民族电影，而不是描述实际受众的影片体验"[③]。虽然惯例和叙述在跨国电影的著作中可以被辨清，我们希望在此文中采用一种话语途径，因为指示是叙述的一部分，这一部分中政治经常掩盖其客体的历史；反之，描写是叙述的另一部分，这一部分中客体的历史往往遮盖了它的政治。这就是说，无论哪种方法，每一种叙事都有一个推论性的历史，并且在特定的权力/知识配置和特定时空的某个时刻得到广泛传播。至少从推论的角度来看，规范性和叙述性的区别是人为造成的。研究一种概念（在本文指跨国电影）需要的不只是用描述性术语对谱系进行追溯或者按照某种政治观点规范它的术语使用，还有自反性揭示此概念的推论性的历史、发展和变革。

实际上，正如贝格菲尔德指出的，从历史上来说，电影研究在接受文化杂交和使用诸如"全球离散族群"和"跨国主义"[④] 等概念方面"有些落后于其他学科"，虽然这些已经被较新的学说所解释（尤其是这个杂志的开创）。大体来讲，三个主要的方法已经应用于电影研究以将跨国问题理论化。首先，席格森的例证主要讲述了民族的/跨民族的二元，即将民族模式看作"限制性的"，而跨民族则成了一种更微妙的方法，用以理解电影与文化和经济形态（这种形态很少有国界限制）之间的关系。此方法往往以"生产、发行和放映"的问题为重点（即：电影和电影制作者跨民族边界的活动，以及那些生存在原住地之外的当地观众对电影的反应）。这种方法的缺点之一在于：可能会模糊跨国交换中权力（政治、经济和思想）的不平衡，主要原因是忽略了移民和离散问题以及出现在跨民族流动中的政治差异。另一个方法提供了一种特权：通过研究那些在一个共同的文化传统或地缘政治范围中投资的民族电影和电影文化，将跨国作为一种地区现象分析。例如，鲁晓鹏跨国中国电影研究[⑤]，内斯挺根（Nestingen）和埃林顿（Elkington）的北欧

---

①　Higson, Andrew , "The Concept of National Cinema", in Andy Williams(ed.), *Film and Nationalism*, New Brunswick, New Jersey, and London: Rutgers University Press, 2002, pp. 52—67.

②　Crofts, Stephen, "Concepts of National Cinema", in John Hill and Pamela Church Gibson (eds), *The Oxford Guide to Film Studies*, Oxford: Oxford University Press,1998, pp.385—394.

③　Higson, Andrew, "The limiting imagination of national cinema", in Mette Hjort and Scott MacKenzie (eds), *Cinema and Nation*, London: Routledge, 2000, p.53.

④　Bergfelder, Tim, "National, transnational or supranational cinema?:Rethinking European film studies", *Media, Culture & Society*, vol. 27, no.3, 2005, p. 321.

⑤　Lu, Sheldon Hsiao-peng (ed.), *Transnational Chinese Cinemas: Identity, Nationhood, Gender*, Honolulu: University of Hawaii Press,1997.

跨国电影收集 ① 以及蒂姆·贝格菲尔德、苏·哈里斯（Sue Harris）和萨拉·斯垂特（Sarah Street）的 20 世纪 30 年代的欧洲电影构思研究 ②。我们可能还会问，"跨国"这个术语在上述情形中是否完全必要。例如，我们可否分别改称他们为超民族华语电影、区域电影或者泛欧洲电影？这使我们回到了那个问题："跨国的"这一概念的关键是什么？

最后，研究跨国电影中关于离散、流亡和后殖民电影的方法，目的在于通过分析电影表现的文化身份去挑战西方（新殖民主义）民族和民族文化的构想，甚至民族电影在意识形态、叙事和美学范式充当稳定的和欧洲中心的身份 ③。这些研究受到文学研究、后殖民理论和全球化研究理论范式的深刻影响 ④。他们的关注几乎完全在那些在西部工作的流亡、离散或者后殖民的电影制作者身上，同时敏锐地意识到中心和边际、局内人和局外人的权力关系，以及世界和地方持续的经常超出跨国或离散电影主客二分的讨论。他们研究的电影也是以移民、失去和取代等问题为特征的，这些问题导致了身份认同的变迁，继而再次挑战了稳固和支配的民族观念。然而，第三种方法的潜在局限是：离散或后殖民"跨国的"电影一直在支配电影文化的边缘或者工业实践的边际，因此几乎无法去评估这类可能有民族或跨民族背景的主流或大众电影的影响。

在上文中提到的这三种宽泛的方法中，虽然"跨国电影"这一概念看上去是作为一个描述性和概念性的符号被日益频繁的应用，但也导致了它绝大多时候被视为一种常规———一种简写，用指国际性和超民族性电影生产模式，这类模式的影响和范围超越了民族的边界。威胁在于：民族性很容易在这些分析中被替代或否定，就像它（民族性）不复存在一样，实际上即使在跨国电影制作过程中，民族性也在施加它的存在感。除此之外，"跨国"这一术语偶尔也被简单地用来指代国际合拍片或者来自世界各地的技术和艺术人员的协作，没有真正考虑过这种跨民族合作可能蕴含的美学、政治和经济意义———那些我们所提及的差异，都将不复存在。恰恰是由于"跨民族主义"术语作为一种无意义的、不固定的所指而传播，导致一些学者质疑：我们是否可以更加有效或确切地使用

① Nestingen, Andrew and Elkington, Trevor G. (eds), *Transnational Cinema In a Global North: Nordic Cinema in Transition*, Detroit: Wayne State University Press, 2005.

② Bergfelder, Tim, Harris, Sue and Street, Sarah, *Film Architecture and the Transnational Imagination: Set Design in 1930s European Cinema*, Amsterdam: Amsterdam University Press, 2007.

③ 参见：Naficy, Hamid , *An Accented Cinema: Exilic and Diasporic Filmmaking*, Princeton and Oxford: Princeton University Press, 2001.

Marks, Laura, *The Skin of the Film: Intercultural Cinema, Embodiment, and the Senses*, Durham and London: Duke University Press, 2000.

Enwezor, Okwui , "Coalition building: Black Audio Film Collective and Transnational Post-colonialism", in Kodwo Eshun and Anjalika Sagar (eds), *The Ghosts of Songs: the film art of the Black Audio Film Collective*,Liverpool: Liverpool University Press, 2007, pp. 106—129.

④ 参见：Appadurai, Arjun, "Disjuncture and Difference in the Global Cultural Economy", *Theory, Culture and Society*, vol.7, no.2/3,1990, pp. 295—310. Gilroy, Paul, *The Black Atlantic: modernity and double consciousness*, London: Verso,1993.

此术语。①

　　这篇文章的意图，不是简单地将"跨国主义"这一术语弃而不用，或者提供另一个概念上的新词去替代它，而是批判性地用此概念性术语去更好地理解：我们定义的"批判性跨国主义"能如何帮助我们更有效地解释世界和地方、民族和跨民族的相互作用，且避免民族／跨民族的二元方法，远离解读这类电影时的欧洲中心趋势。当然，若认为跨国主义模式不会引起自己特有的边界、霸权、意识形态、限制和边缘化，或者从民族主义范式中复制那些，这些设想自然是天真了一些。因此，我们不但要在"理论化—抽象"中理论化跨国电影（这一概念），也要在"具体—特殊化"中研究其展开，使每一个部分的能量都能够完全被开发和释放出来。

　　接下来，我们将通过集中研究为质疑跨国概念提供场域的两个案例，来阐释跨国电影的概念如何同时既实用又保留质疑，既开放又包含限定。第一个个案探究离散和后殖民主义在跨国电影框架中的位置，其中所用的例子大多来自法国工作的北非流亡者和马布里格—法国电影工作者。它将以马克思②和纳菲希③对现有模式的反思而告终，该模式仅在民族电影的缝隙和边缘区域研究离散／跨国电影，而且反而会证明，离散电影在越界和超过国家界限时，也有在国家和跨国电影的空间中占据或影响主流的可能性。第二个个案描述了"跨国主义"这一术语在中国电影变迁之前的使用，以研究它在跨民族东亚电影背景中的应用。与第一个案例不同，它质疑了好莱坞等地用庆祝的语调迎接东亚跨国电影回归主流。相反，它要求将更多注意力放在可能会避开流行雷达的、跨国电影的其他制作模式中。结论是提出了一种在电影研究中的批判性跨国主义（critical transnationalism），以便跨国电影这一概念继续在电影研究中发挥作用。

一、跨国电影中的离散族群和后殖民主义

　　早期跨国主义的理论化过程倾向于关注电影和电影工作者在相关的生产、发行和放映方面的活动，之后的学者探究了那些跨国电影的核心组成：移民的个体和集体叙事、放逐与置换等方面④。虽然他们可能集中关注一个单独的主角，这些迁徙者和重居者的影响也常常被放在离散群体的背景中进行考虑。实际上，许多跨国制作在一个特定的离散体系中出现，或明或暗地表达出了主客文化的关系，以及离散群体中地方和世界的关联

---

　　① 在2009年格拉斯哥举办的银幕研究会议（Screen Studies Conference）的一个跨国电影分组中，演讲者和观众就"跨国主义"概念在电影理论中是否有重要意义，展开了非常激烈的辩论。

　　② Marks, Laura, *The Skin of the Film: Intercultural Cinema, Embodiment, and the Senses*, Durham and London: Duke University Press, 2000.

　　③ Naficy, Hamid, *An Accented Cinema: Exilic and Diasporic Filmmaking*, Princeton and Oxford: Princeton University Press, 2001.

　　④ 参见：Ezra, Elizabeth and Rowden, Terry (eds), *Transnational Cinema: The Film Reader*, London: Routledge, 2006. Higbee, Will , "Locating the Postcolonial in transnational cinema: the place of Algerian émigré directors in contemporary French film", *Modern and Contemporary France*, vol.15, no.1, 2007,pp.51—64.

性。这种电影某种意义上可以被定义为跨国电影，因为它带来了一个问题：民族电影文化中的固有观念如何不断地因主人公（其实是电影工作者）的存在而改变：他们生存在一个国家中，即便身处边缘，但发现自己的出身无疑在远方。纳菲希认为：当这种跨国的交换通过设计家乡和惯居地的民族电影和传统类型中的差异或口音的方式来改变民族时，给予了西部的离散电影制作者话语权①。我们会通过阿尔及利亚流亡电影工作者在 20 世纪 90 年代到 21 世纪初期对通俗动画片的广泛使用来探索移民、融合和多元文化的问题；借助讽刺的惯例和将喜剧置于阿拉伯电影中常见的具体社会场景中，确证动画是法国最卓越的类型中杰出的通俗类型②。在这方面，跨国电影可能暴露离散经历，并挑战国家作为文化主体和想象的共同体确立空间的特权。

自 20 世纪 80 年代来，各色的术语（某些更具政治性）出现并试图描述离散电影工作者的文化生产：带口音的、后殖民的、空隙的、跨文化的和多元文化的，都可潜在地被归入"跨国"这一术语，它们与电影生产方式的结合，超越了民族界限并开始质疑民族文化话语的稳固性。这一事实本身就指出了"跨国电影"概念的潜在弱点，尤其是处理那些与差异和民族国家中少数民族文化的问题密切相关的电影时。这也就是说，民族、形象和文化的超民族流动和跨民族交换，可能会造成特殊文化、历史或意识形态的损失。此外，离散电影的某些方面事实上可能与民族语境更而非跨国语境更加相关。尽管惯例地被跨国电影引以为例，20 世纪 80 年代的新法国电影（非洲移民者的法国后裔拍摄的电影）相比探索那些由法国的北非离散者拍摄的法国和马格里布间的跨国联系或超文化交换，那些在法兰西民族中明确要求合法地位的马格里布—法国年轻人更相关。的确，在《切布》(*Cheb*, Bouchareb, 1991) 这样的电影中，强制"遣返"马格里布—法国男主角回阿尔及利亚，表现了一个西化的青年去往迥异的国家和文化的流亡之旅。有趣的是，马格里布 - 法国电影制作者在此主题上的立场在 21 世纪初有些改变了，当时返乡故事迅速发展，例如《十诫》(*Ten'ja*, Legzouli, 2004),《放逐》(*Exils*, Gatlif, 2004) 以及《从前在巴布瓦迪》(*Il était une fois dans l'oued*, Bensalah, 2005)，这些故事提供了法国和马格里布间跨文化对话更深的意义。

对于上文中针对跨国一词危险的使用和粗疏均质化的批评，贝格菲尔德给出了间接的回应③。贝格菲尔德深入借鉴了社会学家乌尔夫·翰纳兹（Ulf Hannerz）的研究④，认为

---

① Naficy, Hamid, "Phobic Spaces and Liminal Panics: Independent Transnational Film Genre", in Rob Wilson and Wimal Dissanayake (eds), *Global-Local: Cultural Production and the Transnational Imaginary*, Durham and London: Duke University Press, 1996, p.120.

② Higbee, Will, "Locating the Postcolonial in transnational cinema: the place of Algerian émigré directors in contemporary French film", *Modern and Contemporary France*, 15:1,2007, pp.58.

③ Bergfelder, Tim, "National, transnational or supranational cinema?: Rethinking European film studies", *Media, Culture & Society*, 27:3,2005, pp.315—331.

④ Hannerz, Ulf, *Transnational Connections: Culture, People, Places*, London and New York: Routledge, 1996.

"跨国"这一术语的优点之一在于它为"全球化"这一术语中广义的和不精确的应用提供了另一个选择。全球化已被惯例地应用于一个民族范围内每一个过程或关系（政治、社会、文化或经济）中，而跨国（沿用翰纳兹的定义）则更惯用于形容这种交换的规模、分布和多样性以及它们在地方层面的影响，以及它们可能在民族国家内外产生的影响。在一些特定情况中，跨国甚至可能会绕开所有的民族国家机构[①]。在此背景下，我们可以思考：伦敦、纽约和巴黎等国际化大都市是如何成为离散电影制作者们的群体中心和身份证明并反对已确立的主客二元论。因此，在阿尔及利亚移民导演的电影如梅扎克·阿罗阿切（Merzak Allouache）的《你好，表兄！》(*Salut cousin!*, 1997)，穆罕穆德·泽穆里（Mahmoud Zemmouri）的《百分之百阿拉比卡》(*100% Arabica*, 1997)或者阿卜杜克里姆·巴哈洛尔（Abdelkrim Bahloul）的《锡兰茶》(*Le Thé à la menthe*, 1984)中，巴黎的本地空间和移民社区为他们的离散主人公获得了更大的意义，相比那些在民族国家（法国）中的人。

尽管贝格菲尔德在文章中不再继续用这种方法进行讨论，翰纳兹在"全球"或者"国际"中偏爱"跨国"的理由是：它恰当地描述了如何在跨国电影的框架下更有效地分析离散、后殖民或跨文化电影。这里所需的是一个批判性的理解：在主／客、个体／群体、世界／地方、民族／跨国之间的政治不平衡和身份认同的不稳定和变化，以及离散电影中这些（关系）形成的张力。在电影《老爸的朝圣之旅》(*Ferroukhi*, 2004)中，一位马格里布—法国年轻人和他年老的摩洛哥移民父亲横穿欧洲、从法国到麦加旅行，按道理说他们有着相同的马格里布／穆斯林出身，但他们的立场很显然是不同的。离开古老的欧洲越远，西化的小儿子便感到愈发不适，而父亲则感觉来到了一片愈发熟悉的土地。此外，批判性的跨国主义必须服务于每部特定电影的制作和接受中所涉及的特定历史、文化和意识形态背景。奥奎·恩维佐（Okwui Enwezor）确立了这种清晰的阐明跨国电影中包含的政治立场的需要，通过对英国黑人影视协会（UK-based Black Audio Film Collective）(BAFC)从20世纪80到20世纪90年代作品的分析，他提出了更合适的术语："后殖民跨国主义"[②]。此术语可用作一种方式的描述：BAFC的研究提供的一种激进的批评，即英国的保守党政府在20世纪80年代期间对民族的拉拢和对少数民族的监管；同时承认：一方面，战后到达西欧城市的殖民地移民（以及他们后殖民的后代）中有共同的君权传统；另一方面，与更广大的非洲黑人移民在理智、政治和艺术层面上进行了对话。

另一个争论点发生在西方的离散或后殖民电影跨国的理论化过程中，涉及这些电影

---

① Hannerz, cited in Bergfelder, Tim (2005), "National, transnational or supranational cinema?: Rethinking European film studies", *Media, Culture & Society*, vol. 27, no.3, 2005, p. 321.

② Enwezor, Okwui, "Coalition building: Black Audio Film Collective and Transnational Post-colonialism", in Kodwo Eshun and Anjalika Sagar (eds), *The Ghosts of Songs: the film art of the Black Audio Film Collective*, Liverpool: Liverpool University Press, 2007, pp.117—120.

和电影制作者与东道国主流电影之间的关系。毫无疑问，至今为止对西方理论化离散电影最有意义的干预来自哈密·纳菲希 (2001) 和劳拉·马克思 (2000)。他们的研究清楚地将越界、跨文化交流问题中的跨国和在西方工作的离散 / 后殖民电影工作者的潜力相结合，以挑战民族文化身份的欧洲中心结构。然而，二人不满"跨国"这一术语，更愿意将此类电影和电影制作者视作"inter-"（分别是跨文化或间隙）而不是"trans"。同样，当寻找一个术语去描述这些离散、流亡和后殖民电影的共同美学时，纳菲希选定了"口音电影（accented cinema）"，抛弃了他早期"独立跨国类型"的构想[①]。最终在各自的研究中，纳菲希[②]和马克思[③]都坚定地从艺术和经济角度将离散和后殖民电影定位在民族 / 跨国电影生产的边缘上。尽管马克思和纳菲希的这种对实验的和隙缝电影制作的关注反映了少数民族和离散电影制作在西方仍被边缘化的事实，但无法对近期离散或后殖民电影制作者如英国的顾伦德·查达哈、法国的莫扎克·阿洛维奇和德雅梅尔·本萨拉（Djamel Bensalah）的主流现象做出解释。

波查拉（Bouchareb）的《光荣岁月》（Days of Glory, 2006）是非常有启发性的例子。这部电影是法国—阿尔及利亚—摩洛哥—比利时人合作拍摄的：出生于阿尔及利亚的法国电影导演执导，加梅勒·杜布兹（Jamel Debbouze）（马格里布裔法国演员、目前是法国最大的明星之一）主演。影片在法国吸引了超过三百万观众，并在全球范围内传播开来，还获得了奥斯卡提名。《光荣岁月》关注被隐藏的历史：二战中北非殖民士兵从纳粹手中解放欧洲同盟军做出的贡献。然而，虽然这部电影很显然是在重访殖民地的历史以与法国后殖民的现在相结合，但单是后殖民这一术语无法恰当地表达（跨）民族电影（以遗产电影的形式），也无法表现该电影与好莱坞战争电影的跨大西洋对话。这部电影也关注了战争老兵遭受来自之后的英国殖民者持续施加的不公平对待和驱逐，电影被视为有助于改变法国在此方面立法。因此，《光荣岁月》代表了跨国离散或后殖民电影制作中的一例，不仅对法国的主流文化、对更广泛的大众观点甚至政府政策都有明确的影响——并且只能通过对离散、口音或跨文化电影的更宽泛的诠释来理解，而非纳菲希或马克思提供的理解方式。对离散电影制作的狭窄关注，在分析其他的跨国电影制作活动的作用时也是有限的，而这些电影活动有广泛的吸引力并且牢牢占据主流，比如下个章节将会讨论的东亚电影。

---

　　① 　Enwezor, Okwui, "Coalition building: Black Audio Film Collective and Transnational Post-colonialism", in Kodwo Eshun and Anjalika Sagar (eds), *The Ghosts of Songs: the film art of the Black Audio Film Collective*, Liverpool: Liverpool University Press, 2007, pp. 106—129.

　　② 　Naficy, Hamid, *An Accented Cinema: Exilic and Diasporic Filmmaking*, Princeton and Oxford: Princeton University Press, 2001, p.10.

　　③ 　Marks, Laura, *The Skin of the Film: Intercultural Cinema, Embodiment, and the Senses*, Durham and London: Duke University Press, 2000, p.18.

　　二、中国和东亚电影中的"跨国"理论

　　几乎没有哪个地方，像大陆（内地）、香港、台湾以及中国移民构成的组合那样，"与国家有着如此复杂的关系"。这就无怪乎中国电影的学术研究走在跨国理论化的最前沿：首先，认识到中国"国家"电影概念的复合性，通过使用复合而非单一形式来提及它，第二，使用跨国这一概念来囊括电影制作活动，这些活动分布在不同的地域并在不约而同使用带有"中国性"的特定语言和文化特色。在《中国电影杂志》（*Journal of Chinese Cinemas*）上有他们关于跨国电影的一期特刊，在引言部分，特邀编辑裴开端和彭丽君指出，现在看来，鲁晓鹏的 1997 年编本《跨国中国电影》，是"中国电影研究的一个转折点"，"中国电影"和"跨国中国电影"这两个术语在鲁晓鹏的书之前很少被使用，但它们现在"为我们研究的领域命名，而且经常被使用"[①]。

　　围绕着中国"民族"的定义和中国性含义的争论，决定了"跨国中国电影"的概念虽然距"民族"概念一步之遥，但不能被简单地用作一个描述，也不可能任何规范用法不受质疑。尽管鲁晓鹏的意图是在涉及电影时区分"中国"和"华语"，大陆（内地）、台湾和香港电影类别在"跨国中国电影"的分类下都不足以在一个更大的、泛族或超民族框架中取代"国家"。鲁晓鹏也注意到了相似的危险："作为中国特色的地方的民族国家和国家的电影在一个联合和团结的更高水准面前黯然失色，它就是一个中国文化秩序，也就是跨国"，裴开瑞和胡敏娜提出了另一种思路，将跨国理解为"不作为一个更高的秩序，但作为一个更广阔的联合差异的舞台，以便各个地区的、民族的、地方的特殊性在各种不同类型的关系中相互影响，这种关系是从协同走向竞争"[②]。然而，很难看出裴开端和胡敏娜的替换模型和鲁晓鹏的模型在批判性实践中有什么区别，除非民族 / 跨国关系的问题化被放置在中国电影讨论的核心，以使其中"从民族到跨国的变化、甚至'中国的'究竟意味着什么？"等问题能不被忽略。

　　在地理范围上俗称大中华的地方和"文化中国"（也包括新加坡）之外，跨国电影的概念也被用以指由离散电影制作者拍摄的华语电影，制作者（大多）居住在西方（如美国的李安和法国的戴思杰），也居住在一些中国人构成了实质上的少数民族但在政治上被边缘化的国家。在后一种情况中，跨国的构想可以作为另一种选择，这样一来，比方说一个华裔马来西亚电影制作者可能将他或她的电影制作与跨国中国电影匹配，而不是与马来西亚的民族电影匹配。对一些导演来说确实如此，如陈翠梅（Tan Chui Mui）和李添兴（James Lee），相比于马来语电影，他们的华语电影与蔡明亮和王家卫的更类似。中介的问题在这里显然是重要的，因为跨国可以被用以组建其他种类的联盟（在此情况下

　　① Berry, Chris, and Pang, Laikwan, "Introduction, or, What"s in an "s"?", *Journal of Chinese Cinemas*, 2:1, 2008, pp. 3.

　　② Berry, Chris, and Farquhar, Mary, *China on Screen: Cinema and Nation*, New York: Columbia University Press, 2006, p.5.

的泛族），那种联盟突出强调在国家中某一特殊身份的压抑。这些各种各样的联盟当然也可以按照关系身份的形成来配置，它们或无视或挑战了传统的国家结构①，譬如性别（妇女和女权主义的电影）和性（酷儿电影），或引起了对欧洲中心世界观的讨论（第三世界电影）。

对于中国电影的研究，尤其是通俗类型，始终强调它们的跨国关联②，随着越来越多的日本、韩国和香港电影被好莱坞高调翻拍，跨国主义也很快成了讨论东亚电影时的一个默认的概念③。从动作惊悚片到恐怖电影，东亚电影让评论家们激动不已，他们惊讶于这些电影有能力"在好莱坞的主场"大获全胜④。实际上，好莱坞不仅一直重构东亚电影［如中田秀夫（Hideo Nakata）的《午夜凶铃》（*Ringu*，1998）被戈尔·维宾斯基（Gore Verbinski）翻拍为《美版午夜凶铃》（*The Ring*，2002），同时也一直不断邀请他们的导演在/为好莱坞翻拍这些电影（中田秀夫将他的电影《午夜凶铃2》（*Ringu 2*，1999）翻拍为好莱坞的《美版午夜凶铃2》（*The Ring Two*，2005）］此外，跨国主义不仅可移植到电影，也可以应用到导演身上：比如吴宇森（John Woo），他（欧洲移民导演做类似的旅行的传统可追溯到20世纪中叶）享受了第二个职业：在好莱坞拍摄英文电影（吴宇森的例子与纳菲希和马克思讨论的间隙和跨文化电影制作者大相径庭，他无疑在非他自己的电影工厂——甚至，是占全球主导权的电影工厂占据了一个主流的地位）。连著名的美国导演马丁·斯科塞斯（Martin Scorsese）也向"出色的亚洲电影"致谢，正如2007年他接受他第一个奥斯卡最佳导演奖时所做的［提及了刘伟强和麦兆辉的《无间道》是他的获奖影片《无间道风云（*The Departed*，2006）》的基础］⑤。

在对东亚电影跨国轨迹的追溯中，尤其是在电影评论者中有这样一个趋势：使用积极的语气——仿佛这些电影的活动代表了对东亚电影有益的从边缘到中心的反击。即便我们接受跨国交换能够为东亚电影带来共享市场和电影工作者得到广泛认可等方面的好处，但资源不平等的现实却证明了通过好莱坞模式或好莱坞劳动密集型的外包过程（从动画片到概念发展）实现的东亚电影制作人才的合作（从演员到工作者），最终经济受

① Lim, Song Hwee, *Celluloid Comrades: Representations of Male Homosexuality in Contemporary Chinese Cinemas*, Honolulu: University of Hawaii Press, 2006, p.6.

② 参见：Chan, Kenneth, *Remade in Hollywood: The Global Chinese Presence in Transnational Cinemas*, Hong Kong: Hong Kong University Press, 2009.

Morris, Meaghan, Siu Leung Li and Stephan Chan Ching-kiu (eds), *Hong Kong Connections: Transnational Imagination in Action Cinema*, Hong Kong: Hong Kong University Press, 2005.

Lo, Kwai-cheung, *Chinese Face/Off: The Transnational Popular Culture of Hong Kong*, Champaign: University of Illinois Press, 2005.

③ Hall, Stuart, "Cultural Identity and Diaspora", in Jonathan Rutherford (ed.), *Identity: Community, Culture, Difference*, London: Lawrence & Wishart, 1990, pp. 222–237.

④ Cousins, Mark (2004), "The Asian Aesthetic", *Prospect*, November, p.20.

⑤ 完整演讲可见 http://www.youtube.com/watch?v=YbbzaS8rcak（发表于2009.12.14）。

益的还是好莱坞制片厂和文化经纪人。① 除此之外，好莱坞的东亚跨国构想，如《艺妓回忆录》（*Memoirs of a Geisha*，Bob Marshall，2005）和《最后的武士》（*Last Samurai*，Edward Zwick，2003）等电影中所体现的，经常施加一个欠考虑的英语语言霸权以实现全球利润的最大化，但因为忽视了民族/地方的差异性而激起了地缘政治矛盾（就像案例中选择中国的女演员去演日本的艺妓）。②

在《东亚电影：电影中的跨国联系》的引言中，编者里昂汉特和梁永辉提到了他们在"跨国性货币流通的变化——翻拍片、艺术电影、邪恶电影/类型/作者、大片"上特殊的兴趣③。翻拍片、邪恶电影/类型/作者和大片确实给了他们票房成功和知名度，也在跨国东亚电影研究中获得了相当多的传播度，然而跨国流通在艺术影院的电影拍摄往往被忽略了。关于跨国性的难题往往是在远离流行的电影中被提出来的，比如那些东亚背景下的与（后）殖民性有关的电影——例如《咖啡时光》（*Café Lumière*，2003）：由台湾导演侯孝贤执导的日语电影。

《咖啡时光》是2003年松竹映画（Shochiku Studio）为纪念日本导演小津安二郎（Yasujiro Ozu）诞辰一百周年拍摄的跨国作品。侯孝贤的影片不仅通过处理家庭代际间关系映照了小津化的主题，也通过自己的叙事方式编织了一个复杂的台湾和日本间的（后）殖民关系。电影将主角阳子（Yôko）饰演设定为研究作曲家江文也（Jiang Wenye）（日文译作 Koh Bunya）的作家，从而实现了影片后半部分的叙事。江文也（1910—1983）出生于日据时期（1910—1983）的台湾，20世纪20年代前往日本学习音乐。他回到中国后，从1938年起在北京师范大学教授作曲，在"文革"时（1966—1976）由于日本/台湾出身而遭到迫害④。《咖啡时光》表达了从上两个世纪到今天，两岸和日本间的三角关系就如同江文也的多重身份和跨国职业一样复杂。

为了在情节中更新这种后殖民动态，阳子怀上了台湾男友的孩子，并决定在东京独自生养她的孩子。这个未出生的孩子显然是台湾和日本和解的一个象征。然而，阳子告诉了日本男性朋友肇（Hajime）自己怀孕的事。之后，按照典型的侯孝贤手法，当他们穿越街道寻找江文也殖民时期频繁造访的咖啡厅时，肇对她的爱慕之情象征性地被一个柱子阻挡了：当台湾—日本关系和解的符号显露出来时，肇的反应却被掩盖了。侯孝贤的早期电影以与小津安二郎的主题和美学的契合而著称，而且侯孝贤被委任拍摄小津安二郎的百年诞辰电影，也是曾经制作小津电影的日本制片厂对跨国导演作者论的一种认

① 比如，罗伊·李（Roy Lee），韩裔美国人，首要责任是向好莱坞制片厂出售东亚电影的翻拍权（因此被称为"翻拍之王"），显然除了利润外，他对亚洲恐怖电影并没有什么特殊兴趣（Xu 2008：192，195）。

② 详见林松辉对电影《艺妓回忆录》的批评。

③ Hunt, Leon and Leung, Wing-fai (eds) (2008a), *East Asian Cinemas: Exploring Transnational Connections on Film*, London and New York: I.B. Tauris, p.5.

④ Wu, I-fen, "Remapping Ozu's Tokyo? The Interplay between History and Memory in Hou Hsiao-hsien's Café Lumière", *Asian Cinema*, vol.19, no.1, 2008, p.172,180.

可。然而，侯孝贤借此机会不仅仅向日本大师致敬，也对日本和台湾间的历史关系进行了破题，尽管在某种意义上他坚决地抵制了解决和和解，突出了模糊和障碍。在影片倒数第二个场景中，阳子和肇站在站台上，前景中一列电车从屏幕的右侧驶向左侧，只让观众透过窗户和车厢中间断断续续地瞥见两人。这种电影的障碍与东亚（或来自东亚）的大多数跨国电影制作欢快色调和流行类型形成了对照，通过这种方式，许多研究和批评简单地将跨国视为一种追溯非典型的合作和民族化语境中特定的电影的生产历史。因此如《咖啡时光》这样的跨国电影，温和地反思了在电影制作和日常生活中超越民族性的可能。

三、批判性的跨国主义

正如以上两个事例所显示，电影研究学科中由国别研究到跨国研究的转变已然确立，并且仍处在进一步转变的势头上。延续鲁晓鹏提出"国别电影的研究必须转变成跨国电影研究"[1]的命题，裴开瑞和胡敏娜提出问题"如何才算将'跨国电影'作为一种学术领域来思考？"[2]。一本新的学术期刊——《跨国电影》刚刚问世，因此现在似乎是强调这一问题的最佳时机。回到我们最开始的问题：为什么要提出跨国电影？为什么是现在？从民族到跨国的变化是否让我们离开二元制的方法，转向到国别/跨国的视野，并在学术讨论中脱离以欧洲为中心解读跨国电影的趋势？

在裴开瑞和胡敏娜看来，用英文研究中国电影以及此过程涉及的东方学的问题，一直受到张英进和周蕾等学者坚决的批判。周蕾指出：研究西方文学的学者们倾向于想当然地认为自己的研究具有普遍性，反之，那些并不主要研究西方文化的作品则通常被认为太狭窄或者太专业，无法引起普遍的兴趣[3]。尽管裴开瑞和胡敏娜继续引证了"国际上不同学术学科界的学者们对中国电影的研究发表的文章数量急剧增加"来证明跨国电影研究作为一个学术领域产生，这个孤立的证据并没有从根本上动摇电影学科研究中普遍主义和特殊主义的对抗。也就是说，如果跨国电影能够真的成为一个学术领域，在其专业杂志的引导下，在现实研究机构和学科实践中，最好的情况下，跨国电影在影响范围和受众越来越广的情况下能成为一个子领域，最坏的情况也能成为一个独立区，继续争取被理解——以及被接受——承担一个更常规甚至具有普遍性的应用和关联（许多在这样一个多元文化的社会中将个性建立在自己的不同之处的小众团体的经验可以证明这一点）。换言之，对一个如"跨国"这种概念的关注，是否可能沦为现存学术词语如"世界

---

① Lu, Sheldon Hsiao-peng (ed.), *Transnational Chinese Cinemas*: Identity, Nationhood, Gender, Honolulu: University of Hawaii Press, 1997, p.25.

② Berry, Chris, and Farquhar, Mary , *China on Screen: Cinema and Nation*, New York: Columbia University Press, 2006, p.13.

③ Chow, cited in Berry, Chris, and Farquhar, Mary, *China on Screen: Cinema and Nation*, New York: Columbia University Press, 2006, pp.13—14.

电影"的替代品、仅仅作为描述非英语电影的方式？

如此看来，跨国电影研究和跨国电影有着相似的轨迹和权力机制：尽管越界是跨国电影和其研究存在的原因，边界依然被严格地控制着，准入也时常附带着价格条件，不过这些条件有时会因一些合约而放宽。如果跨国主题可以被分成"'资本循环'和'人力循环'"两类[1]，那么跨国电影的流动也同样的，"与概念的喻旨相反"，不是"一种自发的力量，而是被不同的社会、经济和文化所塑造和生产的力量"[2]。跨国电影研究，无论是学术领域还是子领域，都不能存在于真空，而必须与这些力量斗争以开创自己的空间。这本期刊的创立是一个好的开始，但跨国电影在成为一种更稳固的重要观念以及电影学科研究中一种包容的领域之前，仍有很长的路要走。

因此我们认为，电影及其研究的跨国化不能被看作自然产生、理所应当的。"跨国电影"这个概念不能只是描述性的，因为所有跨界活动都需要涉及许多的权力问题；也不能只是规定性的，因为这往往相当于痴心妄想。相反，对于跨国在电影研究中的问题，我们提出一种批判而发散的立场，这样我们可以警惕那些在每种跨国轨迹中都面对的挑战和潜在性：无论它发生在电影的叙述和制作过程、电影行业、还是学术研究中。在电影研究中，批判性的跨国主义不是将隙缝和边缘空间中的跨国主义电影制作隔离开来，而是研究这些电影制作活动如何与国家的各个层面协商——从文化政策到经济资源，从多元文化的差异到它如何重新配置国家自身的想象。在研究所有形式的跨界电影制作活动中，也常常关注后殖民、政治和权力的问题，以及这些问题会如何相应地伪装成通俗类型或作者论美学的新殖民主义实践的新形式。它详细研究了民族和跨国间的紧张和对话关系，而不是简单地扬一抑一。此外，它不认为跨国电影的流动或交换仅仅发生在民族电影中；相反，它理解本地、区域和离散电影文化所拥有的影响、颠覆和改变民族和跨国电影的潜力。它也希望关注很大程度上被忽略的观众的问题，并去研究地方、全球和离散受众在跨国流动时（不仅电影院，也包括在 DVD 和线上）对电影进行解码的能力，从改编和吸收到更具质疑或颠覆性的跨国电影文本中，构建多种价值。最后，作为一个概念术语，它也需要作用于与其他在跨国和后殖民上有所涉及的学科的对话中[3]。

作为在英文学术界享受特权的电影学者，我们也应该将批判性跨国主义延伸到对自身的批判性实践中：学术界使用英语这种霸权语言，却同时对那些总是在语言中使用多音节的和那些包含由于资本（经济、文化、符合）缺乏带来困境的人物形象的跨国电影

① Zizek, cited in Ezra, Elizabeth and Rowden, Terry (eds), *Transnational Cinema: The Film Reader*, London: Routledge, 2006, p.8.

② Berry, Chris, and Pang, Laikwan, "Introduction, or, What's in an 's'?", *Journal of Chinese Cinemas*, vol.2, no.1, 2008, p.6.

③ 参见 :Gilroy, Paul, *The Black Atlantic: modernity and double consciousness*, London: Verso, 1993.

Ong, Aihwa, *Flexible Citizenship: The Cultural Logic of Transnationality*, Durham and London: Duke University Press,1999.

发表意见。当只讲英语和只用于英语语言领域时，跨国电影研究是否是真正意义的跨国？该如何创造"一个跨国学术交流和围绕其讨论的环境，可以且应当将包括西方民族在内的其他民族电影包含进来"①？唯有通过使用更具批判性的方法，比如本文所述的方法，跨国电影研究才能够成为电影中跨国、跨语种对话的重要领域。

---

① Berry, Chris, and Farquhar, Mary, *China on Screen: Cinema and Nation*, New York: Columbia University Press, 2006, p.15.

香港首份电影杂志《银光》考释

周仲谋 *

【摘要】香港首份正规电影杂志《银光》的创办，标志着早期香港电影文化意识的自觉。该刊坚持独立办刊方针，强调电影教化功能，充分发挥批评职责，大力提倡国产影片，较有力地推动了香港电影文化的发展，彰显出明显的中华观念和强烈的民族情感。《银光》所提供的颇具"现场感"的丰富文献资料，对深化早期香港电影史研究亦有重要意义。

【关键词】《银光》；香港早期电影期刊；文化意识；民族情感

【基金项目】兰州大学"中央高校基本科研业务费专项资金资助"（Supported by the Fundamental Research Funds for the Central Universities）项目"民国电影杂志研究"（项目编号：18LZUJBWZY017）阶段性成果。

著名电影史家乔治·萨杜尔将电影史研究的资料归为三大类，一是书面的原始资料和参考资料，二是口述的原始资料，三是胶片上的原始资料，亦即影片本身。并且指出："各种期刊——日报、周刊、月报、年鉴——对于研究者来说，都有特殊的重要性，虽然查阅这些期刊很费时间，而且颇为困难，但收获往往很大。"[①] 此真知灼见对研究世界电影史、国别电影史、地域电影史都同样适用。在中国电影史上，香港电影是有较大影响的地域性电影现象，颇受研究者关注和青睐。进入 21 世纪后，香港电影史研究取得了显著成果，代表性著作有赵卫防的《香港电影史（1897—2006）》（中国广播电视出版社 2007 年版），周承认、李以庄的《早期香港电影史：1987—1945》（世纪出版集团上海人民出版社 2009 年版），以及香港学者钟宝贤的《香港影视业百年》（香港三联书店 2004 年版）、罗卡与澳籍学者法兰宾合著的《香港电影跨文化观（增订本）》（北京大学出版社 2012 年版）等等。上述著作或细致梳理香港电影的各个发展阶段，或深入探究香港电影

---

* 作者简介：周仲谋（1982—），男，汉族，河南南阳人，兰州大学文学院副教授，硕士生导师，博士，研究方向：中国电影史。

① 乔治·萨杜尔：《世界电影史》，徐昭、胡承伟译，北京：中国电影出版社，1982 年，第 5 页。

的工业流变，或进行较为扎实严谨的史学考证，从不同角度拓展了香港电影史的研究视野和格局。尽管如此，对于 1946 年以前的早期香港电影的研究，仍存在"原始资料发掘整理不足"的问题，由于战争原因及保存意识匮乏，1946 年以前的香港影片，"今日能看到的少之又少"，^①因此对书面资料的挖掘就显得格外迫切。《银光》是香港第一份由华人创办的独立电影刊物，该刊长期以来一直尘封在图书馆的故纸堆中，其刊载的书面文献资料也尚未得到充分的挖掘、整理和研究。作为香港首份正规电影期刊，《银光》无疑具有重要的史料价值。研究《银光》，可以更加深入地认识二十年代的香港电影界及其电影文化意识，还可以借此透视早期独立电影刊物的生态环境，为深化早期香港电影史研究提供一定的史料支撑。

一、《银光》与早期香港电影文化意识的自觉

《银光》于 1926 年 12 月 1 日创刊，发起者为卫春秋、潘庆鑫、杨蔚文，主要撰稿人有苏春愁、罗觉民、卫春秋、醉星生、潘梓萍、吴瀟陵、柏华杰、嶙峋、嚼馨、徐观余、水井二郎等，香港电影文艺互进社出版。该刊每月出版 1 期，已知出至 1927 年 4 月 1 日第五期。虽然在创办时间上，《银光》晚于 1924 年 4 月的《华字日报·影戏号》和 1924 年卢觉非编辑的《新比照影戏录》，但《华字日报·影戏号》是依托于报纸的电影专栏，《新比照影戏录》是依附于香港新比照戏院的非正式刊物，为不定期出版且属免费赠阅性质，而《银光》是香港最早由华人创办的独立性电影刊物，也是香港第一份正规的电影杂志。

尽管早在 1900 年，作为香港三大中文报章之一的《华字日报》已有放映"外国美景奇巧明灯戏法"的文字记载，^②但此后直至 1924 年，《华字日报》上涉及电影的文字，大多为影院广告和放映消息，以及内容简单、寥寥数字的观影报道与影业新闻，尚无清晰的电影文化意识，只能看作对电影初入香港的"刺激—反应"式记录。1924 年 4 月《华字日报》推出《影戏号》，明确提出要"提倡电影画戏"，"补助教育之不逮"，^③可视为香港电影文化意识的最初萌芽。不过，每周一期的《影戏号》出至 1925 年 3 月 7 日便戛然而止，发展香港电影文化的任务就落在了后继者身上。1926 年《银光》的出现，以及所刊登的大量与电影有关的学术讨论文章，则标志着早期香港电影文化意识的自觉。从某种意义上说，《银光》及其创办者，为推动香港电影文化的发展做出了不应忽视的贡献。

《银光》杂志有着明确的繁荣香港电影文化的自觉意识，在第一期的《卷头语》中，编者这样写道："海上电影事业之发达，固无待言，而关于电影的刊物，亦遍地皆是，唯

---

① 罗卡：《香港电影史（1897—2006）·序》，赵卫防：《香港电影史（1897—2006）》，北京：中国广播电视出版社，2007 年，第 3 页。

② 《喜来园》，《华字日报》1900 年 12 月 4 日，附张第 1 页。

③ 觉非：《影戏号·小言》，《华字日报》，1924 年 4 月 19 日，第 4 张，第 13 页。

本港则寂然未有闻。故本刊之出版，有不容己者。所愿如银灯之光，锋芒四照，使吾华影界，趋于成功之途。"①显然，《银光》创办者有感于上海电影事业发达，刊物众多，认为有责任创办电影期刊，打破香港的沉寂状态，促进香港电影事业和电影文化的发展。而《银光》的办刊宗旨，是要对中国电影现状进行研究和批评，奖励优秀，淘汰劣作，"肆吾笔锋，尽吾忠诚"。②正是围绕这样的办刊宗旨，《银光》上的文章广泛涉及电影功能探讨、电影技术研究、电影现象评论、具体影片批评、电影明星介绍等等，比起之前《华字日报》上的电影上映广告和影业新闻报道，已经大为改观，内容上有了质的飞跃，体现出较浓厚的理论色彩和文化内涵。

在对电影功能的认识上，《银光》极力肯定和提倡电影的教育职责。一方面，《银光》认为电影有超越阶级和性别的社会教育功能，是改造"憔悴凋敝，德智薄弱的社会"的利器，"电影在文学、艺术、地理、历史，都发生贴切的关系。他的效能，可以灌输知识，交换文化，保存迹泽"，"在社会教育线上确肩负着重要的任务"；③另一方面，强调电影对世道人心的重要作用，认为电影可以陶冶性情，"能把社会上的风气或人们的个性，'潜移默化'地改变起来"④。《银光》还提出，应该将电影的教育作用从社会拓展到学校教育，"不只是社会教育，学校的教育需乎电影也十分迫切"，如果课堂讲授与电影放映相得益彰，就能给学生留下深刻印象，增加学习兴趣，取得良好的教学效果，故而希望电影界能够"黾勉从事于有裨教育的出品"⑤。

《银光》发表了一系列探讨电影基本原理、技术技巧的文章，论及电影的剧本、导演、摄影、字幕、配景、服装等方方面面。该刊较早地提出了剧本乃一片之本的观点，认为"剧本是一部影片的命脉，如果剧本不良，其余虽计好到十二分，这部影片仍是失败"，因此"剧本的审择，不能不审慎的，宗旨固然要好，情节亦必要动人"⑥。《银光》强调导演和编剧的地位与作用，指出导演的职责是要"研究剧中人的'身份'同'个性'"，"指挥摄影者安置镜头，支配灯光，检阅布景"；而编剧并不是有文学才华就可胜任，"担任这个职务，至少要有文学，及社会、心理学和摄影工作上的常识，尤其重要的是要彻底认识戏剧的原理"，还要掌握"取材""立意""描写""分幕"和"穿插"等技巧。⑦摄影方面，"对于取光一道，要细心研求，必要使人认清演员的面目，和景物的布置"；字幕"不要太过冗长"，"要力求简洁"；"布景必要适合剧情"⑧，不能只追求宏伟华丽；服装

① 编者:《卷首语》,《银光》1926 年第 1 期。
② 卫春秋:《创刊语》,《银光》1926 年第 1 期。
③ 徐观余:《电影在社会教育线上的任命》,《银光》1927 年第 2 期。
④ 瀛陵:《如何可使影戏的作用到观众的脑海中去》,《银光》1927 年第 3 期。
⑤ 梓萍:《教育与电影之关系》,《银光》1927 年第 2 期。
⑥ 植藩:《国产影片的研究》,《银光》1927 年第 3 期。
⑦ 柏华杰:《工余漫笔（一）》,《银光》1927 年第 4 期。
⑧ 植藩:《国产影片的研究》,《银光》1927 年第 3 期。

不可过于欧化，要与片中人物身份和社会时代相符等等。应该说，《银光》对电影基本规律及技术技巧的论述是比较中肯的。

电影批评文章是《银光》的重要内容，包括电影批评的本体性思考、对具体影片的批评以及电影界现象评论等。在电影批评的本体性思考上，《银光》同人各抒己见，表达了对电影批评的认识和理解。或从电影的教育功能出发谈电影批评，以剧情是否有益于社会风化和世道人心作为批评的标准，认为电影批评"要在剧情处用功夫去研究，看它是否有益关于风化的"；① 或提倡实事求是的批评态度，指出电影批评应该"优的说优，劣的便是说劣，社会既有所选择，优者才能显其价值"；② 或对当时电影界充斥过誉之词的批评现状颇为不满，认为电影批评家不应该只说赞扬的好话，而应指出影片中的瑕疵，主张采用"旁敲侧击、冷嘲热讽"的方式，以利于被批评者接受。③ 还有论者认为电影批评的标准是主观的而非客观的，电影的画面部分可以用客观的艺术标准分析，而电影剧情的结构和意蕴等方面，则取决于观众的主观感受，应该把"电影对于自我的消遣和自我的缺陷，所得满足的度量如何"，作为电影批评的标准。④ 以上讨论既涉及了电影批评的标准、态度立场等问题，还谈到了电影批评的方式和策略问题，虽然观点并不完全一致，却意味着早期香港电影评论已逐渐走出"就影片论影片"的感性认识阶段，上升到对电影批评本身的理论探索层面。

《银光》对具体影片的批评，基本秉持"好处说好，坏处说坏"的公正立场，能够进行客观、辩证的分析。例如评大中华百合公司出品、王元龙导演的影片《殖边外史》，认为该片的优点在于"能别辟蹊径"，"描写农民生活，提倡移民殖边"，"使观众耳目为之一新"，⑤ 并指出了剧情上的两点不合理之处。评朗华公司出品、马徐维邦执导的《情场怪人》，既肯定该片在表演、摄影、导演等方面的优点，也不避讳地指责该片剧情、化妆、场景上的不足。⑥ 还不留情面地批评大中华百合公司出品的《同居之爱》忽视电影的教化作用，"全片以风情冶荡见长，故不免流于狎亵"。⑦

特别值得一提的是醉星生的《银幕春秋》系列，该文在《银光》连载数期，其评论广泛涉及上海各制片公司的影片，如明星公司的《孤儿救祖记》《苦儿弱女》《玉梨魂》，上海影戏公司的《弃儿》《重返故乡》《传家宝》，商务印书馆的《莲花落》《松柏缘》《醉乡遗恨》，大中华公司的《人心》《战功》《小厂主》，百合公司的《采茶女》，民新公司的《玉洁冰清》《和平之神》，神州公司的《不堪回首》《花好月圆》等等。醉星生的电影批

① 罗觉民：《我的电影小经验》，《银光》1927 年第 3 期。
② 梓萍：《银光漫谈》，《银光》1927 年第 2 期。
③ 春秋：《我对于电影的几点怪思想》，《银光》1927 年第 3 期。
④ 银花：《我对于纯用艺术眼光批评电影的怀疑》，《银光》1927 年第 2 期。
⑤ 绵文：《记殖边外史》，《银光》1927 年第 2 期。
⑥ 春秋：《记情场怪人》，《银光》1926 年第 1 期。
⑦ 珊珊：《记同居之爱》，《银光》1927 年第 2 期。

评往往从剧情和表演两方面入手加以分析，例如评明星公司《孤儿救祖记》，认为"全片提倡伦理道德，其间离合悲欢，喜怒哀乐，令人处处动容"，肯定该片的思想意义与生动情节，并赞扬片中演员们的精彩演技，"演员以王汉伦之余蔚如，郑鹧鸪之余璞为最佳，演来头头是道，末幕聚精会神，尤觉肖极妙极"，高度评价了该片的成就。① 由于当时香港电影制片业尚不发达，《银光》所评影片大多是在港放映的上海影片或广州影片，这些文章既是香港电影批评的发轫之作，也反映出早期电影批评的雏形样态。

《银光》还有不少关于电影界现象的评论，体现出独立电影期刊的价值取向和大众媒介的"舆论监督"职能。针对当时一些电影女演员只注重交际手腕和穿着打扮，却不在电影专业方面努力的情况，《银光》激烈地抨击说："她们完全把方法弄错了，不晓得研究真能促成为明星的影戏学。只在炫耀她们的服装上用功夫。无怪把我们业来认为不大雅相的'骚'字来形容她们，也不以为可羞了。"② 当时某些电影演员不知洁身自好，生活作风糜烂，严重影响了电影界的形象，对此，《银光》义正辞严地告诫，"影戏演员，无论男性抑或女性，都要重视他自己的人格"，"可知演员的人格，是以影响到他或她一个人的生活，和影剧的技术的"。③《银光》批评电影界的浮躁心态，认为"求利心太热"是一些制片公司难有长足发展，甚至被淘汰的原因之一。④《银光》还较早关注和探讨了电影检查及立法的问题，并提出了具体的实施措施："电影检查事业，其办法先由市民、教育家和那社会事业家，在各大都组织一个检查局，……共同制定一种电影的标准"，"若检查发生骚扰，得请市政府派警执行，惟执行检查人员，不必电影界及市政府过问"。也就是说，应把电影的检查权交给以市民阶层为代表的社会力量，至于电影立法，则"归诸立法机关"。⑤ 此建议对今天的电影审查仍有一定启示意义。

综上所述，《银光》对电影各方面的讨论比较详尽，对有些话题如电影教育功能、电影批评标准、电影演员人格等，都有多篇文章展开集中讨论，有些探讨还比较深入，不乏真知灼见。可以说，《银光》的出现，意味着早期香港电影文化告别贫瘠的荒漠，迎来了新的景观。

二、提倡国片：中华观念与民族情感的彰显

《银光》对电影的关注，并不局限于香港一隅，而是着眼于世界电影格局中的中国电影状况，其办刊目的之一就是欲"使吾华影界，趋于成功之途"。⑥ 该刊大力提倡国片，登载了多篇探讨国产影片发展的文章，如《国人应提倡国制影片之我见》《中国电影事业

---

① 醉星生：《银幕春秋》，《银光》1926年第1期。
② 潘梓萍：《论电影明星之交际与服装》，《银光》1926年第1期。
③ 太素生：《关于演员的人格》，《银光》1927年第4期。
④ 申父：《向上之志如此》，《银光》1927年第2期。
⑤ 呆介：《我国电影立法和应否取缔讨论》，《银光》1927年第2期。
⑥ 编者：《卷首语》，《银光》1926年第1期。

之前途》《国产影片应注意之几点》《中国电影界未开辟的园地》等等，表现出以振兴中国电影为己任的强烈使命感。《银光》"提倡国片"的理念，在一定程度上彰显出早期香港电影文化意识中的中华观念和民族情感，反映出香港华人对国产电影的认同感，对中华民族的归属感。

《银光》之所以大力提倡国片，既与当时香港电影自身发展状况有关，也与外族统治下香港华人的反帝情绪有关。从香港电影自身发展来看，当时的香港电影界，还没有形成像几十年以后那样引以为傲的地域性繁荣电影景观。最初电影传入香港，是由外国人经营的，从事放映和制片的都是外国人。1913 年，香港华人黎民伟、黎北海等编导了短片《庄子试妻》，但随后香港本土制片又陷入将近十年的停滞状态，直到 1920 年，才有一定数量的华人经营香港影院和放映业。1923 年，黎民伟等人创办香港民新制造影画片有限公司，并展开制片工作，在其带动下，1924 年出现了数家华资制片公司，如大汉影业公司、两仪制造影戏公司、光亚电影公司、四匙画片公司等。然而这些公司出品甚少，且多为短片，影片质量也不能令人满意。当时有人批评说："近年来虽有民新、大汉、四匙、两仪诸影片公司的创办，但是我绝未见过他们有出产过一幅完全的影片、贡献于社会之上；那么这种门面式的公司，还要开着他做甚？"[①] 1925 年民新公司拍摄的香港第一部长故事片《胭脂》上映，在一定程度上鼓舞了华人对港产电影的信心，然而不久之后香港民新公司就宣告结束，黎民伟奔赴上海，香港电影制片业再次陷入低潮。事实上，香港影业自舶入至 20 世纪 30 年代初，发展是相当缓慢的，仅有少量的电影院和制片机构，无论是制片或是发行都没有形成什么规模。[②] 连《银光》同人对香港电影前景也不抱乐观心态，认为香港虽然辏辐云集、商务极盛，电影却实在算不上繁荣，原因在于："资本家之不肯投资""人材之缺乏""风景名胜之少"，"基上三因，实为香港影业致命之伤"[③]。而与此同时，内地制片业发展迅速，《孤儿救祖记》（1923）、《古井重波记》（1923）等影片在香港上映，好评如潮，使得香港华人对国产影片产生了较高的期望和认同感。

另一方面，由于长期处于英国殖民者的统治之下，香港华人饱受不公平待遇，对祖国大陆的向往之情愈加强烈。1925 到 1926 年间的上海"五卅惨案"、广州"沙基惨案"、省港大罢工等一系列华洋冲突，使香港华人的反帝情绪达到了顶点。尤其是省港大罢工，在反抗帝国主义压迫的同时，也使得香港民众的中华观念和民族情感得到了空前的加强与凝聚。这种中华观念和民族情感，表现在电影方面，就是希望中国电影能够突飞猛进，赶上并超越以好莱坞为代表的外国电影。正如安德鲁·席格森（Andrew Higson）所说："民族电影这一概念几乎总是被利用来作为文化（经济）抵抗的策略，以及在面对（往往

---

① 竞明：《对于香港影戏事业的谈话》，《华字日报》1924 年 11 月 1 日，第 4 张，第 14 页。
② 赵卫防：《香港电影产业流变》，北京：中国电影出版社，2008 年，第 2 页。
③ 怀吉：《香港影业之悲观》，《银光》1927 年第 2 期。

是好莱坞）国际控制时主张民族自治的手段。"①《银光》的创办，恰在省港大罢工结束后不久，"提倡国片"自然成为其重要的办刊理念。

《银光》的"提倡国片"，首先是要树立国产影片信心。《银光》把支持国片与爱国主义联系起来，认为虽然当时中国电影与美国电影相比，确实存在不足之处，但不能因此而"一言抹煞，谓国制影片其无一看之价值"。②欧美电影尽管艺术精美，取材多样，但观众们看多了也会腻烦，"习而久之，其热情终难免日渐低落"，在这种情况下，"中国影片应运而出。虽无出众之艺术，而适合观众求新之心理，故能博社会欢迎于一时"，国内电影从业者"如能善用机会，精心钻研，日求进步，则将来中国电影事业，在世界电影事业中争得一席地，亦非难事"③。

在树立国产影片信心的基础上，《银光》号召社会各界为振兴国产影片努力，通过各方面共同奋斗，"群策群力，互为提挈"，来促进中国电影的发展。并提出了振兴国片的具体措施和办法，撮其要有以下几点：第一，中国电影不必"模仿欧美之产品"，而应"发扬国光，宣传民族精神"，"最好取吾国固有之故事，而加以润色，使之现于银幕上。其感人必深，而民族精神，将不传而自传，国光亦自发扬也"。④第二，中国电影应跳出爱情片、强盗片、武侠片的窠臼，开辟新的创作领域和题材，表现社会现实人生，"对社会的弱处去下针砭"。⑤第三，创办影戏学校，培养影戏人才，"由国中素有影戏学识富于影戏经验的人出面提倡创办影戏学校，使欲入影戏界的人，可以得到影戏的基本智识"。第四，各小公司联合起来，集合巨资拍片，抗衡外国电影，"为挽回利权计，非速陈合巨资，筹办一大规模制片公司不可"⑥。在二十年代中国电影公司追逐商业利益、各自为政的情况下，上述办法虽不一定完全可行，但《银光》对中国电影的关爱之情却是值得肯定的。

《银光》还发起优秀国片评选活动，将历年到港上映的国产影片以及香港各电影公司出品的影片作为参选对象，由读者填写选票，"如某公司出品获第一名者，由本刊酬赠该公司匾额一方，以示奖励"⑦。最终评出的国产影片前三名是："第一名明星影片公司出品《孤儿救祖记》，得一千二百五十一票；第二名神州影片公司出品《不堪回首》，得六百七十二票；第三名大中华公司出品《人心》，得六百六十九票。"⑧该活动对国产电影发展有一定的激励和促进作用。

① 转引自鲁晓鹏：《文化·镜像·诗学》，天津：天津人民出版社，2002年，第67页。
② 蔚文：《国人应提倡国制影片之我见》，《银光》1926年第1期。
③ 春愁：《中国电影事业之前途》，《银光》1926年第1期。
④ 松子：《国产影片应注意之几点》，《银光》1926年第1期。
⑤ 玉田：《中国电影界未开辟的园地》，《银光》1927年第5期。
⑥ 擢东：《中国银幕界前途》，《银光》1927年第4期。
⑦ 《第一次中国画片大选举》，《银光》1926年第1期。
⑧ 《国片选举第一次揭晓》，《银光》1927年第5期。

　　在提倡国片的同时，《银光》不遗余力地指责以美国好莱坞为代表的外国影片中的缺点。例如《向美国制片家施以重大的教训》一文，批评 1926 年的美国片《大军启行》（*The Big Parade*）恋爱剧情牵强附会，1925 年的美国片《风流寡妇》（*Marry Widow*）"一味描写贵族之淫奢纵欲"，"狎亵不堪"，[①] 并对国内某些观众盲目崇拜外国片、无端蔑视中国片的行为进行了谴责。即便是外国著名导演的影片，《银光》也照样毫不客气地指出存在的瑕疵。西席·地密尔于 20 世纪 20 年代执导的电影《十诫》，在当时被公认是世界名片，《银光》则认为该片前半部好、后半部差，因为该片后半部分宣扬信奉上帝可治愈恶疾，是"以一种不能实行的事实，而做成真的一般的影画，向社会上宣传"，并进而指出，"即是荷李活的产品，也会有这个错误的地方"，[②] 因此不必盲目崇拜外国电影，妄自菲薄。

　　含有"辱华"意味的外国影片，是《银光》着重批判的对象。《攻击八达城之盗》一文对美国明星菲滨氏（即范朋克）主演的影片《八达城之盗》提出批评，认为该片把一个蒙古王子，塑造得"奸险百出"，"末幕把他高高吊起，拿皮鞭不住的打"，"把我们国人羞辱如此，岂不可恨"！[③] 在该文看来，影片把蒙古王子塑造成坏人，自然逃不脱辱华的嫌疑。《银光》还批评好莱坞影片《薛平贵全传》，虽然取材于中国民间传说，却做了"西方化"处理，将美国的现代爱情观和价值感强行植入，以至于出现"宝钏竟当众拥抱着平贵，倚在平贵的胸前，宣言爱他"这样荒诞不经的情节。[④] 而且该片除了女主人公王宝钏是由华裔女星黄美颜扮演之外，其余演员大多为外国人扮演，尤其是让外国演员扮演唐朝皇帝，"含有几分'侮辱'的意味"，[⑤] 让人很难接受。对外国片中的华人形象，《银光》亦深感不满，"如美国片中饰华人者，俱是长袍阔袖，豚尾长垂，包藏聚赌，非奸即盗，等等种种之事，均是羞辱我国人，轻视我国人，良堪痛恨"。为了抵制国外辱华片的摄制，《银光》提出，中国电影"须将中国原有之美德及风俗尽量揭出"，让外国人增加对中国的了解，"俾一般外人见之，可以明了我国之风土人情，抑亦使一般外国影片公司不能借电影戏以嘲笑吾人也"[⑥]。这种倡议，与振兴国片的目标是一致的，只有中国电影强大起来，将民族精神和美德宣扬出去，才能从根本上杜绝辱华片的出现。

　　从《银光》关于国产片和外国片的论述中可以看出，在民族归属上，《银光》同人把自己视为中华民族的一份子，把香港电影看作中国电影的组成部分。香港电影是一个地域性电影概念，中国电影则是一个国族性电影概念，两者之间有着明显的从属关系。在当时香港电影的发展状况不太理想的情况下，如果中国电影振兴起来，香港华人电影界也能够引以为荣。联系《银光》强调电影教育功能的观点，可以发现，该刊提倡国片还

---

① 怀吉：《向美国制片家施以重大的教训——看银星第四期卷头语之后》，《银光》1927 年第 5 期。
② 潞陵：《荷李活的出品是这样的吗？》，《银光》1927 年第 4 期。
③ 嶙岣：《攻击八达城之盗》，《银光》1927 年第 3 期。
④ 星河：《一团糟糕的薛平贵》，《银光》1927 年第 4 期。
⑤ 潞陵：《荷李活的出品是这样的吗？》，《银光》1927 年第 4 期。
⑥ 嗜影室主：《我国电影公司应注意之事》，《银光》1927 年第 3 期。

有另一重目的，即以优秀国片启迪民智，促使中华民族走向繁荣富强。因此，《银光》"提倡国片"的理念背后，彰显出的是民族主义和爱国情感。本尼迪克特·安德森指出，民族"是一种想象的政治共同体，——并且，它是被想象为本质上有限的，同时也享有主权的共同体"①。"通过市场扩散的印刷语言"，民族这一"想象的共同体"得以建构，"这些被印刷品所联结的'读者同胞们'，在其世俗的、特殊的和'可见之不可见'当中，形成了民族的想象的共同体的胚胎"。②《银光》作为纸质印刷媒介，对国产影片的提倡，在一定程度上也发挥了这样的作用。

三、结语

《银光》是独立电影期刊，缺乏来自制片公司或电影院方面的资金支持，其经济收入除少量广告以外，全靠刊物发行，因此面对较大的生存压力。为吸引读者兴趣，提升刊物销量，《银光》采取了一系列经营策略：一是每期适当发表几篇涉及国内电影界花絮的娱乐性文章；二是针对外国片影迷，刊登一些介绍好莱坞明星的文章；三是增加图片数量，以大量清晰美观的明星照片和电影剧照吸引读者眼球；四是积极拓展刊物销路，除在香港销售外，还努力向周边地区发行。

虽然采取了上述策略，《银光》却未能取得理想的销售业绩。究其因有内外两方面：从内部来看，《银光》的精英化定位和理论色彩，与普通读者的娱乐需求之间存在较大分歧；从外部来看，与其他电影刊物的激烈竞争也有关系，例如当时上海的畅销刊物《良友》画报、《银星》等都曾发行到香港等地，占领读者市场，给《银光》有限的生存空间造成挤压。再加上《银光》同人办刊经验不足、刊物售价偏高，最终导致刊物走向夭亡。《银光》在市场竞争中的失落，也从某种程度上反映出早期独立电影期刊的艰难生存境遇。

作为香港第一份正规电影刊物，《银光》尽管存在时间不长，却为发展早期香港电影文化做出了一定的贡献。该刊对电影功能、创作规律与技巧的探讨，对电影现象和具体影片的批评，以及对国产影片的大力提倡，均有其独特价值。《银光》为研究早期香港电影文化提供了极具"现场感"的丰富文献资料，其电影史意义不容漠视。

---

① 本尼迪克特·安德森：《想象的共同体——民族主义的起源与散布》（增订本），吴叡人译，上海：上海世纪出版集团，2011年，第6页。

② 本尼迪克特·安德森：《想象的共同体——民族主义的起源与散布》（增订本），吴叡人译，上海：上海世纪出版集团，2011年，第43页。

电影文化表达与国家形象建构

——主旋律电影中的民族叙事研究

杨 朔 康 宁*

【摘要】电影作为文化输出的重要媒介，不仅承担了文化表达的重要责任，还是国家形象建构的重要方式。主旋律电影作为中国电影特有的创作类型，其政治性、社会性和艺术性的综合呈现将国家形象缝合进文艺创作中。而近年来的主旋律电影创作中，在兼顾政治任务的同时也将商业性和市场性纳入创作重心，以主旋律的姿态迎合主流市场，将其所承载的文化使命与核心价值观的表达更为深入大众内心。本文试图通过对近年来主旋律电影的创作现象分析，探讨其中国家形象的建构方式。

【关键词】主旋律电影；国家形象；文化表达

主旋律电影作为中国电影市场中特有的存在，延承了左翼电影和十七年电影的政治教育功能，在当下的电影产业中，以类型化的叙事风格和工业化的影像呈现将主流价值观表达重置于主流市场之中。

改革开放以后，主旋律的文艺创作口号响亮于各行各业，为重新确立主流意识形态在电影中的主导地位，广电部电影局在 1987 年的全国故事片创作会议上提出"突出主旋律，坚持多样化"的口号，被公认为是"主旋律"的首次提出。① 在进入新世纪以后主旋律电影开始以新的姿态面对市场化的考验，逐渐融入新的叙事元素打破僵硬的刻板说教，但在重视市场性的同时没有放弃对意识形态的把控，由此诞生了《我的 1919》《黄河绝恋》《红河谷》等一批优秀的主旋律影片。

主旋律电影因其独特的政治使命和意识形态责任，更为直观地塑造了国家形象，并且成了国家形象跨文化传播的重要方式之一。随着电影市场的不断扩大和电影产业的逐

---

* 作者简介：杨朔（1997—），男，山东邹城人，北京电影学院电影学系硕士研究生，研究方向：电影史论。康宁（1981—），女，河北新乐人，北京电影学院电影学系副研究员，研究方向：电影史论。

① 吴鑫丰、范志忠：《主旋律电影的创作转型与文化流变》，《当代电影》2018 年第 5 期。

渐完善，主旋律电影也在积极寻求转型，将主流价值观的表达蕴藏于曲折的故事冲突之中，在满足了观众视觉享受的同时又将主流意识形态进行最大化的输出。近些年的主旋律电影的创作中，叙事文本以类型化的表达方式呈现出主流价值故事，不再执着革命历史题材的讲述而将现代中国的文化样貌置于主流视野，依旧强调爱国主义的核心价值观建构，突出民族自豪感，完成主流的民族叙事表达。

一、文本表达：主流故事的类型化转变

20 世纪 90 年代的主旋律影片创作主要集中于革命历史题材和伟人传记题材，充满了说教意味，由于国家资金的支持，所以在创作中无须考量影片的商业价值和市场亲和力，将历史与伟人置于楼阁之上而缺少了亲民性，反而达不到教化民众的初衷。而在《湄公河行动》以后，主旋律影片开启了主流故事＋类型化叙事的转变，将宏大叙事置于类型电影的叙事模式中，以冲突强烈、情节曲折的叙事风格承载红色精神的表达，主要体现在两个方面，一是主旋律电影的类型化叙事，二是商业类型影片的主流价值表达，在影片叙事上体现尤为明显。

"在当下中国的文化语境中，主旋律电影是调动资源最多的文化形态，或许也是文化影响力最大的文化形态。"[①] 自"突出主旋律，坚持多样化"的口号提出以后，主旋律电影作为一种新的电影类型出现在大众视野中，在叙事层面上集中于革命历史题材和伟人传记的讲述，故事平铺直叙展开，缺少强烈刺激的戏剧冲突，90 年代初期的主旋律作品大多继承了十七年电影中的叙事风格，讲究影片的中心思想建设和意识形态传达，由此而诞生了第一批主旋律电影，如《开国大典》《彭大将军》等优秀影片。而在进入 21 世纪以后，主旋律影片开始寻求新的突破，追求叙事风格的转变，添加新的叙事元素并尝试故事文本的转型，出现了《黄河绝恋》《我的 1919》等代表影片。

而近几年的主旋律电影创作有了更为明显的转变，不少主旋律电影开始改变以往刻板空洞的说教套路以及高高在上的宏大叙事模式，尝试融合商业类型片的叙事法则与娱乐元素，拉近与普通观众的距离。[②] 以林超贤为代表的类型片导演开始涉足主旋律电影使之呈现出不一样的形态，以《湄公河行动》和《红海行动》两部影片为代表，用商业类型的手法讲述主旋律故事并实现口碑与票房的双丰收。两部影片在题材上和表现形式上都有着极大的相似性，《湄公河行动》改编自真实故事，讲述了发生在湄公河上的一起国际刑事案件，最后经过中国警察的努力查明真相，还中国公民清白。影片借以展现了中国日渐强大的综合国力和国人气节，在影片叙事中有开端、发展、高潮和结局完整的戏剧段落，并且穿插了多条叙事线索，将叙事文本用类型电影的剧作方式呈现出来，情节跌宕起伏有看点。《红海行动》也改编自真实故事，采用强烈冲突的叙事原则，同样聚焦

① 郝建、邓双林:《主旋律电影创作与阐释的"主流化"趋向》,《文艺研究》2010 年第 6 期。
② 路春艳、王占利:《主旋律电影的商业化与商业电影的主旋律化》,《当代电影》2013 年第 8 期。

于国际纷争叙事，以大格局的国际冲突作为影片的叙事核心，利用大场面戏份满足观众的视觉需求。影片以中国海军援救海外侨胞为故事主线，展现了中国海军的军事实力和挺拔姿态，以此彰显了民族气节和国家尊严。

两部影片在叙事层面有不少相似之处，都借用了类型电影的叙事模式，讲究故事的完整性和曲折性，并且在表现形式上注重大场面的运用，尤其在影片的高潮段落运用悬念、巧合、转折等技巧丰富影片的故事性，让最后的胜利更加来之不易。两部影片同属于军事题材，叙事手法上的类型化处理并没有造成影片的雷同化相似，但其精神内核都表现出了民族实力的提升和国家威严的响亮。在香港导演林超贤的执导下，类型电影模式与主旋律电影之间产生了神奇的化学反应，将意识形态宣导缝合进类型化叙事中，真正达到了"教化民众"的目的，传达了主旋律思想价值。在这样的创作实践中让人意识到主旋律电影的商业化是一条必经之路，主旋律电影的大众化转向才是能到达其初衷的"捷径"，其后的电影创作同样吸取了这样的创作经验，例如《中国机长》《紧急救援》等影片也在商业之中融入了主旋律价值观念。

随着电影产业的市场化改革，中国电影市场开始形成了商业电影、艺术电影和主旋律电影三足鼎立的局面，但随着电影对市场的依赖性增强，三种电影类型之间的边界开始逐渐溶解，主旋律电影开始向商业电影靠拢，商业电影也逐渐纳入主旋律价值观念。在中国电影市场票房排行榜（截至 2021 年 3 月 8 日）中前四名依次是《战狼 2》《你好，李焕英》《哪吒之魔童降世》《流浪地球》，除了拥有个人情感表达的《你好，李焕英》其他三部所表达的民族特性和国人自觉都引起了强烈的大众共鸣，最终都成了现象级的电影。《战狼 2》中的民族自豪，《哪吒》中"以小我喻大我"的家国叙事和《流浪地球》的国人对土地的执念，虽然在题材和艺术手法上不尽相同，但其表达话语都在贴近中国民众的主流价值观念，也正是意识形态环境中所主导的主流价值观念让观众与影片引起了强烈的共鸣，影片成了观众的"精神能指"，在银幕之中得到了价值认同，这既是市场趋同的结果也是公民意识进步的证明。影片《哪吒之魔童降世》以一句"我命由我不由天"的口号响亮了当年的暑期档，在这句话中蕴藏了自强不息的民族精神，影片虽然改编自传统神话故事，但却讲述了一个具有现代性的人物命运。并且以这种顽强拼搏自控命运的人物隐喻了整个大国的成长历史，将现代中国的境况融入传统故事的框架中，面对西方霸权，新中国作为一个日渐崛起的强大生命体同"哪吒"一样有着"我命由我不由天"的决心，以此传达出中国民族自强不息的民族精神。

影片《流浪地球》中将故事置于未来时空，讲述了在未来时空中世界人民如何全力拯救地球，对于地球和土地的执念正是印证了中华民众心中的家园地位。对于影片中所表现的拯救地球的种种努力正贴合了中华民族对家园的执着守护和浓烈的土地情怀，另外影片中所表现的亲情关系和自我牺牲的精神与集体主义思想相契合，也正是主流价值观念的贯穿才让影片获得了成功。商业价值与主旋律精神在电影中成了相辅相成的牵连元素，商业电影面向大众创作，而企图找到大众皆能共鸣的价值观念只有在国人的民族性和社会性中才能实现，无论是传统神话故事还是未来时空的叙事，其中所蕴藏的理念价值皆是与民族性深深关联。正是在市场的挑战下，"主旋律电影商业化""主旋律电影艺术化"成为许多创作者努力的方向。① 主旋律电影的类型叙事和主流电影的主旋律话语表达是当下电影市场中的常存现象，二者之间的互动既是电影产业化运作的驱使又是国民精神自觉化投射的体现，也正因此主旋律电影探索到了一条新的生存之道。

二、文化图景：红色精神的现代"底色"

主旋律电影不仅承载着政治教育功能并且担负着现代中国的文化使命，电影作为一种具有强大生命力的文化形态，其文化影响力的深度与广度是其他艺术门类所不能比拟的。当代中国文化是具有现代性特征的东方文化，其经历了现代化与后现代化的思潮变化，也经历了东学西渐和国学热的争辩，逐渐形成了具有现代精神的中国文化。中国文化的现代化是以"以夷为师"为历史起点的。虽然它在归根结底的意义上不能等同于西化，但中西文化客观上存在着的势差决定了中国文化的现代化必然与向西方学习相伴随。② 主旋律电影中对于现代中国文化的呈现正是对现代中国文化进程的肯定与促进，并且作为现代中国文化的产物，主旋律电影既是文化输出又是现代文化的集成地。

中国传统哲学主要是以儒家为主的"德性"概念，而西方哲学中讲究"理性"的启蒙精神。鸦片战争后，中国大门被迫打开，中国文化也被迫走上一条现代化之路，在面对西方文化的热潮，中国文化不自觉地陷入混乱之中，而中国学者面对混乱局面也曾有过迷茫，中国传统文化该何去何从成了一大重要课题。经过众多思想的交融，最终形成了自由主义西化派、保守主义现代新儒家派和中国马克思主义派三足鼎立的局面。主旋律电影的创作中带有明显的现代文化呈现，尤其在涉及现代中国的描绘中，现代中国文化是对传统文化的再升华，但其中仍带有强烈的传统伦理价值观念，呈现出传统文化的现代化叙事。

影片《我和我的祖国》以七个单元故事共同组成了新中国的历史长图，在漫长的历史中选取七个记忆点献礼新中国成立七十周年。影片涉猎了多个历史时期的重要事件，如新中国成立的开国大典，北京奥运会和女排夺冠等重要历史时刻，其完整地还原出了中国历史的长远图景，在这之中就表现出了中国文化的整体历史面貌，不仅看出生活科技的变化，更能看出群众精神文明的进步。在《前夜》篇章中众人为了筹集稀有金属，举城上下的群众拿出金属捐赠，这一具有场面性的戏份将这一段落的气氛烘托到高潮，爱国情绪与时代感动油然而生，民族凝聚力也在这一时刻得到爆发。而在《夺冠》篇章

① 尹鸿、梁君健：《新主流电影论：主流价值与主流市场的合流》，《现代传播（中国传媒大学学报）》2018 年第 7 期。
② 李翔海：《中国文化现代化历程的哲学省思》，《中国社会科学》2002 年第 6 期。

中，导演以群众视角围观了一场国际性胜利，以旁观视角描绘出了女排胜利对于中华民族的重要意义，并且在这个故事中的高潮段落，小男孩以自我利益的牺牲成全了大家观看女排夺冠的盛况，以现代化的方式演绎了集体主义中的自我牺牲精神，将传统价值观念置于现代中国文化的框架之中。影片中七个故事涉及多种题材，以不同的方式讲述中国故事。

主旋律影片所要呈现的中国文化不单单是传统文化，而是新中国成立以来所积淀的新形文化形态，是传统文化与现代文明相碰撞的结果。并随着信息的快速发展，网络媒介的兴盛让人们有越来越多的机会接触更多先进思想，传统文化也因此具有现代精神的印记，尤其在主旋律电影中，其所表达的文化样貌是在现代文明进程之下新的中国文化样式，既不同于传统观念也不代表西方文化，是经过历史演变与社会融合的独特自主文化。电影的文化表达是其话语序列中重要组成部分，而在主旋律电影中的文化呈现不仅要传递出符合国人审美的传统观念又要呈现出中国文化在国际文化面前的自信，而这份自信就是基于自身文化的再创造与进步，融合世界的文化语言实现传统文化的现代化。

除了传统文化的现代化，在现代文化中依然可以寻到传统性的存在。地球村时代的到来让每一种文明和文化都不能再保持独立性和神秘性，在被观看和被引用的同时逐渐与其他文化相融合。中国文化在经历过惨痛的教训以后，开始对西方文化进行部分的融合，当"师夷"开始的时候就是中国文化走向现代化的开端，当理性精神的突显、个人主义的兴起和进步历史观的出现，中国文化就已经完成了现代化的初步变革，中国文化在外在冲击和内在转化的条件下实现了一次自我转型。科学、民主、自由等现代精神出现在中国文化的内核，在随着世界文明前进的步伐中，中国文化会散发出更多的生命形态。影片《哪吒之魔童降世》就是一部极具现代性文化特征的影片，故事文本虽然改编自传统神话故事，但却对其精神内核做了大胆的现代性改编，其中对于"弑父"情节的改编让原本对父权的反抗变为了父权的重新回归，父与子之间的代际冲突最终变成了亲情的大团圆结局，圆满结局的处理是在当下社会呼唤亲情的回归。在物质文明日渐发达的现代社会。亲情的维系渐渐受到危机，面对当下社会背景的改编是将传统文化向现代靠近，是经典与当下的时空互文。影片中同样表达了对自由的向往与渴望，在中国文化中"命"不在天也不在自己，而是归附于父辈之手，片中哪吒对于自己命运的掌控正是向各方势力宣告自我主权，也是自由精神的集中体现。

《哪吒之魔童降世》虽然在严格意义上不能被称为主旋律电影，但其所传达的却是主旋律价值观念，同样是在类型化叙事风格中缝合主流思想以此获得观众共鸣，并且从这部影片中最为直观地感受到电影创作对现代社会的关照，以古喻今的手法映射现代精神面貌。主旋律电影对于当代中国文化的展现不仅是通过对社会景观的直接还原更要精准地把握到现代中国文化不断衍生的精神内核，只有掌握了主流价值观念才能真正起到积极引导作用。《战狼2》的出现正是对民族自信力提升的瞄准，在国家综合实力增强和国际环境日渐复杂的情况下，这样一部直接展现国际地位的影片直接映照了观众心中的爱国主义热情，同样也是对现代中国文化的直接表现。中国文化不应只是沦为符号式的拼贴，也不应只是孔孟儒家的搬弄，对于现代中国文化的思考与把握是电影创作人员的必修课，在主旋律影片中的文化呈现更应将镜头对准现代中国，利用文化共鸣强化自身文化表达，在主旋律的红色映衬下增添文化的现代底色。

三、价值观建构：爱国主义的核心输出

主旋律影片中的价值观念传达是以爱国主义为主体的社会主流价值观，弘扬社会主义核心价值观是其价值观建构的主要目的。主旋律电影中的价值观宣导不仅体现在文本叙事中更表现在人物形象的塑造，影片的整体架构就是一个缝合系统，将正确的意识形态导向融入其中，真正做到"润物细无声"的民众教化。中国主旋律／商业／艺术等各种电影类型日渐进入一个面目模糊的时代，主旋律电影如何生存、适应、发展及如其所愿地继续发挥影响世道人心的作用，是新世纪主流话语应高度重视的课题。①主旋律电影与爱国主义教育之间有着相辅相成的关系，爱国主义是最能够引起观众共鸣的思想价值，爱国主义的有力输出成为能取得市场共振的关键，而主旋律电影的成功同样能够稳固爱国主义的中心位置，甚至成为爱国主义教育的重要方式。

主旋律电影的诞生就是在各种思潮涌入的大背景下，国内文化产业开始有不同程度的娱乐倾向，为引导青年的思想进步，文艺界指明了"主旋律"的创作方向。电影作为具有大众性和巨大影响力的文艺类型，自然首当其冲地成为主旋律战场的领头军，电影创作开始注重意识形态和思想的把控，弘扬社会主旋律成为电影创作的主题之一。虽然主旋律电影的创作已经经历了三十余年，其表现形态和艺术手法方面都有了不同形式的变化，但其内核的价值观建构一直没有发生改变，爱国主义的主流思想贯穿在各个主旋律影片中。

首先体现在影片的题材选择上。最初的主旋律电影的创作多集中于革命历史题材和伟人传记题材两大方面，而随着市场化改革逐渐深入，主旋律电影开始涉及多样化的题材选择。《风声》作为一部革命题材的间谍电影，讲述了共产党地下间谍行动的红色故事，影片充满了悬疑、惊险的色彩，与传统的主旋律电影有着明显的区别，但其所传达的依旧是红色革命精神，在表现形式上相比以往有着更为大胆的尝试，影片题材同样继承了对革命历史的表现，《集结号》《我的1919》同样也是对于历史的还原。而后《战狼2》《湄公河行动》和《红海行动》则关注于现代的军事行动和国际地位，借用类型化表现手法讲述了现代性的主旋律故事，并将国家主体置于国际环境中彰显民族硬实力，在这类题材的影片中，面对国际环境，中国军事常面临着一些危机，在经过一系列的斗争以后

① 马潇：《主旋律电影的"今世前生"——简论改革开放以来主旋律电影的流变》，《当代文坛》2011年第1期。

取得圆满的胜利，并且在这过程中必然会伴随着牺牲，由此来传递出不怕牺牲、艰苦奋斗的时代精神，并彰显了强大的民族精神，激发了民众的民族自豪感和爱国精神。而《中国机长》《攀登者》等影片的出现又丰富了主旋律电影的创作题材，尤以《中国机长》获得了最大的反响，影片同样改编自真实故事，将四川航空所发生的空中危机搬上银幕，这种题材的影片虽不及历史题材更让人铭记，也不及军事题材更让人振奋，但它却能让人更加真实地感受到国家实力的提升和民族精神的坚固。

除了在题材选择上能够看出爱国主义的激发，人物形象的塑造更是作为"典型"而存在，在主旋律电影中的人物通常带有强烈的民族精神，从他们身上更能感受到爱国主义在个体身上的体现。《战狼2》里的冷锋、《红海行动》里的杨锐等等，这些人物的塑造就是作为民族精神的集中体现，对"典型人物"的塑造才能与影片主题相映衬，同时是主流价值观念在影片中建构的重要方式。对于爱国主义价值观念的建构从影片的内容表达能够直观地感受到，影片各类艺术手法的使用就是在引导内容表达的正确走向。

爱国主义是社会主义核心价值观中的主体内容，并且成为一种民族精神而长久存在，"随着民族国家的出现，作为其意识形态凭借的民族主义亦随之被发展出来，而爱国主义则演变成对民族国家的忠诚表现"①。主旋律电影也将爱国主义作为重要表达话语，建构起以爱国主义为核心的主流价值观念。除了在题材选择和人物塑造等内容输出方面能够看出爱国主义的表达，在影片艺术技巧层面同样可以找到对于爱国主义核心价值观的构建。影片《夺冠》讲述了中国女排里约夺冠的故事，影片采用双线叙事将女排的两次冠军之战穿插在一起，丰富了叙事层次的同时又能感受到时空的互动。在这部影片中通过对女排精神的详细呈现以表达出在世界面前的民族自信，而影片在艺术手法上的使用也烘托出强烈的爱国主义情怀，将两次夺冠故事的交叉叙事强调了这其中的艰辛，深化了跨越时空的感动，印证了女排精神在每一个历史时期的重要性，建构起影片整体的核心价值观。叙事手法的使用将故事文本的表达推向了更深的层面，这对于主旋律电影而言更是核心价值观念的深化输出，尤其在近年来出现的主旋律影片中，艺术手法越来越表现出复杂化和观赏性，艺术技法的运用对主流价值观的建构起到了事半功倍的作用，并且能够让观众在欣赏中完成一次价值观再教育与思想重构。除了在叙事手法上的运用之外，在军事题材的影片中常会用到大场面的戏份来凸显国家军事实力，尤其在《红海行动》和《紧急救援》当中，影片动用了较多的军事装备，能让人更直观地感受到国家军事实力的提升，并且在这种具有场面性和观赏性的戏份中利用重工业的表现风格让观众体会到国家形象的高大，让人油然而生民族自豪感，生为华夏人当为这份崛起而骄傲。

影片的价值观建构，无论从内容表达还是艺术技巧的使用方面，都能够发现价值观

① 利昂·P.巴拉达特:《意识形态：起源和影响》，张慧芝、张露璐译，北京：世界图书出版公司，2012年，第48页。

是隐含于故事文本之下的，担又通过文本所建立起的缝合系统将价值观的输出在无声之中传递给银幕前的观众。主旋律电影作为一种较为特殊的电影类型，现如今已成为中国电影市场的主力军，并且主流价值思想也逐渐渗透到各个电影类型当中。此外，主流价值观念在影片中的建构与社会环境中的爱国主义教育有着密切联系，才会让观众产生强烈的共鸣，影片中爱国主义观念的表达与观众之间形成了"镜面"的关系，影片的精神话语表达正是观众的思想投射，由此主旋律电影在转型以后获得了市场的独特青睐。主流价值观是时代亘古不变的精神，而爱国主义作为思想内核更是普罗大众皆能共鸣的存在，将爱国主义作为影片价值观建构中的核心输出是对观众心理的瞄准，更是时代精神的独特要求。

四、结语

主旋律电影与中华民族精神文明建设工程息息相关，其不仅向国人建立起一个新的国家形象，更向国际社会树立起新的民族标杆。在文化软实力越来越重要的21世纪，电影是最直观的民族形象、国家形象的体现者和代言人，中国电影肩负着向世界展现中华文化和民族精神的重大使命和责任。[①]电影承载了文化内容的表达并且是国家形象树立的有力方式，影片的叙事文本聚焦于历史题材与现代中国的展现，在文化与价值观输出方面延续了电影的政治教育功能，并且转型后的主旋律电影真正做到了"寓教于乐"，将主流思想嵌套在故事讲述中，以潜移默化的方式教化民众。并且爱国主义教育促使主旋律电影获得了市场的认可，使其成为华莱坞建设的主力军，在电影产业中的出色表现印证了其对于国家形象建设和红色精神传扬的重要性。

---

① 黄望莉、陈清洋:《从"主旋律"到"主流"——中国电影主流价值观的推进及其国家形象的建构》，《当代电影》2012年第12期。

表征·产销·认同：新时代下华莱坞电影传播发展研究

姜 博 刘秀梅*

【摘要】自 2017 年我国步入社会主义新时代以来，如何讲好"中国故事"已成为一个重大时代议题。当下，我国的影视作品正承载着多种艺术符号，肩负着推动国家文化事业繁荣发展的美好愿景。而作为影视文化的接受主体与创造对象，受众对于自身的精神交往与文化需求亦有着比以往更多的期许与选择。本文借助保罗·杜盖伊、斯图尔特·霍尔等所著《做文化研究——索尼随身听的故事》中的文化研究模式，从表征、产销、认同三个方面着手，探讨当下华莱坞影视媒介的传播与发展。

【关键词】华莱坞电影；文化研究；媒介符号；表征认同

2017 年 10 月 18 日，中国共产党第十九次全国代表大会在北京召开。会议中习近平总书记指出，我国社会的主要矛盾已转变为人民日益增长的美好生活需要和不平衡不充分的发展之间的矛盾。这意味着中国特色社会主义进入了新时代，我国发展迎来了新的历史方位。主要矛盾的转变无疑是一次具有划时代意义的变革。两年后的 2019 年 10 月，新中国迎来成立的第 70 周年。国家综合实力日益强大，人们对于艺术文化的需求日益激增。符号、影像、语言、信仰等作为马克思主义理论中依赖和反映物质基础基本状况的"上层建筑"，引领着华莱坞电影未来发展的新动力与新方向。

在《做文化研究——索尼随身听的故事》一书中，作者以索尼随身听作为个案研究，将随身听商品视为人类日常文化实践与媒介符号的流动与交往。以往我们所讲，"人化"即是文化，而如今华莱坞电影媒介则将中国本土化的"景观"与中华传统化的"文化"结合为一体，形成别具一格的文化商品。华莱坞作为我国所特有的电影媒介，其对内发展与国际传播之路同样面临表征、产销、认同三个主要的文化过程。本文运用《做文化

---

* 作者简介：姜博（1993—），男，山西太原人，华东师范大学传播学院博士研究生，台湾世新大学广播电视电影研究所交换生，研究方向：影视传播与数字内容产业。刘秀梅（1960—），女，黑龙江哈尔滨人，华东师范大学传播学院教授，博士生导师，研究方向：影视传播与数字内容产业。

研究——索尼随身听的故事》中索尼随身听作为商品的泛日本文化价值观念生成模式，将华莱坞电影作为一种象征艺术的媒介符号，进而延伸探寻当今中国主流传播意识的大众文化群像。

一、国际化尝试：基于全球思维下的文化表征

文化总是与社会中的角色意义绑合为一起，从而使得让受众感受到文化的表征。口语传播时代，文化的基本表征方式是语言。1976 年，美国文化研究者尼克·莱昂斯发表名为《抓住全球梦想》的文章，探讨了日本索尼公司进军国际之路的历程。为了使产品更好地被全球消费者所接纳，索尼公司联合创始人盛田合井借鉴拉丁文单词"Sonus"，将自身品牌命名为"Sony"。不同于其他纯日语发音的同类型品牌，如松下（Matsushita），富士（Fujisankei），或东芝（Toshiba）等，索尼（Sony）的发音驱离于日语化，且在不同语言环境中的发音都极为相近。其发音美国短语"Sonny boy"（小家伙）相似，同时亦与中文发音"SuoNi（索尼）"接近。能够被不同地域的受传对象所铭记，成了索尼公司打破地方性迈向全球的第一步。[①]

商品的"命名"作为表征事物和交流事物意义的一套符号或一种表示手法，使得人们可以更为迅速地通过言语交流输出其品牌自身背后的价值观念。随着图片、绘画、影像等多种媒介形式如雨后春笋般叠然而生，信息交流的载体出现融合趋势，而文化价值的全球输出意愿却愈加强烈，单一品牌的传播思维逐渐衍变为整合价值观的文化集合产品。

进入社会主义新时代以来，我国关注于提升自身文化软实力，同时也希望在国际层面传递自己的声音。作为中国电影文化产业的代名词，"华莱坞"（Huallywood）应运而生。"华莱坞"即是以华人为电影主角、以华语为电影符号、以华事为电影题材、以华史为电影资源、以华地为电影环境，抑或异域风情中以华情为电影文化的我国大陆，港澳台地区以及海外华人社区的华人、华语、华事、华史、华地，华情之电影。[②]"华莱坞"作为国产影视艺术媒介的组合词语，其从生成伊始便肩负着推进文化输出、重塑国家形象的巨大使命。在过去西方电影为主导的世界电影格局下，"好莱坞"（Hollywood）一直为电影产业群的代名词。如今，世界已打破单极化的发展趋势，好莱坞的模式不再一家独大。在新时代习近平总书记提出的"新世界主义"倡导下，"华莱坞"所呼吁所期待的多元化全球化理念应运而生。

值得注意的是，"华莱坞"命名的诞生并不意味着我们要取代"好莱坞"进而称霸全球影视产业，而是期待运用国际化的词组传播使得国际受众更容易接纳与聆听来自中国

---

① 保罗·杜盖伊、斯图尔特·霍尔等：《做文化研究——索尼随身听的故事》，霍炜译，北京：商务印书馆，2005 年，第 130 页。

② 邵培仁、王昀：《亚洲电影在中国：华莱坞的跨地方生产与本土现代性实践》，《新闻爱好者》2016 年第 6 期。

的声音，为世界文化的多元性做出中国影视的贡献。① 将华语电影蒙上"好莱坞"的符号面纱，更是为了使中国本土电影产品冠以华人自身的文化内核。基于此，"华莱坞"的命名方式展现着我国电影人将华语电影推向全球市场所付出的努力，是新时代下中国影视产业全球化文化表征的大胆尝试。

二、景观化探索：基于内外融合下的文化产销

文化研究视域中，生产与消费密不可分。我们不仅要寻求文化人工制品的表征方式，还需要研究人工制品的生产过程是如何表征的。卡尔·马克思在19世纪中叶对资本主义生产关系的分析中指出，生产创造了产品，同时也创造出消费的材料。生产促进消费，同时消费也反过来推动生产，两者之间存在着一种媒介运动。对于文化产品而言，生产与消费是相辅相成的关系链，因为消费是生产的目的，而消费又以生产为对象。

《做文化研究——索尼随身听的故事》中，日本索尼公司对于随身听的生产与开发过程，绝非是单纯日本式的，而是集东方与西方的优势于一身。正如盛田合井所言："索尼的运转既像是一家传统的日本公司，自上而下凭借团体一致的原则实施管理；也像是一家美国公司，把责任委托给设计部门自上而下实施管理。"事实上，索尼公司一直试图打造基于内外融合下的自身生产文化。其借助西方的科学技术和工程设计以及美国的管理经验，从而将自身文化承载于商品之中进而连接生产与消费。同时以其随身听的生产理念更具融合思想，既突出一定的个人主义化，也通过小巧的随身听联结不同地域景观间的文化差异。在盛田昭夫的提议下，索尼的首款随身听采用双插孔设计，来自不同文化背景的个体得以通过平台端口接受同一音乐输出，人工制品的本质使得共享交融的音乐符号进入差异个体文化世界中，内外融合的产销则构成了索尼商品文化的内在实质②。

全球化思维下的命名表征赋予了华莱坞影业在产销环节内外融合的必然性，其集中体现在影片生产环节中的本土景观与域外疆景。不置可否，影片的国际化生产手法本不是一件新鲜的事情。东方电影产业向西方借鉴取经的案例比比皆是，至今已有一套较为完整的从拍摄到宣发的产销流程。然而伴随华莱坞影业制作取景范围的不断拓宽，海外宣发模式的不断完善，本土团队、海外取景，海外演员、本土制作，国产电影、国际宣发的内外融合模式愈加成为华莱坞电影产业的景观化探索。2012年12月上映的喜剧片《泰囧》开启了华莱坞影片异域取景的热潮。影片由中国本土导演徐峥执导，取景地则绝大部分来自泰国。影片选取中国本土制作团队，在异域拍摄完成了中国人在泰国的冒险传奇故事。而随后的上映的《功夫熊猫3》与《长城》则通过中美合拍的手法，大量选取

① 刘秀梅、姜博：《"新世界主义"视阈下的认知传播模式——华莱坞电影媒介叙事策略研究》，《当代电影》2019年第12期。

② 保罗·杜盖伊、斯图尔特·霍尔等：《做文化研究——索尼随身听的故事》，霍炜译，北京：商务印书馆，2005年，第40页。

外籍演员于中国取景，中外融合下呈现中国审美式的中华故事。与此同时，伴随2012—2019年间习近平总书记多次于国际场合倡导"一带一路"与"命运共同体"的治国理政方针及持续推动华莱坞影片产销出海的国际探索，中国传统文化在全球发展变局下的生产与输出得到准确把握与科学阐释。仅以2018年为例，中国电影产业总票房达到609.8亿元，其中华莱坞影片票房创收378.07亿元，达到历史新高。华莱坞影片的海外市场票房表现也令人瞩目，相比往年增速26.8%。

然而异域景观下的华莱坞电影产销模式，并不是单纯机械时代下的简单复刻。不论是异域取景本土创作，抑或本土景观海外演员的华莱坞影片产销模式，背后都被赋予着浓厚的中华文化内涵。如2017年上映的华莱坞影片《战狼2》，虽于南非、肯尼亚等地取景，但讲述的仍是中国军人海外撤侨的故事；2019年华莱坞贺岁档电影《流浪地球》，则是基于新时代下习近平总书记提出的"共同治理"模式，讲述中国军人与各国勇士携手面对全球性灾难的故事。随着全球视域下影视艺术创作思维的流动加快，电影作为一种媒介载体，更多被赋予了艺术商品的价值。电影工业的制作模式是易模仿的，也是可复制的。影片叙事模式的类型化与生产制作的产业化批量复刻出了定性风格化的影片，如战争片、科幻片、动作片等，但影片背后所承载的文化内涵却不尽相同。其始终透露着中华民族气节与文化精神，体现着中国本土团队全球制作的内外融合式景观化探索。①

三、多元化发展：基于通俗泛化下的文化认同

认知传播学认为，我们对以人为中心的传播活动社会构建，在整体观的视野下，关注的不仅仅是权威话语与精英话语送达信息被大众妥协式的接受，更是强调传受双方的主体间性的达成。受众并不只是被动地接收信息并将他们储存在思想档案柜中，而是积极地处理信息，加以重塑，并且只储存那些符合文化需求的东西②。然而精英文化与流行文化的认同接受衍变，则是一段漫长的历程。

文森特·杰克逊曾在《社会的威胁》中道出，在20世纪末的伦敦，携带随身听往往视为"通俗流行文化"的代表。身穿西装革履的白领将携带随身听的年轻人视为一种社会威胁③。1994年，21岁的英国大学生安德鲁·邓恩乘坐火车出行，因为携带随身听受到歧视，被乘客借以"音量太大"的理由被处罚300英镑。此事引发公众热议，被视为英国精英阶层对于公共领域的过度维护，背后则暗喻了当时的精英文化对于通俗流行的大众文化的鄙夷与歧视。在《做文化研究——索尼随身听的故事》中，将索尼随身听背后

---

① 保罗·杜盖伊、斯图尔特·霍尔等：《做文化研究——索尼随身听的故事》，霍炜译，北京：商务印书馆，2005年，第130页。
② 战迪、张君等：《认知传播视域下的影视艺术批评》，北京：中国广播影视出版社，2019年，第14页。
③ 保罗·杜盖伊、斯图尔特·霍尔等：《做文化研究——索尼随身听的故事》，霍炜译，北京：商务印书馆，2005年，第143页。

流露的文化认同作为重要议题。在泛精英化的西方社会，人们把携带随身听的年轻人视为贴有通俗流行大众文化标签的"当今旅行者的灾难，麻风病人的响铃"。文化理论家伊恩·萧伯斯指出，通过将在传统上被认为私人的活动——私下的收听——带入公共场所，大众通俗文化的泛化打乱了私人世界与公共世界的界限。他认为随身听冒犯了我们的社会秩序观念，而究其原因仅是因为随身听所承载的个人对于流行通俗的文化认同入侵了传统被视为精英文化的公共领域。这种将随身听携带者设想为"瘟疫携带者"的武断认知明显过于民粹主义也过偏向唯意志论，完全忽视了作为使用受众的个人对于多种文化自身的接纳与认同权利。

反观新时代下的中国社会，大众媒介的兴起燃起了人们对现实生活的重新观望。中国电影受众作为影视文化的消费者，有着对国产影视作品更多的精神需求，其审美情趣以及对于影片的文化认同日益在碎片化时代下变得多元起来。主要体现在华莱坞电影榜单文化的认同群体构成以及华莱坞影片自身的文化认同。电影排行榜一直被视为受众评判影视作品产出质量优劣与否的直观体现，其作为我们对一部影视作品的第一感官，极大程度影响着受众对于观赏影片的选择，广泛地进入我们的视野中。

榜单文化的本质在于受众对于影片本身的认同感。从理论层面而言，电影排行榜是"电影研究的经验和智慧"，在满足观众的切实需求的同时带有明显的精英趣味。然而伴随互联网的渗透，传统的传播方与受传方界限被打破，新媒介平台赋予了受众更多的能动性和话语权。媒介融合的新型讯息传播关系下，互联网中"沉默的大多数"被唤醒。在以往单向传播的媒介语境中，谈论到什么样类型的影片更容易得到受众的认同，往往"意见领袖"具有绝对的话语权；而如今大众传播时代，个体都拥有着一定的话语权，只有大众觉得真正所认同接纳的影片，才算作真正意味的好电影。其中华莱坞榜单所打分的组成群体，往往由流行文化泛化下的多元阶层受众所构成。以豆瓣 Top250 为例，参与影片打分的受众广泛容纳了从"精英"到"草根"等各个审美阶层，但其主体为 80 后、学历高、收入高的互联网用户，与中国电影消费的主力人群具有较大重合。[1]同时通过对豆瓣的评论区的观察可见，参与打分和评价的用户与普通的电影观众不同，他们大多具有一定的阅片量、鉴赏能力和理论基础。这类群体部分弥合了传统意义上"精英"与"草根"的界限，往往影响着受众对于华莱坞电影的认知感受及影片优劣的深层认同，形成流行文化泛化的"中介人"的身份。[2]

反观华莱坞影片自身的文化认同，其表现出来的思想价值往往与我国的文化倡导相适应。2016 年 5 月 17 日，习近平总书记在哲学社会科学工作座谈会上指出："坚定中国特色社会主义道路自信、理论自信、制度自信，说到底是要坚定文化自信，文化自信是

① 齐伟、刘学华:《豆瓣电影：多元电影榜单的生成、特征与意义》,《电影评介》2019 年第 6 期。
② 齐伟、刘学华:《豆瓣电影：多元电影榜单的生成、特征与意义》,《电影评介》2019 年第 6 期。

更基本、更深沉、更持久的力量。"在新时代的历史环境下，要坚持文化自信，首要加强我们对自身民族文化的认同。2017—2019 年的优秀华莱坞作品中，均不无例外地有中华民族精神的体现。不论是透露着中国军人保家卫国使命的华莱坞影片《红海行动》，还是流露着"我命由我不由天"的华莱坞电影《哪吒之魔童降世》，都包含着国人传统文化价值观念下通俗且永恒的普世认同。在信息时代高速发展的今日，受众并没有像赫伯特·马尔库塞所言"失去了自主选择权与想象创造力沦为单向度的人"，而是在新时代的文化艺术品中拥有更多元的选择权利。[①] 其对于影视艺术品的认同模式，正透露着受众阶层由"社会精英"向"草根大众"的通俗泛化的意识转变。

四、结语

在《做文化研究——索尼随身听的故事》一书中，作者提出了由表征、生产、消费、认同、规则构组而成的文化过程研究方式，将索尼随身听作为文化商品从而进行个案研究，从而生成文化循环的模式范本。本研究借助书中索尼随身听文化研究的表征、产销、认同三个方面，探讨了新时代下华莱坞电影通过全球思维下的文化表征进行国际化尝试，以"华莱坞"的命名方式彰显着我国电影人将华语电影推向全球市场所付出的努力；在其影片内容生产环节中涵盖了本土景观与域外疆景，利用内外融合下的文化产销进行景观化探索；以及在影片内容输出过程中关注于传授双方主体间性的达成，基于通俗泛化下大众的文化认同获得多元化发展。在新旧媒介环境更迭加快的今日，传统意义上的电影作品如今已成为文化产业的一部分，其凝聚了文化价值与商品特性于一身，成为文化研究中的另一重要组成部分。[②] 时下，中国已作为全球第二大的电影市场。在新时代的特殊历史背景下考察华莱坞电影产业的传播与发展，具有不同于以往的传播学意义。

---

① 赫伯特·马尔库塞：《单向度的人——发达工业社会意识形态研究》，刘继译，上海：上海译文出版社，1989 年，第 78 页。
② 王一川：《文化产业中的艺术——兼谈艺术学视野中的文化产业》，《当代文坛》2015 年第 5 期。

荒诞、欲望与迷失：刁亦男的风格解码

孟　超[*]

【摘要】近年来，导演刁亦男和他的电影引发了越来越多的关注。很多电影评论者辨识了刁亦男电影的外在风格特征，但是其作品的内在精神并未得到充分阐明。本文认为，对个人生命境遇和精神困境的关注，构成了刁亦男电影的一贯主题。通过荒诞叙事和开放式结局、情节和视觉意象的暧昧性、细致的人物刻画和精巧的空间安排，刁亦男搭建了一个充斥不确定性的影像世界，展现了社会变迁中底层个体的焦虑和迷失。

【关键词】刁亦男；暧昧性；荒诞；空间

自《白日焰火》获得第 64 届柏林电影节金熊奖以来，关于刁亦男及其电影的讨论有增无减。与贾樟柯、娄烨等第六代导演一样，刁亦男密切关注社会现实，亦形成了独特的个人风格。很多学者和影评人确认了刁亦男电影中沉郁阴冷的黑色格调、光影营造的迷离氛围，不过这些评论仅涉及了电影的外在视觉特征，而并未充分发掘作品的内在精神。如果电影的确是导演个人体悟的一种影像言说方式，那么刁亦男的电影究竟在表达什么？本文认为，刁亦男继承了西方现代文学的怀疑声调和叙事方式，搭建了一个充斥着无秩序感和不确定性的影像世界，表达了对社会变迁过程中底层个体命运的关切。

一、荒诞与怀疑：刁亦男的叙事风格

（一）荒诞底色

"荒诞"是刁亦男使用颇多的字眼。刁亦男曾表示："中国近来发生了很多事，其中一些甚至比小说或者电影里的故事更荒谬。艺术家将这种现实生活的荒谬与作品所追求的真实相缠绕的情况并不少见。真实与荒谬相纠缠打开了无穷的可能性，这一点非常吸引

---

　　* 作者简介：孟超（1986—），男，黑龙江哈尔滨人，浙大宁波理工学院传媒与法学院讲师，主要研究方向：媒介与社会。

我。"① 类似地，被问及"你的信仰是什么"的时候，刁亦男回答："我的信仰是怀疑。"② 不过，刁亦男并未充分阐明荒谬（荒诞）究竟作何呈现，又是如何与他的怀疑信仰相关联的。

考虑到刁亦男对卡夫卡、奥康纳、卡佛等作家的推崇，我们有必要将文学纳入比较系。欧美现代文学中对非理性、无秩序、偶发和莫可名状之物的叙述并不鲜见。例如，在卡夫卡的《审判》中，约瑟夫·K 因莫须有的罪名被逮捕，又莫名其妙地被两个刽子手带到采石场"处理"了。在美国作家弗兰纳里·奥康纳的作品中，同样可以发现这种普通人和平淡的日常生活突然遭遇的不确定性。《好人难寻》前半部分中记录了老太太一家的日常琐事，后半部分一家人突然遭遇劫匪、无一生还。这种黑暗绝望的、毫无逻辑的突然转折带给读者的是难以释怀的惊愕感。又如，《等待戈多》《动物园的故事》等荒诞派戏剧，通过人物的无意义的喃喃自语或呓语、无逻辑且令人费解的剧情，映射人生的无意义和缺乏秩序。

与西方现代文学对命运无常的言说相似，偶发事件造成故事情节的突然转折，使得刁亦男创造的影像世界缺少了某种稳定性。危险可能随时从阴影中袭来，对此，主人公无法预知，也无力阻止，他们的命运在这种不确定中岌岌可危。在电影中，观众常能发现主人公在生活日常中与外来暴力突然相遇。《制服》中，王小建不时遭遇他人的勒索、盘问；片尾处又突然被警察盘查、仓皇逃窜。《白日焰火》中警察带吴志贞到出租屋指认现场，屋内的小两口发现自己的家竟发生过凶案；理发店枪战、梁志军用冰刀杀死警察，两场戏发生得毫无征兆。《南方车站的聚会》中，刘爱爱突然被闰哥拦住盘问"你是不是陪泳女"，接着又被其强暴——这场极其令人不适的强暴戏甚至不具备剧情功能。同样，不知是否有向米克洛斯·杨索的《红军与白军》致敬之意，周泽农陷入包围圈，被警方击毙，也令观众猝不及防。可见，暗示命运操弄的突变和反转在刁亦男的电影中出现得相当频繁。

如果刁亦男试图表达人物命运和生活的无意义和非理性、不确定性和失序感，那么他的电影不可能提供确定的、令观众心满意足的结局。毕竟，一个荒诞故事通过消解所有冲突圆满收尾，在逻辑上并不自洽。因此，《制服》里的郑莎莎无法获知王小建的去向，只能坐在河边等待；在《夜车》中，观众无法获知携带凶器的李军是否对吴红燕行凶；《白日焰火》在张自力施放焰火时突兀结束。正义战胜邪恶、有情人终成眷属的好莱坞式完满结局没有如期而至；观众在影片开始时感到的怅惘空虚，并未在影片结束时纾

① 搜狐文化：《刁亦男：真实生活比电影里的故事更荒谬》，2014 年 3 月 24 日，http://news.sohu.com/20140324/n397120604.shtml，2020 年 8 月 30 日。

② 导筒 directube：《刁亦男谈创作与表达：我的信仰是怀疑》，2019 年 8 月 2 日，https://www.thepaper.cn/newsDetail_forward_4060495，2020 年 8 月 30 日。

解。按照罗伯特·麦基对电影主控思想的分类[1]，刁亦男电影的内核显然是悲观主义的。

（二）神秘之物

电影中无来由、无下落的神秘之物也令人印象深刻。《制服》里的关键道具，是一件遗落在裁缝店里的警服；观众得知警服的所有者"出了车祸"，其后剧中再无交代。《白日焰火》中凶案的追查线索是一件皮草；受害者的妻子三姐再次看到失踪丈夫的皮草时，距其失踪已有五年。最令人印象深刻的场景应该是《白日焰火》中突兀地出现在楼道里的一匹孤零零的马，马的主人却不知所踪。物是人非——物（衣服、马）还在，物的主人却消失无踪，只留下了一个巨大的黑洞。这种特殊的美学体验，也曾被博尔赫斯捕捉到："物件比人的寿命长。谁知道故事是不是到此结束，谁知道那些物件会不会再次相遇。"[2] 比所有者拥有更长生命的物，孤立地出现在真空中，总会令观众感到怅惘茫然；它们象征灾祸和死亡。

谈及这一场景的创作动机时，刁亦男表示："它其实也是社会生活的一个反映。日常生活本身会给我们带来不安、紧张，好像是一种间接的暴力，充斥在平静之中，为什么我们会感到不安，它会让我们反观我们的生活。"[3] 导演将两种反差强烈的意象并置，暗示日常事物本身蕴藏的危险。这种处理方式，让我们联想到俄国小说家伊萨克·巴别尔创造的一种暴力的日常化呈现方式，他将残酷的战争与日常景物并置，提示我们日常生活背后的黑暗和残酷。

在艺术创作中，艺术家可以有意识地增强作品知觉与意义的多重性，获得更强的艺术表现力，赋予作品一种艺术品格"暧昧性"（ambiguity）。类似地，罗兰·巴特将摄影作品吸引人的特质定义为"二元性"，即在一张照片中"知面"和"刺点"的共存。"知面"（studium）即照片的文化面，对其解读倚赖于观者的背景知识。但仅有知面的照片并不能"刺痛"观众，使一张照片区别于其他平庸之作的特质是"刺点"（punctum），它是一个能打动观看者的意外、一个挑战，没有被编码也难以被编码。[4] 刁亦男电影中这些视觉意象和情节，如此语焉不详、如此神秘，正如照片中的刺点，赋予电影一种视觉诗性（poeticity）。和荒诞叙事一起，意义暧昧的意象构成了影片旁逸斜出的枝丫。人性的复杂、情感的纠结、日常生活的不确定性，借由这些无法解释的莫可名状之物得以呈现。

① 罗伯特·麦基：《故事：材质·结构·风格和银幕剧作的原理》，周铁东译，天津：天津人民出版社，2016年，第123页。
② 豪尔赫·路易斯·博尔赫斯：《布罗迪报告》，王永年译，上海：上海译文出版社，2015年，第38页。
③ 腾讯娱乐：《刁亦男解读〈白日焰火〉：廖凡没有背叛桂纶镁》，2014年3月25日，https://ent.qq.com/a/20140325/014479.htm，2020年8月30日。
④ Ashleyla Grange：《观看的眼睛：摄影师必读批判理论》，周青、周英耀译，北京：人民邮电出版社，2015年，第101页。

二、欲望男女：刁亦男的人物塑造

（一）底层人物

刁亦男电影的主人公，大多是社会地位低下的中下阶层小人物（裁缝、工人、工厂保安、凶犯）。《制服》的主人公王小建是父母口中"没出息"的人。《夜车》中的工人李军收入微薄，是一个靠妻子卖淫补贴家用的"窝囊废"，后来又被剥夺了住房和孩子的抚养权。《白日焰火》中的张自力在受伤之后调入工厂，由警察成为保安，社会地位的下滑使他成为一个失败者。《南方车站的聚会》周泽农同样失意；他刚刚出狱就卷入了犯罪团伙的帮派争斗和命案，不得不开始一场关乎生死的逃亡。

主人公大多遭遇家庭变故——妻子被判死刑并被剥夺儿子抚养权的李军、丧偶独居的吴红燕、离婚的张自力、因入狱与家人断绝联系的周泽农。《制服》里王小建固然家庭完整，但他屏弱的父亲并不能提供一种男性气质模板，反而喻示男性力量的阉割——电影用镜子映照卧床不起的父亲，昭示小裁缝的未来命运。因此，作为社会基本单元的家庭也无法为他们提供经济和情感的支持。

把这些形形色色的底层人物置于更宏大的历史和社会背景中审视，就能对他们的生命境况获得更多理解。被市场经济转型、企业改制、城市化等宏大的历史进程和社会力量裹挟，社会和人心都显得动荡不安。具有吞噬性的时代对小人物们的命运漠不关心；身份的不确定、社会关系的脆弱、地位的低下使社会底层的主人公们感到极度焦虑，陷入深深的自卑和苦闷之中。由此，王小建和李军们总是以沉默寡言的孤独姿态出现，他们像是被巨大的阴影笼罩，难以喘息。美国社会学家赖特·米尔斯确认了一种名为"社会学的想象力"（sociological imagination）的心智品质，这种品质能够帮助人们思考外在的历史和社会与个人内在生命之间的关联。[①] 显然，刁亦男的主人公们并不具备这种心智品质；他们无法表述自身状态，也无法识别他们的人生境况与外部社会的关系，从而遭遇言语失能、进退失据。

社会地位的低下和家庭关系的断裂，也剥夺了主人公们的亲密关系和性生活（电影中的男性大多经历着性饥渴和性焦虑）。这种剥夺一方面加剧了他们的迷失和焦虑，另一方面也损害了他们的男性气质（masculinity）。有学者发现，男性在家庭外遭遇挫折，会通过向妻子施加暴力来找回自尊、彰显力量，让自己"像个男人"。[②] 而电影中的底层男性选择将暴力（尤其是性暴力）施加给更加弱势的女性。在《制服》中，导演用一个令人不忍直视的长镜头，表现两个嫖客将挣扎的郑莎莎反复推倒在床上，直到其无力起身。《夜车》中的李军像野兽一般，用绳索捆绑吴红燕与其发生关系。《白日焰火》中的张自

---

① C.赖特·米尔斯：《社会学的想象力》，李康译，北京：北京师范大学出版社，2017年，第4页。
② 邓丽丹、方刚：《家庭暴力中施暴男子的男性气质的个案研究》，《中国性科学》2017年第4期。

力甚至把前妻推倒在站台的沙堆上，意欲施暴。同样，《南方车站的聚会》里刘爱爱也是男性暴力的受害者。

刁亦男电影中频繁出现的性暴力叙事 (rape narrative)，并不意味着导演潜意识中的女性是缺乏主体性、被物化的。诚然电影中的女性是男性凝视和暴力施害的对象，但导演意在表达底层女性遭遇的冷酷伤害。相比男性，更弱势的底层女性更加令人同情。尽管同样渴盼着爱与温存，但是她们只能依附于男性，在男性权力的缝隙中谋生存。因此，刁亦男电影中的女性大多是性工作者：郑莎莎是三陪小姐，刘爱爱依附于华华，吴志贞委身于干洗店老板。她们和《制服》中吴红燕的舞女邻居、《夜车》中和丈夫一起通过"仙人跳"诈骗的女人、《白日焰火》车上的三陪女、《南方车站》的陪泳女一起，呈现出一组社会底层的女性群像。

总之，电影中的男性深陷权力欲望，向更弱小者施加暴力消解苦闷；女性遭受暴力，渴求温柔却不可得。他们的畸形关系显然不会长久——刁亦男的四部影片都以男女关系的断裂告终。

（二）欲望投射

不难发现，刁亦男的剧中人物往往拥有两种身份，他们在这两种身份之间不断腾挪转换。例如，在《制服》中，王小建在裁缝和交警两种身份之间切换；郑莎莎白天是音像店店员，下班后是性工作者。《夜车》里吴红燕既是执行死刑的法警，也是一个渴望爱的普通女人。《白日焰火》中围绕着吴志贞和其丈夫的真实身份构建了影片的最大悬疑点。刁亦男电影中对身份的处理营造了影片的基本张力，观众也会对主人公们的身份紧张感同身受。

刁亦男自己将这种叙事手段定义为"双重身份和双重生活"："这几个人物都有他们双重的一面，或者有些心灵阴暗面的呈现，有不同层面的梦，一直在现实生活中寻找内心的梦。"①换言之，电影的主人公们以做白日梦的方式，通过幻想成为另外一个人、得到另外一种身份，试图修补残破的主体完整性，获得一种完满的心理感觉。

服装是这种身份转变的关键催化剂。具体而言，主人公们将欲望投射于衣服上，衣服亦承载了主体的欲望。在《制服》中，小裁缝王小建穿上警服假冒交警，还利用自己的裁缝手艺，为女朋友郑莎莎做了一件仿冒的名牌 T 恤。《夜车》里李军在整部影片都身着工装，暗示着他勉能维持的工人身份。《白日焰火》中吴志贞所在的服装店老板何明荣是性无能者，只能通过观赏"小姐"换衣服来发泄性欲。因此，在刁亦男的电影中，服装不仅仅是一种视觉趣味的载体，还发挥着重要的叙事功能和象征功能。

服装设计中的几个细节也颇值得玩味。《制服》中王小建脚上与警服毫不相配的皮凉

---

① 刁亦男、尹鸿：《风格即是救赎的手段——对话刁亦男》，《电影艺术》2014 年第 3 期。

鞋，显示出王小建伪装的脆弱性（电影中有意加入了一个穿着整齐的真警察和王小建形成对比）。郑莎莎的凉鞋也同样有不少特写，暗示她的脆弱和不安全感。《南方车站的聚会》中，周泽农为遮掩身份随便套上的巴蒂斯图塔（阿根廷球星）球衣，喻指他的悲剧英雄命运。而刘爱爱的帽子和长裙、领悬赏金戴上的变形金刚面具似乎也是一种虚张声势。这些细节在提示观众，扮演另外一个人终究是一种仿冒，主人公的伪装并不会持续太久。在谎言被揭穿之后，他们往往展现出被打回原形、狠狠跌落在地的尴尬和错愕。

我们还注意到，刁亦男塑造了有别于其他电影的警察形象（作为正义化身的脸谱化形象）。他们或身着便衣，混入跳广场舞的人群中，伪装成摩的司机；或身着警服，内心却是渴望温存的普通人。便衣固然是警察办案隐蔽身份的客观需要，但是作为一种反复出现的母题，这种处理似乎另有深意；如果作为秩序维护者的警察身份都难以捉摸、难以自我确认，那么观众就不会忽略弥散在电影中的浓烈迷失感。

三、迷失空间：刁亦男的场景安排

（一）真实空间

场景应该是刁亦男最偏爱的一种场面调度元素。《制服》的破败荒凉、《夜车》的空旷冷清、《白日焰火》的严寒肃杀、《南方车站的聚会》的缭乱危险，都令人印象深刻。四部电影的故事都发生在小城镇；刁亦男曾表示，"过去与现在两种现实"能够共存于小城镇[①]，所以它既能承载导演的个人记忆，也能为艺术表达预留足够的空间。

刁亦男电影中对小城镇环境的刻画，与美国硬汉小说和黑色电影中的环境刻画有颇多相似之处；它们都不吝惜对城市黑暗肮脏的一面着墨。这也是一些评论者将刁亦男的电影称作"本土黑色电影"的原因之一。约翰·贝尔顿指出，黑色电影的文学起源，可以追溯至1920—1930年代的美国硬汉小说，它们呈现了"黑暗的城市街道、后巷、邋遢的办公室、无人的旅店房间、廉价的酒吧、池塘大厅、赌博场、妓院、红灯区、霓虹灯下吸引人的场所统治的城市的另一面"[②]。

而在刁亦男的电影中，对小城镇现实场景的再现随处可见：高耸的烟囱、肮脏的工厂车间、老旧的楼房、破败的舞厅和歌厅、街头的廉价小吃店、钟点房、露天市场、二手家具市场、建筑工地、布满小广告的桥墩和地下通道……即使是《南方车站的聚会》颇有魔幻色彩的动物园搜捕的桥段，灵感也来自真实事件。细微处着眼，导演对空间进行了福楼拜式的刻画；例如，《南方车站的聚会》中，诸如街道（具体如博爱路、宏基路）、兴庆都宾馆、紫竹园米粉、杨庄村、办证小广告等大量细节充斥在影片中，制造了

---

① 搜狐娱乐：《解码刁亦男：〈白日焰火〉为何拍成这样？》，2014年3月27日，https://yule.sohu.com/20140327/n397289326.shtml，2020年8月30日。

② 约翰·贝尔顿：《美国电影美国文化》，米静等译，上海：上海人民出版社，2010年，第236页。

罗兰·巴特确认的"现实效果"（reality effect）。也正是这种具体细致的描绘，平衡了霓虹灯营造的表现主义氛围。通过用视觉符号编织的细密织体，刁亦男的电影拥有了喷薄欲出的野性生命力。

硬汉派小说和黑色电影记录了高度工业化的美国城市腐败堕落的图景，刁亦男的电影也是中国社会转型和城市化进程的记录。在导演怀疑目光的审视下，代表发展和进步的现代化变得非常可疑。影片中，城市化并没有惠及所有城市居民；而城市化的挤压使得主人公们的生存空间愈发逼仄。这种批判在《制服》《夜车》中略有提及，在《南方车站的聚会》中则展现得相当直白。

《南方车站的聚会》里，两派盗窃团伙为愈发紧张的生存空间"地盘"展开争斗。为对周泽农展开搜捕，警方对"工地、社会闲杂人员的聚集地与管控死角、闲置的空屋和拆迁区"进行摸排搜查——这不仅仅是一种为了加强紧张感的叙事策略，还是一种空间压迫的绝妙隐喻。在另一个场景中，周泽农用手枪虚指着墙上裱糊的报纸，上面"见证城市变迁的年轮"标题赫然可见。摄影机仿拟周泽农视角，在报纸的照片上穿梭游动，越过天桥、婚礼、足球赛、香港明星，最后停留在一张飞机照片上。接着，周泽农对着裱糊的旧报纸开枪，明确象征着某种控诉——他在控诉置其于困境的猫眼猫耳，还是这个变迁的时代，抑或还是自己面对动荡时代的无能？枪没有击中任何东西，意味着周泽农们的控诉对象也是虚空的，没有明确的指向性，自然也无法为自己的人生困境提出清晰的解决方案。

（二）象征空间

电影人物的心境和命运也与空间形成了密不可分的对应关系。正如很多评论者指出的，在刁亦男的电影中，空间不仅仅是主人公们活动的物理空间和场所，也是主人公的心理投射和具象心灵。尤其是刁亦男早期作品以寂寥空旷的环境暗示人的孤独落寞、人与人的疏远隔离，颇具安东尼奥尼、贝拉·塔尔的味道。

影片中形形色色的边缘人物，也往往居住在远离城市中心的边缘地带。《夜车》中的李军从工厂中调离，被"流放"到水库，被放逐到边缘（小城）的边缘（水库）。《南方车站的聚会》中的周泽农、猫眼猫耳、刘爱爱、华华等人藏身于城中村。但是，周泽农们绝不是贾樟柯电影中小武式的"漫游者"；也绝非劳伦斯·布洛克硬汉派小说中的私家侦探，像狼一样追踪猎物。刁亦男电影中的人物更像是在空间中无目的、困惑迷茫地逃亡奔窜：王小建游荡在县城里，李军跟踪吴红燕，张自力尾随吴志贞，周泽农和刘爱爱在野鹅塘兜兜转转。导演似乎在借用主人公的视线和运动，让我们跟随他们的眼睛和步伐，完整检视变迁中的空间环境。

剧中人物的移动通常借助某种交通工具，如《制服》里的自行车、《白日焰火》和《南方车站的聚会》中的摩托车。虽然拥有这些交通工具能让主人公们更快、更大范围地移动，但是他们的命运却与交通工具的速度感形成了强烈的反差。《制服》中被识破真实身份的王小建骑上自行车逃窜，堪堪从警察的指尖逃走，却依然被围困在小城厚重的城墙之内。《夜车》李军偷船逃跑，奋力划桨却似乎是在原地打转、没有前行多远。这些人物被困在原地、动弹不得；《夜车》和《南方车站的聚会》中特别的交通工具"船"，喻指脱离坚实土地的漂泊无根感，恰好是他们生存境况的绝妙象征。

如果当下陷入了困境，那么返回故乡是否会成为主人公们逃离的出路呢？王小建和张自力是本地人，他们无处可退。在《夜车》里，我们从吴红燕与相亲者的对话得知，她来自东北小城伊春，转业复员才留在了这里。《南方车站的聚会》中，华华是周泽农的同乡（这是一种社会学意义上的"地缘关系"）；同样也是同乡华华出卖了周泽农。这些无根的人们离开了故乡，不过多年后故乡已成异乡。

到远方寻找他乡又如何？事实上，作为当代文化想象的关键部分，"远方"的确非常高频地出现在电影里。《夜车》中，女法警选择坐上火车，去"另一个"城市相亲。在《白日焰火》中，张自力的前妻在与其离婚后，坐上火车去往"别处"（是否是其故乡则不得而知）。在《南方车站的聚会》中，周泽农问刘爱爱"往哪里跑"，刘爱爱则回答"往南、一直往南"。剧中人物此时此地的生活是迷茫的，生命无处安顿，只能幻想到远方寻找可以容身的乌托邦。但是，导演的态度明显是悲观的。《制服》中的歌曲《绿岛小夜曲》《南方车站的聚会》中的《美丽的梭罗河》，这些缠绵的浪漫曲调，暗示主人公对逝去时光和梦中幻境的向往。不过，对于身处边缘地带的王小建和周泽农们来说，对黄金时代和美好家园的想象变成了一个反讽。它们过去不存在，未来也不会有。

四、结语

对社会变迁中社会底层个体命运、人生境遇和精神焦虑的关注，构成了刁亦男电影的一贯主题。声明"我的信仰是怀疑"的导演，在其电影中贯彻了荒谬的价值观和怀疑的立场，质疑男女之间感情的纯粹性，否认远方想象和乌托邦的可靠性，怀疑工业化和城市扩张的意义。这一精神内核是通过叙事形式的文学化（荒诞和开放式结局），视觉意象和情节的暧昧性、对演员动作和语言的简化处理表现出来的。此外，导演还通过对服装和场景的精巧设置，构建了一个不稳定的欲望世界。在这个世界里，社会底层的边缘个体遭遇了自我认同危机，人与人的关系若即若离，光怪陆离充盈于摇摇欲坠的空间，人在空间中沉沦迷失。

尽管导演通过服装设计、场景安排、警匪题材和悬念设置，增强了影片的视觉丰富性和故事的趣味性，但是个人风格鲜明、文学气息浓厚的表达仍会给适应了商业片的观众带来不小的接受障碍。或许我们应该对刁亦男导演未来的作品抱有期待，期待他能够继续颠覆自己和挑战观众。

八、贤文化与组织传播研究

主持人语

招学讲经，礼乐贤明，读书以学圣贤为第一等事，是中国文明史、教育史的核心思想和主流价值，在东亚地区的影响也深远流长。

北宋时期，思想家周敦颐在《通书》里说"圣希天，贤希圣，士希贤"，圣人之道，入耳存心，内蕴德行，行之事业。自宋以降，儒者多以上承孔孟为务，各展其学，彪炳史册。南宋理学家陆九渊，是"程朱陆王"之一，留下诸多著名的语录和故事，如"宇宙便是吾心，吾心即是宇宙""大做一个人""尊德性""发明本心""践履工夫"等等，对圣贤及其养成所见殊胜，其谓："仁义忠信，乐善不倦，此夫妇之愚不肖，可以与知能行。圣贤所以为圣贤，亦不过充此而已。学者之事当以此为根本。"所谓仁义忠信、乐善不倦都是对心而言，抓住根本，直抵本心，而不是纠结于外在的事务上。他对圣贤及其养成之道的见解，阐释细密，又跳跃超脱，极具启发性。

陆九渊曾说"六经皆我注脚"，对《周易》思想也是从心体上把握，切中经典肯綮。易学"十翼"，曰《文言》《象传》《彖传》《系辞》《说卦》《序卦》《杂卦》，推天道以明人事，修齐治平概莫能外。《文言》云："君子黄中通理，正位居体，美在其中，而畅于四支，发于事业，美之至也。"在君臣关系、国家治理方面，追求天人合德、化成天下和经久不息，而无论君臣，必当修辞立诚，与时偕极。《周易》中的敬天、尊道、明本、贵德等思想，无论是古代政治层面，还是当今企业文化建设，皆是宝贵精神财富。

孔子说："知之者不如好之者，好之者不如乐之者"，那么知贤不如好贤，好贤不如乐贤。知是行之始，知而未必能行；喜好无常，无恒久之功，不成圣贤之道。"乐"之者，会契于心，无论贫贱寿夭，不移其志。然而，自古阐述圣贤之道者有百千之众，践行圣贤之道者有万亿之多，涉及政治、经济、文化、社会等各个方面，我们不光要研究前贤思想与践行经验，还要对这些研究成果进行研究、再认识。当然，东亚圣贤之学、世界上可以与之对话的学说，也应纳入研究范围。

本辑专题四篇文章，即《〈周易〉敬天思想及其应用探析》《内圣外王 君臣相济——〈文言传〉治道思想刍议》《陆九渊论圣贤及其工夫进路》《"贤文化"理论与实践研究综述》，每一篇都各有所长，既有专门的经典论述、思想家专人探讨，又有对现代贤文化在企业组织方面的践行分析，相关综述则是对当前贤文化研究与实践的总体认识，望有助于当前的贤文化传播，以及促进贤文化在个人修身、社会治理、社会组织等方面的理论与应用实践。

胡士颖（中国社会科学院哲学研究所副研究员）

《秋》朱星雨 作

《周易》敬天思想及其应用探析

林鎏生 *

（中盐金坛盐化有限责任公司博士后科研工作站
厦门大学哲学博士后流动站，江苏常州，213200）

【摘要】在《周易》经文和传文中，"天"的概念一共出现了 214 次，可见敬天思想是《周易》的一个重要内容。《周易》敬天思想主要表现为人们当知天、明命以及顺天而行。这一思想也被落实到了具体的实践层面。江苏常州中盐金坛盐化有限责任公司以"贤文化"来建构自己的企业文化，其中"敬天"思想是"贤文化"的重要内涵之一。该公司将敬天思想渗透进人员管理、产品研发等方面，产生了较为积极的生产效益和社会影响。

【关键词】《周易》；敬天；贤文化；企业文化

一、引言

"天"在我国文化的发展过程中具有举足轻重的地位，这一地位主要在《易传》中得到体现。关于《周易》中"天"的内涵，学者也进行了比较丰富的讨论，潘志峰则做了较为全面的总结，可归纳为 6 种："1. 一义说，以季羡林为代表，认为'天'即大自然。2. 二义说，以王明为代表，认为'天'一指有意志的天神，一指自然的天体。3. 三义说，以张岱年、宋指明为代表，张岱年认为'天'一指最高主宰，二指广大自然，三指最高原理。宋志明说'天'有主宰、自然、义理三种内涵。4. 四义说，以康中乾为代表，认为'天'指意志之天、无为之天、道德之天、自然之天。5. 五义说，以冯友兰为代表。冯友兰认为天有五义：物质之天、主宰之天、命运之天、自然之天、义理之天。6. 混沌说，以刘泽华为代表，认为'天'是一个混沌概念，神、本体、本原、自然、必然、命运、心性等等均在其中。"[①] 本文主要从敬天的角度进行论述，在此基础上进一步阐述该思

---

* 作者简介：林鎏生（1987—），男，福建宁德人，江苏常州中盐金坛盐化有限责任公司与厦门大学联合培养博士后，宁德师范学院汉语言文学系讲师，研究方向：易学与道家道教文化。

① 潘志峰：《近 20 年关于"天人关系"问题的研究》，《社会科学战线》2003 年第 4 期。

想在当下社会企业中的具体应用。

二、知天

《说文解字》言："天，颠也。至高无上，从一大。"段玉裁注"颠"曰："颠者，人之顶也。因为凡高之称。……然则天亦可为凡颠之称。臣于君、子于父、妻于夫、民于食，皆曰天是也。"又言："至高无上，是其大无有二也。故从一大。"①可见，天本义指的是一种至高无上的存在，是一个空间性的概念。"从一、大"则对天进行了倾向于人文的阐述。《说文解字》释"一"言："惟初太极，道立于一，造分天地，化成万物。"②释"大"则言："天大、地大人亦大焉，象人形。"③从"大"字的形状，我们可言人而能一之故曰大，若言"惟精惟一"是也。从三个字的解释和字形来看，在一定程度上，"天""一""大"三个概念是相互解释的，即"天"的概念中含着"一"与"大"，而"大"和"一"的概念又是具体通过"天"来表现了，三者又统归于"道"。这三个相互解释的概念都是我们文化中的重要概念。在早期社会，尤其是周代礼乐制度形成之前，个体的自我理性较为淡薄，对"天"的崇拜更多表现为以"天"为主导，根据"天"的意志来引导自己的行为。换一种表达方式，则可以说信仰就是一个人的生活方式。……个体不会将自我意识过多地加入其信仰行为中，几乎可以说凡事皆当问卜，即不是由自我来决定是否去做某件事情，而是把这种选择权交给占卜，交给上天，从占卜的结果来决定做何选择。从文献中看，这种行为在商代是较为明显的。至西周，社会制度发生了结构性转变，其显著之处便在于将生活中的各种言行举止礼制化，这其中很重要的一部分就是将信仰礼乐化，人们的占卜活动需要在现有的礼乐制度下进行。西周以礼乐制度为自己的统治提供合理化解释的同时，也重新确立了新的社会文化秩序。礼乐制度很大程度上去除了文化中的巫术成分，并产生了一个很重要的影响，即个体和集体的行为被限制在了礼乐制度的范围内。虽然二者看似都没有自我意识的参与，却预示着人们的认识由《诗经》中所说的"溥天之下莫非王土，率土之滨莫非王臣"④转向《谦·象》所言的"天道亏盈而益谦，地道变盈而流谦，鬼神害盈而福谦，人道恶盈而好谦"⑤。后者意味着"人"自我理性的重要觉醒。"敬天"而后要求进一步"知天"。"人"逐渐从对"天"和礼乐制度的服从中独立出来，"人"的理性思维能力不断提高，开始理性地认知"天"，建构"天"的新内涵，这一工作便在《易传》中得以完成。这一点由"天"字在经传文中出现的次数便可得到证明。"天"在《周易》经传中一共出现214次，在经文部分，出现了10次，在传文中一

① 段玉裁：《说文解字注》，北京：中华书局，2013年，第1页。
② 段玉裁：《说文解字注》，第1页。
③ 段玉裁：《说文解字注》，第496页。
④ 王先谦：《诗三家义集疏》，吴格点校，北京：中华书局，1987年，第739页。
⑤ 王弼、韩康伯、孔颖达：《宋本周易注疏》，于天宝点校，北京：中华书局，2018年，第125页。

共出现了 204 次：其中，《象》61 次，《大象》18 次，《小象》9 次，《系辞》83 次，《文言》24 次，《说卦》6 次，《序卦》3 次，《杂卦》0 次。由《周易》文本中"天"的出现次数，直接说明了该概念的重要性，并且《易传》对"天"的概念重新进行了阐述。在《易传》中，"天"的地位被提到了一个新的高度，其内涵相比经文而言也逐渐丰富，尤其是在《系辞》和《象》中被反复强调，并逐渐成为文化建构中的核心概念。这一转变是当时人们理性蓬勃发展的典型体现。由"天"的丰富内涵可以看出，《周易》蕴含着鲜明的敬天思想。管国兴先生在《〈周易〉的象数思维及其应用》一文中认为："《周易》的很多卦象都是在表明天道，倡导人们信仰天道。……用大量篇幅表述天道，提倡人们崇敬天道、信仰天道。"[①] 前文所引潘志峰关于"天"概念的总结中所涉及的代表学者的研究文本主要便是以《易传》为主要研究对象。金春峰在《〈周易〉经传梳理与郭店楚简思想新释》一书中，认为："先秦，'天'有多重意义：神灵之天，义理道德之天，苍苍者之天和自然之天。"[②] 上述引文都说明了"天"的内涵在春秋战国这一时期发生了明显的变化，同时也表达了人们从自我的立场出发，对"天"形成了更加多元的认知。

　　《临·彖》曰："临，刚来，浸而长。说而顺，刚中而应，大亨以正，天之道也。"这里用"说而顺，刚中而应，大亨以正"来描述"天之道"。"知天"便是要知晓"天之道"。观之卦象，《临》卦内卦为兑卦为悦，外卦为坤卦为顺，故言"说而顺"。九二爻刚中而正应于六五爻，故言"刚中而应"，虽有"大亨"之局面，但要时刻注意约之以"正"。《泰·大象》曰："天地交，泰。后以财成天地之道。"此言天地之道在于"交"，天地当相交，当有所交流，若天地不交，则将成否闭之势。天地相交则自有"文"，故四时行焉，百物生焉。《系辞》亦言："无交而求，则民不与也。"故言交乃天地之道，交则泰，不交则否。泰卦初、四挥而成雷风《恒》卦，《恒·彖》言："天地之道，恒久而不已也。"恒卦内卦为巽卦为长女，当持内也；外卦为震卦为长男，当守外也。故言恒者，便有男女各自守正之意，此与《临》卦言"大亨以正"是相通的，亦与《系辞》所谓"天地之道，贞观者也"[③] 是一致的。"贞"者，正也。通过上述的文本分析，我们可以把"天之道"归纳总结为两个主要方面，即"正"和"交"。

　　三、明命

　　知天之道以明人之命，而合于天也，故需将"知天"落实到"人事"中来。天道落实到人事便为明命，故明命亦可谓敬天之自然而然的结果。关于明命的论述，最直接的内容便是《大象》。《大象》的内容主要是先描述卦象呈现出来的状态，接着将之折射到人事之上。前者可谓由象而识天道，后者则是由天道而昭明人事，为人们的言行提出指

① 管国兴:《传统文化与管理哲学论文集》，北京：九州出版社，2020 年，第 5 页。
② 金春峰:《〈周易〉经传梳理与郭店楚简思想新释》，北京：中国言实出版社，2004 年，第 93 页。
③ 王弼、韩康伯、孔颖达:《宋本周易注疏》，第 145、102、453、216、432 页。

导原则。最为人们所熟悉的就是"天行健，君子以自强不息""地势坤，君子以厚德载物"①。"天行健""地势坤"都是观象之结果，从卦象以及自然之象中得出"天""地"之基本特征，由"天""地"的基本特征而推出君子当自强不息、厚德载物。

关于明人之命，观之《周易》六十四卦，笔者以为可归于两卦之中，此即《旅》卦和《复》卦。从这两卦中，可窥得"命"之轨迹，由此循迹而行，戒慎恐惧，可谓明命也。人生如逆旅。当个体出生之时，他便走上了寻找自我、寻找生命的旅程，这可以说是时间设下的规则，每个来到这个尘世的个体都不可避免。故可言"旅"之内涵贯穿于个体生命之始终。《旅》卦卦辞言："小亨，旅贞吉。"意指小事则亨，在旅途中当守持正固，方可获吉祥。这是《旅》卦的总纲。这里需要注意两个方面：其一，要明确"小亨"之"小"，乃是"亨"的前提，这里的"小"可指小心翼翼，可指取小舍大，可指人尊我卑，可指屈而不伸，括而言之，"小"指的是一种具有敬畏之心的生命状态，此与"旅贞吉"之"贞"具有内在的一致性；其二，当明晓"旅"是一个主动的状态，要主动地行旅，不可故步自封，对外界要持一种开放的态度。再观其爻辞，初六言："旅琐琐，斯其所取灾。"此言旅之初当有灾难困难；六二言："旅即次，怀其资，得童仆，贞。"言有所获；九三言："旅焚其次，丧其童仆，贞厉。"此言六二之获得而复失也；九四言："旅于处，得其资斧，我心不快。"言虽有所得，然多有不快；六五言："射雉，一矢亡，终以誉命。"此言努力射雉，亡矢而得雉，不亡矢则无雉可得也，且六五终将受命而获誉也；上九又言："鸟焚其巢，旅人先笑后号咷，丧牛于易，凶。"②此复言所得雉、誉终将逝去，故戒之以凶。此六爻言旅途之中，有失有得，但旅之终则是"鸟焚其巢，旅人先笑后号咷，丧牛于易"，"鸟巢"者，个体自我之身躯；"焚"者，时至火烧也；"焚巢"者，死亡也。言人生终将面对死亡。无论个体对这个过程是否形成自己的判断和认知，这个过程在客观情况下总是按照其本有的内在秩序而展开，每个人都要承担。这是有关明人之"命"的第一个方面。

第二个方面就体现在《复》卦中。"复"既是一种价值判断和选择，《复》卦意味着对生命是一场旅程这种状态的理性认知，并在此基础上，不断寻找一种回归，从外观转为内观，从观物转为观心，复归于自我的生命之中，若《道德经》言"复归于婴儿"③；同时也体现为一种方法论，即总是要看到自己状态的对立状态，看到一种周期反复，若《道德经》所谓的"反者，道之动"④，《复》卦卦辞言"反复其道，七日来复"，亦此之谓也。《复》卦六四爻最能体现这两层意思，其言"中行独复"，《象》曰："中行独复，以从道也。""中行"者，即按照"中"的原则来行动，此可谓一种方法论的选择；"独复"者，

① 王弼、韩康伯、孔颖达：《宋本周易注疏》，第14、42页。
② 王弼、韩康伯、孔颖达：《宋本周易注疏》，第337—340页。
③ 楼宇烈：《老子道德经注校释》，第73页。
④ 楼宇烈：《老子道德经注校释》，第110页。

道出了生命的状态，此可谓价值之判断、选择。《复·彖》曰："复，亨。刚反。动而以顺行。……复，其见天地之心也。"①反通返，言阳爻复见，一阳来复，此是希望之象征，亦是生命之必然，若《旅》卦最终言"鸟焚其巢"，两者是对生命状态的不同侧面之描述。

两个不同侧面共同构成了"人之命"，明此两者，可谓明人之命也。虽然"鸟焚其巢"，而依旧"中行独复"，然后方可"见天地之心"也。

四、顺天而行

知天之道、明人之命而后当顺天而行，此乃自然而然之结果。知天之道乃是追本溯源，明人之命乃是价值选择，顺天而行则是实践体证。这是三者的内在逻辑，由内而外，由知到行，由理论到实践。《说卦》言："乾，健也。坤，顺也。"②《坤·彖》曰："至哉坤元。万物资生，乃顺承天。"又《坤·文言》："坤道其顺乎，承天而时行。"可知人若要顺天而行，就当效法坤道精神来进行实践，这可以说是实践之总纲。在此总纲下，又可以分成几个条目。

《坤》卦初六爻曰："履霜，坚冰至。"此言对事物发展状态的一种预测，故进一步延伸出当居安思危，谨言慎行。《坤·文言》也对这一爻做了具体解释："积善之家，必有余庆。积不善之家，必有余殃。臣弑其君，子弑其父，非一朝一夕之故，其所由来者渐矣。由辩之不早辩也。《易》曰：'履霜，坚冰至。'盖言顺也。"③从引文中我们可以对"顺"做至少两方面的阐述：第一，从德行方面而言，"顺"意味着当积善，对于不善之举则要小心预防，六二爻所谓"直方大"便是其具体说明；第二，从时势而言，"顺"意味着对当下自我位置的判断，看到事物渐变的发展趋势，仔细辨别而后顺势采取相关行动。六三爻的"无成有终"，六四爻的"括囊，无咎无誉"都是这种顺势而为的具体表现。六个爻，初、二两爻象征"地"，三、四两爻象征"人"，五、上两爻象征"天"。因此当言及具体行动时，需要格外注意三、四两爻。"无成有终"意味着不可执着于自己所取得的成就，故言"无成"，这说的乃是一种谨慎之状态。"有终"说的是，如果个体可以这样坚持，那么他的行动最终会有所收获。"括囊"指的是收紧袋口，此亦是指当养精蓄锐，不可过多地显露自我，如此行之，则可无咎无誉，方可静待六五"黄裳，元吉"的到来。此与《乾》卦九四爻"或跃在渊，无咎"转至九五之"飞龙在天"有着异曲同工之妙。于第四爻而言，皆言谨慎也。

从上文论述中，我们可以概括出顺天而行的主要内涵：第一，德行上的要求是我们进行实践的基本前提；第二，顺应时势之变化，不可固守自我观念，唯变所适；第三，当谨言慎行，常怀敬畏之心，以"无成""括囊"的心态来处世应时，或可至"黄裳，元

① 王弼、韩康伯、孔颖达：《宋本周易注疏》，第171—175页。
② 王弼、韩康伯、孔颖达：《宋本周易注疏》，第480页。
③ 王弼、韩康伯、孔颖达：《宋本周易注疏》，第41—48页。

吉"之局面，但也要随时做好准备，应对"龙战于野，其血玄黄"之处境。关于顺天而行，在《中孚》《萃》等卦中也有相关论述。

《中孚·彖》："中孚以利贞，乃顺乎天也。"《中孚》卦强调顺天便是要做到二爻和五爻，居中诚孚，守持正固。此处顺天一方面言及德行，即引文中强调的"孚"，意指孚信。《大有·象》曰："火在天上，大有。君子以遏恶扬善，顺天休命。"此亦是德行的范畴，不过在内容上强调的是遏恶扬善，即遏制恶的事物，宣扬善的事物；另一方面则言及自己所处的位置，即引文中的"中"，指示当对自我所处的位置有一个理性认知。《革·彖》有言："天地革而四时成，汤武革命，顺乎天而应乎人。"《革》卦的内容也是对自我所处位置的一种理性认知，不同的是，这里更多是在时间的范畴内来进行认知的，"中"则主要是指空间概念。《兑·彖》："刚中而柔外，说以利贞，是以顺乎天而应乎人。"① 则是从空间角度来说明要以"刚中"而顺天应人。

《萃·彖》有言："用大牲吉，利有攸往，顺天命也。"引文从仪式、信仰的角度来讨论的，相当于《坤》卦中所强调的敬畏之心。"用大牲"，指的是隆重的祭祀仪式，若从泛指的角度观之，则可以延伸为要以虔敬之心来指导具体实践，当我们思考自己与他人、与自然、与自我的关系时，都应当存此敬畏之心，如此方可谓"顺天命也"。此即顺动之也，若《豫·象》所言"天地以顺动，故日月不过，而四时不忒。圣人以顺动，则刑罚清而民服"②，如此顺动而行，则能行为不忒，法制规范而众人信服。

五、"敬天"思想的具体应用

当前"敬天"思想也被运用到了企业文化建设之中。日本著名企业家稻盛和夫经营企业的核心理念便是"敬天爱人"。他认为敬天就是依循自然之理、人间之正道，与人为善，即要坚持正确的做人之道。江苏省金坛市中盐金坛盐化有限责任公司在建构自己的企业文化时，提出了"贤文化"的重要概念。该公司对"贤文化"的内涵做了如下阐述：敬天、尊道、明本、顺性、尚贤、慧物、贵和、致远。"敬天"是该企业文化的核心内容，被置于第一位。该公司对"敬天"思想做了这样的阐述：世间万物乃天生之，地养之。故人当用仁心助天生物，助地养形。如此，则天地间万物得以畅茂，资用富足，瑞应常现，天下和乐，此为企业者不可不审且详也。盐盆资源为天赐珍物，金盐人深察于资源有限，不敢以私心恣意取利，故怀敬畏感恩之心，构循环发展模式，珍惜资源，爱护万物，保一方碧水蓝天，以不失天地之心，顺四时生，助五行成。

该公司对"敬天"思想的解读包括这几个层面：第一，对资源有清晰的认识，即意识到这些资源是天生之、地养之，极为可贵，当合理利用，用仁心来面对自然资源；第二，对公司与自然资源的关系有明确的认知，即公司的命运依赖于盐盆，故当对盐盆存

---

① 王弼、韩康伯、孔颖达：《宋本周易注疏》，第 357、120、298、346 页。
② 王弼、韩康伯、孔颖达：《宋本周易注疏》，第 279、130 页。

敬畏、感恩之心；第三，开发过程中，当存公心，不可私取；第四，盐乃民生大计，当用之于民，以合天地之心，以顺四时五行。第一、第二层面是定位和认知的问题，第三、第四层面是生产和服务的问题。这些方面共同构成了该公司"敬天"的价值取向。如果将这段解释进行归纳总结，则可以归之于两个概念：敬和复。敬而知复，复而显敬。"敬"是我们文化中一个十分重要的概念，例如朱熹在养心功夫中十分强调戒惧守敬。敬体现为"审且详"，就像《周易》所言"君子终日乾乾，夕惕若""君子敬以直内，义以方外，敬义立而德不孤"[1]。复体现于"不失天地之心"，此即《复》卦所谓"反复其道，七日来复。……复其见天地之心乎"[2]。

可以说"敬天"思想是中盐金坛盐化有限责任公司区别于其他公司企业文化的重要体现。因为该公司是一个盐业公司，而每个天然盐盆都是大自然经历极其漫长的时间方可形成。并且盐是属于非可再生资源，用之则少。因此，在面对这些非可再生资源时，首先要明确的便是对待这些资源的态度。那么，该公司把"敬天"思想作为企业文化的首要内涵，便具有重要的指导意义，并且也符合该公司的自我定位。正如该公司认为："盐盆资源为天赐珍物，金盐人深察于资源有限，不敢以私心恣意取利，故怀敬畏感恩之心，构循环发展模式，珍惜资源，爱护万物。"该公司总经理管国兴先生在《企业文化建设的实践与思考》一文中认为："企业文化就是在企业的生产经营过程中，企业从上到下领导与员工的价值追求。……企业文化建设，很实际的目的就是要让企业健康地活下去，并且要越活越好，越活越强大。离开生存和发展，离开经济效益，企业文化便成了无本之木、无源之水，不能落地，不能扎根，徒剩一堆美丽的辞藻。"[3] 这个定位直接影响着公司把"敬天"作为"贤文化"的首要内涵。可以说"敬天"也奠定了"贤文化"的基调。一个公司的企业文化乃是该公司在长期发展过程中，经过不断积累自然而然提炼出来的。虽然不同公司的企业文化都有相类似的地方，但一定会有其区别于其他公司的独特之处，这个区别便是这一企业文化能够为该公司提供长足动力的原因所在。柯林斯在《基业长青》中说道："卓越的企业之所以能够不断发展，其根本原因是企业有指引、激励公司上下的核心理念"。[4] 可以说企业文化不是随便借鉴几个概念便可，企业文化一定是基于公司、员工、产品的特质以及现实社会的具体需求而形成的具有鲜明导向作用的价值观。因此，"敬天"思想是该公司经过不断实践与反思之后的结果。管国兴先生在对企业的核心理念也有相关论述，他说道："这个核心理念就是老子所谓的'道'。道是真实的最高存在，不是创造出来的，人们只能发现并遵循'道'而行。企业的核心理念也不是制定或创造出来的，……从企业文化中发现核心理念，这个'理念'便是企业自身的，便易于

---

① 王弼、韩康伯、孔颖达：《宋本周易注疏》，第6、49页。
② 王弼、韩康伯、孔颖达：《宋本周易注疏》，第171—172页。
③ 管国兴：《传统文化与管理哲学论文集》，第190页。
④ 吉姆·柯林斯、杰里·波勒斯：《基业长青》，北京：中信出版社，2009年，第53、260页。

得到企业员工的认同。企业的核心理念不是企业的文化标签，而应通过各种方法取得企业员工的认同，并使之内化为员工的自觉行为。"他还认为："对企业来说，为道就是寻找并确立企业的核心理念。企业核心理念的发现也是一个去蔽的过程，去除非本质的、非核心的内容，核心的内容就会自然呈现。在面对哪些内容应成为企业的核心理念这个问题时，人们总是难以取舍，非难在'取'，而难在'舍'。"① 可见，企业文化的发展需要一个循序渐进的过程，而一旦某个企业真正提炼出核心理念之后，这个核心理念便会成为该企业的精神内核，影响这个企业的整体气质。中盐金坛盐化有限责任公司在"贤文化"这一企业文化的引导下，做了许多与文化相关的活动，例如举办学术会议，成立宏德文化基金会等，这些体现出了该公司与其他兄弟企业所不同的行为选择。这些文化上的投入也日渐收到效果，这些举措使得该公司在业内享有很好的声誉，与此同时文化也逐渐开始反哺经济，从而进入了一种良性循环之中。

综上所述，敬天思想主要体现在知天、明命以及顺天而行等三个方面，中盐金坛盐化有限责任公司在建构自己的企业文化中，提出了"贤文化"的重要概念，包括敬天、尊道、明本、顺性、尚贤、慧物、贵和、致远八个方面的内涵，其中敬天思想是核心内涵，该公司把敬天思想切切实实地运用到了企业文化建设之中，从而使得该思想有了更为鲜明的现实意义。

① 管国兴:《传统文化与管理哲学论文集》，第80—81页。

内圣外王　君臣相济

——《文言传》治道思想刍议

杨学祥*

（赤峰学院法学与商务学院，内蒙古赤峰　024000）

【摘要】《文言传》中君臣相济平治天下的治道思想颇具特色。我们大体可以从臣道与君道两个层面来分析论述。臣道层面主要包括"含美弗成"与"黄中通理"两大特质；君道层面则涵盖了"天人合德""化成天下（上治）"与"悠久不息（天下治）"三个方面。

【关键词】君道；臣道；黄中通理；天人合德

我们认为《文言传》所塑造的是一个德性充盈的价值世界。君子进德修业，就是为了成为大人、圣人然后进行安人、安百姓的育养万民的事业。因此《文言传》整体上可以看作一套富含治道思想的政治哲学。《文言传》的最终理论指向是内圣外王，如果只有"内圣"而没有"外王"就是对于乾坤之道的非圆满完成，就是对"文德"的未尽其致。所谓"内圣"即君子内在的德性修养，所谓"外王"即君子根据现实情况推显自身之德性于人伦日用，使之彰显为可见的行动，成就化民成俗、治国平天下的事功。《文言传》内圣外王的治道思想是对西周礼乐文明精神在易道维度的继承与开显。我们对《文言传》治道思想的评述分为臣道与君道两个层面来展开。

一、臣道

《文言传》的臣道思想具体体现为坤卦诸爻所行之道。《坤·文言》在总体上认为臣道当内涵中正之德，从君事，终君业，功成不居而归美于君。《文言传》对君臣之道的论述是建立在坤阴顺承乾阳的根本立场上，所以偏重于单方面强调臣对君的职责与义务，而未讲明君对臣的道义要求。《文言传》中关于为臣之道的论述我们主要介绍"含美弗成"

---

　　* 作者简介：杨学祥（1986—），男，山东济南人，赤峰学院法学与商务学院讲师。

与"黄中通理"。

首先，"含美弗成"。"含美弗成"是《文言传》阐释坤卦六三爻所提出的一种观念，表达的是坤道含美而顺乾，臣道含美而从君的价值追求。

阴虽有美含之，以从王事，弗敢成也，地道也，妻道也，臣道也。地道"无成"，而代"有终"也。

坤卦六三爻以阴爻居阳位，因此内含刚美之德。以章美之德坚固守正以辅佐君王，功成不自居而归功于君王，自己从始至终谨守臣职。宋衷注解说："臣子虽有才美，含藏以从其上，不敢有所成名也。"[①]这是坤卦六三爻的德性，《文言传》以"地道也，妻道也，臣道也"概括之。《文言传》将有"美"而"含之"，居后处顺而不争视为地道、妻道、臣道之正。

在君臣关系问题上，孔子认为有"所谓大臣者：以道事君，不可则止"（《论语·先进》）。他主张以道事君，事君是为了推行自己的安人、安百姓的志向。要"事君尽礼""能致其身""敬其事而后其食"，大臣要先致敬尽忠，做好自己的工作，而不能抱着孜孜求禄之心。特别值得注意的是，孔子主张"君使臣以礼，臣事君以忠"（《论语·八佾》）。这是强调君臣之间的伦理关系是相互的，对双方都有所要求的。孟子认为为臣之正道就是要"格君心之非"。他说"君子之事君也，务引其君以当道，志于仁而已。"（《孟子·告子下》）"不以舜之所以事尧事君，不敬其君者也。"（《孟子·离娄上》）甚至认为："责难于君谓之恭，陈善闭邪谓之敬，吾君不能谓之贼。"（《孟子·离娄上》）这是说为臣之道，要以正道责难于君、致君尧舜才算恭；彰显善道、防止邪行才算敬君；不向君主陈说善道，臆断君主能力不足的则是贼害其君之臣。另一方面，孟子还强调"王公不致敬尽礼，则不得亟见之"（《孟子·尽心上》）。君主要主动向士君子表达敬意、周全礼节才能得到君子的效力。这是与《文言传》的君臣观显著不同的。孔子、孟子的君臣观立足于士君子得君行道、致君尧舜的基本立场，注重臣对君之善恶欲望、政令行为的归正。《文言传》则立足于阴顺阳、坤承乾、臣从君的尊卑对待立场，所以专注于强调臣道顺从君道的一面。

其次，"黄中通理"。"黄中通理"是《文言传》阐释坤卦六五爻所提出的一种价值追求。

黄裳元吉，文在中也。（《象传》）

坤卦六五爻以阴爻居上卦中位，柔顺而能中之象。黄色为五行中央之色，裳是下体

① ［清］李道平撰，潘雨廷点校《周易集解纂疏》卷二，北京：中华书局，1994年，第91页。

之服。黄裳就象征着六五爻柔顺谦下而守中的德性。六五爻也因这种德性而获得元吉之兆。

> 君子黄中通理，正位居体，美在其中，而畅于四支，发于事业，美之至也。

《文言传》阐发坤卦六五爻的义理认为，这一爻象征着君子具有柔顺中正之德，并且畅达于义理，这即是《说卦传》所说的"和顺于道德而理于义"。郭雍云："美德在中，故畅于四肢，发于事业，皆天下之至美，是以天下蒙其福也。"[①]君子以黄中之性，通晓于义理，涵养、扩展此黄中之性，使之居于心之正位即主于心，由此再加以推阔，即能盛德滋润于身，大业泽被于民，最终成就盛德大业之至美。《文言传》这一思想应是本于《孟子·尽心上》所云："君子所性，仁义礼智根于心，其生色也，睟然见于面，盎于背，施于四体，四体不言而喻。"

如前文所言，《易传》认为圣人作《易》的目的是"崇德广业"，追求与天地合德的终极境界，同时也追求使天下万民富有日新的大业。天地之所以为天地，就是因为其生化、成就万物之盛德大业。圣人要保守住自己的大位，就要法天施行仁德；圣人要维持政权的稳定运行，就需要法地推行义德。《易传》追求的是德业并进，而又以"德"为"业"的基础。《文言传》"黄中通理"的境界观同样也彰显了《易传》进德与修业一体并进的致思路向。如张浚所言："美德积于中，而事业著于下，君子之仁孰大于是！"[②]君子本具黄中之性，以之居体则"美在其中"，以之用事，则"美之至也"。德业并进，身心合美，万物得宜，创造天地间的至美和谐境界。

《坤·文言》所说的"黄中通理"与《乾·文言》"天人合德"有什么区别呢？如我们在前文所说，坤卦以阴柔、处顺、居后为本，《坤·文言》强调的就是本于坤顺之德的"承天而时行"，是"后天而奉天时"，是居后顺承于天时的降临，而不会去主动追求"先天而天弗违"。这就是坤道、臣道意义上的"黄中通理"与乾道、君道之"天人合德"的一间之别。这也符合于《文言传》乾刚坤柔、乾健坤顺的根本阐释原则。

二、君道

君道主要是乾卦九五爻有龙德而居君位之大人、圣人所行之道。《乾·文言》认为君道当刚健中正，遍利万物，与天地日月四时鬼神同德并立，上法天道，继乾元始物之德，下育群生，辅万民性情之正。《文言传》中关于为臣之道的论述主要包括"天人合德""化

① 郭雍：《郭氏传家易说》卷一，《文渊阁四库全书》，台北：台湾商务印书馆，1986年影印本，经部，第13册，第23页。
② 张浚：《紫岩易传》卷一，《文渊阁四库全书》，台北：台湾商务印书馆，1986年影印本，经部，第10册，第12页。

成天下（上治）"与"悠久不息（天下治）"。

首先，"天人合德"。

我们认为《系辞上传》"继善成性"的命题，超越并统一了三才之道的区分，在天人合一的层面上以一个更具概括性的命题阐述了本原性的"易道"。易道是"云行雨施"的生物者，是"德合无疆"的成物者，是"大明终始"的创造者，是"承天时行"的成就者。易道之德即"生生"之德，生而又生，富有万物，日新其德，终致保合大和、万国咸宁。人之生而为人的使命，就是承继易道的生生之德，并将其凝结贞定为自身的本性，也就是"仁"。《易传》就是这样以天人同构的视角，证成了天人合德的观念。徐复观先生将包括《文言传》在内的《易传》之性命思想结构，统一概括为"一阴一阳之谓道，继之者善也，成之者性也"，并认为此思想结构是《中庸》"天命之谓性"命题的具体化表达。[①] 我们认为这一概括是非常准确的。在这一性命思想结构下，《文言传》提出了《易传》中最具代表性的道德修养、社会治理一体并进意义上的最高境界——天人合德。

> 夫大人者，与天地合其德，与日月合其明，与四时合其序，与鬼神合其吉凶。先天而天弗违，后天而奉天时。天且弗违，而况于人乎？况于鬼神乎？

孔子认为"博施于民而能济众"的仁者方为圣人。《易纬·乾凿度》云："大人者，圣人之在位者也。……言德化施行天地之和，故曰大人。"《系辞下传》也主张"圣人之大宝曰位"。因此，我们认为《易传》中的"大人""圣人"一般指得君位的有德之人。程颢即曾明确提出："人之学，当以大人为标垛。"[②] 这是因为大人、圣人是本源性之仁体的完满实现者，是万民的抚育者，以人文化成天下的人道王者。

王雅教授研究指出《易传》视天人为一生生不息的生命有机体，二者相资相长，呈现为"'生生'—'感通'—'偕行'的共生状态。……'四合'是对'大人'性质的描述，'先天而天弗违，后天而奉天时'是对'大人'能力的描述。所谓'合德'，就是能够'感通'天地生生之德……完成生之目的，实现生的意义"[③]。我们认为这一总结是准确的。《文言传》在这里展现的世界观，既是一个自然的宇宙，也是一个生命的、道德的宇宙。大人即"易简之善配至德"之人，"穷神知化，德之盛也"之人。天地有生化万物之德，大人亦有化育万民之仁；日月有照临万物之明，大人亦有万事体察、众理明晓之智；四时于万物有生长收藏之序，大人于治民亦有赏罚宽猛之节；鬼神有福善祸淫之能，圣人为政亦有赏善罚恶、禁民为非之义。"先天"即圣人发挥参赞之能，财成乾坤交通和合之道，辅相天地生成长养万物之宜。"后天"即圣人顺应天时而行事，助成天地生物之功。

---

① 参徐复观：《中国人性论史（先秦篇）》，上海：华东师范大学出版社，2005年，第132页。

② ［宋］程颢、程颐等，王孝鱼点校，《二程集》，北京：中华书局，2004年，第136页

③ 王雅：《"生生""感通""偕行"——〈易传〉的天人共生哲学》，《周易研究》2010年第3期。

用今天的话来说，"先天"即发挥圣人的主观能动性，针对具体情况预判自然规律的运行轨迹并加以适切地利用。"后天"即遵循自然规律而行事。《系辞上传》说圣人或易道"与天地相似，故不违。知周乎万物而道济天下，故不过。"我们认为就是《文言传》所说的"先天而天弗违，后天而奉天时"之义。

程颐云："大人与天地日月四时鬼神合者，合乎道也。"（《周易程氏传》卷一）[1] 程颐是以"道"来统摄"天地""日月""四时""鬼神"与"大人"。"天地""日月""四时""鬼神"的运行遵循天道的规则，"大人"的行事则遵循人道的秩序，它们都生存于同一个自然宇宙中。在这同一个自然宇宙中，能够沟通这些元素，达到一体无碍、和谐无间、和顺无违之境界的，是存在于这些元素之中的共通的本性——"德"。天地以化生万物为德，日月以光明普照为德，四时以生物有序为德，鬼神以福善祸淫为德。"大人"之"德"即在于广泛而深入地体悟、体会、体贴天地、日月、四时、鬼神之"德"，并在具体行事中充分地发挥出来，尽其"参天地""人文化成"天下的职能，以此成就其"浑然与物同体"的"仁德""文德"。也就是在这个过程中，自然宇宙转化为乾元之生意通流的道德宇宙。《系辞上传》曰："夫易，圣人所以崇德而广业也。"《系辞下传》曰："天地之大德曰生，圣人之大宝曰位。"《易传》视域下的"圣人"具有鲜明的"内圣外王"的品格，内蕴至善之德，外现覆载天下之业。盛德大业，修己安人，这种观念在《易传》体系中是统一的。

广大配天地，变通配四时，阴阳之义配日月，易简之善配至德。……法象莫大乎天地；变通莫大乎四时；县象著明莫大乎日月。（《系辞上传》）

我们结合《文言传》与《系辞上传》的相关表述，可以知道，天地有广大生物之德，四时具变通成物之功，日月彰阴阳配合之义，而如此种种至上德性均涵具于大易乾坤之道中。宇宙中最大的象莫过于天地，变化交通之象莫过于四时，彰明较著之象莫过于日月，尊崇高尚之象莫过于富有显贵。而与此同时，使天下之物尽其才用，并创造新器具以成就万民之大利，具备如此盛大功业的莫过于圣人。探究隐微的万物之理，钩求幽深玄远的万事之义，以判定天下万事万物的吉凶，成就自强不息的功业，具备如此神奇能力的莫过于蓍龟。

大人"与天地合其德，与日月合其明……"，这是大人主动去与天地、日月、四时、鬼神相合，是以人合天的过程，这个过程也就是《系辞上传》所说的"继之者善也，成之者性也"。这里所强调的，是人在认识到天道本质之后，自觉地去追求这个天道的善，自觉地追求把天道的善体之于自身，并通过扩充、涵养而成就自己与天合一的善性。方

---

① ［宋］程颐撰，王孝鱼点校，《周易程氏传》卷一，北京：中华书局，2011 年，第 12 页

东美先生认为,儒家形上学特色之一,是"强调人性之内在价值翕含辟弘、发扬光大,妙与宇宙秩序合德无间"①。"人居天地之中,兼天地之创造性与顺成性,自应深切体会此种精神,从而于整个宇宙生命创进不息、生生不已之持续过程中,厥尽参赞化育之天职。"②做到这一点所要求的就是人的价值理性的自觉与道德主体性的挺立。

《说卦传》曰:"立天之道曰阴与阳,立地之道曰柔与刚,立人之道曰仁与义。"《文言传》"合德""合明""合序""合吉凶"之"合",乃是人道与天道、地道层面之"合"。"大人"其德、其行能与天地之道契合无间,如此方成就其为天人一体之大人境界。我们以为,"大人"主动追求的与天地、日月、四时、鬼神所"合"的"德""明""序""吉凶",实分别对应于"仁德""明智""礼序""义行",即仁、智、礼、义四德。天道"始而亨",地道"承天而时行",人道"先天而天弗违,后天而奉天时",人卓然与天地并立的三才思想,在《文言传》中表露无遗。

> 至诚无息。不息则久,久则征,征则悠远,悠远则博厚,博厚则高明。……博厚配地,高明配天,悠久无疆。(《中庸》)

《中庸》对于拥有至诚之德的圣人之德性、事功境界的描述与《文言传》是一致的。《中庸》认为天地之德,在无所休止的生化、覆载万物中展现,日月之明,在东升西落、照耀万有中展现,四时之序,在循环流转、生生不停中展现,鬼神之吉凶,在赏善罚恶、弗见弗闻而洋洋乎无所不在中展现。由此同时,凡此种种,也是在具体的时遇、情境中方得展现。圣人即以其博厚、高明、恒久之德与天地相配,与天地合德。诚如牟宗三先生所言:"孔子之言仁是真实德性生命之开启,是一体之沛然莫之能御,……其浑沦整全之一体之沛然固无法在原则上划定其界限者。如其有极限,则其极限必是与天地合德、与日月合明、与四时合序、与鬼神合吉凶,而此正是无限。"③

道家的天人合一思想,最具代表性的是《庄子·齐物论》所云:"天地与我并生,而万物与我为一。"《庄子·天下》所云:"独与天地精神往来而不敖倪于万物。"庄子的这种与天地的并生合一思想,是在建立在万物由一气化生的基础上,体悟天地自然的和谐精神而来,不具有道德论的属性。因而他与《文言传》之生化日新、生机流布的天人合德论有着根本性的区别。

《文言传》的"天人合德"思想是天人合一的最高境界。所谓"天人合一"境界,就是主体与天地的生生之德完全合一的存在状态,这个合一不只是内在德性层面的,更是外在事功层面的。所谓进德修业、崇德广业、内圣外王,大人、圣人之与天合德就是要

---

① 方东美:《中国形上学中之宇宙与个人》,《生生之美》,北京:北京大学出版社,2009年,第142页。
② 方东美:《中国形上学中之宇宙与个人》,《生生之美》,北京:北京大学出版社,2009年,第145页。
③ 牟宗三:《心体与性体》,《牟宗三先生全集》第5册,台北:联经出版社,2003年,第317页。

真真切切地体现于生化万民、化成天下的盛德大业之中。蒙培元先生认为，"大人"之所以为"大"，"圣人"之所以为"圣"，就在于他们能与"天德"合一，充分实现生命的意义与价值。①《易传》通过阴阳观念建构的统天人、通物我的易道体系，为儒家道德学说树立了宇宙本体层面的依据，证成了天德与人性的一体不二。同时，包括《文言传》在内的《易传》诸篇，其所谓圣人、大人，都是德业兼备的内圣外王之人，内在的本源之德性在他们那里得以充实、无碍地通过对万民的抚育、教化展现了出来。在这个意义上说，无君位之君子、臣子在内在德性层面可以追求、达到天人合德的境界，但因为没有相应的化民、育民的政治事功，因此在《文言传》视域下也并非真正意义上的天人合德。《文言传》通过对乾、坤两卦的诠释，所意图塑造的是刚健有为的天道与宽厚柔顺的地道协同共济、互补互成，生化万物，大人、君主在天地乾坤生生之德的感召下自强不息、进德修业，达至与天人合德、参天地之化育的境界。

其次，"化成天下（上治）"。

周人认为："有夏桀弗克若天，流毒下国。天乃佑命成汤，降黜夏命。"（《尚书·泰誓中》）"今商王受，弗敬上天，降灾下民。……皇天震怒，命我文考，肃将天威，大勋未集。"（《尚书·泰誓上》）面对夏桀、商纣的种种无道悖逆恶行，皇天震怒，降下转移大命的惩罚，但这个惩罚并非由天、帝或某种神灵直接实施，而是要通过人间的力量——成汤、文王、武王——这些得到上天"佑命"的有德之人王来实现。陈来教授认为，周人的这种观念，标志着"人的行为和作用开始介入历史过程。后世'替天行道'的观念或'天假人行其道'的观念在商周之际即已萌发"②。孔子说"人能弘道，非道弘人"，乾元始物之道、天地生物之德都是需要人来彰显、弘扬。君子、大人"显道神德行"的盛德大业就体现为社会的安定有序、繁荣富庶的和谐境况。我们认为这就是《文言传》阐释乾卦九五爻时提出的"化成天下"的社会政治局面：

> 飞龙在天，上治也。
> 子曰："同声相应，同气相求。水流湿，火就燥。云从龙，风从虎。圣人作，而万物睹。本乎天者亲上，本乎地者亲下，则各从其类也。"

孔颖达认为"上治"即"圣人居上位而治理"。人类与万物均由乾坤二元合德并建而生，在阴阳属性方面，"乾道成男，坤道成女"；在生命构成方面，乾阳属性的清轻之气与坤阴属性的重浊之气协调配合塑造万物之内在性情与外在形体。人类以乾坤为父母，万物亦以乾坤为父母。人类与万物在生命本源层面，是通融为一的。人类与万物、宇宙

① 蒙培元：《人与自然——中国哲学生态观》，北京：人民出版社，2004年，第123页。
② 陈来：《古代宗教与伦理：儒家思想的根源》，北京：生活·读书·新知三联书店，2009年，第185页。

气脉相通,同属一个囊括万有的生命的共同体。圣人之兴起,是感应天地之气、感应万民之心而兴起,是得天时、顺民心而兴起。圣人兴起之后,"本乎天者""本乎地者"即天地之间的动物、植物,阴阳得宜,各得其所。孔子认为"为政在人",如九五大人之治,诚可谓得其人矣。君子因为"体仁"而具备"长人"即领导众人的能力,发展到九五爻的处于君位的"大人",君子体仁而行所产生的就是普泽天下、造福万民的仁政。就是孟子所说的"既竭心思焉,继之以不忍人之政,而仁覆天下矣"(《孟子·离娄上》)。

《逸周书·殷祝解》记汤放桀之后对诸侯之言曰:"此天子位,有道者可以处之。天下非一家之有也,有道者之有也……唯有道者理之。"①这是以君位为"行道"之位,重视天子、大人的德性能力对于国家政权稳定、天下安定的重要作用。孔子则说:"文武之政,布在方策。其人存则其政举,其人亡则其政息。"(《中庸》)我们看到儒家在政治方面的"得君行道""政在得人"等一系列主张都与此相关。我们认为,这是由儒家内圣外王的学术属性,修己安人、安百姓的理想追求决定的,而儒家的这一思想特色则可溯源于西周初期宗教改革所确立的人主以德性受天命而为王的基本观念。

子夏曰:"舜有天下,选于众,举皋陶,不仁者远矣。汤有天下,选于众,举伊尹,不仁者远矣。"(《论语·颜渊》)《文言传》认为"同声相应,同气相求",在人类社会中也是这样,仁人君子彼此推重,共进德业;宵小之徒相互聚集,结党逐利。在一个君王仁而圣的时代,君子仁人聚于朝堂,君臣和谐共治,自然政治清明、民生和乐。反之,则如郭店楚简所云:"大明不出,万物皆暗。圣者不在上,天下必坏。"②陈恩林教授研究认为,圣人君子在位,是实现社会和谐的首要条件。③这就是《文言传》所言"上治"的社会政治理想境界。

总之,《文言传》"上治"的社会境界具有鲜明的儒家特色。儒家理想中的社会治理,依赖于圣王、明君、有道者的"人存政举"。这当然有它的缺陷与不足。但在先秦社会现实的生产力状况、政治思想水平的限制下,人治属性的"上治"境界仍然不失为一种值得期待的价值追求。

第三,"悠久不息(天下治)"。

人道法天道而立,人间社会政治境界的极致就是如天道运行一般的和谐秩序。《彖传》说:"乾道变化,各正性命。保合太和,乃利贞。"就是说乾元云行雨施,恩泽普被天下,万物禀受乾元赋予的本性并在乾元的催动中适切地成就此本性和圆满完成此生命。"太和"就是宇宙之本然的终极和谐状态,是天人和谐的最高境界、理想目标与价值追求。《文言传》所言天下治的境界,就是"太和"的境界,也即《系辞上传》所云易道"显诸仁,

---

① 孔晁注:《逸周书》卷九,《文渊阁四库全书》,台北:台湾商务印书馆,1986 年影印本,史部,第 370 册,第 59 页。
② 李零:《郭店楚简校读记(增订本)》,北京:中国人民大学出版社,2007 年,第 124 页。
③ 参陈恩林:《论〈周易〉的社会和谐思想》,《吉林大学社会科学学报》2007 年第 2 期。

藏诸用，鼓万物而不与圣人同忧"的境界。百姓可以在万物化生、民情得理的仁德流布中感受到它，却不知它具体如何运行。万物生民的生机得它鼓荡生发而调适顺遂、各得其宜，它本身却无忧无虑、无所挂怀。

> 用九：见群龙无首，吉。
> 用九，天德不可为首也。（《象传》）
> 乾元用九，天下治也。……乾元用九，乃见天则。（《文言传》）

"用九"之"用"，廖名春教授结合帛书《周易》文本，认为其本字当为"通"。"用九"即通卦皆为九。[1]郑玄注云："六爻皆体龙，群龙之象也。舜既受道，禹与稷契咎繇之属并在于朝。"[2]郑玄的解释是以圣君与众贤臣皆为龙，因此称"群龙"，但这一解释却忽视了其后的"无首"，君臣关系不适用于"无首"之义。宋衷注云："六位皆九，故曰见群龙。纯阳则天德也。万物之始，莫能先之，不可为首。先之者凶，随之者吉，故曰无首吉。"[3]（《周易集解》卷一）这是以乾卦六爻皆有龙象，皆为龙。六爻皆为阳象征天德，万物之生都是这个纯阳之天德所赋予，因此都要跟随它、效法它，却不能超越它。这实际上是以万物不可超越乾阳来解释"无首"。我们认为这一阐释于爻辞之原义不符。我们认为乾道的根本运行法则就体现在用九爻，此时六爻之龙都在兴动，都在各自的爻位中依照其自身之时遇情况而在适切地行动，没有任何一条龙跳出自身的时位之外专事于领导指挥群龙。这里所昭示的是万物都能够自觉地遵从天时而行，时至则进而动，时尽则退而隐，刚而能柔，阳而能阴，因此称为"无首"。

那么"悠久不息"与"化成天下"，或曰"天下治"与"上治"有何区别呢？孔颖达认为"九五止是一爻，观见事狭，但云'上治'。乾元总包六爻，观见事阔，故云'天下治也'。"[4]孔颖达这是以九五虽然刚健中正，体具盛德，但只有一爻，影响有限，所以只称其为"上治"；用九则总包六爻，数量多、影响大，所以称为"天下治"。我们认为，这一观点没有抓住"悠久不息"或曰"天下治"的义理核心。"乾元用九，天下治也"即《象传》所云"首出庶物，万国咸宁"之义，亦即《文言传》"云行雨施，天下平也"之义。"天下治"即《象传》所云"太和"之境界。

虞、芮二国争田而讼，连年不决。乃相谓曰："西伯仁也，盍往质之？"入其境，则

---

① 参廖名春：《周易乾坤两卦卦爻辞五考》，《周易研究》1999年第1期。
② 王应麟编：《周易郑康成注》，《文渊阁四库全书》，台北：台湾商务印书馆，1986年影印本，经部，第7册，第130页。
③ ［清］李道平撰，潘雨廷点校《周易集解纂疏》卷二，北京：中华书局，1994年，第40页。
④ 孔颖达注疏；刘玉建导读：《周易正义导读》，济南：齐鲁书社，2005年，第118页。

耕者让畔，行者让路；入其朝，士让为大夫，大夫让为卿。虞、芮之君曰："嘻！吾侪小人也，不可以履君子之庭。"遂自相与而退，咸以所争之田为闲田也。孔子曰："以此观之，文王之道，其不可加焉。不令而从，不教而听，至矣哉！"①（《孔子家语·好生》）

我们认为《孔子家语》记载的这则故事所反映的就是"悠久不息"或曰"天下治"的社会境界。这个故事需要注意的有两点。第一，故事里的周国，上至公卿、下至平民百姓，普遍具有"让"之德行。《衷》云："《键（乾）》之至德，刚而能让。"（帛书《衷》，第100页）因此，"让"之德行在一定意义上是一种"至德"，圆满的德性。同时，这种"让"的德行还是"不令而从，不教而听"的，是为广大民众所自觉遵从的。这说明上至公卿、下至百姓的所有人都已体悟到本源性的易道生生之德，并能够使之圆满顺畅地在日用常行中彰显、发用。第二，虞、芮二国的国君受到周国百姓、公卿之"让"德的感化，德性的自觉立时朗然呈现。《中庸》云："唯天下至诚为能化"，只有具有至诚之德的人，才能在不知不觉间兴发、感化、打动他人，激荡起人类的道德自觉意识。故事里周国的普通民众的德性为文王之道所感化，竟然都已达到了"上天之载，无声无臭"的圣人境界。

因此我们认为，"化成天下"或曰"上治"境界与"悠久不息"或曰"天下治"境界之不同，就在于"不令而从，不教而听"。"悠久不息"或曰"天下治"的境界即《彖传》所说的"太和"之境界，如此方能配天之德，如天地之运行一般悠久无息。

总之，我们认为《文言传》对乾坤二卦卦爻辞的阐释是以德性观念为核心展开的，非常注重道德品性的贞定与道德人格的养成；同时强调德性的贞定、人格的养成最终目的是为了更好地增进事业，进德即所以修业，注重德性与事业的全面实现，是一种内圣外王之整体面向的工夫论思想与政治哲学。

---

① 杨朝明、宋立林主编：《孔子家语通解》，济南：齐鲁书社，2013年，第115页。

陆九渊论圣贤及其工夫进路

【摘要】儒学乃是成德之学，成德之至就是为圣为贤，可以说圣贤是儒门学人从始至终的为学追求，而宋明理学中的工夫论正是对如何成圣成贤的系统阐释。本文从凡圣之别、圣之为圣、发凡显圣等方面，具体展示了陆九渊的心学对圣贤的论述及其工夫的进路，以期对中华优秀传统文化的传播有所裨益。

【关键词】陆九渊；圣贤；工夫；本心

儒家对圣贤有内圣外王两重定义，内圣是指心性道德层面的通达，外王指世间事功方面的成就。宋明理学之前，儒家对圣贤的论述，多集中在外王即事功方面，如孔子常称赞的尧、舜、大禹等圣贤，都是上古之时地位崇高、泽被后人的贤明君主。对于如何成圣成贤，先前儒学虽有颇多带着强烈实践色彩的经验之谈，但形成系统的理论化的阐发却是由宋明理学完成的。因此，关注宋明理学中学人对圣贤的论述阐发，对于后学认识圣贤、追寻圣贤，乃至成圣成贤都是十分有借鉴意义的。

陆九渊是著名的理学家，与同时代著作等身的朱熹相比，他并没有留下丰富的著述，但却开创了理学中的心学一派，这是耐人寻味的。在理学内部，陆九渊的心学是以程朱理学的对立面出现的，在"道问学"和"尊德性"之间，陆九渊与朱熹两人既主张不要有所偏废，又主张要有所先后，朱子着重阐发"道问学"，象山则重在"尊德性"。与此相对应，陆九渊对圣贤含义的阐发也是值得我们关注的。

一、凡圣之别

《大学》将儒者终其一生所要践行追求的目标归结为"三纲八目"，即"大学之道，在明明德，在亲民，在止于至善"和"格物、致知、正心、诚意、修身、齐家、治国、平天下"。然而要如何才能完成这样宏大的一个目标呢？这就引出了工夫，或者说是修养

* 作者简介：刘洋（1983—），男，山东威海人，山东大学2018级宗教博士生，聊城职业技术学院海源书院助教，研究方向：儒家思想、佛教哲学。

的问题。

工夫和修养，都是来指称儒者由现实个体达成圣贤之愿景的这一段路程，两者有着共同的指向对象，然而又有区别。修养一词，主要侧重于将人置于社会礼仪、言谈举止、外表容貌等可见因素的考量之中，即是一横向的对比谱系；而工夫一词，则侧重于将人置于天人一贯的纵向对比之中，即个体以其内在的自我为对象，努力向上通贯于天。正如徐复观先生所说："对自身以外的客观事物的对象，为了达到某种目的而加以处理、操运的，这是一般所说的方法。以自身为对象，尤其是以自身内在的精神为对象，为了达到某种目的，在人性论，则是为了达到潜伏着的生命根源、道德根源的呈现——而加内在的精神以处理、操运的，这才可谓之工夫。"①

工夫一词，其中隐含了这样一个前提，即现实中的个体是有"凡""圣"之别的，工夫就是用来指称学者由"凡"至"圣"这一过程中的种种努力经营。在宋明儒者的心目中，圣贤无疑是理想人格的代表；而"凡"则是现实中未圆满展现圣贤般理想人格的个体。圣贤的理想人格，其内涵是什么呢？对此，日本学者藤井伦明在《日本研究理学工夫论之概况》一文中指出，这"实于理学之世界观（存在论）及人性论（性说）有关。盖在理学中，乃将此世界视为由理、气二元所构成；人则是以所谓'性'与'情'的形态而被加以掌握。存在于人之内在的'性'，即为'理'，'理'虽纯粹至善，但因其以所谓被气之次元的'情'（气质）所覆蔽的形态存在，故在现实生活中，'性'（理）无法以其本来的纯粹形态（所谓的'本然之性'）被发现，其不得不以所谓受到气质性制约的不纯形态（所谓的'气质之性'）呈现"②。基于此，日本学者垣内景子进一步阐明："一方面，在发掘出因为本来的自我也禀赋相同属性，故必须加以实现此圣人境地（性·理）的同时；另一方面也要发掘出平常未达于圣人之境地的现实世界中的自我形态（情·气），能同时觉察处此二者时，则所谓工夫的概念方得以成立。"③

其实，《象山语录》中有一则案例可以很好地揭示出工夫的内涵。陆九渊听到其弟子朱济道在极力称赞文王，便对他说："文王不可轻赞，须是识得文王，方可称赞"。朱济道回答："文王圣人，诚非某所能识。"陆九渊说："识得朱济道，便是文王。"④在朱济道看来，文王是圣，自己是凡，凡圣之间差别千里，因而不可言同。陆九渊却告诉他，圣人并非是天生的，乃是由凡夫一步步积累而成的。从果位上讲，二者天差地别，然而从因位上说，凡圣却是同一的。也就是说，圣人之所以为圣人之处，其实是凡圣同有的，因而洞悉了这一点，也就明白了圣人之所以为圣人。

而对于圣贤，陆九渊又是如何描述的呢？

---

① 徐复观：《徐复观文集》第三卷，武汉：武汉人民出版社，2002年，第411页。
② 杨儒宾、祝平次编：《儒学的气论与工夫论》，上海：华东师范大学出版社，2008年，第209页。
③ 杨儒宾、祝平次编：《儒学的气论与工夫论》，上海：华东师范大学出版社，2008年，第209页。
④ 陆九渊、王守仁：《象山语录·阳明传习录》，上海：上海古籍出版社，2008年，第31页。

仁义忠信，乐善不倦，此夫妇之愚不肖，可以与知能行。圣贤所以为圣贤，亦不过充此而已。学者之事当以此为根本。①

圣贤不同于凡夫之处就在于，其对"仁、义、忠、信"等伦理道德的坚守践行，乐此不疲；此等合乎伦理道德的善行义举，做得越多，其生命也就越充实而有光辉。陆九渊的这一思想是承自孟子的，孟子在谈论如何培养浩然之气时说，浩然之气乃是"集义而生"，即不断地积累善行就会生起浩然之气，但生活中如果做一件不合乎仁义的事，浩然之气就会因此而泄馁。仁义道德，在本质上都是指向社会关系中的利他行为。"凡圣人之所为，无非以利天下也。"②将利他行为推衍至极致，就是利天下；能够利天下，当然就是圣贤了。"圣贤之所以为圣贤者，不容私而已。"③在陆九渊看来，圣贤之所以为圣贤，就是以利他行为来充实自己的生命，从而将指向利己的行为降低减少，乃至渐归于无。

因此，陆九渊眼中的圣贤与凡夫，在人之为人，是有共同之处的；凡圣之间的区别，主要是在行为的指向是利他还是利己，圣人不过是将利他之行日复一日地积累直至充盈，而凡夫则与之相反，在利己的物欲追逐中渐行渐远。

二、圣之为圣

人的行为都是受意识活动驱使的，古人将意识的驱动作用归之于心。陆九渊认为，圣贤之所以能成为圣贤，就是在于其善于"发明本心"。心，正是陆九渊心学工夫的本体，但陆九渊对"心"的使用是复杂的，这首先源于"心"这一概念有不同层次含义的理解。

崔大华先生说，在宋明儒者那里，心有三方面的含义，一是维持个体生命的生理功能的心；二是具有觉知辨识能力的心；三是有伦理道德属性的心。④陆九渊甚少提及第一个层次的心，但对第二和第三个层面的心却多有言及，尤其是第三个层面。在答李宰书中，他说：

人非木石，安得无心？心于五官最尊大。《洪范》曰："思曰睿，睿作圣。"孟子曰："心之官则思，思则得之，不思则不得也，"又曰："存乎人者，岂无仁义之心哉。"又曰："至于心，独无所同然乎？"又曰："君子之所以异于人者，以其存心也，"又曰："非独贤者有是心也，人皆有之，贤者能勿丧耳。"又曰："人之所异于禽兽者几希，庶民去之，君子存之。"去之者，去此心也，故曰"此之谓失其本心"；存之者，存此心也，故曰"大人者不失其赤子之心"。四端者，即此心也；天之所以与我者，即此心也。人皆有是心，心皆具是理，心即理也。故曰"理义之悦我心，犹刍豢之悦我口"。所贵夫学者，为其欲

① 陆九渊：《陆九渊集》，北京：中华书局，2010年，第193页。
② 陆九渊：《陆九渊集》，第390页。
③ 陆九渊：《陆九渊集》，第196页。
④ 崔大华：《南宋陆学》，北京：中国社会科学出版社，1984年，第26页。

穷此理，尽此心也。^①

在这里，陆九渊首先将心置于同五官的比较中，指出心不同于五官之处就是心具有"思"的能力，也就是觉知辨识的能力，即第二层面的心。然而，孟子所说的"思则得之，不思则不得也。"这里显然是对觉知辨识层面的心所指向的对象而言的。朱熹对此的注解是："凡事物之来，心得其职，则得其理，而物不能蔽；失其职，则不得其理，而物来蔽之。"^②如此一来，理就成了外于心的存在了，这一点显然是陆九渊无法认可的，因为陆九渊将"心"设定为本然至善的存在，是人的一切道德行为的先验本源。

这里的问题是，既然在陆九渊那里"心"是本然至善的存在，那为何他又有"必也正人心乎"^③的说法呢？还有一则语录更能说明这一点："人心有病，须是剥落，剥落得一番，即一番清明，后随起来，又剥落，又清明，须是剥落得净尽方是。"^④如果"心"是纯然至善的，那么又何需此一番"正人心"的工夫呢？又怎么会有"人心有病"之说呢？这要归因于陆九渊对"心"的用法的多义性。"心"的不同层次的含义，上文已经有所交代，第一和第二层次的心显然是对个体而言的，而第三层面的心才具有普遍性的本体意味。作为个体而言，其定然是有不尽合于本然至善之处的，正因此才有工夫的需要。所以，陆九渊所设定的作为本然至善存在的"心"，显然只能是指第三层面的心。对第三层面的心，陆九渊常以"本心"来指称之。"本心"是什么呢？陆九渊说：

孟子曰"所不虑而知者，其良知也。所不学而能者，其良能也"。此天之所与我者，我固有之，非外铄我也，故曰"万物皆备于我矣，反身而诚，乐莫大焉"。此吾之本心也。^⑤

仁义者，人之本心也。孟子曰"存乎人者，岂无仁义之心哉"，又曰"我固有之，非由外铄我也"，愚不肖者不及焉，则蔽于物欲而失其本心。贤者智者过之，则蔽于意见而失其本心。^⑥

由上述言论看，陆九渊首先强调的是，"本心"并不是通过后天的学习来获得的，而是每个人先天所具有的，而其内容就是仁义，即伦理道德。所以，"本心"就是伦理道德的先验本原，个体后天所展现出来的道德情感都是本心在现实经验层面的呈现。陆九渊也经常通过这一点来指示其弟子门人来体认"本心"。最好的例子就是其指导弟子杨简的

---

① 陆九渊：《陆九渊集》，第149页。
② 朱熹：《四书章句集注》，北京：中华书局，2008年，第335页。
③ 陆九渊、王守仁：《象山语录·阳明传习录》，第52页。
④ 陆九渊、王守仁：《象山语录·阳明传习录》，第86页。
⑤ 陆九渊：《陆九渊集》，第5页。
⑥ 陆九渊：《陆九渊集》，第9页。

过程。杨简在富阳县任主簿的时候，问陆九渊，如何是本心？他说，孟子所谓的四端就是本心。杨简回答，这个他小时候就已经知道了，到底什么是本心呢？这时恰好有一桩买扇子的案件要处理，杨简办完公事后，陆九渊说，你刚才断案时是者知其为是，非者知其为非，这不就是你的本心吗？杨简听后，恍然大悟。[①]

陆九渊在讲学时非常擅于通过生活中的事实来指点弟子，这一方面说明了"本心"在陆九渊那里并不是一个僵化的形而上的本体，而是一个活泼泼的"即存有即活动"的本体；另一方面也展现出象山心学强烈的践履特色。

值得注意的是，陆九渊为何会没有在使用上严格区分"心"与"本心"？笔者以为，主要有以下几个方面的原因：第一，"心"这一概念是可以涵括"本心"的，因为"心"在宋明理学中是有不同层次的含义的，正如上文所分析，而第三层面的含义和"本心"之内涵是一致的，都是用来指示先验的道德本体。第二，陆九渊反对将"心"做过于细致的分析。他说："《书》云：'人心惟危，道心惟微'解者多指人心为人欲，道心为天理，此说非是。心一也，人安有二心？自人而言，则曰惟危；自道而言，则曰惟微。罔念作狂，克念作圣，非危乎？无声无臭，无形无体，非微乎？因言庄子云：'眇乎小哉！以属诸人；謷乎大哉！独游于天。'又曰：'天道之与人道也相远矣。'是分明裂天人而为二也。"[②]人本就是保有自天而来的善性的，也就是说，天人本就是合一的。所谓的"人心"和"道心"的区分，只是言说的角度不同所造成的。如果执以为实，就会造成"人有二心"的假象。在这样的假象下，就必然会陷入所谓的天理人欲之争而不能自拔。第三，将"本心"和"心"在使用上不做区分，可以更易使学者在现实中觉察到活生生的纯然至善的本体的存在，从而将之落实于具体的践履之中。

三、凡圣同本

在宋明理学中，理与性乃是用来指示人纯粹至善的本然之性，而通过上文的分析，我们可以看出陆九渊则是用心来指示人的纯粹至善的本然之性。那么在象山心学中，心与理是什么关系呢？

在象山心学中，"理"的含义是复杂的，所以我们有必要先对"理"做一定的分疏，以明了其内涵。陆九渊说：

人为学甚难，天覆地载，春生夏长，秋敛冬肃，俱此理。人居其间，非灵识，此理如何解得？[③]

典礼爵刑，莫非天理，《洪范》九畴，帝实锡之。古所谓宪章、法度、典则者，皆此

---

① 陆九渊：《陆九渊集》，第 487 页
② 陆九渊、王守仁：《象山语录·阳明传习录》，第 20 页。
③ 陆九渊、王守仁：《象山语录·阳明传习录》，第 96 页。

理也。^①

乾坤一理也,孔子于乾曰:"大哉乾元。"于坤则曰:"至哉坤元。"尧舜同一理也,孔子于尧曰:"大哉,尧之为君。"于舜则曰:"君哉尧也。"此乃尊卑自然之序,如子不可同父之席,弟不可先兄而行,非人意可差排杜撰也。^②

这几条言论,都是在陈述"理"的特质,即规律性。在陆九渊看来,自然界的运动变化,社会的典章制度都是因"理"而存在的。他又说:

塞宇宙一理耳。上古圣人先觉此理,故其王天下也,仰则观象于天,俯则观法于地,观鸟兽之文与地之宜,近取诸身,远取诸物,于是始作八卦,以通神明之德,以类万物之情,于是有辞、有变、有象、有占,以觉斯民。后世圣人,虽累千百载,其所知所觉不容有异。曰"若合符节",曰"其揆一也",非真知此理者,不能为言也。^③

此理在宇宙间,固不以人之明不明,行不行而加损。^④

此理在宇宙间,未尝有所隐遁,天地之所以为大地者,顺此理而无私焉耳。人与天地并立而为三极,安得自私而不顺此理哉。^⑤

这些话表明,陆九渊认为"理"之存在是有客观性和普遍性的,是不以人之意志为转移的,所以学者所要做的就是要"明此理"和"顺理而动",只有这样才能"惟天下之至一,为能出天下之至变;惟天下之至安,为能处天下之至危"^⑥。可见,在陆九渊那里,理虽然有统摄自然和社会的规律这一层含义,但它还有另一层更重要的含义,就是和当时的理学思潮相符,理更是一个有着根源性意味的本体范畴。

陆九渊对"心"与"理"的论断,最明了的莫过于"心即理"。要说明的是,由于陆九渊并没有在使用上明确区分"心"与"本心",所以"心即理"中的"心"其实是"本心"的代称。他说:

盖心,一心也;理,一理也。至当归一,精义无二。此心此理实不容有二。故夫子曰:"吾道一以贯之。"孟子曰:"夫道一而已矣。"又曰:"道二,仁与不仁而已矣。"如是则为仁,反是则为不仁。仁即此心也,此理也。^⑦

---

① 陆九渊:《陆九渊集》,第233页。
② 陆九渊:《陆九渊集》,第161页。
③ 陆九渊:《陆九渊集》,第201页。
④ 陆九渊:《陆九渊集》,第452页。
⑤ 陆九渊:《陆九渊集》,第142页。
⑥ 陆九渊、王守仁:《象山语录·阳明传习录》,第59页。
⑦ 陆九渊:《陆九渊集》,第4—5页。

　　这里陆九渊采取了归纳的方法，以思想体系中最高范畴的唯一性来完成心与理的同一，也就是说，心与理同为象山心学体系中的最高范畴，而最高范畴的唯一性也保证了心与理的同一性。

　　陆九渊还使用了分析的方法，即从对心与理各自的概念进行分析，逐层剥落出其二者具有相同的内涵，以此来论证"心即理"。这一点，牟宗三先生有详细的表述，他说："此实理若作一命题看，其对于本心之关系是一分析命题，而非是一综合命题。它对于意念而言，对于受感性的影响的意志（现实的作意）而言，对于形而下的'气之灵'之心而言，自是综合命题。康德说道德法则是一综合命题，这正是就吾人的现实作意之意志而言。但他又设定自由意志这意志之纯净状态，但只是一设准，而不能呈现，因为吾人无'智的直觉'故。因此，他说人的意志总不是神圣的意志，当恻隐不必自会恻隐。但象山说本心即理，本心呈现理亦呈现，当恻隐自恻隐，此本心即是神圣的心。"① 看来，此种境界并不是遥不可及的，它是每个生命个体所本有的，只是因被私欲蒙蔽了才隐而不显，而学者的工夫正是要从此入手，扫除蒙蔽，朗现本心。正是因此，他才会说："吾于践履未能纯一，然才自警策，便与天地相似。"②

　　因此，陆九渊所说的"心即理"，从外部形式上可以解释为"合心于理"，以指称学者借由工夫由凡至圣的这一段历程。从内涵看，则应解释为"心理同一"，正如上文所指出的，在陆九渊看来圣人之所以为圣人之处其实是凡圣同有的。相较而言，后一种解释更符合陆九渊的本意。

　　四、发凡显圣

　　陆九渊心学的工夫是有其固定的路向和结构的。对这一点，陆九渊是十分自信的。他说：

　　　朱元晦曾作书与学者云："陆子静专以尊德性诲人，故游其门者多践履之士，然于道问学处欠了。某教人岂不是道问学处多了些子？故游某之门者践履多不及之。"观此，则是元晦欲去两短，合两长。然吾以为不可，既不知尊德性，焉有所谓道问学？③

　　按照《年谱》中的记载，这一段话乃是其弟子傅子云在鹅湖之会后所记录的。鹅湖之会乃是宋明理学史上的一件大事，陆九渊同朱熹在其间争论的实质是"尊德性"和"道问学"何者为先的问题。这一问题由来已久。如《论语·里仁》里，子曰："参乎，吾道

---

①　陆九渊：《陆九渊集》，第137页。
②　陆九渊、王守仁：《象山语录·阳明传习录》，第35页。
③　陆九渊、王守仁：《象山语录·阳明传习录》，第38页。

一以贯之。"曾子曰："唯。"子出，门人问曰："何谓也？"曾子曰："夫子之道，忠恕而已矣。"这里曾子的解释是否符合孔子所想，不是我们在此要讨论的问题，我们要说的是孔子认为自己的思想体系中是有一条"一以贯之"的主线的。同样，以道统传人自居的陆九渊对自己学问的一以贯之之道上展现了相当的自信，所以他才能在听到有人议论他的学说是"除了'先立乎其大者'一句，全无伎俩"时，很坦然地表示，"诚然"①。从上文的分析可以得知，陆九渊工夫论的"一以贯之"之道就是要"发明本心"，这就是其所谓的"先立乎其大"。所有具体的工夫，都是为了使学者能觉识"本心"乃是我之所固有，不必外索而求。从下面这一段他对《论语》章节的解读就可以看出这一点：

> 学有本末，颜子闻夫子三转语，其纲既明，然后请问其目。夫子对以非礼勿视、勿听、勿言、勿动。颜子于此洞然无疑，故曰"回虽不敏，请事斯语"。本末之序盖如此。今世论学者，本末先后一时颠倒错乱，曾不知详细处未可遽责于人。如非礼勿视听言动，颜子已知道，夫子乃语之如此。今先以此责人，正是躐等。视听言动勿非礼，不可于这上面看颜子，须看、"请事斯语"，直是承当得过。②

此处所说的学，就是工夫。在这里，陆九渊并没有彻底否定，作为克己工夫中的"非礼勿视、非礼勿动、非礼勿听"等行为的合理性（其实这些行为是可以作为工夫的具体细目来理解的），但陆九渊却规定了上述这些克己工夫合理性的根基是建构于"请事斯语"这四个字之上的。"请事斯语"这四个字所要展现的正是学者对这些合于理的行为的由内而外的体察和认可，即学者要先树立道德上的主体性意识，这在陆九渊看来即是已经觉识到"本心"的体现。在陆九渊看来，只有这样才能称得上是好学。他又说，

> 不专论事论末，专就心上说。③
>
> 学者须是打叠田地净洁，然后令他发奋植立。若田地不净洁，则奋发植立不得。然田地不净洁亦读书不得。若读书，则是假寇兵，资盗粮。④

事乃是就心之发用而言的，倘若学者能够就已发之心切己自反，觉识到人人所本有的与理同一的"本心"，那么具体的工夫才是有价值的；相反，如果未能觉识这"本心"，只是就已发之心顺取而下，这样的工夫虽不能说是于己无益，但终非究竟之义。觉识到"本心"之后，并不是就无事可做了。有的学者到陆九渊处求学有所感兴，来信对陆九

---

① 陆九渊、王守仁：《象山语录·阳明传习录》，第 25 页。
② 陆九渊、王守仁：《象山语录·阳明传习录》，第 22 页。
③ 陆九渊、王守仁：《象山语录·阳明传习录》，第 96 页。
④ 陆九渊、王守仁：《象山语录·阳明传习录》，第 90 页。

渊说:"自听先生之言,越千里如历块。"① 对此,陆九渊有些担忧地说,"吾所发明为学端绪,乃是第一步,所谓升高自下,陟遐自迩。却不知指何处为千里? 若以为今日舍私小而就广大为千里,非也,此只可谓之第一步,不可遽谓千里。"② "发明本心"只是第一步,这之后还是大有事在的。他又有一条语录说,"存养是主人,检索是奴仆。"存养的对象就是"本心",而检索则是于事事物物上考察反省自己之所为是否尽合于理。前者可以归为发明"本心",后者则可以归为具体的工夫细节。所以,在象山心学中,其所有具体的工夫都统摄于发明"本心"这一基本路向,但也不可以因此而否认所有具体工夫的价值;而且其具体的工夫细节,也并非如当时某些学者所言的那样贫乏,对于这一批评陆九渊是不会接受的。他说,"我这里有扶持,有保养,有催抑,有摈挫"③,就是这一观点的回应。

综上所述,在陆九渊的心学中,圣贤之所以为圣贤,就在于其能将凡圣同有的本心,发明光大,并由此施展出种种合乎道德的善行义举来充实生命,直至成贤成圣。这一过程,正是象山心学工夫论所着重阐发的;而其工夫的结构,用形象的说法是,恰似由一个原点向四周发散出长短不一的直线,这些直线的原点都是相同的,但其各自所能达到之距离却又是彼此不一的,这个原点就是"发明本心"。

———————————

① 陆九渊、王守仁:《象山语录·阳明传习录》,第30页。
② 陆九渊、王守仁:《象山语录·阳明传习录》,第30页。
③ 陆九渊、王守仁:《象山语录·阳明传习录》,第95页。

"贤文化"理论与实践研究综述

周丽英 *

（中盐金坛盐化有限责任公司博士后工作站 厦门大学哲学系博士后流动站，江苏常州，213200）

【摘要】"见贤思齐焉，见不贤而内自省也。"《论语·里仁》篇中提及的见贤思齐、见不贤而内省的"圣贤"思想和"尚贤"理念不仅是古时君子人格的外修内省之道，亦被奉为"论语十则"之一而广受现代教育之推崇。"贤文化"思想作为中华民族优秀传统文化的重要内容，不仅是传统中国社会个人通向"圣贤之道"的标准样板和治国安邦的重要手段，也是当下国人安身立命和中华民族伟大复兴过程中必须汲取的优秀文化元素。近年来，关于"贤文化"的研究再次成为学界研究的热点议题，并引发了不同社会组织机构对"贤文化"的实践和应用。以此为契机，对当下"贤文化"理论研究和实践应用领域出现的新成果进行综述性研究就显得尤为重要且具有一定的现实意义。

【关键词】"贤文化"；理论；实践；综述

笔者以"圣贤"、"尚贤"、"贤"、"贤文化"等字词为关键词进行学术检索，并对近年来与"贤文化"相关的代表性研究成果进行量化的统计分析，从研究文献、参考文献、引证文献和下载文献等数量因子来看，对于"贤文化"的研究从 20 世纪 80 年代伊始，呈现出波浪式上升趋势，新时期以来，特别是近年来更是体现出持续热络的研究态势。如图 1.2 所示：

* 作者简介：周丽英（1979—），女，山西宁武人，厦门大学与中盐金坛博士后工作站联合培养博士后，中国闽台缘博物馆副研究馆员，主要研究方向：中国哲学、马克思主义哲学、闽台历史文化、博物馆学。

指标分析

文献数	总参考数	总被引数	总下载数	篇均参考数	篇均被引数	篇均下载数	下载被引比
70	693	87	10595	9.9	1.24	151.36	121.78

总体趋势分析

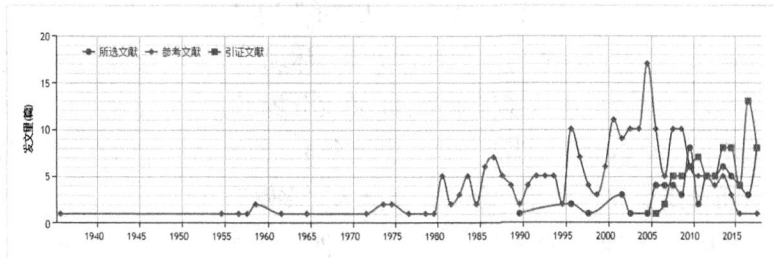

图 1　以"圣贤"和"贤"为关键词检索到的代表性文献之计量分析

指标分析

文献数	总参考数	总被引数	总下载数	篇均参考数	篇均被引数	篇均下载数	下载被引比
64	455	113	12796	7.11	1.77	199.94	113.24

总体趋势分析

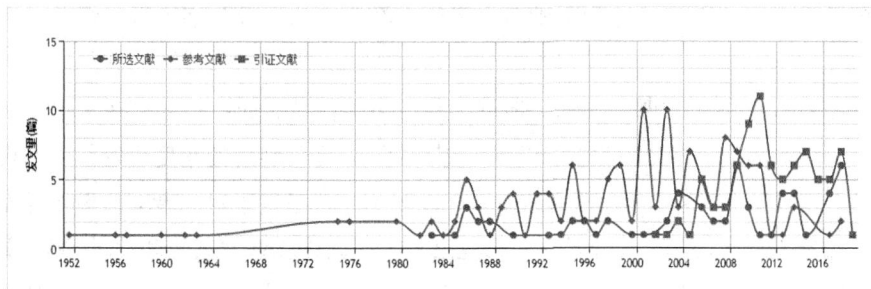

图 2　以"尚贤"为关键词检索到的代表性文献之计量分析

从检索文献来看，主要研究议题集中在如下几个方面：一是从语言文字学和古文献学的角度对"贤"字进行考据和释义；二是对先秦诸子"贤文化"思想的研究；三是对汉代"圣贤""尚贤"思想和政策的研究；四是对宋明时期儒家"贤文化"思想的研究；五是把"贤文化"思想置于中华民族文化传统的大命脉中进行研究；六是"贤文化"在当下不同社会生活领域和组织机构中的创新应用；七是以论坛、会议和学术夏令营方式开展的"贤文化"理论与实践的专题探讨。以下就这几方面的代表性文献和观点进行综述。

一、从语言文字学和古文献学的角度对"贤"字进行考据和释义

著名语言文字学家杨树达先生早在 1936 年就撰文《增订积微居小学金石论丛·释贤》

篇，从语言文字学的角度对"贤"字的内涵和语义演变进行了研究。他认为"贤"从"贝"，其初义为"坚"，人坚则贤。① 与之相反的是高华平教授的观点，他指出杨氏此文未能紧扣先秦的思想文化背景对"贤"字的内涵做广泛考察。高教授在《从出土文献中的"贤"字看先秦"贤"观念的演变》一文中，结合现当代的出土文献，尤其是近年来出土的金文和楚简文献，重新阐释了"贤"字从"手""贝""子"的三种形态以及由此衍生而来的"尚武""功利""崇德"等三种价值观，体现了"贤"字发展演进的文化背景和价值轨迹。此外，高教授还从经济地理学的角度分析了"贤"字字义的地域特征和文化意义。② 黄卫星、张玉能的《"贤"字的文化阐释》一文亦从汉字考据学的视角对"贤"字的形义及其历史演变进行释义："贤"之本义为"多财"，引申出"贤达""贤德""贤惠""贤良""贤明""贤能""贤人"，"贤士""贤哲"等词汇。指出中国古代社会，"贤"字具备哲学、伦理学、社会学、美学和文艺等不同领域的多重意涵。③

陈淑梅老师的《近代汉语中的人称代词"贤"》一文从语法角度入手，研究了"贤"字在不同历史阶段的词性，指出"贤"字具有形容词和代词两种词性，并指出"贤"字指代作用在现代汉语中渺无踪迹的时空和社会历史原因。④ 尹娇以各个版本的《汉语大辞典》《辞源》《辞海》中"贤"字的释义和词组为研究对象，从文化学的角度撰写了《中华传统文化核心范畴"贤"的语义分析及文化阐释》，对"贤"字的语义系统以及各义项之间的关系进行分析，以此为基础对先秦儒家经典中的"贤"字进行了汇总和比较研究。⑤

此外亦有针对不同时期、文献、地域"贤"字的释义。如：戚裴诺在文章《秦至西汉社会的"承天之明"与"尊贤重士"——从"圣""贤"观念的角度出发》中剖析了秦至西汉社会对"圣""贤"观念理解的差别，以及不同帝王基于对二者的诠释差异而形成的迥异的国家发展方向。⑥ 黄锦君在《二程语录中的人称代词"某"和"贤"》一文中深入研究了二程语录中"贤"字的使用情况和指代意涵。⑦ 张京华《圣贤说》一文从人的主体性方面界定中国文化传统是"圣贤文化"。⑧ 黎汉基在《贤与得众——〈谷梁传〉"卫人立晋"释义》一文中指出《谷梁传》的"贤"字更强调"得众"这一能力。⑨

---

① 杨树达：《增订积微居小学金石论丛·释贤》，北京：商务印书馆，2011 年。
② 高华平：《从出土文献中的"贤"字看先秦"贤"观念的演变》，《哲学研究》2008 年第 3 期。
③ 黄卫星、张玉能：《"贤"字的文化阐释（上、下）》，《汕头大学学报（人文社会科学版）》2018 年第 7 期、第 8 期。
④ 陈淑梅：《近代汉语中的人称代词"贤"》，《民俗典籍文字研究》2013 第 1 期。
⑤ 尹娇：《中华传统文化核心范畴"贤"的语义分析及文化阐释》，硕士学位论文，福建师范大学，2012 年。
⑥ 戚裴诺：《秦至西汉社会的"承天之明"与"尊贤重士"——从"圣""贤"观念的角度出发》，《政治思想史》2018 年第 4 期。
⑦ 黄锦君：《二程语录中的人称代词"某"和"贤"》，《汉语史学报》2002 年第 1 期。
⑧ 张京华：《圣贤说》，《武陵学刊》2016 年第 6 期。
⑨ 黎汉基：《贤与得众——〈谷梁传〉"卫人立晋"释义》，《政治思想史》2018 年第 3 期。

二、对先秦诸子"贤文化"思想的研究

对先秦道家"贤文化"思想研究的主要观点：先秦道家对"圣贤"思想体现出两种态度，一是以老子和庄子为代表的强烈反感、否定、批判态度，二是以黄老道家为代表的部分赞许和肯定态度。曹峰在《先秦道家关于"贤能"的思考》中认为《老子》和《庄子》对贤能救世观表现出相当的警惕、甚至嘲讽，黄老道家则希望在维护君主权威的前提下，通过最高领导者的"无为"与"尊贤"，充分调动贤能之士的技术与能力。① 林榕杰的《从"不尚贤"到"无不治"——〈老子〉第三章新解》也认为"常使民无知无欲"是老子"圣人之治"的核心，始于"不尚贤"，终于"无不治"。对于庄子"圣贤观"的研究多集中于如下两点，一是庄子对儒家圣贤观的批判，二是庄子"至人""圣人""神人""真人"关系之辩。② 郭美华的《圣人与知识对政治生活的扭曲——〈庄子·胠箧〉对圣人与圣知的批判》认为，庄子对圣人和圣知以逐利为目的，扭曲政治、异化自我进行了揭露与批判，显露出深刻的政治批判意识。③ 李宏达《〈庄子〉中"至人""圣人""神人""真人"关系再探》采用"以庄证庄"的方法对《庄子》一书中有关于真人、至人、神人、圣人进行了厘定，为学界提供一种新的参照。④

对先秦儒家"贤文化"思想的研究：既有整体性论述，亦有对孔子、孟子等代表性人物思想的个案研究。范浩的《先秦儒家尚贤思想研究》对先秦儒家"举贤""成贤"的标准、路径，儒家诸子的尚贤思想，儒家与其他学派尚贤思想的异同进行了探讨，指出先秦儒家尚贤思想的差异性和多元性。⑤ 周锦文在《孟子圣贤史观中的唯物主义因素》一文中指出孟子的圣贤史观具有唯心主义性质，但在阐述圣贤史观的具体社会问题中包含了唯物主义的因素。⑥ 徐进在《荀子尚贤思想初探》中对荀子"尚贤则治""唯贤是取""得贤必用"的观点进行了肯定，对荀子思想中"贤齐则其亲者先贵，能齐则其故者先官"等理论糟粕进行了批判。⑦

对先秦墨家"尚贤"思想的研究文献相对较多，研究视域较为多样化。金小方《墨家尚贤思想的理论体系及当代价值》一文较具代表性地分析了墨家的贤才标准、尚贤的重要性、选贤才的方法、贤才考核办法等，这些内容共同构成了墨家"尚贤"思想的理

① 曹峰：《先秦道家关于"贤能"的思考》，《人文杂志》2017 年第 10 期。

② 林榕杰：《从"不尚贤"到"无不治"——〈老子〉第三章新解》，《福建论坛（人文社会科学版）》2013 年第 7 期。

③ 郭美华：《圣人与知识对政治生活的扭曲——〈庄子·胠箧〉对圣人与圣知的批判》，《中共宁波市委党校学报》2018 年第 1 期。

④ 李宏达：《〈庄子〉中"至人""圣人""神人""真人"关系再探》，《湖北经济学院学报（人文社会科学版）》2016 年第 7 期。

⑤ 范浩：《先秦儒家尚贤思想研究》，硕士学位论文，陕西师范大学，2018 年。

⑥ 周锦文：《孟子圣贤史观中的唯物主义因素》，《北京师院学报（社会科学版）》1985 年第 4 期。

⑦ 徐进：《荀子尚贤思想初探》，《东岳论丛》1988 第 4 期。

论体系，并分析了墨家尚贤思想对当代管理具有的重要价值。[①] 此外，对墨子尚贤思想中人才观的研究文献也较为丰富，对墨子人才思想的作用、哲学基础、现实意义等进行了探讨，详见参考文献中聂翔雁、孙永利、付强《墨子的人才思想的作用》，孙爱华、戚福康《论墨子"尚贤人才伦理观"的哲学思想》等文献。

与墨家相比，对先秦法家"贤文化"思想进行研究的文献则相对较少。主要观点如下：法家韩非的贤能观是以维护君主独裁专制为目的，虽然充分肯定了贤能辅佐君主的重要作用，但也严厉抨击了战国时期"上贤任智无常"造成弑君篡位的弊端，其本质是"上（尚）法不上（尚）贤"，用贤以"明法"。先秦法家"不尚贤"的提法并非简单地反对任用贤能，而是要把政治系于法制之下。袁礼华的《重贤不尚贤 用贤且防贤——韩非贤能观初探》[②]和刘泽华的《法家"不尚贤"辨析——战国时期儒法之争问题之一》较具有代表性。

此外，也有对先秦时期其他思想学派和代表人物"贤文化"思想的研究。王京龙《〈管子〉尚贤思想简论》对《管子》中举贤制度、选贤标准和方法、用贤原则进行了分析，并总结了《管子》尚贤思想的历史地位；[③]俞樟华《论晏子的爱民尚贤思想——读〈晏子春秋〉札记》对晏子的尚贤思想进行了简要论析等。亦有将"贤文化"理论至于整个先秦时期或中国古代社会制度框架下进行探讨的文献，如：卢向国《从理念到制度：中国古代的"尚贤"实践》、赵章彬《中国古代尚贤思想研究》、杨桂生《论先秦转制时期的尚贤文化》、杨桂生《论春秋战国时期的贤能政治》等皆是从历史的维度把先秦时期各学派的"贤文化"理论当作整体研究对象进行论述。也有将先秦诸子尚贤思想进行比较研究的文献，如：邵长婕和张西锋撰写的《儒家与墨家的尚贤思想》，杜高琴和徐永安撰写的《老子"不尚贤"与墨子"尚贤"的比较及其意义》等。

三、对汉代"圣贤""尚贤"思想和政策的研究

自董仲舒"罢黜百家、独尊儒术"以来，中国思想领域对于"圣贤""尚贤"和"贤文化"的阐述和诠释就渐渐归拢到儒家旗下，儒家的"圣贤"思想成为"贤"文化的主流观点和主要内容，随着后世儒家的发展、特别是宋明理学的推动，"贤文化"被赋予了创新性的理论内容和逻辑框架。与之相应，从检索的相关文献来看，对于秦朝之后历代思想家对"贤文化"理论创新的研究也集中于对汉代、宋明时期儒学代表性人物"圣贤"观的研究之上。

从理论领域对董仲舒"贤文化"思想进行的研究，主要从两个方面展开：一是对董

---

① 金小方：《墨家尚贤思想的理论体系及当代价值》，《中华文化与传播研究》2018 第 1 期。

② 袁礼华：《重贤不尚贤 用贤且防贤——韩非贤能观初探》，《南昌大学学报（人文社会科学版）》2005第 1 期。

③ 王京龙：《〈管子〉尚贤思想简论》，《齐鲁学刊》1990 年第 5 期。

仲舒"贤良对策"中的"贤文化"思想的研究，贾福闯的《董仲舒〈贤良对策〉研究》从董仲舒生平背景，天、圣人以及人自主精神之间的关系，各尽所宜的社会理想等方面进行论述，并对董仲舒社会理想落空的历史原因进行分析。[①] 二是对董仲舒构建的新圣人观及其理论和实践困境的研究，兰州大学张银霏的《董仲舒的圣人观研究》认为，董仲舒整合了先秦汉初的圣人观，通过对《春秋》的诠释和阴阳五行说的建构形成了新的圣人观，目的是利用天来约束国君的行为，以此为指导制定出"三纲"之礼。[②]

对汉代实践领域实施的贤良政策进行研究。代表性文献有叶秋菊的《试论西汉求贤诏》和刘庆鑫的《汉武帝求贤诏研究》。前者研究了西汉历代帝王颁布的求贤诏，指出求贤诏的发展是西汉政治演进的缩影，随着国家从繁荣鼎盛到衰落末世，求贤诏的作用也从举足轻重演变到流于形式。[③] 后者以汉武帝颁布的六部重要求贤诏为研究对象，分析了汉武帝求贤诏的文本特点、与汉初求贤诏的异同，并探讨了汉武帝求贤诏在汉代人事制度、教育和文化领域的影响，特别是对察举制的推动作用。[④]

四、对宋明时期儒家"贤文化"思想的研究

对朱熹圣贤观的研究沿着两条路径展开：一是对朱熹理学思想中圣贤观进行直接的阐释和研究。许家星老师在《真知格物，必成圣贤——朱子"格物"解发覆》一文中论到："格物"是朱子思想的核心，"格物"的目的是成圣之学而非知识之学。"做圣贤"是朱子格物的"第一义"，格物非知识化、形式化学问，而是"见得亲切自然信得及"的理性信仰之学和"若实见得自然行处无差"的实践之学。格物不仅是为学之始，还是"凡圣之关"的标尺。[⑤] 二是从朱熹《四书章句集注》在后世科举考试中的重要地位来阐释朱熹思想对"选贤才"的作用和意义，将朱熹视为"代圣贤立言"的启蒙者。扬州大学黄强老师的文章《朱熹："代圣贤立言"的启蒙者》即是沿此路径展开论述。[⑥]

对王阳明圣贤观的阐释和研究体现在两个方面，一是从整体性角度对其圣贤观进行解读，指出儒家的圣人理想包括德性与事功两个方面，但王阳明的圣人观独树一帜，仅以道德成就视为唯一标准，剔除了知识、技能、事功等规定，成圣的根据是内心的良知，将良知推扩、实现出来便是圣人，北京大学徐亚豪的《心之良知是谓圣——王阳明对圣人观的全新定义》极具代表性。[⑦] 二是对其"圣贤有分"说理论进行辩证性反思。王阳明

---

① 贾福闯：董仲舒《贤良对策》，硕士学位论文，湘潭大学，2018 年。

② 张银霏：《董仲舒的圣人观研究》，硕士学位论文，兰州大学，2018 年。

③ 叶秋菊：《试论西汉求贤诏》，《江汉论坛，》2015 年第 12 期。

④ 刘庆鑫：《汉武帝求贤诏研究》，硕士学位论文，哈尔滨师范大学，中国古代史专业，2013 年。

⑤ 许家星：《真知格物，必成圣贤——朱子"格物"解发覆》，《南昌大学学报（人文社会科学版）》2013 年第 5 期。

⑥ 黄强：《朱熹："代圣贤立言"的启蒙者》，《东南大学学报（哲学社会科学版）》2007 第 3 期。

⑦ 徐亚豪：《心之良知是谓圣——王阳明对圣人观的全新定义》，《阴山学刊》2018 第 5 期。

对于圣人的全新定义蕴含着其"圣贤有分"说的思想，这一思想长期以来受到人们的批判，认为其实质是为宗法等级制度的合理性提供理论依据，但也有学者提出了不同的观点。华东理工大学陈迎年在《良知的界限与匹夫的责任——王阳明圣贤有分说的法哲学阐释》一文中就提及：不应简单批判王阳明的"圣贤有分"说理论，相反，宗法等级制恰恰是"圣贤有分"说的既定前提。阳明"圣贤有分"说在消除了等级制度的今天，其价值在于成就"匹夫道德"，让人们在各尽其能的普遍自觉中，既尊重法律的特质，又保有道德的自由独立性。[①]

从"圣贤气象"之理想人格以及如何成就"圣贤气象"的路径等角度对整个理学派的圣贤观展开论述。李会富《养浩然之气、成圣贤气象——理学语境中的"养气"说探析》一文从孟子的浩气论——理学"养气"说的经典依据，气质论——理学"养气"说的理论基础，涵养与变化——理学"养气"说的功夫方法，圣贤气象——理学"养气"说的理论归宿等四个层面对理学派的圣贤观进行了论述。[②]张永伟的《〈近思录〉"圣贤气象"研究》从"圣贤气象"提出的社会背景、理论渊源出发，以《近思录》为研究文本，阐述了"圣贤气象"的主要内涵，同时对"圣贤气象"的当代价值和意义、当下如何培育"圣贤气象"进行了探讨。[③]

五、把"贤文化"思想置于中华民族文化传统的大命脉中进行研究

如：孙培智的《浅谈中国圣贤传统文化的重要意义》；周岩的《基于河南中原古代圣贤文化现代价值探究》，李秋香的《集体记忆的选择性与历史文化认同的建构——以秦汉圣贤信仰为个案》，张军、岑大利的《塑"圣贤"与养"新人"：中国近代文化转型中的人学思想》，卢晓晴的《圣、贤与君子——中国传统文化中的理想人格》，韩震的《中国文化中的圣贤崇拜》等，这些文献大多从继承中华传统文化精华之热切愿望出发，对各时期和各学派圣贤文化的主要内容和核心思想进行概述性的描述，希冀作为中华传统文化重要组成部分的圣贤思想能在新时代熠熠生辉，发挥其应有的理论价值和实践作用。

六、"贤文化"在当下不同社会生活领域和组织机构中的创新应用

"贤文化"理论在当下社会组织中的应用，主要体现在以上海奉贤区"贤文化"的实践模式、教育领域对"贤文化"的推广和新乡村建设领域倡导的"贤文化"和"乡贤"文化传统、经济商业领域以中盐金坛公司为代表的"贤文化"建设等。对前三个领域的研究尚缺乏系统性、学术性，常以新闻媒体报道的形式散见于报端，或以经验总结的方式进行宣传。在经济商业领域以中盐金坛公司为代表的企业对"贤文化"建设的探讨和

① 陈迎年：《良知的界限与匹夫的责任——王阳明圣贤有分说的法哲学阐释》，《人文杂志》2010 第 6 期。
② 李会富：《理学语境中的"圣贤气象"辨析》，《理论界》2015 第 3 期。
③ 张永伟：《〈近思录〉"圣贤气象"研究》，硕士学位论文，湖南师范大学，2018 年。

研究则形成了一定的理论体系和实践模式，不仅对"贤文化"的理论内涵做出了界定，对"贤文化"在企业文化建设和企业管理中的重要作用和意义进行了探讨，同时也从传播学的角度对"贤文化"在现代企业中的传播形态和效果进行了研究。代表性文献有管国兴先生和钟海连先生撰写的《做最受尊重的企业——关于中盐金坛公司企业文化建设之路的回顾与思考》以及钟海连先生的系列文章《儒家价值观与企业管理的结合及其成效——以 Z 公司"贤文化"管理为例》《传统文化在现代企业传播的形态和效果——中盐金坛贤文化个案解读》《贤文化管理与组织传播研究》等。这一系列的文章从企业管理和企业文化建设的角度对"贤文化"的内涵进行了创新性的解读，对中盐金坛公司"贤文化"建设和传播的历程进行了阐述，并对该公司"贤文化"传播和建设的途径、形式和效果进行了总结和分析，为传统文化在现代社会组织、特别是企业文化建设中如何发挥作用提供了成功的样本和典型的案例。此外，亦有其他一些关于"贤文化"的研究论述散见于各文献中，此处不一一赘述。

七、以论坛、会议和学术夏令营方式开展的"贤文化"理论与实践的专题探讨

令人欣慰的是，笔者在做研究计划之际，喜闻由厦门大学传播研究所与中盐金坛盐化有限责任公司共建的华夏文明传播研究中心发起，华夏传播研究会、厦门大学人文学院哲学系、江苏宏德文化出版基金会共同承办的首届"贤文化与华夏传播研究"工作坊于 2019 年 7 月 6 日在厦门大学新闻传播学院成功举办。此次工作坊受到了国内外知名高校和学术研究机构的支持和响应，学科背景囊括了文学、历史、哲学、传播学、广告学、艺术学等多个学科，无论从学术探讨的深度还是从跨学科参与的广度来看都可谓"贤文化"研究的一场盛宴。

从会议主题和展开路径来看，既有主题报告的深邃观点，亦有平行分论坛的热烈探讨；既有从华夏传播的研究视角下探讨"贤文化"的学术视野，亦有对"贤"字古今内涵和文化意义展开的细致思索；既有对"贤文化"传媒方式的微观研究，亦有对"贤文化"与社会治理的宏观探讨；最终落脚于圣贤观念与光明德性养成的现实关怀上。

就会议体现的具体内容和观点而言，既有对儒、墨、道、法四家圣贤文化及其现代价值的探讨，亦有对夷齐、范仲淹、林则徐、胡适等古今贤达之品格和实践的研究；此外，"贤文化"的组织传播、"贤文化"话语体系建设、"贤文化"与社会治理、"乡贤"文化与区域建设、"贤文化"与企业管理等议题也在会议上得到了深入的交流。此外，由厦门大学传播研究所与中盐金坛集团合作出版，设有"贤文化与组织传播研究"专栏的《中华文化与传播研究》辑刊也以新书面世，为研究和传播贤文化思想提供了又一个重要的学术平台和媒介。总之，此次工作坊"旨在探索和彰显中华文化中崇贤、尚贤、聚贤、访贤、求贤等博大精深的贤文化智慧，深研建构华夏文明传播理论体系的进路问题，

深化学科对话与融合。"①。

与此同时,由江苏宏德文化出版基金会和厦门大学人文学院主办的第九届"礼"·"乐"宏德国学亲子夏令营也如期在厦门大学举办。夏令营活动的主要对象是来自全国各地的51个家庭,夏令营以"礼""乐"文化为主题,开设了包括《诗经》《论语》《大学》《道德经》《弟子规》等书教课程;书法、古琴、非物质文化遗产体验等乐教内容;释奠、冠笄、拜师、孝悌等礼教体验;太极拳、五禽戏、传统游学等身教之学。目的是以道启智,以德正心,以礼修身,以乐怡情,以艺养身,以书法、古乐涵养心性,以自然山水、古典游戏培养审美,使参加活动的童蒙之生及其家长感受到尊德性、道问学、明人伦、启智慧的意义。②

如果说首届"贤文化与华夏传播研究"工作坊是来自学术界对于"贤文化"理论的一次专业探讨和交锋的话,那么第九届"礼"·"乐"宏德国学亲子夏令营则可看作对肩负"贤文化"传承与使命之新生代力量的一次实践探索和启蒙。二者同期、同地举办,体现了主办单位致力于"贤文化"传播的人文情怀和"知行合一"的贤者风范。正是一代又一代贤达之才的研究、探索和实践,为"贤文化"理论的研究和"贤文化"理念的实践开疆拓土,奠定了坚实的基础。

八、当下"贤文化"研究亟待解决的问题和路径

综上所述,经过诸多社会组织和学术机构在大力推动,"贤文化"的理论研究和实践应用都取得了重要的进展和成果。就目前检索到的关于"贤文化"的研究文献而言,看似体现出了数量多、范围广的特点,但通过对检索文献进行分类、整理、归纳、分析依然可见有如下几个方面亟待进一步深入研究。

一是有待于从整体性角度对"贤文化"思想的理论源流进行全面梳理。从前所述可见,过往的研究文献对先秦时期"贤文化"思想渊源和历代思想家对"贤文化"理论的创新都有一定的探讨,但大多是对一门一派或一人之思想观点进行的个别性论述,这就不免体现出纷繁芜杂之感,特别是在众多的研究文献中尚未有学术专著形式出现的研究成果,因此从整体性角度对这一问题进行研究,具有理论必要性和一定的学术价值。

二是对"贤文化"思想在历史上的应用和成功的实践案例尚待进一步撷取研究。前述文献多集中于对"贤文化"思想理论的研究,而对这些理论在不同历史时期的应用和实践研究却较为缺如。这就使得研究呈现出从理论到理论的倾向,未能真正开发出"贤文化"思想的实践价值,也无法为当下"贤文化"在社会生活领域的实践提供有效的经验借鉴和参考价值。因此,拨开理论的丝絮,关注历史上践行"贤文化"思想较为成功

---

① 董熠:《华夏传播视角下的传统贤文化及其现代价值——"贤文化与华夏传播研究"工作坊综述》,《中国文化与管理》2019年第2期。

② 道学与传统文化研究中心,《第九届"礼"·"乐"宏德国学亲子夏令营系列报告》,2019年。

的案例是"贤文化"研究领域不可或缺的重要维度。

三是对当下社会组织体系各领域中"贤文化"的应用和转化需进行广泛调研和总结。从当下社会组织体系各领域对"贤文化"的应用来看，除经济领域中盐金坛公司实现理论与实践相结合，形成一系列理论成果和可执行方案外，大多数领域的应用都处于"摸着石头过河"的探索阶段，这些实践常散见于媒体报端，尚未形成系统性的理论成果，亦未拿出参考性较高的成熟方案，对应开展的研究更是少之又少，一定程度上影响了其成功经验快速有效的传播。对这些社会组织领域的实践模式进行广泛调研总结经验，具有很重要的现实意义。

因此，对于"贤文化"的进一步研究至少应从如下两个方面进行：

一是拓展"贤文化"研究的理论领域，为"贤文化"思想的研究提供全面的理论图谱。近年来，随着传统文化的全面复兴，对于"贤文化"的理论研究也日趋热络，主要集中于对"贤文化"概念与内涵的阐释，儒家、墨家等经典文献中关于"圣贤""贤达"思想的挖掘。这些研究成果丰富了"贤文化"的内涵与外延，同时也为"贤文化"的落地实施提供了积极的指导价值。然而，通过对现有文献资料进行搜集、整理和研究发现，对于"贤文化"理论渊源的追溯，"贤文化"产生、发展、衍化的历史脉络，以及不同历史时期"贤文化"历史功能的转换等问题大多基于片段式的研究，而缺乏全面、系统的论述和研究成果。因此，经典文献入手，从思想史的角度切入，拨开纷繁庞杂的观点和论述，梳理出"贤文化"思想的理论源流和历史脉络，撷取历史上成功的实践案例，为当下关于"贤文化"的研究提供较为全面和完整的理论图谱，是贤文化研究应该关注的重要议题。

二是探究"贤文化"理念在实践领域中的应用和转化经验，为社会组织的文化建设提供参考。"贤文化"作为古人外修内省之道，并非只停留在习得智识的"知"之层面，而是深入到真修实践的"行"之领域。"知行合一"是"贤文化"得以传承、发展的重要原因之一。当下亦如是。在关于"贤文化"的理论研究日趋热络之际，亦有致力于"贤文化"的传承、发扬、推广之同仁在不同的实践领域默默前行，将"贤文化"的基本理念与各自领域的具体实践相结合，促进着"贤文化"的创新传承和永续发展，也推动着各自领域人文思想的回归与兴盛。对于传统文化的复兴，往往知易行难，在社会生活实践领域中践行和落实"贤文化"的方案更显弥足珍贵。其中较为典型的，既有以政府行为为背景整体推进的区域文化建设案例——上海奉贤区"贤文化"实践模式，也有以企业为主体勇于承担社会责任和文化传承使命的案例——中盐金坛公司"贤文化"建设模式，也有以肩负祖国未来的青少年为传播对象而开展的实践案例——各地教育机构实施的"贤文化"教育样本。这些实践案例都取得了一定的经验和良好的社会反响，是研究和落实"贤文化"不可缺失的重要维度。因此，对上述地区、企业和机构的"贤文化"实践案例进行实事求是、深入细致的调研分析，总结"贤文化"在当下社会各组织体系中开展的现状、取得的成就和经验，以及存在的困难和可能的解决途径，有利于"贤文化"的进一步落地生根，为社会组织机构进一步开展"贤文化"建设提供参考和借鉴。

从整体性角度对"贤文化"的理论渊源进行系统研究，对曾经在历史上熠熠生辉、影响深远并促进社会发展的"贤文化"思想进行梳理总结，对历史上成功的"贤文化"实践案例进行撷取，将其置于当下的现实生活语境中，试析其实践价值和可操作性，为"贤文化"这一中华优秀传统文化重要内容的创新性转化和落地实施提供一定的借鉴。这必然要求系统地穷尽历史上具有代表性思想学派关于"贤文化"的重要观点和论述，同时也要全面地掌握当下"贤文化"研究的最新学术成果和前沿动态。其次，对"贤文化"思想在当下社会组织体系中的应用和传播进行广泛调研，对"贤文化"在当代社会组织治理中传承、发展、转化和进一步落地生根进行探讨，形成具有可操作性的对策建议或实施方案，并用"贤文化"理论中的合理因素启迪转化方案中存在的问题和瓶颈，提出解决问题的思路和方向，这都需要学界同仁进一步躬身实践、竭力探索。

九、盐文化传播研究

主持人语

纪录片《生命之盐》中这么解说：把盐局限在一种调味品，并且对它产生平凡渺小的印象，不过是人类社会近一百年的产物。而在此之前，盐曾经是人类最渴望的商品，犹如货币般珍贵。人类文明的篇章哪怕向回翻动一页，我们就会发现盐除了调味之外，对于人类的社会生活产生的极其重要的影响。盐在世界各个角落创造了色彩斑斓的人类生活史：盐的贩运编织了庞大的商业帝国，建立了一座座城镇；盐的开采造就了苦难也催生了新科技；对盐所带来的巨额财富的管理，成为最重要的治国技巧。盐维系了一个个帝国的统治，也诱发出一次次的造反和革命。在人类存在的大部分时间里，我们狂热地寻找盐，交易盐，争夺盐，世界的历史，在某种程度上，就是盐的历史。

因此，盐文化研究的视域应该具备一种世界史观，或者全球史观。将盐作为世界史展开的媒介，从世界历史整体进程中考察人类社会，观察其由分散的社会现象而形成的整体的社会发展规律。也就是说，将盐作为一个"整体世界"，并将盐置于历史普遍联系而不是相互隔绝之中，基于这种传播方法论来阐释盐的大历史。

本期，许诺的论文《早期殖民时代英国海外盐业政策初探（16—18世纪）》，通过对英国海外盐业政策的考察，指出英国在制定海外盐业政策时，以重商主义为指导，采取本国利益至上原则，并以奴役盐工的形式实施其政策。到 18 世纪末，第一帝国虽然逐步瓦解，但英国已成为世界上最大的盐贸易国之一，而其盐业政策却为殖民地人民带来了深重的灾难。

王德明先生《莱州湾南岸地区古代制盐工艺流程的演变》一文指出，考古实践及文献表明，莱州湾南岸地区有适于制盐开展的先天地理条件。随着近十多年来对莱州湾南岸地区多个盐业遗址的发掘，基本解决了几个重要时间节点上的制盐工艺流程问题，并逐渐建立起自成一派且相对完整的制盐工艺发展谱系。

《中盐人》副主编、助理研究员 郑明阳

《山鹰之歌》朱星雨 作

早期殖民时代（16—18世纪）英国海外盐业政策初探

许　诺[*]

（南京大学，江苏南京，210046）

【摘要】16—18世纪是英国建立以美洲为中心的第一殖民帝国的时期，也是利物浦盐经销世界的时期。经过国内盐行业的生产改革，英国盐的产量大为增加，不仅拥有开拓海外市场的需求，同时也力图以殖民地盐税和盐贸易支持大英帝国的繁荣。因此，英国在制定海外盐业政策时，以重商主义为指导，采取本国利益至上原则，并以奴役盐工的形式实施其政策。到18世纪末，第一帝国虽然逐步瓦解，但英国已成为世界上最大的盐贸易国之一，而其盐业政策却为殖民地人民带来了深重的灾难。

【关键词】英国盐业；北美殖民地；印度；加勒比群岛；盐业政策

多年以来，学界一直有这样一种观点：只有在中国，封建王朝才会将盐税作为重要财政收入。然而，这一观点并非完全正确。事实上，盐在世界各地都是生活必需品，人们为了运输它而铺设道路，政府为操控它而征收盐税，帝国以它为基础建立，社会阶级以它为标志区分，更有不可计数的人为它日夜辛劳[①]。在早期殖民时代[②]的英国，盐税就成为财政收入的重要部分。为应对国内方兴未艾的议会改革、工业革命以及对殖民地的占领和与西班牙、法国的斗争，英国国会面临着严峻的经费问题。这一新形势下，英国适时地对海外殖民地采取了特殊的盐业政策，以确保足够的财政收入以维持大英帝国的稳定与繁荣。

目前，国内有关中古时期盐文化和盐价问题的研究有部分成果，但仍稍显不足[③]；大

---

* 作者简介：许诺（1999— ），江苏金坛人，南京大学历史学院硕士生，研究方向：世界史。

① Cynthia M. Kennedy, "The Other White Gold: Salt, Slaves, the Turks and Caicos Islands, and British Colonialism", *The Historian*, Vol. 69, No.2, 2007, pp. 215—230.

② 早期殖民时代，在此指英国第一帝国时期，即16—18世纪，这一阶段英国海外殖民地形成以美洲为中心的"第一帝国"。参见钱乘旦主编：《英国通史》（第三卷），南京：江苏人民出版社，2016年。

③ 胡琬琳：《西欧近代早期盐的象征意义——16世纪至17世纪西欧社会的盐与巫术》，《盐业史研究》2013年第3期；马泽民：《白金之价：中世纪英国盐价初探（13—15世纪）》，《史林》2010年第5期。

部分有关世界盐业史的研究是以译介的形式进行，但内容已较为陈旧，并且数量仍然有限 ①。事实上，自 20 世纪以来，国外学者关于世界盐业史的研究已有了许多成果，如法国盐史专家让·克劳德·奥凯（J.C.Hocquet）就曾以法国盐政、食盐贸易等主题出版多部专著，可惜国内尚无译著问世，仅于《盐业史研究》期刊上散见两篇介绍短文 ②。在国际学术界，16—18 世纪的盐价和盐工业的革命是研究的热点，但无论是贝克（Beck）以马克思主义的角度研究盐场的工业转型，或是法国学者卡布尔丁（G.Cabourdin）对大革命前后法国盐价的研究，视角多集中于欧洲大陆。③ 因此，对欧洲殖民地的盐业政策还有进一步探索的空间，本文拟以前人研究为基础，力图对英国海外盐业政策的背景、内容和实施情况及影响做一探析。

一、背景：利物浦盐的崛起

自盎格鲁 - 撒克逊时代以来，英国就已成为欧洲屈指可数的重要盐产地之一。罗马人的入侵将先进的制盐技术传入不列颠岛，并与英国本身临海的自然条件相结合，这一地区很快开始大量产盐。但即便如此，地理位置偏远、面积狭小且技术相对落后的英国还未能拥有绝对的优势，在 15 世纪的欧洲市场上，威尼斯盐和法国盐才是主流产品。而英国人热爱黄油、奶酪和腌制食品的饮食习惯又必须消耗大量的盐，以至于不得不年年从法国进口相当数量的食盐。伊丽莎白一世对这一现象十分忧虑，英国刚刚与法国结束长达百年的战争，将来随时可能再次爆发冲突；同时，为了长途行军，食盐是士兵囊中必备的食材，缺了食盐就意味着军队口粮补给无法保证，因此，对法国盐的依赖对国家安全是一种致命的威胁 ④。出于这一考虑，英国必须提高盐产量。

作为一个沿海国家，英国有着绵长的天然海岸线，对于制盐来说极为便利。同时，柴郡和伍斯特郡还拥有大规模的地下盐矿与盐泉，林肯郡的制盐业也是当地的支柱性产业之一 ⑤。但 16 世纪初英国仍在沿用中世纪以来的制盐方法，依靠基本的人力劳动晾晒海盐、结晶岩盐，效率较低。林肯郡的制盐业出现了明显的衰落，柴郡盐也因为较高的运输费用而无法打开国内外市场 ⑥。正是在这样的困境中，16 世纪中期出现了制盐的革命以及利物浦港的兴起，成功解决了技术落后和运输成本的问题，英国盐产量一举跃居欧洲盐产量前列。

---

①　尤苏拉·艾华德：《美洲盐贸易及盐运输》，缪英译，《盐业史研究》1992 年第 3 期。

②　古钟：《奥凯和他的〈盐与王权〉》，《盐业史研究》1993 年第 2 期；古钟：《奥凯与他的〈盐与威尼斯之发迹〉》，《盐业史研究》1996 年第 2 期。

③　Jean Claude Hocquet & Jacqueline Hocquet, "The history of a food product: Salt in Europe. A bibliographic Review", *Food and Foodways*, Vol. 1, 1987, pp. 425—447.

④　[美] 马克·科尔兰斯基：《盐》，夏业良、丁伶青等译，北京：机械工业出版社，2005 年，第 115 页。

⑤　R. H. Hilton, Book Review, "England and the Salt Trade in the Later Middle Ages by A. R. Bridbury", *The Agricultural History Review*, Vol. 4, No. 1, 1956, pp. 62—63.

⑥　S.A.M.Adshead, *Salt and Civilization*, New York: St. Martin's Press, 1992, pp.104.

首先，16世纪技术创新的标志是达勒姆盐工业在南希尔兹（South Shields）和桑德兰（Sunderland）[①]的崛起。这一盐工业以浓度较低的海洋卤水为基础，并充分利用当地丰富且廉价的煤炭资源，建立起了中国四川以外第一个以现代燃料为基础的盐工业。尽管在泰恩赛德制造一吨盐需要消耗8—10吨煤炭，而在柴郡和诺威奇仅需1吨和12英担[②]，但泰恩赛德的达勒姆式工业仍因其便宜的价格和便利的交通占了上风。原因主要有两点：一是泰恩赛德位于泰恩河边，依靠泰恩河与泰晤士河便利的国内航运，运输煤炭十分便利且价格低廉，而柴郡附近仅存利物浦这一个港口，而利物浦主营的恰恰却是国外贸易，是连接英格兰和爱尔兰的交通枢纽，必须经由耗资巨大的陆路运输才能得到煤炭；第二点在于达勒姆式盐业使用的是小型煤，这种煤正是商人为伦敦市场生产大型煤的过程中会出现的副产品，煤矿商人自然很愿意以低廉的价格将小型煤卖给制盐者。18世纪初，南希尔兹购买煤炭的价格只需每吨2先令，而柴郡制盐则使用大型煤，因此必须支付全款。在诺威奇购买1吨煤炭需要花费16先令8便士，达到同时期南希尔兹煤价的8倍之多，制盐成本大大增加。因此，即使达勒姆式盐业利用的是浓度较低的卤水，其产量依然高速增长，至1700年，泰恩赛德每年已能生产32.5万英担盐，而当时英国的500万居民的年需求约为50万英担，也就是说如果这部分盐不出口国外的话，仅泰恩赛德一地就能满足65%的国内需求[③]。

达勒姆盐业的繁荣充分展现了泰恩河运输的便利和所能带来的经济效益，为柴郡的改革提供了思路。随着柴郡岩盐的发现和生产，当地的盐业重新焕发出巨大的潜力，引起了伊丽莎白女王和国会的注意。经过长时间的讨论，最终政府决定修建连接柴郡盐场和默西河的运河。从1713年开始，经过近30年的工程，直到1741年，默西河和盐场之间已经形成了一片水路交通网络，来自默西河对岸的兰开夏郡的廉价煤炭可以极为便利地运输到产盐地，两岸的煤炭业、制盐业共同繁荣起来[④]。

在建造运河的同时，利物浦港的职能也在发生变化。利物浦港位于英国西部沿海的默西河口，濒临爱尔兰海，不仅是英格兰中部兰开夏工业区的主要出口港口之一，也是连接英格兰和爱尔兰的海运枢纽。自15世纪中叶以来，利物浦港因与爱尔兰的贸易而逐渐兴盛，成为当时英国的主要港口之一，与布里斯托尔比肩。发展至16、17世纪，利物浦的职能仍然以爱尔兰贸易为主，但也开始兼营海外殖民地的出口贸易。早在中世纪，英格兰就已经开始向爱尔兰出口盐，但到1500年左右，英格兰盐业萧条时这样的出口便

---

① 两者以及之后提到的纽斯卡尔皆为当时英国重要港口，靠近泰恩河，南希尔兹隶属于达勒姆郡，桑德兰和纽斯卡尔位于泰恩-威尔郡，两郡相毗邻。而泰恩赛德是英国目前行政区划中一市区，与泰恩-威尔郡毗邻。以上城市皆为临近泰恩河的港口城市，其制盐方式被称为"达勒姆式"。

② 英担是一种冶金的专用术语和计量单位，1英担合50.802千克，12英担约相当于0.6吨。

③ S.A.M.Adshead, *Salt and Civilization*, New York: St. Martin's Press, 1992, pp.104—106.

④ [美]马克·科尔兰斯基:《盐》，第116页。

近乎停止了①。但是，爱尔兰对盐进口的需求却没有消失，因此，在泰恩赛德拥有持续生产大量盐的能力之后，爱尔兰人便成了最大的外来买主，而用利物浦港进行运输自然成为他们的最佳选择。同时，利物浦与柴郡毗邻，运输成本的降低增加了柴郡盐在世界市场上的竞争力，这也成为往后柴郡盐风靡世界的原因之一。总之，利物浦港已经充分具备了一个向全世界输送英国盐的港口的基本条件，日后英国盐，尤其是柴郡盐大多从利物浦港口运出，被称为"利物浦盐"。此时，供过于求的产盐，庞大的运输港口，辽阔的海外殖民地，英国已经找到了向外扩张的成熟时机。

二、西行：北美洲与百慕大群岛

1607 年，三艘轮船载着 150 多位英国人从伦敦启航，远渡重洋来到美洲，成为开拓美洲大陆的第一批英国居民。这批英国人带着来自英王的特许状，前往美洲寻找黄金，并试图制衡当地西班牙人的势力。在到达美洲后，他们将第一个定居点以当时的国王詹姆斯一世的名字命名为"詹姆斯敦"，并将该州命名为"弗吉尼亚州"以纪念刚刚去世的女王伊丽莎白一世。从此，有英国定居者参与的新美洲历史拉开了帷幕。

在欧洲殖民者到来之前，美洲的主人是印第安人。美洲拥有丰富的盐矿资源，盐史作家马克·科尔兰斯基曾描述道："动物寻找卤水泉以获得它们所需要的盐，有咸味的水、岩盐以及任何能够获得的自然盐都是动物寻找并舐食的对象。这些舐食的对象，遍布大陆，往往在荒芜平坦地区那浅棕色或者棕灰色的土壤中。一些深深的洞，几乎可以算得上洞穴了，这是动物不断舐食形成的。在舐食之处的尽头，因为有充足的盐，所以成为定居的适宜之地。村庄往往就建立在这些舐食之处。"②可见，美洲文明与盐有着密切的关系。在许多印第安人部落中都有盐之神祇的习俗，也存在一些原始的制盐业。因此，在欧洲人通过武力控制美洲之后，当地的制盐业也被欧洲人接管，并开始出于自身利益在美洲大力开发盐业。该项工程的先行者是西班牙人和葡萄牙人，但英国人在 17 世纪之后迎头赶上，并采取了一种与西、葡不同的盐业政策。

西班牙是首先在美洲大陆上开采盐矿的国家。16 世纪，西班牙不仅是一个海外殖民大国，同时也是欧洲的主要产盐地之一，本土的盐产量足够提供国内的市场需求。而面对美洲丰富的资源，西班牙提出了"双重经济"的政策：将较小的盐滩出售给当地的制盐者，以应对为数不多的美洲人口的需求，而大面积的盐矿资源则由西班牙政府垄断专营，运送至欧洲市场进行贸易。而当英国殖民者势力在美洲发展壮大之后，他们却采取了一种相反的政策，即大力鼓励本国生产食盐，甚至为了向殖民地出口本国的高价盐而禁止当地的食盐生产③。可以说，西班牙和英国一是将美洲作为商品产地，一是将美洲看

---

① 马泽民：《白金之价：中世纪英国盐价初探（13—15 世纪）》，《史林》2010 年第 5 期。

② [美] 马克·科尔兰斯基：《盐》，第 120 页。

③ 尤苏拉·艾华德：《美洲盐贸易及盐运输》，缪英译，《盐业史研究》1992 年第 3 期。

作庞大的倾销市场，但两者的盐业政策都是基于早期重商主义理论的指导，力图以盐为商品为本国争取更多的金银储备。

在完成对美洲势力的瓜分后，欧洲殖民者又将目光投向了附近的百慕大群岛。早在15、16世纪前往新大陆的探险方兴未艾之时，少数英国探险家就已经登陆过百慕大群岛。但当时最受关注的是生产大量蔗糖的加勒比群岛，因为蔗糖在当时的欧洲是利润空间最大的商品之一。因此，即使百慕大群岛中的许多岛屿早已有了英国人的足迹，但一直没有得到足够的重视。然而，17世纪中期，百慕大群岛产盐的潜力引起了欧洲殖民者的注意。此时，英国已经通过英西战争、光荣革命和英荷战争取得了毋庸置疑的海上霸主地位，开始在对百慕大群岛的开发中扮演更加积极和关键的角色。

其中，特斯科群岛①是开发时间较早、开发程度较高的一部分。15世纪初，已经有少部分英国人和百慕大人共同在这片岛屿上生产盐，但是发展较为缓慢。一直以来，这片岛屿由百慕大政府管理。但1764年是对特科斯群岛来说是关键的一年，因为在这一年中，法国势力侵入了这一区域，不仅登岸毁坏了居住者的制盐工具，还强制性将本国的罪犯流放到这片群岛上。基于这一情况，英国政府终于决定宣称对特斯科群岛的所有权，并于1766年派遣第一位"王之代理"安德鲁·萨默（Andrew Symmer）管理当地事务②。但是，不同于针对美洲大陆的盐业政策，英国政府给萨默下达的命令是大力鞭策当地盐业生产，确保特斯科群岛有足够的盐产量。政策的转变主要出于地理位置和国际背景的考虑。其一，不同于幅员辽阔、人口众多的美洲，特斯科群岛面积狭小，以产盐为支柱产业，无法成为倾销本国盐的市场；同时，群岛地处美洲与欧洲的交通要道之上，拥有作为运盐交通枢纽的天然优势。其二，18世纪中晚期正处于英国与北美殖民地激烈交战的关键时期，远渡重洋来到北美作战的士兵需要大量的食盐来腌制食物，而英属百慕大群岛的产盐可以确保英军有足够的口粮。因此，针对特科斯群岛，英国采取了一种与对早期美洲殖民地截然不同的方式，可见早期殖民时代英国的盐业政策是相当灵活、因地制宜的。

然而，在北美殖民地，英国高压垄断的盐政策却并没有及时地调整，导致了英美矛盾的激化，成为催生北美独立战争的因素之一。上文已经提到，在经过煤炭制盐方式的改革后，英国的食盐产量大为增加，到18世纪中后期时已经远超地中海地区各国，与法国一同位居前二甲。③面对如此庞大的盐产量，在国内市场甚至欧洲市场都无法消耗的情况下，美洲成为英国最理想的出售地。尤其是美洲的殖民地属性，为英国盐提供了高价倾销而无须担心市场竞争的绝妙机会，因此利物浦盐几乎遍布英属美洲的每一个角落。

---

① Turks Islands, 因为岛屿上的植物与土耳其人的头巾相像而得名。

② Cynthia M. Kennedy, "The Other White Gold: Salt, Slaves, the Turks and Caicos Islands, and British Colonialism", *The Historian*, Vol. 69, No.2, 2007, pp. 215—230.

③ S.A.M.Adshead, *Salt and Civilization*, New York: St. Martin's Press, 1992, pp.114.

但是随着欧洲定居者对美洲盐资源的开发，虽然自行产盐被英国政府严厉禁止，但廉价的本地盐还是成为越来越多人青睐的对象，而高价的英国盐则成了压迫和殖民的象征，遭到美洲人民的抵抗。矛盾不断激化，北美独立战争正是在这样的大背景下轰轰烈烈地展开了。

在战争期间，英国切断了北美的食盐进口，英军的威廉·豪将军还通过武力夺取了华盛顿在费城和纽约的盐供给，使得整个北美殖民地陷入盐短缺的境地之中①。长期对英国盐的依赖，使北美本地的盐产业发展缓慢且落后，无法及时生产出足够腌制食品的大量食盐，这也就意味着北美军队的食物供给处于危机当中。为此，1777 年 6 月，大陆会议紧急决定授予其中一个委员会"设计向美国提供盐的途径和手段"的任务，决定每个殖民地可以向盐的进口者和生产者提供经济激励，如新泽西的任何盐场都可以免除 10 名员工的兵役，或对各殖民地盐进口者提供的每蒲式耳食盐给予 1/3 美元的奖励。②可见，在双方交战的背景下，英国对北美殖民地实行的盐封锁政策给了大陆军致命一击。

总之，面对北美洲及其临近的百慕大群岛，英国的盐业政策是相对灵活且根据形势调整的。对于适合销售食盐的美洲，采取了倾销本国盐而压制当地盐生产的方式；对于产盐丰富但地狭人稀的百慕大群岛，则是更侧重于当地产盐所带来的经济价值；而在与北美殖民地作战的时期，采取了相当严厉的盐禁运、封锁政策，利用切断大陆军食物必需品的方式来削弱其实力。但是，尽管这些盐业政策多有变化，基本宗旨还是确保英国海外殖民地的利益最大化。

三、东进：早期英属印度

在英国统治之前，印度的食盐生产自给自足，盐税也十分微薄，普通民众的食盐需求基本都能得到满足。印度曾拥有过辉煌的古代历史，不过发展至 18 世纪，名义上的莫卧儿帝国已经分裂成诸个相互对立、时战时和的独立土邦。③英国殖民者正是趁着这一机会将自己的势力渗透印度，通过武装征服和怀柔并用的手段取得了印度的统治权，并建立了东印度公司，制定了新的盐业政策——食盐专卖制度。

不同于中国古代的食盐专卖，英国东印度公司统治下的食盐专卖是一种带有殖民掠夺性质，出于商业目的而运行的制度，以获得尽可能多的利益为首要目标。④但在实行盐专卖的一百多年中，英国对印度的盐政策也有过多次调整。其中，可以 1773 年为界将 18 世纪划分为两部分。1765 年，进军印度的先行者克莱武爵士建立了一个主要经营盐、鸦

① [美]马克·科尔兰斯基：《盐》，第 134 页。
② [美]马克·科尔兰斯基：《盐》，第 135 页。
③ 林承节：《殖民统治时期的印度史》，北京：北京大学出版社，2004 年，第 17 页。
④ Jaysagar Wary, "Salt Trade in Goalpara District During Colonial Period", *Indian Historical Review*, No.46, Volume.2, 2019, pp.278–291.

片和烟草的贸易公司，该公司由在孟加拉的职员组成，隶属于东印度公司，但分享它的部分权利。通过这一公司，英国人掌握了对以上三种重要物资的垄断专卖权。在这一阶段，该公司[①]以获得利润为目标，通过盐税大力搜刮财富，盐税的税率起初规定为 35%，后来增加到 50%，几乎是原先的 1.5 倍之多。之后，东印度公司又制定了一系列盐税规则，致使印度多数地区的食盐售价达到了每蒙恩德 140 至 500 多卢比的高价，在这样的情况下，大多数印度平民根本吃不起盐。另一方面，这些高压政策也大大缩减了印度贩盐商人的利润空间，这一群体联合制盐者一同反抗东印度公司的横征暴敛，反而减少了东印度公司的盐税收入。[②]

　　为了获得更加丰富且持续性的利润，英国议会通过了 1773 年的《调整法案》，决定派遣一位总督前往管理英属印度的相关事务。从小在印度生活过的赫斯廷斯被任命为第一任总督，开始了英属印度食盐专卖的第二个阶段。通过一番实地调查，英国殖民者提出了著名的"六西尔法则"。该法则的具体内容是：在调查了孟加拉地区 33 个家庭共 664人的盐消费习惯后，平均每人每年消费食盐 6 西尔[③]。由于食盐在日常生活中不存在替代品，需求弹性也较小，所以即使食盐免费或者价格高昂，人年均消费也稳定在 6 西尔左右[④]。基于调查结果，赫斯廷斯设立了"代理人制"来管理食盐专卖。这一制度主要采用了两点新颖的管理方式，一是让印度政府派出代理人直接管理产盐区，东印度公司只需要按照先前规定的价格从代理人处购买规定数量的盐，再交由零售商前往印度各地贩卖；二是进行盐生产之前，东印度公司会提前将本季度的货款预支给盐工，以确保他们能够不存怀疑地从事生产[⑤]。初看之下，这两点似乎解决了劳工积极性和盐商利益的问题，但实际上却是以更巧妙的方式剥削印度人民。首先，通过设置印度政府的代理人的方式，采用本国人管理本国人，将殖民者与被殖民者之间的民族矛盾弱化，并转移了管理劳工所带来的高额成本和潜在危机；其次，通过对代理人和零售商的指定，东印度公司从中营私舞弊、充饱私囊，腐败之风盛行，公司本身还能从代理人购入价和零售商售出价之间赚取高额差价；最后，预付工资的方式看似人道主义，相反却是剥夺了盐工选择代理人的自由，并且一旦没能完成指定产量，便不得不沦为英国人的债务奴隶。

　　除了对印度盐生产的管控之外，英国也没有放松对庞大印度市场的食盐倾销。为了满足英国国内盐商的强烈需求，东印度公司将保护关税都算作印度盐的"成本价格"，另一方面又取消英国盐进口印度的关税和消费税，让利物浦盐在印度市场上畅行无阻。同时，由于印度制盐工人生活质量低下，劳动积极性差，食盐掺假的情况多有出现，"经过

　　① 该公司在 1806 年正式更名为"海关、盐和鸦片管理局"，又称盐务局。
　　② 潘玉虹、陈建华：《英国东印度公司统治时期印度的盐业政策探析》，《盐业史研究》2017 年第 4 期。
　　③ 西尔（seer），和前文的蒙恩德一样，是印度、巴基斯坦、尼泊尔等国的重量单位。1 西尔约等于 2.057磅，1 蒙恩德约等于 82.28 磅。
　　④ 钟灵娜：《英属印度时期孟加拉地区盐专卖的启示》，《湖南财政经济学院学报》2014 年第 4 期。
　　⑤ 潘玉虹、陈建华：《英国东印度公司统治时期印度的盐业政策探析》，《盐业史研究》2017 年第 4 期。

批发商在大的市镇的专销，以及零售商的零售链条，中间的每个人都混杂了一定比例的沙子，当盐最终到达农村的消费者手中时，杂质的比例达到 25% 到 40%，甚至更高，达到 33% 到 50% 之间"①，这样的食盐必然会对食用者的身体健康造成危害。相比之下，利物浦盐则质地纯正，颜色洁白，自然受到更多消费者的欢迎。正是在殖民主义当局控制下的不公平竞争中，英国盐彻底打开了印度的市场，印度也发挥了资本来源和倾销市场的双重作用。

四、影响：盐与英国殖民

16—18 世纪是英国海外扩张的早期阶段，这一时期的盐业政策以确保英国本土的利益为首要目标，以早期重商主义理论为指导，并采用较为原始和野蛮的奴隶劳动等殖民方式。

首先，从北美殖民地到百慕大群岛，再从美洲到南亚，英国政府因地制宜地设置了三种不同的盐业政策。虽然侧重点各有不同，但政策都锁定了两个目标：获取原料和扩大市场。在 15 世纪欧洲海外殖民活动开始的初期，最先开拓疆域的并非英国，而是航海业兴盛的葡萄牙和西班牙。经过一个世纪的辛勤投入，西、葡两国几乎已经对美洲、亚洲和大西洋群岛的殖民地瓜分完毕。早在 1493 年，西、葡两国就在教皇亚历山大六世②的调停下划定了"教皇子午线"，以大西洋中部亚速尔群岛和佛得角群岛以西 100 里格处为界划分势力范围，以西属西班牙，以东则属葡萄牙。根据这一分界线，西班牙获得了美洲及太平洋各岛屿，而葡萄牙则获得了亚洲和非洲的大部分地区。此后，又曾通过《托德西拉斯条约》和《萨拉戈萨条约》对这一问题进行修订，但仍然是两国之间势力范围的内部调整。相反，后来居上的英国职能面对已经被瓜分殆尽的殖民地。早在 16 世纪以前，就有部分开明之士呼吁英国人进行利润丰厚的海外贸易，如哈克卢伊的著作《英吉利民族的主要航海、航行、贸易和发现》等，但那时的海外殖民更多只是私人的、探险性质的行为。③复辟时期和光荣革命之后，英国开始了大规模海外殖民。在美洲，卡罗来纳、纽约、宾夕法尼亚殖民地建立了；在亚洲，东印度公司被授权成立；在非洲，英国成立皇家对非贸易冒险家公司，开始黑奴贸易。新兴的工业为英国带来了产量的提升，新兴的制度为海外殖民提供了支持，新兴的理念鼓励人们追求财富。利物浦盐正是那个年代英国的典型产物，在生产技术的进步之下产量骤增，于是积极寻求更广阔的市场便成为当务之急。另一方面，采取管控盐业、实行专卖的方式，搜刮当地的产盐业，获取高额的经济利益。因此，英国的盐业政策是服务正在积极扩张的大英帝国的产物。

---

① 钟灵娜：《英属印度时期孟加拉地区盐专卖的启示》，《湖南财政经济学院学报》2014 年第 4 期。
② 亚历山大六世属西班牙国籍，因为当时的西班牙人相信通往东方的线路是向西航行，所以自认为在子午线的划分中占尽便宜。
③ 钱乘旦主编：《英国通史》（第三卷），南京：江苏人民出版社，2016 年，第 310 页。

　　其次，在早期殖民时代，指导英国进行海外贸易活动的是由亚当·斯密提出的重商主义理论。不同于中国古代的"重农抑商"政策，重商主义是在西欧封建经济逐步瓦解、资本主义经济兴起的背景下出现的，核心内容是一个国家应该积累尽可能多的金银，因此应该鼓励贸易，多出口、少进口，并主张国家积极干预经济生活。当时英国重商主义具体表现为以下两点：一是反对王室特权垄断，减少海外公司的数量，确保自由商人的利益；二是通过实行航海法打击竞争者荷兰，为英国商人进行海外贸易提供稳定的国际环境和强有力的后盾。[①] 因此，英国的海外盐业政策也呈现出利润至上、出口至上和国家干预的特点。其一，无论是销售本国盐还是通过管控当地盐进行交易，最重要的目的是获得源源不断的财富，并将这些财富主要用于本国的投资和再生产；其二，英国对北美殖民地、早期英属印度的政策充分体现了对贩盐市场的渴望，但相比之下进口外国盐极少，一方面是出于英国本土市场能够自给自足，另一方面也是出于重商主义的考量；其三，无论在北美、加勒比群岛还是印度，都能在当地盐政背后看到英国政府的身影，对于殖民地的盐业政策有时不仅需要得到议会的批准，甚至还会派遣英国人直接前往殖民地管理相关事务。

　　最后，这一时期英国仍然处于资本主义原始积累时期，采用的盐业政策往往建立在原始而野蛮的奴役的基础之上。在加勒比群岛进行过耙盐生产的一位女奴，玛丽·普林斯（Mary Prince）曾在回忆录中描述过制盐者的生活："他们给了我一把铁锹和一个小桶，我必须站在盐滩里耙盐，而盐滩一直没过我的膝盖。""我必须从早上四点一直劳作到晚上九点，我和同伴们因为每天在盐滩中工作太久，以至于身上都起满了可怕的水泡。""我不能见到我的家人，而如果有人偷懒，主人就会用鞭子狠狠抽这个奴隶。"[②] 从此可以看到了繁荣的食盐帝国背后血淋淋的事实，而这样的奴役并不仅仅发生在加勒比群岛。在印度，产盐工人同样生活极度艰苦的条件之中。因为盐的生产总是在无人居住的地区进行，盐工不仅在工作时需要耗费大量的体力，在夜晚来临之后还要担心野生动物的袭击。据记载，1789年，在罗曼加尔（Roymangal）机构雇佣的8168个工人中，有476个不幸身亡，其中309人丧于虎爪，3人被短吻鳄袭击而死，52人死于疾病。[③] 以上种种，都体现出当时英属殖民地盐工极其恶劣的生活状况，但即便如此，在高昂的食盐售价和严厉禁止私自制盐的规定下，这些辛劳的盐工还是消费不起食盐。

　　通过对海外殖民地的食盐垄断和本国食盐生产技术的提高，英国在18世纪末已经成为世界首屈一指的盐业大国，向世界各地销售盐。据麦卡洛克（McCulloch）的统计，在1833年，英国出口盐1200万蒲式耳，约合30万吨。其中98100吨运往美国，39271万

　　① 李新宽：《论英国重商主义政策的阶段性演进》，《世界历史》2008年第5期。

　　② Cynthia M. Kennedy, "The Other White Gold: Salt, Slaves, the Turks and Caicos Islands, and British Colonialism", *The Historian*, Vol. 69, No.2, 2007, pp. 215-230.

　　③ 钟灵娜：《英属印度时期孟加拉地区盐专卖的启示》，《湖南财政经济学院学报》2014年第4期。

吨运往荷兰和比利时，35326 万吨运往俄罗斯……而这一时期柴郡大约有 8000 人受雇于盐业，而这一行业的资本已经达到 60 万至 70 万磅之多。[①] 虽然 18 世纪末期以北美为核心的第一帝国在美国独立之后土崩瓦解了，但第二阶段又很快展开，这次的中心是"大英帝国女王王冠上的宝石"——印度。早期殖民时代的盐业政策为英国不仅带来了巨额的财富和广泛，还帮助构建了广泛的海外贸易网络，帮助英国实现了"日不落帝国"的辉煌。但是，在这辉煌背后，英国海外盐业政策的利己性质和殖民地盐工的辛劳和苦难，不该被历史遗忘。

---

① J. M. Fells, "The British Salt Trade in the Nineteenth Century", *The Economic Journal*, Vol. 11, No. 43, 1901, pp. 421-431.

莱州湾南岸地区古代制盐工艺流程的演变

王德明 *

（寿光市博物馆，山东寿光，262700）

【摘要】考古实践及文献表明，莱州湾南岸地区有适于制盐开展的先天地理条件。随着近十多年来对莱州湾南岸地区多个盐业遗址的发掘，基本解决了几个重要时间节点上的制盐工艺流程问题，并逐渐建立起自成一派且相对完整的制盐工艺发展谱系。其盐业生产从工艺上来讲，可分为三个阶段：陶器煮盐—铁器煮盐—晒盐。其中陶器煮盐又可分为非专业工具煮盐和专业工具煮盐。专业工具目前主要发现两大类：一是流行于商代晚期至西周早期的盔形器；一是流行于东周时期的圜底罐。铁器煮盐工具主要有铁釜和铁盘，始自汉代，衰于清代；晒盐技术源自福建，始于明代，兴于清代，民国时被完全取代。1949年以来盐业生产技术也越来越受现代工业化的影响，生产工具越来越趋向于机械化。

【关键词】莱州湾南岸地区；制盐工艺；煮盐；晒盐

对制盐工艺进行研究是古代盐业史研究的基本问题之一。在山东寿光大荒北央盐业遗址群①、双王城盐业遗址群②、机械林场盐业遗址、侯家辛庄东北盐业遗址以及昌邑火道——廒里遗址群01（唐央）③等遗址发掘之前，对莱州湾南岸地区（西起小清河口，东至虎头崖，行政区划涉及广饶、寿光、寒亭、昌邑、平度、莱州6个县市）早期制盐工艺流程的研究工作更依赖于文献，其中不免有语焉不详之憾，甚至存在张冠李戴之嫌。曾仰丰先生所著的《中国盐政史》可谓鸿篇巨制，其对山东地区盐业的重要性给予充分

---

* 作者简介：王德明（1972—），男，山东寿光人，寿光市博物馆副研究馆员。

① 山东大学东方考古研究中心、寿光市博物馆：《山东寿光市大荒北央西周遗址的发掘》，《考古》2005年12月期。

② 山东省文物考古研究所、北京大学中国考古学研究中心、寿光市文化局：《山东寿光市双王城盐业遗址2008年的发掘》，《考古》，2010年第3期。

③ 山东省文物考古研究院、昌邑市博物馆：《昌邑火道——廒里遗址群01（唐央）遗址发掘简报》，《海岱考古》2017年10月，第十辑。

肯定，"古代盐产之富，莫盛于山东；盐法之兴，亦莫先于山东"[1]，但此书涉及盐业生产方面的内容却极少；郭正忠先生所编著的《中国盐业史》是一部系统介绍古代盐业史的大成之作，但囿于当时资料限制，在介绍山东地区海盐生产时更多依赖于文献记载。而现存诸多地方史志对晒盐工艺记载颇详，但对晒盐法出现之前的很长一段历史时期内的煮盐工艺多是一笔带过。可喜的是，随着莱州湾南岸地区诸多遗址的发掘，基本解决了几个重要时间节点上的制盐工艺流程问题，并逐渐建立起自成一派且相对完整的制盐工艺发展谱系。这其中尤以燕生东先生所著《商周时期渤海南岸地区的盐业》为扛鼎之作。本文根据近年来的考古成果及相关的文献记载，对这一地区的制盐工艺流程的演变做简单梳理，在探讨制盐工艺问题时，主要着眼于具有规模化生产、具有国家或集体行为以及代表当时生产技术发展水平的制盐方式。

一、原料、环境及影响因素

莱州湾南岸制盐的原料来源主要有两种：一是海水纳潮，一是提取地下卤水。但笔者查阅自清康熙年间以来出版的相关志书，除1992年版本《寿光县志》记载民国时期有引海水入沟采卤的记载（民国时期1936年宋宪章版《寿光县志》却无此记录），此外，山东羊口盐场编志办公室于1990年10月编著的《山东羊口盐场志》，载寿光羊口到1961年才扬送海水晒制原盐。考虑到莱州湾南岸地区北部大范围的滩涂地带，海水的提取在古代显得尤为困难，同时根据考古发现以及大量地方史志的相关记载都可以证明，在很长一段历史时期，莱州湾南岸地区所谓海盐并非直接取自海水，而是来自地下卤水。如在寿光双王城盐业遗址群调查发掘过程中发现了多处商周及金元时期的卤水井，在昌邑唐央——火道遗址群也发现的东周时期成排的8口卤水井等等。2020年4月在小清河沿岸寿光八面河村北又发现了不同时期的古盐井14座。地下卤水是海水经"潮滩成卤过程"蒸发浓缩而成，因此也将地下卤水制成的原盐也称为海盐。莱州湾南岸地区发现的规模较大、数量较多、时期不同的盐业遗址群，恰是渤海南岸浅层地下卤水浓度最高、储量最大的集中地区。该地区地下卤水分布东起莱州市沙河，西至寿光小清河口，面积约1500平方公里。浅水卤水层平均浓度分布可分为三个卤水带：近陆侧中低浓度带、近海侧中等浓度带、两者之间的高浓度卤水带。高浓度带内，常出现大于12—15波美度的特高浓度富集区块[2]。

莱州湾南岸产盐区内大都处于盐碱地带，不适宜农业生产和生活居住，但洼地、湖泊、沼泽内密布着繁茂的芦苇、茅草等野生植物，为制盐提供了极为丰富的燃料和建筑材料。平原地带适宜陆路交通，古代这一地区还有发达的河流、湖泊且近海等，适宜水路交通，

---

① 曾仰丰：《中国盐政史》，上海：商务印书馆，1936年，第66页。

② 韩有松、孟广兰、王少青等：《中国北方沿海第四纪地下卤水》，北京：科学出版社，1994年，第123—157页。

为盐之运输提供了便利。产盐区以西、以南面积广阔的冲积平原区，地势平坦、土壤肥沃、气候适宜、淡水资源丰富。自新石器时代以来就是聚落密集、人口集中、农业发达、交通便利的地区，这为盐业生产提供了必要的人力、物力以及其他物质生活保障。

除受自然环境因素的影响外，盐业生产的产量、规模甚至技术水平在很大程度上受国家政策、社会环境方面的影响极深。如殷商时期莱州湾南岸地区盐业的兴起与商王朝征夷方后大力发展盐业生产不无关系；管仲相齐，"正渠展之盐，通东莱之产，而齐以富强"，可见齐国的强盛与重视盐业生产关系密切。秦汉以后，国家大一统格局形成，国家管理范围内的盐业产区扩大；汉代政府实行的盐业专卖政策，产盐区域也从渤海南岸的莱州湾地区扩大到黄海南岸，初步奠定了后代山东食盐产地的基础。但此时山东地区盐业地位和重要性有所下降也是不争的事实。汉魏时期，战乱不断，盐业退化，不逮往古。唐后期藩镇割据，更有盐枭王仙芝、黄巢之乱，整个山东地区盐业生产皆受打击，莱州湾沿岸自然莫能幸免。宋元明清时期至近现代，盐业生产也深受社会环境影响，不再赘述。

二、"煮盐"方式的演变

莱州湾南岸地区的盐业开发历史悠久。《世本·作篇》集中描述了传说时代先民的创造发明，其中就提到了宿沙氏煮盐。夙沙氏据说为炎帝部落中人，据《世本》相关记载及《太平御览》引宋衷注中"宿沙卫，齐灵公臣。齐滨海，故卫为渔盐之利"的记载，其活动主要区域应该就在莱州湾南岸地区。将这一时期的伟大发明系于个人固然不足为信，但与相关考古发现相参照，显然也并不是向壁虚构。截至 2015 年底，在位于距今海岸线 15—30 公里的范围内，莱州湾南岸地区已发现 10 处龙山文化时期遗址[①]。考虑到这一带相对恶劣的生存环境，可以大胆推测这些遗址很可能与制盐有关，已经有了原始制盐业。制盐方法可能就是用鼎、甗等进行简单的熬煮；制盐原料很可能就是用的地下卤水，当然也完全不排除利用地下卤水蒸发而形成的地表盐碱土进行制盐的可能。

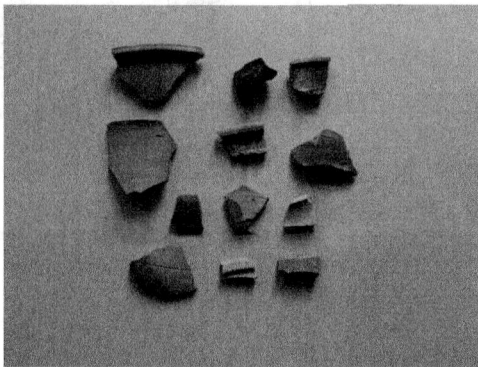

牛头镇村东北遗址采集的龙山文化陶片

① 燕生东：《莱州湾南岸地区发现的龙山时期制盐遗址》，《考古》2015 年第 12 期。

据《尚书·禹贡》中"海岱惟青州，隅夷既略，潍淄其道，厥土白坟，海滨广斥，厥贡盐絺，海物唯错"的记载，明确说明夏代盐是进献给中央王朝的主要贡品之一。

殷墟时期的甲骨文中多次提到"卤"字，如"卤小臣其又邑""己酉卜，宾，贞戎卤"等等。根据《说文解字》："盐，卤也。天生曰卤，人生曰盐"，可以判断，在甲骨文中提到的"卤"就是指的"盐"。有专家认为，晚商时期，商人的势力已经退出晋西南地区。东征夷方的目的，就是控制并保护鲁北地区的海盐，并依靠国家的力量，对盐业资源进行全方位的管理。《史记·齐太公世家》中提到西周早期与盐业有关的文字："太公至国，修政，因其俗，简其礼，通商工之业，便鱼盐之利，而人民多归齐，齐为大国。"说明那时政府可能已经参与了盐业的生产和贸易活动；而这种盐业管理行为，绝非无源之本，很可能就是商代晚期盐业管理方式的延续。可推断，殷墟晚期至西周早期，国家可能已经在滨海地区设有盐业管理机构，来负责海盐的生产和供给。这些文字能在一定程度上反映当时盐业情况，但关于早期的制盐流程问题，早期文献上没有记载。直至双王城遗址的发掘，可以说才真正揭开了殷墟晚期至西周时期制盐流程的庐山真面目。这一时期，专业制盐工具——盔形器被大量发现。盔形器口径约20厘米，高在25厘米左右。通过对双王城盐业遗址的发掘，一个完整的制盐单元结构布局出现在世人面前：浅层地下卤水井、规模宏大的灶棚、庞大的盐灶及其工作间、储卤坑等位于中部。以其为中轴线，卤水沟和成组对称的坑池对称分布在南北两侧。制盐的基本流程可以总结为：卤水井中用盔形器提取卤水—沉淀池卤水过滤—蒸发池提高卤水浓度—盔形器煮盐—破罐取盐。[①]在渤海南岸地区发现的这一时期的盐业遗址群有10余处、盐业遗址点300多处。尽管对于部分遗迹现象尚有专家有不同的认知和看法，但利用盔形器熬煮地下卤水成盐的基本方式得到普遍认可。

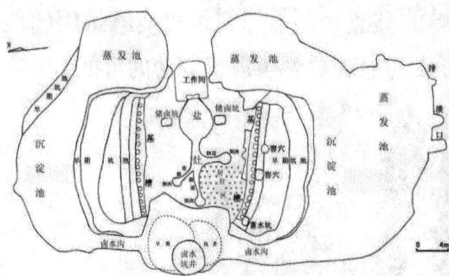

商周时期制盐作坊遗迹图

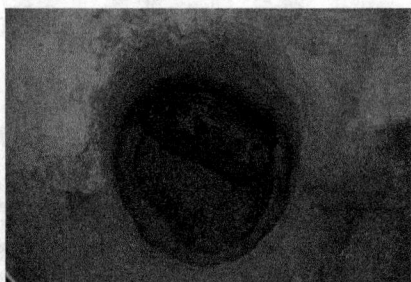

寿光双王城遗址：商周时期卤水井

---

① 见于山东省文物考古研究所、北京大学中国考古学研究中心、寿光市文化局：《山东寿光市双王城盐业遗址 2008 年的发掘》，《考古》2010 年第 3 期。关于"破罐取盐"，尚未定论，遗址现场的确发现大量的盔形器残片，但是否必须在成盐后将盔形器弄破，值得推敲。也有人认为是煮盐过程中，盔形器受热后破裂。

寿光双王城遗址出土的商代盔形器

商周时期盐灶遗址局部

　　春秋时期，管仲"设轻重鱼盐之利"，《管子·地数》载："夫楚有汝汉之金，齐有渠展之盐，燕有辽东之煮，此三者亦可以当武王之数。"可见"渠展之盐"是当时名闻天下的中国三大财源之一，对齐国起着财力支撑的巨大作用，促进了齐国经济的发展和山东沿海的开发。这一时期制盐工艺，从《管子·轻重甲》所载"今齐有渠展之盐，请君伐菹薪，煮沸水为盐，正而积之"中可见端倪。一是制盐原料取自"沸水"。何为"沸水"？有"济水""沸水""海水"等说法，但笔者更倾向于于崇先生的观点"盐之质"最为合理，即海水也。二是制盐方式为"煮"盐。三燃料为"菹薪"，也就是枯槁的草木、柴草。但遗憾的是，一直未发现春秋时期的制盐工具。有专家推测可能用铜盘进行盐业生产，但考虑到青铜原料相对珍贵，并不符合进行大规模盐业生产，只可偶尔为之。因此，春秋时期的煮盐工具还是从陶制器物上去寻找。随着近年来在渤海湾南岸地区的潍坊昌邑、滨海、寿光一带以及向西向北直至东营广饶、利津、沾化，滨州无棣以及河北海兴、黄骅等地，发现多处规模和数量远超过殷墟时期、制盐工具也不同的战国时期盐业遗址群，愈发觉得春秋时期盐业研究还存在一定遗憾，也就是在殷墟至西周时期盔形器与现今考古学界普遍认可的战国时期大口圜底罐之间，存在器物类型上的缺环。而从文献记载看，这一时期该地区是齐国重要的盐业生产基地，应该有自己的专业制盐工具。因此，需要进一步加强对各类盔形器的研究，很可能春秋时期的煮盐工具还是一种盔形器。

通过对唐央等遗址的发掘，战国时期的制盐工艺基本得到解决。这一时期制盐工具为中口圜底薄胎瓮、大口圜底厚胎罐形器，器形与盔形器类似，体型较大，口径大约30—50厘米，高大约50—100厘米。内壁均戳印和拍印方格、菱形、圆形、椭圆形等几何纹饰，应该是为"破罐取盐"时便于罐体与盐的分离。除发现大量圜底罐外，在多个遗址内发现了那时的卤水井和盐灶。同一时期、同一灶址多个卤水井排在一起，说明那时卤水的需求量与晚商西周时期相比不可同日而语；单个盐业作坊的制盐规模和产量也成倍增加。盐灶口部面积不大，可放置一、两个煮盐工具。推测其制盐基本流程为：井中提取浅层地下卤水—净化并提高卤水浓度—圜底大型中瓮储存—大口圜底厚胎罐内慢火熬煮成盐[1]。

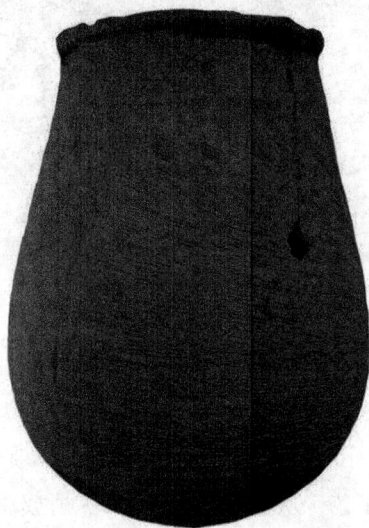

昌邑唐央遗址出土大型圜底罐

汉代，莱州湾沿岸的盐业遗址发现不多，考古工作也相对滞后，对这一时期的盐业研究主要依靠文献资料。西汉时期，莱州湾南岸地区设置盐官的地方有三处：北海郡的

---

[1] 燕生东、田永德、赵金、王德明：《渤海南岸地区发现的东周时期盐业遗存》，《国家博物馆馆刊》2011年第9期。

寿光、都昌，东莱郡的曲城。东汉时有产盐区有所扩大，盐官也有所增置。从盐业生产来说，据《汉书·食货志》中，在大农令在奏上盐铁丞孔仅、东郭咸阳的建议中，提及了"愿募民自给费，因官器作鬻（煮）盐，官与牢盆"及"敢私铸铁器鬻（煮）盐者，釱左趾，没入其器物"。①从中可以看出，这时的制盐方式是以铁器煮盐为主无疑。铁器作为制盐工具出现后，因其具有陶制工具不可比拟的优越性，极大降低了生产成本，提高了劳动效率；自此以后制盐方式应该基本固定下来，直到大约明代"晒盐法"的出现。可惜的是，目前所知的盐业遗址上可靠的汉代铁器遗物难以得到。现烟台市博物馆所藏的体型巨大的汉代铁釜、铜盘，为考证这一时期的制盐工具提供了第一手物证。

东魏时期，《魏书·食货志》载："自迁邺后，于沧、瀛、幽、青四州之境，傍海煮盐。"其中青州盐灶546座，每灶年产食盐78.6斛，占东魏时期海盐生产的1/5强。

唐代，据《元和郡县志》载，广饶、北海等地为唐代海盐产地之一，且均可能设有盐官。但从全国角度看，盐业生产地位明显下降。隋唐至五代时期的制盐工艺，《中国盐业史》据《太平寰宇记》《太平御览》等记载了淮东地区的制盐工艺，即采用"刺土成盐法"等海盐技术，通过刮咸取卤获得的卤水渗入卤水井中、验卤、煎煮成盐。其中还要经过输卤入漕、装盘煎煮、石灰封盘、皂角结盐、收盐伏火等一系列分支环节等。从技术环节看，体现了生产工序的规范化、生产分工系列化等优点。但莱州湾南岸地区是否也采取"刮咸取卤"则很是成疑。因为这一地区的浅层地下卤水可以说掘土即是，从历史传统上看取卤制卤的工艺早已经相当成熟，没有必要在大规模生产时舍此求彼。笔者通过对当地民间的调查，的确也存在"刮咸取卤"制盐方法，但那仅仅是当地百姓进行的个体手工操作，费时费力，不代表大规模生产方式。但其他盐业生产环节却似乎通过寿光侯家辛庄东北盐业遗址的发掘得到了印证。该遗址发掘过程中，出土了大量残铁器、石灰石、砖块、草木灰及琉璃渣状物等遗物，以及完整的大型盐灶、排水沟等遗迹。其中部分残铁器器型较大，似为煮盐的盐盘残部，其厚度超过10多厘米。石灰石可能为封盘时所用。砖块则为垒筑炉灶、建造盐工房屋等所用。草木灰及琉璃渣状物则为煮盐燃料燃烧后的留存物。遗憾的是，受发掘面积所限，无法全面揭露全部遗迹现象，因而无法对这一期的制盐工艺给出一个全面的结论。

---

① 《汉书》卷二十四《食货志下》原文："大农上盐铁丞孔仅、咸阳言：'山海，天地之臧（藏），宜属少府，陛下弗私，以属大农佐赋。愿募民自给费，因官器作鬻（煮）盐，官与牢盆。浮食奇民欲擅斡（管）山海之货，以致富羡，役利细民。其沮事之议，不可胜听。敢私铸铁器鬻（煮）盐者，釱左趾，没入其器物。郡不出铁者，置小铁官，使属在所县。'使仅、咸阳乘传举行天下盐铁，作官府，除故盐铁家富者为吏。吏益多贾人矣。"

侯家辛庄东北遗址发掘现场

残铁器断面（外部为锈蚀部分）

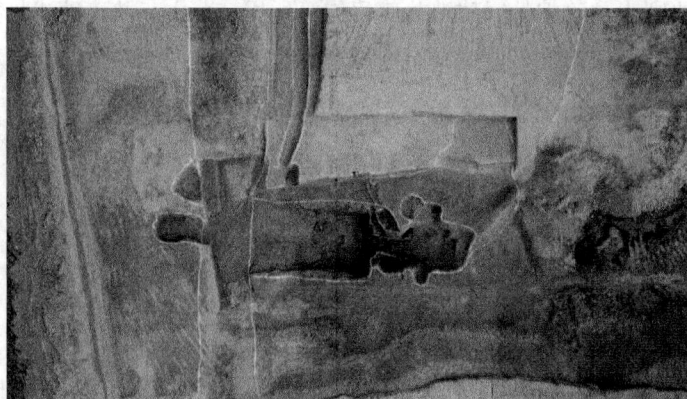

侯家辛庄东北遗址：盐灶

寿光官台村北现存元代至治三年（1323年）所立的《刊修公廨之记》碑，对了解元代莱州湾南岸地区的制盐业具有重要价值。该碑载："夫官台遗迹，土人云齐王避暑之所，故俗相传未为实……其地广斥，乃利国煮盐之地也"，并对元代官台制盐管理机构基本情况做了介绍，"至元初，设官勾以治之，办课盐一万七千余引，所管五灶，民几四百。至丁未改升司令司，设司令、司丞二员，品秩同县邑隶"。此外，还提到了官台场"运民"盗取野草，致使"灶民"无草可用而引发矛盾，武公安排人约谈双方解决矛盾的情况。可见，元代制盐仍为煮盐无疑，野草为主要煮盐燃料。双王城遗址群发掘过程中发现的金元时期制盐遗址，解密了这一时期制盐流程。通过遗存的大量盐灶形状判断，方形铁盘或圆形铁釜是金元时期主要煮盐工具。制盐流程大致为：从卤水井汲取卤水，通过过滤沟让卤水得以净化，最后在盐灶上置铁盘或铁锅熬煮成盐[①]。从双王城遗址发掘现场可以判断，金元时期铁盘长约1.5、宽约1米；铁釜直径约1米。

金元时期盐灶及过滤沟

我们可以看到，在宋元时期，莱州湾南岸地区的制盐工艺与元陈椿的《熬波图》、明宋应星的《天工开物》所载明显不同。由于地下卤水的存在，使莱州湾南岸地区的制盐工艺流程尤其是制卤环节简便许多。总的来看，在晒盐法出现之前的煮盐时代，煮盐工具虽几经演变，但盐业生产技术并没有本质变化，但生产效率却随着制盐工具的改进渐次有所提高。

三、"晒盐"技术的出现及发展

从双王城考古发掘过程中发现的商周时期的"沉淀池""蒸发池"来看，制盐过程中

---

① 　见于山东省文物考古研究所、北京大学中国考古学研究中心、寿光市文化局：《山东寿光市双王城盐业遗址2008年的发掘》，《考古》2010年第3期。

已经有意识地利用日晒风吹来提高卤水浓度。不过大量盐灶和盔形器残片的发现，表明"晒盐法"还没有出现。以双王城遗址发掘得到的工艺流程与晒盐法相对照，我们看到，民国时期盐井的建造方式与商周时期几乎一模一样。商周时期圈池形制也非常类似。但圈池数量不够，使卤水无法在一定时间内迅速达到结晶标准及不懂得"撒盐少许引之"[①]，很可能就是造成"晒盐法"没有在莱州湾南岸地区自身形成的主要原因。

莱州湾南岸地区的海盐晒盐技术出现于何时？从双王城遗址发掘现场看，起码在宋元时期还不曾进行大规模的生产。但从文献记载看，在金朝统治下的这一地区，已经出现了晒盐法。

在《金史·志第三十·食货四·盐》中记载了（大定）二十三年山东博兴县民李孜"收日炙盐"的事件，昭示着莱州湾南岸一种新的制盐技术"日晒法"已经出现。但李孜所用原料为刮碱所得，非为卤水，相对而言无法保证盐的产量和质量。从技术上讲应当时"日晒法"应该还没有完全成熟，缺少后来晒盐法的关键步骤，所以也就没有代替煮盐法而成为主流。

"晒盐法"源自何处？从各种资料看，它可能不是莱州湾地区在盐业生产发展到一定程度后自身发明的，而是首先由福建一带渐渐传过来的。南宋孝光时人程大昌在《演繁露·盐如方印》中记载"今盐已成卤水者，暴烈日中，数日即成方印，洁白可爱；初小，渐大，或十数印累累相连"，记载了东南沿海至晚在南宋时期已出现晒盐。此外据《中国古代海盐生产考》[②]一文中考证，在元代官修《大元圣政国朝典章》中载有福建运司"所辖十场，除煎四场外，晒盐六场。所办课程全凭日色晒曝成盐，色与净砂无异，名曰砂盐"。《元史·食货志》亦载："福建之盐，……煎盐每引递增至二十贯，晒盐每引至一十七贯四钱所隶之场有七"，书中所列当时大都、河间、山东、河东、四川、辽阳、两淮、两浙、广东、广海等各区之盐，除河东池盐外，元代各区海盐盐场均是靠灶户煎盐，由此可知，海盐晒制技术始于福建盐场。

此外，仍据白广美先生在《中国古代海盐生产考》文中考证，明代学者汪砢玉在《古今鹾略》卷一中谈到今河北境内海丰盐场"先年有福建一人来传此水可以晒盐，今灶户高浮等于河边挑修一池，隔为大中小三段，此地浇水于段内晒之，浃辰则水干，盐如冰"。通过以上记载可知，至晚在明代，晒盐工艺由河北向南传到莱州湾南岸地区的山东各大盐场。

较"煮盐"而言，晒盐工艺生产工序简化，成本降低，产量大又省工时，经济价值十分明显，堪称制盐技术上的一次技术革命。

但晒盐技术传入后，传统煮盐技术也一直被继续使用，不过某些工艺方式得到改良。

---

① 宋宪章主编：《寿光县志》卷11《实业志·盐业》，青岛：潍县路宜今印务局，1936年，第17页。
② 白广美：《中国古代海盐生产考》，《盐业史研究》1988年第1期。

煮盐生产极为耗费人力物力，但因其流传时间特别长，生产工具和生产方法难以当即取消，况且开滩晒盐需要一次性投入较大成本，并非所有灶户皆能一步到位，所以传统的煎盐工艺依然保留下来；尤其是那些离海滩较远或地形不宜开滩晒盐的地方，继续使用煎盐法。据《明史·志第五十六·食货四》记载："盐所产不同：解州之盐风水所结，宁夏之盐刮地得之，淮、浙之盐熬波，川、滇之盐汲井，闽、粤之盐积卤，淮南之盐煎，淮北之盐晒，山东之盐有煎有晒，此其大较也。"明代山东19个盐场，仅永利、利国、丰民、丰国4场实行滩晒。

清代，晒盐工艺在山东盐产区内更加得到普及。清代安致远康熙三十七年（1698）编修的《寿光县志·卷十一·盐法考》中谈道："昔之盐者以火成，故赋海者言熬波出素也。然在今日寿邑之盐则日暴者多而火煎者少。海滨之民，疏土为畦，阡陌纵横，形如田垅，量坎水于其中，风之日之，而盐成矣。"可见清代早期莱州湾南岸地区的寿光境内，已经是以晒盐为主了。至清代中期，山东盐场几经裁并，尚余8场。8场之中，官台（今山东寿光境内）、西由（今烟台莱州境内）永阜（今淄博高青境内）、永利（今滨州无棣境内）、王家冈（今东营境内）、富国（今滨州沾化境内）场皆位于山东地区莱州湾沿岸，制盐工艺可以说从商周时期就一脉相承。余者涛雒（今日照东港）、石河（今青岛境内）皆位于黄海沿岸地区。莱州湾沿岸地区6场中，永阜、永利、王家冈实行晒盐法，富国、西由、官台煎晒兼具。以莱州湾南岸中心地带的官台场为例，清乾隆年间编著的《续寿光县志》中记述了官台场当时"盐之产惟官台仍熬波出，余如台东、郑滩、宋滩等地俱以日曝不必济之火也"[1]。可见，清中期时莱州湾南岸地区的盐场已经普遍掌握了滩晒法，熬盐法虽还存在，但已经不具备主流地位。其制盐流程为："择咸泉之旺者，浚而为井，其广也数寻，其深也数仞，其为囤形，而亦费数十金矣。由是而耕其地，方者池也，长者圈也，水曝于圈，盐产于池，而其为之也。以水注之谓之贯，以人踏之谓之趿，以礌挞之谓之压，以砘滚之谓之排……种之于圈而引以汲者曰绠，持以量者曰斗，荡以版曰湍，曝以日曰晒，深耕溉种立苗欲疏矣。"[2]

民国时期晒盐工艺流程较以前相比更加繁杂，技术更加成熟，基本可以保证盐业产量的稳定性。"晒盐之期，春自三月至六月止；秋自八月至十月止"，其具体方法为：

掘井："择卤泉之最旺者，掘为井，周围植木桩，编葭（jia）苇，深数仞，广数寻，面之广倍于底百人邪，许费巨金而始成。"

做圈池："井旁为长畦，畦曰圈，圈有五圈。旁有方畦曰池，池有四。其制圈池也，以水浸之谓之灌，以人踏之谓之趿，以礌平之谓之压，以砘混之谓之排。必使其平如砥，坚如石，而后圈池为可用。否则渗漏皴裂，卤汁将为土食而盐不结。"

① 王椿主编：《续寿光县志》卷11《盐法考》，乾隆二十年刻本，第1页。
② 山东省寿光县地方史志编纂委员会：《寿光县志》卷6《盐业》，上海：中国大百科全书出版社上海分社，1992年，第194页。

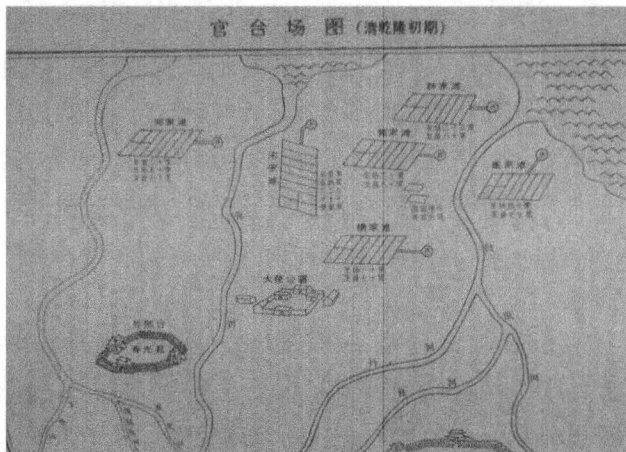

清官台场图

制卤："圈池既成，汲水于井，注于第一圈；暴一日，移至第二圈；而第一圈易以新水。其三四五圈层遞皆然。诸圈之水，按日灌注，陆续不绝，至第五圈则盐汁已成，然后注于方池中。"

结晶："先撒盐少许引之，炙以阳精，即结成颗粒。旋转坠落，顷刻寸厚矣。"[①]

这一时期的制盐工具主要是水斗、木耙、碌碡、石磙、铁锹、木锨、抬筐、扁担、木扁夯等。

与今天的原盐生产做对比，我们发现，尽管现代化生产工具已取代手工工具，但制盐生产流程大同小异。不同的是，如今，莱州湾南岸地区的卤水井越来越深，曾经延续几千年的浅层地下卤水已不适宜制盐。

结语

总的来看，莱州湾南岸地区盐业生产从工艺上来讲，可分为三个阶段：陶器煮盐—铁器煮盐—晒盐。其中陶器煮盐又可分为非专业工具煮盐和专业工具煮盐，专业工具目前主要发现两大类：一是流行于商代晚期至西周早期的盔形器；一是流行于东周时期的圜底罐。铁器煮盐工具主要有铁釜和铁盘，始自汉代，衰于清代；晒盐技术源自福建，始于明代，兴于清代，民国时被完全取代，1949 年以来盐业生产技术也越来越受现代工业化的影响，生产工具越来越趋向于机械化。

尽管莱州湾南岸地区的盐业考古工作目前总体上成果显著，但不可否认的是，对个别时期制盐工艺流程的分析目前尚缺乏更有说服力的考古资料，需要在以后的考古工作中加以注意。

---

① 宋宪章主编：《寿光县志》卷 11，《实业志·盐业》，第 17 页。

十、佛教中国化研究

主持人语

　　佛教在中国的成功传播，就是恰当地处理了与中国固有文化的关系，实现了自身形态的中国化。本辑收录的五篇论文，都就此展开了深入的讨论，可以为中华传统文化的传播提供一些有益的启发。

　　对于佛教中国化，我们首先需要有一个理论上的总概括。上海佛学院金易明教授和华侨大学张云江教授就从中华文化的特质和属性的角度上，对佛教中国化进行了宏观的理论阐释。金易明教授在《宗教学视域中的佛教中国化路径刍议》一文中，从宗教学学科建设的视域对佛教中国化展开了理论考察，他认为，佛教中国化一方面使佛教在发展过程中实现了多样化和多元化，另一方面也是不同历史时期的高僧大德们基于中华文化的禀赋和属性对佛教不断进行调适的结果。从张云江教授《试论"佛教中国化"的路径》一文中，我们可以认识到，不仅国内的宗教学者对佛教中国化极为关注，而且欧美的汉学家，如长期研究中国佛教的荷兰汉学家高延也对佛教中国化展开了精辟的论述，他主张佛教进入中国之后就"嫁接"在了中国宗教的主干之上，张云江教授称之为"'佛教中国化'路径的'嫁接'说"，他在证成高延佛教通过"嫁接"到中国宗教文化的主干上实现自身形态中国化的合理性的同时，也反思了佛教在中国的发展历程，并凸显了当代中国佛教所具有的"中华传统文化"的品格和属性。

正如金易明教授所指出的那样，佛教中国化是历代高僧大德在中华文化环境中对佛教的发展不断进行自我调适的结果，其中华严宗五祖圭峰宗密就是这样的一位高僧大德。苏州大学田健博士后《从宗密对"人"的诠释看佛教的中国化》一文就此展开了具体论述。田健认为，佛教东传中土之后，逐渐实现了从解脱论到成佛论、从佛性论到心性论的嬗变，在彰显佛教人文关怀品格的同时，也形塑了汉传佛教的人间旨趣。他通过具体解读和分析圭峰宗密的名篇《华严原人论》，认为此论从"人之本原"切入，对佛教传入以来思想流变及儒道二家的现实进行总结和评述，提出佛教关于"人之本原"的观点，代表的当时佛教界的理论高峰，也为社会文化方面的三教融合和佛教内部的禅教一致提供了一种理论基础，为促进佛教的中国化、人间化产生了深远影响。

佛教的中国化也表现为佛教信仰的中国化，其中药师信仰的中国化就是佛教中国化的具体表现形式，青岛大学赵伟教授和苏州大学韩焕忠教授对此进行了专题探讨。赵伟教授在《救济应验与融入心学——药师信仰中国化的两种途径》一文中指出，药师佛在中国的受欢迎，一方面是承继了"佛为大医王"的精神，关注"现实人间的消灾延寿"，体现了拯济世间疾苦的救济应验精神；另一方面，药师信仰在中土传播的过程中不断调适自身，与中国文化相适应，尤其是在明中后期不断与心学相融合，体现出明显的心学化特征。韩焕忠教授在《从〈药师本愿功德宝卷〉看佛教的中国化》一文中，将《药师本愿功德宝卷》视为《药师本愿功德经》的中国化、通俗化表现形式，认为宝卷在宣说佛经的名义下，自觉不自觉地对之加以禅宗化的演绎，在掺入大量道教词语的同时，颇有一种将其民间宗教化的倾向，从而使这部佛教的经典融入了明代中后期中国本土宗教话语氛围之中。

对于佛教中国化，人们可以从多个角度进行理解和研究。本辑所收录的这五篇论文，也许只是揭橥了冰山一角。这一课题对于审视中国传统文化的传播不仅具有历史的和学术的价值，还具有极强的现实意义，我们期待着学术界不断涌现更多更好更深入的相关研究成果。

韩焕忠（苏州大学宗教研究所教授、博士生导师）

《云水谣》朱星雨 作

宗教学视域中的佛教中国化路径刍议

金易明[*]

（上海佛学院　上海　200060）

【摘要】佛教中国化命题，是作为宗教学领域中宗教中国化课题的重要内容。其命题自提出后，既与宗教中国化课题同样，似乎由宗教学视域中予以学术性、学理型的考虑比较薄弱，因此这一命题往往被止步于政策层面的考虑对象，以及操作层面的具体规范和指导原则。但是，从宗教学视域考察，佛教中国化系宗教现象的多样性与多元化的具体表现，其显然是"宗教本土化"于佛教流布中国的落实；而佛教中国化的基础和前提是印度文明与中华文明之间的异质性所致，而佛教中国化的路径，则是由中华文明禀赋与文化属性所决定与规范的；中国佛教史上各时期的大德高僧们等，对于佛教中国化的进程在进行着不断的、持续的探索和调适，可以说，只要时代在前进、社会在发展、教界内部自身在变迁，佛教中国化则始终属于进行时态。

【关键词】宗教学；本土化；佛教；中国化

"宗教中国化"是一个在近年来被教界和学界广泛且普遍关切的命题。然而，似乎与其他命题在中国所受到的关注几乎一样难免的是，这种关切往往止步于概念化、姿态化的表述和呼应上，或者仅停留于提出较为笼统的与政府宗教政策的对接、响应，如"走与社会主义社会相适应道路"的原则要求，或者再具体地落实于佛教的"人间佛教"之信仰模式的推动，基督教的"神学思想建设"具体操作性层面的探索。然而，对此"宗教中国化"命题于宗教学意义上的学理构建，特别是由宗教学视域中对"宗教本土化"机制、规律的总体把握出发，并比较接受宗教传入于其他文明体系的经验与模式，如宗教德国化、宗教日本化、宗教俄罗斯化等，以推动"宗教中国化"方向的进程能建立于扎实、深厚的学理探索与义理体系架构基础之上，尚待进一步的深入和加强。其实，无论是早期由南亚输入的佛教，还是虽远在公元7世纪即有输入端倪（景教），而主要系于

---

* 作者简介：金易明（1960—），男，浙江绍兴人，上海佛学院教授，主要研究佛教三论学。

明末清初由耶稣会有计划、有步骤、有明确举措的，包括利玛窦等著名传教士所实施的传教、特别是近代随五大通商口岸的开通、于各种条约强制规定下，在中华各地开展规模化的传教活动的基督教输入，都面对着严肃、严峻的佛教中国化、基督教中国化课题。经历过以"三武一宗灭佛"为极端表现的、儒佛道三家间的冲撞、妥协、融合路径，最终呼唤出禅宗、净土宗等典型的中国化信仰模式；同样，基督教传教史上，也存在着中国教会持续受到西方教会肆意干涉和控制摆布的尴尬，各地频繁不断的"教案"引发信教者与非信教者间严重冲突，以及由此所反映的基督教与中国传统社会在价值取向与伦理观念方面的持续冲撞，推动了包括中国教会走向自治、自养、自传的"三自"爱国道路，以及当代基督教致力于"神学思想建设"的探索等等基督教中国化模式的形成。

因此，将佛教中国化的具体"路径"，置于宗教学视域中的宗教本土化学术背景下考察，作为"宗教本土化"于佛教流布中国信仰模式上的落实，对构建佛教中国化的义理体系，把握佛教中国化的基本性质和本质性特征，具有重要的理论价值和学术深度、深邃视野。佛教中国化的基础和前提是印度文明与中华文明间的异质性，而佛教中国化的路径与规范则是由中华文明禀赋与文化属性所决定的；中国佛教史上各时期大德高僧们对于佛教中国化进程始终在进行着不断的、持续的探索和调适。可以说，只要时代在前进、社会在发展、教界内部自身在变迁，佛教中国化则始终属于进行时态。

一

由宗教学视域而言，"宗教中国化"乃"宗教本土化"之支命题，所谓"本土化"，其关涉的是于一种文明环境与背景下产生的宗教，在另一与之有差别甚至于相异质文明中的流布、适应，乃至于臻于融入，成为另一文明自身文化要素之一的过程；其所谓"化"者，即是一种过程、一种路径，并固化为一种规范与准则。论及宗教的中国化，即是指诸源自异质文明的宗教在中国的本土化路径。宗教中国化，既是一个政治学、社会学的命题，即外来的宗教、更宽泛的意义上也包括本土的以往历史上所产生的宗教，如在中国本土所产生的道教等，如何与时代政治、社会现实相适应、相融汇、相协调的存在，这是当下中国政府对中国宗教提出支持"宗教中国化方向"的基本内涵；习近平总书记于 2016 年 4 月召开的全国宗教工作会议上所作的重要讲话中，明确提出："积极引导宗教与社会主义社会相适应，一个重要的任务就是支持我国宗教坚持中国化方向"，并将这种宗教的"中国化方向"从执政党与政府的管理方面之具体实施，归纳为："关键是要在'导'上想得深、看得透、把得准，做到'导'之有方、'导'之有力、'导'之有效，牢牢掌握宗教工作主动权"。

同时，中国的教界和学界也必须清醒地认识到，要真正准确、正确和精确地把握政治学和社会学层面的"宗教中国化"命题，则又有必要将其作为宗教学上的命题。因为，其关涉到所"化"的虽然是"中国"之本土，而其能"化"的主体则显然是宗教，宗教有其自身所特有的性质、特征和表现形式、规律。宗教学尽管在西方已经属于一门比较成系统的学问，然而，始终困扰于宗教学者的是，即使最为基础的"宗教"之定义，似乎都未能达成基本一致的观点，无怪乎有戏言："有多少位宗教学家，就有多少种宗教定义"。这种困惑给宗教立法带来了极度的困难，从立法意义上说，即《宗教法》之法律适用"宗教"概念的边界尚未确定，故而包括中国在内的许多国家至今未有《宗教法》，其缘由即在于此。同时，宗教未有确切定义，也不能不使宗教学家纷纷搁置对于"宗教"概念的基础性定义，放弃对于宗教现象总体的、包罗万象的研究，而转入对历史存在过的具体宗教信仰形态的研究。

作为宗教学之鼻祖的德国古典哲学巨匠康德于 1794 年出版的宗教学名著《纯粹理性界限内的宗教》中，虽讨论了宗教产生的道德之源——善恶原则，然而其最终还是将讨论落实于基督信仰中的"上帝"，与伦理学意义上的"善"之原则两者间关系之中；且其在一部更早发表于 1763 年的《证明上帝存在唯一可能的证据》论著中，即从神学大师、天使博士多玛斯·阿奎那《神学大全》中接过"上帝存在"逻辑证明的自然神学课题，从伦理学和纯粹哲学角度给予充分讨论，显见其对宗教学的架构，具有偏重于宗教哲学与宗教伦理的鲜明特征，且最终将宗教哲学与宗教伦理的探索，落实于基督教神学观点的分析之中。

由此可见，康德之所以未将对具体基督教的研究，转化为宗教学视域中的宗教传播机制考察，并最终为宗教本土化现象归纳出理性的论理，则是源自其对宗教的考察，并非从历史主义出发，而是从伦理主义的基点上切入，将宗教崇拜斥之为"偶像崇拜""拜物教""宗教幻想"。"借助于纯粹的实践理性，道德是自给自足的"，而由此"'要使尘世上可能的至善成为你的终极目的'这一命题，是一个先天综合命题。它是由道德法则自身引入的"。但是，"由于人的能力并不足以造成幸福与配享幸福的一致，因而必须假定一个全能的道德存在者来作为世界的统治者，使上述状况在他的关怀下发生。这也就是说，道德必然导致宗教"。① 由此，在康德的心目中，除却生活中的善举之外，人们为成为神所中意而致力的一切，无非是宗教幻想，以及对于神之虚伪应付的故事；更为严重的是，面对中世纪基督教教会机构所暴露出来的斑斑劣迹，以及教权操纵政权引发的基督教会的种种丑行，康德认为一旦宗教作为国家的机制，则将公民引入的只能是信仰的歧路，弄虚作假之风潜移默化中推动世间的忠诚丧失殆尽。由此可见，从伦理主义立场出发的对宗教基本社会功能几乎仅剩负面的评估，使康德对于宗教作为一种精神文化现象于各种文明中流布而呈现的本土化以及其多样性、多元化的表现，并无探讨的兴趣。然而，颇具讽刺意味的是，一代哲学巨匠、德国古典哲学及宗教哲学开先河者康德虽一

---

① 《纯粹理性界限内的宗教·第一版序言》，《康德著作全集》第 6 卷，北京：中国人民大学出版社，2007 年，第 4、8 页。

生对基督教信仰抱有特立独行的批判态度，但其葬礼还是在哥德斯堡的教堂中，伴随着安魂曲的圣乐完成的。

另一位德国古典哲学巨匠黑格尔则希冀在自身《哲学大全》中，为宗教哲学留下重要的席位，其将宗教哲学置于其哲学体系关于精神发展推演的绝对精神阶段第二重要环节。且不论其早期的《民众宗教和基督教》《耶稣传》《基督教的权威性》《基督教的精神及其命运》等神学著作，已经具备了宗教哲学意趣，并非纯神学论著；更为重要的是其于 1821、1824、1827、1831 年，跨度达整整十年，且系直至其故世那年才完成的、四度于柏林大学所作的《宗教哲学讲演录》，可谓宗教学之最初体系化之架构。在此需要特别说明的是，黑格尔作为一位哲学大师，从其著述之外的演讲之记录之中，我们可以获得其著述中难以获得的思想火花的绽放。其《宗教哲学讲演录》中，涉及宗教概念、宗教哲学、宗教哲学与哲学及宗教之关系、启示宗教、自然宗教、法术、善和光明的宗教、苦难的宗教、崇高的宗教、美的宗教、幻想的宗教、绝对宗教、精神个体性宗教、宗教与国家的关系、基督教、佛教、伊斯兰教、印度教、犹太教，以及包括中国在内的世界诸多国家和地区所存在的宗教信仰形态等惟妙惟肖的叙述、深刻透彻的洞悉、鞭辟入里的分析。其宗教哲学的架构，正如其于其他哲学领域一样，具有从具体到抽象的包罗万象之雄心；然而，煌煌宗教学经典之作，最终还是归结于对各个时代、各个地区、及各种宗教存在形态的具体分析。[①] 黑格尔的宗教学架构之所以既如此抽象——如架构"绝对宗教"，试图归纳提炼出"宗教概念"，又钟情于构建"宗教哲学"的义理体系，同时又是如此的具象，如对佛教、基督教、伊斯兰教等，以至于包括法术、中国、印度等东方各文明区域人们的信仰形态，都有所论及，无疑的，此乃由宗教信仰之精神展开所具备的特色所决定。当我们具体考察诸多宗教传统时，必然会对基督教、佛教和伊斯兰教等所存在的多样性或多元化，表现出令人眼花缭乱的惊叹。以基督教为例，尽管似乎有一部《圣经》，一个上帝、摩西十诫、四大福音等基本的标识作为圭臬，以识别基督教这种宗教传统；可事实上基督教的信仰形态有着丰富的多元化表现。历史上归之于基督教旗下的东正教、天主教、科普特教派、聂斯脱利教派、阿明尼乌教派、马多马教派、路德宗、加尔文宗、殉道宗、浸礼宗、一位论派、门诺派、公理会等，及许多如耶稣基督末世圣徒教派、基督教科学派、统一教派和祖鲁锡安派等有争议的新型宗派，都系基督教适应地域、受众变化和特点所做的"本土化""适应化"的调整。众所周知，就在康德与黑格尔的故乡德意志，日耳曼民族于 16 世纪为人类贡献了伟大的马丁·路德 (Martin Luther，1483—1546)，胡尔德莱斯·慈运理 (Ulrich Zwingli，1484—1531)，在有"天主长女"之国的法兰西，也诞生了约翰·加尔文 (Johannes Calvin，1509—1564) 等，这些欧洲

---

① 黑格尔的《宗教哲学讲演录》中文版，即有由魏庆征所译，收录于中国社会出版社 1999 年 10 月首版的黑格尔《宗教哲学》；后又由燕宏远、张国良译出并收录于人民出版社 2015 年 5 月首版的《黑格尔著作集》第 16、17 卷中。

的基督教伟大的改革家们的努力，本身即是将实现宗教本土化，致力于将基督教与时代的进步、社会的现实、信众的需求相适应，因此其改革在相关国家和地域内，深深地扎下了坚实的基础，并使宗教改革的成果根深叶茂。在佛教中国化的历程中，以慧能大师为代表的南禅对整体的汉传佛教所进行的革命性诠释和实践、调适，也规范了汉语系佛教的信仰模式和佛教中国化的基本路径。纵观这些历史上所发生的宗教信仰之改革实例，可见，宗教信仰的多样性和多元化，固然由多重复杂因素所造成。但宗教信仰形态多元化的事实明确表明，世界上不存在先验、固化而一成不变的信仰模式，对于原教旨主义的情有独钟，只是某些宗教信仰者的强迫症心态的幻化。

从黑格尔宗教学架构中，可见其以敏锐目光、历史主义的观点，注意到"宗教本土化"命题的关键点在于不同文明禀赋、文化属性对宗教信仰之规范性作用。黑格尔在其《宗教哲学讲演录》第二部分"特定的宗教"之第一章"自然宗教"第二节"意识在自身中的分裂"中，以三个小节，分别论述了与"佛教中国化"主题相关的三个问题，即第一小节"中国宗教或度的宗教"，第二小节"幻想的宗教 (印度的宗教)"，第三小节"己内存在的宗教 (佛教、喇嘛教)"。[1] 黑格尔这位哲学老人在其皇皇巨著的一个章节中，为后人从宗教学视域中探索"佛教中国化"路径展现了三个维度，即"中国化"的主体"佛教"，其所"化"的本土"中国"，以及能"化"主体的文明渊源"印度"。黑格尔对此三个维度虽简单、但颇有理性穿透力和逻辑归纳力的阐述，对当代宗教学者由宗教学视域探究"佛教中国化"的路径，其启发意义是不容忽视的。

诚然，"宗教的本土化反映了一种既跨越文化，又进入文化的交流，是一种体现地缘特色的融入"。[2] 宗教的本土化事实，在宗教信仰传播的历史中一直发生着，无论从宗教信仰表现形态的多样化，还是从宗教信仰价值关怀的多元化，均可以感受到这种本土化的印象，而且各宗教传播史本身，也充分说明着这种本土化的历史流变。基督教从被罗马帝国围剿到被接纳直至四方扩展，就是小亚细亚的宗教文化在欧洲大陆罗马社会的本土化过程。而佛教自传入中原伊始，即面临着由律仪制度到义理体系以及教义理解、取舍等诸多方面的本土化改造，而这种改造的过程虽然历经与中华文明禀赋、文化属性的冲撞、妥协，最终还是与中华传统的价值体系、思维模式渐趋渐近，最终与儒家、道家趋于合流。儒释道"三教融合"本身，即是"佛教中国化"的路径，也是佛教于中华文明中扎根、枝繁叶茂的必然归宿。本土化的存在，即是宗教信仰的多元化、多样性的必然体现，也是基于文明禀赋和文化属性的区域性和差异性的客观存在和先前预立性所决定的。但凡异质文明中的包括宗教信仰在内的文化现象欲于其传播、弘扬到的区域中得到弘阐和被接受，从而落地生根，必先遭遇异质文明之间的"相遇"与"冲撞"，只有在

---

① 黑格尔：《宗教哲学讲演录》，《黑格尔著作集》第 16 卷，北京：人民出版社，2015 年，第 3 页。

② 卓新平：《全球化与当代宗教》，《世界宗教研究》2002 年第 3 期。

此"相遇"与"冲撞"中，才能搁置彼此之间相斥的因素，寻找兼容相融的契合点，两种异质文化要相"匹配"，必先消解彼此不相融的因素，那么本土化就会由表及里、逐步吸纳本土文化中那些符合其宗教内在核心意义的东西。这充分证明了文化的差异性、地域性的存在，却并不能证明不同文化传统自身是绝对封闭的，是不可改变的，也并不排斥不同文化传统之间相互沟通和彼此交流。同时，这种差异性、地域性又需要防止一种文化对另一种文化绝对颠覆，其所把握的"度"即是在本土化过程中得到改造和重塑，而不是被边缘化而导致其最终被取代而退出信仰平台。因而，宗教本土化，既证实各种宗教间因文明之间的交流，推动寻求确立共同价值体系的可能性和现实性，特别是在开放度较高并得到现代科技发展支撑（如通讯工具、网络技术的日新月异）的环境下，这种可能性和现实性的实现将更加可实施；同时，又为宗教多元存在与不同宗教价值固有意义的坚持这两个维度的存在，提供了可信的根据。由此，宗教"本土化"之存在本身，为个别与一般、特殊性与普遍性、同质化与多元化的辩证统一，系包括宗教在内的文明之间冲撞、交流与理解、融汇，及相斥中谋求兼容、相融的必然现象，并按自身规律和特点，改变并丰富着人类的文化景观。当代全球化潮流下的各种文明之间的冲突和融汇中，尤需发挥宗教本土化对文明间交汇、理解和容纳所具有的文化认同、价值趋同与情感共鸣功能。

二

佛教中国化，事实上就是佛教在中国的"本土化"的过程。对此佛教中国化的命题，其前提是佛教，而关键点是"中国化"。所谓前提，即规定了无论如何中国化，其佛教依然是佛教，如果中国化后的佛教已然不是佛教，或者佛教之基本的信仰特征、佛陀的本怀被篡改了，则这种"中国化"与佛教信仰本身无关，因而失去了讨论的基础；而所谓关键，则是其所面对的命题之趣向，即佛教于与印度文明完全异质的中华文明环境中经冲撞、妥协及协调、融汇的过程，即佛教于中华文明中的"本土化"路径。由此，探索"佛教中国化"路径，必须高度关注到两个方面的倾向，其一是强调佛教的原教旨主义性，而固守源自印度的佛教信仰之义理、仪轨、僧团建构、特别是其行持律仪而不能动其分毫点滴，但却罔顾佛陀所言之"随缘不变"的弘教原则；其二是一味强调佛教作为外来的文化及信仰形态，其欲于中华文明环境中存在、流布所必然的、对本土文明的适应性，以至于不惜掏空佛法内涵、蒸发佛陀本怀，异化信仰功能，导致正信、真正关乎人们终极关怀、精神家园的佛教的面目全非。这两种倾向即是对佛教信仰本身的篡改和亵渎，也是对丰富中华文明内涵、展现中华文化魅力的损害与阻挠。佛教中国化进程的历史和现实已经一再证明，画地为牢、旧步自封，与肆意颠顶、削足适履，都是佛教中国化路径上的陷阱，需要尽力避免。

由此，要推动佛教在"不变随缘"原则下适应中华文明特征的"中国化"发展方向，于中华文明环境中的流传和弘扬光大，避免出现上述两个方面极端化倾向，则必须首先以"接纳"为发端。接纳者，以承认佛教之发祥地与接受地的文明禀赋与文化属性的异质性为前提。没有这种文明禀赋和文化属性之异质性的清醒认识，其接纳本身将走回上述两种倾向；或基于一味强调发祥佛教的印度文明背景，不愿或不敢予以"随缘"变化，表现为无从给予佛教于中华文明禀赋与文化属性背景下的解构性诠释；或一味凸显接纳佛教的中华文明背景，罔顾或不屑于佛教的"不变"之本质性特征和基本意趣、本怀，表现为对于佛教之诠释上的望文生义、肆意颠顶，随意比附"格义"。

必须明确的是，印度文明禀赋和文化属性表现出强烈的、鲜明的"神话理性"思维模式与"神圣叙事"方式，因此其不仅是作为宗教的佛教、婆罗门教、耆那教等本身及《博伽梵往世书》《薄伽梵歌》等宗教经典中，具有作为宗教的神话思维、神圣叙事特征，即使是包括弥曼差派与吠檀多派、数论派与瑜伽派、胜论派与正理派等三类六派在内，作为印度哲学的集大成者、印度传统哲学典型代表，其所谓的哲学理性思维，也是在神话的裹包中，非进行一种从神话中的解构性诠释，则无从理解其理性思维的义理内涵；而包括史诗《摩诃婆罗多》与《罗摩衍那》等重要印度历史文化的鸿篇巨制，也弥漫着浓烈的神圣叙事的氛围，令人有究竟是史实的陈述，还是文学的描述、神话的展现之困惑。

而作为佛教接受者的中华文明禀赋与文化属性，则具有鲜明的"伦理理性"思维模式与"俗化叙事"方式。但凡在中华文明背景下生活者，特别是深深为儒家主流意识形态所沉浸者，都能深深体会到这一特征。孔老夫子的"正名"论及其"仁学"，所关注的即是伦理理性的思维及其世俗化的叙事；一般意义上中国习惯于凡事当前，其思维模式以思考"who"为首选，而不习惯于考虑"why"等方面；特别是浩如烟海的中华文献数据，都无不显示着伦理理性思维模式与俗化叙事方式。对此中华文明禀赋及文化属性的讨论的文献，已经汗牛充栋，笔者就此不再赘述。

对于一种外来文化的接受，特别是对于佛教的接纳本身，有着中华民族对于这种信仰的内在需求。依照中国基督教神学大家赵紫宸先生的观点，基督教是西方传教士由其传教热忱所驱动而将基督信仰于中国社会中传播，其传教所凭借的是条约及其背后的"政治力作后盾"；但是，赵紫宸先生又明确"佛教是中国人求来"的结论。在《中国民族与基督教》一文中，其归纳出"佛教之所以能够成为中国宗教的六大理由"。笔者以为，虽然赵紫宸先生的这种学术观点系基于其所身处的时代背景而不免有其偏颇之处，但确实在一定程度上反映了佛教与基督教传入中国的政治背景、时代特征，以及中华文明对于这两种宗教的传入所秉持的基本态度上的差别。既然是"求"来的，则其所求需要经历的是"求诸行""求诸经""求诸文"。对此，我国当代著名宗教学家、北京大学教授张志刚先生则认为对于佛教传入的这一表述，于宗教传播所应有的逻辑进程不相符合，应该表述为"求诸经""求诸文""求诸行"，并认为如此的表述方能"合乎佛教中国化的历史进程"。①但是，笔者以为，佛教中国化的历史路径，不应立足于单纯的中国对于佛教之"求"。从佛教东渐传播中国的缘起上，我们可以发现，虽然存在着包括周朝传入说、始皇帝时代传入说，以及孔子知道佛教，甚至有"老子化胡"为释迦牟尼佛之师等不下十种的传说，流行于中华文明圈；但相对靠谱、于现实中可能性较大，且有相关文献支持的，还是出自《三国志》注释中所引鱼豢之《魏略》记载的汉哀帝元寿元年（公元前2年）月氏国使臣伊存向博士弟子景卢"口授浮屠经"，以及牟子《理惑论》记载的后汉永平十年（公元六十七年）汉明帝"永平求法"说。②事实上，一种文化的传播，其过程于时间上而言是阶段性的、渐进的。甚至是漫长的，所谓"事件"本身，则仅仅是一个标志、一种文化传入的符号而已。而宗教传入另类文明主导区域，其需要的是双向的主动，既有自觉传教的主体，亦有具备接受心理的对象，其中尚有不可或缺的、接受该宗教的地域政治、经济和文化（包括风俗习惯和伦理价值观念）等背景。恰恰是这些背景，才是包括佛教在内的宗教本土化所需要特别予以适应、妥协和融汇的要素。

真正导致佛教传入中原地区的主要因缘在于：首先为，印度佛教随着阿育王时代的倡导并以国家政权之力所进行的弘传，推动佛教从一个囿于北印度一带的地方性宗教信仰，转变为弘布于五印度、并广泛传播于南至锡兰，北到西域北疆地区，西及安息、罽宾国，于大半亚洲地区有重要影响的宗教。这是佛教东渐的前提；其次为，自中原地区强盛的中央集权的汉王朝的崛起，特别是汉武帝主政期间，中原大地不堪西域边疆持续拥兵骚扰汉王朝的匈奴铁骑，张骞的两度出使西域，连横合众抵抗匈奴铁骑，由此凿通西域；随着商路的开通，西域那些信仰佛教的商人带着自己的信仰，不断徐徐随着商旅驼队，给中原带来了佛教信仰，潜移默化中影响着中原的皇公贵胄及士大夫阶层，乃至普通民众，这是中原对佛教信仰产生有所"求"的基础；最后为，随着佛教信仰在社会各界逐步产生影响，来自西域商旅驼队中也出现了结伴而行的僧侣，伴随他们的到来，标志着中原佛教的真正开启了流布、弘传的历史。

基于佛教信仰系外来宗教，其传入的过程中，引发了直接与商旅有联系者，包括中原皇朝高层的皇公贵胄、各级官吏、士大夫阶层"求"其了解、理解这种信仰的希冀。其中，应运而起的则是佛教经典的传入和逐步译出。事实上，自安世高、支娄迦谶首度以汉语翻译佛教经典，就语言表达的意义上而言，已经开启了佛教中国化的进程。其实，前述的赵紫宸先生和张志刚教授关于中国佛教信徒求诸经、求诸文、求诸行之说，虽然其表述的是佛教初传中国时期最为迫切的三项任务，但是其将印度佛教的传入置于被动的"求"之地位，且语言描述不够直截了当，给予人们的印象较为模糊、不易把握。笔者以为，应该表述为"翻译与吸纳""理解与诠释""实践与调适"如此三个阶段，此番

① 张志刚：《"宗教中国化"义理研究》，北京：宗教文化出版社，2017年，第118—119页。
② 汤用彤：《汉魏两晋南北朝佛教史》，《汤用彤全集》第1卷，石家庄：河北人民出版社，2000年，第1—22页。

表述，既符合佛教传入中国的实际路径，也展现了佛教中国化过程的具体的、实际的操作事项。

就一种外来宗教的本土化过程，首要的是要对其宗教经典以及其中所蕴含的内容予以吸纳，这就需要有经典的翻译过程。因此，佛教经典的翻译与吸纳，是佛教传入中国的前提和基础。在中国佛教历史上，对于最初佛教经典的翻译，一向有两种说法，首先是流传甚广的关于《四十二章经》的翻译，认为最初来华传播佛教信仰的迦叶摩腾与竺法兰在洛阳白马寺所译的这部显然是各种《阿含》经文中有关佛教基础义理和基本行持、伦理规范等内容的摘抄本；其次则是为学术性佛教史著述所浓彩重墨介绍的最早将禅学经典《安般守意经》译介到中原的安世高，以及最早将般若学经典《道行般若经》译介到中原的支娄迦谶。这两种说法，其实并非矛盾，且都有着所译经典存在作为依据。事实上，由迦叶摩腾、竺法兰、安世高、支娄迦谶等开启的汉语佛教经典的翻译事业，在后汉直至两宋时期，绵延近千年，其中既有彪炳史册的鸠摩罗什、真谛、玄奘、不空、义净等译经大师持续不断的努力，亦有历代历朝政府和士大夫阶层对于译经道场的有效支持和辅助，煌煌五千多卷的"三藏"汉译文献，奠定了佛教在中华文明环境中流传的基石。其中，来自南亚和西域僧人群体的来华，以及西去求法的中原汉民族的大德们，担荷起佛教流布、文化传承和交流的主导，为佛教在中国的流传及发扬光大，也为佛教中国化信仰形态的形成与确立，奠定了坚实的、关键性基础。

然而，作为翻译与接纳这一阶段关键要素的，是译典本身的正确程度，即对于梵文、巴利文所反映、表述和诠释的佛教内涵、佛学意趣，能否在汉语言文字中得到正确、准确，以臻于精确的体现和表述。其中首要的困难是，对诸多理解佛学思想相当关键的术语，于翻译中却难以在既有汉语词汇中找到对应者。为解决该棘手问题，译者或沿用既有词汇而另添意义，如支谦翻译《大品般若经》干脆全部以"正始玄学"的惯用哲学术语，比附般若学专用术语，就连经题亦译作《大明度无极经》，发端于此的这种翻译风格，导致中国佛教信徒在接纳印度佛教的初期，特别是在理解般若空观义理时，被所熟悉的老庄哲学词汇所迷惑，因而对般若学之空观产生了歧义，甚至在理解上与般若空观意趣南辕北辙、大相径庭。这即是为后世所批评的，特别是为从一代汉民族高僧道安法师到西域译经高僧鸠摩罗什所诟病与斥责的"格义佛教"。这种"格义"者，乃是"汉末魏初……寻味之贤始有讲次，而恢之以格义，迂之以配说"。① 如将"泥曰"（"涅盘"一词古译）配释为"无为"。又如魏初康僧会与陈慧合撰《大安般守意经注》卷上中，将"安般守意"四字做了十几种解释，其中就有一段具有强烈的"格义"之特色，即诠释其"安为清，般为净，守为无，意为名，是清净无为也"。② 这显然与通过调适呼吸（安般即是

---

① 慧睿:《喻疑》，转引自释僧佑:《出三藏记集》卷五，《大正藏》五十五册，台北：新文丰出版公司，第41页。

② 康僧会:《佛说大安般守意经》卷上，《大正藏》十五册，第164页。

"阿那波那",原意是"阿那"即息入,"波那"即息出)而促其身心的宁静之"安般守意"原意相距甚远。更有将佛教之基本的伦理要求,即杀盗淫妄酒"五戒"配释为儒家之伦理上的仁义礼智信"五常";对于中华汉民族佛教信徒而言,固然有易于接受的益处,但其接受的很难说是正确翻译并被准确文本解读的内容。类似的以汉民族士大夫阶层所熟悉的魏晋玄学及其老庄哲学名词配释佛学术语的现象,一时蔚然成风。当然,又有将那些具有丰富内涵或多重内涵,又缺乏汉语文恰当对应词汇的佛学术语,用音译直接表述,另外给出其内涵的说明,如般若、浮屠、泥洹等等。

但是格义比附的翻译,与直接音译这两种做法,都会导致在翻译过程中引发令人纠结的问题。若以既有汉语词汇翻译佛法术语或创造新词,必会令人联想至该字词原有内涵,尤其这些词汇往往原带有宗教意蕴,故此翻译路径必将带来佛法意义的含混;另一方面,音译固然能避免这种困难,但所造新词在字面看,往往毫无意义,如泥洹、般若、浮屠,在汉语言中本身根本没有意义。这些问题印证了一项事实:佛教初传时期的经典翻译和接纳过程中,其中的文献翻译并非单纯的文本问题,不是简单地由梵文、巴利文的藏经转译为汉语的藏经。这种翻译与吸纳的过程中,潜在而必然地带来两个相异质的文明禀赋与文化属性之间的相遇。故在实际运作中将发现,印度佛教信仰中,蕴含着诸多难以用中华文化来理解的内容;然而佛教文化在中华文明中的呈现,特别是其义理的诠释、其信仰的践行,在很大程度上将受到翻译文献的规范和制约。应该明确的是,佛教典籍文献翻译本身,即是理解一种"异质"文明的过程,翻译本身即是理解,是希冀于对本不属于"此地"的"彼处"事务的一种转述和理解,并再传递发扬、光大于此地。所以"翻译与吸纳"论题的最终,即是应当落实于"吸纳"(reception)。

总之,佛教在初传中国之际,随着经典的译介,其关键的落实处不在于翻译(translation)本身,而在于"解释"(interpretation)。这意味着,佛教经典的翻译,将被视为一种更为积极的、主动的"理解"活动,这种理解活动,通过对翻译经典的"解释"而达到对其"意义"的把握,也只有把握了经典的"意义",方为对于佛教信仰的真正"吸纳"。由此,佛教之本土化,或者对汉语系佛教而言,佛教的中国化路径之关键的第一步即是其"翻译",而这种"翻译",通过以"理解""解释"为基础和前提的"吸纳",已经纳入了开启其中国化历程。

三

佛教中国化的历程,在宗教中国化方面,具有开先河之功效和示范意义;在佛教以前,尚未有如此大规模、持续对中华文明体系和文化构成重大影响的外来宗教信仰进入中华文明所覆盖的区域。由此,探究佛教中国化的路径,特别是从宗教学视域中考察佛教中国化的各要素,是自觉把握佛教中国化内在规律,进而指导和规范佛教中国化始终走在与中国社会的现实、时代的需求、信众的根机相适应、相匹配的道路上的学理上的支撑。

　　上述佛教经典之翻译与吸纳的过程，事实上也是一种中华文明之"本土文化"历程中对佛教信仰的一种自我理解的过程。因为正是在翻译和理解一种"外来文化"过程中，才体会到什么是"异质"于自身文明与文化的外来者，从而激发树立"本土文化"意识并取得自觉认同。当然，由"翻译与吸纳"，必然带来"理解与诠释"和"实践与调适"。诚然，在论及"翻译与吸纳"中，我们也已经说到对翻译的理解和解释是吸纳的一种过程，然而，这种理解和解释，是纯粹面对翻译之文本的，也就是说是一种对于文本的理解与解释。但是，佛教作为一种信仰形态，其所关注的不是纯粹经典文本的考据式理解、文献学解释，而是要对于其文本所提供和呈现的佛教之义理、思想，特别是佛陀本怀与意趣，给予深入理解与把握，即将这种"异质"的思想体系置于中华文明的"本土"中，予以理解和诠释，在直面中印文明禀赋与文化属性"异质"的基础上，促成其相遇，为中华传统文化思想体系与印度佛教思想体系之间的对话和交流，提供具有深远意义的冲撞、妥协、理解、融汇的机遇。

　　在中印文化交流史上，儒释、佛道之争，必须超越文化上的"绝对冲突论"与"绝对融合论"的对立思维，认定异质宗教文化以及思想体系之间的交流与砥砺，并在自身文明中注入来自异质文明的要素，对自身文明的衰颓和萎缩，具有一定的免疫功能，从而将宗教本土化及具体之佛教中国化，作为自身文明发展和新陈代谢的催化剂。似乎如此理解和诠释，并致力于佛教中国化，方为中华文明的振兴和崛起，增强民族文化的自信度，提供增上缘，方为佛教中国化之意趣之所在。当然，佛教与中华传统文化之间的冲突、砥砺，特别是历史上著名的"三武一宗"之"灭佛"事件，[①] 以及抱着狭隘的"非我族类其心必异"民族主义心态，对佛教所发动的频繁"法难"所导致的儒释之间、佛道之间的信仰观念、价值取向、文化差异上的冲突事例不绝，但是最终还是在从圭峰宗密到永明延寿、明教大师契嵩以及后续的包括明代的蕅益智旭大师等所投身的"儒佛一贯""三教融合"之努力中，特别是在作为典型中国化义理诠释和信仰模式的禅宗与净土宗，成为中华汉传佛教主流佛教之际，佛教中国化的方向和路径也就被基本确定。特别是近代的杨仁山居士、欧阳竟无居士、太虚大师、印顺导师等，无不在致力于"理解与诠释"的基础上，从宗教学的视域出发，于信仰的实践中，调适着佛教自身，使之适应时代，把握佛教中国化之方向。

　　可以说，近代以来汉语系佛教信仰模式在包括大陆、台湾地区、港澳地区，以及海外华人区中所崇奉与信仰的人间佛教模式，即是当代佛教中国化方向。从道安法师无奈地揭示僧团于中华文明环境中"不依国主则法事难立"[②] 的严峻现实开始，到其弟子慧远

---

　　① 指北魏太武帝、北周武帝、唐武宗及后周世宗所发动的四次全国性"灭佛"运动，以唐武帝"会昌法难"（841—845 年）最烈。

　　② 僧皎：《高僧传·道安传》卷五，《大正藏》五十册，第 342 页。

大师作《沙门不敬王者论》以抗争，以及百丈怀海大师制《百丈清规》而开创律制适应中华社会价值观念与习俗，直到蕅益大师写下《四书蕅益解》《周易禅解》融会儒释思想体系，这一切，即是佛教在中国化方向上历经冲撞与砥砺、妥协与融合的基本路径，充分说明异质文明所缔造的不同宗教信仰体系、文化体系的融合，是可能实现的。

　　然而需要指出的是，宗教文化之间的融合仅仅是某种程度上的，即是在价值体系、义理旨趣、观念结构等方面独立的基础上，所达成的一种平等交流、相互理解、相互尊重前提下的共存关系。儒释道三家的融合，立足于其共同的"交集"与"公约数"，即寻找到三者的共识面。佛教中国化确实是以完成"三家合流"作为其重要标志的，但这绝非意味着儒释道三者之间的相互取代。儒家的入世、道家的遁世，与佛家的出世之间，其价值取向与义理意趣，存在着显而易见的差异性；由此，佛教中国化，绝非等同于佛教儒家化或佛教道教化。这种儒道二者与佛家之间的差别性，也是有中华文明与印度文明的异质性所规范。

　　对此，有必要回眸黑格尔《宗教哲学演讲录》中论述中国宗教、印度宗教与佛教的那些小节的内容。作为一个具有与中华文明与印度文明这两个东方文明迥异的西方文明背景的哲学巨匠、宗教哲学大师，其所理解和诠释的中国宗教、印度宗教、以及佛教，虽然存在著书斋哲学家所难免的单纯依据纸质文献所带来的片面性、臆测性，但其睿智和敏锐的理性思维能力所昭示的观点，对于如何把握佛教中国化之"理解与诠释""实践与调适"阶段的理路，其启发意义是不容忽视的。

　　黑格尔认为，中国古代宗教中，"天"是自在自为存在者的客观直观，是至高无上者。但这种"至高无上"者，不仅是精神与道德意义上的，且是一种未做规定的、抽象而普遍的，是未做规定的、整体的心理与道德一般关系的总和；由此，这种对"天"的崇拜，必然要落实于具象的、规定性的对象，这个被规定的、具体的至高无上的地上君主——皇帝，统治着地上的一切，作为皇帝的"朕"之"他"者，与"天"有着明确的关联，泰山或天坛的祭天仪式，即是这种关联的标志和陈述。在中国，"皇帝则是地上的君主，不是天上的君主；并非'天'统治自然，而是皇帝统治一切，而且'他'仅仅与'天'有关联。……只有皇帝与天商谈，他向它祈祷，他单独处于与它从属的关系中，并在地上统治着一切"。① 因而，皇帝成为取代西方"上帝"的、独一无二的宗教化崇拜对象，因为"法则（"规定"——笔者注）的维护是皇帝的事情，他是天——它是度的整体、总体——之子。作为可见苍穹的天，同时也是各种度的力量。皇帝直接是天之子（天子），他必须敬重法则，并设法使法则获得承认"。② 由此，在黑格尔的论述中，中国的宗教实际上是一种"道德"宗教，此点与我们一般所认为的中国古代哲学发达于以孔子为代表

————————
① 黑格尔：《宗教哲学演讲录》，《黑格尔著作集》卷16，第238页。
② 黑格尔：《宗教哲学演讲录》，《黑格尔著作集》卷16，第239页。

的儒家学说，而儒家学说所擅长和关注的则是关乎人际关系的"仁"，即哲学上的伦理学范畴之认识，有着相对应的共鸣。

对佛教予以理解与诠释之际，必须注意到中华文明的这一文化背景，否则，其理解和诠释佛教义理一旦脱离（使之与中华文明无关者，也无从论及中国化），或者冲撞（其结果即是被钳制、打压甚至于最终被铲除，历史上类似的教训不计其数）以儒家为代表和中流砥柱的中华传统文化，其中国化的进程也将归于停滞，而佛教自身的融入中国社会，使之成为中华民族精神信仰的组成部分的可能性永远无法兑现为"真实"的存在。正如梁漱溟先生所特别指出的那样："两千余年来中国之风教文化，孔子实为其中心。不可否认地，此时有种种宗教并存。首先有沿袭自古的祭天祀祖之类。然而却已变质；而构成孔子教化内涵之一部分。再则有不少外来宗教，如佛教、伊斯兰教、基督教等等。然试问：这些宗教进来，谁曾影响到孔子的位置，非独夺取中心地位谈不到，而且差不多都要表示对孔子之尊重，表示彼此并无冲突，或且精神一致。结果，彼此大家相安，而他们都成了'帮腔'。这样，在确认周孔教化非宗教之时，我们当然可以说中国缺乏宗教这句话了。"[①] 梁漱溟先生所揭露的事实，与黑格尔所做的判断，惊人地一致，只是如果欲认为中国古代有宗教信仰，则必须将周孔之教，即伦理的教化视作中华文明所具备的"宗教"。然而，作为外来宗教的佛教，其本身所拥有的性质，与印度传统宗教有着巨大的差异，而且与中国传统的可归纳为"道德宗教"者相比，更是属于异质的宗教。在黑格尔那里，作为宗教信仰形态之一的佛教，其特征与表象可归纳为如下三个方面，即：其一，绝对的基础是"己内存在"的清静；其二，"无"和"非存在"是最终和最高者。一切均来自"无"，又复归于"无"，无事独一者，是一切的始与终；其三，上帝这一最高的神亦被理解为"无"，被了解为佛陀及众多直接的、具象的"佛"等。[②] 由此可见，佛教在黑格尔那里，被理解为一种"'思维本身'正是'己内存在'的本质，而这种思维就是'自我意识'的真正'本质者'，因此就不存在什么不可认识者及其彼岸者"[③] 的宗教，一旦其与作为道德宗教的中国古代儒家学说相遇，其理解与诠释、实践与调适的过程是必然的，也是必需的，否则其无法在中华文明土壤中生根，更谈不上枝繁叶茂。

由此，无论是对于佛教义理的理解，还是对佛教义理和信仰意趣的诠释，特别是在践行佛教信仰意趣、理解佛陀本怀之际，始终亮明"儒佛融贯"（古代）"人间佛教""庄严国土，利乐有情"（近现代）的旗帜，格外注重适应时代、社会的自我调适，是佛教中国化的必由之路；尤为重要的是，当今面对全球化时代的降临，中国宗教界处于开放的社会环境中，面临着各种文明与文化的交流互动、相互影响的局面，提出了"走与社会主义社会相适应"、坚持"宗教中国化方向"，坚持在"爱国爱教"旗帜下的宗教事业稳

① 梁漱溟：《中国文化要义》，上海：上海人民出版社，2005年，第91—92页。
② 黑格尔：《宗教哲学演讲录》，《黑格尔著作集》卷16，第281—282页。
③ 黑格尔：《宗教哲学演讲录》，《黑格尔著作集》卷16，第280页。

健发展，以宗教信仰及宗教事业的适应时代，服从与服务于中华民族的社会进步与发展，这种理念，不可仅仅将其视作系为主流意识形态的背书，而是具有深厚宗教学视域中的学理基础的，是宗教本土化题内之意，或者说是佛教中国化路径之必然选择。佛教中国化进程中，诸多高僧大德致力于将印度佛学思想引入中华文明中，使之成为中华传统文化不可或缺的有机组成，同时推动和促成中华传统文化的推陈出新、吐故纳新；由此，佛教中国化路径，以坚守佛教信仰为基石，以融入中华佛教信徒的"本土意识"为关键，是佛教本土化的呈现和落实。因此，无论是对佛学的理解与诠释，抑或是对佛教信仰的实践与调适，贯穿其中的，是以佛教信仰为核心前提下的"本土意识"的唤醒。

诚然，当代的中国社会，随着全球化的潮流，与世界各国一样，也正处于深刻的转型期，其包括佛教、道教、基督教等在内的宗教信仰，与其他文化形态一样，也必将随之发生深刻型变。不可否认与无视的是，在中华文明禀赋与文化属性环境中的佛教、基督教等宗教文化，在中华文化系统的整体之中，始终将处于亚文化的形态。但是这并不表明其对中华文明的完善及中华文化的丰满，从而对中华民族的伟大复兴，其发挥的不可替代的重要作用可以不予关注。相信经过两千多年传承的印度佛教的中国化方向的发展，已经臻于成熟，过往历史的积累，或能成为反省资源，为宗教中国化提供范例，也提供路径指南和经验模本。

固然，由宗教学的视域考察佛教中国化之路径，同情和理解佛教中国化的信仰诉求，必须而且也应当以宗教学的视域，而不是一个纯粹佛教信仰者的立场，开展其探究和讨论；正如一个孜孜以求于由宗教学视域探索和研究基督教中国化路径与义理者，其如果站在纯粹基督教神学立场，则其研究的结果，也必将带来许多不必要的困惑。然而，对于中国社科界而言，宗教学乃是一门并不太成熟的学科，其研究的触角深入其中的时间也仅有数十年；而且这门产生于西方的宗教学学科，其自身的中国化表述，其理论体系的建构，学术规范的建立，虽经吕大吉、张志刚等两代学者的努力探索，但目前尚不能说这门学科的建设，已经度过了初创阶段。要站在宗教学的角度，对宗教中国化这一命题深入开展其学术性的义理架构和理论性的探索，从而以其研究成果为基础，深入到如佛教、基督教等具体宗教信仰形态的中国化命题的研究和探索之中，则无疑的，目前尚处于初探阶段。包括佛教中国化、基督教中国化等课题在内的宗教视域中的研究和探索，尚有待于不断深入于文献资料的发掘和翻译、整理的前提下，立足于对佛教、基督教信仰现实状况的田野调查、取得第一手资料基础上的客观研究，方能构建起宗教中国化的义理体系，从总体上把握宗教中国化方向，并指导和规范佛教中国化、基督教中国化的今后发展进程具体路径。

试论"佛教中国化"的路径

张云江*

（华侨大学哲学与社会发展学院　福建厦门　361021）

【摘要】荷兰汉学家高延认为，佛教进入中国，是"嫁接"在中国宗教主干上的，笔者称之为"佛教中国化"路径的"嫁接说"，以与大家熟悉的"移植论"有所区分，本文对二者进行了比较，并根据高延著作中的材料对"嫁接说"的合理性进行了论证。本文对"嫁接"与"移植"两种路径所做的比较，或有助于进一步反思外来佛教在中国发展的实际历程，并凸显当代中国佛教的"传统文化"的品格与属性。

【关键词】高延；佛教中国化；嫁接；移植

【基金项目】国家社会科学基金重点项目"高延中国宗教著作全集（18卷本）翻译与研究"（项目编号：17AZJ001）阶段成果

原本产自印度、西域的佛教，在公元前后传入中国，经过千多年的衍变，最终变成了"中国佛教"。这一历程一般被概称之为"佛教中国化"。如方立天先生云：

佛教是从印度传播传来的种子，它远涉流沙，传到中国。在具有高度集权的专制制度、高度发展的儒道文化、极度分散的小农经济、多民族的地域辽阔的大国生根长叶、开花结果。中国佛教的根基在中国而不在印度。[1]

杨曾文教授《佛教中国化的回顾与思考》一文中亦云：

佛教作为外来宗教要在中国扎根并得到发展，必须适应中国社会，与以儒家为正统的传统思想文化相结合，实现中国化。佛教具有很大的适应性，传播迅速，在经历了初

＊　作者简介：张云江（1971—），男，山东聊城人，宗教学博士，华侨大学哲学与社会发展学院教授，博士生导师，福建省高校人文社会科学研究基地——海外华人宗教与闽台宗教研究中心副主任。

[1]　方立天：《中国佛教文化》，《方立天文集》第三卷，北京：中国人民大学出版社，2006年，第316页。

传、普及和义理研究的诸阶段之后，隋唐时期形成带有鲜明民族特色的佛教宗派，标志着佛教中国化过程的基本完成。[①]

以上两段引文，可视为对"佛教中国化"这一命题的一般性论述。值得注意的是，方先生认为佛教是印度传来的"种子"，在中国"生根长叶、开花结果"；杨先生同样认为，佛教这一外来宗教进入中国，是在中国"扎根"。结合上面两段引文，其中蕴含的"佛教中国化"的路径的意象可方便比拟为：佛教作为一种外来"植物"（或种子）被"移植"到中国传统文化土壤中，并在此扎根，逐渐成长为"中国佛教"。此可概称之为"佛教中国化"路径的"移植论"。

近些年来，笔者因为翻译荷兰汉学家高延系列著作的缘故，发现他对"佛教中国化"的路径另有不同解释，可方便比拟之为"嫁接说"。

一

佛教进入中国，是"嫁接"在中国宗教主干上的。提出这一观点的是荷兰著名汉学家高延（J.J.M.de Groot，1854—1921）。高延，荷兰人，1877 年 2 月至 1878 年 2 月，他作为荷兰东印度公司的汉语译员实习生在厦门待过一年，其后赴印尼井里汶上任；1881—1883 年，高延根据他在厦门搜集的资料，在巴大维出版了两卷本（荷兰文）《厦门华人的年度节庆与习俗》；1884 年，他因此书获得了德国莱比锡大学颁发的博士学位，其后这本书译成法文出版后而广为人知。1886 年 6 月 11 日，高延再次来到厦门，在荷兰殖民部提供的资金支持下，专门从事"中国人基本的语言、地理和民族学"方面的研究，直至 1890 年 4 月离开中国，返回荷兰，任教于莱顿大学。高延出版的大量研究著作如《中国宗教体系》六卷、《中国大乘佛教：寺庙生活及其对世俗的影响》、《中国宗教的宗派主义与宗教迫害》两卷、《中国人的宗教》、《中国宗教，大一统论：研究道教与儒家关键》等，都是以他在厦门五年所搜集的素材为基础撰成的。

高延是荷兰莱顿大学第二任汉学教授（1904 年），也是德国柏林大学首任汉学教授（1912 年）[②]。西方学界认为，高延是将现代社会科学方法引入中国宗教研究领域的先驱、西方中国宗教科学开创者之一，或曰是"人种志汉学"（Ethnographic Sinology）的创始

---

① 杨曾文：《中国佛教史论》，北京：中国社会科学出版社，2002 年，第 17 页。

② 1902 年，柏林大学就不遗余力地邀请高延加入，甚至考虑到他的爱国主义情怀，强调说如果他过来的话，可不必入籍德国。高延拒绝后，柏林大学答应为他设立的职位不会再给任何人。1911 年，柏林大学再次邀请，这次他们成功了。荷兰也很高兴自己的国家居然有这样学术研究方面的杰出人物，在高延决定离开莱顿前往柏林大学的时候，女王特地授予他"骑士级奥兰治 - 拿索勋章"。这次柏林大学为高延开出的条件可谓优渥：一份非常丰厚的薪金，几乎没有教学工作量，每年五个月的假期，在科学研究院和柏林大学都不用退职。其后高延改为德国国籍，并终老于一战战败后的德国。

人①；高延曾三次荣获有国际汉学界诺贝尔奖之称的"儒莲奖"，1908—1911 年作为世界权威学者三次受邀赴美做关于中国宗教的讲座，其有关中国宗教的著作在西方学术界具有极高的影响力。

有关高延对于中国宗教的研究，此处有两点值得说明一下。其一，笔者在大量翻译了高延著作之后，一个基本的评价是：高延较为粗略地勾勒了一幅中国宗教的全景图画。高延中国宗教著作的独特价值在于它是一幅"全景图画"，后世有关中国宗教的著作更多是局部的研究，比之于高延，可能描画得更为清晰、详细，也更为准确，但大都是以高延"全景图画"为前设的，或者说仍是在高延所开创的中国宗教研究的范畴、框架之内开展研究的，如"民俗宗教"、古代宗教仪式、祖先崇拜、鬼神信仰、驱鬼科仪、国家宗教、宗教教派受压制、三教关系等等。

其二，高延研究中国宗教是为了研究中国社会。高延生活时代的普遍流行的观念认为，理解一个民族的宗教是理解其文明的关键。高延对中国宗教的研究，是想为这一观念提供了一个最具说服力的例证，即在中国，宗教观念和习俗为社会生活提供了最深层的支撑，"可以说，宗教观念是人们行为方式和习俗乃至政治制度的支柱"②。因此，研究宗教和研究社会实际上是一回事儿。

二

佛教进入中国，是"嫁接"在中国宗教"主干"上的。如高延在《大一统论》一书中云：

（中国的儒释道）"三教"不过是从一个共同"主干"（a common stem）上生长的三个"分枝"，而"主干"早在史前时代就存在了。"主干"即"天地万物之宗教"（the religion of the Universe），这一宗教有其基本构成要素与外在表征。囊括天地万物在内的"大一统论"（Universism），就是中国的"一教"。③

值得一说的是，高延概括中国宗教的本质，常用到的一个词就是"Universism"。百多年来，西方学者很多都是以高延所创的"Universism"为大的理论框架或知识背景而展开局部的中国宗教、社会、历史与哲学研究的；甚至可以说，高延造的这个词已成为西方学术视野里中国（宗教）哲学的一个象征性符号，而统称为"Chinese Universism"。以往中国学者多翻译之为"宇宙论""天道论""一元论"等。笔者以为，高延乃是据"universe"而创"Universism"。"universe"是"宇宙""天地万物""领域"的意思，其

① R. J. Zwi Werblowsky, *The beaten track of science : the life and work of J.J.M. de Groot*, Wiesbaden：Harrassowitz, 2002，pp.78.

② R. J. Zwi Werblowsky, *The beaten track of science : the life and work of J.J.M. de Groot*, Wiesbaden：Harrassowitz, 2002，pp.85.

③ J.J.M.de Groot, *Religion in China, Universism: A Key to the Study of Daoism and Confucianism*, New york and London, 1912, pp.2.

派生词"universal"则有"普遍的""一般的""通用的""万能的""一般性"等意思。高延翻译"是故夫礼，必本于大一"为 The li then positively have their origin in the Great Universum；翻译"一阴一阳之谓道"云，The universal Yin and the universal Yang are the Tao，故"一"高延多翻译为"universal"或类似词汇，"一"者"全"也，即"道"之谓；又按高延思想，中国宗教以"道"为创生、主宰、运行万物为的根据，故道能统万物。基于以上理由，译者将"Universism"一词译为"大一统论"。

中国宗教的主干是"大一统论"。高延接着认为：

耶稣诞生前后各两个世纪的汉代，古老的"主干"一分为二，一为道教，一为儒教；与之同时，佛教亦"嫁接"（grafted）在"主干"上。实际上，佛教当时之进入中国，其形态为大乘佛教，仍是一种"大一统"的形式，因此才得以在古老的主干上存活并繁盛起来。以这种方式，出现在我们面前的"三教"恰是一个树干的三个分枝；作为三教，仍是为一。[①]

此一段有两个关键词，一为"graft"。按一般解释，该词既有"移植"之意，亦有"嫁接"之意。按"graft"一词，来自拉丁语"graphium"、古希腊语"gráphein"，"笔"或"写"的意思，"维基词典"认为该词接近英文单词"carve"（切口），与"接穗"相似而命名。[②] 故结合高延原文上下文语境及该词的词源，此处应译为"嫁接"较合适。

另一关键词是"主干"（a common stem）。高延"发现"中国宗教有其"主干"，是在1886年9月，彼时他第二次到厦门不久。他曾在日记中写道：

沿着诸多不同主题开始无间断地搜集资料。我观察并记录下关于家庭生活（为此我与中国人住在一起）的细节，继承、收养、妇女的地位、婚姻、丧葬仪式等等。在这片未知的土地上触手可及的丰富多彩的可能性。我参加了几乎每一场人们举行的宗教节庆活动并做了笔记。没过多长时间，我发现**有一条线索贯穿所有的事情**，那么关于所有的东西，就像水晶一样透彻清晰了。最后我开始**系统地工作**（黑体部分为高延所做的强调），这一体系的方式与习俗的每一组成部分只是一个整体的一部分。[③]

因为有中国宗教这一"主干"，外来的佛教才能"嫁接"在上面。如果不认为有这样的一个主干，也就谈不上"嫁接"，而只能是"移植"到土壤中了。

---

① J.J.M.de Groot, *Religion in China,Universism: A Key to the Study of Daoism and Confucianism*,New york and London,1912,pp.3.

② 原文为："probably akin to English carve. So named from the resemblance of a scion"。

③ R. J. Zwi Werblowsky, *The beaten track of science : the life and work of J.J.M. de Groot*, Wiesbaden：Harrassowitz, 2002，pp.86.

三

那么，关于"佛教中国化"的路径，"嫁接说"与"移植论"有何不同呢？

按植物学的解释，"移植"指将植物移动到其他地点种植；"嫁接"则是把一种植物的枝或芽嫁接到另一种植物的茎或根上，使接在一起的两个部分长成一个完整的植株。"佛教中国化"路径的"移植论"，即是说印度、西域佛教的植株或种子移种在中国的文化土壤中生根、发芽，开花、结果，而成为与中国本土文化其他（儒道）"植株"分庭抗礼的相对独立的另一种"植株"，其与儒道的连通仅在于生存在共同的文化土壤之中；"佛教中国化"路径的"嫁接说"，强调的是受限于中国宗教自身主干的既定结构，印度、西域佛教中只有符合"主干"需要的要素才得以存活下来，并且与中国宗教主干的固有观念、习俗、仪式等有机结合在了一起，而成了与主干及其他分枝（儒道）生气相通、根脉相连的一部分。

无论是"嫁接"还是"移植"，都意味着外来的佛教"植株"或"枝芽"在异地环境下获得生命的某种存续，在这一过程中，都必然要克服种种"排异反应"，其最终形态亦必然与其原有形态有着很大的差异。而这两种路径之间毕竟又有所不同：

（1）如前所述，"移植"论的前提是认为中国宗教有一"主干"，此即意味着中国宗教在当时流传已久、高度发达且自成体系，统治着社会生活的方方面面；如果承认这一点，那么佛教进入中国，除了"嫁接"之外，别无他途；如果不认为中国宗教有这样的一个"主干"，或者相对模糊中国宗教自身的主体性，只做泛泛而论，则佛教"移植"在中国文化土壤中是一个比较恰切的比喻；

（2）"移植论"更为强调佛教在中国两千多年的存续历程中的主体性、完整性，且具有相对的独立自主性；"嫁接"说更强调佛教在中国宗教大格局背景下的被选择与拣择性，及其后续发展中，只有部分要素得到了发展乃至成为主流；

（3）"移植论"强调来自印度的佛教有些核心本质性的东西在中国两千多年的存续过程中没有发生多少改变；"嫁接说"强调的是，"中国佛教"虽然表层的东西有其佛教特色，但其核心本质不过是中国本土宗教自身固有的东西。引申开来，我们可以接着追问，现在的"中国佛教"自身是何种文化（中国文化或印度文化）为其主导、为其根本因素的问题。①

---

① 笔者以为，高延认为中国宗教（文化）有其"主干"这一论断是非常深刻的。早在20世纪之初，高延即预言中国传统文明遭遇现代科学的冲击，其巨变过程中，"中国必然面临一个选择：或者其组织、系统遭遇解体而陷入完全的混乱之中并被毁灭，或者更新与再生。那时中国将不再是中国，中国人将不再是中国人"。高延因为认识到中国文化有其主干，所以对这一古老文明的复兴与再生充满了信心："中国的文明比我们自己的更为古老。且因为中国文明已有几千年的历史，以前也遇到且经受住了最具破坏性的风暴，在每一次毁灭性的革命之后，在每一次改朝换代之后，在每一次蛮夷入侵之后，中国文明就像凤凰火中涅槃一样，都能光荣地复兴。这样的一个文明，如此坚强、如此坚韧，如此蒂固根深，又怎么会没有任何抵抗的情况下就元气衰竭而被弱化呢？"［荷］J.J.M.de Groot,*Religion in China,Universism: A Key to the Study of Daoism and Confucianism*,Newyork and London,1912,pp.318—319.

四

高延所持的"嫁接说"更为强调中国宗教自身的保守性与权威性，因此不太可能留下空地让佛教"移植"过来相对自由、自主地生长。也就是说，面对高度发达且自成体系的中国宗教，佛教进入中国，除了"嫁接"之外，似乎不太可能有其他途径。

高延认为：

"大一统论"即"道论"。事实上，"大一统论"的出发点是"道"，"道"即道路，亦即天地万物运行之路，亦即其运行的方式与进程，亦即其对万事万物的管控与操纵，物象纷纭，周而复始，简而言之，道即世界、自然之命令或顺序，或曰自然法则。……很明显，这是一个包罗万象的体系，有意将人类生活与行为的方方面面尽皆囊括其中。……造成了一个将私人、家庭和社会行为规则混合在一起的庞大系统，甚至扩展至政治制度与法律层面。[①]

这是说中国宗教之"大一统论"系统对中国社会生活的方方面面都有着很强的统治力与控制力。高延又云：

中国宗教自从出生之后，就处在最为强大的保守主义思想的影响下慢慢发展。就我们所知的历史来看，其原初形态从未被其他宗教或宗教运动和革命的思潮改变过。佛教对此无能为力，新月宗教才不过刚刚开始其试图影响中国宗教的工作，十字架宗教则不过刚刚艰难地进入中国的门槛而已。[②]

这是说中国宗教之"大一统论"有着最为强大的保守主义倾向，几千年来，其原初形态并未有根本性的变革。公元前后，佛教进入中国的时候，就是面对这样的具有强大保守性、权威性且高度发达、自成体系的中国宗教。所以除了"嫁接"在中国宗教这一主干上之外，并无其他更好的选择。

佛教之所以能"嫁接"在中国宗教的主干上，有两个方面的原因。其一，大乘佛教的基本形态符合大一统论的基本思想范畴；其二，佛教有许多思想理念可以补充中国宗教尤其是儒道两家之不足。关于第一点，高延认为："实际上，佛教当时之进入中国，其形态为大乘佛教，仍是一种'大一统'的形式（an Universistic form），因此才得以在古老的主干上存活并繁盛起来。"[③]"佛教如同道教一样，也是一种大一统论的宗教。其思想基础是世界的秩序，大乘佛教称之为法，中国人毫不犹豫地将法等同于他们的道。"[④]

[①] J.J.M.de Groot, *Religion in China,Universism: A Key to the Study of Daoism and Confucianism*,New york and London,1912,pp.6.

[②] J.J.M.de Groot, *The Religion of the Chinese*,New York:the Macmillan company,1910,pp.2.

[③] J.J.M.de Groot, *Religion in China,Universism: A Key to the Study of Daoism and Confucianism*,New york and London,1912,pp.2.

[④] J.J.M.de Groot, *The Religion of the Chinese*,New York:the Macmillan company,1910,pp.164.

至于佛教补中国宗教之不足，高延尤其强调两点，其一是佛教有关来世（轮回）的观念：

公元一世纪时，佛教"打"入中国，不久即开始对中国人的宗教及来世观念产生强大的影响。自远古以来，帝国内就存在着一种占据支配地位的祖先崇拜体系，其规则非常精细，儒家和道教皆认可这一体系，并一起将之整理为一种正规制度。无论是儒家还是道教，关于来世生活状态，从未有详细学说向人们阐述；……这样就有很大的空缺留待佛教来补充完整。[1]

其二是有关涅槃解脱的观念。高延认为：

我们看到，印度解脱宗教进入中国，大概在公元纪年之初，并很快成为一股力量。实际上，无论是儒家还是道教，都不能满足人们追求更高理想、完美的需求，这是一种至善境界，关于现世生命之后的事情，儒家连提都没提，道教也只是提到一点点；但新进来佛教宣称这样的一种解脱，而且现世即可部分或全部获得。[2]

正是因为大乘佛教在基本思想范畴上与中国宗教的大一统论相近或相似，而且又在来世轮回与涅槃解脱观念上可以有效补充中国宗教的不足，佛教才得以"嫁接"在中国宗教的主干之上。同样因为受到"嫁接"条件的限制，在中国发展起来的只有大乘佛教。高延的结论是："经过这一方式，出现在我们面前的儒释道三教是一个树干的三个分枝，所以三教仍是一个宗教。"[3]一个事实就是，中国人出入三教，并无任何隔阂。儒释道三分枝之中，"儒教"是国家宗教，成为最大的一个分枝，佛教、道教两个分枝的发展一直受到其抑制。所以"中国宗教"较多以儒家祭祀之"礼"等面目出现，但并不等同于儒教。

五

高延《中国宗教体系》第一册第四章《穿衣和入殓之间的祭献与仪式》，其中提供了在微观层面观察佛教是如何"嫁接"在中国宗教主干上的一个案例。

这个阶段，死者已经穿好尸衣，但还没有入殓，平躺在水床上，床前桌子上除了米饭外，还有一个半米高的木板，上面刻写着死者的名讳、官衔、年岁。人们相信，死者的亡灵已经脱离开尸体，暂时性进驻牌位中。此时的问题是：亡灵真的进入牌位了吗？如果被拘于地狱之中怎么办？将亡灵从地狱中拯救出来，正是佛教的拿手好戏。于是在这一阶段，丧家大多要请僧人作法。高延描述道：

[1] J.J.M.de Groot,*Buddhist Masses for the Dead at Amoy*, Leiden: Brill, 1884,pp.18.

[2] J.J.M.de Groot, *The Religion of the Chinese*,New York:the Macmillan company,1910,pp.208.

[3] J.J.M.de Groot, *Religion in China,Universism: A Key to the Study of Daoism and Confucianism*,New york and London,1912,pp.3.

僧人们身穿一件朴实的黑色或暗灰色的法衣，如果丧家有钱，额外支出请来最高级别的僧人，那僧人穿的便是富丽堂皇的镶边的袈裟，他们在祭桌前站定位置。僧人念诵几段咒语（密咒），仪式开场了，咒语由巴利文或梵文语词组成，不仅念诵的僧人不懂，中国其他任何人也都不懂得什么意思；不过不懂得没有关系，这些咒语仍具有极其不可思议的力量。①

僧人反复念诵地藏王菩萨的名号与祈请文，同时配合法器音乐，以此迎请地藏菩萨临场。献过燃香之后，僧人念诵道：

以此振铃伸召请，愿承三宝力加持。亡灵不昧遥闻知，今日请时来降赴。

与之相配合，丧主人举双手至前额位置，将几只燃香插在亡灵牌位前面的香炉的灰中。僧人接着念诵道：

一心奉请，一炷心香通法界、九泉使者引魂来。

这个时候"假设"亡灵已经来到"现场"。于是僧人开始劝说亡灵入住早已准备好的牌位，祭祀膳食也已备好：

三请亡灵来降赴，归灵就座听经文，演经文菩萨摩诃萨。

僧人接着念诵《破地狱经》经，最后祈请阿弥陀佛、观音菩萨和地藏菩萨对亡者予以帮助。每个祈请文最后，都以念诵密咒"嗡嘛呢呗昧吽"作为结束。这是度亡法事的第一阶段。

僧人休息。丧主人在安放牌位的桌子上摆设十二盘碟的菜肴。之所以是十二盘碟，据高延的考察，源自《周礼》"王日一举鼎十有二"。十二盘碟菜肴分别是：一整只烤熟的鸭子、一整只烤熟的鸡、干鹿肉、几条鱼、荁枣、麻枣、红丸、旺螺、凤梨、麻粢等等。

祭品摆放完整，僧人开始第二阶段的工作，主要是"净身"。这一阶段迎请的神祇主要是观音菩萨。高延描述道：

① J.J.M.de Groot, *The religious system of China, its ancient forms, evolution, history and present aspect, manners, custom and social institutions connected therewith*(v1),Leiden:Brill,1891,pp.72.

他把手指伸在一只盛满水的小锡碗内，这个碗就象征着古代寺庙行乞僧人的钵了，他严肃地吟唱道："菩萨柳头甘露水，腥膻垢秽尽移除。能令一滴遍十方，加持坛场悉清净。"他用手指或用一根榕树、石榴树枝蘸进水中，把几滴水洒在祭品上，然后再洒在尸体及周围的人身上，还有大厅的墙壁上。这样，通过圣水的力量，每个人、每件东西都得以清净，由死亡产生的不祥的影响得到消除，亡者的灵魂以一种完全纯净的状态出现在他的祖先面前。因此这一仪式叫作"净身"。[①]

然后僧人再拿着燃香的香炉在棺材上面、下面和侧面各过一遍，也在墙面上和周围所有显眼的物品上过一遍，与之同时，丧主人们开始依序为死者敬香并磕头：

先献上两根香，再奉献祭品，然后三次叩头，每次都要在地上磕四个头。献香和磕头祭拜的都是死者的身体，香的数目和每次磕头的数目都是偶数，这就是说，必须属于死亡的阴的属性。如果献三根香，并三次磕头，每次都三次磕头，那是特别献给脱离身体的灵魂、神灵和活着的人的。[②]

在这一丧葬礼仪之中，我们不难发现，佛教的救度理念，包括佛教独有的救度亡灵的神祇如弥陀、地藏和观音菩萨，都是被"嫁接"在中国宗教亡灵祭祀的框架之内。在这一框架中，亡灵死后要进入牌位之中并供奉起来，凭借他的福佑，后人才能平安兴旺发达。事实上，这一处理死者尸体的程序以及细节，皆可在先秦"三礼"——《礼记》《周礼》《仪礼》中找到文本根据；如前面提到的摆放十二道盘碟，丧主向死者尸体献香、叩头都是偶数目等等；再如摆放的"苣枣"和"麻枣"，主要是取"枣"的繁体字形为"棗"，很像汉字两个"來"上下叠在一块儿，中文表达就是"重來"；"重來"的意思是"再来""回来"，即能把死去的灵魂带回房屋内，这些毋宁说都是地地道道的中国宗教的精神趣向。

在这一丧葬礼仪之中，包括僧人、观音菩萨等神祇在内的佛教要素都是从属性质的，都是为"中国宗教"为主体、为主导的整个丧葬处理、亡灵安顿这一程序服务的。例如迎请观音菩萨，先是与地藏菩萨一起救度亡灵，假设其从地狱来到现场并入住牌位，其后则是在观音菩萨加持下，"水"变成圣水，而有"净身"之效。从地狱中救度亡灵出来还有佛教的特色；入住牌位以便接受供养并为后世子孙提供福佑，以及用水净身祛除邪气等等，则全然是中国宗教体系的理念。

---

① J.J.M.de Groot, *The religious system of China, its ancient forms, evolution, history and present aspect, manners, custom and social institutions connected therewith*(v1),leiden:Brill,1891,pp.77.

② J.J.M.de Groot, *The religious system of China, its ancient forms, evolution, history and present aspect, manners, custom and social institutions connected therewith*(v1),leiden:Brill,1891,pp.78.

六

西方净土信仰在中国的流行可提供佛教"嫁接"在中国宗教主干上的又一个案例。

一个显明的事实就是,南传佛教中没有类似的净土信仰与念佛往生法门。我们固然无须以此驳彼,佛教本有三万六千法门,因应不同地区的文化、随顺不同时代的需求,各有隐显而已。若净土法门在南传佛教隐而不彰,并不能说就一定是后期"发展"出来的教义。在这里我们要问的是,为何佛教西方净土信仰这一部分教义在中国能够发扬光大?因为佛教净土教义中也不单单只有西方弥陀净土,起码还有弥勒兜率天净土和东方药师佛净土等等,为何只有西方净土信仰得以在中国流行呢?

高延认为,这大概有以下几个方面的原因。其一,中国本有"西方乐土"的观念。

有关昆仑山之西方乐土及其著名的西王母的传说,尽管夸张有些过度,令人难以置信,但从关于人死后之来世生活的角度进行审视,就会自然发现,从远古时期开始,中国人更多是将西方视为福地,尤其是死者的乐土。[①]

至于为何是西方而非其他方位,高延认为,在中国人的地理方位观念中,东方是日出之方,代表"生",西方是日落之地,象征"死","西王母所在的西方正是落日方位,落日象征生命的衰竭与死亡,这就与西王母天宫紧密地联系在了一起,因为昆仑山天宫正是世间凡夫希望死后能去的地方"。

再从语源上说:

要注意一个很奇特也是一个很重要的事实,即只有汉字"西"作为字根构造了许多原始的表意字,而其余三个方位词即"东""南"和"北"则没有这种现象。我们现在不妨解读一些字的结构,例如现在仍在使用的"要"字,上面一个"西",下面一个"女",意为"需要""必要",这个字是不是描绘了迁徙之人的一种情感,即因环境所迫,不情愿地离开故土,只好将女人和姑娘撒在身后,就像今天从非洲和我们群岛地区殖民地来的大多数移民一样,仍怀有对故土异性的喜爱之情?还有一个字"恓",意为"不安""烦恼",竖心旁加上"西",这个字让我们想到离开故土之人的那种心烦意乱的乡愁,来到异地他乡,不能安顿自己,于是对他们的命运有诸多不满;还有"哂"字,意为"笑",从"口"从"西",让我们想到,当移民说起或听别人说起西方的故土的时候那种眉开眼笑的神态。[②]

中国人的祖先可能是从西方往东方迁徙,西方等于故土,人死之后,希望魂归故土,这是为什么中国人会将西方视为乐土的原因,并因此创造了"西王母"这样一位主管死亡的女性神祇。

第二点,佛教的涅槃观念太过深奥抽象而且很难证入,不太合乎中国人的思维习惯,

① J.J.M.de Groot,*Buddhist Masses for the Dead at Amoy, leiden: Brill*, 1884,pp.14.
② J.J.M.de Groot,*Buddhist Masses for the Dead at Amoy, leiden: Brill*, 1884,pp.15.

故需要有西方净土作为佛教美善的最终归宿。高延云：

> 涅槃概念原本深奥抽象，中国人对抽象的、纯粹无形质的概念向来不感冒，他们习惯思维所谓真实的、可见的、有形之物。因此，佛教要想凭借涅槃观念吸引中国人信仰皈依，根本是不可能的事情。信众都不大会去思考涅槃是什么意思，那么佛教就需要一些东西来满足普通人的需求以使之满意。因此，北传佛教类似西王母乐土的西方极乐世界的学说，成为信众的最爱。西方净土比涅槃更容易证入，甚至普通人也都期待修行此种法门；……佛教的西方极乐净土由其北传分支所发明，而不见于锡兰、暹罗和缅甸等地，当地流传的是释迦牟尼佛更为古老的教义形式。①

就汉民族对净土信仰的受容而论，是因为西方极乐世界的教义思想契合了中国人本有的思维特点与民族精神。这是一种文化的再创造，亦可视为佛教"嫁接"在中国宗教主干上的又一个案例。

另外在《中国大乘佛教戒律：寺庙生活及其对世俗的影响》一书中，高延还提及两处寺庙经济方面的问题，亦可作为佛教自始至终嫁接在中国宗教主干上的例证。其一云：

> 人们捐钱以护持寺院，因为他们相信佛寺僧众能调节气候，尤其是能调节雨水，而且认为僧众能确保风水按人们的意图持续运行。②

其二云：

> 几个世纪以来，每年的七月份，中国整个就变成了一个巨大的祭坛，也是佛教赖以生存的最有效的支撑（经济来源）之一。在很大程度上，如果没有七月份，很多寺院难免沦为废墟。③

七月中元节是中国传统的祭祀祖先的节日，如乾隆年间《普宁县志》言："俗谓祖考魂归，咸具神衣、酒馔以荐，虽贫无敢缺。"这一节日恰与佛教盂兰盆会重合，佛教最为擅长的救度亡灵的能力在这一节日期间得到了淋漓尽致的发挥，同时也因为提供这一社会服务而获得社会资源，得以保证自身在中国社会的存续。

---

① J.J.M.de Groot,*Buddhist Masses for the Dead at Amoy, leiden: Brill*, 1884,pp.23—24.

② J.J.M.de Groot,*Le Code du Mahayana en Chine son Influence sur la vie Monacale et sur le Monde Laïque*,Amsterdam,1893,pp.148.

③ J.J.M.de Groot,*Le Code du Mahayana en Chine son Influence sur la vie Monacale et sur le Monde Laïque*,Amsterdam,1893,pp.206.

结语

以往的"佛教中国化"理论,如果进一步追问其具体路径的话,实际就是一种"移植论";而高延所持的"嫁接说",则提供了关于佛教中国化路径的另一种说明。当然,无论是"嫁接说",还是"移植论",目的都是在建构一种理论模型,以解释佛教作为一种外来宗教进入中国之后的发展机制及其与中国传统文化的关系等问题。因为"移植论"的相关说法及论证大家已耳熟能详,故本文着重介绍大家相对不太熟悉的"嫁接说"的合理之处。本文对"嫁接"与"移植"两种路径所做的比较,或有助于进一步反思外来佛教在中国发展的实际历程,并凸显当代中国佛教的"传统文化"的品格与属性。

从宗密对"人"的诠释看佛教的中国化

田 健*

（苏州大学宗教研究所，江苏苏州，215123）

【摘要】当代汉传佛教盛行的人间佛教思想，从释迦牟尼佛创教时就有体现。为了适应重视世俗生活和人际关系的中国文化，东传进入中土的佛教通过自身调适，从解脱论到成佛论，从佛性论到心性论的嬗变，逐步彰显佛教的人文关怀，也形塑了汉传佛教的人间性旨趣。《华严原人论》这部著作是华严宗第五代祖师圭峰宗密的著作，彼时华严宗和汉传佛教已呈现禅教融合趋势，儒释道三家的交流也呈现了互相借鉴的特点。此论是佛教最早一篇从理论方面主动发声来阐明社会文化关注的公共话题的著作。从"人之本原"的切入，宗密将佛教传入以来流行的佛教思想以及儒道二家的实现进行总结和评述，在分析诸家得失的基础上，站在华严宗的立场进行会通，提出佛教关于"人之本原"的观点。这一思想几乎代表的当时佛教哲学的理论高峰，也为社会文化方面的三教交流和佛教内部的禅教一致的发展趋势提供了一种理论基础。后续对此论的注疏和近当代的研究也表明，此论在作为主要结论和诠释方法两方面，为促进汉传佛教人间性旨趣的演进产生了深远影响。

【关键词】华严原人论；宗密；汉传佛教；人间佛教

【基金项目】本课题是国家社科基金重大项目"'一带一路'佛教交流史"（项目编号：19ZDA239）以及2019年度江苏省博士后科研资助计划的中期成果。

重视并讨论"人"这一话题，是人类各文明所关注之亘古不变的主题之一。无论是佛陀示现从人间成道，还是孔子将"人"与"仁"做一联结，抑或古希腊"人是万物的尺度"的说法，无不体现了对此的关注。作为体现中印两大文明交汇之重要成果的汉传佛教，经历了汉魏南北朝的格义佛教和学派佛教，在隋唐时代伴随着传统社会文明的鼎盛而逐步以宗派佛教的形成标志走出本土化、民族化和契理契机之路，为人类文明的交

---

* 作者简介：田健（1985—），天津人，号德安，字法远，现为苏州大学宗教研究所博士后，主要研究华严宗与佛教中国化问题。

流互鉴史书写了重要一笔。在隋唐文明鼎盛这一时代因缘下，佛教的中国化也逐步纯熟，彼时华严宗五祖圭峰宗密（780—841）所著《华严原人论》①作为佛教主动发声诠释"人"的问题的著作，推动了佛教思想特别是大乘佛教的发心思想与中土文化传统中重视现实生活、重视人际交往之特色之间的交流与融合，促进了佛教心性论和真心思想的阐发运用，促使佛教从精英阶层下沉至民间，加强了佛教为一般庶民阶层所接纳之群众基础。这部著作将当时主要思想融摄于佛教关于"人之本原"的讨论之中，呈现了华严宗和宗密所倡圆融之意趣，而且为永明延寿等人所继承，开启佛教融合的历史进程；同时，其指出儒道理论上的困难，也激发了宋明道学等传统思想的嬗变。同时，论述"人之本原"从直接的理论层面到间接的扩大信仰基础层面，这促使《原人论》成为佛教融合化的动力源，也成为奠定近代以来人间佛教发展动向之先声。近代以来，佛教高僧面对民族和教界内外之挑战，契合佛陀从人间成道的本怀，逐步弘扬人间佛教之旗帜，至今为汉语系佛教界所重视与尊崇。

《原人论》成书于宗密之晚年，该论可以视为宗密之集大成的代表作之一，对后世直至当代影响显著。该论除《自序》外，还有宗密的好友裴休所作的《前序》②，可以视为最早对此论的评述文章。历代流传的注疏主要有宋代晋水净源的《发微录》③、元代圆觉的《原人论解》④以及李纯甫的后序⑤，明代的《原人论合解》⑥是在圆觉《解》的基础上删合而成，可以视为与圆觉《解》一个系统的注疏。近代学者中，有钱穆先生的短篇《读宗密〈原人论〉》⑦，吕澂先生的《〈华严原人论〉通讲》⑧；当代，有台湾圣严长老的《华严心诠》⑨，Peter N. Gregory 的英文注释与解读⑩，还有李锦全的《〈华严原人论〉释译》⑪，石峻、董群的《〈华严原人论〉校释》⑫等；此外，冉云华教授的《宗密》⑬、董群教授的《融合的

① 《大正藏》第1886经。
② 《中华大藏经》汉文部分卷98，北京：中华书局，1994年，第466页。
③ ［高丽］义天：《新编诸宗教藏总录》卷3，《大正藏》第55册，第1178页中；又，《卍续藏》第1031经。
④ 《卍续藏》第1032经。
⑤ 《中华大藏经》汉文部分卷98，第470—471页。
⑥ 《卍续藏》第1033经。
⑦ 钱穆：《钱宾四先生全集》卷19，《中国学术思想史论丛（四）》，台北：联经出版社，1998年，第269—288页。
⑧ 吕澂：《〈华严原人论〉通讲》，《社会科学战线》1990年第3期，第90—93页。
⑨ 释圣严：《华严心诠》，台北：法鼓文化事业股份有限公司，2006年。
⑩ Peter N Gregory, *Inquiry Into the Origin of Humanity——An Annotated Translation of Tsung-Mi's Yuan Jen Lun with a Modern Commentary.* Honolulu: University of Hawaii Press,1995.
⑪ 李锦全：《华严原人论》，《李锦全文集》第10卷，广州：中山大学出版社，2018年，第1—113页。
⑫ 石峻、董群校释：《〈华严原人论〉校释》，北京：中华书局，2018年。
⑬ 冉云华：《宗密》，台北：东大图书股份有限公司，1988年。

佛教——宗密佛学思想研究》[①]、胡建明教授的《宗密思想综合研究》[②] 等是有关宗密生平思想的综合研究，其中也关涉此论。另外，日本对此论的注疏达五十余种[③]，其中著录中主要是 17、18 世纪凮鉴的《原人论续解》以及明治时期的注释书[④]，主要都是清代成书。当代的研究中，中日韩学者对此都予以关注[⑤]，一般关于《原人论》的研究几乎都是持三教合一论的立场，也有涉及关于儒佛人性论交涉等议题。可见，《原人论》自成书以来，在东亚佛教中一直保有一定的影响力。

一、会通诸说评"原人"

《原人论》以"人之本原"的问题为切入，提出了这一问题的重要意义和站在华严宗立场对此问题进行诠释的思路。在《自序》中，宗密说明了对"人之本原"这一问题穷极半生探索的心路历程。在宗密看来，作为具有自我认知能力的人，如果不知自身的本原，那么对其他有情生命乃至世界的认知便也无从谈起，于是他从"学无常师"到"博考内外"，如此孜孜以求数十年，最终"果得其本"。[⑥] 宗密所探究的这一"人之本原"的结论，与当时儒道二家以及佛教内部很多思想体系的结论并不一致，这一差异的缘由不是释迦、孔、老的说法有差，而是其所面对的听众的差异导致对这一问题的阐述或有权说，或有实说。他进一步认为，正是对这种权实说法的误解才导致了后世末流的纷争不断。因此，《原人论》的写作中，宗密所采取的方法是先"从浅至深"——评破，再依据"了教"会通本末。[⑦] 这种评破与会通结合的方法，既坚持了自己的立场，同时还找到诸家说法的内在联系并予以沟通联系。前人对此论的研究中，已经意识到当时宗密写作此论还有一个背景，那就是韩愈所作《原人》以及"原"系列文章中对佛教的批评。东汉传入的佛教作为一种异质文明，面对文化上业已纯熟的中国社会，通过经典的传译、诠释，在思想建构层面逐步本土化、时代化，经历了格义佛教和学派佛教后，隋唐时期中国佛教宗派大量出现，佛教思想发展到了一个高峰。这一背景下，佛教在思想准备和社

---

① 董群：《融合的佛教——宗密佛学思想研究》，北京：宗教文化出版社，2000 年。

② 胡建明：《宗密思想综合研究》，北京：中国人民大学出版社，2013 年。

③ 石峻、董群校释：《〈华严原人论〉校释》，第 291 页。

④ 小野玄妙编纂：《佛书解说大辞典》卷 3，东京：大东出版社，1980 年，第 42 页。

⑤ 镰田茂雄著，杨曾文译：《宗密的三教观——以〈原人论〉为中心》，《世界宗教研究》1996 年第 2 期；杨曾文：《唐代宗密及其禅教会通论》，《中华佛学学报》1999 年第 12 期；韩焕忠：《〈华严原人论〉对儒家人性论的批判》，《理论学刊》1999 年第 5 期；王开府：《宗密〈原人论〉三教会通平议》，《台大佛学研究》2004 年第 7 期；曹秀明：《东西生命哲学对观——兼论宗密原著人论缘由》，《佛学与科学》2009 年第 2 期；杨浩：《宗密〈原人论〉三教关系之探析》，《中国文化研究》2012 年第 3 期；中谷征充：《〈原人论〉に触発されて》，《密教学会报》2005 年第 43 期；加地哲定：《宗密の原人論に就いて》，《密教文化》1951 年第 13 期；박.성.식.종밀（宗密）의「원인론（原人论）」과 동무이제마（东武李济马）의「원인（原人）」편（篇）에 나타난 인간론（人间论）.불교학보，2012(61): 335-373；郑舞日：《〈华严原人论〉研究》，《韩国宗教》1983 年第 8 期；林晏琳：《圭峰宗密〈原人论〉研究》，博士学位论文，华梵大学东方人文思想研究所，2012 年。

⑥ （唐）宗密：《原人论》卷 1，《大正藏》第 45 册，第 707—708 页。

⑦ （唐）宗密：《原人论》卷 1，《大正藏》第 45 册，第 708 页。

会能见度等方面都具有了主动发声参与社会文化议题的争鸣和思想建构的条件。《原人论》正是这一思想动向的集中体现[①]，冉云华教授认为真心思想是宗密"对印度心学的成功消化"[②]，而这种消化正是中国佛教形成和完善的鲜明体现。

《原人论》正文先评破、后会通的方式，将诸家对"人之本原"的学说加以分析，指出各自得失，这一方面提供了宗密视角中儒释道三家主流思想关于"人之本原"问题的各种说法，而且为后续站在华严宗圆融无碍的立场进行会通诸说提供了思想来源的准备。宗密首先通过斥迷执、斥偏浅两章分别说明儒道和佛教内部一些思想对"人之本原"问题的理解属于"权说"，进而破斥执此为实的一类人。宗密指出儒道二家的大道本原说、非因缘化生说、元气欻生说等关于"人之本原"学说的局限性。其所用的方式就是在佛教缘起法则的角度，通过归谬法说明上述诸说的逻辑矛盾或者现实矛盾。在说明佛教内部诸说的局限性时，宗密实际上采用了佛教的判教方法[③]。华严宗的经典判教学说是法藏提出的"五教十宗"[④]，宗密则在此处不但引入对儒道二家的评述，也将佛教中只讲人天因果的教义纳入判教中，这样的处理回避了慧苑判教中的弊端，也为后续会通诸说提供了更为坚实的基础。在评述人天因果教、小乘教、大乘显相教、大乘破相教的理论不足时，分别采用了后一种说法胜过前一种说法的方式。这样做的意义在于在评破诸说的同时，还暗示诸家说法在内在逻辑上具有一种连续的关系，后者往往是前者所未充分展开的，即：后者较前者更具有广泛性、普遍性，更为究竟。这一逐步扩展的方式某种程度上也是为其破斥后会通本末埋下伏笔。在说明前人诸说的最后，宗密指出这些说法中的最高者，即"大乘破相教"在教化方面的不足，其显示为对佛陀本怀以隐晦（即"遮诠"）而非直接的方式加以说明。[⑤]这一点在将在该论正文的第三章，即"直显真源"部分进行直接的解答，后者即宗密开头所说的数十年来"学无常师"后得到的结论。

《原人论》在会通诸说时，将前述所一一评破者都纳入了自身的理论框架，将之视为华严"原人说"的进一步展开。在会通部分的开头，宗密就说在会通本末的情况下"乃至儒道亦是"，前面逐个被评破主要是"未了"所致[⑥]。就具体会通而言，宗密从前面所归结到的"人之本原"在于"本觉真心"出发，说明从"真心"显露到如何遮蔽最终呈现凡夫形态的过程。宗密指出，众生对自身具备真心的现状处于"迷睡不自觉知"的状态，这种"真心"被隐藏和覆盖的状态被称为"如来藏"，后者便是生灭心的所依，[⑦]这种说法

---

① 吕澂:《〈华严原人论〉通讲》，《社会科学战线》1990年第3期，第90—93页。

② 冉云华:《宗密（自序）》，第3页。

③ 亦名：教相判摄，是对于佛教思想义理和文献典籍，按照一定标准进行前后、深浅判断，从而提出一整套理解佛教思想体系的学术方法。这被认为是中国化佛教宗派形成的重要标志。见：方立天:《中国佛教哲学要义》，北京：中国人民大学出版社，2002年，第48页。

④ （唐）法藏:《华严一乘教义分齐章》卷1，《大正藏》第45册，第481—482页。

⑤ （唐）宗密:《原人论》卷1，《大正藏》第45册，第709—710页。

⑥ （唐）宗密:《原人论》卷1，《大正藏》第45册，第710页。

⑦ （唐）宗密:《原人论》卷1，《大正藏》第45册，第710页。

实际上也是继承了《大乘起信论》的思想。在凡夫的状态，实际上正是依据这种"如来藏"而呈现有生灭心。以上的说法即是宗密在此论判教中所说的"第五一乘显性教"的内容。从这一教相的观点出发，凡圣的差异在于对自身状态认知①上的正误，而错误的认知导致了佛性不能显发，进而将圆满而无限的佛性退缩成颇有缺憾和有限狭隘的、犹如"胎藏"一般的状态。

第四种教相"大乘破相教"中，则需要在此基础上进一步退化和缩小。顺着这个思路，既然"如来藏"只是"真心"的一种未显发或者蛰伏的状态，那么凡夫之"心"不但有生灭心的成分，实际上还保有真心的成分。这就是他所说的心识具有"生灭"与"不生灭"两方面的和合。②实际上，这一和合意味着常人认知范围的"心""识"实际上都是由条件所组成的，而非实体。这样，就与破相教关于"人之本原"的论述相一致了。不过，从第五退回到第四的过程来看，实际上破相教并未充分说明"人之本原"具体为何，只能笼统地用"遮诠"的方式来说明。如果进一步分析，可以看出破相教从表面上看是教化的困难，也是对"人"的诠释不充分、不彻底的表现，但另一方面这种不彻底也并不是没有说明到"人"的本原在于"真心"。实际上，真心与妄心的和合构成凡夫的心识（即：阿赖耶识）本身兼有真心之"觉"及其"自我误解"而"不觉"两种状态，无论哪种皆是真心的直接或间接的表现，但凡夫状态下，任何一种都不具有代表性，这是因为"觉"的状态没有展现，而单独说"不觉"则不能代表凡夫之心识具有真心了别的功能。因此，只能通过"觉"与"不觉"两者的和合来说明问题，进而流露出自性空的意味。

在此基础上，破相教进一步可以退化、缩减为第三"法相教"。由第四到第三的过程中，正是这个"觉"与"不觉"的理解造成了破相还是法相的差异：③由于不觉，起心动念就造作善恶业，同时这种不觉还能导致"自我"这一认知的产生与增长，由此引发对人、我，心、境的对立，继而执着这种外境，产生法执。这种"自我感"正是第七末那识，由此反过来将之前的和合而成的第八识当作"本质我"。这种"本质我"的强化，又使八识中的"相分""见分"逐步变得明确、对立、不再统一，处于分离状态的见、相二分也成为粗重的第六意识和前五识与所谓"外境"的来源。而这种对见、相二分是实有的迷之自信也进一步导致对"人"的理解停留在妄心系统的阿赖耶识，并仅就识外无境有所体认。在这种说法中，对真心或者"大圆镜智"的状态的描述分析并不是重点，相反，依照妄心建立起来的心识诸说和名相学变得尤为重要，因为识别这些内容是转染成净的基础和前提。可见，第三法相教与破相教相比，减弱了对阿赖耶识"和合而成"这一层面的关注，转而关注其后果，这从教化角度讲适合更为初阶的学人，而就阐发"人

---

① 按：这一认知并不是第六意识或者八识层面的，而是借用这一词说明的对自身状态的现量体认。
② （唐）宗密：《原人论》卷1，《大正藏》第45册，第710页。
③ （唐）宗密：《原人论》卷1，《大正藏》第45册，第710页。

之本原"来说，则距离实际情况更远了。

在法相教基础上，可以进一步退化为"人天因果教"和儒道学说。第三法相教认为阿赖耶识的人所以为人的重要原因，而现实层面有情生命的每个个体都可以从赖耶来说明；同时，本来是赖耶中见、相二分，也进一步执着为实在。有上述两种情形，也就是从第三法相教对人之本原为赖耶，退变为我人、心境的决然而然的不同，由此根据赖耶的错误理解产生我执，对外境和认识主体是二非一的错误理解，进一步产生法执。这种我法二执造成只能看到现象层面的因缘因果，从而认为推动因缘因果的力量，即业力是生命的本质。实际上，业力只能是显现为凡夫层面的生命流传之推动力，从世俗的理解来看，这固然是佛教的一种对人之本原的说法，但这种说法全然不能说明佛菩萨这样的圣者，因而是最初级和不圆满的说法。宗密注意到，善恶之说是佛教的人天因果教和儒道二家所共同的认知，但儒道二家将生命的本原往往归结为"气"。因此，在宗密看来，相比"人天因果教"而言，儒道二家的说法更是一种退化的形态。[①] 在此论最初对儒道二家的评破即可知，宗密认为这两家的学说要么是拨无因果，要么就是机械因果论，总之是离开了缘起因果论而成立各自理论的，从其各自理论内核上就可看出其与佛教人天乘的差异。此外，在理论的外在表现方面，儒道二家不承认三世因果，这使很多情况难以得到合理的解释，即便是他们给出的解释，也大都有明显的矛盾，而解决这一矛盾的途径只有建立在三世因果、缘起因果的角度，而这就是佛教的内容。同时，元气说既解释人，也就是有情生命的形成，又解释无情世界的形成，由此带来的理论矛盾是：既然天地人三才都是禀元气而化，那么为什么三才之中只有人具有灵明之心的作用，其他两者不具有这种功能，从而从反面论证这种人之本原学说的谬误。

二、寂知真心立"原人"

《原人论》原文的结构中，判教第五部分的"一乘显性教"是全文的中心，也是宗密运用圆融思想和方法，实现对当时主要的"原人"思想进行评破与会通的基础和枢纽。这部分内容，是在判教的前四部分对佛教内外的"原人"思想分别进行评述、指出其不足并加以总结的基础上，宗密在华严宗的立场，提出的有关人之本原的分析。其后，则是在一乘显性教的真心立场，将之前所评破的四门说法予以会通。这种会通体现了华严的圆融无碍思想，是这种圆融思想的一种运用，具有方法论意义。因此，本文第一部分所谈及的内容，都是依照这个内容而展开的，而此处特将"一乘显性教"单列出来讨论，一方面是便于专门分析宗密原人思想的特色之处，另一方面亦是出于方便对此论在立论方法上进行分析的考虑。

宗密"原人"思想的底色是真心，具体特征为寂知无碍。宗密所立的"一乘显性教"，

① （唐）宗密：《原人论》卷1，《大正藏》第45册，第710页。

实际上就是说一切众生具有本来觉悟的真心，这一真心是超越时空而常住的，从状态上是清净的，在作用层面则是"昭昭不昧，了了常知"的。从这三个方面来看，更多是从特征描述的方式来给出真心的定义。在《禅源诸诠集都序》中，宗密将真心描述为"空寂之心，灵知不昧"，"是汝真性"。① 都是说真心的特征从"寂"和"知"两个层面来解读。值得指出的是，"寂"和"知"的关系是无碍的，也就是说，这两个方面实际上是真心这"一体"的"两面"。从渐修次第上说，是趋近"寂"的状态增加"知"的功用，同时"知"的功用本身就是"寂"的状态。而就究竟的意义上，这种"寂知无碍"也可以成为"寂照"，当这种能力完全显发出来，就"名之为佛"了。② 这种"寂知"的功能，是心的本来状态，而其完全显发又是"佛"的异名，因此，这个本觉真心也是佛性、如来藏的同义语。③ 从这个真心出发，使其本来是佛的状态退化为凡夫状态的根源是无始无明，按照宗密的话是"从无始际，妄相翳之，不自觉知"④。这一状态描述了时间上没有一个关于无明起始点，这是缘起法的题中之义；从特征和成因上，是不正确的认知结果（即"妄相⑤"）障碍真心功用所致；从结果上，是"不自觉知"，这一句实际上不但可以从自己具有觉知能力来解读，也可以从对自身具有的本觉真心这一点的"不觉知"来理解。而凡夫的状态正是从这种"误会"出发，进一步强化这种"误会"为正确，其结果就是自认为是凡夫，在造业流转过程中耽着而不求出离。另外，这种"不自觉知"是第六意识、第八识还是真心也需要略加讨论：如果是第六意识，那么即便按照唯识学转染成净说，这也只是证得圆成实性的前提而非全部内容。因此，"不自觉知"本身是"真心"对自身的一种误解，但无论是不是误解，就其作用的结果上来看有凡圣差别，但其作用本身是一样的，因此即便是凡夫亦是佛状态的一种隐藏式的呈现。从这个意义上，只有将"不自觉知"确定为真心的作用，才能在真心基础上建立退化为凡夫和由凡转圣的合理逻辑。实际上，这一点不是宗密的自创，可以说本身就是对《华严经》中"（众生）具有如来智慧，愚痴迷惑，不知不见"⑥ 这一说法的化用，而这一部分经文亦作为教证在原论⑦ 中被援引出来。

真心思想也为会通方法的实现提供了理论起点，从其展开的关于"人之本原"的论述，形成了根据不同受众而呈现的多样性的诠释内容，提供了多重的传播进路。宗密认为，凡夫一直处于迷惑状态，没有遇到佛法真义，没有成就佛道，其原因在于"不解返

---

① （唐）宗密：《禅源诸诠集都序》卷1，《大正藏》第48册，第402页。
② （唐）宗密：《禅源诸诠集都序》卷1，《大正藏》第48册，第403页。
③ （唐）宗密：《原人论》卷1，《大正藏》第45册，第710页。
④ （唐）宗密：《原人论》卷1，《大正藏》第45册，第710页。
⑤ "相"亦作"想"，前者意味着一种境界在心识上的反映，即本文说的"不正确的认知结果"，后者则有进一步由意识进行加工或者贮存后再呈现的过程。本文采用前一种说法，后一种说法本身已经包括了"翳"的因素。
⑥ 《大方广佛华严经》卷51，《大正藏》第10册，第272页。
⑦ （唐）宗密：《原人论》卷1，《大正藏》第45册，第710页。

自原身,但执虚妄之相,甘认凡下,或畜或人"①。这既是从宗教教化意义上,凡圣差别的症结,同时也是不少人执一家之说为究竟或在会通诸家说法时却力有未逮的原因。因此,这种没有站在真心立场的诠释还往往会造成对不同程度的理解偏颇,这便与宗密所提倡的华严宗圆融思想大相径庭。在会通方面,真心思想是建立凡圣差别以及由凡转圣两方面得以兼美的理论体系之重要基础,上文第一部分对会通的分析,如果不是从真心出发,难以对佛教内外思想做出合理的安排和解读。从这个意义上,真心思想是此论立论之基石,是展开评述的标准,更是使诸家之说得以会通成为现实可能性的关键。宗密认为"返本还源,断除凡习,损之又损,以至无为,自然应用恒沙,名之曰佛。"②这意味着从凡转圣要做的是"减法",而从前面会通的过程来看,凡夫的状态是在真心基础上添加了额外的内容,从破相教对"遮诠"的肯定和对直接诠表的怀疑,到法相教对赖耶缘起的认知,再到小乘教对我法的二分、人天教对业力的唯一性认识,乃至于儒道二家的元气起源说,都体现了这种不断添加内容的特点。而这种不如理的添加,往往强化为一种执着,即往往认为是常恒不变、不待他缘、不可再分的,由此增加了这种错误添加所带来的后果,也是更"退化"为判教的前一种的原因。此外,在圆融底色下,这种会通往往会被认为是圆顿而缺乏次第性的,由此将会带来这种理论体系和实践思路局限性的疑问。宗密在"一乘显性教"的评说之后,附有自注一段③,提出了佛陀一代时教所呈现多样性的具体进路,而其不同在于所面对众生的差异性,即"所化之机"对应不同的教理行证体系。在这些方法中,渐次的进路从人天因果的初始教法开始说起,为众生说善恶差别,进而小乘、大乘法相教,逐步破除凡夫妄情,最终契入对佛教究竟之法的内容,即破相教的间接说法和显性教的直接说法。以上的针对普通人的次第是一种"会末归本",在传播的意义上更为具有普遍的意义。不过,这不妨碍仍有一部分受众具有很高的接受度,即"上上根机",对于这样的受众,则通过"从本至末"的方法,从真心直接理解,其余内容便可以根据实际情况,待有需要的时候加以呈现即可,这表现为一种"圆顿"法门。此外,按照前人研究的见解,此论还可以与《禅源诸诠集都序》互为表里,体现了宗密佛学的融合意趣,从此论到《盂兰盆经疏》也可以看出宗密晚年思想中对儒学的某种程度上的"回归",从而体现了其思想中三教融合的因素。④而这些内容,无论是会通禅教还是和会三教,其真心都是基础。

真心思想是佛性思想向心性思想转变的结果,将人间成道的佛陀观推进到心佛众生三无差别的华严圆教。宗密将"人"诠释为真心,实际上这兼顾了境界论、认识论和修

① (唐)宗密:《原人论》卷1,《大正藏》第45册,第710页。
② (唐)宗密:《原人论》卷1,《大正藏》第45册,第710页。
③ (唐)宗密:《原人论》卷1,《大正藏》第45册,第710页。
④ 胡建明:《宗密思想综合研究》,北京:中国人民大学出版社,2013年,第40页;冉云华:《宗密》,台北:东大图书股份有限公司,1988年,第40页。

行实践论三方面因素。在《大般涅槃经》传播兴起的南北朝，人们对佛性是否具有普遍性展开争论，最终以"一阐提亦可成佛"和"一切众生都具有佛性"而告一段落，尽管后世仍有关于不能成佛的种姓之说，但接受度已大不如前。宗密的时代，已经经历了隋唐佛教思想的高峰，从第一个佛教宗派天台宗的成立，到华严、唯识新学、禅宗、真言密教如群星璀璨般兴起，这种佛教思想界蓬勃发展的态势使佛教徒更有主动发声参与社会公共话题讨论的可能。在众多话题中，"人"的问题的讨论可谓历久弥新。提到佛教的人性思想，往往想到佛陀人间成道以及当今的人间佛教趋势，人性中"人道众生"的意味偏多而出世间的意味就相对弱化了。而后者则是佛教人性思想的隐忧。宗密《原人论》对"人"的诠释，立足于真心，后者在凡夫之"人"的角度来讲并未完全开发。从这个意义上，从凡转圣就有了现实必要性，佛教在对"人"的诠释中发挥其自身思想与实践的特色才能实现。进一步地，立足于真心思想，才能将佛性论和心性论联系起来，这种联系在历史的长河中表现为一种融合佛教和三教会通的先声，但另一方面，这种佛性和心性的沟通亦促成了佛教中国化本身的理论内在构造的丰富完善，从而更为一般民众（特别是非信徒）所接受，从而提升了佛教的社会能见度。此外，基于真心思想，还进一步将华严宗思想从众多佛教思想体系中突出来，《原人论》的成书及其对后世的影响就是华严思想作为基本理论框架来解读社会文化公共话题具有鲜活的生命力和高度的适应性的实例。

三、正反相合诠"原人"

《原人论》的诠释是一种正反合的运用，这是其在中国学术源流具有一定影响的重要因素之一。钱穆先生曾注意到中国学术传统中的正反合特征，并由此评价朱熹为中古儒家之集大成者，而上溯之孔子，此正反合的特征亦如是。[①] 实际上，宗密也是这种正反合意趣的践行者。

从《原人论》本身看，这种评破会通就是正反合诠释模式的最鲜明展现，同时，《原人论》历代注疏和古今研究，其呈现的思路也反映了以《原人论》为中心的研究过程中所反映出的正反合模式。关于《原人论》的古今注疏和研究，主要有三种思路，一是依据宗密思想进行阐释，二是结合佛教内外诸说对原文进行解读，三是以《原人论》为话题展开更广泛的议论，这些角度丰富了围绕《原人论》展开的思想诠释。晋水净源的《华严原人论发微录》是目前存世最早系统注释此论的著作，这一注疏被吕澂先生认为是后人所难以企及的[②]。此疏认为，《原人论》"会一乘之渊缊"可谓立意高远；就叙述中，皆采用佛言以及孔、老先贤之语，恐后人难以理解，因此有必要造此《发微录》来阐发该

①　钱穆：《朱子学术述评》，《钱穆先生全集》，北京：九州出版社，2011年，第117—118页。
②　吕澂：《〈华严原人论〉通讲》，《社会科学战线》1990年第3期，第91页。

论的微言大义。①就净源个人学修经历来看，他自己说在读《圆觉经疏钞》"穷万法推一心章"时突然茅塞顿开，因此便对《圆觉经疏钞》十分重视，因此在《发微录》成书时亦较多参考了《疏钞》的内容。②因此，可以认为《发微录》是从宗密解经思想内部为基础，对《华严原人论》进行诠释的最早著作；而"发微"一词也提示我们净源试图在宗密思想的背景或者框架中，将此论所使用之佛儒道三家的经典和思想的深意加以挖掘，是对此论的一种诠释。这一思路包括了上述前两种。而几乎完全按照第一种思路进行诠释的，如美国学者 Peter N. Gregory③ 的英文注释，这部著作主要是按照《原人论》行文框架进行解读，并以宗密在对《圆觉经》注疏中的思想作为补充。此外，Gregory 教授还认为，为弥合跨文化的理解鸿沟，重视原典及论典作者的其他著作是很重要的。④ 实际上，即便同是汉语作为母语运用的当代中国，古代典籍形成时的历史文化与当今社会的差异，语词运用过程造成的语义嬗变等很多因素也都存在，因此某种意义上也会造成"理解鸿沟"，这种用宗密自身思想素材的"内部诠释"某种程度上是一种有望重构原作者思想的思路，即"正"之模式。运用第二种思路，即博采众说来诠释《原人论》的是此论的另一部古代注疏，即元代圆觉的《原人论解》。此书作者在自序⑤中对《原人论》大加赞赏，认为此论"息其异见，示彼真归"，而且是"不假他求，直捷令悟"。不过，他以为，与宗密其他著述相比，此论在当时不甚流行，实为可惜，因此"采摭诸说，聊为训解"，本是自学自修之用，后经后辈学人请求而流通。此中，我们可以看到两个重要的信息，一是有关此论在元代流行的情况的一家之说，另一则即是此注释的写作方式接近于"集解"，因此较《发微录》而言，此《解》具有更广泛的融合诸说的意味，即"反"之模式。明代成书的《原人论合解》则是在圆觉《解》的基础上进行删改而成，基本属于《解》的改写本。当代的著作中，圣严法师《华严心诠》⑥也属于第二类，即广泛采用中印佛教思想和中国儒道思想对《原人论》的思想进行补充、发挥。该书结合当代学术研究方法与传统义疏方法对该论进行了现代化诠释和解读，透露出法师对华严宗、宗密及《华严原人论》思想的解读与评述意趣。

对于第三类，实际上既包括对《原人论》写作背景、原文提要等方面的介绍，也包括有此论引发的诸多思考的讨论，从其内容上前者与此论有较深的联系，后者则将此论视为一个话语平台，来阐述评述者自身的思想，可以视为"合"的模式。前一种最早即

① （北宋）净源:《华严原人论发微录》卷1,《卍续藏》第58册，第718页。
② （北宋）净源:《华严原人论发微录》卷1,《卍续藏》第58册，第718页。
③ Gregory 教授是专攻东亚文化与宗教的美国学者，对禅宗思想关注较多，除关于《华严原人论》的英文注释外，Gregory 教授还著有宗密思想与佛教的中国化的著作：Gregory P N . *Tsung-mi and the Sinification of Buddhism*. University of Hawai'i Press, 2002.
④ Gregory P N. *Inquiry into the origin of humanity: an annotated translation of Tsung-mi's Yüan jen lun with a modern commentary*. University of Hawaii Press, 1995, pp. 39-40.
⑤ （元）圆觉:《华严原人论解》卷1,《卍续藏》第58册，第738页。
⑥ 释圣严:《华严心诠》，台北：法鼓文化事业股份有限公司，2006年。

裴休的《序》①，其中将宗密的生平、内修外弘之因缘、注疏撰述和主要思想进行了简介，相当于是此论的作者思想生平背景的介绍文。当代吕澂先生的《〈华严原人论〉通讲》对此论进行了总体介绍，根据此论四个部分逐个或以一段或以几段来对内容加以概括和评述，从文中的观点也可看到时代的痕迹。该文也可以归类为背景简介和原文提要。吕文对此论评价甚高，认为此论是中国佛学当时理论最高峰背景下的重要代表著作，并借用冯友兰先生的论断指出此论对宋明儒学影响颇深。值得注意的是，文末吕氏也指出此论在理论上仍有悬而未决的问题，即"无始以来的真心为什么会有妄想"、"去妄归真后是否妄还可以成真"以及"一心与众人的所属关系"等问题，这些问题亦可引发学人从不同宗派和哲学思想体系的不断争鸣。元代的李《后序》②则属于后者，该文认为宗密著《原人论》与其注疏《华严法界观门》和《圆觉经》一样，后学之人也苦于难以入门，遂作此论之心得以为《后序》。此序文以梦境为譬喻，说明宗密论中所论及五教者，分别属于"梦中说梦"、"厌恶梦境、不知睡眠"、"未知梦中妄念而有境界""未知本无妄念、梦境亦空"以及"未知梦中之人即世觉者"。不过，《后序》未曾就原论中宗密对五教之会通作一说明。近代钱穆先生的《读宗密〈原人论〉》也是属于此类。该文站在南宗禅的"大统"之角度，对此论的思想进行了评述和哲学省思，一方面提示后学在治禅宗之研究时，要注意神会至宗密这一支的特殊性以及宗密这种哲学探讨式的论文在禅宗颇为少见的特点。此外，他还就此论的每一部分做了评述，在此基础上指出，宗密在禅宗人生哲学基础上超越性的过度到宇宙观，并借由"心""性"的探讨成为三教会通之思想史上的先声。同时，在禅宗兴起以来的顿渐之辩中，此论"哲学文字相"的渐修与禅宗"不立文字"的顿悟先后被宋明理学对两者统合基础上的超越，由此提示后学考察隋唐以降中国学术史中起主要角色的诸家思想之兴替，堪为今人治学与理解思想史之大势的镜鉴。黄国清教授③关注到宗密三教会通思想的形成是对澄观和慧苑相关思想的继承、超越的基础上完成的，从而进一步明确了这一思想在华严教学内部的传承关系。实际上，这种能够实现三教会通的契机，正是对"人之本原"这一问题的讨论。在儒家，孔孟以来对人性的讨论可以说是该思想体系的核心议题，由此展开对仁、义、礼等问题的全面阐释，构建了中国传统社会道德规范的理论基础，也提供了"人之本原"的社会与伦理面向的理论。而道家对于天人关系和造化育人的学说，提供了关于人的本原问题在自然面向的思考。而宗密从佛教的缘起法则出发，提出了佛教与之不同的见解，这种见解直接促进了儒道二家对这一问题的进一步思考，这对催生宋明理学起到了推动作用。④冉云华教授的

---

① 《中华大藏经》汉文部分卷 98，第 466 页。

② 《中华大藏经》汉文部分卷 98，第 470—471 页。

③ 黄国清:《宗密之三教会通思想于中国佛教思想史上的意义》,《中华佛学学报》1999 年第 3 期，第 271—303 页。

④ 吕澂:《〈华严原人论〉通讲》,《社会科学战线》1990 年第 3 期，第 90—93 页。

《宗密》一书，关注到宗密思想中的"和会"因素以及真心思想。该书系统梳理了宗密对中国古典传统以及印度佛教哲学的评价，进而在此基础上讨论了宗密思想的核心范畴"真心"，注意到在颇为流行的认为宗密思想的"和会"倾向之外，冉教授认为真心思想是宗密"对印度心学的成功消化"。[①] 该书对《禅源诸诠集都序》《禅门师资承袭图》以及《圆觉经》的注疏重视较多，而单纯引用《原人论》则相对较少，但也指出该论的特点即对中国传统哲学的批判集中而尖锐者"是以《原人论》为最好的代表"。[②] 受此书启发，也有学者就宗密论述的方法论层面以"四段论"为切入点进行了探讨。[③] 董群教授是对宗密思想关注较多的大陆学者，董教授与石峻先生的《〈华严原人论〉校释》对此论进行了校勘，同时还在序文对《原人论》进行的介绍和评述，并附有宗密生平和思想的原始材料。同时，在其对宗密佛学思想的研究中，还注意到此论与《禅源诸诠集都序》一样，集中体现了宗密的融合思想与真心思想。

余论

宗密的"原人思想"以真心为立论的基石，在诠释过程中并不停留于对诸家说法评破基础上成立自家说法，而是进一步将所评破之诸家说法都安排纳入自家说法的麾下，从而形成了圆融无碍同时坚守立场的诠释特色。宗密人学的诠释特色兼具三个方面的统一，即：人间性与彼岸性、世俗性和神圣性的统一，理论与实践的统一和究竟与善巧方便的统一。其中，第一个方面保障了佛教随时代不断契理契机的展开，第二个方面则提供了源源不断的再创造动力，第三个方面则是宗密"人"的诠释学的根本方法。宗密的诠释是否具有普遍意义，能否代表中国化佛教的人性思想，是其诠释是否具有方法论意义的关键。从历史和文献的角度，佛教关于"人"的诠释，若论系统而言，《原人论》几乎是唯一的一篇，其人间性的因素甚至到近代人间佛教趋势时才逐步展开。从其思想而言，作为一篇宗教家的人性学说论文，其维护了佛教特别是华严宗在这一问题上所具有的最高地位。同时，《原人论》再次提示人们，佛教不唯是一种思想体系、教化体系，而且也是修行实践的方法与过程，从而使对人的认知转化为佛教的修行实践。此外，本论提供了佛教内外思想交涉的契机，其中坚守立场同时又海纳百川的精神，亦为跨文化、跨宗教对话提供了一种思路。

---

① 冉云华：《宗密（自序）》，第 3 页。
② 冉云华：《宗密》，第 74 页。
③ 向世山：《论宗密的方法论模式》，《中华文化论坛》1998 年第 4 期，第 99—103 页。

救济应验与融入心学

——药师信仰中国化的两种途径

赵 伟*

（青岛大学 历史学院 国学研究院，山东青岛，266071）

【摘要】以《药师经》为中心的药师佛与药师信仰，与佛教整体性的中国化大趋势一样，经历了不断中国化的过程。药师佛在中国的受欢迎，一方面是承继了"佛为大医王"的精神，关注"现实人间的消灾延寿"，体现了拯济世间疾苦的救济应验精神；另一方面，药师信仰在中土传播的过程中不断调适自身，与中国文化相适应，尤其在明中后期不断与心学相融合，体现出明显的心学化特征。通览来看，药师信仰的中土化过程从来就没有中断过。

【关键词】救济；应验；心学；药师信仰；中国化

药师信仰传入中国之后，受到中国人极大的欢迎，关于药师佛的经典的译本已有多种，如东晋帛尸梨密多罗译《佛说灌顶拔除过罪生死得度经》、刘宋时期的慧简译《药师琉璃光经》（已佚）、隋达摩笈多译《佛说药师如来本愿经》、唐玄奘译《药师琉璃光如来本愿功德经》、唐义净译《药师琉璃光七佛本愿功德经》等多种，伴随着《药师经》的翻译，有关药师信仰的一些仪轨的经典也被翻译过来。药师佛在中国的受欢迎，一方面是他承继了"佛为大医王"的精神，救济世间疾苦，关注"现实人间的消灾延寿"，如印顺法师提到佛法的"救世之仁"说："一、重在人（与人）间所有的忧苦；二、重在自身所有的忧苦。"[①] 另一方面，药师信仰在中土传播的过程中不断调适自身，与中国文化相适应，中土化的过程从来就没有中断过。本文从两个方面论述药师信仰的中土化过程。

---

* 作者简介：赵伟（1973—），山东青岛人，现为青岛大学历史学院、国学研究院教授、副院长，主要研究中国佛教文学。

① 印顺：《佛法是救世之仁》，《佛在人间》，北京：中华书局，2010年，第112页。

一

传入中国的佛教，在思想理论上对中国传统意识（无论是官方的意识形态还是民众通俗的信仰）采取调和态度，并借助中国已有的思想和意识宣传佛教的义理和观念。如中国早期神仙方术信仰流行，使得早期来华的佛教僧侣多注重神异与方术，这就是适应中国神仙方术信仰而发展自己的一种体现。

中国早期民众强烈信仰神仙方术的一个原因，就是希望通过信仰神仙或神明得到救济。如汉代民众对于城阳景王的崇奉，应劭记"城阳景王祠"说："自琅琊、青州六郡及渤海都邑乡亭聚落，皆为立祠，造饰五二千石车，商人次第为之，立服带绶，备置官属，烹杀讴歌，纷藉连日，转相诳曜，言有神明，其谴问祸福立应。历载弥久，莫之匡纠。"[①]《后汉书》刘盆子传中言"军中常有齐巫，鼓舞祠城阳景王，以求福助"，同书琅邪孝王京传言"京国中有城阳景王祠，吏人奉祠，神数下言"，表明对城阳景王的祭祀在当时非常普遍。民众或"吏人"祭祀城阳景王的原因，就在于他能"谴问祸福立应"，即神明能够感到民众的需求而加以救济。在神仙方术信仰的氛围中，城阳景王成为民众"谴问祸福立应"的神明。西汉时，与城阳景王相类似的还有曾任过不其令的童恢。"琅邪姑幕人"童恢在任不其令时，"若吏称其职，人行善事者，皆赐以酒肴之礼，以劝励之。耕织种收，皆有调章"，使得不其"一境清静，牢狱连年无囚，比县流人归化，徙居二万余户"。他还能以咒降虎："民尝为虎所害，乃设槛捕之，生获二虎。恢闻而出，咒虎曰：'天生万物，唯人为贵。虎狼当食六畜，而残暴于人。王法杀人者死，伤人则论法。汝若是杀人者，当垂头服罪；自知非者，当号呼称冤。'一虎低头闭目，状如震惧，即时杀之。其一视恢鸣吼，踊跃自奋，遂令放释。"童恢降虎之举，"吏人为之歌颂"[②]。童恢的功绩使其覆盖上的神奇色彩，成为民众心中的偶像，遇到各种灾害时，民众便会向其祈祷："童公祠，一名通真宫，在王乔崮之阴，祀汉不其令童恢。元皇庆间创修，延佑中重建，达鲁花赤普颜不花为之记。清康熙间又重修之。昔时山民每值水旱螟蛊之灾，多祷之。"[③]为赞扬或纪念其曾经做出的功绩，民众为之建立宫观，纪念之，祭祀之，后人记住其功绩的同时，使其带上了神秘的宗教色彩。周毓真在《重修童真宫碑》记童恢事云："世多传其驯虎事，谓有神术焉。不知古之吏，有虎渡河者，有蝗不入境者，有驯鳄鱼之暴者，积诚所格，蠢无不孚。是区区者，固物感之常，不足为府君也。或曰：'昔有封使君者，化虎食人。识者呼其名，则惭而去。虎之暴，盖酷吏所化也。闻府君之风，其惭而去也。'固宜是说也，余未敢信以然。然《记》有之，'苛政猛于虎'，今天下之为封使君者不少矣。安得

---

① 应劭：《风俗通义》卷9，文渊阁四库全书本。
② 《后汉书》卷76《童恢传》，第2482页。又见《同治即墨县志》卷8《名宦》，第129页；周至元《崂山志》卷4，第156—157页。
③ 周至元：《崂山志》卷3，第118页。

如府君者数十辈，参错天下，而使耽耽者，无为吾民毒也。"①周毓真认为百姓们纪念童恢，是纪念他的良政。所谓的"老虎"，是当时如虎般残暴的酷吏，酷吏见到童恢这样清正的官员而望风走。周毓真所说的"民之思之也最深""父老为余言府君事，甚诞妄，然无不歔欷涕下，若目见其事，恨不以身遇之者""古之民，久而不忘其上"等语，说明了民众对于童恢的怀念，并长期流传其事迹，在英林整理的《崂山传说精品集》中，收有《童大人训虎》一篇，便是记载即墨城南儿埠村流传的"童大人训虎"的古老传说②。民众对于童恢的感思，随着时间的推移，越来越神术化，最终覆盖上了神秘的方术色彩。

城阳景王与童恢的事例，都说明了民众对于救济的需要，期望有"遣问祸福立应"的神明存在，并能救济自己的苦难。与此相适应，早期来华的佛教僧侣多注重显示他们的神异的能力，如赵翼评论说："盖一教之兴，能耸动天下后世者，其始亦必有异人异术，神奇灵验，如佛图澄、鸠摩罗什之类，能使人主信之，士大夫亦趋之，是以震耀遍天下，而流布于无穷，不然则何以起人皈依也。然则史所记诵经获报诸事，或当时实有之，非尽诬也。今录《鸠摩罗什》及《佛图澄》二传于后。"③这些早期来华的僧侣通过神异能力，展示佛教能够为民众提供求福避难的佑护。

至六朝时期，随着观音信仰的输入与传播，出现了许多观音应验故事，如刘宋傅亮的《光世音应验记》、刘宋张演《续光世音应验记》、齐陆杲《系观世音应验记》三种，收集了许多观音应验的故事，这些都是观音"救苦救难"内容的故事，体现出六朝民众对于救济的渴望。在这些观音应验故事中，有两则比较特殊，即陆杲《系观世音应验记》中的"韩睦之"与"彭城姬"条。"韩睦之"条云："韩睦之，彭城人。宋泰始初，彭城没虏，睦流之亡。儿于乱为人所略，不知在何处。睦之本事佛精进力，乃至心转《观世音经》。欲转经万遍，以得儿反。每千遍转，请众僧斋，已得六（七）千遍，都无感动。睦之叹曰'圣人宁当不应众生？直我心未至尔'。因此日夜不得数此遍，其唯自誓，以感激为期。其儿定传卖为益州人奴，见使作。因一日独口草中，忽见一道人来相问'汝是韩睦之儿非？'即惊答曰'是'。又问'须见父不？'答曰'即此亦何由可得？'道人又言：'汝父切我殊重，今将汝归去。'儿不知是神人，辞不敢许。道人曰：'无苦，但捉我袈裟角。'儿试之，便觉恍然如人掣去。须臾而往，倚一家门外，乃是韩流移新居。儿不识是父舍。道人不进，遣儿入道，入见主人，正坐读经，即是其父也。相见，不暇申悲喜，唯得口道门外有圣人。父便徒跣走出。比出，亡不复见矣。村邻道俗。莫不惊怪叹息。"④"彭城姬"条云："彭城姬者，家世事佛。姬唯精进，亲属并亡，唯有一子，素能教训。儿

---

① 周至元：《崂山志》卷6，第226—227页。
② 参见该书第141—144页，本书似为内部印刷本。
③ 赵翼著，王树民校证：《廿二史札记校证》卷15《诵经获报》，北京：中华书局，1984年，第325页。
④ 孙昌武点校：《观世音应验记三种》，北京：中华书局，1994年，第59页。又见《法华传记》卷7，大藏经本。

甚有孝敬，母子慈爱，大至无伦。元嘉七年，儿随到彦之伐虏。妪衔涕追送，唯属戒归依观世音。家本极贫，无以设福。母但常在观世音像前燃灯乞愿。即儿于军中出取获，为虏所得。虑其叛亡，遂远送北埒。及到军复还，而妪子不反。唯归心灯像，犹欲一望感激。儿在北亦恒长在念，日夜积心。后夜，忽见一灯，显其百光。试往观之，至径失去。因即更见在前，已复如向，疑是神异，为自走逐。比至天晓，已百余里。惧有见追，藏在草中。至暝日没，还复见灯。遂昼停村乞食，夜乘灯去。经历山险，恒若行平。辗转数千里，遂还乡。初至，正见母在像前，伏灯火下。因悟前所见灯即是像前灯也。"① 这两条的共同之处，即都是父母念观音而使儿子得救，这些观音应验故事，如宗炳所说"有危迫者，一心称观世音，略无不蒙济"②。

赵翼总结六朝时期诵佛经获报的事例说："佛教在六朝时，最为人所信向。各史所载虽似近于怪妄，然其教一入中国，即能使天下靡然从风，是必实有耸人观听者，非徒恃谈空说寂也，今略撮于左。徐义为慕容永所获，埋其足于土中，将杀之。义诵《观世音经》，至夜，土开械脱，若有人导之者，遂奔于杨佺期。(《晋书》载记) 宋王玄谟弃滑台，将为萧斌所杀，梦人告曰'诵《观音经》千遍则免'，既觉诵之。明日，将就戮，忽传旨停刑。(《宋书·王玄谟传》) 后魏崔浩非毁佛法，其妻郭氏敬好释典，浩怒，焚而投灰于厕中。后浩以史事族诛，人以为谤佛之报。(《魏书·崔浩传》) 汉明帝时，西域以白马驮佛经送洛，因立白马寺，其经函形制古朴，世以为古物，历代宝之。韩贤故斫破之，未几，因战为败兵斫胫而死，论者谓因破经函致祸。(《北齐书·韩贤传》) 魏孝文囚道人法秀，加以笼头铁锁，无故自脱。(《南齐书·魏虏传》) 卢景裕系狱，至心诵经，枷锁自脱。时又有文人负罪当死，梦沙门教诵经，觉时如所梦诵千遍，临刑刀折，主者以闻，赦之，此经遂行，号曰《高王观世音经》。(《北齐书·卢景裕传》) 张元以祖丧明，诵《药师经》，见盲者得视之言，乃请七僧，燃七灯，转《药师经》，誓以灯光普施法界。如此七日夜，梦老翁以金篦疗其祖目，三日后左目果明。(《北史·孝行传》)"最后总结这些应验之事"此皆载于正史，未必尽诬"③，表明不仅六朝人相信佛教所提供的这些佑护是真实的，赵翼也是相信的。

其中提到的张元的事例，出自《周书》及《北史》，《周书》原文云："及元年十六，其祖丧明三年，元恒忧泣，昼夜读佛经，礼拜以祈福佑。后读《药师经》，见'盲者得视'之言，遂请七僧然七灯七日七夜，转《药师经行》，道：'每言天人师乎？元为孙不孝，使祖丧明，今以灯光普施法界，愿祖目见明，元求代暗。'如此经七日，其夜梦见一老公以金鎞治其祖目，谓元曰：'勿忧悲也，三日之后汝祖目必瘥。'元于梦中喜跃，遂即惊觉，

① 孙昌武点校：《观世音应验记三种》，第61页。
② 僧祐：《弘明集》卷2《明佛论》，文渊阁四库全书本。
③ 赵翼著，王树民校证：《廿二史札记校证》卷15《诵经获报》，第324—325页。

乃遍告家人。居三日,祖果目明。"①《袁氏世范》"孙之于祖父当鉴张元"条中叙述药师佛的应验之后,有诗赞之云:"纵有金篦入梦来,盲精惟藉孝诚开。《药师经》在人能读,昼夜精神哭几回。"张元诵《药师经》而使祖之目得明,与《观世音应验记》中的"韩睦之"与"彭城妪"应验相同,祈愿佑护的不是自己而是他人。稍有不同的是,韩睦之、彭城妪佑护和应验的是孩子,张元佑护和应验的是祖辈。

与众多的观音应验故事一样,也有众多的药师应验故事。如《续高僧传》载"释真观"事,他的父母"尝悱愤无胤"而诵《药师经》终得子,云:"祖延蒸给事黄门侍郎,父兑通直散骑常侍,母桓氏温良有德。尝悱愤无胤,洁斋立誓,诵《药师》《观世音》《金刚波若》,愿求智子绍嗣名家。时献统所图迦毗罗王者,在上定林寺,巨有灵异,躬往祈祷,刻写容影,事像若真,依《药师经》七日行法。至于三夕,觉游光照身,自尔志性非恒,言辄诣达,岂非垂天托人寄范弘释者也。及其诞育,奇相不伦,左掌仙文,右掌人字。"②诵《药师经》而得子,体现了药师佛救苦救难的救济性。

除了这些散见于典籍中的药师应验故事,《三宝感应要略录》中收集了不少感应、应验故事。

其中的"药师如来救产苦感应"条,《三宝感应要略录》言出自《药师验记》,看来曾有专门的《药师验记》收集药师应验的故事。如《三宝感应要略录》所收集的药师感应故事,散见于各种典籍中的事例不计其数。这些应感故事反映了民众对于诵《药师经》能"遣问祸福立应"的期望,这样的故事越流行,越说明民众的期待更深。明代吹万禅师在《诵药师经引》中说:"《药师》经卷,诚救世良方,即饮上池见革囊中物者来亦莫如是效,何以故? 彼能治四蛇而不能销双鼠,彼能理三焦而不能绝二竖,若我瞿昙老子为大医王,能令有情辈可中别有清凉,个里更无热恼,其销双鼠、绝二竖运诸掌也。"在信徒眼里,《药师琉璃光如来本愿功德经》确实是救世良方,"斯经一出,在善信男女不可不敬礼,而亦不可不讽诵也",可"鼓缶而歌"③。

明末杨廷筠著有《天释明辨》,从天主教的角度对佛教提出了批评,其中第二十七节"祈祷辟妄"中云:"夫释教盛行,充塞儒路。虽缘梵音新妙,能警俗士之襟;义学玄微,复动高贤之听。然察其隐衷,原无他故。"又提到《药师经》云:"只有祈祷一法,最易惑人。如《药师琉璃经》,求官位,得官位;求男女,得男女;求长寿,得长寿。"④杨廷筠说诵《药师经》辟妄是"惑人之言",实际上却更反映出民众对此的巨大需求。再如清代小说《醒世因缘传》,薛素姐虐待丈夫、骂咒婆婆,结果梦到"鹞鹰飞进房来",薛如卞说鹞鹰进房"俱是家亲引领外鬼,要来捉人魂灵",活不到一个月。薛如卞并引唐代事例

① 《周书》卷46,北京:中华书局,1971年,第833页。
② 道宣:《续高僧传》卷30,《历代高僧传》,上海:上海书店,1989年,第701页。
③ 《吹万禅师语录》卷14,嘉兴大藏经本。
④ 杨廷筠:《天释明辨》,《明末清初耶稣会思想文献汇编》,北京:北京大学宗教研究所,2003年。

说："只有一个唐肃宗的皇后，叫是张良娣，曾有鹞鹰飞进他宫去。叫钦天监占验是何吉凶，那钦天监奏道：'这是先皇合皇太后因娘娘欺凌皇上，不孝祖宗，所以带领急脚鹰神，来取娘娘的魂魄。'张娘娘着实悔过，追思从前的过恶，在宫中佛阁前观音大士脚下忏悔罪愆，再也不敢欺凌夫主，许诵一万卷《药师佛经》，当晚得了一梦，说这欺凌丈夫合这不孝的大罪终不可赦，姑念改悔自新，彻回急脚鹰神，姑迟十年，再差内臣李显忠行刑显戮。"①薛素姐听了害怕，就赶忙请来尼姑，"将了药师王佛的宝经，与阎王面前极力申救"。请来的十位尼姑，"在莲华庵殿上启建道场，一连七个昼夜，齐诵一万一千遍《药师佛真经》"。②诵念《药师经》的仪轨，或许如元曲《月明和尚度柳翠杂剧》所表现的，曲中云："[长老念真言云]解结解结解冤结，解了杭州施主老柳前生今世冤和业，洗心涤虑发虔心，今对佛前求解结。南无药师佛，药师佛，消灾延寿药师佛，南无消灾延寿药师佛。[行者念云]愿以此功德普及于一切，唱愿保平安，消灾增福寿，增福寿菩萨摩诃萨。[连念三声动法器科]"③如《月明和尚度柳翠杂剧》《醒世因缘传》等文学作品中所记的药师佛感应与"谴问祸福立应"等故事，反映出药师佛救苦救难救济功能在民众中的强大市场。

二

上述所引应验故事，可以用陈文帝《药师斋忏文》中的话作为总结，云："药师如来，有大誓愿，接引万物，救护众生，导诸有之百川，归法海之一味，亦能施与花林，随从世俗，使得安乐，令无怖畏。至如八难九横，五浊三灾，水火盗贼，疾疫饥馑，怨家债主，王法县官，凭陵之势万端，虔刘之法千变，悉能转祸为福，改危成安。复有求富贵，须禄位，延寿命，多子息，生民之大欲，世间之切要，莫不随心应念，自然满足，故知诸佛方便，事绝思量。"④药师如来的大誓愿，是指《药师琉璃光如来本愿功德经》中的药师佛的十二大愿。药师佛的救济受到中国民众的欢迎，一方面是因为药师佛十二大愿的广大，一方面也是药师佛救济的简易，只要听闻药师琉璃光如来的名号（"闻我名已"），或"若能至心忆念彼佛恭敬供养""若能专念彼佛名号恭敬供养"，则"一切怖畏皆得解脱"。如沙啰巴译《药师琉璃光王七佛本愿功德经念诵仪轨》中说："今对诸佛诸大菩萨圣众面前，若闻药师琉璃光王佛名号，正念思惟称扬圣号，恭敬供养礼拜七遍威神之力。"⑤隋行矩和尚的《药师如来本愿功德经序》中说："彼佛名号处处遍闻十二夜叉念佛恩而护国，七千眷属承经力以利民，帝祚遐永，群生安乐。"⑥或者"塑画本尊像"，也能除灾难。

---

① 西周生：《醒世因缘传》第63回，济南：齐鲁书社，1980年。
② 西周生：《醒世因缘传》第64回。
③ 李寿卿：《月明和尚度柳翠杂剧》，臧晋叔编：《元曲选》，北京：中华书局，1958年，第1339页。
④ 《广弘明集》卷28，文渊阁四库全书本。
⑤ 沙啰巴译：《药师琉璃光王七佛本愿功德经念诵仪轨》卷下，《大正藏》第19册，第38页。
⑥ 行矩：《药师如来本愿功德经序》，《大正藏》第14册，第401页。

如唐代僧人一行译《药师琉璃光如来消灾除难念诵仪轨》中云:"我今略开演,秘密消灾法。此法世尊说,最胜最第一。速出离生死,疾证大菩提。为顺众生界,及说除灾难,增敬降伏法。女人怀难月,产危难生子。及遭疾患者,神鬼作祸殃。建立曼拏攞,塑画本尊像。"①

唐裴矩撰《药师如来本愿功德经序》云:"《药师如来本愿经》者,致福消灾之要法也。曼殊以慈悲之力,请说尊号;如来以利物之心,盛陈功业。十二大愿,彰因行之宏远;七宝庄严,显果德之纯净。忆念称名,则众苦咸脱;祈请供养,则诸愿皆满。至于病土求救,应死更生,王者攘灾,转祸为福,信是消百怪之神符,除九横之妙术矣。"(《全上古三代秦汉三国六朝》卷35《药师如来本愿功德经序》,案:此序撰,非阙名也,当入唐)序中对《药师如来本愿经》的十二大愿及药师佛"致福消灾"的救济功能做了总结,药师佛的这些救济功能受到古代文人的信赖。裴矩乃唐人,其序中所言在一定程度上代表了唐代文人对《药师经》和药师佛的态度,故唐代很多文人都赞扬药师佛的救济,以及书写到药师佛的应验。

梁肃(753—793),《旧唐书》卷一百六十云:"大历、贞元之间,文字多尚古学,效扬雄、董仲舒之述作,而独孤及、梁肃最称渊奥,儒林推重。"为儒林推重的梁肃,为唐代宗孝武皇帝外甥所画之药师佛像撰《药师琉璃光如来画像讚(并序)》,云:"圣之道无形无名,形以感着,名以功立。盖物有病于妄,我则喻其医,物有滞于暗,我则照其光。其行无方,有感必应。神哉仁哉,惟唐代宗孝武皇帝之甥,某邑长公主之子曰兰陵萧位,禀灵天潢,承训家范,其性孝,其气醇。大历中丁先人银青光禄大夫光禄卿赠汝州刺史府君之忧,自反哭,至于大祥哀敬之礼动无违者。长公主戒之,曰:'欲报之德,岂止于斯乎,归诚上仁,可以徼福尔其志之位。'于是泣遵德命,爰用作绘八十之初十二之愿,赫然如见其全身,肃然如闻其音声。自外入者,或疑乱怪,投体膜拜,而不知其粉绘也。嘻,昔人有一至之性,或通于神祇以致福庆,矧夫孝子之哀思,大圣之元运,幽赞之力,可思量哉。安定梁肃悦闻其风,乃为赞曰:'披圣籍兮览元功,赫神光兮被无穷,勿药用兮医之王,感斯应兮万福彰,弃于梁兮出于唐,畜纯孝兮思不忘,绰大象兮景焜煌,洞防防兮福穰穰。'"②又为齐孝妇绣药师佛像作《药师琉璃光如来绣像赞(并序)》,序中提到药师佛的感应救济,"得妙道者圣之大,感罔极者孝之至。孝有欲报之志,圣有善应之功。神其愿,运其力,故悲智行焉"。药师佛有"善应之功",故齐孝妇"发乎心,彰乎事"而作药师佛像。文末则赞药师佛大医王之广大胸怀:"光彼千界,赫琉璃兮,勿药之师,号大医兮,不形之形,妙相具兮。窈冥希夷,无功著兮。孝妇之烈,心不渝兮。章施五彩,福皇姑兮。"③又在为唐安公主所绘药师佛像作《药师琉璃光如来画像赞(并序)》

① 一行译:《药师琉璃光如来消灾除难念诵仪轨》,《大正藏》第19册,第20页。
② 《全唐文》卷519,北京:中华书局,1983年,第5279页。
③ 《全唐文》卷519,第5280页。

中，言药师佛"洗荡八苦，振烛六幽"，云："至人不可得而见之矣，所可见者像设而已。药师者，大医之号，琉璃者，大明之道，所以洗荡八苦，振烛六幽，巍乎其有功，复归于无物。"①

穆员（约750—810年），为其妹绣药师佛像作《绣药师佛观世音菩萨赞》，云："至有若东方药师琉璃光佛，洎大悲观世音菩萨，其威神德力，最着于群生，倬然于人间者也。我季妹是用图厥晬容永以成功，其发念也，泪逐声尽，福随响至。其成功也，灵以指集，庆将缕延。"诵念《药师如来本愿经》，则"火不焚，水不溺，鬼不灾，祆不厉"，"无妄之疾"与"有生之害"都将"无从而来"②。为其季妹裴氏绣药师佛像作《绣药师琉璃光佛赞（并序）》，云药师佛"其至也如归，其答也如响，其久大无极而不可思量也"。穆员在赞中称药师佛十二大愿亦是"我之事"："上天报应，为福为极。有赫大圣，与天同力。而我景行，与圣同德。存存如山，念念如川。大圣拯防，同符自然。十二愿我之事，亿万缕我之年。"③

僧皎然（730—799），唐代著名诗人，于頔《杼山集序》云："释皎然……得诗人之奥旨，传乃祖之菁华，江南词人莫不楷范。极于缘情绮靡，故辞多芳泽，师古兴制，故律尚清壮。其或发明玄理，则深契真如，又不可得而思议也。"皎然是禅僧，"中秘空寂，外开方便，妙言说于文字，了心境于定惠"，被视为唐代"释门之慈航智炬"④。湖州刺史谏议大夫樊公夫人范阳县君卢氏无子，诵念药师佛之名而"怀妊"，遂"黙念于心"而作药师佛画像，皎然为之所《画药师琉璃光佛赞》，言道："佛以大慈疗生死巨瘵，示药师名，以大智证圆明妙身，受琉璃称无私之鉴，湛乎不动，诚恳之至，感而遂通。"并赞药师佛"感而遂通"之仁云："药师之仁，随心至兮。十二上愿，慈不遗兮。琉璃之身，为我示兮。八十种好，相毕备兮。绘像报德，公夫人兮。初祝胤子，果克禋兮。"⑤

吕温（771—811年），贞元十四年（798）进士，官至刑部郎中兼侍御史，后谪道州刺史，徙衡州，并卒于衡州。贞元二十年（804），唐德宗让吕温出使吐蕃，吕温"辞高堂而出万死，介单车而驰不测"，由于路途险恶，其妻兰陵萧氏为之绣药师如来像，以药师佛"出诸幽厄，一念必应，万感皆通"之力助其度过险途。吕温作《药师如来绣像赞》叙之云："国故遽至，戎情猜闭，坎险一遇，星霜再周。夫人盥馈之余，膏铅不御，日乱蓬首，坐销蕣华。异域无期，良时自晚，始怨冬釭之久，而红芳已阑，方苦夏景之长，而碧树将落。书委尘箧，迹沦苔阶。渐昧音容，孰知存没。黦龟不告，因梦难征。触虑成端，沿情多绪。黄昏望绝，见偶语而生疑；清旭意新，闻疾行而误喜。循环何极，刻

① 《全唐文》卷519，第5281—5282页。
② 《全唐文》卷783，第8188页。
③ 《全唐文》卷783，第8189页。
④ 《杼山集》卷1，文渊阁四库全书本。
⑤ 《杼山集》卷8。又见《全唐文》卷917，第9556页。

舟靡寻，浩隔理求，睿非计得。如闻西方有金界极乐药师大雄，散琉璃之宝光，照河沙之国土，能度群品，出诸幽厄，一念必应，万感皆通。是用浚发慧根，妙求真相，断鸣机躬织之素，染懿筐手绩之丝，尽瘁庄严，彰施彩绣，缠苦心于香缕，注精意于针锋，指下而露洗青莲，思尽而云开白日。然后练时洁室，华设珍供，夕炬传照，晨炉续烟，齐献至诚，泣敷恳愿。遂得慈舟密济，觉路潜引，当道场发念之日，是荒裔来归之辰，幽赞冥符，一何昭焯。乃知织回文之锦，无补离忧；登望归之台，空为废日。与夫心谐妙理，手结胜因，进则有济度之功，退不离清净为本，从长择善，岂同日而言哉。予感其志效，爰用赞叙，虽在妻子，亦无愧词，藏诸闺门，永以传信。"吕温从吐蕃"死别离兮生归来"后，对药师佛的"解脱愿兮慈悲力"赞叹不已，"身念念兮无穷"[1]。"明王道似荀卿"却"卒以谪似贾生"的吕温，在被贬谪期间，一定会更加期盼药师佛救济之力。

武周圣历元年（698）时，令狐胜，"为亡兄□敬造石药师琉璃光像一躯"，期盼以造药师佛像之功德"滋益亡兄"，并顺祝"含识有灵，同登觉路"[2]。郭崧，咸通（860—874）中乡贡明经，与令狐胜一样造药师佛石像祈福。石像造成后，郭崧作《药师像赞》，对药师佛信仰的救济功能的理解更为深刻，文云："粤有东方，去此佛刹十恒河沙，彼国大师厥号药师琉璃光。《如来经》云：'以白银琉璃为地，宫殿楼阁，悉□七宝，亦如西方无量寿国，无有□也。'此药师琉璃光本所修行菩□道时发心处，誓行十二微妙上□，令一切众生所求，皆得慈如是。崧思火宅之难，想无依倚，遂说谕乡人，恃凭内典，顿悟迷津，递相诱化，至诚结愿，方会无上之因，各以舍财不吝，与道齐通，回心坚贞，奔驰于此。立召良工，雕磨斯像，使信士等日加精勤，时无懈怠，用功计日备矣，庄严具相，真如恩布之容，礼者福利无疆，念者祸灾永灭。自兹恳愿，愿国祚永延，朝贤无缺，元戎布德，泽润生灵，牧宰常安，人民鼓腹，龙神后稷，潜佐人天，风调雨顺，国泰连绵。施主邑人等生生值佛世，往往唯闻解脱，音德垂后裔，令望古今，乃祖乃父，世笃忠贞，子子孙孙，引无极也。复愿幽冥先亡，早离三涂，内外烟亲，咸登法会。时属咸通贰载岁临辛巳壬申十五日丙戌，用表成功，以明着矣，洞彻空宗，志谓斯文。"[3]郭崧想脱离火宅之难而造药师佛像，礼拜药师佛像则"祸灾永灭""福利无疆"，并进而期盼药师佛福佑整个国家能"国泰连绵"，体现了药师佛十二大愿之精神。

宋代文人苏轼有《药师琉璃光佛赞》，云："佛弟子苏龠，与其妹德孙，病久不愈。其父过、母范氏，供养祈祷药师琉璃光佛，遂获痊损。其大父轼，特为造画尊像，敬拜稽首。"苏龠与苏德孙病久不愈，父母供养祈祷药师佛而使痊愈，苏轼因造药师佛像，并赞

---

① 《吕衡州集》卷9，文渊阁四库全书本。又见《全唐文》卷629，第6349页。
② 《八琼室金石补正》卷44《令狐胜造像记》，吴兴刘氏希古楼刊本，第23册，第20页。
③ 《八琼室金石补正》卷63，第31册，第12页。

叹"寿命仗佛保"①。向药师佛祈福避灾，并非只有中土的民众和文人，少数民族亦信仰药师佛的救济之力，《全辽文》中收有马尧俊的《东作使造象记》一文，文云："大康六年八月十六日，东作使杨张刺生得小男爽师，留此。上铸药师佛，愿亡过父母、见在眷属、法界有情，生生见佛，世世闻法，道心坚固，乃至菩提不堕恶趣。"②礼拜药师佛像，祈祷药师佛能使已亡及现在眷属心坚固、不堕恶趣。

上述诸文人对于药师佛的记载和叙述，实际上都是属于药师信仰的应验，通过祈祷药师佛之名号或礼拜药师佛像而得到救济。这些文章或出自著名文人之手，或出自有名僧人之手，对于民众的吸引力和说服力更大更强。

郭崶《药师像赞》中表达了药师佛福佑"国泰连绵"的期盼，以药师佛佑护国家，是清代朝廷的法事之一。三山来禅师（1614—1685）经常向朝廷上药师疏，如上《药师表》云："伏以人心随剥复创旧，即以图新，佛力妙提携，消灾因之延寿，感慈悲之无量，期悃曲之能伸，建作道场，扬为佛事。"③如其上元旦的药师疏云："元和初启，岁历维新，云堂传爆竹之声，雪岭破梅花之面。佳辰堪羡，圣德宣扬。（入乡贯同前）伏愿乾纲独握，泰运弘开，仁风广播于寰中，化日长舒于宇内。当阳出治，法行健以同天；继位临民，资乾元而首物。人人称万年天子，岁岁纪正月春王，更冀德被祇园，道尊佛化。不征不扰，使野人乐泉石之安，为友为师，偕道者讲无为之学。禅风大畅，治化弥隆。仰劳（云云）。"④尽管疏语中充斥着对皇帝的颂扬，疏中"治化弥隆"等语却也代表着民众、朝廷的祈愿。

三

明代中期王阳明心学兴起之后，药师佛以及《药师经》成为心学的重要资源，这是药师信仰与进一步中国化的体现。

王阳明心学的形成与禅学有着密切的关系，这是为研究者所认可的。王阳明在贵阳悟道的关键时期，曾受到药师信仰的影响。《大藏新纂卍续藏》收录的第25部经是《佛说化珠保命真经》，这部经有可能是一部伪经，经前有王阳明作的《药王菩萨化珠保命真经序》颇应该十分注意，对于了解王阳明与佛教的关系具有重要的帮助。

《佛说化珠保命真经》全文不长，应本自《法华经》卷六《药王菩萨本事品》，内容主要是世尊为药王、药上二菩萨讲众生"受生之后，真妄搏击，清浊衡衡"而产生"瘰疬厚薄诸证（征）"，治疗好瘰疬，需众生"顿发善心，自悔恶业""香华耀烛，晨夕顶礼，持诵尊佛宝号，及秘密神咒，满一千遍，或五千四千余遍"。经前的王阳明序文云：

① 张之烈、马德富、周裕锴主编：《苏轼全集校注》卷21，石家庄：河北人民出版社，2010年，第2413—2414页。
② 陈述辑校：《全辽文》卷9，台北：台湾鼎文书局，1973年，第222页。
③ 《三山来禅师疏语》卷上，《嘉兴大藏经》本。
④ 《三山来禅师疏语》卷下，《嘉兴大藏经》本。

"予谪居贵阳，多病寡欢，日坐小轩，捡方书及释典，始得是经阅之。其妙义奥旨，大与虚无之谈异，实余平生所未经见。按方书，诸病之生，可以审证而治。惟瘑痘之种，不见经传，上古未有。间有附会之说，终非的证，治无明验。此经所言，甚详悉可信。且痘之发也，必焚香洁净，戒酒，忌诸恶秽，其机盖与神通云。细察游僧所言，即药王菩萨现世度厄，其曰'吾自乐此'者，药也；曰'急扶我骸'者，急救婴孩也。乃谋之父老，因其废庙而寺之，名其悬篋之石，曰佛篋峰。寺成二年而大兴，疾病祷者立应。予既名还携归，重刻此本，而家藏之，并为之序。正德庚午阳明王守仁识。"明武宗正德元年（1506），王阳明因反对宦官刘瑾，被杖四十，被贬谪在贵阳。在去贵阳的路上，刘瑾"遣人随侦"，王阳明"度不免，乃讬言投江以脱之"。王阳明于正德三年春到达贵阳龙场驿，正德庚午为正德五年（1510），是王阳明在贵阳待的第三年，因此序文后所署的"正德庚午阳明王守仁识"，符合王阳明的经历。

王阳明到达贵阳龙场驿后，一方面要躲避刘瑾的迫害，一方面对贵阳的环境不太适应，身体一直不太好。《年谱》中说："龙场在贵州西北万山丛棘中，蛇虺魍魉，蛊毒瘴疠，与居夷人鴃舌难语，可通语者，皆中土亡命。旧无居，始教之范土架木以居。时瑾憾未已，自计得失荣辱皆能超脱，惟生死一念尚觉未化，乃为石椁自誓曰：'吾惟俟命而已！'日夜端居澄默，以求静一；久之，胸中洒洒。而从者皆病，自析薪取水作糜饲之；又恐其怀抑郁，则与歌诗；又不悦，复调越曲，杂以诙笑，始能忘其为疾病夷狄患难也。"①《年谱》所记与序文中的"多病寡欢"相印证。从《年谱》中说"从者皆病，自析薪取水作糜饲之"之语来看，序文说的"捡方书及释典"之语，应该是王阳明在寻找合适的方法来消除或减轻自己以及从者的病痛，并缓解心里的压抑。

王阳明应该是使用了《药王菩萨化珠保命真经》中所说方法去医治儿童身上的痘患，并结合各种方书，加上自己的探索，配合着药物，最终取得了非常好的治疗效果，遂感叹本经为"平生所未经见"，"大与虚无之谈异"。以法力或奉持、诵读经典便能治愈瘑痘等疾病，宣扬的是宗教的神异力量，如同上文所言的感应故事。这篇序文揭示王阳明与佛教之关系，虽不能将王阳明在贵阳悟道的功劳归到药师信仰上，但在这样一个关键的时期，药师信仰对王阳明发挥的帮助，必定会使王阳明更加注意佛教的内容，从佛教中吸取更多的营养。王阳明心学中明显的佛教色彩，对心性的重视和阐释，就是有力的说明。

王阳明后学中，药师信仰最为坚定的是被视为异端的李贽（1527—1602）。作为名教中之士的李贽，"礼拜梁皇经忏以祈赦过宥愆事"是他的常例，通过礼拜佛教的仪式，使自己"日干而夕惕"，最终"履福而有功"②。李贽进一步阐述他们的礼忏和诵经活动，云："切以诵经者，所以明心见性，礼忏者，所以革旧鼎新。此僧家遵行久矣。皆以岁之冬十

---

① 王阳明：《年谱一》，《王阳明全集》卷33，第1227—1228页。
② 《焚书》卷4《代深有告文时深有游方在外》，长沙：岳麓书社，1990年，第147页。

月十五日始，以次年春正月十五日终。自有芝佛院以来，龙潭僧到今，不知凡几诵而凡几忏矣，而心地竟不明，罪过竟不免，何哉？今卓吾和尚为塔屋于兹院之山，以为他年归成之所，又欲安期动众，礼忏诵经。以为非痛加忏悔，则诵念为虚文；非专精念诵，则礼忏为徒说。故此两事，僧所兼修，则此会期僧家常事也。若以两者目为希奇，则是常仪翻成旷典，如何可责以寡过省愆之道，望以明心见性之理乎？谓宜于每岁十月，通以为常。"①

李贽他们诵的最多的佛教就是《药师经》。《礼诵药师告文》中，李贽言其因病苦甚多而诵《药师经》，期盼药师佛能"救拔病苦众生"。文云："余两年来，病苦甚多，通计人生大数，如我之年，已是死期。既是死期，便与以死，乃为正理，如何不赐我死，反赐我病乎？夫所以赐之病苦者，谓其数未至死，尚欲留之在世，故假病以苦之，使之不得过于自在快活也。若我则该死之人：寿至古稀，一可死也；无益于世，二可死也；凡人在世，或有未了业缘，如我则绝无可了，三可死也。有此三可死，乃不即我死，而更苦我病，何也？闻东方有药师琉璃光王佛发大弘愿，救拔病苦众生，使之疾病涅盘。卓吾和尚于是普告大众，趁此一百二十日期会，讽经拜忏道场，就此十月十五日起，先讽《药师经》一部四十九卷，为我祈求免病。想佛愿弘深，决不虚妄也。夫以佛愿力而我不求，是我罪也。求佛而佛不理，是不慈也；求佛而佛或未必知，是不聪也：非佛也。吾知其绝无是事也。愿大众为我诚心念诵，每月以朔望日念此经，共九朔望，念经九部。"李贽相信药师佛之宏愿"决不虚妄"而如此大规模的诵《药师经》，文末再向药师佛祈请道："诵经至九部，不可谓不多矣；大众之殷勤，不可谓不虔矣。如是而不应焉，未之有也。公可死，不可病。苦口丁宁，至三再三，愿佛听之。"②这次大规模诵《药师经》活动结束后，李贽作《礼诵药师经毕告文》，言通过诵《药师经》使自己的病痛得到很好的治疗，"和尚为幸免病喘，结经谢佛事。念今日是正月十五之望日，九朔望至今日是为已足，九部经于今日是为已完。诵经方至两部，我喘病即减九分；再诵未及四部，我忍口便能斋素"，这样的效果应该说是很好的。这样的效果，李贽相信这确实是药师佛之力，"斋素既久，喘病愈痊；喘病既痊，斋素益喜。此非佛力，我安能然？虽讽经众僧虔恪无比，实药王菩萨怜悯重深，和尚不胜礼谢祷告之至"，文末云"钟盘齐臻，鼓钵动响。经声昭彻，佛力随施。两年未愈之疮，药王一旦加被，何幸如之"③。对于李贽为了治疗多年的病痛而诵《药师经》、拜药师忏之举，方以智（1611—1671）《东西均》"名教"条中说："卓吾一身无所不骂，而独不敢骂佛，晚年佞佛，拜药师忏，是何为乎？怕死修福，委靡昧痴极矣，可云开眼人乎？然较后之开眼者又数倍矣。"④李贽诵《药师经》、拜药师忏减轻

---

① 《焚书》卷4《又代深有告文时深有游方在外》，第147页。
② 《焚书》卷四，第148页。
③ 《焚书》卷四，第150页。
④ 方以智：《东西均》，上海：中华书局上海编辑所，1962年，第129页。

了"两年未愈之疮"的疼痛，亦是药师信仰应验之范畴。

王学后传另一门人杨起元（1547—1599）编有《诸经品节》二十卷，《四库全书总目》评论云："起元传良知之学，遂浸淫入于二氏，已不可训。"①《诸经品节》第十八卷为《药师经》，杨起元解释"药师如来本愿功德经"之名说："药者以治诸病而言，众生身病，惟药可除，而无明心病，惟佛智可除也。师者，以能教化而言，一切教授师成就一切弟子。佛则以心地法门为人天师，能使三界弟子出三界也。药师者，以善施法药而垂范立教也。世界名净琉璃，佛号琉璃光者，理即事，事即理，性即相，相即性，心即境，境即心也。琉璃宝名，其光内外明澈，净无瑕秽，佛之一切种智法宝光明似之。用是觉诸己，即用是觉诸人，以能开诸知见，烁诸痴暗，斯之谓自他兼利之道。蒙此光者，无病不痊，无人不化。是名药师琉璃光如来者，无所从来，亦无所从去，盖法性不生不灭，因根尘而有生灭，此独以智光成就无生法忍，而众生之迷失本性，执着生灭者，又能度脱之，是真能了生死者，号曰如来也。本愿者，谓诸佛行菩萨道时，皆先立誓愿，总之则为四弘誓愿，析之则佛佛各有本愿功德者，满其自他兼利之愿，而成就功德巍巍也。经，常也，以不生不灭真常之理，而为真常之教。竖说则大千世界，横说则去来，此皆不能易，夫此理此教，故曰经也。虽然，本来无我则无有病，无病则无药，亦无有暗；无暗则无光无药，无药则无佛，亦无佛之本愿功德，亦无本愿功德之经，须知曰佛曰经，皆以幻灭，幻之作用，释尊不得已而言之尔。"杨起元的解释，明显是从禅学和心学的角度出发的。杨起元解释《药师如来本愿功德经》是释尊不得已所说之"幻"，则又说此幻亦体现的是菩提心："此经以东方净土为名，以佛本愿功德为体，以福慧双修为宗，以拔除业障为用，以方等大乘为教，相乎一菩提心而已。"在评论中，杨起元则用纯粹的大乘观念解释"药师"之名，云："药师名阿閦，阿閦华言无动，即动而静，维摩所谓不动如来也。夫如如不动，诸佛所同，而独称阿閦者，盖静而无静，斯为真静，动而不动，斯为顺动也。"②杨起元为阳明后学，应该是王阳明的五传弟子，《明史》卷二百八十三《王艮传》云："艮传林春、徐樾，樾传颜钧，钧传罗汝芳、梁汝元，汝芳传杨起元、周汝登、蔡悉。"作为阳明后学，杨起元在《诸经品节》中署名为"比丘东粤复所杨起元溯"，亦即表明自己为佛教信徒。既为阳明后学又为佛教徒，杨起元如此来解释《药师如来本愿功德经》及药师佛之名号，一点也不显得奇怪。

杨起元从无我推出无病、无药、无佛、无本愿，符合大乘观念和心学的观念，与杨起元这个阐释相同的，王世贞（1526—1590）亦从这个角度对药师佛做了引申。王世贞撰有《刻注药师琉璃光本愿经叙》，解释药师佛说："此药师琉璃光如来也，其称药师者何，以药治众生疾，为大医王也。称琉璃光者何，以其表里莹彻无所不暎照也。"这个解

① 《四库全书总目》卷132，文渊阁四库全书本。
② 杨起元：《诸经品节》卷18，《四库全书存目丛书》，第131册，第332页。

释与一般的看法并无二致，王世贞接下来说："今夫耆婆之木，上池之水，持之饮之则能洞肺腑烛膏肓。以至汾阴之鉴，奉以照疾，若水月之沁肌骨，亡不立愈，亦可称琉璃光乎。是物也，物与人相待，则犹有局也，唯药师之琉璃光无待者也，无待则无所不遍彻也。虽然，天竺古先生据莲花座转大法轮，一音声而响三大千，一白毫而镜无央界，诸聋者、瘖者、躄废者、寒者、热者、病脏肺者，无不为之立起，而何必药师也。自愿成缘，自缘生用，自用证体，故标而归之药师也。诸佛皆药师也，皆有此十二愿也。诸佛界皆净琉璃也，薄伽梵偶然而举之耳……吾闻之古四大非我，有谁为受病者，受病者心耳。我无一切心，安得一切病，我无一切病，安用一切药，我即药师也。我界即净琉璃界也，此经亦筌蹄而已。"① 耆婆之木、上池之水、汾阴之鉴都能使疾病立愈，这是物具有医治疾病之功用。天竺古先生转大法轮，"一音声"而就众苦。所谓的"天竺古先生"似乎不是指佛陀，可能是指代印度的古圣人，这句话的意思就是说印度的古圣人能解众生之苦。诸佛皆有就众生之苦的宏愿与之力，亦能解众生之苦。王世贞最后说，若众生真正领悟佛教之理，认识到皆四大非我，我则无一切病，我无一切病，则我自身即药师佛。领悟到自身是药师佛，《药师琉璃光如来本愿功德经》本身只是"筌蹄"而已。从佛教之意来说，能领悟到四大非我而无一切病，《药师琉璃光如来本愿功德经》只是指月之指，这种看法应该更符合佛教之旨。毫无疑问，王世贞的这种看法与杨起元的解释一样，带有大乘、禅宗以及心学的色彩和观念。王世贞非心学之士，他的解释主要着眼于大乘佛教和禅宗的视角来解《药师琉璃光如来本愿功德经》和药师信仰，更带有中土色彩。

深受王学影响的晚明文人袁宏道（1568—1610），亦深受佛教和禅宗影响，曾说自己在禅学方面是李贽的劲敌。袁宏道虽无专门论述药师佛之著述，却曾长期居住于药师寺中，作《记药师殿》一文。文云："净慈僧房，唯莲公房最幽僻。路迂而奥，由寺门至房中可里许。夹路多古木杂卉，正面与藕花庄相直，背法华台。余弟小修，曾与蒋兰居谭禅寓此。余今岁同陶石篑、方子公看花西湖，凡三往返，皆居焉。来未始不乐，居未始不安，及去又未始不徘徊增恋也。何也？他僧房多香客及游人妇女，往来喧杂若公庭，莲公闭门谢事，一可喜也。僧之好净者多强人吃斋，余不能斋，而莲公复不强我。凡锅甑瓶盘之类，为仆子所膻，亦无嗔怪，二可喜也。礼莲池友虞长孺、僧孺，三可喜也。解法无法师气，能诗无诗人气，四可喜也。余弟最粗豪，莲公不厌，余性狂僻，多诳诗，贡高使气，目无诸佛，莲公不以为妄，五可喜也。夫好与好，未必相值，莲公之可，非袁生之喜，几乎不彰，喜则居，居则乐，乐则安，安则徘徊增恋，复何疑哉。所可愧者，余作官不能要一钱，作客不能觅一钱，名虽檀越，寔无半文可布，拟欲向交游中在官者为之分疏一二，而罢官之人，颜面甚薄，卒不能为力，药师琉璃光如来将谓中郎为何等人哉。虽然，余他生倘得成多宝佛，将散恒河沙金作布施，用酬今愿，他佛不愿成也。

① 《弇州四部稿》续稿卷50，文渊阁四库全书本。

莲公记之。此地旧名净居庵，今属寺，堂一，置药师像，丁酉五月始落成。堂之后为楼，诸僧念佛场也。厢房二，僧散处其中，楼之下向南右小净室，余借居最久。偶因莲公索记，信笔叨叨如此。语语似戏，字字逼真。"①文中虽然没有对药师信仰做出具体的解释或说明，然一则他长期居住在药师佛像之畔，对药师佛的了解定然很透彻；二则文末的"语语似戏，字字逼真"似乎是对佛教也包括药师佛的评论，如杨起元所说，无我则无病，一切皆为幻灭之相。

明末四大高僧之一的憨山，与心学中人交往颇多，观念亦受到心学的影响。憨山著有《题刻药师经后》一文，云《药师如来本愿功德经》是以药师佛之名而称，佛能治一切病，大藏经是对症之药，"至圣无名，以德彰名，然佛为三界医王，善治一切众生心病，故称医师。是则一大藏教，乃对症之妙药"。然而众生之病"以痴爱为根"，病根不除"而欲出生死渡苦海者"似乎是不可能的。药师佛的宏愿与佛教的观念之间似乎存在着矛盾，因此有人说"经云求官位得官位，求男女得男女，求长寿得长寿，求安乐得安乐，皆众生之痴爱也"，佛教的本意是要终生舍离这些痴爱，药师佛却"有求而必遂"，是在增益众生的痴爱。对于这样的疑问，憨山说："非增益之，实欲离之耳。以众生不信自心是佛，故颠倒迷途，溺于爱河，佛以广大慈悲而拔济之，不能顿出，特设方便以引摄之，即其所爱而诱进之，所谓以楔出楔，以毒攻毒。故云先以欲钩牵，后令入佛智，则世间之爱，可潜消而默化矣。众生始以不信自心之惑，如贪财者而梦金宝，生大欢喜，致大欲乐，且金宝欲乐，岂自外至耶？众生处此梦宅，种种希求，佛以如梦幻法门而调治之，痴爱重则信佛愈极，信至极则自心痴爱化而为佛知见矣。又如置酵于乳而成酥酪，必转醍醐，此经是佛以醍醐甘露之药施众生，能服之者，岂不顿祛百病获长寿哉。"憨山的前半段之说，与杨起元、王世贞相同，是以大乘观念阐释药师信仰。后半段则颇有随机说法之风，通过满足众生的痴爱而使众生笃信佛教。文末，憨山说刻《药师经》施人的居士刘峤，如长者一样"于四达通衢以妙药施人"，得经而能"信受而服之者"则"心病顿瘳而随求必应"，从这个意义上说，《药师经》便不仅仅是"纸墨文字"②。

由以上叙述可知，药师信仰在中国倍受欢迎的过程，其实就是中土化的过程。药师信仰的中国化，主要体现在两个方面，一是适应中国民众对于救苦救难的迫切期望，产生了众多的应验故事，使得民众对于药师佛的信仰更深。民众的普遍信仰，又被文人阶层所接受，药师佛亦成为文人士大夫阶层解除苦难与困厄、佑护国家的期望。二是药师信仰进入中国思想发展的领域，为明代心学所吸收和借鉴，成为心学发展的帮助。通过这两个方面的深入渗透，药师信仰成为中国普遍流行的重要信仰之一。

---

① 袁宏道：《袁宏道集笺校》卷10，上海：上海古籍出版社，1981年。
② 莲池：《憨山老人梦游集》卷31，香港：香港佛经流通处，1965年影印江北刻经处刻本，第1630—1632页。

从《药师本愿功德宝卷》看佛教的中国化

韩焕忠 *

（苏州大学 宗教研究所 江苏苏州 215123）

【摘要】《药师本愿功德宝卷》在宣说《药师本愿功德经》时，自觉不自觉地对之加以禅宗化的演绎，在掺入大量道教词语的同时，颇有一种将其民间宗教化的倾向，从而使这部佛教的经典融入了明代中后期中国本土宗教话语氛围之中。宣卷先生很自然地将这些禅宗的话语运用到对《药师本愿功德经》的宣唱之中，而座下听卷的民众也无不喜闻乐见，由此形成了《药师本愿功德宝卷》对《药师本愿功德经》的禅宗化演绎。《药师本愿功德宝卷》虽然以佛教的《药师本愿功德经》作为经典依据，却运用了大量的道教话语。其表现有三：其一，用长生不老、羽化成仙表达修行的目标。其二，用金丹修炼术语宣说药师佛的十二大愿。其三，证经菩萨和护持药叉都能讲出道教话语。民间宗教中的宣卷先生积极改写那些在民间比较流行的佛教的经典，从而使这部佛经的中国化呈现出民间宗教化的倾向，这在《药师本愿功德宝卷》中也有很充分的体现。起源于佛教中国化的宝卷宣卷，最终演变成普通大众表达自己精神寄托和情感诉求的一种重要方式。

【关键词】《药师本愿功德宝卷》 十二大愿 佛教中国化

【基金项目】本文为国家社科基金重大课题"一带一路佛教交流史"的阶段性成果（项目编号：19ZDA239）

引言

佛教经典在传播过程中逐渐与本土话语融为一体，是佛教中国化的重要体现，这从搬演唐玄奘所译《药师琉璃光如来本愿功德经》（下文简称"《药师本愿功德经》"）的《药师本愿功德宝卷》上体现得尤为明显。

奘译《药师本愿经》内容并不复杂，谓薄伽梵在广严城乐音树下，应曼殊室利法王子之请，为大众宣说东方净琉璃世界教主药师琉璃光如来本行菩萨道时所发十二大愿，

---

* 作者简介：韩焕忠（1970—），男，山东曹县人，哲学博士，苏州大学宗教研究所教授、博士生导师，兼任苏州青莲生活禅研究院院长、江苏戒幢佛学研究部主任，主要研究中国佛教与传统文化。

曼殊室利法王子深有感触，解脱菩萨说持此经典可免九横之难，十二药叉大将发心护持。全经译文质朴自然，明白如话，流畅易懂，当是玄奘译经中除《心经》之外最为流行的经典，故而于明清至民国时期有《药师本愿功德宝卷》传播于民间。郑振铎先生在《中国俗文学史》第十一章《宝卷》中说："宝卷也和'变文'一样，……正是用通俗的浅近的讲唱文来谈经和说教的，和宋人之所谓'谈经'正同。像《药师本愿功德宝卷》（明嘉靖二十二年德妃张氏同五公主舍资刊刻）便是全演《药师本愿经》而不述故事的。"① 嘉靖二十二年即 1543 年，郑先生还牒出这部宝卷的开经偈、第一大愿及第二大愿的全部文字。黄山书社 2005 年出版的《民间宝卷》第七册收有《药师本愿功德宝卷》，其与郑氏所牒部分重合之处文字完全相同，可知是据郑氏所见之本影印录存的。

但事情好像没有郑先生所说的那样简单。通读《药师本愿功德宝卷》，我们似乎可以读出比《药师本愿经》多得多的内涵来，盖《药师本愿功德宝卷》在宣说《药师本愿功德经》时，自觉不自觉地对之加以禅宗化的演绎，在渗入大量道教词语的同时，颇有一种将其民间宗教化的倾向，从而使这部佛教的经典融入了明代中后期中国本土宗教话语氛围之中。

一、禅宗化的演绎

玄奘回国译经之时，禅宗五祖弘忍大师正潜修密行于黄梅东山之中，而六祖慧能大师才刚刚出生。此后虽有法相宗和华严宗的相继兴起，但是禅宗特别是南宗的潜滋暗长却最终发展出燎原之势。宋元以降，直指本心、见性成佛的禅宗公案盛行于街谈巷议之间，而为妇孺所熟知。宣卷先生很自然地将这些禅宗的话语运用到对《药师本愿功德经》的宣唱之中，而座下听卷的民众也无不喜闻乐见，由此形成了《药师本愿功德宝卷》对《药师本愿功德经》的禅宗化演绎。

首先，从形式上看，《药师本愿功德宝卷》的宣说与禅师开示具有很大的相似性。宋元以降的禅师们上堂说法，往往先拈出一则公案，然后询问大众，如果大众默然良久，禅师就会自下一句转语。我们阅读《药师本愿功德宝卷》，也能感受到这种禅师作略。如在宣唱过开经偈及三皈依之后，宝卷白文云："切以药师如来，能开无相之门，显清净妙体，悟者时时睹面，迷人如隔千山万水。譬如浅水之鱼，能知万里归湖，不知当时之死。药师如来广开方便，接引有情，离苦生天，亲观诸佛境界。白云罩定琉璃殿，摩尼塞满太虚空，八宝砌成九莲池，砗磲运转，玛瑙往来，行行虚排列，时时透海穿山。展开则万民瞻仰，收来则寸步难行。诸佛子，会得这个消息么？庚辛尽上无缝锁，东震发起药师来。"② 这里对药师如来及净琉璃世界的简介就是禅师开示时拈出的公案，"会得这个消息么"的发问意在启发大众的疑情，引导大众进行思考，而接下来一句"庚辛尽上无缝

---

① 郑振铎：《中国俗文学史》，北京：团结出版社，2006 年，第 516 页。
② 周燮藩主编、濮文起分卷主编：《民间宝卷》第 7 册，合肥：黄山书社，2005 年，第 675 页上。

锁，东震发起药师来"则颇似禅师的转语，不仅具有引起下文的作用，亦有引导众生反观自心的意味。宝卷下文中对十二大愿、八大菩萨及十二位药叉大将的宣唱，都采取了这种禅师上堂开示的形式，熟悉明清时期禅宗语录的学者们很容易从中获得一种似曾相识的感觉。

其次，从内容上看，《药师本愿功德宝卷》与禅宗典籍都将引导众生反观自心本性作为自家立言的宗旨。禅师们千言万语，苦口婆心，无非是要扭转人们向外驰求的意念，使其反观自心，明了本性，当下休歇，此不待言。《药师本愿功德宝卷》这方面的意旨也是至为明显，如宝卷开场云："药师宝卷才展开，诸法菩萨降临来。天龙拥护尊如塔，保佑众生求无灾。举起如来一卷经，普天匝地放光辉。大地众生皆有分，恒沙世界悉包笼。虚空一朵宝莲华，妙相庄严发灵芽。分明本是娘生面，借花献佛莫认他。普劝众生早回心，莫待白发老来侵。为人若不明心性，转世当来堕迷津。"①诸佛菩萨经典所讲说者，天龙八部所护持者，就是众生自家的"娘生面"。此"娘生面"也是禅语，禅师家有时又称为"本来面目"，此数语无异于宣称《药师本愿功德宝卷》的目的就是要人明了心性，认取自家"娘生面"或者"本来面目"的。再如宝卷宣说第一大愿云："第一大愿，对佛亲说，古佛免遭劫。四流浪息，六国宁贴。漂舟到岸，得本还乡，分明指破，秤砣原是铁。清净现法身，灵通答妙明。打破三千界，一点在孤峰。"②四流，指胎生、卵生、湿生、化生，四种生命形式，就像波浪一样奔流不息；六国，指眼、耳、鼻、舌、身、意等六种感觉器官，各有作用范围。此一段话语意谓众生一旦明了自心本性，就可以止息生死的流浪，控制住感觉器官的向往驰求，到达解脱的彼岸，领悟到纷繁复杂的世相百态无非自心一点灵明的变化显现而已。宝卷中如此之类的话语连篇累牍，同时也意味禅宗话语在民众中的普及和渗透。

再次，从用典上看，《药师本愿功德宝卷》运用了大量的禅宗事典。宋元以降，由于禅宗的极度盛行，禅宗的一些事典，如灵山法会、世尊拈花、迦叶微笑等，已经渗入普罗大众的日常话语之中，成为稍具知识者所耳熟能详的故事。如《药师本愿功德宝卷》在宣说第三大愿时说："可怜衲子用尽心，末后拈花法未通。直指玄妙谁人会，独悟真常证金身。拈花示众，百万人天，纸花手内拈。大众非识，错认因缘。迦叶大笑，佛祖单传。眼中一举，分明在目前。可怜亿万人，依旧侧耳听，自从灵山散，万劫至如今。"③很显然，这里就运用了灵山法会上世尊拈花、迦叶微笑的禅宗事典，从而给这部宝卷着上了禅宗底色，而其中"直指玄妙"和"独悟真常"的说法，更是具有浓郁的禅门顿悟自心佛性的意味。如宣说药上菩萨证经时也讲道："如来展开大乘经，雪山演教度众盲。初生一点全泄露，末后拈花法未通。念佛之人用意观，一条直路透长安。忽然透出生死海，

---

① 周燮藩主编、濮文起分卷主编：《民间宝卷》第 7 册，第 675 页上—下。
② 周燮藩主编、濮文起分卷主编：《民间宝卷》第 7 册，第 678 页下。
③ 周燮藩主编、濮文起分卷主编：《民间宝卷》第 7 册，第 680 页下—681 页上。

到岸分明在人间。"① 这里又提到"拈花"的事典，用了"忽然透出"的说法，不仅具有教人会意于言外的意味，还包含着教人顿悟当下的观念，只是其用语已高度民间化和口语化，呈现出一片活泼泼的本地风光来。

禅宗是高度中国化的佛教宗派，禅宗话语向民间话语的渗透本身也是佛教进一步中国化的具体表现。因此，《药师本愿功德宝卷》运用民间化、口语化的禅宗话语演绎《药师本愿功德经》的内容，也可以说是这部佛教经典实现自身形态中国化以便获得中土民众广泛理解和接受的体现。

二、道教话语的渗入

道教属于中国的本土宗教。自东汉中后形成以来，道教以长生不老、羽化成仙为终极目标，以无为清净、顺其自然为根本原则，先以外丹修炼、后以内丹修炼为修行方式，而辅之以招神劾鬼、符水治病之术，以消灾延寿、祯祥集庆作为效验，在漫长的发展过程中，逐渐积累起自家的话语系统。《药师本愿功德宝卷》虽然以佛教的《药师本愿功德经》作为经典依据，却运用了大量的道教话语。其表现有三：

其一，用长生不老、羽化成仙表达修行的目标。《药师本愿功德宝卷》宣说第一大愿的白文云："定生龙华三会，接续长生，诸佛相逢，求不退屈，八十亿劫不生不死之乡。"② 这里且不论龙华三会并非药师净土，但就其中"接续长生"一语，便可知作者将药师如来的净琉璃世界理解成了道教的长生不老之仙乡。宣说第九大愿的韵文云："佛光在世万劫春，昼夜巡逻转法轮。本是长生舍利子，盘古混元到如今。"③ 佛教中的最高果位即佛，在这里被说成了自从盘古开天辟地长存至今的长生不老仙。《药师本愿功德宝卷》宣说大势至菩萨证经云："势至得大，穿山透海，运悠悠普度群迷，离苦海，无挂碍，续长生不来，续长生不来，超出三界，在宝地上花开，亲见无生母，灵根在真土上载。"④ 大势至菩萨普度众生出离苦海，到那可称为宝地和真土的彼岸世界，接续长生，就如载种生根一样，再也不用回到这个苦难深重的娑婆世界来。很显然，佛国净土在这里被一如既往地理解成了长生不死的神仙之乡。《药师本愿功德宝卷》宣说药叉额尼罗大将发愿护持时说："多谢明师指点。直证归家，永不在轮回串。续长生，无相天。七宝池中，坐金莲。"⑤ 这里依然将佛教的超脱轮回直接等同于道教的长生不老，并将二者融合起来，作为《药师本愿功德宝卷》高高悬起的终极目标，激发大众们聆听宣卷的热情和积极性。

其二，用金丹修炼术语宣说药师佛的十二大愿。《药师本愿功德宝卷》宣说第一大愿

---

① 周燮藩主编、濮文起分卷主编：《民间宝卷》第 7 册，第 701 页上。
② 周燮藩主编、濮文起分卷主编：《民间宝卷》第 7 册，第 677 页下。
③ 周燮藩主编、濮文起分卷主编：《民间宝卷》第 7 册，第 688 页上。
④ 周燮藩主编、濮文起分卷主编：《民间宝卷》第 7 册，第 694 页下—695 页上。
⑤ 周燮藩主编、濮文起分卷主编：《民间宝卷》第 7 册，第 708 页下。

云："衲子叮咛指示多，三世诸佛安乐窝，三花聚顶元不动，五气朝元总一颗。"① 此处的三花聚顶、五气朝元都是道教内丹派术语，三花聚顶指将人的精、气、神都聚合在人身这一鼎炉之中进行修炼，五气朝元是指在内炼精气神的过程中，使组成人体的金木水火土五行之气归向人的生命根元。这句话的意思，只有好好修行，才能进入诸佛境界。这两个道教修炼的词语在宝卷中多次反复出现。其宣说药师第二大愿云："法身清净遍十方，一点灵明正当阳。本是如来玄妙体，至今不识未还乡。古佛如来，誓愿宏深，苦海救四生。往来搬运，普度群盲，金丹一粒，点铁成金。玄妙法体，当来古佛心。佛体似白云，法身满乾坤。本来真面目，塞满太虚空。"② 这里的"金丹一粒，点铁成金"也是道教修炼的术语，指关键成果，具有转变根本的重大意义。其宣说药师第三大愿云："三世诸佛，围绕虚空转。八卦相随，爻相分明现。坎离阴阳，升降一炉炼。"③ 其宣说药师第五大愿云："五行八卦，不离三千，一点妙中玄。包容法界，本自如然。无明无夜，无暑无寒。妙明真净，一粒紫金丹。一物在目前，迷子隔千山，得遇明师指，说破妙中玄。"④ 其宣说药师第六大愿云："第六大愿，愿我当来，果证菩提，早把灵根接续载。自沉埋，不得明白。混元一气，立定天台。迷顿众生，花不逢时莫乱开。"⑤ 其宣说药师第八大愿云："铅汞交合皆成双，阳返阴行阴返阳。坎离搬运常升降，婴儿姹女亲见娘。"⑥ 如此之类说法，《药师本愿功德宝卷》还有很多，恐嫌文烦，此不具引。佛教的三世诸佛似乎被披上了道教的八卦道袍，在做抽坎填离、铅汞交合、阳返阴行、升阴降阳的金丹修炼，不免给人一种佛道混杂的感觉，这实际上就是道教话语大量渗入的结果，同时也意味着民间大众对佛教修行的隔膜，在普通民众的潜意识里，佛教的修行与道教的修炼并没有实质的区别。

其三，证经菩萨和护持药叉都能讲道教的话语。在《药师本愿功德宝卷》中，释迦牟尼佛说药师如来十二大愿讫，文殊、观音等八大菩萨，一一前来证经，但他们说出的话语，却如同来自道教一般。如其宣说无尽意菩萨云："古佛意马透心猿，二意交合万象全。青龙乾坤对白虎，八卦相随转周天。堪叹人身不久长，生死如同闪电光。今朝不保来朝事，如似南柯梦一场。"⑦ 其所表述的意思，不过是无常迅速、生死事大之类佛教中老僧常谈的道理，但所用语言如心猿意马、青龙白虎、八卦周天、南柯一梦等，则都为道教所恒言。又如其宣说药王菩萨云："药王菩萨，救度众生赴龙华，金丹九转，八宝合成，遍满天涯，时时升降透恒沙。当来一朵难描画，无相天花。众生采取，一时开罢！（白文）菩萨言，妙药恒顺众生，盘古三皇立世，采取诸经，合成一粒金丹，至玄至妙，能

① 周燮藩主编、濮文起分卷主编：《民间宝卷》第 7 册，第 678 页上。
② 周燮藩主编、濮文起分卷主编：《民间宝卷》第 7 册，第 679 页下。
③ 周燮藩主编、濮文起分卷主编：《民间宝卷》第 7 册，第 680 页上。
④ 周燮藩主编、濮文起分卷主编：《民间宝卷》第 7 册，第 683 页上—下。
⑤ 周燮藩主编、濮文起分卷主编：《民间宝卷》第 7 册，第 683 页下。
⑥ 周燮藩主编、濮文起分卷主编：《民间宝卷》第 7 册，第 686 页下。
⑦ 周燮藩主编、濮文起分卷主编：《民间宝卷》第 7 册，第 697 页上。

救众生之苦难。此药最圣通灵，救四生能除百病，周转法界，普运乾坤。诸佛子，认得这丸妙药么？咦！采取虚空遍天药，单用波罗蜜合成。"①佛教的药王菩萨在此似乎变成了道教和合灵丹妙药的炼师。释迦牟尼佛讲经说法，诸大菩萨证明经义真实不虚，十二药叉大将也各各发愿护持经典，但在《药师本愿功德宝卷》中，他们的言论也是氤氲在道教的仙气之中。如其宣说伐折罗大将云："伐折罗大将利意无边，二六时中，救度众生离南阎。早归元，入圣超凡。归根赴命，透过玄关。直证无生，入母真铅胎相全，胎相全。"②这里将佛教的证无生等同于道教的归根复命和入母铅胎，为佛教的修行披上了道教修炼的玄裳缟衣。

道教以精通修炼擅长合药为特长，在缺乏医疗卫生条件的古代对于普通大众特别具有吸引力，故而其话语在社会生活中也是非常流行。而社会大众对于佛教的修行虽然也很尊崇，但终究难以窥知其四禅八定为何物，故而谈起具体的修行，每以道教的修炼充实其内容，从而使这部本应以宣说佛经为基本内容的宝卷充满了道教的气氛，这无异于将翻译过来的《药师本愿功德经》置入本土话语之中，当然也是佛教中国化的具体体现。

三、民间宗教化的倾向

明代中叶之后，随着社会经济的繁荣，不仅儒道佛三教有很大的发展，民间宗教也相继产生和兴盛起来，其最经典也都冠以宝卷之名。民间宗教中的宣卷先生虽然文化程度可能不是很高，但他们常年走街串巷，见多识广，具有比较擅长于待人接物，故而很容易成为教主或者教内的核心骨干。他们积极改写那些在民间比较流行的佛教的经典，从而使这部佛经的中国化呈现出民间宗教化的倾向，这在《药师本愿功德宝卷》中也有很充分的体现。

佛菩萨慈悲普度不舍众生是中国民间宗教的坚定信仰。在漫长的中国古代社会里，以家庭为单位的自给自足的小农经济是最主要的经济形态。在这种经济形态中，子女承续着家庭的希望和未来，父母则付出了无私的情感和全部的心血，成为子女幸福和安全最主要保障。在这种语境之中，《药师本愿功德宝卷》将佛菩萨比喻成慈念儿女的父母，表现出的是一种无限依恋和信赖的情感。如在宣说十二大愿之前的总起中说："药师菩萨，自末世以来，苦尽难忍，时时五欲交煎，刻刻恶业来侵，思衣思食，不得现前，苦中更苦，迷之又迷。佛大慈悲，菩萨救苦，拔众类离苦生天，度群迷齐超苦海，五百戒飘舟到岸，万万年孤客还乡。自从灵山散离佛祖，至如今婴儿见娘。"③这里就把获得佛菩萨的救度，超脱苦海轮回，直接比喻成了"婴儿见娘"。如在宣说第一大愿时说："菩萨法舡往

---

① 周燮藩主编、濮文起分卷主编：《民间宝卷》第 7 册，第 699 页上—下。
② 周燮藩主编、濮文起分卷主编：《民间宝卷》第 7 册，第 704 页上—下。
③ 周燮藩主编、濮文起分卷主编：《民间宝卷》第 7 册，第 676 页上—下。

东行，单度当来贴骨亲。百千万劫难相遇，灵山失散到如今。"① 这是在明确提示那些前来聆听宣卷的人们，必须明白自己就是佛菩萨最为亲近的亲人，即卷文中所谓灵山法会之后失散万劫之久的"贴骨亲"。再如在宣说第二大愿时云："菩萨慈悲誓难量，苦海波中驾慈航。单度贤良亲生子，恩实婴儿见亲娘。子母相逢痛伤情，犹如枯木再逢春。灵山失散迷真性，至今睹面不相逢。"② 这儿不仅将佛菩萨比喻为亲娘，将获得救度的众生比喻为贤良的亲生子，而且还通过子母相逢的情绪渲染，极大提升了佛菩萨救度对听众的情感冲击力。又如在宣说弥勒菩萨证经时云："弥勒菩萨在下方，婆婆苦海度贤良。法船普度亲生子，辞世婴儿见亲娘。"③ 这里将在婆婆世界普度众生的弥勒菩萨说成是亲娘，而将众生说成是弥勒菩萨的亲生子，这无疑是激励听宣宝卷的人们将自己的全部情感都投注在弥勒菩萨身上，从而实现绝对的虔诚和信仰。

流落异乡的游子回归家乡是中国民间宗教永恒的主题。依据学者们的相关研究，中国佛教的民间宗教，最早的是罗教，其教祖罗清，即罗祖，就是山东即墨发往河北滦州戍边的戍卒，因此说民间宗教主要就是在边关戍卒之间形成和传播的。在寂寞、荒凉的边关，屯戍的生活极其艰苦和单调，这些戍卒们无不对父母亲情和家乡田园充满了甜美的回忆，以至于他们无时无刻不盼望着回归家乡，与父母亲人团聚。那些民间宗教的教祖们有意无意地将这种思念家乡的情愫带入了他们创作的宝卷之中，非常容易激起边关戍卒的同感，从而在戍卒之间获得大量的信众。罗教在遭到官府的禁止之后，实现了分化和变异，形成了众多的支派性的民间宗教，这种思念家乡的情愫也随之进入了各个民间宗教的经典宝卷之中。如《药师本愿功德宝卷》在宣说第一大愿时有"漂舟到岸，得本还乡"④ 的说法，宣说第二大愿时有"归家求证无生地"⑤ 的说法，宣说第十大愿时"超凡圣，直证归家"⑥ 的说法。而在宣说第十二大愿，描述众生流浪生死的痛苦时，更是将离家和归家对说："贫子离家数千年，争名夺利在人间。因贪爱欲真是苦，万劫尘劳业网缠。金乌西坠影归空，玉兔堪堪又东生。文殊菩萨离中天，普贤菩萨掌寒来。念佛之人仔细研，衲子结白甚分明。地水火风分明现，五气朝元一气生。从头宣演一周圆，句句分明立人天。行行接续归家路，步步踏着紫金莲。"⑦ 离家是堕落，是流浪生死，听众无不具有切身的感受；归家是解脱，是出离困苦，是究竟圆满，戍卒或者流浪天涯的游子对此莫不倾心向往。

《药师本愿功德宝卷》在宣说文殊菩萨证经时所说的一段话："文殊菩萨妙难量，三

① 周燮藩主编、濮文起分卷主编：《民间宝卷》第 7 册，第 678 页上。
② 周燮藩主编、濮文起分卷主编：《民间宝卷》第 7 册，第 679 页上。
③ 周燮藩主编、濮文起分卷主编：《民间宝卷》第 7 册，第 702 页上。
④ 周燮藩主编、濮文起分卷主编：《民间宝卷》第 7 册，第 678 页上。
⑤ 周燮藩主编、濮文起分卷主编：《民间宝卷》第 7 册，第 679 页下。
⑥ 周燮藩主编、濮文起分卷主编：《民间宝卷》第 7 册，第 688 页下。
⑦ 周燮藩主编、濮文起分卷主编：《民间宝卷》第 7 册，第 691 页下。

身圆满正当阳。运转乾坤同一体，救拔众生还故乡。世事茫茫无尽期，火宅恓惶苦不知。若能得遇红阳法，多劫灵光证无为。五蕴皆空早受持，法船往来度群迷。金针穿透海底眼，金莲出水不沾泥。"[①] 这段话不仅可以证明民间宗教对回归家乡的殷切期盼，我们甚至还可以据此证明《药师本愿功德宝卷》实际上就是中国民间宗教之一的红阳教的经典，或者至少可以说这部宝卷的改编者是红阳教中的骨干分子。经过民间宗教的改编，《药师本愿功德经》就这样实现了自身形态的中国化——由唐玄奘大师翻译的高文典册变成了下里巴人歌咏赞叹的民间佛曲。

结语

从《药师本愿功德经》到《药师本愿功德宝卷》的演变中，我们可以看出，佛教的中国化在经典传播中体现为禅宗化的演绎、道教话语的渗入和民间宗教化的倾向。这一演变撇除了其自身作为外来译经所具有的异域特征，为其附带上了中土民间的娱乐色彩，其中既有对外来佛教经典的简单化，又有对本土思想文化的吸收和融合。当那些宣卷的先生们敲打起锣鼓，吹奏起管丝，以挂金锁、绵搭絮、金字经、桂枝香、驻马听等诸多的曲调生动活泼地唱诵出宝卷的经文时，其对普通民众产生的情趣吸引力和情感冲击力是远远超过原来的翻译经典的，这也是宣卷活动自明代中叶至民国时期数百年间长盛不衰的重要原因。在某种程度上我们可以说，起源于佛教中国化的宝卷宣卷，最终演变成普通大众表达自己精神寄托和情感诉求的一种重要方式。

---

① 周燮藩主编、濮文起分卷主编:《民间宝卷》第 7 册，第 693 页下—694 页上。